W9-DAN-853

Other Witnesses

Other Witnesses:
An Anthology of Literature of the
German Americans, 1850–1914

Edited and with introductory essays
by Cora Lee Kluge

Max Kade Institute for German-American Studies
University of Wisconsin–Madison
Max Kade Institute for German-American Studies

901 University Bay Drive
Madison, WI 53705
Copyright © 2007

Other Witnesses: An Anthology of Literature of the German Americans,
1850–1914 / edited by Cora Lee Kluge
ISBN 0-924119-41-1

Contents

Contents

Acknowledgments

I owe a debt of gratitude to many who made the publication of this volume possible. My work was originally supported by the University of Wisconsin–Madison through a sabbatical leave for the academic year 2001–2002; the Max Kade Institute of German-American Studies shared its resources, staff, and work space from start to finish; librarians at the University of Wisconsin, the State Historical Society of Wisconsin, and the Milwaukee Public Library provided assistance in locating books and texts; and many colleagues, students, and friends helped to see the work through to its completion. Special thanks go to the following individuals: Lori Bessler, Doris Burgert, Robert D. King, Ernst-Christian Kluge, Konrad Kuchenbach, Kevin Kurdylo, Alex MacKenzie, Noah Natzke, Antje Petty, James Pfrehm, Karlan Sick, Jolanda V. Taylor, Frank Trommler, and Judy Tuohy. They willingly shared their time, their help, and their talents; and their contributions are much appreciated.

Particular recognition goes to my colleagues at the Max Kade Institute, especially to Joseph C. Salmons for his irrepressible optimism and encouragement, and to Mark L. Louden for his generous support. Last, but certainly not least, my warmest gratitude is for Kimberly A. Miller. Her exceptional editorial and page-setting skills, as well as her unhesitating assistance under uncomfortable time pressures and difficult circumstances, made all the difference.

Introduction

It seems peculiar that publications highlighting German-American literature are few and far between. After all, large numbers of immigrants from German lands have come to the United States over the last four centuries. Their presence was a force to be reckoned with, their opinions carried weight, and the texts they wrote were an important part of America's record. Today's Americans are still aware of their German heritage: according to census data for the year 2004, approximately 48,208,000 Americans claim they are at least in part of German ancestry, while at the same time, only 28,411,000 claim some English, 34,488,000 some Irish, 5,753,000 some Scottish, and 1,222,000 some British background.[1] Those who describe themselves as of German descent are—by far—the largest single group, and they constitute over 40 percent of the above-named large groups taken altogether.

What happened to the literature of the German-Americans? The answer is that its history and fate are parallel to the history and fate of the German language in America. Writers whose mother tongue was German found an enthusiastic readership among large segments of the population well into the latter part of the nineteenth century and even beyond. There was no compelling reason for them to follow the lead of other immigrant writers of various cultural backgrounds who chose to write exclusively in English. However, the subsequent loss of German even among Americans of German ancestry—recent statistics indicate that 80.6 percent of the U.S. population today speaks only English, and that fully 96.2 percent of those of German background speak only English[2]—has meant that the German-language texts have become hidden, submerged, unread, and unknown.

The situation is regrettable. To ignore this segment of our written record means nothing less than to obliterate it, whether or not it is our intention to do so. Although German-American literature is a significant part of American literature, most Americans today cannot name a single German-American writer. Their importance was not only because of their numbers; their point of view—a *different* point of view—provided another perspective on events of the times. Their works helped to reflect and to shape our country's attitudes during the earlier periods in our history, when first- and

1. See Table 50 at: http://www.census.gov/prod/2006pubs/07statab/pop.pdf. Last accessed 4 May 2007.
2. See U.S. Census Bureau Table S0201: Selected Population Profile in the United States; Population Group: German (032-045); Data Set: 2005 American Community Survey; Survey: 2005 American Community Survey.

second-generation immigrants from German lands made up a large portion of the U.S. population.

Anthologies of American literature have traditionally ignored foreign-language contributions and are therefore at best anthologies of English-language American literature. This Anglocentrism pervades our understanding of not only American literature, but also American history, American culture, and more. In neglecting the contributions of individuals and communities of other ethnic backgrounds, we have excluded too much from our consideration; and at the same time we have perpetuated a regrettably one-sided understanding of our multicultural legacy.

To be sure, a number of scholars have made considerable progress toward correcting this situation. Among these are figures such as historians Kathleen Conzen and Russell A. Kazal, literature/culture specialists Winfried Fluck, Werner Sollors, Peter Uwe Hohendahl, Paul Michael Lützeler, Lynne Tatlock, and Frank Trommler, and linguists Joseph C. Salmons and Mark L. Louden. There are many others, too, who represent a wide range of fields and approaches—too many to mention—and have worked to direct our attention to America's multicultural ethnic heritage and to the role of the German Americans. But still, German-American texts are not widely available; biographies of writers do not exist or are inconsistent; bibliographies are incomplete or list works that cannot be found; and now, in the early years of the twenty-first century, the texts themselves are disappearing. In many cases, even those personally connected with these traditions, including descendants of the writers themselves, cannot preserve this part of our country's past. The current project—the publication of this anthology—would have been overdue if it had been undertaken a century ago.

We present our modest volume in the hope that it will awaken interest in the contributions of the German Americans, add other American voices to the cultural narrative, and thereby make possible a more complete understanding of our heritage. It is more a sampler of texts than an anthology, perhaps, an assorted collection of German-American writings produced in the period roughly between 1850 and World War I. We have not chosen exclusively works of imaginative writing, but rather have included travel literature, reports, and memoirs. The eclectic nature of our texts is directly related to the diversity of valuable material that came into consideration. We decided early to feature a limited number of authors, and to present works from the various decades, as well as a variety of genres. Therefore, a large group of writers of high merit were necessarily omitted. The chapters are arranged in chronological order—not always the order of the writer's birth, but rather the order of his or her œuvre's creation. We have included four plays in their entirety, but some of the prose texts have been cut, and Reinhold Solger's two-volume *Anton in Amerika* is represented by only five short selections. Preference was given to works deemed important, influential, or representative; to works that are difficult to locate; to works that illustrate the problems and the possibilities of this field of study; and to works that we ourselves have enjoyed. Admittedly, not all the texts included seem to fit. In fact, two of them—Solger's *Der Reichstags-Professor* and Anneke's "Das Weib im Conflict mit den socialen Verhältnissen"—were even written in Europe before their authors emigrated to America. However, they are important works, they were published in the United States, and they are not widely accessible either here or in Europe.

Likewise, the chapter introductions display a variety of approaches. They were conceived as short essays to provide biographical information about each author, to elucidate the cultural context, and to point the way for further research. In all cases, it has been the goal to expose our sources as completely as possible.

The writers represented in the first four chapters—Christian Essellen, Reinhold Solger, Mathilde Franziska Anneke, and Theodor Kirchhoff—were all Forty-Eighters, as were Caspar Butz, Albert Wolff, Heinrich Binder, and Conrad Krez, whose poems are included in the final chapter; they were all born between 1817 and 1829. Udo Brachvogel, Robert Reitzel, and Julius Gugler were born between 1835 and 1849, while Lotta L. Leser and Fernande Richter were born in the 1860s. Leser (b. 1864) is the youngest writer whose work appears in our volume.

By and large, the prose texts deal with America. Theodor Kirchhoff's report on Yosemite Valley presents a new and different landscape, as do Udo Brachvogel's essays on the Black Hills and Niagara Falls. Mathilde Franziska Anneke's "Die Sclaven-Auction," Theodor Kirchhoff's "Peter und Paul im Süden," and Fernande Richter's "Ein Farm-Idyll in Süd-Missouri" describe aspects of the American way of life. Reinhold Solger's *Anton in Amerika* situates a German-American immigrant within American society; Brachvogel contributes a rare eyewitness account of the history of the New York German theater; Robert Reitzel exposes the thinking of nineteenth-century American (as well as German-American) socialist thinkers; Julius Gugler's autobiographical sketch reveals a wealth of information about life in the United States in the years between the mid-1850s and the early 1870s. On the other hand, much of the poetry (and not merely because we chose works dealing with this theme) looks back with feelings of longing on the lost European homeland.

The dramatic works—particularly Christian Essellen's *Bekehrung vom Temperenzwahn* and Julius Gugler's *For Mayor Godfrey Buehler*—are perhaps most fascinating, as they represent social commentary written specifically for members of the German-American community. Not only do they reflect the situation of German Americans in Milwaukee in the early 1850s and the late 1880s, they also—taken together—seem to reflect a development in the German Americans' understanding of their position and role in society. The characters portrayed in Essellen's play are members of an isolated group; there is no mention of contact between them and the Anglo-Americans or others. In Gugler's play, on the other hand, which was performed merely thirty-five years later, Anglo-Americans and German Americans appear together on stage and compete for the same public office or the same girl's hand in marriage. These two dramatic works are also especially interesting from a linguistic point of view, as they portray the language spoken by the immigrant society, corrupted as it was by influence from English.

The American experience contains a solid core of German. If we fail to incorporate our country's German-American background into our assessments, we can neither fully understand what was transpiring in the past, nor appreciate what lies behind America's later ways of seeing and doing things. But now we must face the work to come. The publication of an anthology of German-American literature alone cannot make German-language texts available in the country of their origin—because of one enormous obstacle: the language problem. We must make these materials accessible to the English-language reading public. The survival of German-American studies is not the only thing at stake. If Americans disregard the importance of German-American literature as part of their country's literature, then American literature will indeed be poorer, reduced to English-language texts written by the insiders; and this country will not have its "other witnesses."

1

Christian Essellen

The Westphalian Christian Essellen (1823–1859), one of the refugees from the failed German Revolutions of 1848–1849, made major contributions in his short life as a journalist, revolutionary, historian, and writer of prose, poetry, and drama.[1] In the fall of 1848 he fled persecution in Frankfurt, where he had worked for both the *Frankfurter Allgemeine Arbeiterzeitung* and Karl Marx's *Neue Rheinische Zeitung* and was a leading figure in radical activities. After spending the winter in Strasbourg, Berne, and Geneva, he returned to Karlsruhe in May 1849 to participate in the revolution in Baden, which ended with the capitulation of the revolutionary forces in July of that year. He again sought refuge in Switzerland, where he collaborated with Johann Philipp Becker on writing a history of the revolutionary events of 1849,[2] based on their experience and knowledge of what had taken place in Baden and in the Palatinate. He remained in Europe until the fall of 1852, when he emigrated to America.

In America Essellen was best known as the publisher of the journal *Atlantis*, which appeared, with some irregularity, from November 1852 until August 1858. This journal included essays on a wide variety of topics, including science, politics, philosophy, biography, literature, and the arts, and much of it was written by Essellen himself. His literary works were published in Europe, in *Atlantis*, and elsewhere, but they are not readily accessible. Little can be found among the holdings of even the best European or American libraries; and *Atlantis* itself is a rare item. Thus his achievements as a writer have remained unnoticed.

Essellen lived in Milwaukee from September 1853 until sometime in 1854. He had moved from Detroit, believing—erroneously, as it turned out—that he had found a benefactor in the person of Heinrich Harpcke, a young Milwaukeean of some means, who would provide financial stability for *Atlantis*. During this period Essellen was relatively happy, and his presence did not go unnoticed among Milwaukee's German-Americans.[3] However, his business association with Harpcke did not last long: Harpcke quickly tired of pouring money into the journal, and after only six

1. For information concerning his life, work, and importance, see the introduction to *Christian Essellen's* Babylon, ed. Cora Lee Nollendorfs (New York: Peter Lang, 1996).
2. Johann Philipp Becker and Christian Essellen, *Geschichte der süddeutschen Mai-Revolution des Jahres 1849* (Geneva: Gottfried Becker, 1849).
3. Essellen lectured with success at the Verein Freier Männer, helped to organize a choir made up of members of the Verein, and was a popular member of Milwaukee's German-American

months, the partnership was dissolved. Abandoning Essellen, Harpcke moved with his family to Europe to study medicine, returning to Milwaukee a few years later to set up practice as an eye doctor. Sometime during the year 1854, Essellen left Milwaukee and began his years of wandering through the United States: possibly briefly to Chicago and Dubuque, and certainly to Cleveland, back to Detroit, to Buffalo, and to New York City, all in the few years between his departure from Milwaukee and his death.

Essellen's Milwaukee months were a time of political excitement. On the national level, the Republican Party was founded in the first months of 1854, and growing problems would eventually lead to the Civil War. There was also turmoil in the young state of Wisconsin. Wisconsin's German-American society was plagued by nativism and anti-Catholic sentiment, which were rampant among the Anglo-Americans, and it was outraged by temperance laws. One such law had taken effect on 1 May 1849 and was made even stricter in February 1850 by a measure championed by state senator John B. Smith from Milwaukee. According to this statute, all laws were repealed that authorized towns and cities to grant licenses for the sale of alcoholic beverages, and each tavern owner selling alcoholic beverages was to be held "pecuniarily responsible for all damages to the community, justly chargeable to such sale or traffic."[4] A group of German-American Milwaukeeans reacted in March 1850 by breaking into the home of Senator Smith, holding a meeting at which they adopted resolutions that deprecated the troublesome laws, and subsequently storming a meeting of supporters of the Smith law, where, despite the interruptions, resolutions were passed praising Smith and warning the foreign element that they should no longer engage in riotous conduct.[5]

When Essellen arrived in Milwaukee in 1853, the temperance controversy was again reaching fever pitch, as the issue was on the ballot throughout Wisconsin that fall. Indeed, the question had achieved national importance, with most states having taken a stand for or against the so-called Maine Liquor Law by the mid-1850s. (See the map on page 3.) In October 1853, Essellen filled in for August Krüer as editor of the weekly German-American newspaper *Wisconsin-Banner*, while Krüer undertook a lengthy "Anti-Temperenz-Stump-Reise" through the state.[6] When elections were held in Wisconsin on 8 November of that year, English-language as well as German-language Milwaukee newspapers prominently featured daily reports of the tallies on

---

social world. See Rudolph H. Koss, *Milwaukee* (Milwaukee: Schnellpressendruck des *Herold*, 1871), 392, 426, 440.

4.   Quoted by Bayrd Still, *Milwaukee: The History of a City* (Madison: State Historical Society of Wisconsin, 1948), 138, n. 20. Wilhelm Hense-Jensen states: "Nach diesem Gesetz mußte jeder Wirth eine Bürgschaft von $1,000 stellen, um für allen Schaden aufzukommen, den ein in seiner Wirthschaft betrunken Gewordener am nämlichen oder den nächstfolgenden Tagen möglicherweise angestiftet." Wilhelm Hense-Jensen, *Wisconsin's Deutsch-Amerikaner bis zum Schluß des neunzehnten Jahrhunderts*, vol. 1 (Milwaukee: Verlag der Deutschen Gesellschaft, 1900), 166.

5.   This story is told in detail by John G. Gregory, "Politics and Political Issues before the War," in *History of Milwaukee from Its First Settlement to the Year 1895*, ed. Howard Louis Conard, vol. 1 (Chicago: American Biographical Publishing, 1895?; rpt. Salem, Mass.: Higginson Book Co., 1998), 80–83.

6.   Koss, *Milwaukee*, 426.

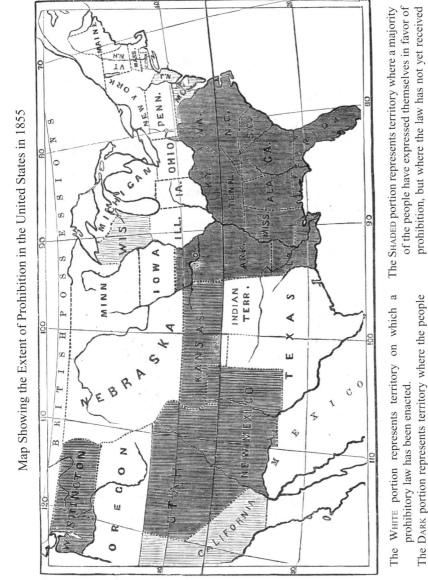

Map Showing the Extent of Prohibition in the United States in 1855

The WHITE portion represents territory on which a prohibitory law has been enacted.

The DARK portion represents territory where the people have not yet declared by vote their sentiments on the subject.

The SHADED portion represents territory where a majority of the people have expressed themselves in favor of prohibition, but where the law has not yet received the signature of the Governor.

Source: Henry S. Clubb, *The Maine Liquor Law: Its Origin, History, and Results, Including a Life of Hon. Neal Dow* (New York: published for the Maine Law Statistical Society by Fowler and Wells, 1856). The foldout map is on an unnumbered page between pages 88 and 89.

the temperance issue, showing more interest in this than in the fate of candidates for public office. It is noteworthy that the final returns as published by the newspaper *Der Seebote* on 26 November showed that in Milwaukee County 77.9 percent was against the temperance law, while in most counties the law was supported by a majority of the voters. The counties against the law were all in the Milwaukee area: Milwaukee, Ozaukee, Washington, Sheboygan, Manitowoc, Jefferson, and Dodge.[7]

The play entitled *Bekehrung vom Temperenzwahn*, which we present here, was Essellen's reaction to the debate. It was performed in the Milwaukee German theater in the fall of 1853 and is referred to by historians of Milwaukee and Wisconsin (frequently under the title "Bekehrung vom Temperenzwahnsinn," an error that probably originated with Rudolph H. Koss[8])—without indication about where the work can be found. Had it not been published in *Meyer's Monats-Hefte*,[9] it might have been lost, thus sharing the fate of many works of the early German-American theater.

Success had come to the Milwaukee German theater in the 1850s. The Theater-verein, established in 1848, performed regularly in a small wooden structure named Mozart Hall from January to August 1852, and after the sale of this building it moved to the Prairie Street Theater (Theater an der Prairie Straße), a former Lutheran Church, where the group performed from September 1852 to May 1853. Rice's English Thea-ter on Main Street was destroyed by fire in January 1853, an event that increased attendance at the German theater and necessitated its move to much larger quarters in Market Hall, originally a produce market, where it quickly became a more professional theater company. Joseph Kurz, co-founder and first director of the Theaterverein, left Milwaukee late in the fall of 1853 to establish a German theater in Chicago, but his work was continued by his nephew Heinrich Kurz and others.

It is impossible to judge the success of Essellen's *Bekehrung vom Temperenzwahn*, as traces of the play's performances have all but disappeared. John C. Andressohn wrote a University of Wisconsin master's thesis entitled "Die literarische Geschichte des Milwaukeer deutschen Bühnenwesens, 1850–1911," stating that he relied for the first twenty-five years on the University of Wisconsin bachelor's thesis of Ralph H. Gugler, son of Julius Gugler, whose work is represented in this volume. Gugler's thesis, entitled "The Literary History of the Milwaukee German Theater, 1850–1875," used German newspapers and also Koss's *Milwaukee* to produce a list of the works performed; but though Koss—and Andressohn—refer to Essellen's play, Gugler's thesis contains no mention of it.[10] The master's theses of Lulu Bredlow and Norman James Kaiser contain

---

7.   See statistics given in *Der Seebote* on 16 and 26 November 1853. Milwaukee County's returns stood at 1,243 *for* and 4,381 *against* the law. Unfortunately, for other counties only the majority vote—whether for or against—is indicated, together with the margin; thus, the total statewide percentage for the law cannot be calculated from the information provided.

8.   Koss, *Milwaukee*, 411, 426.

9.   *Meyer's Monats-Hefte* 2, no. 5 (March 1854): 321–334.

10.   Andressohn's thesis was published in the *German-American Annals* n.s. 10 (1912): 65–88, 150–170. It cannot be found in the Memorial Library at the University of Wisconsin, although Alexander R. Hohlfeld lists it as part of the group of theses and dissertations known as the Wisconsin Project on Anglo-German Literary Relations (A. R. Hohlfeld, "Foreword: The Wisconsin Project on Anglo-German Literary Relations," in *German Literature in British*

more complete lists of performances in Milwaukee, stating that Essellen's play was on the stage between August and December 1853, but not indicating how often or how many times it was performed, or which actors were involved.[11] Bredlow gives the name of the author as Christ Esselen[12] and all three—Andressohn, Bredlow, and Kaiser—give the title of the play as "Die Bekehrung vom Temperenzwahnsinn" (Kaiser as "Trmperenzwahnsinn"!), suggesting that they did not go to original sources. I cannot find reviews of the play in English or German newspapers of the time, and theater records are missing. According to Kaiser, it "made an instant hit"; Koss, on the other hand, states that the play was "nur eine ziemlich fade Stümperei . . . und [machte] gelindes Fiasco."[13]

Essellen's *Bekehrung vom Temperenzwahn* begins on the evening before an election that includes a vote on the temperance law and also a vote deciding the fate of Zopf and Werner, candidates for the office of judge. Brandt, a Methodist minister, and Zopf are advocates of the antiliquor laws—in public—though they enjoy their drinks in private; Mayor Welden supports temperance from honest conviction, although it is hinted that his stance may also be politically motivated. Witnessing the unmasking of the hypocrisy of its advocates, the mayor is made to recognize the foolishness of the temperance movement. Zopf, Brandt, and the widow Schoppen appear on stage in a state of drunkenness, while Werner, a reasonable young man unwilling to go along with the "public lie" of legislating temperance, in the end wins Welden's approval and his daughter's hand in marriage.

Humor abounds in the piece, beginning with the names of Zopf (pigtail) and Schoppen (pint), the brandy-drinking widow. Essellen demonstrates his good ear for English influence on the language of the German Americans, using words such as "präsidiren," "arrangements," "office," "store," "Stoff" (in the sense of English "stuff"), "loafers," "gefixt," and "niedergestimmt" (voted down), and phrases such as "man muß treaten" (one must provide incentives in the form of treats, in this case whisky, to buy votes) or "Für welche Office rennt Ihr?" There are local references—such as to "Mahler und Wendt," who supposedly have a new kind of champagne in their store.[14] Essellen refers to the "Maine Liquor Law" and mocks the literary taste

Magazines, 1750–1860 [Madison: University of Wisconsin Press, 1949], 19). For reference to Gugler's thesis, see Andressohn, page 67; for reference to Essellen's *Bekehrung vom Temperenzwahn,* see Andressohn, page 71. Gugler's thesis is in the archives of the Max Kade Institute for German-American Studies at the University of Wisconsin–Madison.

11. Lulu Bredlow, "A History of the German Theater of Milwaukee from 1850 to 1935" (master's thesis, Northwestern University, 1936), 88; Norman James Kaiser, "A History of the German Theater of Milwaukee from 1850 to 1890" (master's thesis, University of Wisconsin, 1954), 93.

12. Bredlow, "A History of the German Theater," 9.

13. Kaiser, "A History of the German Theater," 27; Koss, *Milwaukee,* 426.

14. Jacob Mahler and Charles E. Wendt ran a Milwaukee liquor and wine store, which moved to a new location at 88 East Water Street early in October 1853, and which ran advertisements in the local newspapers. See a notice in the *Wisconsin-Banner* of 12 October 1853 and numerous advertisements, such as the one in the *Wisconsin-Banner* of 16 November 1853. "Milius und Bist" may also have meant something to Milwaukeeans, but I have not found reference to this.

of the theater-going public.[15] The characters are drawn with broad and exaggerated strokes; and Essellen's attitude on a number of issues is readily perceptible. Johanna, the heroine, is beautiful, rational, and self-confident enough to believe her love alone will suffice to keep her husband away from excessive drink; she is willing to work in the kitchen; she does not concern herself with politics; and she does not support women's emancipation. In short, she possesses qualities and takes positions of which Essellen approves.

This play illustrates the extent to which German society in Milwaukee in the early 1850s was a separate and self-sufficient society within the city landscape. Not one of the characters is an Anglo-American, and in fact the existence of an Anglo-American group in Milwaukee remains unmentioned. Influence from the English language seems to be corrupting the mother tongue of a few of the characters, particularly but not exclusively the uneducated "loafers," but beyond this, there are few indications of the presence of parallel societies. Essellen's theme concerns conflicts within the German-American group, rather than conflicts between groups of different ethnic backgrounds.

Essellen's *Bekehrung vom Temperenzwahn* in all likelihood did not persuade Milwaukee's German-American audiences to vote against the temperance law: this was the position they were going to take in any case. Furthermore, there is little sign that Essellen succeeded in changing the minds of members of Milwaukee's Anglo-American community or even that this was his intention. Anglo-Americans are not identified within the play as a constituent to be held responsible for the temperance movement, and they are not ridiculed or proselytized. Instead, Essellen's aim is merely to amuse his audience by poking fun at and exposing the hypocrisy of the law's supporters, whoever they may be. Essellen is satirizing the modern world's unprincipled nature. In the words of his character Dr. Müller: "Wir leben in einer Zeit, wo die Grundsatzlosigkeit zur Mode, die Verkäuflichkeit zum Gewerbe gehört und es mehr Heuchler wie Brombeeren gibt."[16]

Charles Best and Co. did open a new "Bier-Halle" on 25 April 1854, only two doors south of Mahler and Wendt's establishment. See the *Wisconsin-Banner* of 26 April 1854.
15. See below, page 21 and page 7.
16. See below, page 21.

Bekehrung vom Temperenzwahn
Schwank in zwei Acten

Personen

Carl Werner, ein junger Advocat.
Malten, ein Maler, ⎱ Freunde Werner's.
Müller, ein Arzt, ⎰
Welden, Mayor der Stadt.
Johanna, seine Tochter.

Wittwe **Schoppen,** ihre Tante.
Fräulein **Maaß,** ihre Cousine.
Brandt, ein Methodistenprediger.
Zopf, ein Ämterjäger.
Wirth, Loafer usw.

Die Handlung spielt in einer amerikanischen Stadt, theils in einem öffentlichen Garten, theils in einem Privathause. Zeit der Handlung: Der Abend vor der Temperenz-Abstimmung.

Erster Act

Erste Scene

Carl Werner, Malten, Müller, in einem öffentlichen Vergnügungsgarten, Wein trinkend.

MALTEN: Der Wein ist gut, stoßt an!

MÜLLER: Stoßt an, Ihr Freunde, Mann für Mann!
Das ist die goldne Gluth vom Rhein,
Voll Sonnenlicht und Mondenschein,
Stoßt an, der Rhein soll leben!

MALTEN: Der Rhein, der uns den Feuerwein gegeben.

MÜLLER: Den Wein, um den die holden Musen schweben.

MALTEN: Den Quell, in dem der Liebe Lieder leben.

MÜLLER: Die Gluth und Kraft zu freiem frohem Streben.

MALTEN: Stoßt an! Stoßt an! Heut soll die Lust der Reben
Froh wie das Licht der Sonne uns umschweben.

MÜLLER: Wie ich heut' fröhlich bin, Ihr seht es nicht;
Doch jeder Ton und Laut wird mir Gedicht.

MALTEN: *(zu den Zuschauern)* Fürchtet nicht, daß es mit den Reimen so fortgeht.
Das Publikum liebt heute das Ungereimte so sehr, daß Poeten und Philosophen schlechte Geschäfte machen.

MÜLLER: *(zu Carl)* Aber Carl, weßhalb lässest Du den Kopf so hängen? Wenn auf Dich der Wein und die Freundschaft ihre Zauberwirkung nicht mehr ausübt, dann müssen wir alle Temperenzler werden.

MALTEN: Du hast verliebte Gedanken.

MÜLLER: Oder denkst Du an das Amt, welches auf Dich wartet?

MALTEN: Eine fette Office.

MÜLLER: Und eine schöne Braut!

MALTEN: Wenn mir Beides in Aussicht stände, der Wein schmeckte mir doppelt so süß.

CARL: Zürnt mir nicht, Freunde! Wenn ernste Gedanken mir gerade durch den Kopf gehen, glaubt darum nicht, daß ich unfreundlich und mürrisch bin. Ihr wißt, daß ich nie mein Herz der Freude und dem Vergnügen zugeschlossen habe, daß niemals der Wein und die Freundschaft ihre Götterkraft auf mich verfehlt haben, daß ich nimmer zu der Classe der Heuchler gehöre, die sich des Vergnügens und der Geselligkeit schämen, daß nimmer Eure treue Freundschaft in meinem Herzen das laute Echo vermißt.—Doch—heute—heute—

MÜLLER: Nun ja! die Wahl geht heute vor sich, von welcher Deine Zukunft abhängt. Aber habe nur Vertrauen, Deine Freunde haben für Dich gewirkt.

CARL: Das ist das Wenigste, was mich quält. Ich habe mich mit Vertrauen der Volkswahl anheimgestellt. Wenn das Volk mich wählt, werde ich meine Pflicht erfüllen. Dieß ist das einzige Versprechen, welches ich gegeben habe und außer diesem Versprechen habe ich kein Mittel zur Wahlagitation benutzt. Ich achte das Volk zu hoch, als daß ich um seine Stimme betteln oder sie kaufen möchte.—Verschmähen meine Nachbarn meine Bewerbung, so werde ich immer den freien Willen eines freien Volkes achten.

MÜLLER: Sehr gut! Aber Deine Johanna!

CARL: *(aufspringend)* Ja; jetzt füllet die Gläser von Neuem! Du hast einen Namen genannt, der mein Blut mit Ungestüm durch die Adern treibt und die Schläge meines Herzens verdoppelt. Füllet die Gläser bis zum Rande, und wehe dem, welcher einen Tropfen darin läßt. "Dein Wohl, mein Liebchen!" Stoßt an, Freunde, stoßt an! *(Die Gläser klingen zusammen.)*

MALTEN: So hell und rein, wie diese Gläser zusammenklingen, möge der Einklang Eurer beiden Herzen sein!

CARL: O, wenn Ihr wüßtet, wie gut, wie schön, wie lieb sie ist! Wenn Ihr durch das blaue Auge hinunterblicken könntet in die tiefe, treue Seele, in welcher die Tugend und die Liebe sich ihren Tempel erbaut hat,—wenn—doch ich mag nichts weiter sagen—habe ich ja doch noch kein Recht, meine Liebe zu ihr zu gestehen.

MALTEN: Nun, ihr Vater wird sich ja wohl endlich bewegen lassen. Er ist doch am Ende ein braver, verständiger Mann.

MÜLLER: Wenn nur diese Heuchler nicht um ihn wären, dieser Zopf, dieser Brandt!

CARL: Himmel! Da kommen alle Drei zusammen!

Zweite Scene

Welden, Zopf und Brandt. Die Vorigen.

BRANDT: Gewiß, der Herr wird uns den Sieg verleihen und wie David den Goliath niederwarf, wird das Temperenzgesetz den Alkohol zu Boden schmettern.

ZOPF: Das Temperenzgesetz ist gesichert und damit unsere Wahl auch. Es war ein glückliches politisches Manöver.

WELDEN: Ich bin nicht so sicher, wie Sie, meine Herren! Sehr viele Leute haben noch nicht die Nothwendigkeit dieses Gesetzes eingesehen.

BRANDT: Der Herr wird ihre verblendeten Augen öffnen. Amen!

ZOPF: Die Parteipolitik macht das Temperenzgesetz nothwendig.

BRANDT: Die Ladies kommen an die Polls und werden im Weinberge des Herrn arbeiten.

ZOPF: Und die Irländer sind schon zum großen Theile gewonnen.

MÜLLER: Eine gute Hülfstruppe für Temperenz!

MALTEN: Die sind nur durch Brandy zum Wassergesetz bewogen.

WELDEN: Sie wissen, meine Herren, daß ich eifrig für die Temperenzbewegung gearbeitet habe, weil ich in ihr die Sicherstellung der Freiheiten unserer glorreichen Republik sehe,—aber ich möchte nicht die Ladies und Irländer in diese Angelegenheit mischen.—

ZOPF: *(bemerkt die drei Freunde)* Ha! Werner, dieser verhaßte Werner!

BRANDT: Seht, diese Leute trinken an einem öffentlichen Orte Wein. Herr, vergieb ihnen, denn sie wissen nicht, was sie thun.

ZOPF: Dieser Werner wagt meiner Wahl entgegenzutreten! Ich muß ihn in der öffentlichen Meinung ruiniren.

BRANDT: Der Herr gibt mir den Auftrag, den Sündern eine feierliche Bußpredigt zu halten. *(zu der Gesellschaft)* Kinder des Alkohols und der Verdammniß! Der Satan hat sich eingeschlichen in die Heerde der—

WELDEN: Halten Sie ein! Sie vergessen, daß nicht jeder Ort eine Methodistenkirche ist.

MALTEN: Schade! Der Mann war gut im Zuge.

ZOPF: *(zu Carl)* Ach, der saubere Herr Werner! Mit dem Weinglase in der Hand wollen Sie um die Stimme des Volkes buhlen! O, möchte das ganze Volk hier sein, diesen abscheulichen Anblick zu theilen!

WELDEN: Ohne die Anmaßung zu begehen, in Ihre Privatverhältnisse, meine Herren, mich einzumischen, möchte ich nur Herrn Werner ersuchen, seine Besuche in meinem Hause einzustellen.

CARL: Aber, Herr Mayor—Herr Welden—ich bitte—

WELDEN: Sie kennen meine Ansichten in Betreff des Alkohols. Sie sitzen in einem öffentlichen Garten und geben ein Beispiel, welches meinen Begriffen von Moralität durchaus nicht entspricht. Ich habe gewiß nicht das Recht, Ihnen Vorwürfe zu machen, muß aber auf die Ehre verzichten, mich ferner Ihren Freund zu nennen. Ich empfehle mich Ihnen—Gehen wir, meine Herren!—

Alle Drei ab.

CARL: Ich bin vernichtet!

MALTEN: Der Mann scheint merkwürdige Ansichten von Höflichkeit zu besitzen.

MÜLLER: Gräme Dich doch über den Narren nicht.

CARL: Aber dieser Narr ist der Vater meiner Johanna.

MÜLLER: Freilich, es ist eine verdrießliche Geschichte.

CARL: Und ich achte, ich ehre diesen Mann; er hat sich in vielen Gelegenheiten anständig, ja edel gegen mich betragen.

MALTEN: Werde nur nicht gerührt.

MÜLLER: Diesen Brandt, diesen Zopf könnte ich mit gutem Gewissen an dem Galgen hängen sehen. Trinken wir ein Pereat diesen Heuchlern! *(reicht Carl das Glas hin)*

CARL: Keinen Tropfen mehr! Ich bin in Verzweiflung! Adieu! *(ab)*

MÜLLER: Wollen sehen, wie wir dem armen Burschen helfen können.

MALTEN: Mir schmeckt der Wein auch nicht mehr. Laß uns gehen!

MÜLLER: Es ist doch eine curiose Sache, wenn man verliebt ist.

Alle ab.

Dritte Scene *(Zimmer)*

Wittwe Schoppen tritt herein, nachher Fräulein Maaß.

SCHOPPEN: Wo ist denn meine Nichte, Johanna? Das unglückliche Weltkind war gestern im Theater; ich will durch eine christliche Bußpredigt ihr Gemüth wieder aufrichten. O, welch' eine verdorbene Zeit!—Theater! Theater! Du Inbegriff des Verderbens! Du Sammelplatz aller eitlen Weltlust! Der Teufel geht wie ein brüllender Löwe auf der Bühne herum und sucht, wen er verschlinge. Ihr Alle, die Ihr ins Theater geht, thut Buße, Buße, Buße!—

              Doch, was seh' ich, ein Brief! ein Brief an Johanna! O, das leichtsinnige Weltkind nimmt Briefe an! Wollen schnell sehen, was darin steht.

Während sie den Brief liest, tritt Fräulein Maaß im Bloomercostüm herein und belauscht sie.

SCHOPPEN: *(liest)* "Mein Liebchen!

              Ich muß Dich heute sehen. Niemals war ein Blick aus Deinen Augen, ein Wort von Deinen Lippen mir so nothwendig wie heute. Ich komme um sechs Uhr in den Garten.

              Mit unendlicher Liebe

                  Dein Carl Werner."

              Carl Werner,—o, ich sinke in Ohnmacht—Carl Werner—

MAAß: *(lachend)* Was ist das? Tante Schoppen,—ein Liebesbrief von Carl Werner? Ein Rendezvous? O das ist köstlich! *(lacht)*

SCHOPPEN: Wer hat mich belauscht? Was habe ich gesagt? Ah, Cousine Maaß—Ach, dieses unchristliche Costüm beleidigt meine Augen—

Maaß:	Mein junger Nachbar, der Maler Malten, sagte mir, daß dieses Costüm mir außerordentlich gut stehe. O, Herr Malten ist ein liebenswürdiger junger Mann und hat viel Geschmack. Was lasen Sie denn eigentlich vorhin?
Schoppen:	Weltlust! Weltlust!
Maaß:	Nun, es scheint mir, daß Sie eben auch nicht gebetet haben.—Zeigen Sie mir den Brief!
Schoppen:	Eher lasse ich mein Leben.
Maaß:	Tante Schoppen verliebt—o das ist kostbar. Ich springe gleich weiter, die große Neuigkeit zu erzählen. *(will fort)*
Schoppen:	Bleibe, bleibe, unglückliches Weltkind. Ach, erzähle nichts! Der Brief ist nicht für mich. Doch, da kommt Hannchen. Schweigen wir von Allem.

Johanna tritt ein.

Johanna:	*(grüßend)* Guten Tag, Tante; schönen Gruß, Amelie. Entschuldigt mich, daß ich einen Augenblick auf mich warten ließ; ich hatte in der Küche zu thun.
Maaß:	In der Küche! Du dauerst mich, armes Närrchen! Eine junge Dame von Bildung geht in diesem aufgeklärten Jahrhundert nicht mehr in die Küche.
Schoppen:	In der Kirche hättest Du sein müssen, um für Deine Sünden Vergebung zu erflehen.
Johanna:	Lassen wir das doch, liebe Tante! Es ist ja heute kein Sonntag, daß ich eine Predigt hören müßte.
Maaß:	Ich komme, Dich zu einem Temperenzmeeting für heute Nachmittag einzuladen. Ich werde präsidiren.
Schoppen:	Heute Abend ist Liebesstunde in der Methodistenkirche, und ich denke, Du wirst—
Maaß:	Ich nehme keine Entschuldigung an. Ich muß Propaganda machen für die Sache der Emanzipation, und Du, liebes Hannchen, mußt in unserem Bunde sein.
Schoppen:	Das Maß der Sünde ist voll und das himmlische Manna der Gnade muß auf Dich niederträufeln.
Maaß:	Ich werde eine Rede halten, eine herrliche Rede, und alle Frauen und Jungfrauen auffordern, bei der Wahl an den Polls zu stehen, und für das Temperenzgesetz zu wirken.
Schoppen:	Ach, wenn Du wüßtest, wie der Herr Pater Brandt so salbungsreich predigt. Wenn er von der christlichen Liebe spricht, so ist es gerade, als wenn ein feuriger Ofen im Herzen brennte, und das Herz läuft über von süßen Gefühlen, wie im Frühlinge ein Bächlein über Wiesen.
Maaß:	Ich will die Männer niederdonnern in meinen Reden! O die Tyrannen! Lange genug hat unser Geschlecht Fesseln getragen von denen, die doch weiter Nichts sind als Sclaven des Alkohols. Aber wir wollen diese Tyrannei beenden. Wenn die Männer einmal Sclaven sein wollen, so sollen sie nicht mehr Sclaven des Weines sein, sondern unsere Sclaven.

JOHANNA:	*(lächelnd)* Aber Du willst doch nicht hier Deine Rede schon halten?
SCHOPPEN:	Das Weltkind dort in dem unchristlichen Anzuge hat Recht, aber es ist etwas zu verwegen. Das Temperenzgesetz muß durchgesetzt werden, doch müssen wir uns nur auf den Heiland verlassen.
MAAß:	Ei was! Der Heiland! Unser *Interesse* verlangt das Temperenzgesetz.
SCHOPPEN:	Sündiges Wort! Die Bibel—
MAAß:	Nein, die Vernunft—
SCHOPPEN:	Die Vernunft ist der Satan!
MAAß:	Ihr habt keine Vernunft.
SCHOPPEN:	Albernes Närrchen!
MAAß:	Wenn Du schimpfen willst, komme nur!
SCHOPPEN:	Ich möchte Dir die Augen zerkratzen.
MAAß:	Versuche es nur!
SCHOPPEN:	Ich fürchte mich nicht vor einem Gelbschnabel.
MAAß:	Wenn ich nur meine Reitpeitsche bei mir hätte.
JOHANNA:	Aber um Gottes Willen, meine Damen, vereifern Sie sich doch nicht so sehr.
MAAß:	O, die alte Betschwester dort.
SCHOPPEN:	Ach, das sündige Weltkind—
MAAß:	Wenn Jemand meine Prinzipien angreift, so kann ich mich nicht mehr halten.
JOHANNA:	Aber nun hört einmal! Ihr vertheidigt doch dieselbe Sache und seid die heftigsten Temperenzlerinnen in der ganzen Stadt; wie könnt Ihr Euch denn über Euer Lieblingsthema entzweien?
MAAß:	Ich kann sie nun einmal nicht ausstehen, die alte Betschwester. Aber höre Du mich einmal an, Johanna.
JOHANNA:	Ich will Dir ganz einfach sagen, was ich von der Temperenz-Sache denke. Erstens, sie geht uns gar nichts an.
MAAß:	Aber ich bitte Dich—
SCHOPPEN:	Möge der Heiland der Sünderin vergeben!
MAAß:	Wenn Du nun aber einen Mann hast und er sitzt des Abends im Wirthshause, statt bei Dir und Deinen Kindern—
JOHANNA:	Hört einmal! Eine Frau, die nicht einmal so viel Einfluß auf ihren Mann besitzt, daß sie ihn von übermäßigen Schwelgereien abzuhalten vermag— eine solche Frau muß nicht sehr liebenswürdig sein. Ich wenigstens würde nichts fürchten und von der Polizei nicht verlangen, mir die Liebe und die Gesellschaft meines Gatten zu sichern. Meine Liebe und Treue würde dazu genügen.
MAAß:	O, Du kennst die Männer nicht; diese Wütheriche—
JOHANNA:	Weißt Du dieß schon aus Erfahrung?
SCHOPPEN:	Der Hochmuth verblendet Dein Auge.
JOHANNA:	*(an's Fenster gehend)* Eben kommt der Vater vom Rathhause zurück.
MAAß:	Nun, ich will gehen und noch einige Arrangements für das Meeting treffen. Adieu!—

SCHOPPEN: Auch meine Zeit drängt. Möge der Segen des Himmels auf Dir ruhen. Lebewohl!

Beide auf verschiedenen Seiten ab; Johanna becomplimentirt sie.

Vierte Scene

Johanna; kurz darauf Welden.

JOHANNA: Gut, daß die Närrinnen fort sind. Sie wissen wohl, daß mein Vater ihr übertriebenes Wesen nicht leiden mag.—Guten Tag, mein lieber Vater!

WELDEN: Freundlichen Gruß, meine liebe Tochter. Gut, daß ich Dich so aufgeräumt finde; ich habe etwas Wichtiges mit Dir zu besprechen.

JOHANNA: Du siehst ernsthaft, mein Vater!

WELDEN: Ich fürchte, daß ich vielleicht bereuen muß, früher nicht immer Ernst genug gezeigt zu haben. Setzen wir uns, meine Tochter.

JOHANNA: *(setzt Sessel zurecht) (bei sich)* O, mir ahnt nichts Gutes.

WELDEN: Meine liebe Johanna! Sprechen wir ohne Umschweife, wie es sich zwischen Vater und Tochter geziemt. Ich habe seit einiger Zeit das Vergnügen bemerkt, mit welchem Du die Huldigungen des jungen Werner angenommen hast.

JOHANNA: Aber mein Vater!—dieser feierliche Ton—ich kann meine Verwirrung nicht verbergen.

WELDEN: Höre mich ruhig bis zu Ende. Früher schon hätte ich gegen diese Annäherung zur Vertraulichkeit Dich gewarnt, aber ich hielt Herrn Werner für einen Mann von Talenten und Kenntnissen, der jedenfalls eine schöne Zukunft vor sich haben würde.

JOHANNA: O, wie danke ich für dieses Wort, mein Vater!

WELDEN: Seien wir ruhig und verständig!—Ich muß bedauern, daß ich dieses Urtheil habe zurücknehmen und Herrn Werner den Besuch unseres Hauses verbieten müssen.

JOHANNA: Mein Vater! Reden Sie nicht so! Um Gottes Willen nicht!

WELDEN: Der junge Mann wagte, mir, dem älteren grauen Manne gegenüber, den Ungezogenen zu spielen; er saß mit leichtsinnigen Gesellen um den Weinkrug herum und wagte Johanna's Vater zu verspotten.

JOHANNA: Das ist nicht möglich!

WELDEN: Du weißt, wie ich in Bezug auf die Temperenzfrage stehe und wie meine Ansichten und Bestrebungen in dieser Angelegenheit im ganzen Staate bekannt sind. In dieser Sache ertrage ich keinen Widerspruch, keinen Spott.

JOHANNA: O, dieses unselige Temperenzgesetz! Schon ehe es geboren ist, trägt es das Unglück und die Zwietracht in die Familien.

WELDEN: Kränke mich nicht, meine Tochter! Reden wir ruhig und besonnen weiter. Es haben sich heute zwei ehrenwerthe Männer bei mir um Deine Hand beworben: der Herr Prediger Brandt und der Herr Richter Zopf. Ich wünsche, daß Du eine Wahl zwischen beiden Herren träfest, Du

kennst sie selbst zu gut, als daß eine Empfehlung meinerseits nothwendig
wäre.

JOHANNA: Niemals, Niemals!

WELDEN: Ich will nicht Deine Aufregung steigern und Dich drängen. Aber ich
hoffe, daß, wenn Du erwägst, wie mein Urtheil begründet und deshalb
unwiderruflich ist, daß Du dann—dann—

JOHANNA: *(in Thränen ausbrechend)* Dann mögen meine Thränen unaufhaltsam fließen, bis Dein Wille, oder mein Herz gebrochen ist— *(eilt in ihr Zimmer;
der Vater ihr nach)*

WELDEN: Aber Johanna—Johanna!

Beide ab.

Fünfte Scene *(Straße)*

Malten, darauf Brandt.

MALTEN: Jetzt ist es Zeit, meinen Plan auszuführen. Gerade begegnet mir der
Spielball meiner Laune.

Brandt kommt von der andern Seite.

MALTEN: Guten Tag, Ehrwürden! Wenn ich Sie in Ihren frommen Betrachtungen
stören dürfte, so möchte ich wohl—

BRANDT: Der Herr behüte Sie, Herr Malten.—Meine Pflicht ruft mich weiter.

MALTEN: Aber, Herr Pfarrer, ich möchte bloß zwei Worte mit Ihnen wechseln.

BRANDT: Ich erinnere mich nicht, daß ich Sie jemals in meiner Kirche gesehen
habe.

MALTEN: Wollten Sie mich ruhig anhören, würden Sie Ihre Verzeihung mir dafür
schon gewähren.

BRANDT: Der Herr freut sich über einen Sünder, der Buße thut, mehr, als über neun
und neunzig Gerechte.

MALTEN: Sehr richtig!—Und damit Sie sehen, daß ich Ihnen nicht ohne Grund Ihre
kostbare Zeit in Anspruch nehme, so möchte ich in Ihr Gedächtniß eine
Unterredung zurückrufen, welche Sie heute mit Herrn Welden hatten.

BRANDT: —Eine Unterredung mit Herrn Welden?—Mein Herr!

MALTEN: Ich meine jene Unterredung, in welcher Sie um die Hand seiner Tochter
baten.

BRANDT: Mein Herr!—Ich begreife nicht—diese Ungezogenheit—

MALTEN: Kurz darauf hatte Ihr Freund, Herr Zopf, eine ähnliche Unterredung—

BRANDT: Eine Unterredung mit—?

MALTEN: Mit Herrn Welden und über denselben Gegenstand.

BRANDT: Über meinen Heirathsantrag?

MALTEN: Das nicht gerade. Herr Zopf bat Herrn Welden um die Hand seiner
Tochter.—

BRANDT: O, dieser Heuchler!

MALTEN: Sie sehen also, daß—

BRANDT: Aber mein Herr, darf ich Ihren Aussagen trauen?

MALTEN: Ich werde Ihnen noch heute Beweise bringen, wenn Sie in der That so wenig Menschenkenntniß hatten, um die Pläne Zopfs nicht schon längst zu durchschauen.

BRANDT: In der That, Sie erinnern mich an Manches, das mir jetzt erst erklärlich wird. O der schändliche Heuchler!

MALTEN: Ich hasse diesen Zopf vom tiefsten Grunde meiner Seele und wenn ich Ihnen in irgend einem Unternehmen helfen kann, welches die Pläne dieses Intriganten durchkreuzt, so—

BRANDT: In der That, das wäre zu überlegen—jedoch—aber—

MALTEN: Sie zweifeln immer noch an meiner Aufrichtigkeit? Nun hören Sie!—Sie wissen, daß Carl Werner mein Freund ist.—

BRANDT: Aber durchaus nicht der meinige.

MALTEN: Sie wissen ferner, daß Carl Werner sich um die Office beworben hat, die Zopf jetzt bekleidet und für welche er zum zweiten Male gewählt zu werden hofft.

BRANDT: Allerdings—ich habe davon reden hören.—Uns Dienern des Herrn ziemt sonst die Bekanntschaft mit solch weltlichen Händeln nicht sehr.

MALTEN: Sie begreifen also, daß ich ein Interesse daran habe, diesem Zopf zu schaden.

BRANDT: Freilich—aber dies ist nicht sehr christlich.

MALTEN: Lassen wir das bis zur Predigt. Rund heraus! Wollen Sie meine Hülfe?

BRANDT: Wir könnten allerdings einmal versuchen—

MALTEN: Habe ich Ihr Vertrauen?

BRANDT: Warum sollte ich es Ihnen entziehen? Sie scheinen mir ein recht braver junger Mann zu sein.

MALTEN: Sie wissen, daß Herr Welden ein arger Temperenzler ist.

BRANDT: Wie alle wahren Christen.

MALTEN: Wenn Zopf also von ihm betrunken gefunden würde—

BRANDT: So bekäme er ebenso wenig seine Tochter, wie Carl Werner.

MALTEN: Und es wäre nicht unmöglich, Zopf betrunken zu machen.

BRANDT: Das mein' ich.—Wir beiden haben schon öfter zusammen—doch—erzählen Sie Ihren Plan weiter.

MALTEN: Sie wissen, daß wenn man sich um eine Office bewirbt—

BRANDT: Man muß freilich treaten.

MALTEN: Und trinken. Darauf nun baue ich meinen Plan. Habe ich Ihren Beifall?

BRANDT: Mein junger Freund! Sie sind in der That nicht auf den Kopf gefallen.

MALTEN: Wollen Sie mich in meinem Plane unterstützen?

BRANDT: In Allem, was nicht gegen mein Amt und mein Gewissen ist.

MALTEN: *(für sich)* Ein weiter Spielraum; *(laut)* ich habe noch eine zweite Neuigkeit für Sie, Hochwürdigster!

BRANDT: Lassen Sie hören!

MALTEN: Maler und Wendt haben in ihrem neuen Store eben einen ausgezeichneten Champagner erhalten. Könnten wir denselben nicht zu einem Experimente mit Herrn Zopf verwenden—

BRANDT: Wollen sehen.

MALTEN:	Ich möchte freilich selbst nicht an diesen Versuchen betheiligt sein, denn seit Ihren frommen Ermahnungen von heute Morgen bin ich vollständig Temperenzler geworden.
BRANDT:	Das ist von Ihnen sehr brav, junger Mann.
MALTEN:	Und weil ich nun gerade vor wenigen Tagen ein Faß ausgezeichneten Brandy von einem Freunde in Frankreich erhalten habe,—so weiß ich wirklich nicht—
BRANDT:	Ei das ist sehr bedenklich. Sie scheinen noch nicht fest in Ihren Temperenz-Grundsätzen zu sein.
MALTEN:	Damit ich Sie vom Gegentheil überzeuge, will ich Ihnen den verderblichen Stoff zuschicken, damit Sie denselben mit eigenen Händen vernichten können.
BRANDT:	In der That, jetzt glaube ich, daß Sie es ehrlich meinen.
MALTEN:	Freilich, es thut mir fast leid;—der Stoff ist ausgezeichnet und kommt direkt aus Burgund.
BRANDT:	*(schnalzt mit der Zunge)* Desto eher muß er vernichtet werden.
MALTEN:	Ich habe nie ein so ausgezeichnetes Getränk gekostet.
BRANDT:	Ei, ei! Mein Freund, Sie scheinen noch sehr vom Geiste des Alkohol beherrscht zu werden.
MALTEN:	Ich werde mich überwinden. Noch heute sollen Sie das Faß erhalten.
BRANDT:	Als ein Geschenk für die Fische. Der Herr wird dieses Werk der Selbstüberwindung wohlgefällig ansehen.
MALTEN:	Und die Angelegenheit mit Herrn Zopf?—
BRANDT:	Ich vertraue Ihnen und werde es als ein gottgefälliges Werk ansehen.
MALTEN:	Wollen wir nicht deshalb eben den Champagner prüfen—
BRANDT:	Was thue ich Ihnen nicht zu Gefallen? O der Heuchler und Verräther, dieser Zopf, will mich um meine Braut prellen!

Beide ab.

Sechste Scene *(Bar Room)*

Zopf kommt herein mit einigen deutschen Loafers.

ZOPF:	Herein, meine Freunde! Wir wollen ein Glas mit einander trinken.
1. LOAFER:	Kommt an Boys! Zopf und Brandy for ever!
2. LOAFER:	Das Voten ist doch eine famose Geschichte. Da giebt es Brandy plenty.

Der Wirth schenkt ein.

ZOPF:	Also meine Herren, ich kann auf Eure Stimmen rechnen.
1. LOAFER:	Nur immer Whisky heran! *(trinkt aus)*
2. LOAFER:	Sonst stimmen wir nicht für das Temperenzgesetz.
1. LOAFER:	Halloh John! Schenkt die Gläser wieder ein: mit einem Treat ist es nicht geschehen.
2. LOAFER:	Aber Ihr müßt vollschenken.

Wirth schenkt ein; man trinkt.

ZOPF:	Ihr habt mich schon das vorige Mal gewählt und ich werde auch diesmal mich auf Euch verlassen müssen.

1. LOAFER:	Fünf Dollars per Mann. Die Geschichte ist gefixt.

Müller kommt herein.

MÜLLER:	Guten Tag meine Herren!
ZOPF:	Was will der fatale Mensch hier?
MÜLLER:	Kann ich nicht auch das Vergnügen haben, die Gesellschaft zu treaten?
1. LOAFER:	Für welche Office rennt Ihr denn?

Man trinkt mit einander.

WIRTH:	Die Wahlzeit ist doch eine gesegnete Zeit für die Wirthe.
MÜLLER:	Herr Zopf, dürfte ich einige Worte mit Euch reden?
ZOPF:	Was wünschen Sie von mir, junger Mensch?
MÜLLER:	Ich wünsche Nichts, als Ihnen einen Dienst zu leisten. Wollen Sie mir einige Minuten schenken?
ZOPF:	Ich bin doch neugierig—ob—
MÜLLER:	Ich werde Sie nicht lange in Anspruch nehmen.
ZOPF:	Ich stehe zu Diensten.

Wirth schenkt den Herren noch einmal ein.

MÜLLER:	Ich will mich kurz fassen. Sie kennen die Wittwe Schoppen?
ZOPF:	Die alte Betschwester?
MÜLLER:	Sie ist reich und die ärztliche Praxis trägt in M. so wenig ein,—
ZOPF:	Das weiß Gott! Ich wollte selbst mich einmal als Doktor ausgeben, aber es wurde mir versalzen. Die Doktoren haben hier Nichts zu thun, als bei Milius und Bist Bier zu trinken.
MÜLLER:	Also ich wollte die alte Betschwester heirathen; aber der Pfaff Brandt hat mir die Parthie verdorben. Um mich nun an ihm zu rächen, will ich dem Brandt auch seine Parthie verderben. Er soll Fräulein Welden nicht bekommen.
ZOPF:	Wie, Fräulein Welden—Johanna?
MÜLLER:	Heute hat er um ihre Hand beim Vater angehalten.
ZOPF:	O dieser heuchlerische Pfaff!
1. LOAFER:	Immer frisch eingeschenkt. Wir trinken Brandy und stimmen für Temperenz.
MÜLLER:	Da ich nun weiß, daß Sie auch der Dame Hand begehren,—
ZOPF:	Ich hoffe, daß—
MÜLLER:	So will ich Ihnen das Mittel angeben, den Pfaffen aus dem Felde zu schlagen. Sie wissen, daß die Concurrenz mit Herrn Brandt Ihnen gefährlich werden könnte—
ZOPF:	Freilich, die Pfaffen haben immer bei den Weibern einen Stein im Brette.
MÜLLER:	Sie wissen, Herr Welden ist ein arger Temperenzler—
ZOPF:	Wie alle guten Patrioten.
MÜLLER:	Wenn Brandt also von ihm betrunken gefunden würde—
ZOPF:	So bekäme er seine Tochter ebensowenig wie Carl Werner.
MÜLLER:	Und es wäre eben nicht unmöglich, Brandt betrunken zu machen—
ZOPF:	Das meine ich—wir beide haben schon öfter zusammen—doch erzählen Sie Ihren Plan weiter.

MÜLLER:	Sie wissen, daß die Herren Geistlichen—
ZOPF:	O die Pfaffen sind nur auf den Kanzeln Temperenzler, aber zu Hause—da färben sie ihre Nasen auch nicht mit Zinnober roth.
MÜLLER:	Sie sind Brandts Freund, Sie gehen zu ihm, versuchen mit ihm verschiedene feine Sorten Wein—
ZOPF:	O ich weiß schon, was er gern trinkt, der lüsterne Pfaffe!
MÜLLER:	Hab' ich Ihren Beifall?
ZOPF:	Sie haben mir in der That einen nützlichen Wink gegeben.
MÜLLER:	Ich werde mich sehr für den guten Erfolg Ihrer Bemühungen interessiren. Adieu! *(ab)*
ZOPF:	Wollen Sie nicht noch eins trinken? Leben Sie wohl!
	Kommt, Boys, wir wollen Eure Kameraden aufsuchen.
DIE LOAFER:	Hurrah! Es lebe das Temperenzgesetz.

Alle ab.

Zweiter Act

Erste Scene *(Garten)*

Johanna. Carl.

JOHANNA:	Dies ist die Stunde, zu welcher ich ihm das Rendezvous zugesagt habe. Werde ich diese Scene ertragen können? Ich zittere.
CARL:	*(kommt hinzu)* Meine liebe Johanna!
JOHANNA:	Herr Werner, ich hatte kaum den Muth—
CARL:	Hannchen, mein Hannchen, habe Hoffnung und Vertrauen—Bleibe Dir und Deiner Liebe treu.
JOHANNA:	Es ist vielleicht das letzte Mal,—daß—
CARL:	Niemals, niemals soll das Schicksal uns trennen! Vertrauen! Diese Wolke wird sich theilen und uns die Sonne wieder scheinen.
JOHANNA:	Sie hatten eine heftige Scene mit meinem Vater—
CARL:	Sie hat mich sehr geschmerzt.
JOHANNA:	Mich hat sie unglücklich gemacht, grenzenlos unglücklich.
CARL:	Höre mich an, Johanna: Ich will allen Wünschen Deines Vaters, mögen sie lächerlich und unbegründet sein oder nicht, nachkommen, aber ich kann nicht heucheln und an heuchlerischen Bestrebungen Theil nehmen. Ich kann nicht zu dieser Temperenzpartei gehören, weil sie eine öffentliche Lüge ist, aber ich schwöre Dir, daß niemals, niemals wieder ein Glas Wein, oder sonstigen geistigen Getränkes meine Lippen berühren soll, niemals soll Dein Vater—
JOHANNA:	Halten Sie ein, Carl! Ich will, ich darf einen solchen Schwur nicht hören. Ich weiß, daß Sie, daß ich ein solches Versprechen nicht nothwendig haben. Niemals werde ich Ihnen einen Zwang zumuthen, der für mich unnöthig, für Sie entehrend wäre und die einzige Bürgschaft für mein Glück wird der freie Wille meines Gatten sein.

CARL:	Hannchen, Du bist so vernünftig, wie Du schön bist.
JOHANNA:	Ich hoffe, daß mein Vater sich von seinem ungegründeten Zorne gegen Sie, sowie von seiner Anhänglichkeit an das fatale Temperenzgesetz erholen wird; er meint es ja immer sonst gut.
CARL:	Liebe Johanna. Du weißt, daß ich diese materiellen Genüsse, gegen welche Dein Vater so erbittert ist, nicht einmal bedarf.
JOHANNA:	Ich kenne Sie als einen *Mann*, Carl, und bin stolz darauf.
CARL:	O wenn doch Alle Deines Geschlechts von Deinen edlen Gesinnungen beseelt wären!
JOHANNA:	Ich kann mir nicht denken, daß eine Frau einen Mann achten und lieben könnte, der eines moralischen Zwanges bedarf. Des Mannes Ehre und der Frauen Liebe sind bessere Mittel, die öffentliche Moral aufrecht zu erhalten, als alle Polizei- und heuchlerischen Temperenzgesetze.
CARL:	Möchte die ganze Welt diese edlen Worte hören!
JOHANNA:	Ist es nicht sogar anständig und würdig, in einer bequemen, freundschaftlichen Gesellschaft bei einem Glase Wein trauliche Worte auszutauschen? Die Freundschaft erwärmt sich bei dem edlen Getränke, der Geist nimmt einen freiern höhern Schwung und die Liebe hört niemals schönere Worte, als wenn sie vom Weine beseelt sind.
CARL:	Jedes dieser Worte möchte ich von Deinen Lippen küssen.
JOHANNA:	Hören Sie, Carl, einen Vorschlag! Schreiben Sie an meinen Vater einen Brief, einen offenen, zutraulichen, würdigen Brief, dessen Wünsche sich mit meinen Bitten vereinigen. Er wird nicht der Vernunft unzugänglich bleiben; er hat Sie früher immer geachtet.
CARL:	Ich hatte dies schon beschlossen.
JOHANNA:	Und nun leben Sie wohl, Carl! Es wäre nicht gut, wenn mein Vater uns jetzt überraschte.
CARL:	Es ist bei Gelegenheit der Wahl heute Nachmittag ein Volksfest. Könnten wir uns dort nicht sprechen?
JOHANNA:	Vater hat davon geredet hinzugehen. Also—Adieu mein Lieber!
CARL:	Einen Kuß zum Abschied!
JOHANNA:	*Nein!* Zum Wiedersehen, wenn der Brief seinen Erfolg gehabt hat. Adieu!—
CARL:	Wie ich sie liebe—es ist zum wahnsinnig werden.

Zweite Scene *(Zimmer)*

Fräulein Maaß vor dem Spiegel.

MAAß:	Gleich wird er kommen, der hübsche, der liebenswürdige, junge Mann. Malten, welch ein schöner, klangvoller Name! Ein solcher Name könnte in jedem Romane stehen! Und dazu ist er ein Maler! O immer habe ich mir gewünscht, einen Maler zu heirathen.—Ich sehe heute wohl recht gut aus, das muß ich mir selbst gestehen. Neulich sagte mir Malten, daß mir das Kostüm gut stände. Was wird er erst heute sagen? Je länger ich in den Spiegel schaue, desto reizender komme ich mir vor. Es ist gar nicht

anders möglich; er muß heute zum Geständniß kommen; er muß rasend in mich verliebt werden. Horch—ich höre Schritte auf der Treppe—er kommt, o wie ich zittere! wie ich blaß werde!—Ach wir bleiben doch immer Weiber, wenn wir auch die Hosen tragen.

Malten; Vorige.

MALTEN:	Guten Morgen reizende Emanzipation und liebenswürdige Propaganda.
MAAß:	*(Muth gefaßt)* Sie haben mich warten lassen, Herr Malten; das ist unausstehlich von Ihnen. Empfangen Sie das Geständniß meiner allerhöchsten Ungnade.
MALTEN:	Es freut mich, daß Sie sich darüber ärgern, denn es beweist, daß Sie sich nach mir gesehnt haben.
MAAß:	Wie ich mich sehne nach einem Krammetsvogel, um ihn zu verspeisen.
MALTEN:	Aber die Stricke sind noch nicht gelegt, um ihn zu fangen.
MAAß:	Was braucht es Stricke, wenn der Vogel mir in die Hand fliegt? Sehen Sie mich an und sagen Sie mir—
MALTEN:	Daß Sie heute reizend sind.
MAAß:	Weiter—
MALTEN:	Daß das Kostüm Ihnen sehr gut steht.
MAAß:	Nicht wahr? Aber weiter—
MALTEN:	Daß ich Sie liebenswürdig finde.
MAAß:	Weiter! Weiter! Weiter!
MALTEN:	Daß ich—
MAAß:	O Malten!
MALTEN:	Daß ich Sie für eine ausgemachte Närrin halte.
MAAß:	*(nach einer Pause in den Sessel sinkend, unter Thränen)* Nein, das ist zu stark. Da hilft keine Verstellung und Verkleidung. Jetzt muß ich weinen.
MALTEN:	*(für sich)* Jetzt bin ich meiner Sache sicher.
MAAß:	Gehen Sie mein Herr! gehen Sie! Setzen Sie Ihren Spott zu einer andern Zeit fort. Ich bin unwohl.
MALTEN:	Nein mein Engel! Jetzt bin ich erst recht entzückt von Ihnen. Hier meine Hand! Heute noch wollen wir die Verlobung feiern!
MAAß:	Ist es möglich?—O immer noch der grausame Spott!
MALTEN:	Nein, nein, gewiß nicht. Hier ist meine Hand!—Wollen Sie die Meine sein?
MAAß:	Bis in den Tod.
MALTEN:	Aber eine Bedingung—
MAAß:	Sprechen Sie dieselbe rasch aus.
MALTEN:	Es ist nur eine kleine Sache. Ich will für das Wohl eines Freundes sorgen. Mein Freund Werner will Ihre Cousine heirathen; ihre Tante Schoppen mischt sich in die Sache und hat den Vater gegen den jungen Mann aufgebracht, weil—
MAAß:	*(rasch)* Weil sie ihn selbst heirathen möchte.
MALTEN:	Ganz richtig. Wir müssen die Sache wieder ins Geleise bringen.
MAAß:	Und Tante Schoppen foppen. O das ist köstlich, herrlich, himmlisch!

MALTEN:	Sie müssen dazu helfen.
MAAß:	Ganz gern. Aber wie fangen wir das an?
MALTEN:	Ich weiß, daß Tantchen in der Stille gern trinkt.
MAAß:	Die alte Betschwester, die Heuchlerin! In der That, ich habe schon so etwas gemerkt.
MALTEN:	Sehen Sie dies Buch? *(zieht ein Gefäß hervor)*
MAAß:	Was soll denn die Bibel hier thun? Ich kann das Buch nicht leiden.
MALTEN:	*(zeigt das Gefäß)* Es ist keine heilige Schrift, sondern eine sehr unheilige, moderne, methodistische, temperenzlerische Branntweinflasche.
MAAß:	Ist es möglich? O das ist zum Todtlachen!
MALTEN:	In Massachusetts wird unter dem Maine Liquor Law in allen Kirchen aus solchen Bibeln der heilige Geist geschlürft.
MAAß:	Das Ding muß der Betschwester zum Geschenk gemacht werden.
MALTEN:	Ganz richtig und ich überlasse Ihnen das Weitere.
MAAß:	Das wird eine herrliche Intrigue. O für Intriguen bin ich gerade geboren. Gehen wir gleich ans Werk.
MALTEN:	Das macht mich bedenklich. Aber meine Freundin, noch eine andere Bedingung.
MAAß:	Mein Freund, Sie werden doch nicht—
MALTEN:	Bei unserer Verlobung müssen wir Champagner trinken—
MAAß:	Niemals! Niemals! meine Grundsätze—
MALTEN:	Ich setze gegen Ihre thörichten Grundsätze meinen *Willen* ein. Es ist mein *Ernst*.
MAAß:	Aber Malten!
MALTEN:	Wenn Sie mir nicht einmal diese kleine Bitte gewähren, muß ich Ihre Liebe zu mir für eine Comödie halten und Sie mit herzlichem Bedauern—
MAAß:	Ich werde mit Ihnen Champagner trinken.
MALTEN:	In einer Stunde komm' ich wieder.
MAAß:	Ich eile unterdessen zu der Tante.
MALTEN:	Und wir trinken Champagner
MAAß:	—bei der Verlobung. Adieu bis dahin!

Beide zu verschiedenen Seiten ab.

Dritte Scene *(Öffentlicher Garten wie beim Beginn des Stückes)*

Carl und Müller kommen zusammen.

CARL:	Ich kann Dir nicht sagen, wie bewegt, wie traurig ich bin; ich ahne nichts Gutes.—
MÜLLER:	Fasse Muth! Die letzten Nachrichten von den Polls lauten günstig; das Temperenzgesetz wird sicher niedergestimmt werden.
CARL:	Aber der Starrsinn des alten Welden wird nicht niedergestimmt.
MÜLLER:	Der Wille des Menschen ist heute nicht mehr von Eisen, wie vor Zeiten; besonders in der Politik. Wir leben in einer Zeit, wo die Grundsatzlosigkeit zur Mode, die Verkäuflichkeit zum Gewerbe gehört und es mehr Heuchler wie Brombeeren gibt.

CARL: Ach, ich habe alles Vertrauen verloren, sogar das Vertrauen zu mir selbst.

MÜLLER: Komm', laß uns den Spruch des alten Horatius befolgen: *Vino nunc pellite curas!* Jetzt tilgt mit dem Weine die Sorgen! Das ist ein allezeit probates Mittel gegen üble Laune.

CARL: Das verhaßte Getränk, welches ein Meer zwischen mir und meiner Johanna bildet.

MÜLLER: Aber die Meere lassen sich durchschiffen. Kellner! Eine Flasche Rüdesheimer!

CARL: Ich erwarte Hannchen jeden Augenblick. Wenn mein Brief keinen Erfolg gehabt hat—dann—dann schieße ich mich am Ende gar todt.

MÜLLER: Sieben und zwanzigste Auflage von Werthers Leiden. Doch siehe, der Kellner bringt Wein! Ziehen wir uns in diese Laube zurück. *(Sie setzen sich in die Laube.)*

Maaß und Schoppen gehen vorüber. Maaß zeigt das Trinkgefäß.

MAAß: Sehen Sie, Tantchen, dies ist ein ausgezeichnetes Buch, diese Bibel. Man küßt es, und der Geist des Lebens berührt unsere Lippen.

SCHOPPEN: Was für Erfindungen doch die Menschen nicht machen! Zeige mir das seltsame Ding!

MAAß: Seht, diese Feder bewegt Ihr, dann öffnet sich das Gefäß. Versuchen Sie es einmal; ich habe es nur mit Wasser gefüllt.

SCHOPPEN: Wenn dem so ist—*(trinkt)*. Aber das ist ja Branntwein *(trinkt noch einmal)*, vollständiger, leibhaftiger Branntwein *(trinkt wieder)*. Ich kann mich nicht täuschen, ja es ist Branntwein. Kind der Verdammniß, was hast Du gemacht? Du hast Dein Gelübde, Dein Temperenzgelübde gebrochen. O Unschuld und Tugend, verhülle Dein Antlitz vor Scham.

MAAß: Aber liebes Tantchen, ich habe dies ja nicht gewußt. Der böse Apotheker muß das Wasser, welches ich hinein geschüttet, mit Branntwein vertauscht haben.

SCHOPPEN: Ich muß das Buch confisciren mit seinem Inhalte.

MAAß: Wenn ich dadurch Ihre Verzeihung mir erwirken kann.

SCHOPPEN: Dort unter den Eichen sehe ich den ehrwürdigen Herrn Brandt. Es ist nicht schicklich, daß junge unverheirathete Damen allein wandeln; wir wollen uns unter seinen geistlichen Schutz stellen.

MAAß: *(im Abgehen)* — *(umschauend)* Kommt denn mein Bräutigam noch nicht?—

Beide gehen weiter.

CARL: Welche verrückte Frauenzimmer!

MÜLLER: Da sehen wir ein gutes Stück Temperenzagitation. Doch sieh', da kommt Welden mit seiner Tochter. Der alte Herr verwickelt sich mit dem Gouverneur in ein Gespräch. Johanna schaut um sich. Sie sucht Dich. Geh' zu ihr, ermögliche eine Unterredung mit ihr, ich eile unterdessen zu den Polls und will sehen, wie es dort steht. *(ab)*

CARL: Johanna sieht traurig aus. Der Muth fehlt mir auf sie loszugehen. Gott! sie hat mich bemerkt, sie kommt.

JOHANNA:	*(eilt auf Carl zu)* Mein Vater ist für den Augenblick in ein Gespräch verwickelt. Ich habe die Gelegenheit benutzt, um Sie zu sehen, Ihnen zu sagen—
CARL:	O Johanna, sagen Sie mir nicht mein Todesurtheil. Sie haben geweint.—
JOHANNA:	Der Vater hat Ihren Brief bekommen; er wurde finster und verschlossen, wie ich ihn nie gesehen habe.
CARL:	Und ich habe doch so offen, so ehrlich geschrieben.
JOHANNA:	Er sagte mir kein Wort, doch seine Blicke wurden mir fürchterlich. O, Carl! wenn wir das Band unserer Liebe zerreißen müßten!
CARL:	Niemals! niemals! eher lösen sich die Bande dieses Lebens.
JOHANNA:	Mir ist, als wenn das Sterben eine Wohlthat wäre.
CARL:	O Johanna, komm' in meine Arme, alle Mächte der Welt sollen Dich nicht wieder von meinem Herzen reißen.
WELDEN:	*(tritt hinzu)* Was seh' ich?
JOHANNA:	Gott! der Vater!
WELDEN:	Ist denn die ganze Welt, ist denn mein eigenes Blut falsch und treulos?
JOHANNA:	*(ihm zu Füßen)* O Vater! Vater!
WELDEN:	Hier ist nicht Dein Platz. Lege Dich wieder in den Arm Deines Buhlen.
JOHANNA:	Vater, Sie tödten mich!
WELDEN:	Johanna, als ich Deine Mutter begrub, war ich traurig und weinte. Aber jetzt fühle ich mich weit unglücklicher und kann nicht einmal weinen.
CARL:	Herr Welden! Üben Sie Gnade, nein Gerechtigkeit. Sie tödten Ihre Tochter.
WELDEN:	Ich rede nicht mit Ihnen. Ihre Grundsätze sind von den meinigen zu sehr entfernt, als daß eine Verständigung zwischen uns möglich wäre. Dies sei die Antwort auf Ihren Brief.—Meine Tochter, falls Du noch auf diesen Namen Anspruch machen willst—folge mir!

Letzte Scene

Malten mit Zopf und Brandt. Die beiden Letzteren sind betrunken. Vorige.

MALTEN:	Es scheint mir, daß ich gerade recht komme.
CARL:	Was soll dies denn bedeuten?
WELDEN:	Wie? Herr Zopf? Herr Brandt?
ZOPF:	Sehen Sie—Herr Welden—dieser verdammte Kerl, der Brandt—
BRANDT:	*(weinerlich)* Glauben Sie ihm nichts, Schwiegerpapa. Er ist betrunken, der sündige Mensch.
ZOPF:	Möge der Blitz Dich treffen, verdammter Pfaff. Du hast Champagner gesoffen wie ein Loch.—
JOHANNA:	Welche Ausdrücke! Laß uns gehen, Papa!—
ZOPF:	Ah! sieh' da, meine liebe kleine Braut, mein Goldpüppchen. Ich muß Dich küssen.
BRANDT:	Das ist ja des Himmels Braut, das heißt meine Braut; sie geht Euch nichts an, Ihr Officehunter und Bauernschinder.

ZOPF: Der Pfaff ist betrunken, wir wollen ihn getheert und gefedert durch die Gassen schicken.

BRANDT: Da hören Sie ja, und er hat mich selbst betrunken gemacht.

ZOPF: Diesem heuchlerischen Pfaffen wollten Sie Ihre Tochter schenken?

BRANDT: Diesem betrunkenen Loafer wollten Sie Ihre Johanna vermählen?

ZOPF: Ich schlage Dir den Hirnkasten ein.

WELDEN: Aber meine Herren!

Maaß und Schoppen; letztere betrunken.

SCHOPPEN: *(zu Brandt)* Ach mein lieber Bräutigam in Christo.

MAAß: Ich denke, das wird eine artige Comödie; *(zu Malten)* habe ich es recht gemacht? *(Beide plaudern zusammen.)*

SCHOPPEN: Liebstes Jesulein,
O, wie bist Du fein,
Laß mich Deine sein
Immer in Liebespein.
Umarme mich, herzliebster Bruder Brandt.

WELDEN: Ich denke, die ganze Welt ist toll.

CARL: Ich fasse Muth.

JOHANNA: Was fehlt der Tante?

MAAß: Sehen Sie hier die neue Bibel der frommen Tante *(zeigt das Gefäß)*. Es fließt der beste Branntwein heraus. Merken Sie etwas, Herr Welden?

BRANDT: Was will die alte Schachtel?

SCHOPPEN: Ich eine alte Schachtel? Hießest Du mich nicht immer früher Dein Turteltäubchen?

ZOPF: Da sieht man den lüsternen Pfaffen.

BRANDT: Loafer!

ZOPF: Ich schlage Dir noch das Auge braun und blau.

WELDEN: Aber erklärt mir doch, meine Herren!

MALTEN: *(tritt vor)* Herr Welden! Hier sehen Sie ein großes Bruchstück der Temperenzpartei im Zustande der entlarvten Heuchelei und offenbaren Trunkenheit.

ZOPF: Ja, der Pfaff ist betrunken.

BRANDT: Ja, Zopf ist betrunken.

MALTEN: Damit der Eine dieser Herren dem Andern in seiner Achtung schaden könnte, haben sie sich gegenseitig betrunken gemacht, und Jeder nennt nun den Andern einen Heuchler, damit er ihm die Heirath mit Eurer Fräulein Tochter verdirbt.

ZOPF: Der Pfaff soll das Mädchen nicht haben.

BRANDT: Sie ist meine Braut.

MALTEN: Ich frage Sie nun auf Ehre und Gewissen, haben Sie jemals in unseren Kreisen und in der Partei, welche gegen alle Temperenzgesetze ist, eine solche Scene erlebt?

WELDEN: Sie setzen mich in Verlegenheit, freilich nein—aber—

SCHOPPEN: *(zupft Brandt)* Kommen Sie mit, Herzliebster!

WELDEN: Ist denn Niemand mehr dem Temperenzgesetz treu?

MAASS:	Niemand mehr.
WELDEN:	Und Du, kleine Närrin, bist auch bekehrt?
MAASS:	Ich trinke Champagner auf meiner Verlobung.
WELDEN:	Aber dies ist wunderbar.
MAASS:	Was kann man gegen die Liebe? Es ist doch unmöglich, daß ein junges hübsches Mädchen gegen die Liebe etwas thun kann.

Müller kommt.

MÜLLER:	Hurrah! wir haben gewonnen, das Temperenzgesetz ist niedergestimmt.
ZOPF:	O weh! meine Office!
MÜLLER:	Carl Werner ist zum Oberrichter ernannt und Zopf glänzend durchgefallen.
BRANDT:	Das ist dem Kerl gut!
MALTEN:	Die Vernunft stirbt bei einem freien Volke niemals.
WELDEN:	Und wenn sie für einen Augenblick unterdrückt wird, so wacht sie nur um so lebendiger wieder auf. Meine Herren, ich bin von meinem Wahne bekehrt.—
MALTEN:	Das wußte ich vorher.
MÜLLER:	Sie sind ein prächtiger Mann.
WELDEN:	Herr Wirth! Bringen Sie Champagner, einen ganzen Korb voll Champagner; ich will meine Genesung feiern. *(Man bringt Champagner.)* Hier, Johanna, steht Deine Wahl, umarme ihn!
JOHANNA:	Zuerst in Deine Arme, mein Vater!
CARL:	Konnte ich jemals an Ihrem edlen Herzen zweifeln?
JOHANNA:	Und nun in Deine Arme, Carl!
CARL:	O Johanna, das Glück überwältigt mich.
MALTEN:	Komm, mein kleines Närrchen, wir wollen Champagner trinken.
SCHOPPEN:	Ich trinke mit.
BRANDT:	Wir werden doch auch von der Partie sein.
MALTEN:	Ihr Heuchler, Ihr Wassersüchtigen, bleibt unserm fröhlichen Kreise fern! Ihr habt nicht das Recht zur Freude!

Die Drei ab.

MÜLLER:	Jetzt wollen wir die beiden Verlobungen feiern, so fröhlich wie nur jemals ein Glas auf das Wohl einer hübschen Braut getrunken worden ist.
WELDEN:	Und ich will den Trinkspruch sprechen. Freunde, füllet die Gläser bis zum Rande! Möge unser jugendlich aufblühendes Land niemals eine Beute der Heuchelei und Unfreiheit werden! Möge niemals das Temperenzgesetz die Ehre unseres Landes, die Wohlfahrt und die Freiheit unserer Bürger tränken!

Alle stoßen an. Vorhang fällt.

2

Reinhold Solger

Although Reinhold Solger's name is familiar to many engaged in German-American studies, only limited and sometimes contradictory information is available about his life and contributions.[1] He was born in Stettin on 5 July or 17 July 1817,[2] the son of a government counsellor who died when Solger was only nine years old; his uncle was the Jena philosopher Karl Wilhelm Ferdinand Solger. He entered the University of Halle to study theology, but soon changed to philosophy and history, finishing a Ph.D. in Greifswald in 1842 with a historical dissertation on the Sicambers. After an unhappy year in a governmental internship in Potsdam and Berlin, which he had hoped might lead to an academic career, he decided to emigrate to America. However, his plan was thwarted when he was cheated by a ticket broker in Liverpool—an event that was reported as a fact by Friedrich Kapp and as a "story" by Jeffrey L. Sammons.[3] Thus forced to remain in England, he found employment as a tutor, learned English, wrote essays, and became acquainted with both Thomas Carlyle and Charles Dickens. In the spring of 1847, he moved to Paris, where he met political refugees, including Michael Bakunin, Georg Herwegh, Ferdinand Cölestin Bernays, and others. The summer of 1847 found him in Heidelberg together with Friedrich Kapp; then he went to Berlin, and then back to Paris. After the February Revolution

1.   Available sources include (1) an article by Friedrich Kapp, first published in Caspar Butz's *Deutsch-amerikanische Monatshefte für Politik, Wissenschaft und Literatur* in February 1866 and republished, in slightly altered form, in Friedrich Kapp, *Aus und über Amerika: Thatsachen und Erlebnisse*, vol. 1 (Berlin: Julius Springer, 1876), 356–380; (2) an article by A. E. Zucker in the *Twenty-fourth Report of the Society for the History of the Germans in Maryland* (1939), 8–16; (3) a small entry in S. Austin Allibone's *A Critical Dictionary of English Literature and British and American Authors*, vol. 2 (Philadelphia: J. B. Lippincott, 1882), 2173; (4) an entry by A. E. Zucker in the *Dictionary of American Biography under the Auspices of the American Council of Learned Societies*, ed. Dumas Malone, vol. 17 (New York: Charles Scribner's Sons, 1935), 392–393; and (5) a doctoral dissertation on Solger by M. Allan Dickie (University of Pittsburgh, 1930). I have not seen the dissertation; Zucker states that it includes a good bibliography. Jeffrey L. Sammons has recently discussed Solger in his work on German novelists of America, without offering biographical details; he hints that some of the information given by others is essentially hearsay (Jeffrey L. Sammons, *Ideology, Mimesis, Fantasy: Charles Sealsfield, Friedrich Gerstäcker, Karl May, and Other German Novelists of America* [Chapel Hill and London: University of North Carolina Press, 1998], 219, 220).
2.   The former date is given by Kapp, the latter by Zucker.
3.   Kapp, *Aus und über Amerika,* 357; Sammons, *Ideology*, 219.

Reinhold Solger (undated). Reprinted from *Twenty-fourth Report of the Society for the History of the Germans in Maryland,* 1939.

in Paris (1848), he returned to Berlin, and in August he was in Frankfurt on the Main, working and writing for the leftists. He took part in the Revolution in Baden beginning in May 1849, serving chiefly as a translator and interpreter for General Mieroslawski, whose native language was French. Thereafter he spent time among the refugees in Berne, Zürich, and London, before finally emigrating to America in the spring of 1853 and settling in the Boston area. Known as a successful lecturer at the Lowell Institute of Boston, he became instrumental in Lincoln's election to the presidency and was rewarded by Lincoln with a position in the United States Treasury Department.[4] In

4.   Zucker quotes a letter written by Governor John A. Andrew of Massachusetts, in which he ranks Solger's importance for the Republican cause in the East, in both 1856 and 1860, as high as Carl Schurz's in the West. Zucker, *Report,* 12.

April 1864, Solger suffered a paralytic stroke from which he did not recover; he died on 11 January 1866.

Solger's works have yet to be collected. They include an early unfinished epic entitled *Hans von Katzenfingen und seine Tante*, a poem "Der Untergang," an article "Wir" in which Solger supposedly analyzes the liberal party that was defeated in the Revolution of 1849, *Das Staatensystem in Europa*, a speech for the hundredth anniversary of Friedrich Schiller's birth (1859), an address "War and Its Blessings," a *Memorial of the Schleswig-Holstein Question*, a poem for which he was awarded first prize at the New York Schiller centennial celebration, and articles that Solger contributed to various periodicals, including Butz's *Deutsch-amerikanische Monatshefte für Politik, Wissenschaft und Literatur*.[5] Beyond these, there are the dramatic farce *Der Reichstags-Professor*, and the two-volume *Anton in Amerika: Novelle aus dem deutsch-amerikanischen Leben*. In this volume we present the former in its entirety and five excerpts from the latter.

Der Reichstags-Professor was written in 1849–1850, while Solger was in Switzerland, according to both Kapp and Zucker. It was reportedly first published in Adolph Kolatschek's journal *Deutsche Monatsschrift für Politik, Wissenschaft, Kunst und Leben*[6] and was republished in September 1864 in Caspar Butz's *Deutsch-amerikanische Monatshefte für Politik, Wissenschaft und Literatur* and again in 1971 in a collection entitled *Der deutsche Michel: Revolutionskomödien der Achtundvierziger*.[7] The present anthology includes the piece as it appeared in 1864. Full of political names and other references from the period, the main targets of the work's satire are (1) the Erfurt Union and its attempt in June 1849 to salvage the unsuccessful efforts of the German National Assembly in Frankfurt by establishing a small-German federal state under Prussia, and especially (2) the Gotha Party under the leadership of Heinrich von Gagern, a large group of former deputies to the Frankfurt Assembly. The Erfurt Union drafted a constitution that the Gotha Party accepted, agreeing to somewhat reactionary revisions, and by the end of August 1849, almost all of the German states, under Prussian pressure, had recognized the constitution and joined the

5.   *Hans von Katzenfingen* was published as a fragment in the *Deutsches Taschenbuch aus der Schweiz* (Zürich: Verlag des literarischen Comptoirs, 1845 and 1846). "Der Untergang" was published in Caspar Butz's *Deutsch-amerikanische Monatshefte für Politik, Wissenschaft und Literatur* (March 1866): 242–243. "Wir" is mentioned by Kapp, *Aus und über Amerika*, 363–364, who indicates that it was published in Zürich in Kolatschek's "Deutsche Monatsschrift." *Das Staatensystem in Europa* is listed by Robert Elmer Ward in *A Bio-Bibliography of German-American Writers, 1670–1970* (White Plains, N.Y.: Kraus International Publications, 1985), 283. The Boston speech for the Schiller celebration is mentioned and quoted in part by Kapp, *Aus und über Amerika*, 372–374. "War and Its Blessings" is listed by Ward, *Bio-Bibliography*, 283, who states that it was published in the *Daily Atlas and Bee*, 16 June 1861. The *Memorial* is mentioned by both Kapp, *Aus und über Amerika*, 369–370, who dates it 1861, and by Ward, *Bio-Bibliography*, 283, who dates it 1862; it can be found at the New York Public Library. The prize-winning Schiller poem is quoted in part by Kapp, *Aus und über Amerika*, 371, and also by Zucker, *Report*, 13. Solger's papers are in the Archives of the Library of Congress.

6.   This publication appeared in Stuttgart, Barmen, and Bremen in 1850 and 1851.

7.   *Der deutsche Michel: Revolutionskomödien der Achtundvierziger*, ed. Horst Denkler (Stuttgart: Reclam, 1971).

Union. However, elections to the Erfurt Parliament were boycotted in January 1850, particularly by the Democrats, the Gotha Party was defeated, and the constitution never went into effect. By November 1850, the plans of the Erfurt Union had been abandoned altogether, and the reactionary policies of the 1850s had set in.

Solger's title figure is the dimwitted though learned Professor Duselmann, a veritable caricature of the often derided intellectual members of the failed German National Assembly. Herr Heuler, who represents the supporters of a constitutional monarchy for Germany (a group mocked as "Heuler"), has promised him his niece and heiress Amalie in marriage. Duselmann's foil and competitor, as well as Amalie's choice and secret fiancé, is the young radical Democrat, Herr Oertel, a former member of the Frankfurt leftist party. Solger's brilliant ear for language and his humor are on full display: Heuler, his politically savvy servant girl Hanne, and others speak a broad and funny Berlin dialect that is replete with typical Berlin vowel and consonant sounds, grammatical deviations, such as the confusion of the dative and accusative cases, and malapropisms. Hanne, for example, asks her lover ". . . darum kömmst de in de Kiche un schwerst mich ewije Treie, feijer hinterlüstiger Italiäner?" Or Heuler asks Hanne "Eißertest du dir?" and she answers "Ick hielt blos en kleenen Monopol vor mir alleene." Or Heuler is angry when Hanne fails to respond when the doorbell rings, and she replies "Ick hehr et recht jut. Halten Se mir denn vor'n Staubdummen Institut?"[8]

There are multiple cases of mistaken identity in this farce. Oertel first disguises himself as a policeman to escape from Heuler's apartment. When he later returns through the window, he mistakes Duselmann, who is asleep in bed, for his beloved Amalie. Duselmann himself, afraid of the police, jumps out the window, abandoning his jacket and wig, which Oertel then appropriates to pass himself off as the Reichstagsprofessor. Heuler mistakes Oertel, thus dressed, for Duselmann and hurries Amalie off to marry him, only to explode with anger when he learns the truth: "Ertel! der Republikaner! der Kommunist! der Meichelmerder! Gensd'arm, hundert Thaler, wenn S'en mich wiederbringen. Dodt oder lebendig!"[9]

In 1860 Solger translated, reworked, and published his *Reichstags-Professor* under the title *The Honorable Anodyne Humdrum; or, The Union Must and Shall Be Preserved: A Farce, in Two Acts*.[10] Solger hoped that the English version, which mocked the Bell-Everett-Man and the Douglas-Democrat of the American pre–Civil War era, would play a role in the presidential election of 1860; but according to Kapp, his plans were thwarted when theater directors refused to allow a black and a white actor to appear on stage simultaneously.[11]

8.   From scenes 4, 5, and 7.
9.   From scene 20.
10. Reinhold Solger, *The Honorable Anodyne Humdrum; or, The Union Must and Shall Be Preserved: A Farce, in Two Acts* (Boston: Stacy & Richardson, 1860). This work is discussed by Lorie A. Vanchena, "From Domestic Farce to Abolitionist Satire: Reinhold Solger's Reframing of the Union (1860)," in *German Culture in Nineteenth-Century America: Reception, Adaptation, Transformation*, ed. Lynne Tatlock and Matt Erlin (Rochester, N.Y.: Camden House, 2005), 289–316.
11. Kapp, *Aus und über Amerika*, 368–369.

Selections from Solger's novel *Anton in Amerika* constitute the final part of this chapter. In 1862 the *New-Yorker Belletristisches Journal* awarded the work the first prize in a competition for the best German-American novel and published it in serial form. The same year it appeared in book form in Bromberg, and in 1872 it was republished in New York by E. Steiger. In 1928 the German writer Erich Ebermayer (1900–1970), who is known for his adaptations of literary works for theater and film, published his version of Solger's novel,[12] but even this exposure did not bring it fame. The 1872 edition is the source of the selections offered here.

It is difficult to explain how the sections included here fit into Solger's complex plot, or even to justify the choice of some parts over others. Nevertheless, these individual scenes seem somewhat complete within themselves. We hope that they can be understood and enjoyed on their own merit, and that the selection presented here will provide a taste of Solger's style and content.

The first section is the ninth chapter of the first volume. Almost immediately upon his arrival in the United States, the hero Antonio has met the wealthy Dawson family in New York City, including the playboy son Augustus. In an unrelated act of kindness, he has saved from distress a young woman named Annie and her child, whom he discovered begging on a New York street, by arranging a room for her with the O'Sheas, an Irish immigrant family. Annie's husband and the father of her child is a French con artist who has abandoned her and is now courting Augustus's younger sister Mary. Not eager to have Annie's existence and situation known, and fearing that Antonio will reveal his secret, the Frenchman and his friend Jack O'Dogherty lie in wait for him late one evening, intending to attack him with a knife. Antonio is saved by Mrs. O'Shea's son Paddy, a New York newspaper boy, who realizes what is going on. As this chapter begins, Antonio is returning to the O'Sheas' home to inquire about Annie's welfare. He sees and recognizes Jack O'Dogherty, a neighbor of the O'Sheas, and he learns that Annie is no longer living there, as her husband has meanwhile come to fetch her. The O'Sheas, upon hearing about Jack's attempted attack against Antonio, take revenge.

The next excerpt is from the twelfth chapter of the first volume. Annie's renegade French husband, now living under the name of Comte de Roussillon, has ingratiated himself to Mary Dawson by covering her brother Augustus's gambling debts and has won her hand in a secret marriage. Augustus, meanwhile, has forced Annie to become his mistress. Thus the Frenchman is married to both Annie and Mary, and Annie is living with Mary's brother Augustus. As this chapter begins, the Frenchman's friend Beauford approaches Augustus with the news that the Frenchman, also known as the Count (der Graf), now needs his money back; during the same visit, he blackmails him in the Count's name for much money, creating a situation that will eventually lead to murder.

The third excerpt is the first chapter of the second volume. The hero Anton has left New York and is traveling by coach and steamship in the state of New Hampshire. He

---

12. *Anton in Amerika*, "Roman nach Reinhold Solger, frei bearbeitet von Erich Ebermayer" (Berlin: J. M. Spaeth, 1928), which is described as "völlig neu geschrieben . . . auch neue Menschen gesellten sich zu dem Treiben" (from the description of this work in the WorldCat online library catalogue).

is recognized by Mrs. Dawson as she travels together with her daughter Mary, whom the reader had last seen as a troubled young woman married to a bigamist. This section, with its descriptions of Miss Parsons, the trip itself, and the landscape and summer heat, takes on a tone that is simultaneously romantic and humorous. Miss Parsons is eager to discuss German philosophy—and particularly its reputation for being atheistic—with Anton; Anton lies idyllically among the baggage on the top of the coach and smokes his cigar, much like Eichendorff's Taugenichts ("in die klare, blaue Unendlichkeit über meinem Gesichte hinpuffend"); and Miss Parsons gets caught by her clothing and hangs from the coach ("zwischen Himmel und Erde").

The fourth section is from the third chapter of the second volume. Susan Cart-wright, Annie's younger sister, is off to save her father from financial ruin, using her own personal earnings. In the barn, as she is saddling her horse, she is accosted by the arrogant Frederick Snobbs, "the intending one," who had an eye on her as a potential wife, at least until he heard about her father's debts. Just as other chapters are prefaced by quotations from various sources (including, in the chapters presented here, Homer's *Odyssey*, the *Nibelungenlied*, an old folk song, Shakespeare's *Winter's Tale*, and a French proverb), this delightfully funny chapter is introduced by an ironic motto the author claims to have learned from experience: "Never do anything yourself that you can have a woman do for you." Mr. Snobbs, a small town merchant, is a figure of no consequence whatsoever in later chapters, while Susan plays a more significant role.

Our fifth and final selection, which comprises the fifteenth chapter of the second volume, is the statement made by the prosecuting attorney when Antonio is tried for murder. The victim was Annie Cartwright, and the guilty parties in fact are Augustus Dawson and his accomplice the Frenchman, who found it advisable to rid themselves of her. The murder weapon is one of a pair of identical pistols, one belonging to Mary Dawson and the other to her brother Augustus. When a part of the pistol used to kill Annie remained behind at the crime scene and was found to fit Mary's pistol, which was later discovered in Antonio's pocket, this seemed evidence enough to convict him. He could have been saved by Mary's testimony, but he was unwilling to have her called on by the court, because to save him, she would have been forced to bear witness against her brother. In scenes reminiscent of Charles Dickens's *A Tale of Two Cities*, he chose instead to face conviction and execution. The prosecuting attorney's statement contains many of the era's xenophobic opinions about German immigrants: the complaints begin with Antonio's foreign accent and move on to his attitudes as a product of the Prussian educational system that perpetuates despotism and then, above all, to his supposed atheism. The jury is admonished to make an example of him, to show that "the American people abhor German atheism and all its necessary consequences," including "immorality, seduction, and murder," and that American laws are sound and powerful enough to "cast out the foreign poison."[13]

Solger was a gifted writer and an astute observer of his times. But this introduction would not be complete without pointing out his linguistic talents and particularly his often humorous endeavors to imitate dialects and accents. The Berlin dialect on display in *Der Reichstags-Professor*, which has already been noted, is neither the

13. This text can be found on page 82. My translation.

first nor the purest example of "Berlinisch" on the stage.[14] After all, this play was not written for an audience who spoke the Berlin dialect, but rather, as Kapp suggests, for Solger's political friends from many corners of the German lands, who were his fellow refugees in Switzerland.[15] But in *Anton in Amerika*, too, Solger's talent and wit are fully exhibited, as he succeeds in illustrating the language of immigrants in America, including the pronunciation of English heard among the Irish—"Sure an sartin," says Mrs. O'Shea, who guesses that Antonio is "ein echter irischer Jointleman" or refers to her "Hoosband"; the corruption of German through the incorporation of English words, such as "insultierte" or "Impertinenz"; or the direct translation of English words or phrases into German, such as "'ne verdammte Sicht zu nahe" (a damned sight too close), "süß sein auf jemand" (to be sweet on someone), "die Hülfe" (the [hired] help), "ein 'allmächtig' langer Brief" (a mighty long letter), "ich will mich einen 'Spruch' setzen" (I want to set a spell), and many more.[16]

Solger excelled in drama, prose, and poetry. His interests and abilities extended further, and included politics, history, philosophy, and even foreign language pedagogy.[17] He wrote and spoke German and English and was proficient in French. He was an active participant in world events on both sides of the Atlantic. Friedrich Kapp's article on Solger, which first appeared in 1866, in the month following his untimely death at the age of forty-eight, pays tribute to his wide-ranging talents and his broad influence, closing with the statement:

> Solger war unstreitig der begabteste, gelehrteste und in den weitesten Kreisen geistig wirkende Deutsche unter den sogenannten Achtundvierzigern. Der frühzeitige Tod eines solchen Mannes ist ein Verlust für seine zahlreichen Freunde und ein Unglück für das Land, in welchem wir Deutsche wenige ihm Ebenbürtige aufzuweisen haben. Ehre seinen Leistungen und seinem Andenken![18]

These superlatives, these words of highest praise, were not inappropriate, though from a later perspective we might rate the influence and importance of other individual Forty-Eighters, such as Carl Schurz, even higher. Certainly his contribution deserves a new and thorough investigation.

---

14.   Agathe Lasch, *"Berlinisch": Eine berlinische Sprachgeschichte* (Berlin: Reimar Hobbing, 1928), 128ff.

15.   Kapp, *Aus und über Amerika*, 364.

16.   These quotations are from Reinhold Solger, *Anton in Amerika: Novelle aus dem deutschamerikanischen Leben* (New York: E. Steiger, 1872), 1:21, 81, 57, 119, 82; 2:12, 16, 14, 58.

17.   Solger produced the German volume of Jean Roemer's series of foreign language textbooks (Jean Roemer, *Polyglot Reader and Guide for Translation: Consisting of a Series of English Extracts, with Their Translation into French, German, Spanish, and Italian: The Several Parts Designed to Serve as Mutual Keys* [New York: Appleton and Co., 1855–1856]). He describes this approach as the "Methode der doppelten Übersetzung," arguing that students should not begin with a theoretical foundation in grammar, but instead by using the language, translating texts from the target language into their own language and then back into the target language. See Solger's volume in the series (302 pp., 1855), iii–iv.

18. Kapp, *Aus und über Amerika,* 380.

Der Reichstags-Professor
Posse in einem Akt

Personen

Herr **Heuler,** Rentier.
Herr **Duselmann,** Reichstags-Professor.
Herr **Oertel,** vormaliges Mitglied
    der Frankfurter Linken.
Amalie, Heulers Nichte.

Hanne, Dienstmädchen.
Ein **Lieutenant.**
Ein **Schutzmann.**
Ein **Gensd'arm.**
Ein **Polizei-Commissär.**

Das Stück spielt in Heuler's Hause in Berlin.

Ein Zimmer. Im Hintergrund ein Bett, rechts davon eine Thür nach der Treppe, links davon ein Fenster. Zwei Seitenthüren, die rechte nach Herrn Heuler's Zimmer, die linke nach Hanne's. Ein kleiner Tisch und zwei Stühle. Ein Schrank.

Erste Scene

Amalie. Hanne. Oertel.

HANNE:	*(führt Oertel aus der linken Seitenthüre herein)* Hier bring' ich en endlich.
AMALIE:	Oertel! Was soll das vorstellen, Hanne?
HANNE:	Ach! duhn Se doch man nich so!
OERTEL:	Mein Fräulein—
HANNE:	*(parodirend)* Mein Fräulein! Jott, des wollen Jeliebte sind!
AMALIE:	Hanne, geh!
HANNE:	Genier' ick Ihnen? *(ab)*
AMALIE:	*(zu Oertel)* So blamiren Sie mich vor meinem Mädchen!

Zweite Scene

Oertel. Amalie.

OERTEL:	Ich bitte Sie tausendmal um Entschuldigung, mein Fräulein—dies war die einzige Gelegenheit, Ihnen Adieu zu sagen.
AMALIE:	Adieu? Sie wollen von Berlin?
OERTEL:	Von Berlin grade nicht, aber in's Gefängniß.
AMALIE:	In's Gefängniß? Was haben Sie denn verbrochen?

OERTEL:	Braucht man heute etwas zu verbrechen? Eine Anklage auf Hochverrath, noch von Frankfurt her.
AMALIE:	O! da werden Sie freigesprochen.
OERTEL:	Aber wann? Freilich, Sie haben Recht, es war nicht der Mühe werth, Sie um solche Kleinigkeit vor Ihrem Mädchen zu blamiren.
AMALIE:	Empfindlich? Nein, aber in Ernst, Sie haben in jeder Beziehung den schlimmsten Ort zum Rendezvous ausgesucht. Da ist Onkels Zimmer—
OERTEL:	Was? Ist er drin?
AMALIE:	Er kann jeden Augenblick kommen.
OERTEL:	Wär' er denn gar nicht zu überreden?
AMALIE:	Er! Ich habe Ihnen noch ein berühmtes Geheimniß nicht erzählt.
OERTEL:	Erzählen Sie.
AMALIE:	Nun, daß er mich schon vor Jahr und Tag an einen Frankfurter Reichstags-Professor verschachert hat, für dessen Reden in der Paulskirche er damals schwärmte.
OERTEL:	Und Sie haben mir nie etwas davon gesagt?
AMALIE:	Sie können ganz ruhig bleiben. Mein patriotischer Onkel hatte die Bedingung gestellt, daß vor meiner Hochzeit erst das große deutsche Einigungswerk vollendet sein müßte.
OERTEL:	Ah! ich athme wieder auf.
AMALIE:	Sie sind mir auch ein schöner Patriot. Wie übrigens die Verhandlungen jetzt stehen, weiß ich nicht; aber das Erfurter Parlament und die Union hängen wie Gewitter über meinem Schicksal.
OERTEL:	Aber morgen sind Sie ja mündig.
AMALIE:	Ja, d.h. wenn ich mich verheirathe, ehe Deutschland groß und einig ist, so bekomme ich keinen Pfennig von ihm.
OERTEL:	Nun, so kann ich Ihnen keinen andern Rath geben, als "Gehn Sie in ein Kloster!" Was, um so eine elende Erbschaft wollen Sie Ihre Jugend und Ihre L—. Ah! ich hätte beinah gesagt: "Liebe" opfern. Wahrlich, wenn Sie nur einen Funken—
AMALIE:	Wer hat Ihnen gesagt, daß ich um so eine elende Erbschaft etwas opfern will? Ich will gar nichts opfern, weder meine Jugend, noch meine Liebe, aber—
OERTEL:	"Aber"—ich verstehe;—so eine zarte Berliner Seelenliebe, so eine Liebe von Briefpapier und Dinte, die vom Postdebit abhängt, die weder ja sagen will, noch nein; so eine—
AMALIE:	Schweigen Sie. Ich möchte Ihnen in Ernst auf gut berlinisch antworten, Oertel, Sie verstehen mich nicht. Soll ich mich Ihnen denn an den Hals werfen? Soll ich denn sagen: wenn Sie ein Mädchen ohne einen Heller haben wollen, hier bin ich?
OERTEL:	O, Amalie! *(mit einer Bewegung gegen sie)*
AMALIE:	Nun denn, hier bin ich!
OERTEL:	*(stürzt ihr in die Arme)* Amalie!

Hanne tritt ein. Sie fahren auseinander.

Dritte Scene

Die Vorigen. Hanne.

HANNE: *(hereinstürzend)* Der Herr, der Herr!—*(erblickt die Beiden in der Um-*
              armung) Na ja, siehst de, wie de bist!

AMALIE: Wer? Onkel?

HANNE: Ja, Onkel kommt eben die Treppe ruf.

AMALIE: Ich sagt' es Ihnen.

OERTEL: Nun, ich dächte, ich ginge ganz einfach wieder den Weg, den ich ge-
              kommen bin. *(will in Hanne's Zimmer)*

HANNE: Ach Jotte doch, es jeht ja nich. *(hält ihn zurück)*

OERTEL UND AMALIE: Warum nicht?

HANNE: Ick habe ja ooch meinen Jeliebten bei mich.

OERTEL: Verflucht!

AMALIE: Welche Unverschämtheit!

HANNE: So, un Sie?

AMALIE: *(zu Oertel)* Da seh'n Sie's.

OERTEL: Nun, zum Teufel, Ihr Geliebter wird sich doch vor mir nicht fürchten?

HANNE: Ne, des jrade nich, aber wenn Sie sich man nich vor ihm fürchten. Mein
              Jeliebter ist Schutzjeist.

OERTEL UND AMALIE: Schutzmann?

HANNE: Un des schlimmste is, des er Ihnen schon uf's Korn hat.

OERTEL: Er hat mich gesehn?

AMALIE: Er weiß?

HANNE: *(pathetisch)* Er ahnigt.

AMALIE: Da ist Onkel—mit noch Jemand. *(horchend)*

OERTEL: *(sich umsehend)* Verzweifelte Geschichte. *(Die Thüre geht auf. Er tritt*
              hinter die Bettgardinen.) Ah hier!

HANNE: En jroßer Jedanke!

Vierte Scene

Die Vorigen. Heuler mit einem Schutzmann.

HEULER: *(sich wild umsehend)* Des wäre ja janz—anarchisch.

HANNE: *(bei Seite)* Mein Schutzjeist!

HEULER: *(zu Amalie)* Hast dun' jesehn?

HANNE: I, Jott bewahre!

AMALIE: *(unruhig)* Wen denn?

HANNE: Ja, wem?

HEULER: Wem? Ihm?

SCHUTZMANN: Beruhjen sich Se man, Mammsellken, ick wünschte hier blos eine
              jewisse verabscheiungswidrige Persehnlichkeit, Namens Oertel, abzu-
              fangen.

HEULER: Een Mitjlied von de Frankfurter Umsturzpartei.

AMALIE: Und den suchen Sie hier in meinem Zimmer? das ist denn doch aber unerhört.

HANNE: Un darum kömmst de in de Kiche un schwerst mich ewije Treie, feijer hinterlüstiger Italiäner?

HEULER: *(zu Amalie)* Nu sei doch man nicht jleich so.

SCHUTZMANN: *(zu Hanne)* Erst Hinkeldei[1] un denn Hanne.

HANNE: Is jut, is jut. Sie treiben mir mit Jewalt in des republikanische Lager.

AMALIE: Onkel, wenn ich ein Mann wäre, so wüßte ich mein Haus gegen Einbruch zu schützen, er möchte kommen, woher er wollte.

HEULER: Aber, liebe Male, ick kann doch nich jejen—*(zum Schutzmann)* Entschuldjen Se man jnädigst, Herr Schutzmann; Se wissen, Frauenzimmer sind mal so—et is nich meine Schuld—ick bedaure ufrüchtig, des ich Se mit diese Pestbeile der menschliche Jesellschaft nich ufwarten kann.

SCHUTZMANN: Des is mich doch hechst zweideitig. Hier um't Haus rum is er verschwunden. *(ab)*

HANNE: *(zum Schutzmann)* Verschwinden Se selbst, schändlicher Mißbrauch.

Fünfte Scene

Heuler. Amalie. Hanne. Oertel (versteckt). Heuler geht unruhig auf und ab.

OERTEL: *(steckt den Kopf vor)* Sind sie fort?

HANNE:
AMALIE: } Pscht doch!

HEULER: *(bleibt stehen; zu Hanne)* Eißertest du dir?

HANNE: Jott bewahre. Ick hielt blos en kleenen Monopol vor mir alleene.

HEULER: *(tritt vor Amalie)* Höre, Male, in diesen Augenblick is der feuerlüche Mojiment einjetreten, wo ich dich etwas Wichtijes mitzutheulen habe.

AMALIE: *(erschrocken bei Seite)* Meine Heirath!

HANNE: Se versetzen mir in eene dumpfe Jöhrung.

HEULER: Amalia!—hm! du wirst morjen in dasjenige Alter eintreten, welches man sehr passend das einundzwanzigjährige nennt.

HANNE: En scheenes Alter.

AMALIE: Ja, lieber Onkel, ich werde morgen majoren.

HEULER: Diese Bemerkung von Deine Seite, Amalie, is—unmoralisch.

AMALIE: Unmoralisch?—Aber, lieber Onkel—

HANNE: Herr Heiler, Se treten de Jefihle von zwei weiblichen Wesen mit Fießen.

HEULER: *(zu Hanne)* Schweuch! *(zu Amalie)* Unmoralisch nenne ick diese Bemerkung von Deine Seite, weil se jejen die kündliche Pijität is. En wohlerzogenes deitschjesinntes Mächen is niemals majoren.

1. Karl Ludwig Friedrich von Hinckeldey (1805–1856), police president in Berlin beginning in 1848.

AMALIE:	Lieber Onkel, ich werde Ihren Wünschen stets mit der Achtung entgegen zu kommen suchen, welche—
HEULER:	Das freit mir. Du weißt, des ick die Jrundsätze, welche jejen die Uflösung der Familie un des Eijenthums jerüchtet sind, verabscheue. Ja, wat wollt' ick doch ejentlich sagen—
AMALIE:	Sie sprachen von meinem Alter—
HANNE:	—welches man sehr passend en scheenes Alter—
HEULER:	Ah ja richtig, jetzt besinne ick mir: Amalia!—hm! Du wirst morjen in dasjenigte Alter eintreten, welches man sehr passend—
HANNE:	—en scheenes Alter nennt.
HEULER:	*(wüthend)* Schweuch un unterbrüch mir nich;—welches man sehr passend das einundzwanzigjährige nennt. Richtig also: das einundzwanzigjährige nennt. Hm! hm! Also das einundzwanzigjährige Alter, welches ein Alter ist—insofern, als ich, wie ich dich frieher einmal jeeißert habe, auch schon die nöthijen Schritte jethan habe; welche ich, als ich, insofern ich, wie ich dich auch frieher schon einmal jeeißert habe, janz allein zu deinem Besten jethan habe, da ich ja dein Onkel bin und du auch von mir allens zu erwarten hast, mit Ausnahme, wenn du nicht Ordre parirst; sonst aber eine Mitgift von 10,000 Thaler zu erwarten hast, außer was du später noch zu erwarten hast und folglich die Verlobung morgen vor sich gehen kann.
AMALIE:	Morgen!
HANNE:	Morjen?
HEULER:	Morgen.
AMALIE:	Aber, lieber Onkel, haben Sie doch wenigstens die Güte, mir zu erklären.
HEULER:	Da is ja nischt weiter zu erklören. Ick habe dich wönigstens schon dausend Mal erklört, des ich in Herrn Professor Duselmann denjenigten erblücke, welcher durch seine edle und jrindliche Jrundsätze beinah die Einheit Deitschlands anjebahnt hätte.
AMALIE:	Aber ich sollte ihn ja nicht eher heirathen, als bis die Einheit Deutschlands vollendet wäre.
HEULER:	Na ja, un des is se jetzt jrade.
AMALIE:	Die Einheit Deutschlands, woher wissen Sie das?
HANNE:	Wat, is Jagern[2] dodt?
HEULER:	Herr Professor Duselmann hat mich von Erfurt aus jeschrieben, des die janze Jotha'sche Partei fest vertraut.
AMALIE:	Und darauf wollen Sie meine Zukunft wagen?

---

2.   Heinrich von Gagern, president of the Frankfurt National Assembly, the leading spokesperson for the Kleindeutsch (Little German) solution to German unification. He resigned from the National Assembly in May 1849, thereafter making one last futile attempt to salvage German unification plans at the Nachparlament in Gotha. His willingness and that of the Gotha Party under his leadership to make concessions to the conservatives was seen by liberals as a move in the wrong direction. See the introduction to this chapter, page 29.

HANNE: Heren Se, Herr Heiler, ick bin blos en enfaches unverdächtrijes Dienst-mächen, aber die Jotha'sche Partei—

HEULER: Schweuch und beleudije die besten Männer von Deitschland nicht.

AMALIE: Aber, lieber Onkel, Sie haben mir doch gesagt, ich sollte ihn nur hei-rathen, wenn er wirklich die deutsche Einheit zu Stande gebracht hätte, von Vertrauen haben Sie kein—

HEULER: Un er hat se zu Stande gebracht; er hat sogar zwei deitsche Einheuten zu Stande jebracht, de Berliner un de Frankfurter un des is er un seine Parteu janz allein jewesen, die das zu Stande jebracht haben. Ibrigens verbitt' ich mich alle weitre Bemerkungen iber ene Parteu, welche die ödelste Parteu von janz Deitschland is. Herr Professor Duselmann hat mich jeschrüben, daß er jleich nach de Vertagung von Erfurt abreisen wollte, um mit des janze Jewicht seiner Parteu das Unionsfest beizu-wohnen. Ick wundre mir blos, wo er so lange steckt, er müßte schon jestern anjekommen sind. Uf jeden Fall is aber morjen Verlobung un damit Basta.

AMALIE: Ich muß Ihnen aufrichtig gestehen, da Sie dies wußten, mir meine Ver-lobung den Abend vorher anzukündigen—

HEULER: Ick wollte dich blos eine heimliche Freide bereiten.

HANNE: Ihr heimlich verheirathen un noch dazu mit den Kinderspott von janz Deitschland.

HEULER: Hanne, Male!—Es is mich schon längst so vorjekommen, als ob eine kleune, aber verwejene Parteu, von Menscher, die nischt besitzen—

HANNE: Herr Heiler, wenn Se uf mir sticheln, ick bin stolz daruf Kichen-proletarierin zu sind.

HEULER: Ick stichle uf keenen, ick sage blos, des ene kleune, aber verwejene Parteu das alte Verhältniß der Treie zwischen mir un meine Unterjebene durch jottlose majorenne Zeittendenzien, welche ich mit der mir von Jott verliehenen Jabe der Rede nich dulden will, insofern Jott mir zu deinen Onkel jemacht hat un Hanne mein Dienstmächen. *(fürchterlich)* Keene Macht der Erde soll daran ritteln. *(geht auf sein Zimmer zu)*

HANNE: Ach, Sie jloben woll, Se haben't mit 'ne Nationalversammlung zu duhn. Oh, noch lange nich. Ick lasse mir nich uflösen, ick lasse mir nich injo-riiren, ick fordere Jenugthuung. Se haben mir Mensch jeschimpft, un ick fordre Jenugthuung.

HEULER: Ick bin Berliner Birjer, ick bin blos Jott verantwortlich. *(ab)*

Sechste Scene

Amalie. Oertel. Hanne.

HANNE: *(ihm nachrufend)* Warte nur, ick werde dir schon bejotten.

Oertel tritt vor.

AMALIE: Ich bin verloren, Oertel, Sie sehen, ich bin verloren.

OERTEL: Ich bitte Sie, mit dem Schwachkopf werden wir doch wohl noch fertig werden.

AMALIE: O, die Schwachköpfe sind die schlimmsten, wenn sie eine fixe Idee gefaßt haben.

HANNE: Wenn er Ihnen blos nich inspunnt, so is allens jut.

OERTEL: Aber Sie sind ja mündig!

AMALIE: Er läßt mich durch die Polizei zwingen.

OERTEL: Die Polizei kann Sie doch nicht ein Jahr jünger machen.

HANNE: I, des wäre noch nich des schlimmste, was de Polizei machen kann.

AMALIE: Die Polizei kann in Berlin Alles, sag' ich Ihnen.

OERTEL: Gut, so entführ' ich Sie noch diese Nacht.

AMALIE: Entführen! Sind Sie toll?

HANNE: Entführen—des is jettlich!

AMALIE: Reden Sie nicht davon, fliehn Sie ohne mich.

OERTEL: Nein, ohne Sie hätt' ich mich schon heute vor Gericht gestellt; aber jetzt muß ich Sie erst in Sicherheit bringen. Adieu. Ich bringe rasch alles in Ordnung. Die Eisenbahn geht um zwölf, punkt elf Uhr bin ich mit der Droschke hier. *(will gehen)*

HANNE: Der jeht druf wie Blicher.[3]

AMALIE: Halten Sie, Oertel—

HANNE: Heren Se doch mal erst. Haben Se denn je verjessen, daß de Polizei hier um't Haus rum schnuppert?

OERTEL: Ah richtig, richtig! Was ist da zu machen?

AMALIE: Wenn Sie einen von Onkels Röcken—

OERTEL: Der ist ja viermal so dick als ich.

HANNE: Halt ick hab' et. Wenn Se meinem abjedankten Jeliebten seine alte Hundejacke anzejen. Er hat se mich zu flicken hier jelassen. *(ab)*

OERTEL: Rasch, her damit.

AMALIE: Wenn Sie darin erkannt werden!

OERTEL: Es ist ja schon fast dunkel.

HANNE: *(kommt mit der Jacke eines Schutzmannes zurück)* Mit diese Hundejacke zerreiße ick des letzte Band, welches mir noch an des specifische Prei-ßenthum jeknippert hat.

OERTEL: Her damit! Her damit! *(verkleidet sich als Schutzmann, wobei er seinen Rock auf den Stuhl neben dem Bette legt)* So, nun Adieu! Um elf Uhr.

HANNE: Ne! aber doch so frappant mein Jewesener.

AMALIE: O Oertel, Oertel, was wird aus mir werden!

OERTEL: Muth, liebe Amalie! Ich bin Ihr Schutzmann. *(schüttelt ihr die Hand und will gehen)*

HANNE: Aber so heren Se doch man. Herr Heiler schließt das janze Haus alleene ab und steckt alle Schlissel in—wie soll denn Mamsellken raus kommen?

OERTEL: Verteufelt. *(tritt an's Fenster)* Dies Zimmer geht auf den Garten—und da ist der Thorweg. Haben Sie keine Leiter?

---

3.   Gebhard Leberecht von Blücher (1742–1819), Prussian field marshal, military opponent of Napoleon I.

HANNE:	Ja wohl, sehn Se da in den Schoppen rechts, die Feierleiter.
AMALIE:	Aber ich schlafe ja nicht hier—ich arbeite hier blos, sonst ist es unser Gastzimmer.
OERTEL:	Wo ist denn Ihres?
AMALIE:	Mein's geht auf die Straße, das zweite Fenster im zweiten Stock, wenn Sie—
OERTEL:	Desto besser.
HANNE:	I Jott bewahre. Wollen Se sich denn von 'n Nachtwächter als Spitzbube ufjreifen lassen?
AMALIE:	Um Gotteswillen!
HANNE:	Se kriejen ooch die Leiter ja nich riber.
OERTEL:	Aber die Sache ist ja einfach—Sie kommen in dies Zimmer und ich hole Sie auf der Leiter herunter. *(will fort)*
HANNE:	Des wird 'ne Hauptjeschichte, wenn morjen der alte Kamarilja zu't Frihstick kommt un keene Male da. Herr Jes, des wird 'ne Hauptjeschichte.
AMALIE:	Oertel, ich kann es nicht.
HANNE:	Dummes Zeug!
OERTEL:	*(kommt zurück)* Notabene, Sie müssen mir ein Signal geben, daß Alles in Ordnung ist.
AMALIE:	*(kopflos)* Ein Signal? Was meinen Sie?
HANNE:	Mamsellken hat en Kopp verloren. Lassen Se mir man machen. Wenn ick das Licht ausblase, so setzen Se de Leiter an.
AMALIE:	*(heftig)* Das Licht bleibt brennen!
HANNE:	So? Un wenn zufällig der Nachtwächter durch de Jartenstraße kemmt—damit er ooch man ja allens in de schenste Beleuchtung zu sehn kriegt, nicht wahr? *(zu Oertel)* Machen Se jetzt, daß Se fortkommen. *(schiebt ihn zur Thür hinaus)*
OERTEL:	Adieu, Amalie!
AMALIE:	Ach, Oertel!

Oertel und Hanne ab durch die linke Seitenthür. Es klingelt.

HEULER:	*(hinter der Scene)* Hanneh!
AMALIE:	Da ist Onkel. Gut, daß er fort ist. Wer kann so spät noch klingeln? Wenn nur Hanne zurück wäre, sonst kommt er hier herein. Ich habe keinen Muth mehr, ihm unter die Augen zu treten. O, wenn ich zu Bette gehn und schlafen könnte, wie jeden Abend. *(Es klingelt.)*

Siebente Scene

Heuler. Amalie. Hanne (etwas später).

HEULER:	Hanneh! Wo is denn Hanneh? Es klingelt ja schon seit 'ne halbe Stunde.
AMALIE:	*(verlegen)* Ich weiß nicht, sie ist—
HANNE:	*(außer Athem)* Herr Heiler!
HEULER:	Hörst de denn des Jeklingle nich? Es klingelt ja schon seit 'ne halbe Stunde.

HANNE:	Ick hehr et recht jut. Halten Se mir denn vor'n Staubdummen Institut?
HEULER:	Na, warum jehst denn nich?
HANNE:	Weil es mich hechst verdechtrig vorkommt.
HEULER:	*(erschreckt)* Verdechtrig, wo so?
HANNE:	Erinnern sich Se nich, wen de Polizei hier um't Haus rum sucht? Wie heeßt er doch noch, Mamsellken—?
AMALIE:	Wer? *(sich besinnend)* Hanne, du bist toll.
HEULER:	Oertel—Herr Jes! *(Es klingelt heftiger.)* Wenn es des anarchische Princip Oertel wäre!
AMALIE:	Onkel, mir ist unwohl, ich geh' zu Bette. *(will gehen)*
HANNE:	Ick wißte nich, wer et anders sind könnte, mitten in de Nacht.
HEULER:	Male, ick bitte dir um Jotteswillen, bleub! *(ergreift sie bei der Hand)* Hanne, komm hier. *(ebenso)* Kommt, meine lieben Kinder, schlüßt Eich fest an Eiren anjestammten Onkel.
HANNE:	Se wissen, Herr Heiler, de Demokraten sind Ihnen ja nich jrin.
AMALIE:	Hanne, so sei doch vernünftig. Lieber Onkel, ich muß zu Bette.
HEULER:	Ick bitte dir um Jotteswillen, liebe, liebe Male, wenn de bei mir bleibst, so will ick och alle deine jerechte Winsche befriedijen.
AMALIE:	*(lebhaft)* Wollen Sie mich morgen nicht verloben?
HEULER:	Allens, Male, blos das nich.
HANNE:	Se wissen, Meichelmord is jetzt was janz Jewehnliches. *(Es klingelt.)*
AMALIE:	Onkel, ich muß zu Bette, mir ist zu schlimm.
HEULER:	Male, Male! Jeliebte Male, enzigste Male—
HANNE:	Mamsellken is ohnmächtig. Ick muß ihr zu Bette bringen. *(Beide suchen sich loszureißen.)*
HEULER:	*(hält sie fest)* Bleibt doch man bei mich, liebe Hanne, liebe Male. Ick habe dir beleidigt, liebe Hanne, ick bitte dir ab—uf'n Knien will ick dir abbitten. Wat willst de denn, liebe Male? Ick will ja allens duhn—
AMALIE:	Ich will nicht verlobt sein.
HEULER:	Jut, so will ick dir nicht verloben. Ick jebe dich mein heilijes Wort als Berliner Birjer.— *(Es klingelt.)* Uf! Es klingelt schon wieder—ick will dir in deinen janzen Leben nich verloben—aber bleibe man bei mich.
HANNE:	Wenn des is, Herr Heiler, so is allens jut. Jetzt verlassen Sich Se man uf mir.
HEULER:	Ich vertraue mir mit jerechtem Stolz an die alte Treie von meine jeliebte majorenne Hausjenossen.
AMALIE:	Aber Sie können doch den Menschen, oder wer es ist, nicht die ganze Nacht klingeln lassen.
HANNE:	Ick will sehn, wer et is.
HEULER:	Hanne, du willst ihm doch nich de Dihr ufmachen.
HANNE:	*(reißt sich kräftig los)* I, lassen Se mir man. Ick nehm et schon mit en paar Meichelmerder uf. *(ab)*
HEULER:	*(ihr nachrufend)* Hanneh! O Jeses, Jeses! Hanneh. Seh wenigstens erst wer't is, ehe de ihm ufmachst. Komm, Male, komm hier näher an mich, Eunigkeit macht selbst de schwächsten Völker stark. Jott, it is

'ne Mannsstimme. Er kommt de Treppe ruf. *(sinkt auf einen Stuhl)* Et
is Oertel.

HANNE: *(öffnet die Thür, anmeldend)* Herr Professor Duselmann!

AMALIE: Ah! ich bin krank. *(ab nach rechts)*

Achte Scene

Heuler. Hanne. Professor Duselmann.

HEULER: *(springt hinauf)* Herr Professor Duselmann. Jott, ick danke dir, daß
              du diesmal noch Anarchie und Meuchelmord von mein Haupt.—Ah,
              Herr Professor—Se machen mir janz jlicklich mit Ihrer jeheulichte
              Jejenwart, Herr Professor.

DUSELMANN: *(mit einer Zopfperrücke, verstört und scheu)* Bin ich hier auch recht,
              sind Sie's auch?

HEULER: Nu, wer soll et denn sonst sind, wenn ick et nich bin? Ne, aber dieses
              Jlick. Diese Öhre! Male, so siehn' dir doch blos—I, wo is denn de Male
              jeblieben? Hanneh, jeh, uf de Stelle soll se herkommen un sich von
              Ihren jesetzmäßigen Jeliebten in Augenschein nehmen lassen.

HANNE: *(zieht Heuler bei Seite)* Herr Heiler, ick erinnre Ihnen hier feuerlich
              an Ihr heilijes Wort, als Berliner Birjer, dat Se Mammsellken mit des
              abjetakelte Reichsjerippe da nich verloben wollen.

DUSELMANN: *(bei Seite)* Was reden sie da heimlich mit einander? Sollte ich noch
              einmal—

HEULER: *(mit unterdrückter Wuth, ballt die Fäuste, bei Seite zu Hanne)* Willst
              de jehorchen, Kanaille, oder soll ick dir als Uffwiejler *(mit erhöhter
              Stimme)* von de Polizei transportiren lassen?

DUSELMANN: *(schlotternd)* Sie wollen mich noch einmal von der Polizei transportiren
              lassen!

HANNE: Jut! *(mit erhöhter Stimme)* Aber ick mache Ihnen vor alles unschuldig
              verjossene Blut verantwortlich. *(ab nach rechts)*

DUSELMANN: *(hält sich an einem Stuhl)* Man will mein Blut!

Neunte Scene

Heuler. Professor Duselmann.

HEULER: Aber sagen Se, sind Se et denn wirklich der berihmte, jroße extrem-
              jemäßigte Professor Duselmann?

DUSELMANN: *(bei Seite)* Er will mich ausforschen. *(laut)* Wer ich auch sein mag,
              verlassen Sie sich darauf: ich bin extremgemäßigt, ich bin immer
              extremgemäßigt gewesen, ja ich könnte wohl sagen, und die wieder-
              begründete Macht und Ordnung der Behörden, selbst dieses Staates,
              können Zeugniß dafür geben, ich bin—

HEULER: Janz Deitschland kann Zeigniß vor Ihnen jeben, Herr Jemine! janz
              Deitschland weeß es ja, des Sie ener von de besten Männer sind. Herr
              Jeses ja! Un ick, ick Heiler, einfacher Rentier und Birjer von Berlin soll

jleuchsam mit de beste Männer von Deitschland in een unuflesliches
Band der heulijen Ehe verschmolzen werden, jleuchsam mit einem
Jagern, Bassermann, Ohm, Manndeibel, Welker, Hinkeldey,[4] mit den
unbedeitenden Namen Heiler auf öwig verflochten werden als Bejrinder
von Deitschlands Jreße un Eunigkeit in de Jeschichte erwöhnt werden.
Na, des is jettlich!

DUSELMANN: *(bei Seite)* Er scheint so aufrichtig begeistert!

HEULER: Mit Jagern sind Se wohl so janz familiär, so wie Du und Du zusammen,
            nich wahr?

DUSELMANN: *(bei Seite)* Das ist eine Schlinge. *(laut)* Ich konnte natürlich nicht ver-
            meiden,—

HEULER: Ach Jott! von den müssen Se mir viel erzöhlen. Er soll ja so sehr ödel
            sind.

DUSELMANN: *(mit Überzeugung)* Gagern ist sehr edel.

HEULER: Eine schene Erscheunung. Heren Se et war doch Deitschlands Jlanz-
            periode, wie in Deitschland alle de jreßten Professoren von de Nation
            Ihre jrindliche Jelehrsamkeit jejenseitig austauschten.

DUSELMANN: *(ungewiß)* Sie scheinen einen edlen Glauben an unser edles Streben
            bewahrt zu haben, edler Mann.

HEULER: *(gerührt)* Ach Jott, Sie schmeucheln mir. Ick hab' et Sie ja jeschrieben,
            wat ick vor Ihnen fihlte, wo Sie Ihre berihmte Rede hielten, wo noch die
            Stelle von des stolze Haupt drin vorkommt, wo Se sagten: "Wenn wir
            diesmal kleene beijeben, so is unser stolzens Haupt futsch, Se werden
            noch mal dran denken, wat ick Sie sage, futsch!"

DUSELMANN: *(bei Seite)* Er ist es, es ist Heuler selbst. *(laut und redselig)* Ja, es war
            kurz vor dem Waffenstillstand von Malmö,[5] wo ich mit bekanntem
            Muthe jene thatkräftigen Worte sprach.

HEULER: Donnerwetter, un wie haben Se desmal de siddeitsche Kanaille that-
            kräftig zusammengepfeffert! Preißen, Estreicher, Hessen, Frankfurter,
            so'ne Einigkeit unter deitsche Firsten und Parlamenter is noch jar nicht
            da jewesen, als wie desmal, wo't vor'n Kenig von Dänemark ging.

DUSELMANN: Nicht wahr, darin würden Sie uns Gerechtigkeit widerfahren lassen,
            selbst wenn Sie Herr von Hinkeldey wären, obgleich ich überzeugt bin,
            daß Sie Herr Heuler sind. Nie haben wir uns einer mißliebigen Handlung
            gegen Se. Majestät den König von Dänemark, geschweige denn gegen
            eines der uns angestammten hohen Häupter erfrecht. Sollte die edle
            männliche Sprache, welche wir zuweilen zu Gunsten der Rechte und
            Einheit der deutschen Nation zu reden wagten, wirklich Anstoß erregt

---

4.   All are known figures from the 1848–1849 Revolution: Heinrich von Gagern, Friedrich
Daniel Bassermann, a merchant named Ohm who was tried in 1850 for high treason, Otto von
Manteuffel, Karl Theodor Welcker, and the Berlin police president K. L. Fr. von Hinckeldey.
5.   The treaty of Malmö (1848) brought an end to hostilities between Denmark and Prussia
and the withdrawal of troops from Schleswig-Holstein.

haben, so bitte ich zu bedenken, daß wir nicht blos getreue Unterthanen, sondern *(mit Stolz)* auch große Staatsmänner waren.

HEULER: I, versteht sich! darüber hab' ick mir ja eben so unjeheier jefreit. Wenn Se das Volk mit thatkräftige Reden erst recht besoffen jemacht hatten, wupp! waren Se mit de Kanonen da. Es war ne wahre Freude, wie Se't nach un nach mit Uffwiejeln un Niederkartätschen de Seele ausjequetscht haben.

DUSELMANN: Lassen Sie sich umarmen, edler Freund; das ist die wahrhaft staatsmännische Auffassung. Ja, es giebt noch Heuler in Deutschland, die unser edles Benehmen zu würdigen wissen.

HEULER: O, ick versichere Ihnen, Heuler und seine Familjie haben Ihnen immer zu wirdjen jewußt. Ohne Ihnen wär' et in Frankfurt un Wien un Dresden un überall janz anders jekommen.

DUSELMANN: Das ist keine Frage. Das bleibt unser Verdienst.

HEULER: Aber bei uns, hören Se, bei uns in Berlin, de Steuerverweigerungs-geschichte,—wo se zwar euenerseuts de Krone unterthänije Vorstellungen machten, aber andererseits jejen die revolutionäre Iberjriffe der Kammer erklärten, des Steierverweijrung blos dazu in de Konstitution steht, des die Rejirung sich davor jraulen kann, wenn se will—ne, heren Se, so was Staatsmännisches is noch ja nich da jewesen!

DUSELMANN: Es ist traurig, wie roh diese tieferen Gedanken des wahren Konstitutionalismus im Ganzen noch immer von denen aufgefaßt werden, welche keine Professoren sind.

HEULER: Na, wenigstens wir Berliner Birjer mit unseren jeist- und jemithvollen Kenig an de Spitze—

DUSELMANN: O, Sie machen eine ehrenvolle Ausnahme.

HEULER: Wie jlorreuch haben wir de Kaiserdeportation empfangen. De janze Deportation zur kenichlichen Tafel gezogen, des war denn doch, wahrhaftijen Jott, keene kleene Öhre!

DUSELMANN: Ich werde mich ewig mit Rührung und Dankbarkeit der höchst geistvollen Worte erinnern, womit Sr. Majestät Herablassung uns damals vor den Augen von ganz Europa erhöhte.

HEULER: Ja, un besonders wat er zu Ihnen sagte, wie scheene war das!

DUSELMANN: Es war nur ein Wort, aber es war ein herrliches, ein wahrhaft königliches Wort. Wie ich ihm sagte, daß ich aus Leipzig sei: "Handelsmann?" fragten Se. Majestät. "Handelsmann!" Der König hatte sich damit für die neue Zeit erklärt.

HEULER: Herr Jes, ja, jetzt jeht mir erst en Talglicht uf: er erklärte sich damit vor den Handelsstand.

DUSELMANN: Freilich! Für den Handelsstand, für das Bürgerthum. Die ganze Hoffnung des Konstitutionalismus ist in dem Einen Worte enthalten und mir, mir war es vorbehalten, diese Brücke der Verständigung zu werfen.

HEULER: Jroßer Mann! Des erinnert mich lebhaft an Jagerns jlänzende Rede, wo er seinen ödlen Leub zwischen de jezogene Waffen warf. Heren Se, das war denn doch der jroßartigste Mojement in de deutsche Jeschichte, jlob ich. Erinnert mir lebhaft an de jroße Zeit von't Berliner Theater. Ne, wer damals nich unsern Bader als Masaniello[6] jesehen hat: "Jebt mich Waffen!" der kann sich von meine Jefühle bei Jagerns ödle Röde keene Vorstellung machen.

DUSELMANN: Es war eine erhabene Zeit. Die Augen des ganzen Volks waren auf uns gerichtet, aller Herzen hofften auf uns.

HEULER: Es war trajisch, sag' ick Ihnen. Wie Se feierlich vor de janze Nation erklärten, unwandelbar an de Reichsverfassung festzuhalten un des jesammtige deitsche Volk ufwijelten die Verfassung zur Anerkennung un Jeltung zu bringen, es war zwar jroßartig, aber es war trajisch!

DUSELMANN: Leider verstanden die Unreifen das Festhalten und zur Geltung bringen in so roh thatsächlicher Weise—

HEULER: I, freilich, jrade wie bei de Steierverweijrung in Berlin.

DUSELMANN: Glauben Sie, daß es Menschen gab, die, wie die Linke, einen förmlichen Ehrenpunkt daraus machten, die frivolste Erhebung mit ihren wahnsinnigen Beschlüssen zu unterstützen, blos, weil wir diese Erhebung veranlaßt hatten?

HEULER: Is möglich? Na, wer dumm is, muß jepriejelt werden. Aber Sie sind jetzt vor Ihr damalijes edles Benehmen ooch jeliebt von alle Birjer und jeehrt von alle Firsten von Deitschland.

DUSELMANN: *(seufzend)* Ich vertraue fest auf das edle Herz unserer edlen Fürsten, daß sie unsre edle Aufopferung in jenen Tagen nicht vergessen werden. Nein, unser edles Streben war nicht vergebens. In dem Parlament zu Erfurt, welches wir als das große Resultat unserer edlen Wirksamkeit ansprechen dürfen, werden wir die edle Aufgabe, die Fürsten und Völker von Deutschland durch unsere höhere Vermittlung zu Ihrem Besten zu leiten, glorreich hinausführen.

HEULER: Heren Se, meinen Se nich, wär' es doch nich jut, wenn Se jetzt des Reichsheer dazu hätten, was de Linke immer beschließen wollte?

DUSELMANN: Herr Heuler? Das von Ihnen? Haben Sie so wenig Vertrauen zu unsern edlen Fürsten?

HEULER: Ick, Herr Jesus woll! It is blos die verfluchte Male, die mir so'n Zeig in' Kopp setzt.

DUSELMANN: Wie? Fräulein Amalie wäre doch nicht—

HEULER: Male is en Uffwiegler, se sagt, die Jothaer hätten nischt jelernt un wirden in Leben nischt lernen, weil se Jelehrte wären. So'n Unsinn, denken Se sich! Aber das erinnert mir an de ejentliche Hauptsache. *(ruft)* Hanneh!—Ick muß Ihnen doch en Bejriff von de dumme Jöre beibringen.

DUSELMANN: O, ich bitte, derangiren Sie die edle Jungfrau nicht. Es ist schon spät und ich bin selbst, wenn Sie gütigst erlauben, so erschöpft—

6. Carl Adam Bader (1789–1870), a famous German tenor, sang the part of Masaniello in the opera *La Muette de Portici* by Daniel Esprit Auber.

Zehnte Scene

Professor Duselmann. Heuler. Hanne (mit einem silbernen Leuchter und Licht).

HEULER: Herr Jes ja, aber sagen Se, warum sind Se denn so spät—Jöre Hanne,— mache Herrn Professor hier das Bett zurecht.—

HANNE: *(bei Seite)* Das is ne scheene Geschichte—un wenn nu Herr Oertel kömmt.

HEULER: Na, wat stehst'te da wie'n Ehljetze, allons! *(Hanne macht während der folgenden Scene das Bett, geht aus und ein usw.)* Warum präsentirt sich denn Male nich?

HANNE: Mammsellken is nich wohl un is zu Bette gegangen.

DUSELMANN: Nicht wohl, o! ich bedaure tief—

HEULER: I, des hat nischt zu sagen. Davor sind se morjen frisch, alle beede frisch. Aber wat ick sagen wollte, warum sind Se denn so spät gekommen, Herr Professor? Ick habe Ihnen schon jestern erwartet.

DUSELMANN: *(verlegen)* Es ist—es war, weil ich bei meiner Ankunft—ich war verhaftet.

HEULER: Verhaftet, wo so?

DUSELMANN: Es war ein Mißverständniß, wie deren in Berlin—

HEULER: Hatten Se denn kenen Paß? Ick muß Ihnen anmelden, sonst bekomm ick et mit de Polizeu zu duhn.

DUSELMANN: Freilich hatte ich einen Paß; allein der Gensd'arm, welcher ihn mir bei'm Heraussteigen aus dem Waggon abforderte, sagte, ich sei schon von Frankfurt her als—infamer Aufwiegler bekannt—

HEULER: Is meglich!

DUSELMANN: Und—die ganze—Gothaer Kanaille verdiente—todt geschlagen zu werden, wo man sie träfe. Ich muß gesteh'n, ich fand diese Auffassung von Seiten eines Trägers des Gesetzes und der Ordnung etwas roh.

HEULER: Herr Jesus; aber des is nischt als en Mißverständniß; Se kennen Gift druf nehmen, en reines Mißverständniß.

DUSELMANN: *(treuherzig)* Das glaube ich auch noch immer ich der ich zu den edelsten Männern von ganz Deutschland gehöre, verdienen todt geschlagen zu werden!

HEULER: Aber was machten Se denn, wie er Ihnen so behandelte?

DUSELMANN: Ich protestirte.

HEULER: Des war den Gensd'armen janz recht. Nu, un denn kamen Se hierher?

DUSELMANN: *(kleinlaut)* Ach nein! Ein Lieutenant, der es hörte, sagte, ich sei ein niederträchtiger revolutionärer Racker und gab mir einen Fußtritt, wodurch ich an einem edlen Theile, der mir um so werther ist, als ich ohne ihn gründlichen und bleibenden Studien unmöglich obliegen kann, auf's empfindlichste verwundet wurde. Ich muß gestehen, ich fand diese Andeutung von Seiten eines Retters der Civilisation—mindestens— nicht auf's positive Schaffen gerichtet.

HEULER: Es war ein Mißverständniß, ick versichre Ihnen, nischt als ein unsölijes Mißverständniß.

DUSELMANN: *(wie oben)* Es ist mir tröstlich, daß sie derselben Meinung sind. Ich, der ich zu den ehrwürdigsten Professoren des Reichs gehöre, muthwillig vor das Sitztheil getreten!

HEULER: Sie haben aber doch jleich Maßregeln ergriffen—?

DUSELMANN: Ich protestirte energisch.

HEULER: Des war den Leutnant janz recht. Nu, un denn kamen Se hierher?

DUSELMANN: *(schwermüthig)* Noch nicht. Der Lieutenant sagte: "was, ich wollte mich gegen des Königs Rock empören!" und sogleich fielen der Gensd'arm, zwei Soldaten und drei Schutzmänner über mich her. Aber die Schutzmänner machten es am schlimmsten.

HEULER: Wat, Se haben Ihre jeheiligte reichsprofessorische Person durchjepriejelt?

DUSELMANN: *(traurig)* Sehr.

HEULER: Na, sind Se man janz ruhig, verlassen sich Se druf, es war bloß en Mißverständniß.

DUSELMANN: Diese Überzeugung gießt mir Balsam in meine Wunden. Ich, der den deutschen Fürsten ihre Kronen gerettet hat, dem loyalen Enthusiasmus ein Opfer, wie Sefeloge![7]

HEULER: Das haben sich Se doch aber nich so ruhig jefallen lassen?

DUSELMANN: Ich protestirte auf's energischte.

HEULER: Das war aber die verfluchten Kerle mal janz recht. Nu, un denn kamen Se hierher?

DUSELMANN: *(düster)* Noch nicht.

HEULER: Wat, habe se Ihnen noch nich in Ruhe jelassen?

DUSELMANN: Sie haben mich wegen Störung der öffentlichen Ruhe und Ordnung und versuchten Hochverraths an einem königlichen Rock in's Gefängniß geworfen.

HEULER: Ick kann Ihnen aber mein heuliges Wort—

HANNE: Jott, was 'ne Masse Mißverständnisse!

HEULER: *(mit Würde)* Hanne, mische Dir nich in die edle Jespräche von zwei Staatsmänner, wovon der eine eben erst ne Tracht Priejel jekricht hat. *(zu Duselmann)* Nu zeugten Se sich aber woll in Ihre janze Thatkräftigkeit?

DUSELMANN: Ich zeigte sie. Ich hatte alle Mittel des gesetzlichen Widerstandes erschöpft. Unter den Schrecken des Gefängnisses, von den fürchterlichsten Quetschungen gepeinigt, schritt ich zum Äußersten; ich—petitionirte unterthänigst an den Herrn Polizeipräsidenten.

HEULER: Edler Mann! Nu, der hat Ihnen doch jleich 'en persönlichen Besuch jemacht, wie er herte, wer Sie sind?

DUSELMANN: *(schluchzend)* Er hat mich bis heute Abend in Haft gelassen und mich dann in einer Art angeredet—in einer Art!

HEULER: In was vor 'ne Art?

7. Max Sefeloge attempted to assassinate the Prussian king Friedrich Wilhelm IV on 22 May 1850. Efforts to implicate democratic groups in Berlin were unsuccessful.

DUSELMANN:	Er sagte, nach preußischen Gesetzen müßte ich eigentlich auf einer Kuhhaut zum Richtplatz geschleift werden.
HEULER:	Des heißt vor Hochverrath is des unser Jesetz.
DUSELMANN:	Ach! das haben wir um die deutsche Polizei nicht verdient.
HEULER:	Na, nu sind Se ja aber bei mich. Lejen sich Se jetzt stilleken in die Dunen un schlafen sich Se orntlich aus—un morjen is Verlobung.
DUSELMANN:	Ach ja, schlafen, schlafen!
HEULER:	Ja woll, schlafen sich Se ordentlich aus, edler jepriejelter Mann. Aber dies Benehmen von de Polizei is mich doch hechst merkwidrig.
HANNE:	*(bei Seite zu Heuler)* Sagen Se lieber höchst verdächtrig.
HEULER:	*(erschreckt bei Seite)* Verdächtrig, wo so?
HANNE:	*(wie oben)* De Polizei wird woll ihre jute Jrinde mit den Schubiak da jehabt haben.
HEULER:	*(wie oben)* Hanne, mache mir nich jraulich.
HANNE:	*(wie oben)* Heren Se, wenn des nich Oertel is, so will ick Mops heißen.
HEULER:	*(wie oben, zitternd)* Oer-tel. O Jes, o Jes, jetzt erinnere ick mir, wie ick en fragte, ob er Duselmann wäre, antwortete er durch de Blume.
DUSELMANN:	*(bei Seite)* Sie haben eine Manier zu flüstern und mich zu mustern—
HANNE:	*(wie oben)* Da sehn Se, man braucht 'en sich bloß anzusehn, allens an ihm is Blume.
DUSELMANN:	*(wie oben)* Etwas Schutzmännisches!
HEULER:	*(wie oben)* Was janz Blumenartijes!
DUSELMANN:	*(wie oben)* Meine schrecklichsten Vermuthungen werden wieder rege! Der Drotschkenfuhrmann schien beim Abfahren der Polizei zu winken. Wenn er mich statt zu Heuler— *(fixirt Heuler)*
HEULER:	*(wie oben)* Hanne, warum hast du aber ooch den silbernen Leichter rin jebracht?
HANNE:	*(wie oben)* Sehn Se bloß, was vor blutjirije Ogen er uf Ihnen wirft.
DUSELMANN:	*(laut)* Sagen Se mal, Verehrtester, Sie heißen doch Heuler? H, E, U, Heu-, L, E, R, ler, Heuler?
HEULER:	*(erstaunt)* Wie soll ick denn sonst heußen, als Heiler? *(bei Seite zu Hanne)* Er hat's uf mir persönlich jeminzt.
DUSELMANN:	Es ist nur, um noch mehr Mißverständnisse zu vermeiden—
HANNE:	*(wie oben)* Er will Ihnen persenlich meichelmerden.
DUSELMANN:	Wenn Sie wirklich der Herr Rentier Heuler sind, wegen dessen Fräulein Nichte ich in diplomatischen Verhandlungen stehe—
HEULER:	Ick schmeichle mir, diese Persenlichkeit nich nur zu sein, sondern *(mit Würde)* auch zu sind.
HANNE:	*(wie oben)* Sind Se doch nich so dumm.
HEULER:	Oder vielmehr— *(bei Seite)* Hanne, mach' de Thir hinter mir uf.
DUSELMANN:	Sie ständen nicht zufällig in irgend einer Verbindung mit dem öffentlichen Sicherheitspersonale—Sie wären nicht etwa,—wie soll ich mich ausdrücken, beispielsweise ein—Schutzmann?
HEULER:	Schutzmann!? Wer? Icke?— *(bei Seite)* Hanne, mach' de Thir hinter mir uf.

HANNE: *(wie oben)* Sehn Se, wie er sich vor de Polizei fircht'.

DUSELMANN: Ich kann mich ruhig bei Ihnen schlafen legen, ohne den Gefahren der
              öffentlichen Ruhe und Ordnung preisgegeben zu sein?

HEULER: *(wie oben)* Schließ' en in un hole rasch de Polizei *(indem er rückwärts
              bis dicht an seine Thüre retirirt, mit gezwungener Freundlichkeit).* Na,
              jut Nacht ooch, Herr—

DUSELMANN: *(ebenso)* Gute Nacht, Herr—

HEULER: —Professor Duselmann! *(springt rasch zurück und schließt die Thüre
              hinter sich ab)*

DUSELMANN: —Rentier Heuler! *(sinkt erschöpft in einen Stuhl)*

Elfte Scene

Duselmann. Hanne.

HANNE: *(bei Seite)* Nu weeß ick doch wahrhaftijen Jott nich, wie ick 'en aus
              diese Stube spediren soll.

DUSELMANN: *(bei Seite)* Sie zögert, sie scheint mir etwas sagen zu wollen. Es schien
              mir gleich anfangs, als ob mein unglückliches Schicksal ihre weibliche
              Seele rührte.

HANNE: *(bei Seite)* Wenn ick ihm ooch jraulich machte. Aber des hilft ja nischt,
              er kann ja nicht raus.

DUSELMANN: *(bei Seite)* Ich will die Initiative ergreifen. Der Mann besiegt unfehlbar
              das schwache Geschlecht durch Schmeichelei—dies wird durch die
              geschichtliche Erfahrung aller Völker und aller Zeiten bestätigt. *(nähert
              sich geckenhaft und will ihre Hand ergreifen)* Schönste der Schönen!

HANNE: *(gibt ihm eine Maulschelle)* Wat, Sie alter ausjemerjelter ejiptischer
              Reichsmumie wollen noch so ne Jedanken haben? *(ab in ihr Zimmer,
              welches sie hinter sich verschließt)*

Zwölfte Scene

Duselmann (allein).

DUSELMANN: *(entkleidet sich während der folgenden Scene bis zu dem Grade welchen
              die Prüderie des betreffenden Publikums erlaubt, legt aber in jedem
              Fall Rock und Zopfperrücke auf den dem Bette entfernter stehenden
              Stuhl nieder)* Noch ein Mißverständniß! Noch eins, das schrecklichste
              von allen! *(exaltirt)* Mein Ruf als moralischer Mensch und Professor,
              mein Charakter— *(plötzlich beruhigt)* doch, an dem ist ja nichts mehr
              zu verlieren.— *(nachdenkend)* Nannte sie mich nicht eine ägyptische
              Reichsmumie? *(setzt eine Schlafmütze auf)* Das läßt wenigstens auf
              einen in der dienenden Klasse ganz ungewöhnlichen Grad von klas-
              sischer Bildung schließen. Es ist offenbar, sie ist nicht, was sie scheint.
              Alles in diesem Hause athmet ein fürchterliches Geheimniß; aber
              ich bin so müde, so zerschlagen— *(setzt sich auf den Stuhl neben
              dem Bette und dabei auf Oertels zurückgelassenen Rock)* —Was ist

das?—ein fremder Rock. Schauerlich! Umlauert von fremden Röcken. *(einnickend)* Wenn dieser Heuler ein Schutzmann wäre? *(auffahrend)* Ich träumte, der Genius von Deutschland gäbe mir einen Tritt in das Sitztheil. Ich sollte wach bleiben, aber ich bin zu sehr zerprügelt. Wenn mich die Linke in dieser gräßlichen Lage sähe, sie würde ein furchtbares Gelächter anstimmen. *(auffahrend)* Schon wieder dieser verfluchte Genius. *(einnickend)* Sie würde sagen, dahin kann einen die Staatsmännischkeit bringen. Die Linke ist *(bläst das Licht aus)* roh. *(Es schlägt elf. Er schläft ein.)*

Dreizehnte Scene

Man hört eine Leiter ansetzen. Allmählig erscheint Oertel am Fenster.
Duselmann. Oertel (noch in der Jacke des Schutzmanns).

OERTEL: Amalie! Pst!— *(steckt den Kopf hinein, horchend)* Niemand! *(steigt vorsichtig in's Zimmer)* Daß auch Hanne nicht hier ist, sie hat doch das Licht ausgeblasen. Geduld! sie werden kommen. *(horchend)* Schläft da nicht Jemand? Ja—es holt Athem—es schläft—es ist Amalie. Die Aufregung, das viele Weinen ohne Zweifel hat sie ermüdet—sie hat sich vorher etwas ausruhen wollen, und ist auf dem Bette eingeschlafen. *(nähert sich dem Bette)* Armes Kind!——Holdes, liebliches Geschöpf. *(sentimental)* Sie schlummert! *(ergreift Duselmann's Hand, um sie zu küssen)*

DUSELMANN: *(auffahrend)* Laß doch, Genius!

OERTEL: Hölle und Teufel! Es ist Heuler.

DUSELMANN: *(wach, springt auf, indem er mit der einen Hand den Leuchter, mit der andern Oertels Rock ergreift; mit Angstgebrüll)* Ich protestire.

OERTEL: Schreien Sie nicht so, oder—

DUSELMANN: *(wie oben)* Ich protestire energisch.

OERTEL: Kerl, wenn du nicht aufhörst zu protestiren— *(tritt ihm näher)*

DUSELMANN: Komm mir nicht zu nah, oder ich senke dir diesen Leuchter in den Busen.

OERTEL: —So prügle ich dich todt.

DUSELMANN: *(retirirend, während Oertel ihn verfolgt; schreit)* Ich bin genug geprügelt, ich bin über die Natur geprügelt, ich bin in meinen empfindlichsten Interessen verletzt—

OERTEL: *(zündet ein Streichhölzchen an)* Jetzt drehe ich dir den Hals um.

DUSELMANN: *(erblickt ihn und reißt aus)* Ein Schutzmann! Ich protestire auf's energischte! *(springt zum Fenster hinaus)*

Vierzehnte Scene

Oertel. Hanne (mit Licht).

HANNE: *(hält Oertel, der dem Professor durch's Fenster nach will, am Beine fest)* Halt! So schießen de Preißen nich.

OERTEL:	*(wüthend)* Wer hält mich! Ah, Hanne. Sage, was ist das für 'ne verfluchte Geschichte, daß ich den alten Heuler hier—
HANNE:	*(lachend)* Den alten Heuler, hahaha! Es ist Duselmann.
OERTEL:	*(wüthend)* Der Professor Duselmann! *(plötzlich lachend)* Hahaha!
HANNE:	Er hat seinen Rock und seine Perücke im Stich gelassen. Hahaha!
OERTEL:	Und mit meinem ist er davon gegangen, hahaha!
BEIDE:	Hahahaha!
OERTEL:	Wo ist das Fräulein?
HANNE:	I! Bedenken Se man vor's Erste, wo Sie sind. Heren Se denn den Mordspektakel nich? Herr Heuler is uf de Straße runter jelaufen un hat das janze Viertel zusammengetrommelt.
OERTEL:	*(horchend)* Sie kommen. Ich steige wieder zum Fenster—bah! die Leiter ist fort.
HANNE:	*(von einem plötzlichen Gedanken ergriffen)* En jettlicher Jedanke! En jettlicher Jedanke! *(nimmt Duselmann's Rock und Perücke)* Richtig! da is noch sein Paß.
OERTEL:	Aber was meinst du denn?
HANNE:	*(ihn fortziehend)* Jeschwindeken! Jeschwindeken! Se jehn die Hintertreppe als Schutzjeist runter un kommen de Vordertreppe als Professor wieder ruf.
OERTEL:	Hanne, laß dich umarmen.
HANNE:	Später.

Beide ab in Hanne's Zimmer.

Fünfzehnte Scene

Der Schutzmann. Duselmann (hinkend). Heuler. Ein Lieutenant. Ein Gensd'arm (hält in der einen Hand den silbernen Leuchter und in der andern Oertels Rock).

HEULER:	*(in Schlafrock und Schlafmütze)* Halten Se'n fest, Herr Schutzengel. Ne, aber so'n Racker is noch ja nich da jewesen.
LIEUTENANT:	Wer sind Sie, jemeiner Verbrecher.
DUSELMANN:	Ich bin von der Leiter gefallen.
LIEUTENANT:	Haben Sie diese Leiter von auswendig angesetzt?
DUSELMANN:	Von inwendig konnt' ich sie doch nicht ansetzen.
LIEUTENANT:	Des is wahr.
ALLE:	Ja, da hat er Recht.
SCHUTZMANN:	Wenn Herr Leitnant jefälligst erlauben, die Leiter konnte sich doch nicht von selber ansetzen.
LIEUTENANT:	Des is wahr.
ALLE:	Des is richtig.
HEULER:	Es ist also 'n weitverzweigtes demokratisches Complott jejen mir un meinen silbernen Leichter, als Berliner Birjer.
LIEUTENANT:	Es is klar, es is eine weitverzweigte demokratische Verschwerung. Gensd'arm.

GENSD'ARM:	Herr Leitnant.
LIEUTENANT:	Sie werden vor Tagesanbruch sämmtliche der Demokratie verdächtige Demokraten in's Viertel verhaften.
GENSD'ARM:	Zu Befehl, Herr Leitnant.
DUSELMANN:	Jetzt durchschaue ich's! Ein künstliches Complott, um die ganze Gotha'sche Partei mit einem Schlage zu vernichten.
HEULER:	*(zu Duselmann)* Wollten Se mich jefälligst ihre Ansichten entwickeln, warum Se vor meine jastfreindliche Aufnahme aus des Fenster jestiejen sind.
DUSELMANN:	Sie hatten mich eingeschlossen und durch's Schlüsselloch ging ich doch nicht durch.
HEULER:	Das ist wahr.
ALLE:	Da hat er Recht.
HEULER:	Aber warum haben Se sich denn diesen silbernen Leichter zu Jemiethe geführt?
ALLE:	Ja, warum dieses?
DUSELMANN:	Erstens wußt' ich nicht, daß er von Silber wäre, und zweitens, wenn er auch von Gold gewesen wäre, so hätte ich ihn mir doch zu Gemüthe geführt. Wenn ein Volk angegriffen wird, so vertheidigt es sich mit den Waffen, welche die Natur ihm verliehen hat.
LIEUTENANT:	Anjejriffen, von wem?
HEULER:	Ja wohl, von wem? Meine Male un meine Hanne werden doch uf so 'ne Spur der Verwesung kenen nächtlichen Anjriff machen.
DUSELMANN:	Seh ich nicht angegriffen genug aus?
ALLE:	Das ist wahr.
LIEUTENANT:	Die Kanaille jibt treffende Antworten. Doch verflucht jescheite Kerle, diese Kommunisten.
DUSELMANN:	Ich klage jene Jungfrauen nicht an. Ich war eben etwas eingeschlafen, als mir träumte, der Genius von Deutschland erschiene und gäbe mir einen—einen Rippenstoß.
HEULER:	Des war sehr bieder von den Jenius von Deitschland.
SCHUTZMANN:	Ich trete in den Jenius von Deitschland seine Fußtapfen. *(gibt ihm einen Rippenstoß)*
DUSELMANN:	Ich pro—
GENSD'ARM:	Ick ooch. *(ebenso)*
DUSELMANN:	—test—
HEULER:	Ick ooch. *(ebenso)*
DUSELMANN:	—tire.
LIEUTENANT:	Ich verbitte mich alles unehrerbietige Protestiren in Jejenwart von Ihre vorjesetzte Behörde. Ibrijens mejen Sie jetzt fortfahren, sich mit anständije Freimiethigkeit zu eißern.
DUSELMANN:	Dieses Traumgesicht erschien mir dreimal. Beim dritten male erwachte ich und sah—eine Gestalt.
HEULER:	Reiberjeschichten. In mein Haus jibt es keene Jestalten.

DUSELMANN: Ich *sah* eine. Und es ist überhaupt bekannt, daß es in Berlin allerdings
                Gestalten gibt, und daß sie auch gesehen worden sind—von Staats-
                männern gesehen.

LIEUTENANT: Was vor eine Gestalt?

DUSELMANN: Eine Gestalt, welche mich mit Aufrechterhaltung des öffentlichen Ruhe
                und Ordnung an mir bedrohte.

LIEUTENANT: Das bejreufe der Deibel.

HEULER: Er will bloß mein Haus in schlechten Ruf bringen.

DUSELMANN: Die Gestalt machte Feuer an und ich sah, daß sie ein *(mit Schaudern)*
                Schutzmann war.

SCHUTZMANN: *(rückt ihm auf den Leib)* Ich werde dir jleich bejestalten.

DUSELMANN: *(schreiend)* So wahr ich Professor Duselmann heiße?

HEULER: Duselmann, ah, Duselmann! Hören Se mal, wenn Se Duselmann hei-
                ßen, so heiße ick Muselmann.

GENSD'ARM: *(hält Oertel's Rock an's Licht und sucht in den Taschen)* Dies is der
                authentische, jenau steckbrieflich verfolgte Rock von den berichtigten
                Frankfurter Parlamentskommunisten Ertel, un hier is ooch sein Paß.
                (giebt ihn dem Lieutenant) Da, da steht et mit jroße Buchstaben: Herr
                Oertel.

DUSELMANN: Das Schicksal will den Untergang der Gotha'schen Partei.

SCHUTZMANN: Er war also richtig doch hier in's Haus, das Luder.

HEULER: Er hatte sich unter falschen Namen einjenistet, als mein Braitijam, der
                Böstrich!

DUSELMANN: *Ihr* Bräutigam? Die alten Griechen hatten diese Sitte, aber *Sie* hätten
                schwerlich eine Partie gefunden. Das schlagen Sie sich nur aus dem
                Kopf.

GENSD'ARM: Die Leiter is Zeije. Es war eene jroße iber ganz Deitschland verzweigte
                Verschwerung.

SCHUTZMANN: Deren Wurzeln sich in de Schweuz verlieren.

HEULER: Karl Heunzen un Jakob Venedeu[8] stehen an de Spitze davon.

LIEUTENANT: *(lorgnettirt Duselmann)* Also das ist die infame Kanaille, Oertel!

DUSELMANN: Oertel! Mit unseren bittersten Feinden verwechselt man uns.

LIEUTENANT: *(wie oben)* 'ne kolossale Kanaille! Pyramidalisch!

DUSELMANN: Ich schwöre es Ihnen bei Gagern und den übrigen Edlen, ich bin nicht
                Oertel, ich bin—

GENSD'ARM: Schweigen Sie in Jejenwart Ihrer Vorjesetzten.

SCHUTZMANN: Sonst spiel' ick wieder Jenius von Deitschland mit Ihnen.

DUSELMANN: Nein, das ist ja aber nicht mehr zum Aushalten. Ich Demokrat? Ich
                Republikaner? Ich Oertel? Oertel ich? Das ist ja aber gräßlich. Lieber

---

8.   The socialist Karl Heinzen, an associate of Karl Marx and Friedrich Engels, fled to the
United States after the Revolution; the writer and publicist Jakob Venedey was a member of the
Frankfurt National Assembly.

wollte ich mich ja doch wahrhaftig zum Hofnarren hergeben—ja! zum Hofnarren—

SCHUTZMANN: Na, wat haben Se denn in Erfurt jemacht?

Sechszehnte Scene

Die Vorigen. Hanne.

HANNE: *(kommt durch die Hausthür)* Herr Heiler, da is en fremder Herr, der Ihnen sprechen will.

HEULER: Mir, mitten um Mitternacht? Des is ja janz anarchisch.

HANNE: Er sagt, er is Herr Professor Duselmann.

ALLE: Duselmann!?

DUSELMANN: Ich?

HEULER: Lassen jleich rin kommen. Jott sei Dank! Des is ja wie Lude in Fabeln.

Hanne ab.

DUSELMANN: *(mit wilder Ironie)* Freut mich ungeheuer seine Bekanntschaft zu machen.

LIEUTENANT: Das Unjeheuer is noch witzig!

Siebenzehnte Scene

Die Vorigen ohne Hanne. Oertel (in dem Rock und der Zopfperrücke Duselmanns).

HEULER: Endlich! Endlich, mein lieber theurer Herr Professor.

OERTEL: Entschuldigen Sie wirklich, mein theurer Onkel, daß ich es wage, mich in einer so späten Stunde Ihnen noch vorzustellen.

HEULER: *(bei Seite)* En scharmanter Mann. *(laut)* Jrade in's Jejentheil—

DUSELMANN: *(ihn unterbrechend)* Hat nichts zu sagen, ganz und gar nichts zu sagen.

LIEUTENANT: So 'ne freche Bestje is mir aber doch in meiner Praxis noch nich vorjekommen.

HEULER: *(zu Oertel)* In's Jejentheil, besser konnten Se ja nich kommen, um einen scheißlichen Betrieger zu entlarven.

DUSELMANN: Besser konnten Sie gar nicht kommen.

LIEUTENANT: Der Kerl is kolossal, pyramidalisch!

OERTEL: Einen Betrüger, ich?

HEULER: Ja, denken sich Se, ein berichtigter Kommunist hat die kleine aber jroße Verwejenheit jehabt, sich hier unter Ihren Namen einzuführen, um silberne Leichter zu stehlen.

DUSELMANN: Ja, denken sich Se!

OERTEL: Ein Kommunist unter meinem Namen?

SCHUTZMANN: *(auf Duselmann zeigend)* Der Spitzbube da is et.

OERTEL: Was? Sie, Herr Oertel? Zu diesem Grade der Verworfenheit und des Verbrechens haben Ihre zerfetzenden Tendenzen Sie geführt?

SCHUTZMANN:
GENSD'ARM: } Et is Ertel!

LIEUTENANT: Es is kein Zweifel!

HEULER: Sie kennen ihn?

OERTEL: Natürlich. Von der Paulskirche her. Einer der Negativsten, Unreifsten, Charakterlosesten—

DUSELMANN: *(wüthend)* Ich negativ? Ich unreif? Ich, der ich jedenfalls der gründlichste, gelehrteste, staatsmännischste Professor der Partei, der ich— Nein, er ist einzig, dieser neugebackene Professor Duselmann. *(hysterisch zu den Umstehenden)* Ist er nicht wirklich einzig?

SCHUTZMANN: *(streng)* Verbrecher, stille!

OERTEL: Um jedem Zweifel über meine Identität zuvorzukommen, so ist hier mein Paß. *(überreicht ihn dem Lieutenant)*

HEULER: O, verehrter Herr Professor, wie kennen Se blos jloben—

DUSELMANN: Mein Paß! *(sucht in seinen Hosentaschen)* Jetzt wird die Wahrheit einen Triumph feiern—einen ungeheuren Tri—Wo ist mein Rock? Ich bedarf nichts, als meines legitimen Rockes—

GENSD'ARM: Hier is er ja, wat wollen Se denn noch?

DUSELMANN: *(stößt den Rock verächtlich zurück und sucht im Zimmer.)* Spurius.— Ich suche keinen theoretisch angebildeten, ich suche einen natürlich mit meinem innersten Wesen verwachsenen Rock.

LIEUTENANT: *(giebt den Paß an Oertel zurück)* Is jut, Herr Professor. Ich bin zufrieden.

DUSELMANN: *(bleibt verstört stehen)* Er ist entwendet!

HEULER: Jeben sich Se keine Miehe weiter, demokratisches Unwesen. *(indem er ihm den Paß vor die Augen hält)* Da steht's. Des hier ist der ödelste Mann von Deitschland un Se sind en erwiesener Falschminzer.

DUSELMANN: *(greift nach dem Paß)* Er ist's! Es ist mein Paß!

HEULER: Oho! So haben wir nicht jewettet.

DUSELMANN: *(düster)* Die antike Tragödie kennt nur ein Beispiel einer derartigen Verwechslung, nämlich die Mutter des Oedipus, Jokaste, welche von ihrem Sohne aus Versehen geheirathet wurde.

SCHUTZMANN: Hier is weder von Juckkasten noch von Heirathen die Rede, sondern kommen Se jetzt mal vor's erste mit uf de Polizei.

DUSELMANN: Sie!? Was Sie wollen, weiß ich, Schutzmann, Sie wollen meinen Kopf.—Ich sehe recht gut den ganzen Zusammenhang. In Erfurt werde ich der Bubenpolemik beschuldigt, in Berlin werde ich in noch nicht zweimal 24 Stunden zum vierten Male von der öffentlichen Sicherheit angefallen; in diesem Haus, das von Schutzmännern wimmelt, werde ich von Gestalten verfolgt; dieser alte Seelenverkäufer verklagt mich wegen seines Leuchters, und dieser falsche Demetrius erklärt mich für negativ und unreif. Den glorreichen Namen Duselmann nehmen sie mir, unter dem frivolen Namen Oertel werde ich mit Rippenstößen traktirt. Mein historischer Rock, meine letzte Hoffnung, diese gräßliche Katastrophe zur Entwicklung zu bringen, wird mir geraubt, ein elendes Machwerk ohne geschichtliche Grundlage, mir willkürlich übertragen. Es fehlt nur noch, daß man mir mit Blut geschriebene Briefe unterlegt.

Es ist ein tiefgelegtes teuflisches Komplott zur Vernichtung unserer
ganzen Partei. Wir haben unsern Dienst gethan, man braucht uns nicht
mehr. Ja, jetzt sehe ich eine Reaktion!

OERTEL: *(bei Seite)* Endlich doch!

Achtzehnte Scene

Die Vorigen. Amalie.

AMALIE: Sage, lieber Onkel, was giebt es denn im Hause?

LIEUTENANT: *(lorgnettirend)* Jettliches Mächen!

DUSELMANN: Das ist sie, ah!

HEULER: Wat et jibt? Wenn ick nich jewesen wäre, so jäb et ja nischt mehr, keen
Eijenthum, keene Familie, keene silberne Leichter, keen mich, keen
dich, keen jar nischt.

AMALIE: Das ist ja schrecklich.

LIEUTENANT: Ich bin ewig untrestlich, mein Freilein, daß ich das Unjlick haben
muß.—Ich habe müssen ein kleines Exempel an einem von den un-
jezojenen Demokratenjungens statuiren. Sie kennen durchaus ruhig
sein, ich stelle mich janz zu Ihrer Verfüjung. Ich schmeichle mir, daß
ich durch dieses unanjenehme Ereigniß Jelejenheit habe, mich janz
Ihrer liebenswürdigen Ruhe und Jlickseligkeit zu widmen.

AMALIE: Auf ewig?

LIEUTENANT: Auf ewig, auf Ehre! *(bei Seite, geckenhaft)* Jleich weg!

AMALIE: Danke, mein Freund. *(dreht ihm den Rücken)*

LIEUTENANT: *(ganz verlegen, bei Seite)* Mein Freund?!—Ah, sie verstellt sich, die
Kleine, vor ihrem Breitijam.

HEULER: *(zu Oertel)* Herr Professor, dieses ist diejenigte, welche sich schmeu-
chelt, eunerseits nich blos meine Popillje und Nüchte, sondern auch
andrerseits Ihre werthjeschätzte Frau Jemahlin vorzustellen. Male, so
betrage dir doch heflich.

OERTEL: *(trocken)* Also, Sie sind die junge Dame?

DUSELMANN: Ich bitte um's Wort zu einer persönlichen Bemerkung.

LIEUTENANT: Sie haben hier ja nichts zu bemerken. *(galant)* Freilein allein haben
hier—

DUSELMANN: *(schreit)* Ich bitte um's Wort zu einer persönlichen Bemerkung. Ich bin
der wahre Duselmann!

OERTEL: Es scheint wirklich eine fixe Idee bei ihm.

HEULER: Ja, nich wahr?

LIEUTENANT: *(wüthend)* Wie kennen Sie sich unterstehen, Sie ausverschämter
Mensch—

DUSELMANN: *(schreit)* Ich bin der wahre Duselmann; ich bin der historisch berech-
tigte Duselmann.

LIEUTENANT: *(zieht ihm mit der Degenscheide Eins über)* Das bist du! Ich werde dich
historisch berechtigen.

SCHUTZMANN:	} *(stoßen ihn)* Ick werde dir historisch berechtijen.
GENSD'ARM:	

DUSELMANN: *(schreit)* Sie bewegt sich doch! *(verstockt)* Sie bewegt sich doch!

AMALIE: Herr Lieutenant, diese Behandlung ist empörend.

LIEUTENANT: Er belästigt Sie, mein Freilein, auf Ehre! Ich kann auf Ehre nicht zu-jeben—

AMALIE: Danke, mein Freund.

LIEUTENANT: *(ganz verblüfft, bei Seite)* Mein Freund?!—Sie kann sich ungeheier ver-stellen, der kleine Pfiffikus.

OERTEL: Ich muß gründlich bedauern, Herr Heuler, daß ich bloß herkommen konnte, um mich bei Ihnen zu entschuldigen. Ich muß im Augenblick wieder abreisen.

HEULER: Abreusen? Wo so?

OERTEL: Kaum angekommen, erhielt ich eine telegraphische Depesche, welche mich zu einer höchst wichtigen Versammlung der besten Männer nach Schöppenstädt beruft, wo wir von jetzt an tagen werden.

DUSELMANN: Ich gehöre nach Schöppenstädt, nicht Sie, falscher Waldemar!

OERTEL: *(beruhigend, wie zu einem Kinde)* Sie haben Recht, lieber Mann, Sie haben Recht.

HEULER: Wat soll denn aber aus unsre morjije Verlobung werden?

DUSELMANN: Ich bleibe ja hier. Reisen Sie nur nach Schöppenstädt, Herr Professor Duselmann.

ALLE: Endlich gesteht er's, daß es Duselmann ist.

OERTEL: Mein lieber Herr Heuler, ich muß Ihnen wirklich gestehen, daß ich in diesem Augenblick von staatsmännischen Sorgen so übernommen bin und bei den politischen Aussichten wahrscheinlich die nächsten drei bis sechs Tage so übernommen bleiben werde, daß—

DUSELMANN: Er will sie nicht! So begreife ich nichts mehr.

LIEUTENANT: Der Kerl ist verrückt. Ein jettliches Mächen mit Jeld!

HEULER: Ah, ich verstehe, Se wollen de internationale Beziehungen zu de Heiler'sche Familie abbrechen? Erst versprechen un denn Winkelzije machen, un denn—

DUSELMANN: Da sehen Sie, was er für ein Mensch ist.

HEULER: Echt jothaisch!

AMALIE: *(weint)* Onkel diese Schande haben Sie auf mich gebracht.

LIEUTENANT: Mein Freilein, tresten Sie sich, ich bleibe Ihnen auf ewig trei!

OERTEL: Man muß immer das Mögliche—das Wohl des Vaterlandes—meine Pflicht, als Reichsprofessor—

DUSELMANN: Ich begreife nichts mehr—sie bekommt doch einmal 80,000 Thaler!

HEULER: Wat, zum Deibel, jeht mir Ihre Pflicht un des Wohl des Vaterlandes an. Ick will mir vor keen Vaterland vor de janze Familie blamiren: Ick hab' et schriftlich, ick zwinge Ihnen, ick vereffentliche unsre janze diploma-tische Korrespondenz, ick blamire Ihnen vor janz Deitschland—

DUSELMANN: Aber ich weigere mich ja nicht. Ich verlange ja gar nichts besseres—

SCHUTZMANN GENSD'ARM:	*(drohend)* Will er jleich et Maul halten.
LIEUTENANT:	*(bei Seite)* Zwei Verrückte! Sie schwärmt für mich allein.
OERTEL:	Ich bin gar nicht abgeneigt später vielleicht—
HEULER:	Später vielleicht! Ah, Spiejelberg![9] Wenn det keene faule Fische sind mit Ihre telejraphische Depesche, jut, so nehmen Se se jetzt mit uf de Eisenbahn.
AMALIE:	Onkel! ich kann doch nicht—
HEULER:	Ick jebe dich Hannen mit, die wird en schon in Ordnung halten. Morjen komm' ick nach. *(zu Oertel)* Ick jebe ihr zwanzigtausend Thaler mit statt zehn-, wollen Se ihr jetzt mitnehmen oder nich?
DUSELMANN:	Er wirft sie ihm an den Hals! Es ist laokoontisch!
OERTEL:	*(die Uhr ziehend)* Ich habe nur noch eine Viertelstunde Zeit zur Eisenbahn.
HEULER:	Ihre Sachen kann ick ihr nachschicken. Wollen Se jetzt oder nich?
OERTEL:	Wenn Sie mich am Ende zwingen—
HEULER:	Ja, ick zwinge Ihnen. *(rufend)* Hanneh! *(in die Scene)* Hanne, rasch 'ne Droschke.
AMALIE:	Lieber Onkel, Sie haben mir doch erst vor einer Stunde Ihr heiliges Wort gegeben.
LIEUTENANT:	*(bei Seite)* Blos meinetwejen. Jettliches Mächen!
HEULER:	Un ick habe dir erst vor zwei Stunden erklärt, des ick als Berliner Birjer blos Jotten verantwortlich bin. Allons, Marsch!
DUSELMANN:	Es ist die Geschichte vom trojanischen Pferd! Und ich bin dabei der Laokoon—nein! ich bin Troja—nein! ich bin das Pferd.

Neunzehnte Scene

Die Vorigen. Hanne.

HANNE:	Die Droschke is vor de Dihr.
HEULER:	Gut, Hanne, du fährst mit nach Schöppenstädt, mit Mamsellken und den Herrn da un jibst Acht, daß Se unterwegs keene dumme Streiche machen. Morjen komm' ick nach.
HANNE:	Jut, Herr Heiler.

Stummes Spiel zwischen Schutzmann und Heuler.

OERTEL:	*(ärgerlich bietet ihr den Arm)* Nun, so kommen Sie, Fräulein.
DUSELMANN:	*(bei Seite, Oertel genau betrachtend)* Ist das nicht mein Rock?
AMALIE:	*(umarmt Heuler)* Adieu, grausamer Onkel.
LIEUTENANT:	*(bei Seite)* Wie sie schmachtet. Jettliches Mächen!
HEULER:	*(weint)* Adje, arme Jöre. Sei man ruhig. Hanne is ja bei dich un morjen komm' ick nach.

---

9. This refers to the unscrupulous character Spiegelberg in Friedrich Schiller's *Die Räuber.*

OERTEL: *(giebt Amalien den Arm und Heuler die Hand)* Adieu, Herr Onkel.—
               wenn Sie aber auch was durchsetzen wollen—
HEULER: *(geschmeichelt)* Nich wahr? Ja, so setz' ick et durch.
DUSELMANN: *(wie oben)* Ist das nicht meine Perrücke?
AMALIE: *(zu diesem)* Adieu, Herr Professor Duselmann.
DUSELMANN: *(bei Seite)* Ich glaube, sie macht sich noch über mich lustig. *(wie oben)*
               Es ist meine Perrücke mit dem schönen Zopfe.
AMALIE: Adieu, Herr Lieutenant!
LIEUTENANT: *(bei Seite)* Wieder eine unjlücklich jemacht!
HEULER: Fort, Kinder, fort! Adje! Adje! Morjen komm' ick nach. *(drängt sie
               nach der Thür)*
ALLE: Adieu! Adieu!
Oertel, Amalie und Hanne ab.

Zwanzigste Scene

Duselmann. Heuler. Lieutenant. Schutzmann. Gensd'arm.
*Duselmann hat sich Oertel nachgeschlichen und reißt ihm im Augenblicke, wo dieser
zur Thüre hinausgeht, die Perrücke ab.*
DUSELMANN: *(schwingt die Perrücke)* Jo triumphe! Jo triumphe! Die Wahrheit kommt
               an's Licht.
HEULER: Er is toll.
LIEUTENANT: Was hat er denn nun wieder?
GENSD'ARM: Allons, marsch jetzt!
SCHUTZMANN: Uf de Polizei.
DUSELMANN: *(nimmt die Schlafmütze ab und setzt sich die Perrücke auf)* Ah! das
               dachtest du wohl nicht, du schamloser Stegreif! *(drapirt sich antik)* Bin
               ich jetzt Duselmann oder bin ich es nicht?
ALLE: Duselmann!
LIEUTENANT: I versteht sich, jetzt in der Perrücke kenn' ich ihn auch. Der Kerl, der
               sich jestern Morjen jejen mich widersetzte.
GENSD'ARM: I, Herr Jeminiken, ja, den ick so jepriejelt habe, der hieß ja Duselmann,
               jetzt erinner ick mir erst in de Perricke.
HEULER: I, des wäre ja janz—anarchisch. Denn sind also zwee Duselmänner—
DUSELMANN: *(groß)* Es giebt nur *Einen* Duselmann.
SCHUTZMANN: *Der* hat *Den* seine Perricke jestohlen. Des is mich hechst zweideitig.
LIEUTENANT: Wem jehört dieser Rock? Des is jetzt die Hauptsache.
DUSELMANN: *(zieht Oertel's Rock an, der ihm durchaus nicht paßt)* Ich appellire
               an den gesunden Sinn der Bevölkerung, ob diese Draperie für einen
               Reichsprofessor typisch ist?
GENSD'ARM: Denn is der, der mit des Freilein abjerutscht is, Ertel.
ALLE: Et is Ertel! Et is Ertel!
DUSELMANN: Die Wahrheit feiert in diesem Augenblick einen ungeheuren Tri-
               umph!

HEULER:	*(wüthend)* Ertel! der Republikaner! der Kommunist! der Meichelmerder! Gensd'arm, hundert Thaler, wenn S'en mich wiederbringen. Dodt oder lebendig!
LIEUTENANT:	Rasch! Ich jebe Ihnen noch zwei Jroschen dazu!
GENSD'ARM:	Zu Befehl, Herr Leutenant. *(ab)*

Einundzwanzigste Scene

Heuler. Lieutenant. Duselmann. Schutzmann.

HEULER:	O, ich alter Esel! *(setzt sich erschöpft)*
SCHUTZMANN:	Ja.
LIEUTENANT:	*(bei Seite)* Vielleicht entschließe ich mich noch, sie zu heirathen.
SCHUTZMANN:	*(hält Duselmann, der sich fortzuschleichen sucht, am Rockzipfel)* Warten Se mal en Bisken, Sie da!
DUSELMANN:	Was wollen Sie noch von mir?
HEULER:	Halten Se'n fest! Er ist an allen's Schuld!
DUSELMANN:	Ist Euer Blutdurst noch nicht gesättigt?
SCHUTZMANN:	Erst kommen Se mal noch mit uf de Polizei und denn wollen wir unsern Blutdurst settijen.
DUSELMANN:	Mitkommen? Ich mit dir? Nein, man schleife mich auf einer Kuhhaut zum Richtplatz, man lasse mich von vier Hengsten zerreißen, man verbrenne mich als Hexe—ich liebe das Mittelalter, ich achte das preußische Gesetz, ich habe für die Aufrechthaltung dieser historischen Rechte gekämpft und gelitten—aber noch einmal in den Händen der Schutzmannschaft, noch einmal Gegenstand der richtig verstandenen Freiheit—Ich protestire! *(reißt plötzlich aus und rettet sich vor dem verfolgenden Schutzmann auf einen Stuhl, vom Stuhl auf den Tisch, vom Tisch auf den Schrank.)*
HEULER:	*(von der andern Seite wirft mit dem Bettzeug nach ihm)* Will er runter!
DUSELMANN:	Heuler, warum verfolgst du mich?
HEULER:	Warum hast du meine Male echappiren lassen.
LIEUTENANT:	*(sticht mit dem Degen nach Duselmann)* Will er gleich herunter!
DUSELMANN:	Herr Lieutenant, warum haben Sie diese Pique auf mich?
LIEUTENANT:	Um dir die Heirathsgedanken zu vertreiben, alter Sünder.
SCHUTZMANN:	*(wirft ihm eine Schlinge um den Hals)* Siehst de, wie de bist!
DUSELMANN:	Halte still, Schutzmann, ich komme ja schon.
LIEUTENANT:	Willst du dem jettlichen Mächen entsagen?
DUSELMANN:	*(indem er allmälich herabgezogen)* Allem, allem! Ich entsage dem göttlichen Mädchen. So laß doch aber deine verfluchte Schlinge—ich entsage ja allem, was Sie wollen, ich entsage dem deutschen Erbkaiserthum, ich entsage meinen Diäten, ich entsage allen Freuden des Lebens, ich entsage allen deutschen Einheiten, der deutschen Kunst und Wissenschaft, der deutschen Treue und Redlichkeit, der deutschen Keuschheit—ich entsage allen Tugenden, ich entsage feierlichst allen

bürgerlichen, politischen und Menschenrechten—man muß immer das Mögliche anstreben—*(auf die Schlinge deutend)*—aber bleiben Sie mir mit Ihrer verfluchten, richtig verstandenen Freiheit da vom Halse.

LIEUTENANT: Ihre aufrichtige Reihe bestimmt mich, Jnade vor Recht erjehn zu lassen. Versprechen Sie mir, den Berliner Jeschmack nie wieder mit Ihre schwarz-roth-goldene Jejenwart zu beleidigen.

DUSELMANN: Ich verspreche Alles. Ich will mich schwarz und weiß anstreichen lassen, wie einen Sarg, wenn Sie wollen. Ich will ja durchaus nur das Mögliche anstreben.

LIEUTENANT: Sie sollen gar nichts anstreben.

DUSELMANN: Gut, so strebe ich gar nichts an.

LIEUTENANT: Schutzmann, so kennen Sie ihn auf die Eisenbahn transportiren.

HEULER: Ja, aber warten Se mal erst, wer soll denn nach diese nöchtliche Affäre mit des verworfene Subjekt, meine Male heirathen?

LIEUTENANT: Wenn ich nicht wüßte, daß Fräulein Amalie mich liebte, und nur auf Ihren Befehl dem vorgeblichen Professor—

Zweiundzwanzigste Scene

Die Vorigen. Oertel. Amalie. Hanne. Gensd'arm. Ein Polizei-Commissär.

GENSD'ARM: Jlicklich attrapirt.

LIEUTENANT: Mein Freilein, ich bin zu jlicklich, daß ich Sie aus den Händen eines—

HEULER: Ha, du! Herr Lieutenant, ich fordre jetzt Jerechtigkeit als Rentier, Onkel und Mensch.

DUSELMANN: Man vollziehe die richtig verstandene Freiheit in ihrer ganzen Strenge an ihm.

POLIZEI-COMMISSÄR: *(zu Duselmann)* Sie sind Herr Oertel?

DUSELMANN: Ich Oertel? Bedienen Sie sich doch wo möglich anständigerer Ausdrücke. Ich bin der berühmte Professor Duselmann.

OERTEL: Oertel bin ich.

HEULER: *(drohend)* Hu? du!

POLIZEI-COMMISSÄR: Das ist gut, es gilt Ihnen beiden. Der Staatsanwalt—

HEULER. SCHUTZMANN. GENSD'ARM: Aha! Die Kuhhaut is schon anjespannt.

AMALIE: O, gerechter Himmel, mein Gustav. *(hängt sich an Oertel)*

LIEUTENANT: Ah!—Sie hat mich nie jeliebt!

HEULER: Wat? dein Justav!—O, ich alter Esel!

SCHUTZMANN: Ja.

DUSELMANN: Alles war abgekartet. Jetzt begreife ich.

HEULER: Allens abgekartet—o, ich alter Esel!

POLIZEI-COMMISSÄR: Meine Herren, werden Sie mich zu Worte kommen lassen. Der Staatsanwalt giebt die Verfolgung gegen Herrn Oertel auf, womit zugleich die Weisung verbunden ist, augenblicklich Berlin zu verlassen.

ALLE: Giebt die Verfolgung auf!

Oertel und Amalie umarmen sich.

POLIZEI-COMMISSÄR: Was Herrn Professor Duselmann betrifft, welcher sich hier seit zwei Tagen zu hochverrätherischen Zwecken aufhält, ist der Herr Polizei-Präsident der Ansicht, es müssen diese Wölfe in Schafskleidern, die seit zwei Jahren umgehen und sich gegenseitig die edelsten deutschen Männer nennen, erkannt werden, als das, was sie sind.

HEULER: Er muß mit jliehenden Zangen jekniffen werden.

POLIZEI-COMMISSÄR: Um dem preußischen Volke zu zeigen, worauf Ihre ganze Herrlichkeit beruht, wird man Sie morgen der Perrücke und des Zopfes entkleiden und Sie so in Ihrer natürlichen Nichtigkeit durch die belebtesten Straßen der Stadt auf die Eisenbahn bringen.

DUSELMANN: *(vernichtet)* Ich trete vom politischen Schauplatz zurück, ich habe mich abgenutzt.

HEULER: Un wer heirathet nu meine Male?

LIEUTENANT: Objleich ich mir nicht mehr schmeicheln darf, jene Jefihle—

OERTEL: Herr Heuler, lassen Sie Vernunft mit sich reden, Fräulein Amalie ist majorenn—

HEULER: Noch nich. *(Es schlägt zwölf Uhr.)*

HANNE: Hurrah, et schlägt zwelf. Mamsellken is majorenn.

HEULER: Male, du willst dir jejen deinen olden Onkel majorennisiren?

AMALIE: Lieber Onkel, es hat zwölf geschlagen. Die Zeit hat mich majorenn gemacht, ich kann sie nicht zurückstellen, wenn ich auch wollte.

OERTEL: Und mit *ihr* führen wir doch zuletzt die Braut heim.

Der Vorhang fällt.

Anton in Amerika

Band I: Neuntes Kapitel

Der Held findet seine Schutzbefohlenen nicht mehr, wird aber durch seine Freunde
an seinem Nachsteller gerächt.

> *Jetzt aber hat mich so ein winziger, nichtswür-*
> *diger Schwächling ums Auge gebracht.*
> *(Hom. Od. IX.)*

An der Thür der Schnapskneipe stand Jack O'Dogherty mit seiner kurzen Pfeife in
dem unrasirten Munde und schoß einen häßlichen Blick unter den Brauen hervor,
welche dicht über den dunkelgrauen Augäpfeln anfingen und in zwei spitzen Bü-
scheln, wie Käferhörner, über der Nase ausliefen. An der Straße lag die zahlreiche
Bevölkerung, lachend, keifend und schmauchend, unzählbare Kinder und Frauen
jeden Alters, während es aus den Häusern von Unrath dampfte und zwei Drehorgeln,
zur Erhöhung der geselligen Lust, sich harmonische Concurrenz machten. An der
Eingangsthür standen unter andern Hausbewohnern die kleinen O'Sheas weiblichen
Geschlechtes, sich um das Baby reißend, welches gegen die Umhüllung eines langen,
weißen Kinderkleides, an das es nicht gewöhnt war, mit wüthendem Gestrampel und
Geschrei protestirte.

Als Antonio näher hinsah, fiel ihm auch das ungeheure Schleppkleid des ältesten
der beiden Mädchen auf, welchem die Ärmel bis aufs Pflaster herunterhingen, während
die zweite eine ebenso wenig proportionirte Überjacke trug. Die Muster an beiden
Kleidungsstücken glichen so aufs Haar denjenigen, welche er am Dienstag für seine
Neuengländerin gekauft hatte, daß es ihn beunruhigte. Er stieg rasch die Treppe hinauf
und klopfte an Mrs. Grenier's Thür, erhielt aber keine Antwort. Dann an Mrs. O'Shea's,
aus welcher sogleich der sonore und energische Ruf der heißblütigen Irländerin
herausschallte. Sie überschüttete ihn mit einer Fluth von Bewillkommnungsgrüßen,
gelegentlich durch ein unnachahmliches Trauergeheul unterbrochen, während dessen
er Zeit hatte, seinen neuen Teppich auf dem Fußboden, das neue für Annie ge-
kaufte Bett im Zustande der Verwilderung in der Ecke, und eine bunte Menge von
Kleidungsstücken und Haushaltungsgeräthschaften, die alle für Annie's Gebrauch
bestimmt gewesen waren, darüber ausgebreitet, in Augenschein zu nehmen.

Hier war offenbar Standrecht geübt worden. Antonio erbleichte bei dem Gedanken,
was aus der Besitzerin geworden sein könnte.

"Wo ist sie?" rief er. "Wo ist sie hin?"

Ihr "Hoosband" hatte sie gestern abgeholt. Wohin, das wußte Niemand. Die
Sachen—es wäre Schade gewesen, sie in dem Zimmer verfaulen zu lassen, und so
hatte die Familie sich dieselben zu Gemüthe geführt. Aber was das Geld betraf, so
zogen Mrs. O'Shea's Begriffe eine strenge Unterscheidungslinie zwischen dieser und

jener Art Eigenthums, und sie wollte auf Heller und Pfennig Rechenschaft ablegen. Antonio ließ den Plunder zu dem andern gehen und versprach noch obendrein, fünfzig Dollars für Paddy, der ihm das Leben gerettet, in die Sparbank zu legen. Paddy kam eben dazu, wie am ersten Abend. Antonio's Hoffnung, daß der kleine Allerweltskerl über den Aufenthaltsort der Verschwundenen etwas ausgekundschaftet habe, wurde leider getäuscht. Sie hatte sich von ihrem Manne überreden lassen und hatte schweren und gerührten Herzens von der guten Irländerin Abschied genommen, mit Grüßen für Antonio, sollte er je wieder nach ihr fragen. Dieser machte sich schwere Vorwürfe. Wäre er zur rechten Zeit wieder gekommen, so hätte sie sich wol nicht ohne seinen Rath entfernt.

"Aber wie seid Ihr denn hinter den Mordanschlag gegen mich gekommen, Paddy?" fragte er diesen.

"Ja, wir aufgeklärten Amerikaner, lieber Kerl, wir fragen immer, wenn wir etwas sehen, nach der Vernunft, warum? und nach dem Zwecke, wozu? Smart muß man sein; das ist das Wort hier. Also wie ich dahinter gekommen bin, wollt Ihr wissen?"

"Ja; der Fall interessirt mich einigermaßen."

"Gut also. Wie ich zum Thee komme, so ist der Vogel ausgeflogen—armes Ding! Sagt Mutter: Paddy, sagt sie, Jack O'Dogherty (Unglück über ihn!) war all die Zeit um den Schubiak, den Frenchman, sagt sie; hat ihm Kundschaft gegeben über uns, sagt sie, und den netten Gentleman—das seid Ihr, altes Roß,—das ist der Name, unter dem Ihr bei der Alten geht. Also sag' ich: das Geschäft gefällt mir nicht, sag' ich. Der nette Gentleman wird mich himmelhoch blasen, wenn er kommt und findet meine Pupille futsch und die Sachen im Allgemeinen vor die Hunde gegangen. Aber was konnte ich thun, lieber Kerl? Geschäft geht vor Vergnügen, und so muß ich nach'n Expreß-Office zurück. 's war 10 Minuten nach 11, wie ich auf die City Hall-Uhr hinaufsehe und dachte: Heute Abend kannst du nach Hause gehn. So mach' ich mich also heim, und wie ich in die Mulberry Street komme, und sehe das süße Licht aus McMulligan's Ginkneipe in der Entfernung, wie der liebliche Mond über'm Hausdach schimmern, so sag' ich zu mir selbst: 'Trinkst du 'nen Dram oder gehst du zu Bett? Verdient hast du einen, und kein Zweifel!' Da sehe ich zwei Kerle aus McMulligan's Shop herauskommen, die gehen rasch nach der andern Seite zu und kurz um die Ecke. Bei Jingo, sag' ich, wenn das nicht Frenchy und Jack O'Dogherty ist; denn wie kommt Jack mit einem anständigen Gentleman in Broadcloth zusammen sag' ich, wenn's nicht der Hallunke, der Frenchy ist? Immer *wide awake*, immer die Augen offen, das ist das Wort, sag' ich, und hinterher. Die gehn, um meine Pupille abzumucksen oder sonst was auf vertraulichem Wege, ohne den City Marshall dazu einzuladen, sag' ich.

"Ich folge also immer aus der Entfernung, Broadway hinauf, bis sie vor'm Haus stehen bleiben; da schlüpf' ich in eine Kellertreppe, das dritte Haus davon und steck' blos die Augen vor. Frenchy geht hinein und Jack bleibt in Hinterhalt, gerade die nächste Kellerthür neben mir. Es war 'ne verdammte Sicht zu nahe, sag' ich Euch, und zweimal dacht' ich sicher und gewiß, er hätte mich gesehen. Aber, wenn Du warten kannst, denk' ich, kann ich auch warten. Aber dennoch, das kann ich Euch sagen, die Zeit ist mir noch nie so lang vorgekommen; ich dachte, die Sonne hätte unterdessen dreimal Zeit gehabt, aufzugehen. Endlich kommt Ihr heraus mit noch 'nem Herrn, und dann folgt Euch Jack wie ein falscher, schleichender Hund, der er ist, und dann wußte ich, was die Glocke geschlagen hatte, und ich sah deutlich, wie er sein Messer unter der Jacke hielt; und wie ich Euch in Clinton Place einbiegen sehe, so sagt' ich, da thut er's, sagt' ich, und so renn' ich durch Waverley Place und pass' an der Ecke von Green Street. Immer *wide awake*, sag' ich, das ist das Wort für einen aufgeklärten Irisch-Amerikaner, und so . . . ."

"Und so habt Ihr mir das Leben gerettet. Ihr seid so smart und aufgeklärt wie irgend ein Yankee, der je gelebt hat, und der aufgeklärteste Zeitungsjunge in dieser aufgeklärten Generation," parodirte Antonio halb scherzend und halb anerkennend, und das Compliment war wahrhaftig nicht verloren; dem Kleinen leuchteten die Augen vor befriedigtem Selbstgefühl.

"Nun," fuhr Antonio fort, "fünfzig Dollars lege ich für Euch in die Sparbank, damit Ihr sie nicht in Gin vertrinkt, und Ihr könnt Euch das Sparbankbuch morgen bei mir abholen," wobei er ihm seine Karte gab, und der Junge mit den kleinen funkelnden Augen, die, wie bei allen Irländern, unmittelbar unter den Brauen hervorbrannten (gewissermaßen feuerräderten, so rastlos drehten sie sich) schlug einen Purzelbaum; weniger aus Freude über das unerwartete Geschenk, als in der speculativen Aussicht dessen, was sich damit unternehmen ließ.

"Und nun," fuhr Antonio fort, "müßt Ihr mir unter allen Umständen Eure Pupille finden."

Antonio adoptirte als Diplomat den Ausdruck, womit Paddy kurz vorher seiner eigenen Wichtigkeit geschmeichelt hatte,—"und zwar ohne Zeitverlust, versteht Ihr? Ich muß die arme Creatur retten, wenn sie noch zu retten ist. Ich fürchte faules Spiel."

Paddy war natürlich bereit zu spioniren, aber es war etwas Geistesabwesendes in seinem Versprechen. Antonio suchte das sinkende Interesse durch das Versprechen einer weiteren Belohnung anzufeuern. Er verstand jedoch den Yankee-Geist Paddy's nicht. Dieser war nicht sowol geldsüchtig, als erwerbssüchtig. Der Dollar, der Stein der Weisen, die Wahrheit des Yankeelebens, wie überhaupt der Zeit, war ihm nach Lessing so über Alles werth, "nicht als besitzens-, sondern als erstrebungswürdig," nicht als Facit, sondern als Aufgabe. Wie der alte Dawson, hätte er seine Seele dem Teufel verkauft, um eine Summe zu gewinnen, die er am nächsten Tage auf die Straße werfen konnte. Während Antonio noch sprach, hatte der kleine Paddy im Geiste schon seinem gegenwärtigen Zeitungshausirhandel Valet gesagt und sich dafür einen stehenden Platz in der Stadt ausgesucht, wo eine Zeitungs- und Fruchtbude reüssiren mußte. Diese Pläne nahmen sein Interesse so sehr in Anspruch, daß er zweifelte, ob eine Belohnung selbst von einem gleich hohen Betrage ihn für die Geschäftsstörung bei seinem projectirten Etablissement entschädigen könne.

"Nehmt Euch vor Jack O'Dogherty in Acht," sagte Paddy, als Antonio schon im Gehen begriffen war, "er hat mir eben, wie ich 'rauf kam, zugeschworen, daß er Euch die Cocosnuß aufknacken will, und er thut's."

"Es wird so schlimm nicht sein; auf offener Straße und vor so vielen Zeugen."

"Oho, Mann, da kennt Ihr die Irischen nicht. Wenn uns das Blut auf ist, so kümmern wir uns nicht einen *spec*, den Richter mitten in der Gerichtssitzung von seiner Bank wegzublasen."

"Und hat Jack O'Dogherty das gesagt?" rief Mrs. O'Shea aus, und ein fürch-
terlicher Sturm sammelte sich über ihren Augen, während sie die beiden Arme in die
Seite stemmte; "und hat Jack O'Dogherty, der dreckigste, stinkigste Lumpenhund
von der Welt, die Impitenz gehabt, so unrespectirlich von seines Bessern und 'nem
solchen süßen und hohen Gentleman zu sprechen, der alle Tage ein irischer Lord sein
könnte, ihm Manieren beizubringen? O, Jack, mein Juwel!" rief sie mit dem bösen
Blick in den Augen, der bei dieser jähzornigen Race dem unmittelbaren Losbruch des
Sturmes vorhergeht. "O, Jack, mein Juwel, und jetzt will ich Dir den Tag durch Deinen
ekelhaften Hirnkasten hinein scheinen lassen, bei dem allmächtigen Herrn und allen
gebenedeiten Heiligen, das will ich!"

Und dann stieß sie ein höllisches Gellen aus und stürzte, von ihren eigenen Worten
zu rasender Wuth aufgestachelt, unaufhaltsam, mit dem geschwungenen Schüreisen in
der Hand, fort durch die Thür und Hals über Kopf die Treppe hinunter. Ihr dicht auf den
Fersen folgte, wieder ganz New York-irischer Straßenjunge und alle kaufmännischen
Phantasiegebilde vergessend, Paddy O'Shea, ihr kleiner Kobold-Sohn, mit lautem,
wilden Bindfadengeschrei, das Brodmesser um den Kopf wirbelnd, in die Luft werfend, auffangend, einen irischen Jingo die Treppe hinunter tanzend, kreiselnd und auf
dem Flurabsatz ein Rad schlagend, aus purer übersprudelnder, extatischer Lust am
Katzengefecht und Scandal. Dicht hinter ihm fuhr in unglaublicher Hetze, zweimal
kopfüber, das älteste Mädchen die Treppe hinunter, mit der Kohlenschaufel in der
Hand, eine zwar kurze, aber durch die schwere, scharfe Eisenkante, wenn kundig ge-
handhabt, gefährliche Waffe. Sie gab ihre kriegerische Begeisterung durch lange, herz-
zerreißende Noten im höchsten weiblichen Discant zu erkennen. Die kleinere Schwester kam langsamer, aber desto beharrlicheren Schlachteifers hinterher gestiegen. Sie
hatte mit dem einen Arm ein großes Plättbrett aufgerafft, während der andere, wie
immer, unter der Last des ungeheuren Babys zitterte. Dennoch langte sie unverhältniß-
mäßig schnell auf dem Kriegsschauplatz an, besonders, wenn man bedenkt, daß sie
zwei Mal auf dem Wege stehen bleiben mußte, um schreien zu können. Im Gehen ging
es unter der schweren Last nicht, und geschrieen mußte doch werden.

Das Baby hatte diesmal nur einen blechernen Suppenlöffel, schien aber, nach
den selbst über seine Gewohnheit energischen Wuthbezeigungen der Stimme, Arme
und Beine, mit Verständniß in den Geist der Handlung einzugehen. Langsam brachte
die alte Grandmither mit ihrer Toastgabel den Nachtrab auf. Die Hitze von neunzig
Sommern, beim glühenden Kochofen, hatte ihr nicht das Mark aus den alten celtischen
Heldenknochen so gänzlich ausgedörrt oder ihr Gehirn so afficirt, um sie taub gegen
den Ruf der Ehre zu machen. So wurde einer der in den Annalen der Geschichte von
Mulberry Street zwar nicht seltenen, aber glorreichsten Ausfälle auf einen überlegenen
Feind gemacht, überlegen zwar nicht an Zahl, aber an Kriegserfahrung, wie an allen
Mitteln der modernen Kriegführung. Jack stand wirklich unten an der Thür mit einem
einläufigen Terzerol in der Hand, so ein Ding, das man für ein paar Schillinge kaufen
kann, das aber nichtsdestoweniger im Stande ist, den größten Geist mitten in dem
erhabensten Fluge seiner Pläne mit gebrochenen Flügeln in den Staub zu legen. Er
hatte sich öffentlich drei Mal vermessen, ein Mal auf der Straße, ein Mal gegen Paddy
und das letzte Mal in der Kneipe, wo er die Pistole von einem Schwiemel daselbst

lieh, er wolle dem verdammten Dutchman ein Loch in die Cocosnuß machen, er wolle
das Tageslicht in ihn hineinscheinen lassen und er wolle ihn niederschießen wie einen
Hund. Da diese drei Redefiguren nur verschiedene poetische Versetzungen desselben
Gedankens waren, und da Jack im Einverständniß mit seiner drei Mal abgegebenen
feindlichen Erklärung mit der Pistole in der Hand Posto am Eingange gefaßt hatte, so
war schwer zu sehen, wie unser Held und Landsmann anders aus dem Hause kommen
konnte, als der Fuchs aus dem Thurm in dem berühmten Räthsel, wo ein Jäger mit
gespannter Büchse und zwei Hunden vor dem einzigen Loch, welches der eigens zu
dem Zweck erbaute Thurm aufzuweisen hatte, auf der Lauer stand,—wenn nicht der
Clan O'Shea als Werkzeug in der Hand der Vorsehung Jack O'Dogherty einen Schlag
mit dem Poker über den Kopf versetzt hätte, welcher ihm zwar seine Cocosnuß nicht
ganz aufknackte, ihn aber doch bewußtlos zu Boden streckte.—Er raffte sich jedoch
bald wieder auf und taumelte vorwärts, um sich womöglich zu vertheidigen, als Paddy
O'Shea sich die Gelegenheit ersah, das Experiment zu machen, ob man mit einem
Brodmesser wol einem zähhäutigen Landsmann ein Loch in den Bauch stoßen und
dadurch wirklich, nach der beliebten Redensart Jack's, das Tageslicht hineinscheinen
lassen könnte. Der Leser erinnert sich noch, daß es Paddy als seine Lebensaufgabe
erkannte, die Aufklärung *zu verfechten*. Dieser Stoß in den Unterleib hatte den
günstigen Effect, daß er durch Zusammenziehung der Bauchmuskeln den Kopf Jack
O'Dogherty's, der auf den ersten Schlag mit dem Poker eine Tendenz zum Rückfall
gezeigt hatte, wieder vorwärts brachte, in Einklang mit Paddy's Fortschrittsprincipien.
Zugleich brachte der lebhafte Reiz mit dem spitzen Instrument ihm das Bewußtsein
vollends zurück.

Ehe er aber dessen froh werden konnte, hatte ihm die kleine Maggie, die eben von
oben angelangt war, von der zweiten Treppenstufe springend, mit der scharfen Kante
ihrer Kohlenschaufel einen Schlag ins Genick versetzt, welcher das eben hergestellte
Gleichgewicht in einen radicalen, sich überstürzenden Fortschritt verwandelte, und
zwar so, daß Jack kopfüber in die Gosse stürzte und sich darin umwälzte.

Den Vortheil dieser hülflosen Lage erspähend, warf ihm die eben angelangte
kleine Ellen zunächst das Baby ins Gesicht, einen, wie sie aus eigener Erfahrung
wußte, nicht zu verachtenden Gegner, der auch sogleich anfing mit seinem scharfen
zinnernen Löffelstiel auf das Gesicht des hingestreckten Gladiators loszuhacken.
Bei dieser neuen Mißhandlung verließ denselben das männliche Herz, welches ihn
bis dahin das Unvermeidliche schweigend hinnehmen lehrte; sich unbezähmbarem
Schmerze überlassend, brach er, unbekümmert um das Gelächter der dicht gedrängten
Menge, in ein unaufhaltsames Gebrüll aus, in eben dem Augenblick, wo die kleine
Ellen ihm das Plättbrett mit der ihrer Flanellbekleidung entblößten hölzernen Spitze
zwischen die Beine rannte. Weithin erschallte das Brüllen des gepeinigten Mannes.

Mit dem bedächtigen Schritte des Alters, aber das Feuer jugendlicher Kampflust
in den Blicken, machte sich jetzt die gerunzelte Grandmither an den gefallenen
Helden und "pokte" ihm, in seltener Vereinigung jener Bedächtigkeit und dieses
Feuers, mit ihrer vierzackigen Toastgabel nach dem Lichte der Augen. Ulysses'
chirurgische Operation an dem einen Auge des ungastlichen Poseidon's gelang ihm
nicht vollkommener, als der erste wohlgezielte Stoß nach dem rechten Auge des

mordsüchtigen Jack O'Dogherty der gerunzelten Grandmither gelang, noch brüllte Polyphemos wüthender vor Schmerz als Jack O'Dogherty jetzt brüllte, wie ihm das Auge auf's Pflaster floß. Er sprang auf die Füße.

Ein neuer Schlag von Bridget O'Shea's Schüreisen streckte ihn wieder zu Boden. Alles dies war das Werk einer Minute gewesen. Bridget, wie sie den Feind heulend und hilflos in der Gosse liegen sah, ergriff jetzt das daneben liegende, hülflos schreiende Baby, gab der kleinen Ellen eine handgreifliche Lection für die Vernachlässigung ihrer Ammenpflichten und trat, von der Kinder Heldenschaar umgeben, den triumphirenden Rückzug ins Quartier an.

Unterdessen hatte das gräßliche Heulen des geschlagenen Unthiers endlich die Polizei auf den Platz gebracht, welche, da Gefahr und Kampf vorüber, keinen Grund mehr sah, sich nicht einzumischen. Sie ertappten die alte Grandmither, welche mit der zähen Anhänglichkeit des Alters an liebgewordene Genüsse sich mit ihrer Gabel Zugang zu dem andern Auge zu bahnen suchte. Die Grandmither wurde daher, als *in flagranti delictu* attrapirt, in Gewahrsam gebracht, trotz der leidenschaftlichen Protestationen von Seiten der zurückgerufenen Familie, welche, ihr als Bedeckung folgend und ihrerseits umgeben von einem aufgeregten Schwarme von Kindern, Weibern und Loafers, die Luft mit ihren Klagen über die Ungerechtigkeit der Behörden, die Unterdrückung armer Irländer und die Tyrannei der Männer gegen hülflose alte Weiber erfüllte. Das Publicum neigte sich durchaus dieser Auffassung zu und schrie ein Mal über das andere: *"shame, shame!"* Der Weiberrechts-Association diente dieser Fall bei ihrer nächsten Sitzung zum fruchtbaren Thema beredter Ergießungen über den brutalen Mißbrauch physischer Übermacht am zarten Geschlechte.

Bei dem Verhöre wollte es der Grandmither, welche mehrere Male in Irland bei Mord- und Todtschlagsprocessen als Zeugin vorgewesen war, zuerst durchaus nicht in den Kopf, daß ein Mann ohne rothen Rock und Allongenperrücke als Richter fungiren könne. Sie war geneigt, diesen Mangel an Form für eine gegen sie persönlich gerichtete gesellschaftliche Rücksichtslosigkeit aufzunehmen und antwortete daher dem Richter auf seine erste Anrede, ihren Gefühlen entsprechend, damit, daß sie den Daumen der rechten nach oben gespreizten Hand an die Nasenspitze legte, während die übrigen vier Finger Clavierbewegungen in der Luft machten. Als es endlich den vereinigten Bemühungen Bridget's und Paddy's gelungen war, sie zu überzeugen, daß kein absichtlicher Insult gegen sie vorliege, und daß sie dem Herrn auf dem Hochsitze ebenso viel Respect schuldig sei wie einem Mylord-Judge, so fragte sie der Richter wohlmeinend, um ihr die Apologie zu erleichtern: "Ihr habt keine Beleidigung des Gerichtshofes beabsichtigt, nicht wahr?"

"Yes, Mylord," antwortete die taube Alte, "nach bestem Wissen und Gewissen."

Dies war die Phrase, womit sie sich bei allen Verhören in Irland stets erfolgreich durchgelogen, ohne in die Gefahr des Meineids zu verfallen, und, welche Fragen man ihr auch stellen mochte, sie blieb bei diesem *probatum est*: "Yes, Mylord, nach bestem Wissen und Gewissen."

Jack O'Dogherty wurde in das Hospital gebracht, welches er erst nach drei Monaten, auf einem Auge blind, wieder verließ.

Band I: Zwölftes Kapitel

Herr Beauford stattet im Auftrage seines Freundes, des Grafen, einen Besuch bei
Bruder und Schwester ab. Esel und Löwin.

> *"Wär ich ze Burgunden mit dem Lebene min,*
> *Si müeste sie lange vri vor miner Minne sin."*
> *(Nibelungenlied.)*

Die besondere Veranlassung für diese 10,000 Dollars war, abgesehen von dem Zustande permanenter Geldverlegenheit, mit welcher der junge Mann nach Art seiner
Species behaftet war, die folgende gewesen.—Noch saß er auf der breiten Piazza,
durch den Rauch seiner langen türkischen Morgenpfeife die entfernten Segel auf dem
spiegelglatten Meere lässig betrachtend, als ihm Pompey eine Karte brachte, der aber
der Besucher selbst unmittelbar auf dem Fuße folgte.

Es war Beauford. Augustus war einen Augenblick wie vom Donner gerührt, da
er seit jenem Abend nicht wieder in dem Etablissement, wo jener die Bank zu halten
pflegte, gespielt hatte. Überhaupt hielt ein schweigendes Einverständniß dergleichen
Herren aus dem Familienkreise ihrer Opfer fern. Beim Anblick Beauford's bestürm-
ten daher den armen Augustus tausend drohende Gedanken. Es sollte auch schlimm
genug kommen.

Zuerst erinnerte der Spieler in seiner höflichen und höchst anständigen Weise,
daß es jetzt doch wol an der Zeit sei, die 6000 Dollars zu decken, die als Ehrenschuld
sogleich den nächsten Morgen hätten bezahlt werden sollen.

"Dachte," stotterte Augustus, "der—der, wie heißt er doch noch . . . . der . . . . Graf
hätte das in Ordnung gebracht."

Allerdings; aber er komme eben von dem Grafen, der das Geld nicht länger entbehren könne.

"Wo ist der Graf jetzt?"

"Das thut nichts zur Sache. Hier ist meine Vollmacht. Ich zweifle nicht im Geringsten, daß Sie als Mann von Ehre keinen Augenblick verlieren werden, den kleinen
Posten zu löschen. Dann aber komme ich noch in einer andern Angelegenheit, die
ebenfalls meinen Freund, den Grafen, betrifft."

Augustus warf einen ängstlichen Seitenblick auf den Sprecher.

"Der Graf findet sich aufs Tiefste in seiner Ehre gekränkt und in seinem Character beeinträchtigt durch das Verhältniß, worin Sie seit vier Monaten mit seiner Frau
leben."

"In seiner Ehre und seinem Character?" rief der junge Mann, zwischen Zorn,
Hohn und Schrecken getheilt. "Why, sie ist ja seine Frau nicht mehr, er hat ja eine
Andere geheirathet!"

"Können Sie das gerichtlich beweisen?"

Augustus schwieg wie auf den Mund geschlagen.

"Es scheint mir nicht billig," fuhr der Andere sehr erregt fort, "und ich kann
es mit meinen Ideen von Ton nicht vereinigen, den Character eines Gentleman
auf bloße Vermuthung hin und ohne Beweise, die man gerichtlich geltend machen

könnte, anzuschwärzen. Der Graf, Sir, hat nur *eine* Frau, und diese Frau haben Sie, Sir, verführt, ihm abwendig gemacht, und sie wird gegenwärtig von Ihnen unterhalten.”

“Bei Jingo, Beauford, Sie wissen so gut wie ich, daß Madame Pustell vom Grafen dafür bezahlt war, sie nicht lebendig aus dem Hause zu lassen, wenn sie sich nicht zähmen ließe. Das ver . . . . . . alte Mensch hat sein Geld ehrlich verdient, denn leicht ging's nicht ab, das schwöre ich Ihnen.”

“Würden Sie bereit sein, als gerichtlicher Zeuge die eben angegebenen Thatsachen zu bestätigen?”

Augustus schwieg, wiederum auf den Mund geschlagen.

“Dann, mein Herr, bleibt keine andere billige Ansicht von der Sache übrig, als daß Sie den Grafen in seinem Rechte als Ehemann gekränkt, ihm seinen häuslichen Frieden grausam zerstört haben, und daß Sie ihm eine Genugthuung schuldig sind.”

“Was will der Graf von mir?”

“Ich habe ihm vorgeschlagen, sich mit einer billigen Entschädigungssumme zu begnügen.”

“Was ist's?” rief der Millionärssohn, gewohnt, es mit der Eingehung von Verbindlichkeiten nicht sehr genau zu nehmen.

“Fünfzig Tausend Dollars baar sollen alle seine Ansprüche tilgen.”

“Fünfzig Tausend Dollars baar?“ rief der junge Mann entsetzt; “und wo soll ich die hernehmen?“

“Jeder Gerichtshof würde ihm das Doppelte zusprechen.”

Die Verhandlungen endigten mit dem Abkommen, daß der schon so lange und vielgerupfte Fant sich von aller weiteren Rupfung mit 50,000 Dollars loskaufen sollte. Diese Summe sollte Spielschulden und Alles in sich schließen und in fünf monatlichen Raten von je 10,000 Dollars gezahlt, mit der ersten Ratenzahlung aber noch selbigen Tags der Anfang gemacht werden. Für das Übrige gab Augustus seine Noten, und zwar, dem Verlangen gemäß, auf der Stelle.

Da nun diese Schwierigkeit wohl oder übel zur Ausgleichung gekommen war, so sah Augustus mit einem Gefühl unendlicher Erleichterung den Besucher nach dem Hut greifen. Man denke sich daher den Schrecken, als Herr Beauford mit der ihm so wohl anstehenden ehrfurchtsvollen Höflichkeit sich das Privilegium erbat, einen Augenblick “Madame” sprechen zu dürfen.

“Meine Mutter?” fragte Augustus mit geisterhafter Miene. “Was in der Welt haben Sie mit meiner Mutter zu thun, Beauford?”

“Keineswegs Ihre Frau Mutter, Dawson; ich bitte um die Ehre, *Madame* (er sprach das Wort französisch, nicht englisch aus) Ihre Schwester, zu sehen.”

Der junge Mann schien über das so höflich und respectvoll geäußerte Begehren völlig die Besinnung zu verlieren. Er glotzte den Menschen sprachlos an, ohne zu wissen, was er thun sollte.

“Ich komme,” fuhr der Glücksritter mit derselben unerschütterlichen Höflichkeit fort, “ich komme von meinem Freunde, dem Grafen, Madames Gemahl, um . . .”

“Beauford!” rief der Bruder, jetzt wahrhaft empört und mit Mühe durch einen Blick nach dem Damenfenster den lauten Ausbruch seiner Wuth unterdrückend, “was wollen Sie mit Ihrem verd . . . . . . Unsinn sagen?”

"Was gibt es, Dawson?" fuhr Beauford in seinem bisherigen Tone ungestört fort. "Wissen Sie denn nicht, daß Madame Ihre Schwester die Gemahlin des Grafen ist?"

"*Damn you*, Beauford, und ich muß eben 50,000 Dollars dafür zahlen, daß ich mit des Grafen Frau lebe?"

"Würden Sie gewillt oder im Stande sein, diese Angabe Madame Ihrer Schwester gegenüber zu beweisen, Sir?"

Der unglückliche Roué schlug sich in seiner Ohnmacht vor die Stirn, knirschte mit den Zähnen und riß sich die Haare aus.

"Wenn Sie das nicht können, Sir, so muß ich Ihnen sagen, daß es nicht 'billig' ist, auf einen Gentleman, welcher der Gemahl einer Dame ist, die Ihnen so nahe steht, den Verdacht eines von dem Gesetze und der Meinung der Gesellschaft so emphatisch gebrandmarkten Verbrechens zu werfen, wie die Bigamie ist."

Augustus konnte sich nicht mehr länger auf den Beinen erhalten und sank bleich und erschöpft in den chinesischen Rohrstuhl zurück, der ihm noch so eben zum genußreichen Morgensitz gedient hatte.

"Was verlangt Ihr, Ihr infernalen Canaillen?"

"Sie vergessen sich, Gustus. Ist es nicht eine billige Sache unter Gentlemen, daß man bei Mißverständnissen ein billiges Abkommen mit einander trifft und nachher Jeder seinen eigenen Weg geht? Damit ist die Sache ein für alle Mal abgethan."

Die Logik war höchst einleuchtend . . . .

Band II: Erstes Kapitel

Eine Sommerreise in die Berge.

> *Und gäb' es keine Landstraß', so blieb'*
> *i fein zu Haus.*
>
> *(Altes Volkslied.)*

Antonio an Justus.

Seit drei Tagen bin ich auf der Reise von Centre Harbor nach North Conway. Ich habe alle möglichen Anstrengungen gemacht, um die dreißig Meilen, welche die beiden Orte von einander trennen, zurückzulegen; aber bis jetzt ist es noch nicht gelungen. Hören Sie den Verlauf dieses Abenteuers.

Schon zwischen Boston und dem See Winnepiseogee hatte ich eine alte Bekanntschaft im Wagen entdeckt, nämlich Niemand anders, als Mrs. Dawson, in deren Hause in der Fünften Avenue wir einst (es ist schon mehr als zwei Jahre her) den "distinguirten Preußen" zum Besten gaben. *Tempi passati!* Wie sind wir seitdem heruntergekommen! Mrs. Dawson war in Gesellschaft von zwei Damen, die sich nachher als ihre Tochter und eine emeritirte Schullehrerin, die jetzt Schriftstellerei treibt, auswiesen. Ich dachte natürlich nicht daran, die Bekanntschaft nach so langer Zeit und unter so verschiedenen Umständen geltend zu machen, und setzte meine

Einsamkeit bis auf das Dampfboot fort, welches den reizenden kleinen See in etwa einer Stunde durchkreuzt. Auf dieser Fahrt nun that mir Mrs. Dawson die unerwartete Ehre an, mich als einen alten Bekannten zu begrüßen, weniger, wie ich fürchte, aus eigenem Interesse, als von ihrer Reisegefährtin gedrängt, die, als literarische Dame, auf mich als renommirten Vorleser fahndete. Stellen Sie sich eine dicke, runde, kleine Person vor, in einem wulstigen, großcarrirten Winterkleid (wir hatten wenigstens 80 Grad Hitze), dem man die Sonntagsabsicht ansieht; einen kugelrunden Kopf, der weit hinten überliegt, so daß er Ihnen mit den graublauen, verschmitzten und doch unendlich gutmüthigen Augen wie eine Mondscheibe ins Gesicht hinauflugt; blond gewesene weiße Haare, die immer, entweder vorn oder hinten, einen rebellischen Schweif hängen lassen; einen alten Hut mit fast schwarz getragener Rüche und zerknitterten Blumen, ganz tief im Nacken hängend; eine Brille auf der runden Nase, einen leichten, weißen Schnurrbart auf der vollen, langen, wohlwollenden Oberlippe und schwarze, durchbrochene Mitänen auf den fleischigen Händen, so haben Sie Miß Parsons.

Miß Parsons nahm mich sogleich für den Rest der Fahrt in Beschlag. Ich sollte ihr *stante pede* die deutsche Philosophie erklären, wobei es ihr besonders am Herzen lag, sich zu vergewissern, daß die deutsche Philosophie mit Unrecht im Rufe des Atheismus stehe. Oder vielmehr, sie führte diesen Beweis für mich, brach eine Lanze für die deutsche Philosophie gegen die amerikanischen Orthodoxen, und zeigte dabei eine außerordentliche, obgleich ganz confuse Kenntniß nicht nur ihres Gegenstandes, sondern der ganzen deutschen, sowie sämmtlicher anderen Literaturen in allen ihren Branchen. Übrigens aber würden Sie meinem Herzen Unrecht thun, wenn Sie aus dieser Schilderung nichts als Spott herauslesen wollten. Was den confusen Kenntnissen dieser Dame einen hohen Werth in meinen Augen gab, war der religiöse Ernst, mit dem sie von der Wissenschaft der alten Welt das Heil für die Zukunft der neuen erwartete.

In Centre Harbor bestiegen wie die Landkutsche, und wollten natürlich Alle oben auf dem Kutschendache sitzen, mit Ausnahme von Mrs. Dawson. Meine dicke literarische Freundin wurde mit Hülfe eines Schawls, den wir ihr unter den Armen durchzogen, hinaufgehißt, wobei der Kutscher von unten nachschob, und die übrige Reisegesellschaft, so weit sie noch draußen stand, abgewandten Hauptes nach den verschiedenen Richtungen der Windrose ins Blaue sah.

Da alle Sitze eingenommen waren, so blieb mir nur ein Platz zwischen den Koffern auf dem Kutschendach, wo ich mich auf einen, glücklicherweise mit unterlaufenden weichen Sack der Länge nach hinstreckte, die blauen Rauchwolken meiner Cigarre in die klare, blaue Unendlichkeit über meinem Gesichte hinpuffend. Einzelne Stöße abgerechnet, beneidenswerthe, beseligende Lage!

Ich war eben dabei, mir nach einem harten Stoße den Kopf wieder zurechtzu-rücken, als die Kutsche in einem Dorfe vor der Thür eines ländlichen Gasthauses stille hielt. Die Worte "Dame .... krank .... aussteigen," drangen abgerissen in mei-nen Himmel. Es war Mrs. Dawson, welche die Migräne hatte und aussteigen mußte. Im Nu waren zwei von uns unten, während Miß Parsons um Hülfe schrie, daß man sie auch herunter brächte. Da sich Niemand um sie bekümmerte,—ich führte die kranke Dame ins Haus—so machte die verwegene Jungfrau einen *Salto mortale* und blieb mit ihren Kleidern am Griff des Hemmschuhs zwischen Himmel und Erde hängen, aus welcher ebenso precären wie belachenswerthen Lage ich sie bei meiner Zurückkunft erst befreien mußte. Miß Dawson, die bis dahin kein Wort mit mir gesprochen hatte, ersuchte mich dringend, weiter zu gehen; Miß Parsons dagegen hieß mich bleiben, da sie mir noch die wichtigsten Fragen über den Buddhaismus, das römische Recht, den Zustand der Deutschen in der Urzeit, den germanischen Character der Reformation, die Zukunft der Polen und Italiener, den Character von Louis Kossuth vorzulegen habe. Ich blieb also. Mein Reisesack und zwei von den Damenkoffern—sie hatten deren dreizehn—wurden glücklich ausfindig gemacht und heruntergeholt.

Um uns die Zeit zu vertreiben, machten wir alle Drei einen Nachmittagsspaziergang im Gehölz, bei welchem Miß Dawson die Manie entwickelte, hölzerne Stangenzäune und dergleichen interessante Gegenstände in ihr Skizzenbuch einzutragen, während Miß Parsons über die fraglichen Zäune hinüber zu klettern suchte, aber regelmäßig daran hängen blieb. Ich skizzirte sie in einer dieser Situationen in Miß Dawson's Buch; dann Miß Dawson selbst mit ihrem Feldkessel auf dem Kopf—die jungen Mädchen tragen diesen Sommer als Landcostüm eine Art Kesselhaube von braunem Stroh, der ihr mit seiner tief in die Augen fallenden Krämpe allerliebst unternehmend steht. Sie sollten Miß Dawson jetzt sehen! Ich kannte sie kaum wieder. Nichts mehr vom Schulmädchen! eine durchaus amerikanische Schönheit, fein in allen Formen, vom Kopf bis zur Zehe, aber fast drückend ernst und feierlich, um nicht zu sagen düster.

Doch brachte uns der Humor des Spazierganges alle Drei viel näher, als sich hätte hoffen lassen, ja es kam ein abenteuerlicher Feldzugsplan auf den nächsten Tag zu Stande. Wir wollten um vier Uhr aufstehen, den nahen Rothenberg besteigen, auf der andern Seite zu Fuß nach Centre Harbor zurück, wo wir gestern hergekommen, und dort dann, wie gestern, unsre Sitze auf der Landkutsche wieder einnehmen, um im Vorbeifahren Mrs. Dawson wieder abzuholen. Letztere, welche sich gegen Abend bedeutend besser befand, bestand darauf, daß ihre Tochter an der Partie theilnehme. Es war überhaupt bemerklich, daß Mrs. Dawson eine Pointe daraus machte, ihre Tochter zu zerstreuen. Diese ging dann auch immer auf die Pflicht des Vergnügens—denn das schien der Gesichtspunkt—resignirt ein.

Alles wurde demnach der Verabredung gemäß ausgeführt, trotz des unsichern Himmels und leichten Regens, welcher nur den grauen Morgen noch verdüsterte. Wir schritten tapfer in das nasse, schlüpfrige, fröstelnde Halbdunkel hinein. Wer die Natur liebt, für den hat jede ihrer Launen ihren eigenen Reiz. Es schien, wir gehörten alle Drei zu dieser Klasse unbedingter Liebhaber—die einzige Art von Reisegefährten, mit denen sich das Reisen verlohnt.

Man kann eine schöne Gegend nicht beschreiben, auch nicht malen, auch nicht einmal sie allein mit den Augen sehen; man muß sie einathmen. Bleiben Sie einmal mit der niedergebrochenen Locomotive mitten in einem Gebirgsthale stecken, steigen Sie aus und hören Sie die Gewässer murmeln und die Vögel girren, schlürfen Sie den Duft aus der feuchten Erde, dem bemoosten Gestein, dem athmenden Laubdach ein, und Sie werden sich wundern, wie viele tausend Meilen weit Sie an Ihrem Wagenfenster von der durchflogenen Gegend saßen. Die Bäche, die neugestärkt von dem Regen der letzten vierzehn Tage an der Straße entlang rauschten, die blauen Berge im Hintergrund, die kleinen, weißen Dörfer, mit ihren Kirchthurmspitzen aus dunkeln

Waldstrecken hervorglitzernd, zerstreut über der weiten Flur, hier und da das silberne Auge eines Landsees, Leben und Seele blickend, und Alles das in der Frische des Morgens, zwischen zwei Damen dahinschreitend:

> "Die Ein' in schwarzen Locken,
> Die Andere weiß von Haar . . . . . . !"

Fürwahr eine beneidenswerthe Situation!

Band II: Drittes Kapitel

Susan erhält einen Heirathsantrag und thut eine kleine Heldenthat.

> *"Thue niemals etwas selbst, was Du eine*
> *Frau für Dich thun lassen kannst."*
> *(Erfahrungssatz des Autors.)*

. . . [Susan machte sich] auf den Weg nach der Scheune, welche zugleich als Remise und Pferdestall diente.

Auf demselben Wege vom Hause nach der Scheune trat Frederick Snobbs, der "blühende" Geschäftsmann aus Fairmount, den sie, in ihre Gedanken versunken, nicht hatte die Straße heraufkommen sehen, an sie heran.

Frederick Snobbs, der Beabsichtigende, hatte die Anwesenheit seiner Beabsichtigten auf der Landpartie dazu benutzt, seinen Cylinder und seinen Rock im neuesten Bostoner Styl der Bewunderung des Dorfes preiszugeben. Er hatte ihn von dem Grocerladen nach dem photographischen Hausirkarren, wo er sich für 25 Cents ambrotypiren ließ, promenirt, von dem Hausirkarren nach dem Ice Cream-Salon, wo er sechs Cents Werth auf seinen innern Menschen verwandte, von dem Ice Cream-Salon nach dem Postamt, wo er mit dem maliciösen alten Krüppel, welcher die Briefe sortirte, sympathetische Bemerkungen über die Corruption der republikanischen Partei auswechselte; vom Postamt zurück nach dem Ice Cream-Salon, u.s.w. Frederick Snobbs war ein schönes Exemplar der gebildeten Stadtjugend dieser Breite. Er trug die wohlgeölten schwarzen Locken hinten gescheitelt, und seine glänzend polirte Ofenröhre darüber von derselben Farbe, etwas nach der linken Seite, was ihm einen sehr verwegenen Anstrich gab. Der Rock von dunklem Tuch machte ihm breite Schultern, eine ungeheuer lange Taille, und mit seinen faltenlosen Schößen, die bis auf die Waden herabhingen, einen engen, glatten, unarticulirten Leib. Sein Gang bekundete dasselbe patzige Selbstvertrauen wie seine Toilette, und verrieth den Edelmann des Jahrhunderts: den Herrn von der Elle.

Frederick Snobbs hatte im Dorfe etwas gehört, was ihn zweifelhaft machte, ob er lieber heute als morgen die Umgegend um den Genuß seiner Gegenwart bringen sollte. Er hatte den *old Josh* für wenigstens 10,000 Dollars werth gehalten, und nun war es ihm so eben auf seinem Rundgange gesteckt worden, *old Josh* habe "keinen Cent in der Welt."

Wie er daher jetzt das Mädchen aus der Thür treten sah, ergriff ihn ein an Verachtung grenzendes Gefühl. Er war sehr geneigt, es ihr als durchdachten Betrug auszulegen, daß sie ihn, der halb und halb eine "notion" gehabt hatte, sie mit seiner wohlriechenden Hand zu beglücken, nicht über die wahren Aussichten bei der Speculation aufgeklärt. Es war daher ein Ausdruck rohen Übermuths in seinem Wesen und im Ton seiner Stimme, als er sie anredete: "Ich denke, ich bleibe nicht länger hier, Miß Cartwright."

"Thut mir leid," sagte Susan zerstreut, aber mit ihrer gewöhnlichen Freundlichkeit, "daß Frank nicht hier ist; Ihr würdet Jemand zum Schwatzen haben."

Damit ging sie geschäftsmäßig ihres Wegs. Diese Gleichgültigkeit über eine, wie er von seinem Standpunkte nicht anders denken konnte, so vernichtende Ankündigung piquirte Frederick Snobbs. Er war nicht gewohnt, daß junge, heirathsfähige Mädchen ihn mit "Ruhig mag ich Euch erscheinen, ruhig gehen sehn" tractirten, oder ihn gar unbeachtet am Wege stehen ließen, wie Goethe's "Veilchen." Auch hatte Susan selbst ihm nie so wenig Rücksicht gezeigt. Ihre natürliche Liebenswürdigkeit aber, an der sich alle Geschöpfe in ihrem Umkreis sonnten, hatte, durch die Brille seiner hohen gesellschaftlichen Stellung als blühendsten Schnittwaarenhändlers in seinem Flecken gesehen, einen ganz anderen Anstrich in seinem dicken Kopfe gewonnen. Er folgte ihr also piquirt ans Scheunenthor nach, wo sie anhielt, und, ohne selbst zu wissen, wo er hinauswollte, mit noch immer gebieterischer Stimme rief: "Ich habe Euch etwas zu sagen, Ma'm."

"Dann macht so rasch wie möglich," erwiderte das Mädchen, den hölzernen Riegel zurückschiebend; "ich bin sehr beschäftigt."

Beschäftigt! Konnte man beschäftigt sein, wenn Frederick Snobbs eine Mittheilung zu machen hatte? Es stimmte ihn aber doch wieder einen Grad tiefer hinunter, als er sah, daß es keine Affectation war, und spornte ihn in demselben Verhältniß an, sich geltend zu machen.

"*Well*, aber ich habe Euch etwas sehr Wichtiges zu sagen."

"Was kann es sein?" fragte Susan ziemlich kurz und blieb an dem aufgezogenen Scheunenthor stehen.

Da der "blühendste" Ladenbesitzer seines Fleckens etwas niedriger stand, so fiel ihm das volle Licht von Susan's reinen Zügen und kindesernsten Augen gerade ins Gesicht. Sie hatte eben die Scheunenthür aufgestoßen und da sie, sich umdrehend, aus der Bewegung in die Ruhe zurücktrat, so hatten ihre Gestalt und Stellung, schwunghaft und frei, bei aller Natürlichkeit etwas Majestätisches. Der "blühende" Ladenbesitzer wurde von dem Anblick urplötzlich so mit dem Gefühl seiner eigenen Erbärmlichkeit geschlagen, daß er für den Augenblick darüber Alles vergaß, was er im Dorfe gehört hatte. Servil, wie immer vor der Übermacht, stotterte er, in kalten Schweiß ausbrechend, die Worte hervor: "Wollt Ihr meine Frau werden, M'am?"

"Eure Frau?" antwortete das Mädchen, höchlich erstaunt; dann sich nach der Krippe umwendend, wo der Sattel hing: "Ich denke nicht daran, Sir."

Damit holte sie den schweren Sattel mit starken Armen herunter, zog liebkosend mit Wort und Hand das Pferd hervor und begann es aufzuzäumen, anscheinend vollständig unbewußt, daß Frederick Snobbs, der blühendste Ladenbesitzer seines Fleckens und bostonisch erzogenste und angezogenste Gentleman in New Hampshire, hinter ihr stand und ihren Bewegungen auswich, um nicht auf seine kurzen Füße getreten zu werden, was dem höchst sauber gehaltenen Kalbsleder hätte schädlich werden können.

Endlich suchte er dadurch einen neuen Anknüpfungspunkt zu gewinnen, daß er ihr wollte satteln helfen. Aber obgleich er groß zu Buggy war, so war er doch schwach zu Sattel, und von Damensätteln hatte er vollends keinen Begriff. Er setzte daher den Sattel falsch auf.

"Das ist nicht die rechte Seite, Sir," sagte Susan, als ob gar nichts vorgefallen wäre, und drehte den Sattel mit einem Ruck um. Als sie sich darauf bückte, um die Gurtriemen festzuschnallen, so daß ihre Blicke nicht mehr auf ihm ruhten, faßte er nochmals Courage, den Gegenstand von einer andern Seite wieder aufzunehmen.

"*Now*, Susan, ich will Euch etwas sagen, wißt Ihr auch, daß der alte Josh in Verlegenheit ist?"

Unglücklicher hätte Frederick Snobbs sich nicht ausdrücken können.

"Wer hat Euch das gesagt?" fragte Susan, noch mit dem Satteln beschäftigt, aber mit mehr Unwillen in der Stimme, als Snobbs oder irgend Jemand an ihr für möglich gehalten hätte.

"Das bleibt sich gleich. Aber damit Ihr seht, was für'ne Art Mann ich bin, so will ich Euch hiermit wissen lassen, daß ich mich nicht abgeneigt fühle, unter gewissen Umständen und Bedingungen meinen Theil dazu beizusteuern, um den alten Mann wieder auf die Beine zu bringen."

"Gebt Euch keine Mühe, Sir," rief sie, aufgebracht über die Andeutung, und führte das Pferd, gesattelt und gezäumt, aus der Scheune.

"Der Betrag ist, glaube ich, tausend Dollars," sagte er, hartnäckig hinter ihr hergehend.

"Wenn Ihr es denn wißt, Sir," rief sie ganz zornig, "so wünsch' ich, Ihr behieltet es für Euch."

Damit trat sie auf die Stufe, die am Gartengitter zu dem Zweck angebracht war, und schwang sich aufs Pferd. Snobbs suchte sie selbst jetzt noch anzuhalten.

"Ich leihe ihm 500 Dollars dazu—auf 10 Procent—das Geld ist jetzt r. . . ."

"Laßt gehen, *if you please, Sir*!" Damit gab sie ihrem Pferd die Gerte.

"Ich leihe ihm 1000 Dollars!" rief er außer sich hinter ihr her. Aber schon hatte sie ihr Pferd in scharfen Trab gesetzt, und war bald durch das hochgewölbte Elmenthor seinen Blicken entschwunden. Snobbs war dieses Benehmen noch immer unerklärlich. Er fühlte sich gekränkt in seiner Würde als Mann und blühendster Ladenbesitzer seines Fleckens. Das Gefühl dieser unveräußerlichen Eigenschaften gewann jedoch im nächsten Augenblick, zum Glück für seine Ruhe, schon wieder die Oberhand. Er rückte sich die Ofenröhre noch etwas mehr nach links als gewöhnlich, strich sich den Haarscheitel auf dem Hinterkopf unter die beiden Ohren und blickte darauf gravitätisch um sich, als fordere er die Blicke der ganzen Natur heraus, ihm anzusehen, daß er so eben einen schmählichen Korb erhalten habe.

Darauf begab er sich ins Haus, um die Sünden der Kinder an den Vätern heimzusuchen und die Alten mit der Schreckenskunde zu überraschen, daß er unverzüglich fort müsse. Diese schienen jedoch das Ereigniß mit einer Ergebung hinzunehmen, welche an Stumpfsinn grenzte. So spannte sich denn Frederick Snobbs

höchsteigenhändig das Pferd an sein Buggy und fuhr in einem Zustande inneren
Nägelbeißens davon, schwörend, es solle die Narren noch Alle gereuen, wenn sie von
seiner brillanten Hochzeit mit Jane Andrews aus dem benachbarten Bolton hörten, die
mit Susan in die Schule gegangen war.

[. . . .]

Band II: Fünfzehntes Kapitel

Rede des Staatsanwalts.

> 3. Gent. *"Most true; if ever truth were*
> *pregnant by circumstance. That, which you*
> *hear, you'll swear you see, there is such unity in the proofs."*
> (Winter's Tale.)

> *Un coq est bien fort sur son fumier.*
> (Französisches Sprichwort.)

Aber der Staatsanwalt war kein verächtlicher Gegner, so gemein berechnet auch,
oder vielmehr, eben weil seine Mittel so aufs Gemeine berechnet waren. Außerdem
war er wüthend gemacht. Er war einer von jenen Autoritäten der Bar, deren Ansehen
aus einer langen Praxis in einem verhältnißmäßig entlegenen Staate unter lauter
Mittelmäßigkeiten zuletzt zu götzenhaften Verhältnissen anwächst, ein wahrer Jugger-
naut, dessen grausame Unersättlichkeit sich zugleich mit seinem furchtbaren Ruf von
den Opfern seiner Gläubigen nährte. Die Assisen waren seine Opferfeste. In Deutschland gingen früher solche menschenfresserische Götzen aus den Gymnasien hervor;
alte, knorrige Schulautokraten, die in der Niederwerfung aufstrebenden Schüler-
dünkels zu zermalmenden Colossen in der Philologie heranwuchsen. Ein solcher Coloß
war der Staatsanwalt, ein gewaltiger, starkbeleibter, gallenfarbiger, brauenrunzelnder,
bissiger Bulldog. Das Auftreten eines so jungen und noch dazu im Auslande ge-
bornen Advocaten gegen ihn traf ihn als eine doppelt freche Beleidigung seiner
ergrauten Würde und Furchtbarkeit, an der sich selbst die renommirtesten Advocaten
amerikanischer Geburt nicht zu vergreifen wagten. Der fremde Gelbschnabel wußte
wahrscheinlich nicht, wer *Er* war. Er sollte *Ihn* kennen lernen.

Der Staatsanwalt also schäumte innerlich vor Wuth; allein er war sich der Überlegenheit in der Behandlung seines Publicums zu sehr bewußt, um die Gewalt über
sich selbst zu verlieren oder von vornherein loszubrechen. Er eröffnete die Attacke
vielmehr mit einem Compliment gegen den jungen Menschen, dem es trotz seines
ausländischen Accents gelungen sei, sich vor einer amerikanischen Bar der Hauptsache
nach verständlich zu machen. Wenn hier und da ein unverständlicher Ausdruck mit
untergelaufen, so werde es doch auf deutschen Schulen wol nur wenige junge Leute
geben, welche bei einem Schulactus ein im Ganzen so anerkennenswerthes Exerci-
tium so verhältnißmäßig fehlerfrei hersagen könnten. Im Übrigen aber suche der Vertheidiger der Jury eine Idee von den deutschen Schulen und der preußischen Ge-

sellschaft beizubringen, die Alles, was er in der Beziehung noch gehört habe, an
unverschämter Dünkelhaftigkeit noch zurücklasse. Das preußische Erziehungssystem
sei eine Pflanzschule des Despotismus, welche nichts hervorbringe als servile Beamten,
unpractische Träumer und infame Atheisten. Und was ein solcher Pfuhl geistiger Ver-
schrobenheit als Abschaum auswerfe, das komme hierher nach Amerika. Der Angeklagte sei, wie alle jungen vornehmen Leute in Preußen, in der Praxis auferzogen,
die Religion zu verspotten und der Unschuld nachzustellen. Man nenne das in der
corrupten Gesellschaft, aus der er komme, Liebenswürdigkeit. Er (der Ankläger) wolle
dem Angeklagten diesen Character der Liebenswürdigkeit durchaus nicht streitig
machen. Der Vertheidiger habe den Punkt wirklich klar gemacht, wie er denn auch gar
nicht satt habe werden können, darüber zu reden. "Über *einen* Punkt hat er dagegen
kein Wort gesagt, wahrscheinlich, weil er als Fremder nicht weiß, daß wir hier in
Amerika gewohnt sind, überall zuerst und zuletzt danach zu fragen, wenn wir wissen
wollen, mit Wem wir es zu thun haben! Kein Wort über seines liebenswürdigen Clienten
Religion! Wir hören, er habe sich in den ersten Kreisen der Gesellschaft bewegt—aber
man sagt uns nicht, in welche Kirche er gegangen ist. Herren von der Jury"—wandte
sich der Ankläger hiermit feierlich an diese—"wollen Sie es glauben? Wird es irgend
Jemand in dieser christlichen Gemeinde, in diesem unseren 19. Jahrhundert nach der
Geburt unseres Heilandes, sich vorstellen können? Der Angeklagte ist über zwei und
ein halbes Jahr in diesem Lande, und während dieser zwei und einem halben Jahre hat
sich sein Fuß nicht ein einziges Mal an einen Ort öffentlicher Gottesverehrung verirrt,
es sei denn (nach seinem eigenen Ausdruck) aus Wißbegierde! Aus Wißbegierde! Die
heiligsten Herzensangelegenheiten der Menschheit sind ihm nie etwas gewesen, als ein
Gegenstand kalter, philosophischer Analyse. In zwei und ein halb Jahren, wo er täglich
das Bedürfniß gefühlt, sich bei hübschen Mädchen in den Ruf unwiderstehlicher Liebenswürdigkeit zu setzen, in diesen ganzen zwei und ein halb Jahren und mehr, ist
ihm nicht ein einziges Mal . . . . nein, nicht *Ein* Mal, das Bedürfniß, was sage ich? der
Gedanke gekommen, vor seinen Schöpfer zu treten, als—aus Wißbegierde. Gentlemen
von der Jury, ein Mensch, der mit dem anatomischen Secirmesser der Wißbegierde
an seinen Schöpfer herantritt (Sie schaudern bei dem Gedanken), ein solcher Mensch
wird sich schwerlich scheuen, mit seinem Messer an ein blos menschliches Wesen
heranzutreten.

"Ja, mein geehrter College ist unerschöpflich im Anpreisen der hinreißenden
Eigenschaften seines Clienten. Ach! Nur zu hinreißend! Junge Töchter Amerika's!
Hütet Euch vor diesen hinreißenden Eigenschaften; flieht sie wie die Pest, diese
Fremden, welche der transatlantische Wind mit dem Miasma des deutschen Atheismus
hier herüber weht! Nehmt Euch ein Beispiel an dem beklagenswerthen Opfer, das hier
blutend vor Euch liegt! Ist Eine von Euch schön? Diese war es. Ist Eine von Euch
gut und liebenswürdig? Diese war es. Ist Eine von Euch unschuldig? Diese war es.
Ist Eine von Euch in religiösen, ächt amerikanischen Grundsätzen, von religiösen,
rein amerikanischen Eltern erzogen? Diese war es. Und hier kommt ein von der
pestilenzialischen Gesellschaft Europa's ausgespieener Aristokrat, ein frecher Spötter
des Heiligen, ein geübter Verführer! —— "

Die Beschreibung dieser schändlichen Verführung an einem unschuldigen amerikanischen Mädchengemüthe rührte alle Anwesenden zu Thränen. Wie nun aber der
fremde Wüstling sein Opfer als ausgesogene Orange wegwarf und seinem Bubenstück

mit einem über alle Maßen grausamen und brutalen Morde die Krone aufsetzte, da brach der ganze Gerichtssaal in ein unaufhaltsames *"shame, shame!"* aus, und der Richter ließ den Saal—nicht räumen. Von diesem Punkte ab war der Weg des Anklägers ein leichter. Es genüge, hier nur noch das Argument wegen der Pistole hervorzuheben, um dem Leser den endlichen völligen Umschwung im Urtheil der Jury und des Publicums erklärlich zu machen.

"Da der gelehrte College durchaus zwei Pistolen zur Vertheidigung seines Clienten nöthig hat," begann der Staatsanwalt diesen Haupttheil seiner Rede, "so will ich ihn dieses Vortheiles nicht berauben. Also der Fabrikant macht zwei solcher Pistolen, die sich vollkommen gleich sind und deren Kolben ohne Wahl auf einander passen. Diese beiden Pistolen trennen sich. Die eine fällt in die Hand des Angeklagten, die andere fällt in die Hand irgend eines anderen Menschen an irgend einem beliebigen Ende von Amerika. Die beiden Besitzer wissen nichts von einander; aber die beiden Pistolen, welche sich so grausam von einander getrennt sehen, werden durch eine unwiderstehliche Sympathie ihrer Pistolenseelen zu einander hingezogen. So stark ist diese Sympathie, daß sie die Besitzer zwingt, sich ihr willenlos zu unterwerfen. Wohin die Pistolen wollen, dahin müssen die Besitzer mit, sie mögen wollen oder nicht. Die eine dieser sentimentalen Pistolen also begibt sich in ein einsames Farmhaus, um dort ihrem tödtlichen Geschäfte nachzugehen. In demselben einsamen Farmhause, vor allen Orten in der Welt, stellt sich somit auch die andere ein, in derselben Nacht vor allen anderen Nächten, zu derselben Stunde vor allen andern Stunden im Kalender; augenscheinlich zu keinem andern Zwecke, als um der ersten in diesem abgelegensten und unwahrscheinlichsten Winkel der Erde ein Rendezvous zu geben, und zwar nachdem der Besitzer das zerschlagene, unbrauchbare Werkzeug, wenn man seiner Angabe Glauben schenken soll, wochenlang ohne Griff in der Tasche getragen, ohne nur einmal daran zu denken, es ausbessern zu lassen. Zwei Pistolenseelen, die sich nach einander sehnen und nach langem Sehnen wieder finden. Die Idee ist vollkommen '*German*'! Der gelehrte College würde damit ohne Zweifel vor einem deutschen Gerichtshofe, wo lauter gelehrte Leute sitzen, wie er selbst, Glück machen. Leider sind amerikanische Juries gewohnt, in grob-materieller Weise, wo sie materielle Wirkungen sehen, auch nach materiellen Ursachen zu fragen. Wenn ihnen Jemand statt solcher materieller Ursachen 'Mondschein' gibt, so wissen sie eben, was die Glocke geschlagen hat. Irgend ein von Sauerkraut und Lagerbier üppig gewordener Witzbold aus dem Westen habe es darauf angelegt, sich an dem gesunden Menschenverstande amerikanischer Yeomen zu reiben und die ungeheure Überlegenheit der preußischen Erziehung über die dummen amerikanischen Teufel zu zeigen, die in der Sonntags- und Volksschule nichts gelernt haben, als gerade zu denken, ehrlich zu handeln und Gott zu fürchten. Da unsere dummen amerikanischen Bauern nun aber weiter einmal nichts haben, so müssen sie sich schon damit begnügen. Nach ihrer Art zu räsonniren, kann das Zusammenpassen des auf der Mordstelle zurückgebliebenen blutigen Griffes mit dem blutbefleckten anderen Ende des Revolvers in der Tasche des Angeklagten nur auf *eine* Weise erklärt werden, nämlich dadurch, daß derselbe, der das andere Ende in der Tasche hatte, den Griff da zurückließ, wo er gefunden worden ist. Dies wäre schon an sich der einfache Schluß für den unbefangenen nichtdeutschen Menschenverstand. Es kommt aber noch etwas anderes hinzu, was diesen Schluß zur absoluten, unvermeidlichen Gewißheit erhebt, nämlich die Unmöglichkeit für irgend einen andern Menschen als den Angeklagten, den Aufenthalt der Gemordeten in jener Nacht zu wissen. Die Expedition in das einsame Farmhaus war ein Geheimniß zwischen den zurückgebliebenen drei Frauen, der unglücklichen Gemordeten und dem Angeklagten. Die drei Ersteren hatten jeden Grund, es keinem Menschen mitzutheilen, haben es, ihrem übereinstimmenden Zeugniß zufolge, keinem Menschen mitgetheilt. Die beiden Andern, die es wußten, gingen direct mit diesem Geheimniß an die ausersehene Mordstätte und haben es, nach des Gefangenen eigenem Zeugniß, ebenfalls Niemandem mitgetheilt.

"Das Farmhaus steht allein, abseits von jedem Verkehr; nur ausnahmsweise kommt einmal Jemand dorthin. Zu holen ist dort nichts. Ein Räuber würde schwerlich so weit von seinem Wege abgehen, um ein paar getrocknete Kräuter zu stehlen; und selbst wenn man sich ein solch merkwürdiges Exemplar von einem Mörder vorstellen könnte, so sollte es ihm doch wol schwer werden, den Weg dahin zu finden. Der Mord wurde also in keiner räuberischen Absicht unternommen. Verschiedene Kostbarkeiten wurden an der Gemordeten selbst, sowie in ihrem Reisesack unversehrt gefunden, z.B. der erwähnte Brillantring, den allein der zugezogene Sachverständige auf 300 Dollars schätzt. Wer den Mord auch vollbracht hat, hat ihn aus keinem andern Grunde vollbracht, als um die Gemordete aus dem Wege zu räumen. Wir kennen Einen, der, nach dem bestimmten Zeugniß eines vertrauten Freundes des schändlich verläumdeten, schon vorher geopferten Gemahls genügende Gründe hatte, die ihm unbequem Gewordene aus dem Wege zu räumen. Er war auch der Einzige, welcher wissen konnte, daß sein ausersehenes Opfer in jener Nacht an jenem Orte war. In der Tasche dieses Einzigen, der den Mord in jener Nacht, an jener bestimmten Person möglicher Weise ausdenken, versuchen oder vollbringen konnte, findet sich auch richtig das blutige Eisen einer Pistole, wozu der blutige Griff und die tödtlichen Kugeln an der Stelle des Mordes und in den Wunden der Gemordeten gefunden werden.

"Eben dieser einzig mögliche Mörder kommt mit jenem Mordwerkzeug um ein Uhr des Nachts in ein Hotel zurück, wo er, ohne besondere Abhaltung, hätte schon um sieben oder acht Uhr sein müssen. Durchnäßt vom Regen und müde wie er ist, sollte man denken, würde das Allererste für ihn sein, zu Bette zu gehen und auszuschlafen. Keineswegs. Er erinnert sich plötzlich, daß er drei Wochen alte Briefe in der Tasche trage; der Gefangene scheint die Eigenthümlichkeit zu haben, nichts kürzere Zeit mit sich herum zu tragen, bis er sich daran erinnert. Also er muß durchaus diese veralteten Briefe, gleichsam auf frischer That in dieser besonderen Nacht, wo jeder Andere an seiner Stelle zuerst und vor allen Dingen schlafen gegangen wäre, noch aufmachen.

"Er entdeckt auch, wie gerufen, eine Todesnachricht und eine Einladung zum Rendezvous nach Niagara Falls, die ihm den erwünschten Grund geben, die Nacht über aufzubleiben und zu ächzen, den nächsten Morgen aber auszureißen, statt versprochenermaßen zu den Eltern seines Opfers zurückzukehren. Dann schweift er ruhelos, in Aalwindungen von Ort zu Ort durchs ganze Land und wird zuletzt noch glücklich in dem Augenblick ergriffen, wo er eben seine Absicht erklärt, mit dem nächsten Dampfer nach Europa zu entwischen, und zwar ohne alle Vorbereitung, ohne daß er auch nur einen Platz belegt hat. Den Morgen nach seiner Ankunft in New York; warum so eilig? wird man fragen. Antwort: Um eine wissenschaftliche Reise ins

Innere von Asien zu machen" (allgemeine Heiterkeit). Eine amerikanische Jury frage
nach Gründen und die deutsche Antwort sei wieder Mondschein, diesmal asiatischer
Mondschein. Er könne wol sagen, schloß der Redner, daß ihm in seiner gerichtlichen
Praxis, die allerdings aus einer Zeit datiere, wo deutscher Mondschein noch nicht zur
Erleuchtung amerikanischer Juries aufgegangen sei und deutsche Gelbschnäbel noch
nicht ihren Witz an amerikanischer Einfachheit gerieben hätten; ihm sei noch kein Fall
vorgekommen, wo eine solche Masse von Umständen und Nebenumständen sich zu der
vollständigsten Kette von *"circumstantial evidence"* vereinigten, welche noch jemals
dem gesunden Menschenverstande, dem Sittlichkeitsgefühl und der Gottesfurcht einer
amerikanischen Jury das Verdict: "Schuldig" abgezwungen. Allerdings handle es sich,
wie der sehr gelehrte Advocat auf Seiten der Vertheidigung bemerkt habe, um mehr
als um den Fall dieses *einen* Angeklagten. Aber das geehrte Mitglied der hessischen
Bar—wenn er nicht irre, sei er ja wol ein Hesse—(Gelächter) mißverstehe, wie in
jeder anderen Beziehung, so in dieser, das amerikanische Gefühl gänzlich, wenn er
glaube, es handle sich für das freie Volk dieser aufgeklärten Republik darum, um den
Beifall europäischer Sternkammern zu buhlen. Er weise diese Insinuation als eine
Unanständigkeit zurück, als unverschämte Selbstüberhebung eines Fremden, der dem
amerikanischen Volk, dessen Gastfreundschaft er genieße, wol auf eine andere Art
seine Dankbarkeit bezeigen könne. Es handle sich darum, ein warnendes Beispiel
aufzustellen und eine emphatische Erklärung abzugeben, daß das amerikanische
Volk den deutschen Atheismus mit allen seinen unausbleiblichen Consequenzen
von Sittenlosigkeit, Verführung und Mord verabscheue, und daß die amerikanischen
Gesetze noch Gesundheit und Kraft genug besäßen, das fremde Gift auszustoßen.

Es war dem Vertheidiger in diesem Augenblicke klar (und er hatte darüber schon
von Anfang an seine Scrupel gehabt), daß es von ihm als Fremdgeborenen ein großer
Fehler gewesen sei, in einem neuenglischen Staate die Vertheidigung des ebenfalls
fremdgeborenen Antonio zu übernehmen. Er hatte den Umstand übersehen, daß im
Westen die politische Macht den Deutschen eine ganz andere Stellung gibt und daß
ihm bei allen seinen dortigen Plaidoyers die Macht der deutschen Meinung zur Seite
gestanden habe.

Der Eindruck der auf die Vorurtheile des Publicums und der Jury wohlberechneten
Rede war ein dem Angeklagten offenbar so ungünstiger, daß Wilhelmi und die gute
Miß Parsons, welche sich auf die Bank neben ihn gesetzt hatten, unwillkürlich besorgte
Blicke wechselten. Nur der Gefangene änderte seine feste Haltung nicht. Alles hörte
gespannt auf die Anrede des Oberrichters, eines dünnen, scharfnasigen, engbackigen,
sprühaugigen Yankees, der, in Widerspruch mit seiner Physiognomie, der Jury mit
dem aufgeblasensten Phrasenaufwand besonders die Bewachung der amerikanischen
Sittlichkeit und Religion, des großen Hortes der vollkommensten Verfassung, welche
die Welt je gesehen haben, anempfahl. Im Übrigen ging er das Zeugniß auf beiden
Seiten mit ziemlicher Unparteilichkeit durch, bis er am Schlusse darauf hinwies,
daß, wenn sie zu der Überzeugung kämen u.s.w., so dürfte keine Rücksicht auf die
aristokratische Geburt oder Stellung sie abhalten, der Gerechtigkeit freien Lauf zu
lassen; es sei vielmehr ihre Pflicht, zu beweisen, daß hier zu Lande das Verbrechen
sich nicht hinter Hofgunst verstecken könne, und daß ein einfaches, tugendhaftes und
religiöses Volk Gott und dessen Gebote nicht ungestraft verletzen lasse.

3

Mathilde Franziska Anneke

This collection would not seem complete without something by Mathilde Franziska Anneke (1817–1884). She is better known in the United States today than either Christian Essellen or Reinhold Solger, whose work is featured in the first two chapters of this anthology. Undoubtedly the most famous woman among the Forty-Eighters, Anneke is now celebrated primarily as an early leader in the American women's rights movement. Born in Leveringhausen near Blankenstein on the Ruhr River, she was married in 1836 but left her husband after about a year and was granted a divorce in 1843, having already begun to support herself and her young daughter by writing. She joined the so-called "Demokratischer Verein" in Münster, where she met Fritz Anneke, whom she married in 1847. They moved to Cologne, a city Karl Marx and others had turned into a center of political activity, and engaged in newspaper publishing. When Fritz Anneke served in the Revolution in Baden, beginning in May 1849, she joined him on horseback as his ordinance officer.[1] After the failure of the Revolution in July of that year, the couple and their two children fled to Switzerland and then to the United States; they settled in Milwaukee in 1850.

In the United States, Mathilde Franziska Anneke became known as a publisher, lecturer, and educator. She was the editor and publisher of the *Deutsche Frauen-Zeitung*, which was founded in Milwaukee in 1852 and subsequently continued—until 1854—in New York, Jersey City, and Newark; and she assisted her husband in the publication of the *Newarker Zeitung*. She was a friend and associate of Susan B. Anthony and Elizabeth Cady Stanton; she traveled throughout the northeastern part of the United States, lecturing on topics such as women's issues and contemporary literature. In 1865, upon returning to Milwaukee after lengthy absences (living in Newark, New Jersey, from 1852 to 1858, and in Switzerland from 1860 to 1865), she founded the Milwaukee Töchterinstitut, which she directed for the next eighteen years, until just before her death.

Anneke's early writings were conventional, religious Biedermeier texts, but with the publication of her 1847 brochure entitled "Das Weib im Conflict mit den socialen Verhältnissen," she began to produce the kind of political prose that foreshadows her later interests: civil liberties and especially women's rights. This document, often mentioned

---

1. See Wilhelm Hense-Jensen and Ernest Bruncken, *Wisconsin's Deutsch-Amerikaner bis zum Schluß des neunzehnten Jahrhunderts*, vol. 2 (Milwaukee: Verlag der Deutschen Gesellschaft, 1902), 16.

Mathilde Franziska Anneke. Photograph by J. Ganz, Zurich. (Wisconsin Historical Society: WHi-3701.)

in scholarly literature, is difficult to locate. Though published both as a brochure (in 1847) and either entirely or in part in her newspapers, the *Frauen-Zeitung* of Cologne (1848) and the American *Deutsche Frauen-Zeitung*, no copies have survived. In the 1860s a different version appeared in the *New Yorker Criminal-Zeitung*, and parts of it were included in a Reclam collection published in 1978; but it has never appeared in its entirety in book form.[2] A handwritten manuscript can be found in the Anneke papers held in the archives of the State Historical Society in Madison, Wisconsin, and we include this version in our anthology. Written as a defense for Luise Aston, who had been banned from Berlin in 1846 because of her writings (especially her novel *Aus dem Leben einer Frau* and her poetry collection "Wilde Rosen"), her religious views, and her radical demands for women's rights, Anneke's text is an energetic call to action on behalf of women.

The second selection in this chapter is a story entitled "Die Sclaven-Auction," which was published in 1862 in Frankfurt on the Main, in the belletristic journal *Dida-skalia*; the author's name was given as Mathilde Franziska. She was living in Zürich, while her husband was serving in the Civil War as a member of the Union Army. She was motivated to write during this period at least in part by financial need, but at the same time she was presenting German-speaking audiences with current topics from America. Thus her stories "Major Anderson und Fort Sumpter" (published in the *Augsburger Allgemeine* in 1861), "Der Tod des amerikanischen Oberst Elmer Ellsworth" and "Die Sclaven-Auction" (both published in *Didaskalia* in 1862), and "Die gebrochenen Ketten" (published in *Der Bund* in Berne in 1864) all appeared in Europe and all dealt with topics or personalities from the Civil War or with the slavery issue. Another story entitled "Erinnerungen vom Michigan-See" (published in the *Elberfelder Zeitung* in 1864) introduced readers to her American home in Wisconsin, its early history, and the Native American tribes of the area.[3] Anneke's collaborator was Mary Booth, who was living in her household in Zürich, having separated from her husband, Sherman Booth. Both Booths, friends from Milwaukee, shared Anneke's political interests; Sherman Booth is remembered as an abolitionist and political agitator, particularly because of his role in the so-called Glover incident.[4]

---

2. A monograph by Martin Henkel and Rolf Taubert (Bochum: Edition Égalité, 1976) bears the title *Das Weib im Conflict mit den socialen Verhältnissen: Mathilde Franziska Anneke und die erste deutsche Frauenzeitung*, but this is not a republication of Anneke's brochure. In fact, its authors regret that the brochure has been lost, stating: "Daß dieser Artikel nicht aufzufinden ist, ist um so bedauerlicher, als Mathilde Franziska Anneke ihm offenbar große Bedeutung bei-maß . . . ." (p. 20). The Reclam publication is entitled *Frauenemanzipation im deutschen Vor-märz: Texte und Dokumente*, ed. Renate Möhrmann (Stuttgart: Reclam, 1978).

3. All of these stories have been re-published in *Die gebrochenen Ketten: Erzählungen, Reportagen und Reden (1861–1873)*, ed. Maria Wagner (Stuttgart: Akademischer Verlag, 1983). Our text of "Die Sclaven-Auction" is based on Wagner's edition.

4. Joshua Glover was a runaway slave from Missouri, who had been living near Racine, Wisconsin. Found and captured by his owner in March 1854, he was beaten and thrown into the county jail in Milwaukee. Sherman Booth held a protest meeting and gave a rousing antislavery speech, whereupon the crowd broke into the jail and freed Glover, who escaped to freedom in

"Die Sclaven-Auction" reflects Anneke's familiarity with Harriet Beecher Stowe's best-selling novel *Uncle Tom's Cabin*, which was published in 1852; and Anneke borrows themes particularly from chapters 30 and 34 of the popular work. A slave auction is described in both texts, and both writers focus on the fate of a young slave girl to whom male buyers are attracted because of her beauty and her potential to serve as their mistress. Both girls attempt to avoid their fate by hiding the beauty of their hair: one combs hers back tightly for the auction, and the other cuts hers off. In both cases, the sale of the slave girl will mean separation from loved ones: Stowe's Emmeline is in fact separated from her mother Susan when she is sold to Simon Legree, while Anneke's Isabella is saved at the last moment from a buyer with immoral intentions and united with her sweetheart Alfons. Finally, both works include the story of a slave woman who chooses to kill her child rather than have it grow up in a life of slavery. Stowe's Cassy tells Uncle Tom that she decided she would "never again let a child live to grow up"; and Alfons relates that his mother drowned his little sister, not wanting to allow "unsere Lili" to be "verdammt" as she had been "zu denselben Dingen," namely, to being the concubine of a white master. Furthermore, in both works, reference is made to specific political issues of the 1850s: in *Uncle Tom's Cabin* to the Fugitive Slave Act of 1850, and in "Die Sclaven-Auction" to the Nebraska Bill and to Gerrit Smith, an abolitionist opponent of the Nebraska Bill.[5] Anneke's story is a love story, concentrating on Alfons's affection for Isabella and hers for him.

No claim of high literary value can be made for the works of Mathilde Franziska Anneke, and yet her influence was immense and her importance cannot be denied. Her interests were broad, and she devoted her time and her talents to wide-ranging nineteenth-century causes, including women's rights, civil rights, and education, and to writing, publishing, and lecturing on the issues that concerned her.

Canada. Thereafter Booth himself was incarcerated and prosecuted under the Fugitive Slave Act.

5.   Gerrit Smith (1797–1874) was a philanthropist, women's rights advocate, ardent abolitionist, and three-time presidential candidate (in 1848, 1856, and 1860). A member of the U.S. Congress beginning in 1853, representing the state of New York, he delivered a well-known antislavery speech on 6 April 1854, as the Nebraska Bill was being debated; this speech is referred to at the beginning of Anneke's story and is quoted in the text. He resigned from Congress before the end of his term, and aligned himself with more radical abolitionists, including John Brown.

Das Weib im Conflict mit den socialen Verhältnissen

Deutsche Dichter der Neuzeit

II.

Louise Aston

(Im Winter vor der Revolution geschrieben)
1846–1847

Es mag etwa länger denn ein Jahr vor der März Revolution gewesen sein, als der bekannten preußischen Ausweisungsgeschichte—jenes ungastliche Verfahren der Berliner Polizeibehörde gegen die Herren Itzstein und Hecker[1]—sich ein Fall einziger Art anreihte, nämlich *die Ausweisung einer Frau. Louise Aston* war es, ein schönes, junges, unglückliches Weib, eine Dichterin und die arme, geschiedene Gattin eines reichen Mannes. Die Zeitungen unterließen nicht, diesen seltenen Fall nach ihrer üblichen Weise auszubeuten und Darstellungen über die Schicksale dieser Frau, die den Polizeibehörden einer Hauptstadt, ihrer freien Ansichten und Gesinnungen wegen, gefährlich erschienen sei, in durchaus widersprechender Weise zu liefern. Die eigentlichen Beweggründe, welche ein so auffallendes Verfahren geleitet haben sollten, wurden sehr verschieden angegeben, und selbst wenn deren Wahrheit constatirt war, rechtfertigen sie dasselbe nicht. Man konnte sich aus den Widersprüchen dieser Berichte und den über die Ausgewiesene umlaufenden mündlichen Erzählungen, eben kein richtiges Bild ziehen, um desto mehr aber waren sie geeignet, die Theilnahme und das Mitleid aller, insbesondere der Frauenherzen, für sie zu erwecken. Für das gekränkte Weib trat kein ritterlicher Mann mit der scharfen Waffe der freien Rede öffentlich in die Schranken und doch erzählte man sich, daß gerade eben Einer aus fürstlichem Stamm und Rang, mit Reichthum und Ehren ausgestattet, um ihre Liebe vergeblich geworben; doch wußte man, daß ein Sänger unserer Zeit ihr sein Lied geweiht,—ja daß denkende Männer die Zelle ihres Leidens und Dichtens umstanden— und keiner war, der in dem Augenblick ihrer Verbannung mit der Courtoisie mittelalterlicher Romantik die Lanze für sie gebrochen—keiner, der mit dem Feuer der Wahrheit und Überzeugung das Wort der Vertheidigung laut und vernehmlich für sie erhoben—

N.B. The *numbered* note in this text is an editorial comment. Anneke's notes are *asterisked*.
1.   In May 1845 Friedrich Hecker and Adam von Itzstein, traveling together through Saxony and Prussia, were arrested by authorities in Berlin and expelled from the city. This event attracted much attention and contributed to Hecker's rising popularity throughout German lands.

88   *Mathilde Franziska Anneke*

keiner, der mit der Beredsamkeit unserer Tagsschriftsteller, in glaubwürdiger Weise Auskunft gegeben hätte auf unser Fragen: "Was hat denn dieses Weib verbrochen?"

Indessen war ein kleiner Cyclus Gedichte* von ihr selber erschienen. *"Wilde Rosen"* nannte die Dichterin ihre zwölf Lieder die auf wildem, wildem Boden eines weiblichen Herzens entsprossen, wuchernd um ein zerstörtes Lebens- und Liebesglück ranken und die sie begrüßt:

"In der Freiheit wilder Pracht,
Eingewiegt von Sturmestosen
Großgesäugt vom Thau der Nacht."

Kein weißes Röslein, zart und sinnig, unter dem Thaue stiller Weibesthränen in dichterischer Brust erblüht, duftet aus dem Strauße uns an, nein tief dunkele, glühende Rosen, jedwede den schweren Blutstropfen eines schmerzlich ringenden, sich verblutenden Herzens im Kelche tragend, *flammen* sie uns entgegen mit ihrem nächtigen Wehe, dem die Knospen sich plötzlich entrungen haben.

Wir lernen aus diesen zwölf Gedichten von *Louise Aston*, das Weib kennen, das gezwungen ward, ohne Liebe sich einem Manne hinzugeben; das in rauschenden Liedertönen seinen Fluch schmettert gegen *"ein heiliges Fest"* dessen Feier die glücklichern Frauen in unsern Tagen mit freudiger Andacht begehen, indem sie die geweihten Myrthen zur Opferflamme ihres Hausaltars hintragen. Wir sehen sie ihre Fesseln zerreissen, fliehend in die endlosen Gründe eines verzweifelnden Harmes tiefer und immer tiefer sich stürzen und zur Priesterin desselben sich weihen.—Dann finden wir sie im Kerker, von dunkeln "Phantasien" umnachtet, in ihrer geistigen Haft ringen und der Erlösung Hohn sprechend, an deren Verheißung die vor ihr aufgeschlagene Bibel sie gemahnt hat;—finden sie im wilden '*dythyrambischen Gesange*' verloren, umgaukelt und umtanzt von bachantischen Geistern eines losgelassenen Lebens, schwelgerischen Träumen hingegeben, aus denen sie erwacht mit einer klangvoll rauschenden Hymne '*an George Sand*,' in welchem Heldenweibe sie die Befreiung des mit Füßen getretenen Geschlechts erblickt. Endlich hören wir sie in ihrem '*Lebensmotto*' sich offen bekennen:

"Freiem Lieben, freiem Leben
Hab ich ewig mich ergeben—"

Und mit solchem Bekenntniß, das in seiner nackten Auffassung der Dichterin von harmlosen Frauenherzen nimmer vergeben werden wird, ist der Kampf ihres Herzens abgeschlossen, und sie erscheint uns nach diesem Kampfe in dem folgenden Gedichte: 'Harmonie' das Weib, zur Liebe wiedergeboren, zu jener Liebe, der wir ja gerne Alle huldigen:

"Das ist der Tag, der leuchtend aufgegangen!
Nicht mehr verworr'ner Traum hält mich umfangen!
Die Schattenbilder seh ich rings zerfließen,

* "Wilde Rosen, Gedichte von Louise Aston." Berlin bei W. Moser & Kühn. 1846.

In's weite Meer des Lichtes sich ergießen,
Klangvoll hat Harmonie mein Herz durchdrungen;
Mich hat ein echt und groß Gefühl bezwungen!
Ihm gönne freudig ich das Sieges Recht.
Er soll mein Herr für ew'ge Zeiten bleiben,
Ein jeder Pulsschlag sei des Siegers Knecht;
Die ganze Seele will ich ihm verschreiben!

O süßer Schmerz, so um die Freiheit klagen!
O süße Knechtschaft, solche Fesseln tragen!
Die kühn die Welt gefordert vor die Schranken,
Kampflustige Gefühle und Gedanken,
Des freien Geistes trotzige Vasallen
Sind machtlos jetzt dem neuen Bann verfallen!
Unglücklich war ich, als ich Herrin war,
Und spielte stolz mit Wünschen und mit Trieben;
Doch *Glück* umfängt mich süß und wunderbar,
Seit ich die ganze Seele ihm verschrieben.

Einst waren mein der Erde reichste Güter,
Der Stolz, die Freude thörichter Gemüther!
Dem Übermuth der Jugend hingegeben,
Wagt ich zu tändeln mit dem ganzen Leben!
Im leichten Spiel fühlt' ich des Daseins Schwere,
In vollem Reichthum meines Herzens Leere!
Verschenkt war mein Gefühl, leer war mein Sinn,
Und nur ein heißes Sehnen mir geblieben;
Bis ich dem Einen gab mein Alles hin
Bis ich die ganze Seele ihm verschrieben."

Aber nur einmal erklingt volltönig die Harmonie ihrer Seele im Liede; bald wird sie von der grellen Dissonanz des alten Grams wieder zerrissen. Die Sehnsucht der sich hingebenden Liebe wird nicht in der *wirklichen* Vereinigung gestillt, und dies ist die Brandung, in der die ungestümen Fluthen des glühenden Herzens zerschellen.—Sie kann der Erinnerung verlorener Tage nicht entfliehen, die ihre Jugend und ihre Lust gebrochen haben. Sie ringt mit dem Schmerz, der nicht von ihr lassen will, sie *soll* lächeln und man weiß nicht, daß es nur unter herben Thränen geschehen kann. Sie *soll* fröhlich scheinen und man ahnt nicht, daß sie, eine Cypresse, am Grab des entschwundenen Jugendtraumes klagt:

"Kann ich lindern dieses Sehnen
Daß mich träumend Dir vereint?
Dir verhaßt sind diese Thränen,
Die der blasse Kummer weint!
Wol, so will ich schmerzhaft ringen,
Finstre Trauer zu bezwingen:

Ihre Todten zu begraben,
Laß die Todten sich bemühen;
Doch des Lebens reichste Gaben,
Mögen dem Lebendgen blühn!"

Und was ist ihr nun geblieben? Ihr, der Kranken, der die Welt ein Kerker, in dem sie mit ihrem glühenden Verlangen gefesselt liegt? '*Ein letzter Trost,*' ihre ganze Errungenschaft, dessen Heil nur noch ist:

"An des eignen Gedankens Geschoß,
An der eignen Seele Gluten,
Wie das edle arabische Roß
An geöffneten Adern verbluten.—"

Ihre wirren 'Nachtphantasien' beschließen den dunkeln und schaurigen Reigen dieser zwölf Lieder. Aus ihnen schöpfen wir gar keine Hoffnung mehr für das arme, irregehende Weib, für die unglückselige Nachtwandlerin. Wir sehen klar, daß sie an einem gefahrvollen Abgrunde schwebt; sie stürzt hinab, unausbleiblich, wenn nicht ein am Himmel mild aufgehendes Morgenroth der Liebe sie sanft zurückführt und deren reiner Lichtschimmer heilend in das stürmische Herz sich senkt.

* * * * *

Ein poetisches Kunstproduct läßt uns in der Regel nicht zu einer bestimmten Klarheit über den Gegenstand, den es behandelt, gelangen. Aus den eben analysirten Gedichten aber haben wir diesmal mehr als die *Ahnung* eines verfehlten Lebens und einer verfehlten Liebe gewonnen; wir haben beinahe die *Überzeugung* eines gänzlich verlorenen Lebensglücks geschöpft. Und in dieser schmerzlichen Überzeugung blieb uns selbst kaum noch eine schwache Hoffnung auf die Errettung einer so reichen, zerschmetterten Weibesbrust, drum sargten wir ihr Angedenken zu unsern vielen Todten ein.

Fast wähnten wir, daß ihre '*wilden Rosen*' schon ihren Grabhügel umblühet hätten, da plötzlich zuckt ein kräftiger Lebensstral aus dem todtgeglaubten Herzen. Er durchpulst und durchdringt alle Lebensgeister und weckt sie zum Kampfe; nicht zum blutigen, die Hand eines Weibes greift nimmer zum Schwerte.—Nicht mehr eine bleiche Schreckgestalt erscheint sie gespenstisch in unsere Nächten—nein, ein thatkräftiges, lebensfrisches Weib tritt hier vor die Schranken hin und klagt einfach und laut und klar die finstre Gewalt an. Es erscheint von ihr: "*Meine Emancipation, Verweisung und Rechtfertigung,*"* ein kleines Büchlein, welches die schlagendsten Belege für die Unterdrückung des Weibes von Seiten jeglicher Gewalt aufweist. Seit seinem Erscheinen ist keiner darin aufgestellten Thatsache auch nur eine einzige öffentliche Widerlegung zu Theil geworden, wir sind also deshalb schon um so mehr vollständig berechtigt, ihm allen Glauben bei zu messen. Mehr als alle Vertheidiger, die jemals für das im Staub getretene Geschlecht sich in die Schranken warfen und auf

---

*   Brüssel bei C. G. Vogler 1846.

so verschiedene Weise gewirkt haben, hat dieser kleine Beitrag zu dessen Geschichte geleistet.

Louise Aston bringt theilweise in dieser Broschüre das Schicksal ihres äußerlichen Lebens zur Kenntniß des Publikums. Auf ihre innere Gemüthswelt vor dem Forum der Öffentlichkeit einzugehen, findet sie sich einstweilen noch nicht berufen. Es gilt auch in diesem Falle nur, die Stellung des Weibes innerhalb der Gesellschaft zu vertreten, denn da sogar diese ihm verweigert, da das Geschmähte selbst nicht einen Stein mehr findet, sein müdes Haupt niederzulegen, so gilt es vorläufig seine äußeren Rechte gegen die Gewalten dieser Erde offen zu vertheidigen und sich gegen die erhobenen Anschuldigungen zu rechtfertigen.

Warum auch sollte das Weib überhaupt die schweigsame Dulderin fortan noch sein?—Warum noch länger die demüthige Magd, "die ihrem Herrn die Füße wäscht"— *warum* noch länger die christlich duldende Magd eines Herrn, der zum *Despoten* ihres Herzens geworden ist, weil er selber ein *Knecht* ward?—

Die Stimme dieses Büchleins rief manche Schläferinnen wach, die von dem Brod- deln ihres Kochtopfes am Heerde noch nicht zu tief eingenikt waren. Sie rief manche stille Trägerin die blutend unter dem Joch des socialen Elendes ringt, das ungeahnt und ungekannt auf den Frauenherzen lastet, zum Bewußtsein des letzten Rechtes ihrer hinsterbenden Kraft, damit sie sich aufraffe und ermanne, um mindestens nur noch laut ihr Geschick anzuklagen.—Sie goß ihnen Muth in die zagen Seelen, an die Festen des alten übertünchten Tempelbaus, der mit den Myrthen geopferter Bräute sich schmückt und mit dem Heiligenscheine von tausend innerlich gebrochenen Ehebündnissen prunkt, zu rütteln—und sei es auch nur an einem Steine dieses morschen Gebaus.—

Louise Aston giebt uns ihre Geschichte in der kurzen Erzählung ihrer Verweisung, nachdem sie sich dagegen verwahrt hat, für eitel gehalten zu werden. Die äußerste *Nothwendigkeit* rechtfertigt den Schritt zur Veröffentlichung ihrer Angelegenheiten; sich aus falschem Schamgefühl etwa gegen solchen Schritt zu sträuben, erklärt sie mit Recht für *feige* und *ehrlos*.

Louise war die Tochter eines evangelischen Predigers, des Consistorial-Raths *Hoche* in Gröningen. Schon als sehr junges Mädchen wurde sie an einen reichen engli- schen Fabrikbesitzer, Herrn Aston, einen Mann den sie nicht liebte, verheirathet.— In dieser Ehe lebte sie umgeben von *Glanz* und *Reichthum*—aber *ohne Liebe*. Jung und schön und reich, trat sie in das große Leben ein—aber sie fand sich allein und unglücklich. Das moderne Leben in all seinen Conflicten und Widersprüchen lernte sie hier kennen und "bald auch" so erzählt sie uns, "den gewaltigsten Gegensatz, der das Herz einer Frau vernichtet und einmal die sociale Weltordnung aus ihren Angeln zu heben droht, den Gegensatz zwischen Liebe und Ehe, Neigung und Pflicht, Herz und Gewissen."

Die Ehe wurde geschieden. Und schmäht sie darum nicht, Ihr Frauen, die Ihr Euch willig an ein "Glück" gewöhnen lerntet, nach welchem Ihr wahrlich niemals Sehnsucht im jugendlich erglühten Busen getragen habt. Begreift es, daß Euer erlogenes Glück Euch zu *lächelnden Sclavinnen* gemacht hat; Ihr seid gefühllos geworden gegen Andre und gegen Euch selbst, denn Ihr fühltet den Scorpion nicht einmal mehr, der an Euren eignen Herzen nagt und Euch um Euer bestes Herzblut betrügt. Ihr nennt

Glück, was nimmer auch nur noch ein *Schatten von Glück* ist. Schmäht das Weib nicht, das die Fesseln Eurer, von Euren Götzen geheiligten Eide brach,—die reichen Säle hinter sich ließ und in die Kammer ihrer stillen Armuth trat, um an der Bahre ihres dahingestorbenen Jugendglücks in keuscher Wittwenhaft ihr Trauerjahr zu verbringen. O, schmäht es nicht, wenn es, anstatt das reiche Leben in schwelgerisch betäubenden Genüssen zu vergeuden, vorzog in das Leben, das ernste, hinein zu ziehen, mit ihm zu wagen und zu streiten,—wenn es länger nicht heuchlerisch Verrath an sich und an der Liebe beging, sondern floh—floh vor der Lüge und ihrem Wahne.

Wir wissen nicht, was sie gelitten hat in der Erkenntniß was *Liebe sei*—und was *Liebe nicht sei*. Die heißen Seufzer der wogenden Brust haben wir nicht belauscht— die Qualen des brennenden Wehs nicht mitgefühlt—aber sie ruft uns zu: "Vom sichern Ufer aus läßt sich leicht der Sturm beschwören und verachten, mit dem auf offener See das schwankende Schiff vergebens kämpft. Ich habe durchfühlt, was die Prophetenstimme George Sand den zukünftigen Geschlechtern verkündet; den Schmerz der Zeit, den Weheruf der Opfer, welche die Unnatur der Verhältnisse zu Tode foltert. Ich weiß es, welcher Entwürdigung eine Frau unter dem heiligen Schutze des Gesetzes und der Sitte ausgesetzt ist; wie sich diese hilfreichen Penaten des Hauses in nutzlose Vogelscheuchen verwandeln und wie das Recht zum Adjutanten brutaler Gewalt wird!"

Noch einmal: ihre Ehe wurde geschieden. Louise Aston zog mit ihrer Tochter, einem vierjährigen Kinde, nach Berlin, der Stadt geistigen Regens und Strebens, sich dort literarischer Thätigkeit hinzugeben. Einestheils hoffte sie im freien geistigen Ringen sich über ihr Schicksal erheben zu können, anderntheils wollte sie sich durch eigne Anstrengung ihre Selbstständigkeit in materieller Beziehung zu sichern suchen. Nur eine kleine Jahresrente, kaum hinreichend ihr und ihrem Kinde ein dürftiges Leben zu fristen, war ihr in dem Scheidungsprozesse zuerkannt, aber selbst diese, so klein sie auch war, wurde ihr nicht einmal von ihrem getrennten Gatten verabreicht. Deshalb sah sie sich unter drückenden Sorgen und Entbehrungen genöthigt auf ein Exekutionsverfahren gegen ihn zu dringen. Außerdem ward sie, wie wir aus späteren authentischen Mittheilungen erfahren, noch in verschiedene Conflicte den Gerichten gegenüber verwickelt. Ihrer Ansichten halber, die sie nirgendwo in so baroker Weise kund gegeben, als die verläumderischen Gerüchte sie zu verbreiten sich bemüht haben, sollte ihr die Erziehung ihres Kindes entzogen werden; deshalb wurde ein Vormund- schaftsprozesses über sie verhängt. Ferner veranlaßte der mißlungene Versuch ihres Gatten und seiner Anhänger, der gequälten Mutter die Tochter zu stehlen, einen Kriminalprozeß gegen den Gatten und seine Helfers Helfer.

Unbeschreiblichen Nöthen und Ängsten ist die arme Louise Aston ausgesetzt gewesen. Das Ärgste aber was ihr in ihrer äußern Stellung widerfahren konnte, war die Verweisung der Hauptstadt, ihres bisherigen Aufenthalts.

Daß Männer wegen Majestätsbeleidigungen, wegen Umgehung der Censurge- setze, oder gar wegen eines diplomatischen Kniffs, den man furchtsam zu wittern glaubte, des Landes verwiesen wurden, war damals in Preußen etwas schon oft Da- gewesenes;—daß gesunkene Weiber ihrer verderbten Sitten wegen, für welche sie eben den königlichen Taxeln nicht den Ablaß zahlten, aus den Stadtthoren verwiesen wur- den, etwas Alltägliches;—daß aber ein Weib aus den sogenannten gebildeten Ständen, eine Bürgerin im eigenen Lande, aus dessen Hauptstadt verbannt—verbannt—einer Ansicht, einer Gesinnung wegen—das war etwas so Befremdendes—ja, das war eine Abnormität, ganz in seiner Art. Was können wir nach einem solchen Vorfall von der 'Welt,' dem Kriterium unserer hohen und höchsten Gesellschaft anders erwarten, als daß sie schonungslos den Stab bricht über eine 'geschiedene' Frau, nun eine *geächtete Verbannte* gar, ohne zuvor das "Schuldig" geprüft zu haben,—daß sie nun vollends das arme Herz begeifert, zischend und voll Hohn, ungerührt, wie es auch gebrochen und zertreten da am Boden liegt. Was kümmert das die verknöcherten Seelen unserer strenggläubigen Sittenrichterinnen, die ihr heimliches Gericht bereits abgehalten und nun die Nasen nur noch rümpfen, wenn sie den Namen nennen hören. Liegt doch darin hinlänglicher Grund genug, daß der *Name* allein geächtet und verwehmt ist—nicht nur von der öffentlichen Meinung—nein, von 'Staats- und Rechtswegen' öffentlich mit Anathem belegt,—durch ein Verfahren sonder Gleichen öffentlich in Veracht erklärt!—

Und doch wollen wir diesen Tugendheldinnen unserer duldsamen christlichen Gesellschaft nicht zu nahe treten. Befangen unter dem Zwange der Verhältnisse, genährt von Jugend auf an *Vor*urtheilen, dürfen sie nicht anders—ja *können* sie nicht anders mehr *nach*urtheilen. Diese ganze Kaste unsers Menschengeschlechts, der sie ausschließlich angehören, liegt ja unheilbar krank darnieder. Sie ist genährt seit länger denn einem Jahrtausend an den Brüsten des Aberglaubens und der Selbstverläugnung— und von ihr sollten wir ein selbstständiges, gesundes Urtheil noch verlangen?—

Die Geschichte der Ausweisung Louisens ist in aller Kürze folgende:

Nachdem sie sich ein Jahr in Berlin aufgehalten, sah sie sich den gewöhnlichen Bestimmungen gemäß veranlaßt, ihre Aufenthaltskarte zu erneuern. Die bereits abgelaufene war ihr bei ihrer Ankunft in Berlin ohne alle Schwierigkeiten von der Polizei eingehändigt. Anstatt auf ihre, an das Präsidium gerichtete Bitte die gewünschte Karte zu erhalten, ward ihr die mündliche Mittheilung eines Polizeibeamten, daß man dieselbe nicht verlängern wolle, weil "anonyme" Briefe an das Präsidium, ja selbst an den König, über sie eingegangen wären. Sie sei darin beschuldigt worden, *die frivolsten Herrengesellschaften besucht, einen Klub emancipirter Frauen gestiftet zu haben und außerdem nicht an Gott zu glauben.*—Auch spräche die Widmung zweier Liebesdythiramben von *Gottschall*: "*Madonna und Magdalena*," in denen ähnliche Tendenzen gefeiert würden, deren Verwerflichkeit der Recensent in den Blättern für literarische Unterhaltung aufs Bündigste nachgewiesen habe, gegen sie.

In Folge dieses mündlichen Bescheids wandte Frau Aston sich schriftlich an den Polizei-Präsidenten, setzte auseinander wie ihr *Glauben* und *Denken* nur *ihr* Eigenthum sei und Niemanden etwas angehe; wie jene anonymen Briefe nur von einem persönlichen Feinde herrühren könnten—und weil es ihr höchst wünschenswerth sei, fernerhin eine Bewohnerin des *sittlichen* Berlins zu bleiben, sie bitte, ihr den Aufenthalt daselbst zu gestatten.

Hierauf wurde sie persönlich auf das Präsidium beschieden. Während ihr gesagt wird, daß der Herr Regierungsrath v. Lüdemann, der in ihrer Angelegenheit zu verfügen hätte, einstweilen noch anderweitig beschäftigt sei, hat der Deputirte, Herr Stahlschmidt die Höflichkeit Frau Aston mit vielem gesellschaftlichen Takt zu unterhalten. Das Gespräch wird von dem Herrn St. in gewandter Weise auf *Religion* und *Ehe* geführt und Louise Aston ist harmlos genug, ihre innersten Ansichten darüber vor ihm auszusprechen.

Nun denke man sich ihre Überraschung, als sie nach beendigter Conversation in das Zimmer des Herrn v. Lüdemann geführt wird und man ihr zur Unterschrift ein Protokoll vorlegt, mit den Worten: "das ist das Glaubensbekenntniß der Madame Aston!" Die mit dem Herrn Stahlschmidt gepflogene Unterredung, welche ihr eben in dem Protokolle vorgelegt wurde, war, ohne daß sie es im Entferntesten vermuthen konnte, hier niedergeschrieben. Sie selbst, die Ungläubige, zeiht sich all zu großer Leichtgläubigkeit, daß sie nach einigen Zureden und Versicherungen von glaubwürdig-scheinenden Personen, "es werde ihrer Sache durchaus nicht schaden, wenn sie jenes Protokoll unterschreibe" es wirklich tat.

Durch diese Machination hatte die Behörde Beweismittel erlangt, auf Grund welcher ihr, bei ihrer persönlichen Anwesenheit auf der Polizei, der mündliche Befehl ertheilt wurde: "Berlin binnen acht Tagen zu verlassen, weil sie Ideen geäußert und in's Leben rufen solle, welche für die bürgerliche Ruhe und Ordnung gefährlich seien."

* * * * *

Es drängt uns unwillkürlich, die staatsgefährlichen Träume einer Frau, denen man in der Hauptstadt des mächtigen Königreichs Preußen eine so große Wichtigkeit beigelegt hat, näher kennen zu lernen. Wir fragen daher: "was mag dies Glaubensbekenntniß der Frau *Aston* Schlimmes enthalten haben, daß die Behörde durch dessen Feststellung genügende Beweismittel in die Hände bekam, um die Ausführung ihres Vorhabens zu begründen?"

Nur aus der uns in ihrer kleinen Broschüre dialogisch mitgetheilten Unterredung bei der persönlichen Audienz die sie vor dem Minister von Bodelschwingh erlangt hat, schließen wir, daß der hauptsächliche Anstoß, den Frau Aston gegeben hat, darin beruht, daß sie ihre *religiösen* Ansichten frei und laut geäußert.—Nachdem Se. Exellenz ihr zuerst den Vorwurf gemacht, daß sie sich so 'frivol und außergewöhnlich' benommen habe, daß man sich wundern müsse, wie sie es noch wagen könne, gegen ihre Verweisung zu protestiren;—nachdem sie einwendet, daß sie nicht wisse, was Se. Exellenz, 'frivol' nenne—stellt Letzterer, ohne weiter auf eine Auseinandersetzung einzugehen, an sie die Frage: "Warum sie ihrem Glaubensbekenntniß voran stelle, daß sie nicht an Gott glaube?" Sie beantwortet dieselbe: *"Weil sie nicht heuchle."*

In der Geschichte der Philosophie bin ich nicht bewandert genug, um angeben zu können, welche *Männer* alle, namentlich in der neuern Philosophie von Franz Bacon bis auf Spinoza, von Spinoza bis auf Hegel, von Hegel bis auf Feuerbach seit Jahrhunderten frei und unbehindert die Resultate ihres Forschens, Denkens und Wissens, nicht allein aussprechen, sondern öffentlich *lehren* durften. Freilich von keinem Weibe habe ich's je gehört, daß sie unter dem Einflusse der christlichen Botmäßigkeit stehend, frei bekannt hätte, daß sie den überweltlichen Gott überwunden habe. Die *Zweifel* an ein persönliches Dasein dieses Gottes erwachten täglich, sogar in den Herzen gläubiger Frauen, ich weiß es, tausende ahnen, fühlen, ja selbst begreifen daß man ihnen mit den geweihten Rosenkränzen und den übrigen Emblemen des Glaubens nur Spielzeuge in die Hände gab, sie mögen zufrieden *scheinen*, in den heiligen Evangelien nichts als poetische Mährchen auszuträumen—von keiner aber weiß ich es, daß sie durch

Schicksale und Studien das Resultat gewonnen hätte, um mit Muth und Herzhaftigkeit laut bekennen zu dürfen:

"Ich glaube weder an einen persönlichen Gott noch an einen weltumfassenden Geist—ich weiß es, daß die uns verheißene Seligkeit nicht in den blauen Weiten dort hinter den Sternen zu finden ist, sondern hier, hier unten auf grüner, blumenreicher Erde."—

Warum ist solch Bekenntniß in dem Munde eines Weibes gerade so schwer verpönt? Warum soll dem *Weibe* die Wahrheit verhüllt bleiben, die Wahrheit, die das Erbtheil unserer Zeit und die im Kampfe mit der Lüge beginnt siegreich über sie zu erstehen? Warum erscheinen die Ansichten, die den Männern seit Jahrhunderten bereits angehören durften, einem Staate gerade *bei den Frauen* so sehr gefährlich? Etwa weil sie die Macht der Verbreitung dieser Ansichten mehr denn Jene in Händen haben und diese in ihrer ausgedehnteren Verbreitung, die heutige Welt- und Staatsordung zu erschüttern drohen?—Weil sie mit ihrem Herzblut den bessern Glauben an eine neue Menschwerdung nähern und in der folgenden Generation euch das gesundere freiere Geschlecht überliefern können, das sich nimmermehr zu feilen Sclavenknechten lassen wird?—*Darum?*—Ja, darum: weil die Wahrheit, von den Frauen getragen, als Siegerin hervorgeht, welche Throne und Altäre der Tyrannen und Despoten stürzt. Weil die Wahrheit uns befreit von dem trüglichen Wahne, daß wir dort oben belohnt werden für unser Lieben und Leiden, für unser Dulden und Dienen; weil sie uns zu der Erkenntniß bringt, daß wir gleich berechtigt sind zum Lebensgenusse wie unsere Unterdrücker; daß diese es nur waren, die die Gesetze machten und sie uns gaben, nicht zu unserm, nein zu ihrem Nutzen, zu ihrem Frommen. Weil die Wahrheit diese Gesetzestafeln zerschmettert, fortan als Siegerin dasteht und nimmermehr die gehetzte Flüchtlingin zu sein braucht, die überall anklopft und die nirgends herbergen kann. Weil dieser Wahrheit, sobald die Herzen der Frauen ihr gänzlich erschlossen sind, den ewigen Hort bereitet und das Erbtheil für die Menschheit errungen ist.—

Und der Tag ist gekommen wo sie an Eure Herzen anklopft. Öffnet sie weit, weit und nehmt Theil an Eurem und Eurer Kinder Erbtheil. Bleibt länger nicht die Betrogenen! Ihr bleibt es wenn Ihr selbst nicht muthig mit eignen Händen dessen Besitz ergreift. Mit Weihrauchduft will man Euer Sinnen umnebeln, mit glatten Worten Euch bethören, in Blüthenduft gehüllt Euch Mährchen für schlichte Wahrheit darreichen. Geistvolle Sänger haben Eurem Wachen und Denken süßklingende Schlummerlieder vorzugirren, sie haben die Andacht auf der Stirn der Frauen in melodischen Klängen zu lobpreisen gewußt.—Und diese Andacht!—ich sage Euch—ist nichts wie Heuchelei und Lüge im Glorienschein, daran Thränen der Entsagung, des Wehs und des Unglücks, ja Thränen der Noth, des Grams und des Harms, wie Diamanten zitternd funkeln!—

Die Andacht, diese Heuchelei und Lüge im Glorienschein, hat das Weib zur Schwärmerin gemacht, und in ihr vergeudet es seine Glut—verträumt es seine Kraft, die unerläßig zum frischen, thätigen Leben ist. In der Andacht, dieser unbestimmten Sehnsucht des Geistes, hat es aufhören müssen zu denken;—ach dem Weibe war ja stets zu denken verboten—da hat es aufhören müssen zu prüfen das Gute, zu spähen nach dem Besten, hat es selbst aufhören müssen zu handeln! In blinder Ergebung hat es sich nur dem Zufall anheimgegeben. Und diesen 'Zufall' nennt es die 'weise Fügung eines Gottes,' dieses 'blinde Ungefähr' die 'höhere Macht,' die da liebend über ihr walten soll!! O, thut die Augen auf und seht, wie man mit Euch gespielzeugt hat; ja thut die Augen auf, da seht Ihr's stündlich wie Ihr betrogen seid, wie in Allem Widerspruch liegt, was man Euch lehrte und gebot.

Man wird mich grausam schelten, daß ich der schwachen Frauenseele einzigstes Vertrauen,—nicht zu ihrem Gott—nein zu ihren Götzen anzutasten wagte; daß ich ihnen die "Grundfeste" umzustürzen drohte, an der sie sich in allen Lebensnöthen und Lebensstürmen lehnen konnten. Man wird mir vorwerfen, daß ich Zweifel erregte, nichts als Zweifel und dann in Folge dieser nur namenlose Verzweiflung.

Wer da sagt glücklich zu sein und fest zu stehen, der muß in seinem Wahne *so fest* stehen, daß er lächelnd in seinem Glücke meiner nur spotten kann. *Der* Spott aber kränkt mich nicht; giebt es noch *ein* glückliches, sich bewußtes Weib—so hat bei *dem* meine Mission aufgehört. Nur an Euch Ihr Unglücklichen meines Geschlechts, ist mein Wort gerichtet, nur an Euch, die Ihr ein armseliges Surrogat in dem Glauben fandet—und eben weil Ihr durch mein schwaches Wort in ihm erschüttert werden konntet, den besten Beweis für seine Ächtheit, für die Kraft seines Trostes, für die auf Sand gebaute Grundfeste Eurer Glückseligkeit ablegtet. Was ich einfach und offen und in gedrängtester Kürze als mein Bekenntniß hier aussprach, es ist hundert und abermals hundert mal von Andern, nur erwiesener und gründlicher gesagt worden; es ist aber nicht zu Euch hin gedrungen, weil es in einer Sprache gesagt war, die nur Auserwählten verständlich und die gleichsam als Hohepriester im Tempel der Wissenschaft dastanden.

Uns ward eine '*Auslegung*' dieser Hohenpriester und Schriftgelehrten zu Theil,—aber das richtige, das einfache, klare *Verständniß* blieb uns vorenthalten! Wir Alle sollten ins Heiligthum nicht eindringen und die Wahrheit erkennen, die nun auch die Herzen der Frauen mit Macht ergreift, und uns mit muthigen Händen den Vorhang zerreißen heißt.

Hinter ihm liegt das Buch aufgeschlagen das Überzeugung von der Wahrheit lehrt. Darum vertraut nicht bloß Eurer oberflächlichen Einsicht in diesem Augenblick allein; *erringt Euch Überzeugung* von der Wahrheit und durch sie helft rüstig das Werk für die Menschheit vorbereiten.—Wähnt nicht, Ihr Mütter und Frauen, ich lege ein zu großes Gewicht auf Euren Beistand! Wähnt nicht, ich habe mich von den herrschenden Zeitideen berauschen lassen, indem ich die Sorge um jenes erhabene Werk, die Mühen und Arbeiten für dasselbe Euren schwachen Frauenschultern mit aufbürde und die Lösung des Weltgeschicks mit *Euch* verkünde!—O, seht Eure Säuglinge, Ihr Mütter, in Euren Armen ruhen! Wollt Ihr sie mit der Ammenmilch der Lüge fortan noch nähren? Wollt Ihr sie nicht an Eurer Brust schon mit dem gesunden Hauche des neuen geistigen Frühlings kräftigen und sie zum heiligen Empfange der vollständigen Wahrheit vorbereiten? An *Euch liegt es*, sie für die *Wahrheit* oder—für die Lüge empfänglich zu machen; an Euch, dem *freien* Vater den *freien* Sohn zu zu führen, damit er vollende was und wie Ihr begonnen!—an Euch liegt es, Töchter zu erziehen, die keinen Sclaven jemals mit ihren Lächeln beglücken werden!

Großen Müttern des Alterthums und deren *geistige Pflege* ihrer Kinder, verdankt man die größten Männer der Zeit; das bezeugt Epaminondas, das bezeugen Tiberius Gracchus und Gajus Sempronius Gracchus. Mütter! laßet auch unsere Zeit davon zeugen.

* * * * *

Mit bewunderungswürdiger Beredsamkeit hat Louise Aston, in dem im vorigen Abschnitte erwähnten Büchlein, ihre Ideen über Frauenemancipation, 'an der ihre Sehnsucht hängt,' im Allgemeinen dargelegt. Welches Weib sollte hiernach nicht mit ihr auf die Erfüllung dieser Sehnsucht hoffen? Das freimüthige Bekenntniß ihres Glaubens und Denkens, ihre gründliche Rechtfertigung dem Verfahren der Berliner Behörde gegenüber, erweckte Sympathie einziger Art bei den Frauen und Männern unserer Zeit. Wir waren berechtigt, in sie die kühnsten Erwartungen zu setzen, wir sehnten uns nach jeglicher Äußerung ihrer klaren Anschauung der gegenwärtigen Dinge, nach dem neuen, frischen Schwung dieser muthigen Frauenseele.—

Da erscheint sie uns selbst!—In der Form eines Roman's* tritt sie uns mit ihrer ganzen Persönlichkeit, mit ihrem innern und äußern Leben entgegen. Aber welch einen schmerzlichen Eindruck gewährt uns ihre Erscheinung! Um wie viele Hoffnungen sind wir gerade durch diese Schrift ärmer geworden!——

Wir wissen es, daß sie sich selbst zur Heldin dieses 'Fragmentes aus ihrem Leben' dahin gestellt hat. Sie selbst ist *Johanna*, das Mädchen voll unwiderstehlicher Körperschönheit;—*sie* ist das verkaufte Weib des Herrn *Oburn*, eines Mannes den *sie* mit den widerlichsten Eigenschaften des Körpers, als auch des Characters schildert.

Eben hat die Verfasserin uns durch eine gewandte Schilderung zum innigsten Mitleid für Johanna, deren Vater, ein herzloser Landgeistlicher, die Tochter zur Einwilligung einer ehelichen Verbindung mit dem reichen englischen Fabrikbesitzer Oburn zwingt, aufgefordert;—sie hat uns bis zur Entrüstung ob der Macht eines Barbaren von Vaters über sein Kind, hingerissen,—da zerstört sie sogleich wieder in blinder Eitelkeit, in offenbarem Mangel an weiblichem Zartgefühl und Edelsinn unser Mitleid und unsere keimende Verehrung und Liebe für sie. In den schroffsten Gegensätzen hält die Verfasserin die Schilderung ihrer eignen Persönlichkeit, die ihr sehr wohl gefällig ist, gegenüber der ihr sehr mißfälligen des, dem armen Mädchen freilich aufgezwungenen Ehegatten;—und diese Schilderung erweckt in uns bösen Argwohn, ja sie zwingt uns gar die Überzeugung ihrer gehäßigen, dem weiblichen Herzen unwürdigen Parteilichkeit ab; sie zeugt keineswegs von der Hoheit eines ruhigen, die Verhältnisse klar erfassenden Characters dieser Frau, der, anstatt den erbärmlichen *Institutionen* unserer Gesellschaft der Schuld zu zeihen, den *Personen*, welche durch jene geleitet und gezogen worden sind, sich so feindlich gereizt gegenüber stellt. Die Verfasserin hatte sich noch nicht zu *der* Freiheit des Geistes emporgeschwungen, die nothwendig dazu gehört, das eigene Unglück zu begreifen und es als *ihr eigenes Unglück* zu negiren, um dasselbe mit kritisirendem Blick und mit kunstgeübter Hand als einen Beleg mehr für das unaussprechliche Elend, dem gerade das weibliche Geschlecht unter dem heutigen Wirrsal der Dinge preisgegeben ist, darstellen zu dürfen.—Bevor sie an dies Werk ging, mußte sie sich Rechenschaft abgelegt haben, ob sie frei von Haß und Eitelkeit, frei von niedriger Gefallsucht und weiblicher Koketterie—rein von aller Fehle und Schuld, der sie ehemals auch, eine sündige Magdalene, verfallen sein mochte, dastand.

---

*   "Aus dem Leben einer Frau" von Louise Aston. Hamburg bei Hoffmann und Campe 1847.

Aber mit Schmerz muß ich es sagen: noch blickt aus jeder Zeile ihres, in einzelnen Theilen schön geschriebenen Buches das Gegentheil; noch tritt sie uns in all jenen Leidenschaftlichkeiten entgegen, wie sie sich auch zu schildern versucht voll Schöne und Reinheit, voll Liebe und Tugend. Ihren *Schwestern* hätte Louise ein richtigeres Gefühl für die Wahrheit zutrauen sollen;—*wir* glauben ihr nimmermehr!—

Sie hatte sich dazu verstanden, freilich unter dem Ausbruch grenzenloser Verzweiflung, dem ungeliebten Manne sich hin zu geben. Konnte sie das thun?—Wolle uns Niemand glauben machen, daß wir, selbst in solchen äußersten Nothfällen, die "*Genothzüchtigten*" zu sein brauchen, in so fern wir fest sind und lieber Leben und alles Andere daran setzen, als die Gemißbrauchte werden zu wollen. *Das* Opfer der Jungfräulichkeit *mußte* sie büßen, kein Gott rettete sie davor.—

Wir konnten in der Seele eines starken unverdorbenen Mägdleins eben so leicht den Entschluß reifen sehen, der sie ausrufen heißt: "Wohlan! ich *will* meinen Leib nicht verkaufen,—fort entfliehen,—lieber der Noth in die Arme als ihm, dem sinnlichsten aller Mädchenräuber,—eher dem Tode entgegen als ihm den ich verabscheue."— Ich sage: eben so leicht mußte dieser Entschluß bei ihr reifen, als jener in dem sie ruft: "Beten kann ich nicht—wohlan so will ich fluchen. Es giebt keinen Gott der Liebe; warum leide ich sonst: wenn die Gnade des Himmels nicht allgemein ist, wie sein Regen und Sonnenschein; wenn sie nicht auch zu mir und meinen Schmerzen segnend hernieder steigt: dann ist sie ja nichts, als ein Traum der Glücklichen, die ihr süßes Vorrecht in so schöne Bilder kleiden. Ich will nicht länger zu diesen Träumen schwören. Meine Träume hat die Wirklichkeit zertrümmert, die Wirklichkeit dieser Welt und ihre eherne Macht! Wohlan so will ich sie anerkennen und mit ihr kämpfen um jeden Fuß breit Landes, den ich mir umschaffen will in ein Paradies. Für die Welt, die den Sieg davongetragen hat über mein Herz, für die Welt nur will ich leben. Das Geld, mit dem der Seelenhandel getrieben wird, dem ich die Ideale meiner Jugend geopfert, ist ja der Schlüssel zu dem Reich dieser Welt, zu allen Quellen des Genusses und der Freude! Geld war mein Verhängniß—es soll mein Verhängniß bleiben, dem ich willig folge, gegen das ich länger nicht thöricht kämpfe! Ich gelobe es mir fest in dieser qualvollen Stunde und breche mit den frommen Träumen und heiligen Gelübden meiner Jugend."

Liegt zu Anfang in diesem Ausruf auch eine ganz vernünftige Logik, gegen die wir nichts einwenden können, so liegt doch in der Verzweiflung des Entschlusses der ihr unmittelbar folgt, etwas so Schaudervolles und Entsetzliches, daß wir mit ihr verzweifeln könnten, hätten wir, selbst in dem *erbärmlichsten* Dasein, nicht noch eine andere Basis, auf die wir unser Glück, dereinst zu gründen, immerhin hoffen dürften. Diese ist das Vertrauen zu uns selbst, zu unserer weiblichen Würde und *oft anscheinend* nur gebrochenen Kraft jenes Vertrauen, das niemals wanken darf, das wir mindestens festzuhalten *streben* müssen wie einen letzten Nothanker. Ich denke eben nicht an jene Tausende unsers Geschlechts, die moralisch und physisch schon gestorben sind; gestorben im zartesten Keim, noch ehe sie zur Jungfräulichkeit erblüht; gestorben und verdorben unter dem Schutz von Privilegien die einem christlichen Staate für Geld verkäuflich waren.

Die Sclaven-Auction
Ein Bild aus dem amerikanischen Leben

1.

"Gut' Morgen, Massa Gerrit Smith!"

Mit diesem Gruß trat ein hübscher, schlanker Negerbursche im Alter von etwa neunzehn oder zwanzig Jahren, der majestätisch imponirenden Gestalt des hoch-achtbaren Repräsentanten des großen Empire-Staates Newyork in den Weg, als dieser gerade von den Marmorstufen des Capitols herniederstieg und nach einer stürmischen Sitzung der Landesvertreter seine ruhigen Schritte in den friedlichen Kreis seiner glücklichen Familie lenkte.

"Ich glaube, Massa," fuhr der farbige Jüngling in vertrauungsvollem Tone und in einem bessern, als dem gewöhnlichen Neger-Englisch fort, "ich glaube, Massa, wir armen Nigger müssen bald daran denken, Fidel und Bogen hoch an die Weidenbäume Washingtons aufzuhängen. O, es ist verzweifelt in diesem Lande, verzweifelt, in der That," dabei knirschte er mit seinen weißen fletschenden Zähnen; "ich weiß Alles, kenne alle den Unfug da oben" und mit einem Blick der in dem Moment dämonisch aufleuchtete, deutete er nach den stolzen Hallen des Capitols der glorreichen Republik hin; dann setzte er hinzu: "Aber diese Nebraskabill setzt doch der ganzen Teufelei die Krone auf."

"Was wißt Ihr denn von der Nebraska-Bill, mein Freund?" war die Frage des Volksrepräsentanten, jenes großen Abolitionisten Gerrit Smith.

"Niemand ist in der Nähe, ders hören könnte," antwortete der Neger und blickte furchtsam nach allen Seiten umher; "und Ihr, o gewiß, Ihr würdet mich nimmer ver-rathen, Massa Gerrit Smith, das weiß ich."

Dabei blickte er noch einmal ängstlich umher und bog sich näher zu dem Ohre des großen Mannes und sagte mit halbgedämpfter Stimme:

"Ich kann lesen!"—

Wer es weiß, daß nach solchem Selbstbekenntniß vor ungeweihten Ohren die neunschwänzige Sclavenpeitsche oder die strafenden Ketten drohen,—wer es weiß, daß die Kunst des Lesens zu den größten Verbrechen der armen Sclaven im Süden Amerika's gezählt wird, der kann es erklärlich finden, daß der arme farbige Knabe solche Vorsicht beobachtete.

"Ich las es letzte Nacht in der 'National Era,'"[1] sagte er dann mit einer pfiffigen Miene, "daß Massa Gerrit Smith diesen Morgen eine Rede über die fluchwürdige

---

N.B. The *numbered* notes in this text are editorial comments. Anneke's notes are *asterisked*.

1.   The *National Era* was a weekly abolitionist newspaper that appeared in Washington, D.C., from 1847 to 1860. The title of the newspaper is incorrectly given twice in the text as the *National Fra,* in both *Didaskalia* and Maria Wagner's edition, *Die gebrochenen Ketten.* (See page 85.)

Nebraskabill halten würde,[2] und da dachte ich bei mir selbst, ich wollte ihm aufpassen rund ums Capitol herum und da ich ihn von der Repräsentanten-Hall herunterkommen sah, da wollte ich ihm sagen, daß ich ihm dankte, Massa Gerrit Smith, und alle die andern Nigger danken ihm auch, jeder miserable Wurm von ihnen, gleichviel ob er weiß oder nicht."

"Ich bin sehr erfreut darüber und danke Euch auch, mein Freund," antwortete das Congreßmitglied mit dem milden Ton seines warmen, menschenfreundlichen Herzens. "Aber wie wißt Ihr, was ich über diese Nebraskabill gesagt habe, wie könnt Ihr wissen, bevor Ihr meine Rede gehört habt, ob sie Eure Zufriedenheit verdient?"

"Oho, wenn Jesus Christ selbst von dem Volke zum Congreß gesendet wäre— aber sie wollten ihn nimmer senden—und er sollte eine Rede vor den Repräsentanten da über diese Nebraskabill halten, sollten wir nicht wissen, was er zu sagen hätte? Wir wissen, genau dasselbe würde er sagen, wie Massa Gerrit Smith, und die ganze Welt weiß das und wenn da wäre irgend ein Dienst, den ein Nigger thun könnte für Massa, Stiefelwichsen oder dergleichen kleine Handleistungen, er würde es gerade so gerne thun wie für Jesus Christ selbst. Das ist just so wie ich's meine," sagte der geschwätzige Bursche und fuhr fort: "O ich bin sonst ein schlimmer Nigger, Massa, ich wünsche manchmal Alles todt zu schlagen. Ich wünsche freilich nicht so bös gegen den Herrgott zu seyn, aber ich möchte—"

"Geduld!" fiel der Congreßmann dem revolutionären Sclaven ins Wort. "Wir schreiten langsam voran, aber wir schreiten voran."

"Furchtbar langsam, Massa, furchtbar," murmelte der Sclave grollend und that einen verwegenen Seitensprung. "Da ist Myssus Davis, und ich bin ein entschlüpfter Nigger. Ehre sey Gott in der Höhe, sie hat mich nicht gesehen, sie ist gerade dort um die Ecke gebogen; Gott sey gedankt! Gehöre zur Myssus Davis Schwestermann; ha, der schoß letzten Sommer drei Abolitionisten unten im Süden nieder, ha, der ist schlimm! Aber er hat mir doch die Freiheit gegeben, mich selbst zu kaufen."

Als er diese Worte stark betonend sprach, spielte ein seltener Zug um seinen Mund und mit einem gewissen Selbstbewußtsein sagte er weiter:

"Ich bin ein ehrlicher Nigger und gebrauche nicht die Schliche des Davonlaufens. Mein Preis ist exact die runde Summe von tausend Dollars; ich habe dem Massa schon sechshundert darauf gezahlt. Ja ich werde ein freier Nigger, Massa Gerrit Smith, und das nicht so lange mehr."

"Ein freier Mann, mein Freund!"

"Niggers dürfen sich selbst nicht 'Männer' nennen, Massa," sagte er mit einer tiefen Melancholie und fuhr fort, indem er das Haupt wieder ein wenig höher hob:

2. Gerrit Smith (1797–1874) was elected to Congress in 1852. Known for his unaltering stand against slavery and against all attempts to compromise, he resigned his seat in frustration before finishing his term, after the passage of the Nebraska Bill. Thereafter he supported John Brown and espoused more militant anti-slavery activities. The speech mentioned here—and quoted within the text—was one Smith delivered before Congress on 6 April 1854. It can be found online at http://libwww.syr.edu/digital/collections/g/GerritSmith/487.htm (last accessed 31 March 2007).

"Aber frei—frei—allein—da ist noch ein Anderes, o mein Gott, Massa Gerrit Smith, was soll ich thun?"

"Wenn Ihr frei seyd, mein Freund, da könnt Ihr Alles thun, um Eure Mutter oder auch Eure Schwestern frei zu machen, wenn Ihr solche noch in der Sclaverei zurück-lasset. Es ist auch leicht möglich, daß Euch geholfen werde und Ihr Eure Freiheit eher erlangt, als wenn Ihr allein darum ringen müßt. Möchtet Ihr nicht gerne so schnell wie möglich frei seyn?"

"O gewiß! aber ich danke Euch, Massa Gerrit Smith, von Grund meines Herzens; ich bin ein starker, gesunder Bursche und liebe zu arbeiten. Ich weiß sehr wohl, was Ihr für alle die armen Nigger thut, die unter Eure Augen kommen. O da gibt es noch der Mütter so viele und auch Schwestern genug, für die zu helfen Gott im Himmel Euch segnen wird. Solch ein Bursche, wie ich, kann arbeiten, für seine Freiheit, es macht ihn stolz. Schwestern habe ich nicht und auch keine Mutter mehr," setzte er traurig hinzu. "Sie ist meine Schwester nicht—nein sie nicht—" sagte er zögernd.

"Wer?" fragte der Staatsmann eindringlich. "Wer ist nicht Eure Schwester?"

"Isabella, Massa! Sie ist eine Sclavin wie ich ein Sclave—und sie ist Alles, was ich auf der Welt habe. Meine Mutter ist todt und auch meine kleine, liebe Schwester. Ich will ein wenig mit Euch da hinunter gehen und da will ich Euch Einiges von ihr erzählen."

Das Congreßmitglied und der Sclave gingen mit einander weiter; Letzterer erzählte:

"Wir Beide, meine kleine Schwester und ich, waren Kinder des alten Massa; meine kleine Schwester war so lieb und so schön und o so weiß, daß die Mistreß selbst sie ihre Lilie nannte. Sie war kaum fünf Jahre alt und gewiß, da war kein Kind so hübsch und so nett auf der ganzen Plantage als sie; und da war doch der Myssus ihre kleine Harriet, die Kinder sahen ganz gleich aus, aber unsere Lili war doch bei Weitem die Schönste. Das ärgerte die Myssus, sie faßte bald einen abscheulichen Haß gegen sie und schlug sie manchmal so furchtbar für gar nichts, bloß weil sie so gut und so lieblich aussah. Unsere Mutter konnte das nicht mehr aushalten, sie war eine gute religiöse Frau und die andern Nigger sagten, daß sie oftmals Eingebungen vom guten Geist erhalten habe. Aber von der einen schlimmen Eingebung hat sie niemals gesprochen; Niemand in der Welt weiß etwas davon, nur der Gott im Himmel, und was Gott weiß—warum sollte das unser Massa Gerrit Smith nicht auch wissen, da ist kein Unterschied zwischen; was Gott nicht direct zu Massa Gerrit Smith offenbart, das will er, daß seine Nigger es ihm sagen sollen."

Der große Staatsmann lächelte, aber der Sclave ließ sich nicht stören und sprach weiter:

"Well, der Myssus ihr Haß wurde immer ärger und ärger gegen unsere Lili und einstmals hörte die Mutter sie sagen, daß Lili nicht weit mehr davon wäre, einen hohen Preis als Maitresse zu bringen. Mutter sah ein, wofür sie ihr Kind geboren hatte, sie sah, daß sie ihr eigenes Leben noch einmal wieder in dem Leben ihres Kindes durchleben sollte und sie wußte, daß es nicht recht war und wußte, daß nichts auf der ganzen Erde sie davon erlösen würde."

Der Neger hielt inne, die Stimme versagte ihm einen Augenblick, dann fuhr er fort:

"Ich war acht Jahre alt dazumal, Massa Gerrit Smith, und es war gerade an einem Sonntag Morgen. Mutter zog uns unsere besten Kleider an und sagte uns, daß wir mit ihr in den Wald gehen sollten. Lili hatte ihr weiß Mousselin-Kleidchen an, sie trug es stets an schönen Sonntagen zur Sommerzeit; ich will es nie vergessen, die Ärmel waren aufgebunden mit blauseidenen Bändern und ihre braunen Locken fielen hernieder von ihrer Schulter, gerade bis zur Taille, um die ein Gürtel das Kleidchen hielt. O, ich erinnere mich noch so gut, wie das Kind aussah, Massa Gerrit Smith; da war nie auf der weiten Welt und im Himmel ein zweites so schönes Engelchen."

Ich glaube, eine Thräne rann über das dunkle Antlitz des armen Jünglings, denn es war, wie wenn die Worte sich seiner beklemmten Brust entrangen, als er einschaltete:

"Ach, mir wird so sehr schlimm zu Muthe, wenn ich daran denke;—nein gewiß, kein zweites so schönes auf der weiten Welt,"—wiederholte er traurig vor sich hin.

Der Neger fuhr mit bebender Stimme in seiner Erzählung fort:

"Wir gingen und gingen—ich hatte es ans Händchen gefaßt—bis wir in den tiefen, dunklen Wald kamen, und da, wo der Bach so hurtig fließt, lief es voraus, hin zu den schönen Blumen und pflückte und brachte sie zur Mutter, die sich am Ufer niedergesetzt hatte. Mutter blickte es an und ich glaube das Herz wollte ihr brechen, denn bald sagte sie zu dem Kinde, es solle sich niedersetzen an ihre Seite, nahe dem Rande des Baches, und solle die Blumen zusammenbinden zu einem Kranz, und das Kind that es. Der Abhang war jäh und das Gewässer sehr tief und Mutter wendete sich gerade mit ihrem Rücken gegen den Rücken des Kindes. Mir befahl sie dann daß ich zur ihr komme und vor sie niederknie. Ich war ein kleiner Bube von acht Jahren und sie sagte mir, daß ich ein Sclave und auch Lili und sie Sclavinnen seyen. Sie sagte mir, daß der Massa unser Vater und daß er ihren hübschen jungen Mann von ihr fortgerissen habe und ihn verkauft nach dem untern Süden und wie er sie dann für sich selbst geraubt habe.

"Ich war ein entsetzlich kleiner Bursche noch, um solche Dinge zu hören, aber doch sollte ich sie wissen, und wissen, daß unsere Lili zu denselben Dingen verdammt sey. Sie war eine gute, religiöse Frau, das war Mutter, und sie erzählte mir von Gott im Himmel und auch Lilien erzählte sie von den schönen Englein und daß sie auch eins werden würde, gerade so gut wie die weißen Kinder. Sie hatte einen Traum, sagte sie, es träumte ihr von lauter Engeln, die niederwärts von den Sternen gekommen waren und um Lili gebeten hatten. Sie hieß die Engel wieder hinweggehen zum Himmel, von woher sie gekommen und Jesus Christ oder Gott-Vater—gleichviel wem—ins Ohr zu flüstern, daß Lili kommen sollte.

"Dann hieß sie mich zu meinem kleinen Schwesterchen hinzutreten und sie noch einmal zu küssen, es würde das letzte Mal seyn.—Ich verstand nicht ganz, was sie sagte, aber als die Mutter so finster blickte, wurde ich furchtsam und wie sie weiter sprach, daß sie Lili in das silberne Grab legen müsse, wo die Wellen sanft um sie spielen wollten, faßte mich der Schrecken und ich sprang auf, um sie mit meinen kleinen Armen fest zu halten—da—"

Der Jüngling schluchzte.

Die Brust des edlen Menschenfreundes hob sich unter tausend Schmerzen.

"—Da hörte ich ein Plätschern," hob er nach einer Pause wiederum an, "ein Plätschern im Wasser, ich glaube, es war Lilien eine Blume entfallen, der sie nachgesunken—ich weiß es nicht genau—ich wollte ihr nachspringen, aber Mutter schloß mich in ihre Arme und hielt mich fest, so fest, daß ich nicht loskommen konnte. Sie lag in einem Starrkrampf, aus dem sie—ich weiß nicht, wie lange nachher—zitternd erwachte.

"Etwas unterhalb, wo wir gesessen hatten, lag das kleine weiße Engelchen auf dem bunten Muschelgrund des Bachs. Wir schleppten uns nach der Stelle hin, setzten uns an das Ufer nieder und blickten sie an, wie sie da so ruhig schlief. Ich weinte, bis ich etwas im Gebüsch sich rühren hörte. Es war Sambo, er stand plötzlich an unserer Seite. Mutter zeigte schweigend hinab. Nach einer Weile reichte er Mutter die Hand und sprach: 'Ich bewundere Dich, Angelina, aber Du hast recht gethan in den Augen Gottes. Er liebt die Kleinen und sie war so lieb.' Da fing die Mutter bitterlich an zu weinen und ich glaube es wurde ihr besser darnach. Sambo ging darauf in das Wasser, nahm die kleine Lili sanft auf in seine großen starken Arme und hielt sie empor zur Mutter und mir und wir küßten sie. Dann legte sie auf ihre nassen Locken die Blumenkrone, die das Kind selbst geflochten hatte und Sambo trug es so in seinen Armen nach Hause.

"Die Familie saß just versammelt um den Theetisch auf der Piazza und Sambo ging direct hinauf zur Myssus und hielt das weiße Engelchen ihr entgegen, daß sie ihm ins blasse Antlitz blicken mußte. Mutter schaute den Massa an, der wurde bleicher wie der Tod; dann blickte er zu ihr auf und Alles, was er sagte, war: 'Angelina!' Aber der Blick, womit sie ihm antwortete,—den werde ich nimmer vergessen. Er war aufgestanden und bis zu mir hingewankt, wollte seine Hand auf meinen Kopf legen, jedoch die Mutter schob mich hinweg, stellte sich zwischen ihn und mich und erschien wie der rächende Tag des Gerichts.

"'Arme kleine Harriet!' sagte dann die Myssus, 'das sind manche Hundert weniger in Deiner Aussteuer, schade darum.'

"'Gott sey gedankt!' rief die Mutter.

"'Undankbare Creatur!' schallt die Myssus; 'sollst besser auf Deinen Knaben passen oder ich sage Dir, ich verkaufe ihn unten im Süden.'

"'Ihr werdet das nimmer thun, Myssus!' antwortete Mutter, 'nimmer, sage ich Euch!'

"'No, no,' fiel Massa etwas begütigend ein. 'Ich werde es auch nicht, Angelina; ich verspreche es Dir, ich gebe dem Knaben seinen Freibrief, wenn er einundzwanzig Jahre alt ist.'

"Mutter wußte, daß das eine Lüge war, daß der Massa das nimmer halten würde. Und doch, es war da das Zeugniß eines weißen Mannes, der hörte es ihn sagen—natürlich wenn es nicht ein weißer Mann gewesen wäre, würde es kein Zeugniß gewesen seyn, denn wir Nigger sind ja niemals vor Gericht Zeugniß—es war ein Gentleman von Philadelphia, der öfter ein Geschäft mit Massa hatte. O Massa Gerrit Smith, das war ein Mann—solch einen Mann habe ich mein Lebtag nicht mehr gesehen, wie Massa Isaac T. Hopper,[3] er war wie ein Lamm so sanft, er stand auf von der Tafel, ging schnurstracks zur Mutter, nahm ihre Hand in die seine und sagte:

3.   In the two previous editions of this story, the middle initial is given as "J." both here and below (page 105). Anneke undoubtedly meant Isaac Tatum Hopper (1771–1852), a prominent

"'Gott hilft Dir, Schwester!'

"Es war gerade, als ob er selbst vom Himmel zu ihr gesprochen hätte, denn unsre Mutter sah darnach so mild und so friedlich aus, daß ich glaube, Myssus hätte ihr noch viele böse Worte sagen können, sie hätte gar nicht mehr darauf gehört.

"Da lag denn unsere Lili auf dem Marmortisch zwischen den zwei großen Fenstern im Parlour, den Blumenkranz um ihr Köpfchen. Der Mond schien durch die Fenster auf das kleine Todtenbett. Myssus wollte, ich sollte schlafen gehen, aber Massa Hopper sprach mit ihr und bis auf die heutige Stunde weiß ich nicht was. Massa Hopper ist todt; er würde mich gerettet haben, der gute Mann, wenn er noch lebte, und ich hätte mein Geld nehmen können, um meine Isabella frei zu kaufen. Sie ist mein Alles, was ich auf der Welt habe, Massa Gerrit Smith."

"Und Eure Mutter?" fragte der Congreßmann, "wo ist sie?"

"Sie lebte nur noch sechs Monate, nachdem wir Lili beerdigt hatten. Seitdem habe ich Niemand mehr gehabt, der sich etwas um mich gekümmert; nur der alte Sambo. Ich glaube, Sambo liebte meine selige Mutter und das zu meinem Glück. Sambo ist fortgelaufen, es mögen schon zwei Jahr her seyn. Er folgte Massa Hopper und wollte nur einen Schimmer von dem verheißenen Lande, nur Massa Hopper noch einmal wiedersehen. Wo Der wäre, sagte er, wäre die Freiheit. Wahrlich, ich wäre mit dem Sambo gegangen, aber ich wollte Isabella nicht verlassen,—o nein, um keinen Preis der Freiheit."

"Dann muß Euch die Isabella sehr theuer seyn, mein lieber Freund!" sagte der Staatsmann.

"O Gott, wie Ihr da recht habt, Massa Gerrit Smith. Ich könnte sterben für Isabella. Aber sie ist gerade so hoch über mir, wie die Sterne des Himmels über der Erde. Ich sollte sie nicht lieben und doch—wie liebe ich sie."

Einen Augenblick hielt er wieder inne und dann nach echter Negerweise fiel er aus seinem Pathos in eine tragicomische Selbstbeschauung, nannte sich einen schrecklich feigen Nigger, der von seiner glühenden Liebe nicht eine Silbe verrathen möchte, und der nichts am Ende verdiene, als ewig in der Sclaverei—natürlich der edlern der Liebe—fort zu leben.

"Aber sie blickt mich doch manchmal so süß an," fuhr er träumerisch fort, "und da möchte ich darauf schwören, daß es ihr just so wie mir zu Muthe ist. Ja ich glaube, es ist so, denn neulich hat sie mir eine Rose gegeben und ich gab ihr wieder eine—und Rosen bedeuten Liebe, Massa Gerrit Smith."

Der große Staatsmann lauschte mit Wohlgefallen auf dieses naïve Liebesgeständniß und Manchem vielleicht hier zu Lande dürfte es unwahrscheinlich erscheinen, daß ein Congreßmitglied des größten Staates der Union, der eben seinen Fuß aus den

---

member of the Pennsylvania Abolition Society and treasurer and book agent from 1841 to 1845 of the American Anti-Slavery Society. He was expelled in the early 1840s from the Society of Friends (Quakers) because of his participation in the underground railroad in Philadelphia and New York and his protection of fugitive slaves from kidnappers and authorities who tried to return them to captivity.

stolzen Hallen des Capitols gelenkt und den Kopf voll hoher weltverbessernder Staats-
gedanken trug, sein Herz herab zu dem armen, aus dem Verbande der Menschheit
ausgestoßenen Neger neigte und so geduldig sich über das Verhängniß seiner Jugend
erzählen und nun gar in seine kleine Liebesgeschichte sich einweihen ließ. Wer aber
je von dem großen Menschenherzen eines Gerrit Smith drüben über den Wassern
vernommen, wer es weiß, daß dieser seltene Mensch sein Leben, sein Talent und
endlich sein unermeßliches Vermögen, das einem freien Königreiche gleich kommt,
daran gesetzt hat, den Fluch der Sclaverei von seinem schönen Vaterlande zu wälzen
und jedem menschlichen Wesen, wozu er den "Wurm des Niggers," wie der Arme
sich selber ausdrückt, nicht minder zählt, die Macht der freien Entwicklung erringen
zu helfen, der wird nicht zweifeln, daß der honorable Staatsmann der Unterhaltung,
welcher wir eben gefolgt sind, mit demselben offenen Herzen, wie selbst die uns wohl-
geneigteste freundlichste Leserin, gelauscht hat, der wird es uns vielleicht glauben,
wenn wir versichern, daß wir wirklich geschehene Thatsachen, die in ihrer ganzen
unverhüllten Wahrheit jedes Herz nur zu scherzlich erschüttern würden, hier in weniger
grellem Licht darzustellen uns unterzogen haben.

"Halte den Glauben an die Freiheit und an die Liebe fest, mein junger Freund,"
sagte Gerrit Smith und ein sanftes, aber schmerzliches Lächeln floß um seinen schön
geformten Mund.

"Und an Euch, Massa Gerrit Smith und an Massa Isaac T. Hopper," antwortete der
Sclave, "das ist Alles Eins und dasselbe.—Da sind wir schon an Eurer Thüre, Massa.
Ich denke, ich werde heute Nacht Eure Nebraska-Rede in der 'National Era' lesen
können. Adieu Massa."

"Adieu, mein Freund!"

2.

"Dank meinem Herrn Vater und meiner Frau Mutter noch ganz besonders, daß sie
so gütig waren, mich an dieser Seite des Atlantischen in die Welt einzuführen," sagte
der dankerfüllte Nachkomme der wohlbekannten und wohlgeachteten altholländi-
schen Familie van Renssellar, indem er mit einer ihm angeborenen Gemüthlichkeit die
importirte irdene Pfeife aus seinem Munde nahm, die Asche derselben aufrührte und
über die glühenden Kohlen des Herdes ausgoß. Dann, um den gebrechlichen Stuhl,
auf dem er saß, in richtigem Gleichgewicht zu erhalten, streckte er nach einem von
den Herren Yankee's gern adoptirten Brauch seine Beine auf die niedrige Brüstung des
Kamins und bestellte, ohne sich in seiner wiederum gesicherten Situation auch nur im
Geringsten zu bewegen:

"Just noch ein Glas von Eurem guten Lager, Landlord, und dann," setzte er hinzu,
"will ich mal nach der Sclaven-Auction gehen."

"Ha, das ist gerade die Art und Weise wie Ihr Abolitionisten für Anti-Sclaverei
Grundsätze ins Leben überträgt," bemerkte der Besitzer des Alexander-Salons in
Alexandria, einer Stadt jenseits des Potomac, der Capitole von Washington gegenüber.
"Es sollte mich nicht wundern," fuhr er fort, "wenn Ihr Newyorker abolitionistischen
Congreßmitglieder heute ein besonderes Auge auf die Sclaven-Auction werfen würdet.

Da ist diesen Nachmittag ein so feiner, lüsterner Artikel im Markt, wie ich mich nicht erinnere, daß jemals einer unter dem Hammer gewesen ist."

Er lachte cynisch und sprach weiter:

"Ein verdammter Abolitionist von Congreßmitglied hat heute Morgen im Hause der Repräsentanten gegen die Nebraskabill haranguirt, wie ich höre."

"Ja, der hat den alten Sauerteig mal aufgerührt, das muß wahr seyn!" erwiederte der Gast mit zufriedenem Kopfnicken. "Ich wundere mich nur, daß das Eure Pro-Sclaverei-Gewissen, so hart und verknöchert sie auch seyn mögen, nicht endlich erweicht hat. Mein Nachbar verstehts, Eure glorreichen Institutionen zu beleuchten; ein prächtiger Kerl, Nachbar Smith. Laßt man sehen, was sagt Smith?"

Der Holländer zog eine zusammengewickelte Zeitung aus der Tasche und las folgenden Passus:

"Keine Macht der Erde, wie unbegränzt sie auch immer in ihrer Souveränität seyn mag, hat das Recht, Menschen in Sachen zu verkehren, menschliches Leben in käufliche Waare umzuwandeln."[4]

"Das ist wahr—bei Gott, das ist wahr!" rief der ehrliche Holländer aus. "Ich glaube, ich bin so neugierig wie ein Yankee, ich muß mir diese Sclaven-Auction mal ansehen."

"Da wird stark geboten werden, Sir, auf diesen Artikel," sagte der Wirth hämisch, "das könnt Ihr glauben und Ihr werdet keine große Hoffnung Euch darauf machen dürfen, es sey denn, daß Eure Börse bedeutend schwerer ist, als ich voraussetze."

"Meine Börse geht Euch gerade so viel an, als sie in Beziehung zu Eurem Geschäft, d.h. zu den paar Cents für mein Glas Bier steht, und keinen Zoll weiter."

"Hoho! lauft nicht gleich über, alter Holländer," erwiederte der Wirth. "Ich habe es ja nicht so böse gemeint; könnt mir glauben, unser ganzer Bierhandel würde nicht viel auf sich haben, wenn es nicht durch Euch alte Dütschmen wäre."

"Ich bin so gut ein Amerikaner, als Ihr und noch ein viel besserer. Ihr seyd nur bloß ein Amerikaner an der Südseite und das seyd Ihr noch nicht einmal."

Der Holländer las seine Zeitung weiter.

"Wahrhaftig," sagte er dann, "'s ist doch gut, daß meine Mutter mich auf die Welt brachte eine halbe Stunde, nachdem das Schiff auf 'Old Mansattan'* gelandet hatte und nicht früher. Die gute alte Frau! Vor tausend Scheererein hat sie mich dadurch bewahrt, indem sie mich zu einem geborenen Amerikaner gemacht hat. Wahrhaftig, nur sechs Wochen später in dieß Land gekommen—natürlich in der Wirklichkeit wäre es kein Unterschied gewesen,—aber nur sechs Wochen später,—hm! Nachbar Smith sagts ganz klar in seiner Rede gegen diese Bill, die ein Werk des Teufels selbst ist"; er las: "Ich bin gegen diese Bill, die eben vom Senat zu uns ins Haus gekommen ist

---

4.   The statement in Smith's speech is as follows: "No human Governent, however unlimited its sovereignty, has authority to reduce man to a chattel—to transform morality into merchandise." See above, footnote 2; the quote can be found on page 14 of the digitized text.

*   Newyork, auf der ehemaligen Insel Manhattan erbaut, wurde von den ersten Ansiedlern, den Holländern, und auch heute noch scherzweise "Old Mansattan" genannt.

und die Organisirung der Territorien Nebraska und Kansas bezweckt, aus dem Grunde erstens, weil sie alle mit dunkler Hautfarbe geborenen Menschen von den Rechten des weißen Mannes ausschließt und weil zweitens sie allen denjenigen Personen, die ihr Bürgerrecht erwerben mußten,"—"also die keine geborenen Amerikaner, wie ich," bemerkte der Holländer mit selbstzufriedener Miene, "also allen Foreigners," er meinte darunter die Eingewanderten, "ihre Rechte beschränkt."[5]

"Hören wir weiter, was ehrenwerther Nachbar Smith darüber sagt; er sagt: 'Der Mann, welcher von einem fernen Lande zu uns kommt, welcher erklärt, sich seine Heimath unter uns zu gründen und arbeitet in Eintracht und Frieden mit uns, ist berechtigt mit uns zu stimmen. Er hat mit dieser Erklärung gezeigt, was die Eingeborenen nicht zeigen können, daß er ein amerikanisches Herz hat; denn während die Eingeborenen nur durch den Zufall ihrer Geburt Amerikaner werden, sind die Eingewanderten es durch ihre Wahl geworden.'"[6]

"Ha, ha! der sitzt, der Hieb," sagte der Holländer, "das ist die rechte Art den Yankees etwas begreiflich zu machen." Und seine dicke Uhr—offenbar ein Erbstück seiner hochedeln niederländischen Vorfahren—mit den schweren Pettschaften an goldener Kette hervorziehend, meinte er, daß es Zeit geworden sey, sprang auf und verließ den Portico des renommirten "Alexander-Biersalons" und wanderte mit einem:

"God dam, Nachbar Smith ist der Mann nach meinem Herzen," dem amerikanischen Sclavenmarkt zu.

* * * * *

Der Auctionsstand in Alexandria befindet sich unmittelbar in Verbindung mit dem "Sclavenstall." (Der gebildete Leser wolle mir gütigst diesen harten Ausdruck verzeihen; ich gebrauche ihn nur im Sinne jener Menschenclasse, die das eigenthümlich amerikanische Institut für ein göttliches erklärt und alles Edle und Humane, sey es in Wort oder That, in Beziehung auf dasselbe durchaus negirt wissen will.) Man hat gerade von der Stelle aus das Capitol von Washington, von dessen goldner Kuppel die Sterne und Streifen der Republik wehen, im Angesicht. Ein sogenannter Sclavenstall ("Slavepen") ist eine aus rohen Brettern nothdürftig zusammengeschlagene Bude, wie wir sie in Europa an Markttagen temporär für Kühe, Schweine oder Kälber aufführen würden.

---

5.   The statement in Smith's speech is as follows: "I am opposed to the bill for organizing the Territories of Nebraska and Kansas, which has come to us from the Senate, because, in the first place, it insults colored men, and the Maker of all men, by limiting suffrage to white men. I am opposed to it, because, in the second place, it limits suffrage to persons, who have acquired citizenship." See footnote 2; the quote can be found on page 1 of the digitized text.

6.   The statement in Smith's speech is as follows: "The man, who comes to us from a foreign land, and declares his intention to make his home among us, and acts in harmony with such declaration, is well entitled to vote with us. He has given one great evidence of possessing an American heart, which our native could not give. For, whilst our native became an American by the accident of birth, the emigrant became one by choice." See footnote 2; the quote can be found on page 1 of the digitized text.

Die zu verkaufenden Sclaven werden nach diesen Plätzen der Schmach und der Schande für das große Land, haufenweise, mit eisernen Ketten zusammengefesselt, hingetrieben und müssen hier bleiben, bis sie durch den schrecklichen Klang des metallenen Hammers abberufen und von einer Kette erlöst werden, um gleich darauf in eine andere, vielleicht schwerere, wieder geschmiedet und in entsetzlichere Knechtschaft noch als vorher—geführt zu werden.

Ein halbes Dutzend Neger stand so in einer Ecke des eben beschriebenen Aufenthalts zusammengekauert, als Herr van Renssellar eintrat. Ihre Ketten waren bereits so weit als es zum Zeichen, daß sie einzeln verkauft werden sollten, dienen konnte, gelöst. Drei oder vier roh aussehende Kerle standen daneben, fluchend und schwörend auf den unzweifelhaften Werth der Menschenwaare. Einer von diesen zeigte durch die nach der Seite hinführende halbgeöffnete Thüre, durch welche Herr van Renssellar sich in dem Moment eindrängte, als der Hammer des Auctionators mit seinem sonoren "Gone," dem bezeichnenden Worte des ertheilten Zuschlags, auf einen Block von enormem Umfang, ähnlich denen, deren man sich in Fleischerhallen bedient, niederfiel. Ein kleines Mädchen sprang von diesem Piedestal der Landesehre herunter; es mochte vielleicht vierzehn Jahr alt seyn, trug einen bestimmt ausgeprägten afrikanischen Typus und glänzte so schwarz und schön wie Ebenholz.

"Das Ding da ist gerade nicht der Artikel, den ich für meinen Zweck wünschte," sagte ein alter, grauhaariger Sünder, ein ekliger Podagrist, der sich des letzten Gebots zu erfreuen hatte, "aber sie ist wohlfeil, das ist auch nicht zu verachten; kurze Wolle bringt nicht so viel wie die lange."

Wie der alte Lüstling so sprach, wendete er sich einem stillen, niedergedrückten Wesen in der Ecke zu. Es war ein Mädchen, die den Kopf auf die Knie niedergebeugt, ihr Gesicht in den Händen barg und von deren Nacken eine Fluth voll schöner dunkler Locken herabfloß. Ihre ganze Gestalt, die malerisch erschien, so wie sie da saß, zitterte convulsivisch in Schmerzen und man gewahrte deutlich, daß sie in Todespein ein herzbrechendes Schluchzen zu unterdrücken strebte.

Herr van Renssellar blickte mit dem Ausdruck des tiefsten Mitgefühls auf sie; er setzte sich ihr nahe gegenüber und beobachtete jede ihrer Regungen.

Mittlerweile war eine schon bejahrte Frau auf den Auctionsstand gebracht worden; nach sehr wenigen Aufgeboten fiel sie schnell als Eigenthum jenem Podagristen wieder zu, der eben zuvor das kleine Mädchen gekauft hatte. Ihr größter Werth in den Augen ihres neuen Besitzers war ihre Wohlfeilheit.

"Der Wille unsers Herrn geschehe!" murmelte sie, als der Hammer das Zeichen gab und sie von dem Block heruntergezerrt wurde. "Ich kann beten für Euch, Massa," sagte sie, sich an ihren neuen Herrn wendend, "das ist auch Alles, was ich kann, es sey denn, daß ich auch noch Gichtsalbe für Euch machen könnte—armer Mann, Ihr!"

Ein kleiner krauslockiger Knabe folgte darauf. Man schwang ihn an einem Arm empor auf den Block. Er schaute mit Neugier rund um sich herum, der kleine Bursche und öffnete lächelnd seinen Mund, um auf Befehl des Auctionators ein Perlenschnürchen von weißen Zähnen leuchten zu lassen. Dann tanzte er seinen Negertanz, wobei der Auctionator nicht verfehlte, mit schlagenden Argumenten das Glück und die Zufriedenheit der Sclaven zu preisen, sowie ihr heiteres und sorgloses Leben im Allgemeinen an diesem glänzenden Beispiel zu beweisen.

"Ein hübscher kleiner Bengel!" fuhr der geistreiche Auctionator in der Anpreisung des nun zur Versteigerung kommenden Knaben fort. "Famoser Kerl für einen Kellner oder für dergleichen feine Bedienung, wenn er ein bischen herangewachsen ist. Das Beste bei dem kleinen Teufel ist, daß er keine Mutter hat, die ihm nachheult, wie das Negermütter in der Regel thun, besonders wenn sie die Brut von weißväterlicher Seite lassen sollen. Schade für den Eigenthümer, daß er diesen Artikel so früh auf den Markt bringen mußte; in einigen Jahren hätte er tausend Dollars gebracht. Halloh Gentlemen! Gute Capital-Anlage. Wer bietet?"

"Fünfundsiebenzig Dollar!" rief der Podagrist.

"Hundert!" entgegnete ein elegant gekleideter Südritter, ein Dandy erster Sorte mit einem Bleikolben auf dem Spazierstock und einem Augenglas vor dem rechten Auge eingekniffen.

"Hundertundzehn," war das Aufgebot von einer andern Seite.

"Armer kleiner Kerl!" murmelte der gutmüthige Holländer in seinen Bart. "Ich glaube—ich nehme ihn. Meine gute Alte, die würde nicht nachlassen, wenn sie hier wär' und säh das kleine, unschuldige Kind da. Niemand in der Welt Gottes, dem er angehört—"

In diesem Augenblick fühlte Herr van Renssellar hinter sich Jemand langsam an seinem Rock zupfen.

"Leiht mir Eure Taschenmesser, um Gotteswillen, Sir," sagte die Stimme eines zarten Wesens, welches er durch seine ziemlich breite Figur den Blicken der Übrigen versteckte.

"Um Gotteswillen!" flehte sie mit unterdrücktem Tone. "Ich will mir selbst kein Leids anthun, ich will nur mein Haar abschneiden. Geschwinde Sir! O Gott soll Euch segnen."

Herr van Renssellar schob seine Hand in seine unergründliche Hosentasche, nahm unbemerkt sein Messer heraus und legte es in die Hand, die hinter ihm offen gehalten wurde. Die Benutzung seines schönen rothen Foulards, den er bei dieser Gelegenheit aus der Tasche zog und sein energisch ausgerufenes Gebot: "Einhundert und fünfzehn!" schützten ihn vollständig gegen jeden Verdacht, daß er etwas thue, was gegen die gebieterischen Regeln bei einer Sclaven-Auction verstoße.

Nach einigen Nachgeboten mehr oder minder klein und unbedeutend und nach einer Fluth voll Lobeserhebungen noch über die unübertrefflichen Eigenschaften des kleinen Knaben, wurde er zuletzt unserm alten Freunde, dem Holländer, gerade in dem Moment, als das Messer ihm wieder eingehändigt und der rothe Foulard ihm wieder in die Tasche geschoben war, zugeschlagen.

"Könnt Ihr mich nicht kaufen, Sir?" flehte eine liebliche und eindringliche Stimme; aber der mit seinem Kauf beschäftigte Holländer überhörte sie.

Der kleine Schelm sprang eben so vergnügt herab von dem "Block der Ehre," wie er hinauf gesprungen war oder besser hinaufgeschwungen von der Hand des grinsenden Auctionators, der nunmehr, erfreut für solch ansehnliche Summe seiner los zu werden, ihn dem glücklichen Besitzer zutrieb.

Herr van Renssellar nahm den Knaben, einen prächtigen kleinen Creolen, auf seinen Arm und übergab ihn alsbald einem während des Verkaufs an der Thüre stehenden jungen farbigen Manne.

"Alfons!" redete er denselben an, "bring' diesen kleinen Mann in mein Hotel in Washington; bring' ihn auf mein Zimmer und bestelle ihm etwas Gutes zu essen, hörst Du. Da," und er suchte in seiner Börse nach kleiner Münze, "kannst ihm auch wohl etwas kaufen auf dem Weg, etwas Spielzeug oder—Gott im Himmel, was ist Dir, Junge?—"

"Alfons!"

"Isabella!"

Diese gegenseitigen Anreden wurden mit einem herzdurchschneidenden Schmerzenston von Alfonso, unserm bereits bekannten jungen Negerfreunde und von Isabella, seiner dunkeln aber schönen Geliebten, die in diesem Augenblick den Opferblock betreten sollte, gesprochen.

"Was ist Dir, Junge?" fragte bestürzt der Holländer, sichtlich ergriffen von dem Schmerz, der sich dieser zwei Unglücklichen bemächtigt hatte. "Sie ist doch Deine Schwester nicht? Noch sonst irgend eine Verwandte von Dir?"

"O mehr, Massa Renssellar!" war die Antwort. "Sie ist mein Alles! Alles, was auf der Welt für mich noch existirt, ist sie. Kann sie gerettet werden? Ich bin beinahe frei und ich will mein Leben lang für sie arbeiten, bis ich sterbe. O Massa Renssellar! Wenn Ihr sie kaufen könntet!—Seht wie sie ihre hübschen Locken abgeschnitten hat. Ach ja, Du hattest ja recht, mein Lieb. Sie weiß es nur zu gut, welch Schicksal ihre Schönheit über sie bringt!"

"Isabel!" schrie der Auctionator mit heiserer Stimme.

Mit Zittern und Zagen wankte sie bis an den Block; sie barg ihr Gesicht in ein weiß leinenes Taschentuch und blieb vor den verhängnißvollen Stufen stehen.

"Schlag ein Wetter drein! das infernalische Frauenzimmer!" tobte der Auctionator; "was hast Du mit Deinem Haar gemacht? Geht da und ruinirt mir den Markt,— und das gar noch unter meiner Nase. Ich kenne Eure Schliche; aber wer denkt daran? Hinter dem Rücken des alten Dütschmen, da habe ich sie sicher geglaubt."

"Halloh heran!" schnaubte er und bediente sich der pöbelhaftesten Ausdrücke.

Sie zögerte.

Der Auctionator sprang von seinem Stand, faßte das unglückliche Mädchen am Arm und schleuderte sie in der rohesten Art und Weise auf den Block. Zu gleicher Zeit bemerkte er den toten Schmuck ihres dunkeln lockigen Haares auf dem Boden liegen, griff eine Handvoll auf und nahm sie wenigstens als Zeichen dieser ihrer Schönheit mit auf die Plattform. Herr van Renssellar beeilte sich, ihr mit allen Zeichen der Achtung und Sympathie einen kleinen Schemel zu reichen, nach welchem einfachen Beweis dieser edlen Höflichkeit, ein grunzendes Hohngelächter durch die Menge der verthierten Versammlung zog.

Alfons raffte die letzten Überbleibsel ihres Haarschmucks zusammen und barg sie an seiner Brust.

"Hattet Ihr jemals eine Tochter, Massa Renssellar?" beschwor Alfons den alten Freund.

Wohl hatte er eine—doch starb sie in ihrer schönsten Blüthezeit und in demselben Alter wie jenes dunkle Mädchen da. Er antwortete nicht, der gute Mann, aber er suchte nach seinem Foulard, die Augen brannten ihm.

"O Massa, Massa, rettet sie, rettet sie!" flehte Alfons.

"Ich werde es thun, wenns möglich ist, mein Sohn," war die Antwort.

"Hier Gentlemen!" begann der Auctionator "ist ein ungewöhnlicher Artikel. Er zeigt sich in diesem Augenblick zwar nicht in seinem größten Glanze, aber Ihr hättet die Dirne heute Morgen sehen sollen, da würde sie Euch den Mund wässerig gemacht haben. Seht ihr Haar," und er hielt die schönen langen Locken vor den Blicken der Umstehenden. "Gerade eben hat sie sich selbst geschoren wie ein Lamm. In ein paar Monaten zwar sind die Haare schon wieder gewachsen. Das eigenmächtige Abschneiden zeigt aber den lebhaften Feuerkopf und Ihr könnt Euch darauf verlassen, Gentlemen, findet nicht leicht wieder solchen hübschen Fancyartikel gleich diesem, gleich viel ob viel Temperament—"

"Da hat er recht!" fiel der mit dem Augenglas gewappnete Südritter ein.

"Ihr könnts versichert seyn," fuhr der Auctionator fort. "Blickt nur in ihre Augen, Gentlemen! sie sind gemacht dazu, Unheil zu stiften. Ihr versteht! Seht wie feist und fett sie ist, wie eine Wachtel. Durchs ganze Land könnt Ihr gehen, Ihr findet nicht eine so schmucke Dirne mehr, nicht für den Zweck, wofür ich sie Euch anbiete."

Ein cynisches Gelächter erhob sich. Der rohe Mensch fuhr fort in seiner Explication.

"Sie war eigentlich niemals für den Markt bestimmt, aber ihr Master, der nebenbeigesagt ihr Vater war, wurde in einem Duell vor Kurzem getödtet. Da mußte sein sämmtliches Eigenthum verkauft werden. Es scheint, als ob es ihrer alten Mistreß sehr schwer wurde, sich von ihr zu trennen. Sie hat sie Alles lehren lassen, alle Sorten von artigen Beschäftigungen. Sie versteht alle Arten von feinen Stickereien, sie kann singen und spielen, auf der Guitarre und am Piano. Die alte Dame hatte keine Kinder selbst und natürlich, da mußte das Frauenzimmer zu ihrer Unterhaltung spielen und singen lernen. Sie sollte Euch mal etwas vorspielen, wenn wir eine Guitarre hier hätten."

"Sendet nach einer!" rief der Ritter vom einsamen Stern, der noble Südländer.

"Wer will aber um die Ecke biegen und im Musikalienladen eine Guitarre in meinem Namen borgen?" fragte der Auctionator.

"Ich, Massa," sagte Alfons.

Auf der Straße angekommen, flog unser Bote wie auf den Flügeln des Windes anstatt nach dem Musikalienladen, der Richtung der Telegraphen-Station zu. Als er sie erreicht hatte, schrieb er eiligst eine Depesche, zahlte den doppelten Preis für die augenblickliche Absendung und ließ die letzten Hoffnungsstrahlen seines Herzens mit den electrischen Funken des Blitzes noch einmal aufleuchten. Die Depesche lautete:

"Gerrit Smith. Nro. 2. —Street. Washington City.

Kommen Sie augenblicklich zur Sclaven-Auction in

Alexandria!   Ein Sclave."

Wohl wußte der arme Sclave, daß das Ohr des edlen Philanthropen immer geneigt war, einem Nothschrei aus der Brust eines Verzweifelnden zu lauschen und sein Herz und auch seine Hand immer bereit seyen, zu helfen, zu retten. Aber es war ihm, als ob in der Stunde seines größten Kummers und seiner heißesten Wünsche jeder Versuch vergebens war und der Ruf ihn nicht erreichen sollte.

Es war so. Gerrit Smith war nicht zu Hause, als die Depesche ankam.

Alfons wendete sich seinem speciellen Auftrage zu. Man borgte ihm die Guitarre und er trug sie zum Platz hin.

"Lumpenkerl," rief der Auctionator, als er in die Bude trat, auf Furchtbarste erzürnt, "habt Ihr auf die Fabrikation des Instrumentes warten müssen?"

"Der Mann hat es erst gestimmt," antwortete Alfons gelassen.

"Es sind tausend Dollars geboten, nur tausend Dollars für diesen magnifiken Artikel," begann der Auctionator wieder. "Was denkt Ihr, Gentlemen?"

"Elfhundert!" bot der Gewappnete und focht mit seinem schwanken Bleikolbenstock in der Luft umher.

"Zwölfhundert!" kamen von einer andern Seite.

"Dreizehnhundert!"

Es begann ein lebhaftes Ringen um den Preis.

"Das klingt doch wenigstens gentlemenisch," warf der schlaue Auctionator dazwischen. "Macht den Wettlauf durch die Figur der zweiten Zehner, Ihr werdet es nicht bereuen. Bietet vorwärts, meine Herren! Es sind bloß dreizehnhundert Dollars geboten und das für einen Artikel, der dreitausend werth ist."

"Vierzehnhundert," appointirte der Sohn des sonnigen Südens.

"Fünfzehnhundert!"

"Sechszehnhundert!"

Die Angebote schlugen rasch ein.

"Siebenzehnhundert!"

Einer aus dem hohen Adel Old-Dominions ließ sich zu diesem Gebot herbei.

"Achtzehnhundert!" war eine Stimme aus der Menge.

"Zweitausend!" drückte der Südländer mit Nachdruck das Siegel auf die Figur.

"Zweitausend Dollars sind geboten. Wer bietet, Gentlemen? Hier nimm die Guitarre einmal, spiel uns eins auf und sing: 'Heil Columbia,' oder ein Liebeslied, gleichviel! Sing, sag' ich!"

"Singe, Isabella," sagte Alfonso, der in der Nähe des Blocks stand, fast mit brechender Stimme, "singe, wir gewinnen Zeit!"

Ein Strahl Hoffnung flog bei dieser hingehauchten Bemerkung über das kummervolle Antlitz des dunkeln Mädchens. Sie nahm das Instrument, stimmte es ein wenig nach und begann ziemlich rein die Accorde anzuschlagen und langsam in ein ruhiges Adagio überzugehen.

"O Massa Renssellar," wendete sich Alfons an das mitfühlende Herz des würdigen Mannes. "Bald ist meine letzte Hoffnung geschwunden; ich glaube, ich kann nicht mehr leben."

Es ward stille. Isabella begann zu singen. Es war ein religiöses Lied nach der gefälligen, obgleich schwermüthigen Melodie eines bekannten deutschen Gesanges.

Ein an der Bretterbude Vorübergehender schien durch die Töne so sehr gerührt, daß er stille stand, um zu lauschen. Mit diesen seinem Ohre so süß klingenden Harmonien, wechselten die grausigsten Dissonanzen ab, denn als die Töne verklungen waren, ließen sich die Schacherworte des Menschenhandels wiederum hören.

Zweitausend Dollars war der zuletzt gebotene Preis, eine Summe die die Capacität mancher Börse längst überstieg. Auch des Holländers Mittel wären unzulänglich gewesen, weßhalb es ihm nicht in den Sinn kommen konnte, zur Erhöhung der Kaufsumme nur noch beizutragen.

Der Kampf wurde fortan zwischen den Rittern des Südens, jenem mit dem Augenglas und demjenigen Old-Dominiens fortgeführt. Jeder von ihnen Beiden hielt sich schon in dem stolzen Bewußtsein, Eigenthümer dieses Kleinods zu seyn, für berechtigt, sie mit Anspielungen lüsterner Art zu beleidigen. Alfonso konnte sich fast nicht mehr halten.

"Gib den Zuschlag, Auctionator!" donnerte der Südländer in der Hitze des edlen Wettkampfs. "Was denkst Du in Teufels Namen, was die Dirne werth ist? Zweitausend und zweihundert Dollars und nicht einen einzigen Cent mehr, bei meiner Ehre!"

"Sing uns ein anderes Lied, mein Schatz," bat sehr höflich und eindringlich der Fortunat von Sclavenverkäufer, indem er in dem Klange nichts wie denjenigen der zweitausend Dollars in Gold in seiner Börse hörte.

Zitternd griff die Arme in die Saiten und wie sie sie anschlug, hallten sie zitternd nach. Dann langsam wurden die Töne bestimmter und auch die Worte ihres frommen auf Gott vertrauenden Liedes sprachen verständlicher zu den wenigen fühlenden Herzen, die zugegen waren.

Der Lauscher von außen war ohne Geräusch und Aufsehen zu machen, eingetreten. Aber Alfonso, dessen Falkenblick auf den Eingang gerichtet war, bemerkte ihn gleich, er sprang mit einem Satz ihm zur Seite, fiel auf die Knie und zeigte auf das unglückliche Opfer, indem er rief:

"Rettet sie! rettet sie, Massa! Sie ist Isabella!"

"Zweitausend zweihundert Dollar," sagte der Auctionator und wiederholte wohl zum dreißigsten Mal die furchtbaren Anpreisungen der Eigenschaften des Opferlamms und betheuerte, daß mehr wie ein halbes Dutzend Gentlemen für ihren Besitz sterben wollten und daß sie trotz alledem nicht so übel aussehe auch ohne die Locken, die da am Boden lägen.

"Wer bietet?" fragte der Menschenhändler.

"Zehn Dollar mehr!"

"Gott sey gedankt," rief Alfonso und von seiner Brust wälzte sich ein Felsen von Furcht und Bekümmerniß, denn er kannte den Ton dieser Stimme. Er blickte empor zu seinem Mädchen; eine Ahnung dämmerte in ihrer Seele auf und aus ihrem leuchtenden Augenpaar brach ein Strom von Dankes-Thränen.

"Zwanzig," schlug der Ritter Old-Dominions auf.

"Dreißig," klang die theure Stimme wieder.

Alfonso blickte muthig sein Mädchen an.

"Fünfunddreißig."

"Fünfzig!" und in dem Tone lag die Zuversicht einer Befreiung.—

"Zweitausend zweihundertundfünfzig Dollars sind geboten, Gentlemen. Wer bietet höher auf diesen schönen Artikel?"

"Bei unsern Privilegien! nicht ein Einziger von uns!" schworen die edlen Südländer.

Der Auctionator wiederholte die Summe in angemessenem Tempo; er weidete sich mit Wollust am Klange der schönen Zahl. "Niemand besser?—Es ist doch ewig schade.—Zweitausend—zweihundert—und fünfzig Dollars: going—"

Dieß Wort, das gebräuchliche bei öffentlichen Verkäufen ist ein Vorbote des nahen zu ertheilenden Zuschlags.

"Niemand besser?" Dumpfe Stille herrschte in dem Raume. "Going!—going!" hieß es zum ersten und zweiten Male.—"Zweitausend zweihundert und fünfzig Dollars" und wiederum und zum letzten Mal ertönte das tiefe verhängnißvolle: "Going,—going,—gone!"

Der Hammer war niedergesunken.

"Gone!" wiederholte Mynheer van Renssellar. "Jawohl, geht!" und mit triumphirender Freude wendete er sich zu den Menschenkäufern, die wie die Raubthiere ihre Klauen gierig nach dem menschlichen Opfer ausgestreckt hatten, jedoch dießmal vergeblich.

"Sie geht!" wiederholte er, "aber nimmer wieder in die Sclaverei."

Dann wendete er sich, derselbe gute treue Holländer, an Isabella und sprach:

"Wißt Ihr, gute Jungfrau, wer Euch befreit? es ist Niemand anders, als mein hochedler Nachbar Smith, Gerrit Smith selbst ist es!"

Isabella drohte umzusinken; ihre Kräfte, die sie so tapfer bewahrt hatte, verließen sie im letzten Augenblick. Alfons sah es, er sprang wie ein Reh auf die Plattform und griff sie noch zeitig in seine Arme auf.

"Isabella," rief er. "Du bist jetzt mein; blick nur auf, denn Du bist frei."

Der brave Holländer hatte ein Glas Wasser geholt; er sprengte der Ohnmächtigen einige Tropfen ins Gesicht und sie erholte sich wieder.

"Nun blick unsern Massa Gerrit Smith an," sagte Alfons.

Sie blickte auf zu ihm und begegnete in dem ruhigen Ausdruck seines schönen Antlitzes jener unaussprechlichen Güte und Milde, die einzig und allein wohlthuend und heilend sich in ein angstgepreßtes Herz, wie das ihre, senkte;—sie begegnete einem Augenstrahl, aus dem die Verkündigung der Freiheit ihr zu Theil wurde, einer Freiheit, die die Liebe erringen half.

Isabella war frei!

"Was wird meine gute Alte sagen," unterbrach der Holländer die auf einige Secunden entstandene feierliche Stille. "Was wird sie sagen, wenn ich ihr solch einen hübschen kleinen Sohn bringe,—solch einen krauskopfigen schwarzen Bengel?"

"Sie wird aus ihm einen guten, dankbaren und einen freien Bürger der Union erziehen," sagte Gerrit Smith.

"Darauf können Sie sich verlassen, Nachbar Smith, ganz gewiß verlassen. Hier ist meine Hand."

Und die beiden vortrefflichen Männer, die in ihren Herzen das beseeligende Gefühl, zwei hoffnungsvollen menschlichen Wesen die Freiheit erkauft zu haben, trugen, traten sich gegenüber mit einem kräftigen Handschlag.

Die Heimkehr nach Peterboro erlitt für Herrn van Renssellar keinen längeren Aufschub. Es kostete ihn keine große Mühe, Alfons zu überzeugen, daß er die auf seine Person und Freiheit noch lastenden vierhundert Dollars gelegentlich später einmal abtragen oder solche Summe, auf den Tag der Vergeltung zahlbar, anweisen könne. Bis dahin werde Alles ausgeglichen seyn, sagte er.

Zu diesem Zweck wurde die Flucht Alfons noch auf denselben Abend, an welchem Tage Herr van Renssellar mit seinem neuangeworbenen Söhnlein die Reise nach dem freien Staat Newyork, in dessen nordwestlichem Theile Peterboro liegt, antrat, auf der unterirdischen Eisenbahn* bewerkstelligt. Er konnte, wie's ja natürlich war, seine freigewordene Geliebte nicht allein ziehen lassen. Daher hieß es:

"Auf! vereint in die Freiheit!"

* * * * *

Alfons ist jetzt der glückliche Gatte Isabella's und der stolze Besitzer einer prächtig cultivirten Farm von dreihundert und zwanzig Acres. Sie wurde ihm als eine von den dreitausend ansehnlichen Gütern im nördlichen Theile des Staates Newyork, die all den sich freigerungenen Brüdern seiner Farbe von Gerrit Smith, jenem hochherzigen Manne, dem großen Abolitionisten und werkthätigsten Freunde der Menschheit seit Jahr und Tag zu Theil geworden,—als Hochzeitsgut für diese und alle Zeiten geschenkt.

Der kleine Creole, fortan Carl van Renssellar nach seinem Adoptivvater genannt, studirt eifrig Medicin auf der Universität zu Philadelphia. Man erwartet von ihm, daß er recht bald zu einem geschickten Doctor promoviren werde und als Regimentsarzt die Wunden verbinden und heilen hilft, die sich die Bürger der großen Republik gegenseitig schlagen in dem furchtbaren Kampfe, der in diesem Moment gegen die Sclaverei geführt wird, als gegen einen Fluch, der zu lange nur auf einem Lande geruht hat, das sich mit seiner goldenen Freiheit brüstete.

---

*   "Underground rail road" war nichts wie eine Verbindung von Anti-Sclavereifreunden vom Süden bis zum Norden und Westen Amerika's, die auf allen möglichen Wegen den flüchtigen Sclaven zur Erreichung des freien Gebiets behülflich waren. Diese Verbindung, "Underground rail road" genannt, hat heut zu Tage ihre Bedeutung verloren.

4

Theodor Kirchhoff

Theodor Kirchhoff (1828–1899) led a life of travel and adventure; it is regrettable that a good biography is not available. Unfortunately, documentation has not been preserved, and details will in all likelihood remain concealed. In 1987 the Oregon Historical Society published a small volume of "Travels and Memoirs by Theodor Kirchhoff" (the subtitle), which contains selections of Kirchhoff's two-volume *Reisebilder und Skizzen aus Amerika* that relate to Oregon. In its bibliography one finds eleven biographical references to short entries or articles containing information about Kirchhoff, seven of which appeared in the 1890s and none more recently than 1909.[1] Robert E. Ward's *A Bio-Bibliography of German-American Writers, 1670–1970* is not more informative.[2] Kirchhoff is unusual among writers represented in this volume, in that some English translations have appeared.[3] However, even these have not succeeded in bringing him to the attention of chronologists of nineteenth-century America; and scholars for the most part have ignored him.

Though Theodor Kirchhoff is sometimes mentioned as a poet and writer of realistic prose, a complete inventory of his works has not been made, and there is no scholarly assessment of his contribution. Born in Uetersen, in Holstein, he was the younger brother of the poet and teacher (Friedrich) Christian Kirchhoff (b. 1822). The Schleswig-Holstein uprising against Denmark of 1848–1851 marked a turning point in the lives of both: the Danish government dismissed the older brother in 1850 from his teaching position at the Domschule in Schleswig, while the younger brother fought as an officer in the insurrection itself. In 1851, Christian Kirchhoff was offered another position as a teacher in Altona, while in the same year Theodor Kirchhoff emigrated to America.

---

1.   *Oregon East, Oregon West: Travels and Memoirs by Theodor Kirchhoff 1863–1872*, edited, translated, and with an introduction by Frederic Trautmann (Oregon Historical Society, 1987), 184; Trautmann's selections are from Theodor Kirchhoff, *Reisebilder und Skizzen aus Amerika*, 2 vols. (Altona: Schlüter, also New York: E. Steiger, 1875–1876).
2.   Robert E. Ward, *A Bio-Bibliography of German-American Writers, 1670–1970* (White Plains, N.Y.: Kraus International Publications, 1985), 153–154.
3.   In addition to the collection mentioned in note 1, there are Elizabeth Sill's translation entitled "A Visit to the King of Aurora" (*Lippincott's Magazine of Popular Literature and Science* 11 [January 1873]: 80–86); and R. Jordan's translation of part of Kirchhoff's *Kalifornische Kulturbilder* (*Quarterly of the Society of California Pioneers* [1928]).

Theodor Kirchhoff (undated). Reprinted from Georg Giegold's article "Theodor Kirchhoff" in *Die Glocke: Illustrirte Monatshefte für Literatur, Kunst und Wissenschaft, und zur Förderung deutscher Bestrebungen in Amerika* 1, no. 6 (15 August 1906): 220.

Kirchhoff earned his living in America in many locations and capacities. It is reported that he worked as a piano teacher in St. Louis, washed dishes in Davenport, and became an itinerant photographer in the Mississippi River Valley from Minnesota to the Gulf Coast. He lived in Mississippi and Texas, working as a paperhanger, a bookkeeper, a postmaster, an innkeeper, and a merchant. He established a business in New Orleans, which failed at the outbreak of the Civil War. Thereafter, he returned to Europe, where he visited his father in Kiel and his brother in Altona and traveled to England, Scotland, Switzerland, and Italy before returning to the United States in 1863. He traveled from New York via Panama to San Francisco, and further by stagecoach to Idaho and finally to Oregon, where he took up residence for a while. After the end of the Civil War, he undertook further travels: to Nicaragua, again to New Orleans, and back to San Francisco, his most permanent headquarters for the rest of his life, where he established a successful gold and jewelry business. In view of his connections with this area, German-Americans referred to him as "the poet of the Golden

Gate."[4] Kirchhoff returned to Europe on three additional occasions, and he visited and wrote about Hawaii and the Sandwich Islands.[5]

Theodor Kirchhoff's first published works were volumes of lyric poetry on which he collaborated with his brother: *Lieder des Krieges und der Liebe aus Schleswig-Holstein* (1864) and the two-volume *Adelpha* (1870, 1872).[6] His next volume of poetry was an individual effort: his *Balladen und neue Gedichte*.[7] His poems are realistic descriptions of nature, thematizing the New World's uniqueness; but they also include patriotic soldiers' songs and poems of longing for the homeland and the relatives left behind. Included in this chapter are four poems from the 1883 volume: "M. A.†," "Meinem Vater†," "In der alten Heimat," and his best-known poem, "California."[8] "M. A.†" is a poem about a beloved woman who has died. A specific date and place—Clarksville, Texas—are given at the top of the poem, and another date and place at the end. She was "a child of the South," and it was "the evil war" that crushed the roses she had strewn on the speaker's path of life. The situation here is like that portrayed in Kirchhoff's long epic poem *Hermann: Ein Auswandererleben* (1898): Hermann's dream of southern love is broken by the Civil War, and Hermann renounces his love to enlist in the military and serve on the Northern side. Kirchhoff lived in Clarksville, Texas just before the outbreak of the Civil War, but other possible autobiographical connections have not been investigated. The poem "Meinem Vater†" is clearer: Kirchhoff's father died 28 November 1873, and the poem is dated New Year's night 1873–1874. "In der alten Heimat" is unlike many German-American poems that thematize a longing for a lost European homeland. Instead, Kirchhoff takes the position of the world traveler he had become, stating ". . . wenn ich scheiden muß / Ist's nicht auf lange Zeit ein

4.   See M. D. Learned, review of Theodor Kirchhoff's *Hermann: Ein Auswandererleben*, in *Americana Germanica* 2 (1898): 94; Georg Giegold, "Theodor Kirchhoff," *Die Glocke: Illustrirte Monatshefte für Literatur, Kunst und Wissenschaft, und zur Förderung deutscher Bestrebungen in Amerika* 1, no. 6 (15 August 1906): 222; Ward, *A Bio-Bibliography,* 153.

5.   Biographical information is from *Die deutschen Dichter der Neuzeit und Gegenwart*, ed. Karl L. Leimbach (Leipzig: Kesselring, n.d. [1885?]), 442–465; Lotta L. Leser, "Deutsche Dichtkunst in den Vereinigten Staaten," in *Das Buch der Deutschen in Amerika* (Philadelphia: Deutsch-Amerikanisches Nationalbund, 1909), 378; *Oregon East*, xviii–xxi. The writers do not agree on all the details. See also Theodor Kirchhoff, *Eine Reise nach Hawaii* (Altona: Schlüter, also New York: E. Steiger, 1890).

6.   Christian and Theodor Kirchhoff, *Lieder des Krieges und der Liebe aus Schleswig-Holstein* (Dresden: Kuntze, 1864); Christian and Theodor Kirchhoff, *Adelpha*, vol. 1 (Altona: Lehmkuhl, 1870) and vol. 2 (Altona: Schlüter, 1872). These works are not widely available. The former is not even listed in the WorldCat bibliographical listings, although it can be found in the *Gesamtverzeichnis des deutschsprachigen Schrifttums (GV), 1700–1910*. Neither is listed in the *GV* in the entry for Theodor Kirchhoff, but rather only in that for his brother.

7.   Theodor Kirchhoff, *Balladen und neue Gedichte* (Altona: Schlüter, also New York: E. Steiger, 1883).

8.   "California" has often been published. It appeared in the *New-Yorker Belletristisches Journal* 32, no. 30 (12 September 1883), in *Balladen und neue Gedichte*, in *Das Buch der Deutschen in Amerika* (pp. 403–404), and in *Deutsche Lyrik aus Amerika: Eine Auswahl*, ed. Robert E. Ward (New York: Literary Society Foundation, 1969), 26.

Abschiedskuß!" "California" is a tribute to the American state Kirchhoff chose as his new home.

Kirchhoff considered himself primarily a poet. It was almost by accident, according to his own statement,[9] that he began to write the kind of prose for which he is best known today: travel literature and social commentary concerning the areas that he knew. His first such contribution was a short piece that appeared in 1865 in *Die Gartenlaube*, a weekly journal published in Leipzig. In 1864 the journal had featured a two-part anonymous article accusing certain German lands of trafficking in human beings, essentially tolerating the sale of citizens into slavery or—in this case—into prostitution.[10] The report cites as sources both the *Illinois Staatszeitung*, which had published information about protests in San Francisco against the situation, a "Schande an der deutschen Nation," and the *Philadelphia-Democrat*. It also quotes a certain Dr. Zais in the Nassau government itself, who had complained:

> Der Neger wird als Arbeitsvieh verkauft. Das Schicksal der verkauften deutschen Kinder aber ist, zur Prostitution verdammt zu sein. Die deutsche Nation, die sich die gebildetste und humanste der ganzen Welt nennt, sieht hier in ihrem Schooße einen Menschenhandel betrieben, der den Negerhandel in nichtswürdigen Motiven noch weit übertrifft.[11]

The Nassau police had responded with a denial, stating that their duchy had passed a new law in 1862, which forbade the employment of children under the age of 18 "bei dem Hausirhandel" or "zu Schauvorstellungen, künstlerischen Vorstellungen, Musiciren, Orgelspielen und dergleichen, welche zu den öffentlichen Lustbarkeiten des niederen Grades gerechnet werden." Such employers and also parents of children so employed were to be punished with two to four weeks' imprisonment. Essentially, the police were claiming that the problem had been taken care of, especially because "Die gewerblichen Zustände Nassaus sind der Art, daß überall ausreichender Arbeitsverdienst zu finden ist, die Taglöhne stehen überall hoch, wohl aber ist vielfach derartiger Mangel an Arbeitskräften, daß jährlich tausende von Ausländern in das Herzogtum kommen und als Taglöhner reichlichen Erwerb finden."[12]

Kirchhoff's response, published in *Die Gartenlaube* in 1865 and presented in this volume, is an eyewitness account concerning the so-called Hurdy-Gurdy girls of mining towns in the American West.[13] He reports that the small town in which he lives—The Dalles, Oregon, on the Columbia River—has three dance halls featuring such entertainment; he assures readers of the widespread presence of Hurdy-Gurdy girls throughout the region, all from the Middle Rhine area, especially Nassau and Darmstadt; and he reports about the lives they lead. He lays the responsibility for

9.	See page 131 of this volume.
10.	"Deutscher Menschenhandel der Neuzeit: Aus der Mappe eines Wiesbadener Curgastes," *Die Gartenlaube* 12, no. 33 (1864): 525–527, and 12, no. 35 (1864): 550–551.
11.	"Deutscher Menschenhandel," 551.
12.	"Erklärung," *Die Gartenlaube* 12, no. 48 (1864): 768.
13.	"Die rheinischen Hurdy Gurdys in Amerika: Noch ein Capitel vom deutschen Menschenhandel," *Die Gartenlaube* 13, no. 20 (1865): 311–313.

putting an end to this exporting of German girls on the shoulders of the German authorities, stating that it will not be stopped from the American side. Unwilling to look the other way, as so many did in the Gold Rush days, or to glamorize the old American West—including its houses of ill repute—as some tend to do today, Kirchhoff provides us with a different perspective on life in this region in the 1860s. His *Gartenlaube* article was republished, with slight changes, in the first volume of his *Reisebilder und Skizzen aus Amerika*.[14]

In the second prose text included here, entitled "Gerichtsscene in Texas," Kirchhoff describes a Texas courtroom scene. The spectacle of American justice in action was something that fascinated German-American writers, as is illustrated by Solger's New England court scene[15] and this short piece—two very different treatments. Originally published in the first volume of his *Reisebilder und Skizzen aus Amerika*,[16] the narrative exposes the Texas court as highly entertaining and conjures up in the judge a spiritual ancestor of Bertolt Brecht's Azdak. Kirchhoff plays with stereotypical notions of the manners and customs of Texans: chewing tobacco, feet on the table, loaded revolvers, a threatened scalping, and so on. He does not criticize, but merely presents the court's obvious irreverence for legal procedure. All ends well, as the result is not a miscarriage of justice.

The next text, "Die Wunder des Yosemitethales in California," was instrumental in bringing California's Yosemite Valley to the attention of Europeans. It originally appeared in two installments both in French in a separate issue of the Parisian journal *Le tour du monde* in 1876 and in German in the journal *Globus* in 1877.[17] A large section of the text was also included—without identification of Kirchhoff as the author of this part—in Ernst Hesse-Wartegg's *Nord-Amerika, seine Städte und Naturwunder, sein Land und seine Leute*.[18] The *Globus* article includes nine drawings made from photographs, three of which are full-page illustrations. The drawings are signed, but rather illegibly, and they seem not to have been done by the same artist throughout. New even for Americans, the Yosemite Valley was first discovered by Americans of European descent in 1851, and the first exhibit of photographs of the area, work done by Carleton Watkins, was held in New York in 1862.[19] We include in the current volume Kirchhoff's *Globus* article—with some cuts—and one of the illustrations. The illustration is signed by Jean-Pierre Moynet and Charles Laplante, who often collaborated in their drawings and engravings.

14. Theodor Kirchhoff, *Reisebilder und Skizzen aus Amerika*, 1:301–310.
15. This volume, pages 78–82.
16. Pages 407–409.
17. *Le tour du monde*, September 1876. *Globus: Illustrirte Zeitschrift für Länder- und Völkerkunde* 31, no. 1: 1–8; no. 2: 17–23. Kirchhoff himself provided the reference for the French translation; I have not seen it.
18. This book was published in Leipzig by Weigel in 1880. The section on the Yosemite Valley, entitled "Das Yosemite-Thal und die Riesenbäume von Mariposa," is the ninth chapter of the third volume, pages 130–144.
19. The exhibit was held at Goupil's Art Gallery. The photographs attracted the attention of German-American artist Albert Bierstadt, who traveled to Yosemite in 1863 to make his well-known paintings.

Finally, we present a text that has never yet appeared in book form: "Peter und Paul im Süden," which was published in the *New-Yorker Belletristisches Journal*.[20] It is written as a reminiscence of its narrator, perhaps Kirchhoff himself, who lived in pre–Civil War days in Osyka, Mississippi, located on the Louisiana-Mississippi border northeast of Baton Rouge, perhaps the "O…a" of the story. Its topic is another one that attracted the attention of German-American writers: how folks do business in America. The team of Peter and Paul becomes adroit both in starting up a money-making enterprise without available cash or other assets and in making money by swindling satisfied customers.

Theodor Kirchhoff's final work is the previously mentioned *Hermann: Ein Auswandererleben,* a book-length epic poem in which the Cheruscan chief Hermann who defeated Roman forces under Varus in 9 A.D. is portrayed as a German-American immigrant. This is possibly Kirchhoff's own story as a nineteenth-century German in America.[21] We have chosen not to include a longer section from this opus in our anthology, but we quote here a stanza from near the end to illustrate Hermann's (possibly Kirchhoff's) sense that America has become his home. Planning to send his son to Germany for his education, Hermann insists also that he should return afterwards to America:

> Doch zu lang soll er mir nimmer
> Fern sein von Amerika!
> Sein Geburtsland steh' ihm immer
> Lieb als seine Heimat da.
> Kehrt zurück ins Land der Freiheit
>   er mit Geistesschätzen dann,
> Wird er seine Ideale
>   wahren als gereifter Mann.[22]

M. D. Learned, in his review of *Hermann* for *Americana Germanica,* in which he also reports news of Kirchhoff's death on 2 March 1899, hails him as "one of our oldest and most gifted German-American singers."[23] His life's story, as well as his contributions as a German-American writer, make him an interesting figure—as a poet, travel writer, observer of the early years of the American West, and writer of realistic fiction—and as a German American well worth further investigation.

20. Vol. 27, no. 24 (9 August 1878).

21. Theodor Kirchhoff, *Hermann: Ein Auswandererleben* (Leipzig: Eduard Avenarius: 1898). Kirchhoff calls the work "Ein Denkmal meines ernsten geist'gen Strebens, / Daran ich baute drei Jahrzehnte lang" (p. 1).

22. *Hermann: Ein Auswandererleben,* 440.

23. Learned's review appeared in *Americana Germanica* 2 (1898): 90–94. George Giegold, "Theodor Kirchhoff," gives Kirchhoff's death date as 10 March 1899.

M. A.[1]

—Clarksville, in Texas — 23. August 1873.

"They pass away like flowers, and are seen no more."

Wie kalt das Wort in starren Lettern hier:
"Sie starb" — und war des Lebens Sonne mir!

"Sie starb. Wie Blumen müssen sie vergehn,
Und werden nimmer mehr von uns gesehn."

Doch blickt mich an ihr Bild, das sie mir gab.
Und in mir lebt's, bis an mein eig'nes Grab.

Du Südens Kind, wie liegt so fern die Zeit,
Da ich dich sah in deiner Schönheit Kleid!

Der böse Krieg die Rosen all' zertrat.
Die du gestreut auf meines Lebens Pfad.

Ob auch das Glück mir neue dargebracht,
Erblühte keine doch in alter Pracht:

Und einsam wandle ich auf buntem Rain,
Ein Träumer nur, im gold'nen Sonnenschein.

Das Lob der Welt, — mich dünkt es herb und schal,
Nur Hefe in des Lebens Goldpokal,

Der einst in deiner weißen Hand geglänzt,
Als lächelnd du der Minne Trank kredenzt.

San Francisco, im October 1873.

Meinem Vater[2]

Gestorben in Kiel, am 28. November 1873,
nach schwerer Krankheit
in seinem 83. Lebensjahre.

Im einsamen Raume hab' ich verbracht
Des Jahres scheidende Stunde,

1.   Kirchhoff, *Balladen und neue Gedichte,* 137–138.
2.   Kirchhoff, *Balladen und neue Gedichte,* 138–139.

Indes die Freunde gejubelt, gelacht
An festlicher Tafelrunde.

Die tickende Wanduhr hat allein
Mich belauscht und mein Schluchzen vernommen.
Ich saß gebeugt bei der Lampe Schein,
Die Brust von Weh so beklommen.

Ein Brief aus der Heimat kündete mir
Viel Leid und Kummer; sie haben
Dich guten Vater so weit von hier
In Winterserde begraben.

Nicht konnt' ich die Locken dir, silberlicht,
Mehr streicheln, die Hand dir drücken;
Mit dem Abschiedssegen sollten mich nicht
Deine sterbenden Lippen beglücken.

Ich konnt' um der Erde Breite, ach!
Nur Wünsche heimwärts senden
Und kindlich beten, bei Nacht und bei Tag,
Bald möchte dein Leiden enden.

Nun will ich im ewigen Frühlingsland
Die schönsten Blumen dir pflücken,
Hinüber sie schicken zum deutschen Strand,
Dein winterlich Grab zu schmücken.

Du sangst mir ein Lied, dem fröhlichen Kind,
Von lachenden Rosenwangen—
Daß sie blühen möchten trotz Sturm und Wind,
Wann längst du von hinnen gegangen.

Mir bleichte der Wangen Rosenhauch,
Und einsamer wird es im Leben.
Eine Weile noch, und vorbei ist auch
Mein Denken und Schaffen und Streben.

San Francisco, in der Neujahrsnacht 1873/74.

In der alten Heimat[3]

Altona, 6. Juni 1883.

Wie sind so rasch mir doch enteilt die Stunden
Im Kreis der Lieben hier im Vaterlande,

3.   Kirchhoff, *Balladen und neue Gedichte*, 214–215.

Wohin mein froher Fuß den Weg gefunden
Nach langen Jahren vom entleg'nen Strande!
Es war als wie ein schöner Frühlingstraum,
Der zu mir kam aus lichtem Himmelsraum,
Ein gold'ner Stern, den aus des Äthers Tiefen
Zu meiner Lust der Freude Genien riefen.

Ich ließ zurück des Daseins Last und Sorgen,
Und hab' mit vollen Zügen hier genossen
Das reine Glück, als ob ein sonn'ger Morgen
An jedem Tag den Himmel aufgeschlossen.
Erst jetzt kann Goethes Wort ich recht verstehn:
"Verweile, Augenblick, du bist so schön!"
Denn meine Heimat hat mir neues Leben
Und Jugendfrohsinn zum Geschenk gegeben.

Beim Bruder weil' ich hier im grünen Garten,
Wo ich die Musen mir zu Gast geladen.
Froh kam der Lenz mit güldenen Standarten,
Der deutsche Lenz, auf bunten Blumenpfaden.
Da trillert, zirpt und singt in Busch und Strauch
Der Vöglein munt're Schar; im warmen Hauch
Der Lüfte sproßt und grünt es allerorten,
Und Wohlduft zieht aus zarter Kelche Pforten.

O deutsches Vaterland, du bist im Lenze
Das lieblichste der Länder dieser Erde!
Aus deinen Blumen wind' ich neue Kränze,
Die übers Meer ich mit mir nehmen werde.
Ihr Teuren aber, wenn ich scheiden muß,
Ist's nicht auf lange Zeit ein Abschiedskuß!
Ich kehr' zurück in sonnenhellen Tagen,
Und lausch' aufs neu' der Nachtigallen Schlagen.

California[4]

    Warum du mir lieb bist, du Land meiner Wahl? —
Dich liebt ja der warme Sonnenstrahl,
Der aus Ätherstiefe, azurrein,
Deine Fluren küßt mit goldenem Schein!
Dich liebt ja des Südens balsamische Luft,
Die im Winter dir schenket den Blütenduft,
Deine Felder schmückt mit smaragdenem Kleid,

4.   Kirchhoff, *Balladen und neue Gedichte,* 87–88.

Wenn's friert im Osten und stürmet und schneit!
Dich liebt ja das Meer, das "Stille" genannt,
Das mit Silber umsäumt dein grünes Gewand,
Das dich schützend umarmt, mit schwellender Lust
Dich wonniglich preßt an die wogende Brust!—
Wie dein Meer, wie der Lüfte Balsamhauch,
Wie die Sonne dich liebt, so lieb' ich dich auch.
Deine Söhne zumal,—ihr rasches Blut,
Pulsierend in frohem Lebensmut,
Deine Töchter, mit Wangen frisch und gesund,
Die Seele im Auge, zum Küssen der Mund.

    Warum du mir lieb bist?—Nicht ist es dein Gold,
Du Land, wo die westliche Woge rollt.
Ich wählte zur Heimat diesen Strand,
Weil ich offene, warme Herzen hier fand,
Weil fremd hier der niedere, kleinliche Sinn,
Der nur strebt und trachtet nach kargem Gewinn,
Weil die eigene Kraft hier den Mann erprobt,
Nicht ererbtes Gut den Besitzer lobt.
Eine Welt für sich, voll Schönheit, trennt
Dich die hohe Sierra vom Kontinent:
Doch schlugst du mit eiserner Brücke den Pfad
Über wolkentragender Berge Grat,
Und täglich vernimmst du am goldenen Port
Von den fernsten Gestaden der Völker Wort.
Du bewahrtest das Feuer der Jugend dir,
Den Geist, dem Arbeit des Lebens Zier,
Der wagt und ringet und nie verzagt,
Und, wo es sich zeiget, das Glück erjagt.
Ja! ich liebe dich, blühendes, westliches Land,
Wo die neue, die schöne Heimat ich fand.
Wer früge wohl noch, der dich Herrliche sah,
Warum du mir lieb, California?

Die rheinischen Hurdy Gurdys in Amerika:
Noch ein Capitel vom deutschen Menschenhandel[1]

In Nr. 48 des Jahrgangs 1864 der *Gartenlaube* steht eine Erklärung der herzoglich nassauischen Polizeidirection, als Antwort auf einen in früheren Nummern der *Gartenlaube* unter dem Titel: "Deutscher Menschenhandel der Neuzeit" abgedruckten Artikel.

Ohne auf den Inhalt dieser polizeilichen Erklärung näher einzugehen, erlaubt sich Unterzeichneter, der Redaction der auch in diesem entlegenen Erdenwinkel vielfach gelesenen *Gartenlaube* ebenfalls eine kleine Erklärung über bestehende sociale Verhältnisse, und zwar aus dem nordamerikanischen Unionsstaate Oregon, zur Benutzung zuzusenden. Die darin angeführten unwiderleglichen Thatsachen werden der Polizeidirection des Herzogthums Nassau den Standpunkt eines Theils ihrer Landeskinder im Auslande hoffentlich sonnenklar machen—nicht nur, wie er "in einer seit Decennien hinter uns liegenden Vergangenheit gewesen," sondern noch heutzutage, *anno Domini* 1865, factisch ist.

Um nun zunächst diese Facta etwas näher zu beleuchten, so muß ich wohl vor Allem erklären, was der Name *Hurdy Gurdys* eigentlich bedeutet. Jahr aus Jahr ein möchte ich dies Wort über den halben Erdball hinüberrufen, damit Deutschland zur vollen Erkenntniß dieses argen Brandmals am deutschen Namen gelange und die Stimme des Volkes wach werde, um die Missethäter, wer sie auch immer sein mögen, zur Verantwortung zu zwingen; denn nur so kann diesem Schandfleck am deutschen Namen gründlich abgeholfen werden. Ich will es Euch, deutsche Mütter, Euch, Töchter des großen, gebildeten Deutschlands, ganz leise in's Ohr raunen—wenn auch die Scham ob der Entehrung des deutschen Namens Euch beim Anhören des ungern Gesagten die Wangen blutroth färbt,—ganz leise, damit die hochlöbliche Polizei es ja nicht höre und mir stracks verbiete, den Mund weiter zu öffnen und mehr davon zu reden: Hurdy Gurdys ist der verächtliche Name für *deutsche Tanzmädchen* in den zahlreichen Minenstädten von Californien, Nevada, Oregon, Idaho, Washington und British Columbia, die wie Waare von grundsatzlosen Menschenhändlern an den Meistbietenden verdingt werden, um den "biederen Goldgräbern" das Herz und den Geldbeutel leichter zu machen; die jegliches Schamgefühl verlernt zu haben scheinen und doch mit der Tugend kokettiren und die Hauptursache der in besagten Minenstädten fast tagtäglich vorfallenden blutigen Schlägereien, Stech- und Schießaffairen sind, welche nicht selten Mord und Todtschlag im Gefolge haben,—deutsche Tanzmädchen "aus Nassau *from the Rhine*," wie ich's mit eigenen Augen, ohne Brille, in den hiesigen

---

1.   From *Die Gartenlaube* 20 (1865): 311–313. The text was republished essentially without changes in Theodor Kirchhoff, *Reisebilder und Skizzen aus Amerika*, vol. 1 (Altona: Carl Theodor Schlüter and New York: E. Steiger, 1875), 301–310.

Hôtelregistern in eleganter Originalhandschrift mehrfach gelesen habe. Was sagen die Herren von der Nassauer Polizei dazu? Ist auch das unwahr?

Wenn nun allerdings das Herzogthum Nassau auch den Löwenantheil an der Ausfuhr von Hurdy Gurdys besitzt, so muß ich zur Beruhigung der dortigen Polizeibehörde doch noch erwähnen und der Wahrheit die Ehre geben, daß Darmstadt namentlich in letzten Jahren gleichfalls manche schmucke Hurdys geliefert hat—daß eine Darmstädter Hurdy-Gurdy-Gesellschaft z.B. gegenwärtig in Dalles in Oregon Gastrollen giebt—und der ganze an den Mittelrhein grenzende deutsche Kleinstaatencomplex mehr oder weniger Hurdy-Gurdy-Delegaten nach Amerika sendet. Weder der Ober- noch Unterrhein, weder Süd- noch Norddeutschland liefern Hurdy Gurdys, alle kommen diese vom Mittelrhein, dem gesegnetsten Theile, dem Paradiese Deutschlands.

Das Hauptquartier und Centraldepot sämmtlicher Hurdy Gurdys ist in St. Francisco, wohin gelegentlich durch gewissenlose Menschenhändler neue Recruten, direct *"from the Rhine,"* importirt werden. Den jungen, lebenslustigen Dirnen am alten Vater Rhein werden von diesen Seelenverkäufern höchst verführerische Bilder von dem freien und ungebundenen Leben und den leicht zu erwerbenden Schätzen in den herrlichen Goldlanden am stillen Meer vorgespiegelt, um sie zum Auswandern zu bewegen, und das Resultat der Unterhandlung ist, daß besagte Menschenhändler es übernehmen, die verführten Mädchen frei bis nach St. Francisco zu befördern, wogegen diese sich contractlich verpflichten, das ihnen vorgeschossene Reisegeld nach Ankunft an den goldenen Gestaden zurückzuzahlen, d.h. *abzutanzen.* Diese Contracte haben nun allerdings weder in Deutschland noch in Amerika gesetzliche Gültigkeit, werden aber trotzdem ohne Ausnahme von den in der Fremde ganz verlassen dastehenden Mädchen erfüllt.

Vom Hauptquartier in St. Francisco aus werden die Mädchen, welche je nach ihrer Schönheit verschiedene Preise haben, an die Hurdy-Gurdy-Salonbesitzer vermiethet und bleiben so lange an das Centraldepot gebunden, bis sie die ihnen vorgeschossenen Summen, welche sich durch Bekleidung, Beköstigung etc. fortwährend vermehren, abverdient, d.h. abgetanzt haben. Wenn sie endlich auf freien Füßen tanzen können, so reisen sie auch wohl in kleinen Tanzgeschwadern von je drei bis sechs tanzenden Mitgliedern unter dem Commando einer im Handwerk ergrauten älteren Hurdy—von den Goldgräbern mit dem Namen *bell mare* bezeichnet, d.h. Glockenstute, die einen Zug Pferde anführt—auf eigene Speculation durch's Land. Zu dieser Classe gehören meistens die in Oregon und Idaho Gastrollen gebenden Hurdy Gurdys, welche sich vom Centraldepot in St. Francisco emancipirt haben.

Ich habe blutjunge Hurdys gesehen, die kaum zwölf Sommer zählten, und andere in der Blüthe der Jungfrauenjahre, welche die Rosenzeit ihres Lebens buchstäblich vertanzen und späterhin, wenn die Blüthen verwelken und abfallen, auf den Stufen des Lasters schnell hinuntersteigen in ein Land, von wo keine Rückkehr in ehrliche Gesellschaft mehr ist, falls es ihnen nicht gelingt, durch Extrakniffe so einen halbblinden Goldvogel noch bei Zeiten im Ehenetz einzufangen.

Die Bellmares und Salonbesitzer holen ab und zu frische Zufuhr von St. Francisco, wenn den Goldgräbern die veraltete Waare nicht mehr gefällt, wogegen das Hauptdepot in St. Francisco sich wieder von Deutschland aus ergänzt, und so pflanzt sich dieser schmachvolle Menschenhandel ungestört fort. In St. Francisco ist es den dort ansässigen zahlreichen Deutschen nach unsäglichen Schwierigkeiten endlich gelungen, ein Verbot gegen die Hurdy-Gurdy-Salons in der Stadt—nicht im Staate Californien—zu bewirken. Gleichzeitig wurde das Spielen mit Tambourins auf den Straßen, welches früher von den Mädchen bei Tage als Nebengeschäft betrieben ward, strenge untersagt und ein Verbot gegen die öffentlichen Spielhöllen im Staate Californien durchgesetzt. Die Folge davon ist gewesen, daß sich die Hurdys in St. Francisco in sogenannte "Pretty Waiter Girls"—hübsche Kellnermädchen, wie sie sich öffentlich annonciren—verwandelt haben, was fast so schlimm ist als ihr früherer Beruf, oder daß die vom Gesetze grausam verfolgten Hurdys nach den angrenzenden Staaten ausgewandert sind, wo öffentliche Spielhöllen und Hurdy-Gurdy-Salons gesetzlich nicht untersagt sind.

Hier in Oregon bemüht man sich jetzt, dem Beispiele St. Francisco's zu folgen, namentlich um den Goldgräbern die Gelegenheit zu nehmen, ihr schwer erworbenes Gold gleichsam zum Fenster hinauszuwerfen. Ein directes Verbot gegen die Hurdy-Gurdy-Salons ist jedoch bis jetzt noch nicht erlassen worden, was auch nach hiesigen Gesetzen, die gänzliche Gewerbefreiheit garantiren, nicht gut möglich ist.

Daß das Hurdy-Geschäft ein sehr einträgliches sein muß, ist schon aus der enormen Steuer ersichtlich, welche die Salonbesitzer, die sich natürlich durch die Mädchen wieder schadlos halten, ohne besondere Mühe zu zahlen im Stande sind. Wer jedoch die Extravaganz der hiesigen Minenbevölkerung kennt, den wird es sicherlich nicht wundern, daß das Hurdy-Geschäft eine Steuer von hundert Dollars und auch wohl die dreifache Summe im Monat so leicht aufzutreiben vermag, ohne Bankerott machen zu müssen.

Tausende von Bergleuten arbeiten jahraus, jahrein jede Woche sechs Tage lang vom frühen Morgen bis zum Abend in den Minen, um allnächtlich und namentlich am Sonntag ihr schwer erworbenes Gold in den Hurdy-Gurdy-Häusern wieder fortzuschleudern. Die Folge davon ist, daß, obwohl die meisten dieser Minenarbeiter verhältnißmäßig reich sein sollten, es doch zu einer großen Seltenheit gehört, einen unter ihnen zu finden, der sich eine nur einigermaßen ansehnliche Summe erübrigt; eben weil sie ihr Geld in den Hurdy-Gurdy-Salons so schnell verjubeln, wie sie es verdient haben.

In enger Verbindung mit den Hurdy-Gurdy-Salons sind Trinkstände, an denen die Tänzer ihre Schönen nach jedem Tanze mit einer Herzstärkung tractiren, zu einem viertel oder halben Dollar den Schluck, wovon das Mädchen die Hälfte und der Salonbesitzer die andere Hälfte bekommt. Von den Mädchen erhält also jede einen viertel oder halben Dollar für den Tanz, und außerdem machen sie es sich zur Regel, den in Glückseligkeit schwimmenden Goldgräbern Ringe, Schmucksachen und, wo's geht, baares Geld abzukosen, so daß sich das Geschäft im Allgemeinen recht gut lohnt.

Dann sind öffentliche Spiellocale in nächster Nähe, wo mit falschen Würfeln und sonstigen scharfsinnigen Schwindeleien der vom Tanz und schlechten Getränken erhitzten Miners der Rest ihres Klein- und Großgeldes in der Geschwindigkeit abgenommen wird.

Das Merkwürdigste bei dieser Hurdy-Gurdy-Wirthschaft ist, daß sämmtliche Hurdys *"from the Rhine"* sind, und daß die leichtfertigen Schönen anderer Nationalitäten den Nassauerinnen und Hessinnen bei diesem profitablen Geschäftchen nicht in's Handwerk greifen. Aber so ist es in der That; und die Töchter von Frankreich, von Irland, England, Spanien, Amerika, Mexico und andern Ländern treten bescheiden zur Seite und bedanken sich ganz gehorsam für diesen Ehrenposten.

Man trete einmal hinein in solch einen Hurdy-Gurdy-Salon und man wird zugeben, daß es dem Nationalstolze anderer Völker zur Ehre gereicht, den Deutschen in diesem Geschäfte den Rang nicht streitig zu machen! Halbangetrunkene, rohe Goldgräber, theilweise in Hemdärmeln und mit dem Hute auf dem Kopfe, mit geladenen Revolvern und langen Messern im Gürtel und die Hosen meist in die Stiefelschäfte gesteckt, zerren die Mädchen im Tanze umher und stoßen sich dieselben mitunter gegenseitig zu, trinken mit ihnen vergiftete Getränke, führen schmutzige Reden und erlauben sich alle möglichen handgreiflichen Freiheiten und Frechheiten, wofür sie ja zahlen—zahlen, mit blankem Golde! Goldene Schätze rollen so den Hurdys in den Schooß—selbstverständlich zum größten Theil zum Nutzen der Seelenverkäufer und Salonbesitzer.

Man wird an dieser ganzen Küste kaum eine Minenstadt—*a mining camp*—finden, in der es nicht eins oder zwei, oft drei bis vier solcher Hurdy-Gurdy-Häuser giebt—hier in Dalles gegenwärtig drei—was der Verfasser dieser wahrheitsgetreuen Schilderung nicht blos von Hörensagen weiß, sondern mit eigenen Augen gesehen hat, da er nicht nur in Oregon, sondern auch in Californien und Nevada ziemlich weit herumgekommen ist. Wie groß die Zahl solcher verwahrlosten Mädchen an dieser Küste ist, läßt sich schwer ermitteln; doch würden die nassauischen und hessischen Polizeibehörden höchst wahrscheinlich die Augen vor Erstaunen weit aufthun, wenn sie die nackte Wahrheit zu hören bekämen!

Die einzige Möglichkeit, dieser den deutschen Namen schändenden Hurdy-Gurdy-Wirthschaft zu steuern, ist, die *neue Zufuhr von Mädchen aus Deutschland* zu verhindern. Den Mädchen, die, leider Gottes, einmal hier sind, kann nicht geholfen werden. Man hat es wiederholt versucht, dieselben als Hausmädchen mit einem Monatslohn von dreißig bis vierzig Dollars zu engagiren; das wilde Leben ist ihnen aber so zur andern Natur geworden, daß sie alle derartige Anerbieten rundweg abgeschlagen haben.

Die Mitglieder eines Comités in St. Francisco, welches dieses zu bezwecken suchte, sind zum Dank für ihre menschenfreundlichen Bemühungen sogar wiederholt von den Seelenverkäufern nächtlicher Weile verfolgt, niedergeschlagen und gemißhandelt worden, so daß man zuletzt alle ferneren Schritte zum Wohl der Mädchen, als gänzlich nutzlos, eingestellt hat und die Menschenhändler ihre Schandwirthschaft nach wie vor ungestört treiben, mit der schon gedachten alleinigen Ausnahme, daß die Hurdy-Gurdy-Häuser in St. Francisco selbst unterdrückt sind.

Da die Tanzmädchen jedoch sämmtlich in kurzer Frist durch Alter und das allnächtliche Schwärmen abgenutzt sein werden, so müßte die ganze Hurdy-Gurdy-Wirthschaft allmählich von selber aufhören, wenn nur der ferneren Zufuhr von Deutschland Schloß und Riegel vorgeschoben werden könnte. Und dieses ist es eben, worauf der Verfasser dieser ungeschminkten Enthüllungen die betreffenden deutschen Regierungen und das deutsche Volk selber hinleiten möchte, daß sie nicht die Hände in den Schooß legen und über die Schlechtigkeit der Welt lamentiren, sondern zur That schreiten.

Hier im goldenen Oregon würde man einen solchen Seelenhändler, der von hier aus amerikanische Mädchen als Tanzwaare exportiren wollte, wegen beleidigter Nationalehre ganz einfach "lynchen," theeren und federn, todtschießen, todtstechen, aufhängen, todtprügeln—je nachdem. Wenn diese bewährten Mittel nun allerdings für Deutschland nicht zu empfehlen sind, so giebt es doch wohl noch andere, um dergleichen Schurken unschädlich zu machen.

Genug aber von dieser Schmach des deutschen Namens, die jedem ehrlichen Deutschen, den sein Lebensloos auf diese Scholle fremder Erde geworfen, die Schamröthe in's Gesicht treibt! Möge diese wahrheitsgetreue Darstellung von Thatsachen, die wahr bleiben, trotz aller ihnen widersprechenden "Erklärungen," endlich den sie betreffenden deutschen Regierungen die Augen öffnen, damit sie energische Schritte thun, diesem Menschen- und Seelenhandel ein Ende zu machen; denn aufhören wird er und aufhören muß er, oder Deutschland wird die Achtung im Auslande, mit der es leider einmal nicht eben glänzend bestellt ist—Dank sei es der inneren Zerrissenheit und der ungenügenden nationalen Vertretung in fremden Ländern—mit der Zeit noch gänzlich verlieren.

Dalles im Staate Oregon, Ende Februar 1865.
Theodor Kirchhoff.

The following note appears at the end of the text as it was published in 1875 in Kirchhoff's *Reisebilder und Skizzen aus Amerika:*[2]

Soweit jener mein Erstlings-Artikel in der "Gartenlaube," der seiner Zeit eine gewaltge Aufregung unter den Polizeidirectionen deutscher Kleinstaaten verursachte. Für mich hatte derselbe, außer dem zufrieden stellenden Bewußtsein, jenen Ehrenmännern einmal ein recht helles Licht der Selbsterkenntniß angesteckt zu haben, noch das Angenehme im Gefolge, daß ich—auf Anregen der verehrlichen Redaction der Gartenlaube—mich bewogen fühlte, auf dem einmal eingeschlagenen Wege zu beharren, meine Mußestunden mit literarischen Arbeiten auszufüllen. Manche Freude ist mir dadurch zu Theil geworden, die mir mein Leben in Amerika verschönert hat! Daß ich dieses in erster Linie den von mir so grausam verfolgten Hurdy-Gurdys zu verdanken habe, ist einer jener seltsamen Zufälle, welche oft das Leben und Thun eines Menschen in ganz neue Bahnen lenken.

Was nun die Hurdy-Gurdys anbelangt, so hat die neuere Zeit den früher offen getriebenen Menschenhandel durch das erwachte deutsche Nationalbewußtsein von selbst unmöglich gemacht. Von einer systematischen Importation deutscher Mädchen nach San Francisco zu den in obigem Artikel geschilderten Zwecken, ist heute nicht mehr die Rede. Allerdings findet man noch in den meisten Minenlagern an dieser Küste Hurdy-Gurdy-Häuser, und in San Francisco trifft man mehr rheinländische Polkamädchen in den Kellerhöhlen, als einem guten Deutschen lieb ist—aber die meisten jener Tanzmädchen sind "veraltete Waare," so zu sagen *ein Vermächtniß deutscher Kleinstaaterei.*

---

2. Theodor Kirchhoff, *Reisebilder und Skizzen aus Amerika*, 1: 309–310.

Gerichtsscene in Texas[1]

Einer Gerichtssitzung in Texas beizuwohnen, ist ein Capital-Vergnügen, das ich, wenn sich mir eine Gelegenheit während meines Aufenthaltes in jenem Lande darbot, selten versäumt habe. Außer dem Genusse, den oft mit glänzender Beredsamkeit von den Advocaten geführten Reden zuzuhören, bietet das ganze Ensemble des Gerichtssaals ein Bild, dessen getreue Wiedergabe einem Hogarth[2] Stoff zu unsterblichen Meisterwerken geben würde.

Da sitzt zunächst der Richter auf seinem erhabenen Sessel, in möglichst nachläßiger Stellung, die Füße in gleicher Höhe mit der Nase vor sich auf dem Pulte liegend und ein solides Stück von ächtem Virginia-Kautabak im Munde, aus dem er goldene Fontänen alle halbe Minuten nach rechts und nach links entsendet; vor ihm steht ein Eimer mit Wasser, aus dem er sich gelegentlich den Mund rein spült und bräunliche Stromwellen über das Pult auf den Boden spritzt.

Die Advocaten—die meisten mit geladenen Revolvern unter dem Rockschooße und sammt und sonders mit Energie Tabak kauend und, wenn nicht plädirend, in dicken Folianten blätternd—benutzen denselben Eimer mit Wasser, um sich des Tabaks zu entledigen, wenn einer von ihnen eine Rede halten will. Die Zuschauer, gleichfalls mit Revolvern an der Seite und fast alle Tabak kauend, oft in Hemdärmeln und die Hosen in die Stiefelschäfte gesteckt, sitzen und liegen in pittoresken Stellungen ringsum auf den Bänken, balanciren auf den Rücklehnen oder liegen auf den breiten Fensterbänken. Einige nehmen sich die Freiheit, aus Stummelpfeifen zu rauchen, und mitunter geht Einer in den mit einem Geländer umgebenen Raum, worin Richter und Advocaten hausen, spült sich am Eimer den Mund aus und nimmt einen Schluck. Sämmtliche Anwesenden haben aus Respect vor dem Gesetze den Hut abgenommen und verhalten sich ziemlich ruhig, da jedes auffallende Geräusch, als gegen die Würde des Gerichtshofs verstoßend, sofort vom Richter mit Geldbußen strenge geahndet wird.

In einer solchen Gerichtssitzung, der ich in dem Städtchen Clarksville im nördlichen Texas beiwohnte, fand ein Zeugenverhör in einem Familienzwiste statt, wobei der Friedensrichter, ein Schneidermeister, präsidirte. Der Rechtsfall war wie folgt:

Ein besonders zanksüchtiger Texaner, der, seinen Schnurrbart kräuselnd, den rothhaarigen Friedensrichter und den Staatsanwalt hohnlächelnd musterte, hatte seine Frau durchgeprügelt und seine Schwiegermutter, die ihrer Tochter beistehen wollte, erst mit einem Stuhlbein um's Haus gejagt, sie dann mit einer geladenen Doppelflinte in's Kornfeld verfolgt und ihr schließlich gedroht, er werde sie scalpiren, falls er ihrer habhaft würde.

1.   Theodor Kirchhoff, *Reisebilder und Skizzen aus Amerika*, vol. 1 (Altona: Carl Theodor Schlüter and New York: E. Steiger, 1875), 407–409.
2.   William Hogarth (1697–1764), the influential British painter and printmaker, depicted scenes from life as he knew it and gave satirical treatment to style, taste, and issues of his time.

Richter und Publicum hatten offenbar für die Damen Partei genommen und zwei Rechtsgelehrte, angestellt als Vertheidiger des ungalanten Hinterwäldlers, den zehn Mann erst nach einem lebhaften Scharmützel im Urwald zu arretiren vermocht, hatten einen harten Stand, da der Richter ihnen alle Augenblicke in die Rede fiel. Einer derselben, der beide Füße bequem vor sich auf einen Tisch gelegt, ließ sich jedoch nicht abschrecken, die Schwiegermutter durch Kreuzverhör so in die Enge zu treiben, daß sie zitternd anfing sich selber zu widersprechen und der Casus für den Staatsanwalt bedenklich ward.

Unser Schneidermeister, der Friedensrichter, der eine besondere Malice auf den ihn verächtlich musternden Angeklagten zu haben schien, gebot plötzlich, nachdem er sich den Mund am Eimer hitzig ausgespült, mit einem Faustschlag auf das Pult, dem die Schwiegermutter verwirrenden Advocaten "Silentium!" stieg vom Katheder herunter, setzte sich neben die Schwiegermutter und sagte zu ihr: er werde sie beschützen, sie solle nur keine Angst haben, sondern frei von der Leber weg reden.

Dem Secretär, der die Acten führte, gebot er, die ganze Sudelei von dem Verhör fortzuwerfen, und gab ihm einen halben Dollar, um besseres Papier zu kaufen und nach seiner Leitung die Acten wieder von vorn anzufangen—"Und was Eure verdrehten Reden anbelangt,"—fuhr er fort, sich grimmig an die Advocaten wendend—"ich verstehe kein Wort von all' dem Unsinn. Ich habe auch noch ein Wort mitzusprechen. Was dort in Euren dicken Büchern steht, bleibt sich ganz gleich; ich weiß schon, wer Recht hat, so gut wie irgend Einer. Und wenn's vierzig solcher Rechtsfälle wären, ich würde jeden der Hallunken trotz aller Eurer Reden und Spitzfindigkeiten schuldig befinden.—Hallo! Mein Tabak ist alle geworden! Hat nicht Jemand von Euch ein Primchen für mich?"

Die Wunder des Yosemite-Thales
in Californien

I.

Yosemite (sprich Josemmeti) ist ein Zauberwort, nicht nur in Californien, sondern überall in Amerika, ein Name, der bei jedem Reiselustigen auf diesem weiten Continente als das Mekka seiner Wünsche gilt. . . . Wir wohnen hier [in San Francisco] gleichsam vor der Himmelspforte und gucken nur so gelegentlich ein bischen in den californischen Himmel hinein. Wenn ich hinzufüge, daß ich bereits zwölf Jahre am Strande des Pacific wohne und erst in diesem Sommer Yosemite—in dessen Nähe ich öfters gewesen bin—besucht habe, so ist das allerdings ein bedauernswerthes Geständniß. Doch ist es mir damit nicht besser und nicht schlechter ergangen, als den meisten von meinen hiesigen Freunden. Um aber jetzt das lange Versäumte in vollem Maße wieder gut zu machen, will ich versuchen, die Wunder des Felsthales in der Sierra auch Jenen, die in der fernen Heimath wohnen und es wohl nie besuchen werden, anschaulich zu schildern. . . .

Die erste Tagereise[1] legten wir in einer bequemen Stagekutsche zurück und fuhren zunächst über die scheinbar endlosen Fluren der großen San-Joaquin-Ebene, dann durch die bewaldeten Vorberge der Sierra, passirten die alten jetzt ganz verwahrlosten Goldminenlager von Hornitos und Mariposa, wo Fremont[2] in den fünfziger Jahren sein "Eldorado" hatte, und erreichten beim Dunkelwerden Clark's Ranch, das Karawanserei der Yosemitereisenden, 67 engl. Meilen von Merced. Hier war es, in einer Höhe von 4141 Fuß über dem Spiegel des Stillen Oceans, Abends recht kühl, und wir fanden das von ansehnlichen Baumstämmen unterhaltene lodernde Feuer im riesigen Kamin des Gastzimmers sehr behaglich.

Der folgende Tag ward dazu bestimmt, die nur 6 engl. Meilen von Clark's Ranch entfernten Mammutbäume mit einem Besuche zu beehren. . . .

6541 Fuß über dem Meeresspiegel erreichten wir den sogenannten Mariposa-Hain der Mammutbäume (Mariposa Grove of Big Trees), die dort aber keine abgesonderte Baumgruppe bilden, sondern, etwa 600 an Zahl, im Urwald zerstreut sind. Diese Riesenbäume kommen nur in einer Höhe von 4800 bis 8000 Fuß über dem Meere im Gebirgszuge der Sierra Nevada vor. Sie gehören zur Species der Rothtannen und der für sie angenommene botanische Name ist Sequoia gigantea. . . .

Der erste von den Riesenbäumen, den wir zu Gesicht bekamen, war ein gefallener Koloß. Vermittelst einer Leiter erstiegen wir seinen gewaltigen Stamm und wanderten wie auf einer Straße oben auf seinem Rücken hin, der breit genug ist, daß ein Fuhrwerk

---

1. From Merced, which lies 140 miles southeast of San Francisco.
2. John C. Fremont, explorer, Civil War general, and first Republican candidate for the U.S. presidency.

ihn entlang fahren könnte. Dieser Koloß, der den passenden Namen "Mammoth of the forest" (der Waldesriese) führt, hat über der Wurzel eine Dicke von 34 Fuß mit einem Umfange von 102 Fuß. Vom Stamm ist nur noch ein Stück da, 150 Fuß lang, und die Rinde, 1½ Fuß dick, ist fast ganz von ihm verschwunden. Das fehlende Ende vom Stamm ist durch Feuer zerstört worden, aber die Höhlung, welche der fallende Riese einst im Boden gemacht hat, läßt sich heute noch erkennen. Als er in Manneskraft aufrecht im Urwalde dastand, muß er etwa 40 Fuß dick gewesen sein, mit einem Umfang von über 120 Fuß. Seine ursprüngliche Höhe wird auf 400 Fuß geschätzt; das wäre nur 36 Fuß niedriger als der Straßburger Münster! Das Alter dieses Urwaldsriesen wird auf 3400 Jahre angenommen, was ungefähr bis in das Zeitalter des Sesostris zurückreicht. Diese Zahlen scheinen so unglaublich zu sein, daß einer beim Aussprechen derselben unwillkürlich zaudert. Aber ein Irrthum ist nicht wahrscheinlich, da die Jahresringe im Stamm dessen Alter ziemlich deutlich bestimmen. Ein anderer von Agassiz gemessener Riesenbaum hat nach seinem Ausspruche das Alter von 1810 Jahren. Das ehrwürdige Alter der größeren Sequoias reicht unstreitig bis weit über Christi Geburt hinauf und bis über den Zeitpunkt, wo der Name Germanen in der Geschichte vorkommt. Ihre Jugend fällt in die Zeit, als Moses gelebt haben soll und Salomo den Tempel in Jerusalem erbaute. . . .

Doch wir wollen dem Vorhofe des Yosemitethales mit seinen tausendjährigen Baumkolossen Lebewohl sagen.—Die Frühsonne des 10. Juni fand uns in fröhlichster Stimmung wieder auf dem erst vor Kurzem aus einem halsbrechenden Saumpfad in eine sichere Bergstraße umgewandelten Wege nach Yosemite, der an der Seite dicht bewaldeter Gebirge uns durch eine malerische Gegend führte. Am andern Abhange eines breiten Thalgrundes zu unserer Linken zeigten sich in langer Linie gewaltige graue Felspartien, die oft bastionen- und domartige Umrisse annahmen, und deren Bauten immer imposanter wurden, je mehr wir uns dem Ziele unserer Reise näherten. Die Landstraße von Coulterville zog sich wie ein heller Faden an den jenseitigen Höhen entlang; aus waldiger Tiefe blinkte ein schöner Wasserfall uns entgegen. Unversehens gelangten wir auf ein hohes felsiges Vorgebirge, den sogenannten "Inspiration Point," wo sich plötzlich das felsumgürtete Yosemitethal in seiner ganzen wilden Herrlichkeit vor unseren staunenden Augen aufschloß.

Dieser erste Blick in das etwa 7 engl. Meilen lange und ½ bis 1 engl. Meile breite Wunderthal der Sierra Nevada läßt sich mit nichts vergleichen. . . . Allerdings fehlten dem Bilde die Schneegipfel und Gletscher der Alpen, und kein Vierwaldstättersee spiegelte neben malerischen Bergen anmuthige Städte und grüne Gelände in blauer Flut uns entgegen; keine Rheinlandschaft mit Schlössern und Burgen und tausendjährigen Culturstätten entzückte hier das Auge. Vor uns war alles wilde, großartige Natur. In wunderbar scharfen Contouren traten unter dem klaren wolkenlosen Blau des californischen Himmels die nackten ungeheuern Felswände von Yosemite wie eine lange Vista in mächtiger Doppelreihe uns entgegen: auf der Nordseite zuerst der graue El Capitan, eine breite fast viereckige senkrechte Granitmauer, die, mit einem Flächenraum von beinahe einer englischen Quadratmeile, direct aus dem grünen Thalgrund aufsteigt. Neben dem El Capitan schlängelte sich das 1000 Fuß lange Silberband des Virgin's Tears- (Thränen der Jungfer) Falles poetisch zwischen den Felsen herunter; jenseits desselben blickten hinter einander die originellen Felshörner der Three Brothers hervor, und im Hintergrunde stand der hellgraue kuppelgestaltete himmelanstrebende North Dom. Dem El Capitan gegenüber wallte der Bridal-Veil- (Brautschleier) Fall zwischen grünen Tannen zauberisch in den tiefen Thalgrund hinab, und die Granitzacken und schroff aufsteigenden Klippen der Kathedral-Felsen und -Türme und des einer riesigen Warte ähnlichen Sentinel-Rock bildeten auf der Südseite die hervorragendsten Punkte einer scharf crenellirten Felslinie, welche ihren Abschluß in der dem Norddom gegenüberliegenden kolossalen Halbkuppe des Süddoms findet. Alle jene Felsgipfel erheben sich von beinahe 3000 bis zu 5000 Fuß über das Yosemitethal, das seinerseits 4060 Fuß über dem Meeresspiegel liegt. Zwischen diesen großartigen Granitbauten schlängelt sich der Merced wie ein Silberband durch ein grünes herrlich bewaldetes Thal. Der Duft des Hochgebirges lag über den fernen Domen und umhüllte dieselben mit einem durchsichtigen Schleier, während sich die näheren Granitmauern und Felshörner in scharfen Umrissen aus dem grünen Thalgrund emporbauten—ein wunderbar großartiges Bild wilder Naturschönheit, das den Pinsel unsers genialen Landsmannes Albert Bierstadt[3] zu einem seiner prächtigsten Gemälde begeistert hat. Von dem himmelhohen Katarakte des Yosemitefalls und von den prachtvollen Vernal- und Nevadafällen erblickt das Auge nichts auf dem Inspiration Point; aber trotzdem bleibt dieser erste Blick in das Wunderthal der Sierra jedem Besucher desselben unvergeßlich, und kein anderer vermag die Erinnerung daran zu verwischen. Gern hätten wir länger auf dem herrlichen Vorgebirge des Inspiration Point verweilt, um von dort das wilde Prachtpanorama zu genießen. . . .

Der Weg führte unter der nackten Felsmauer des El Capitan hin, die sich in wahrhaft kolossaler Form 3100 Fuß senkrecht über mir emporbaute. In der Mitte der hellgrauen Granitwand befindet sich in ziemlich deutlichen Umrissen das natürliche Bild eines riesigen Mannes mit schwarzem, fliegendem Haar und ernst thalaufwärts blickendem Antlitz. An dieses Bildniß, das jeder Vorüberpassirende, ohne viel Phantasie besitzen zu dürfen, leicht erkennt, knüpft sich eine interessante indianische Sage. Der indianische Name des El Capitan ist Tutokanula, der zugleich als der Herrscher des Thales gilt. Lange ehe die Bleichgesichter ins Land gedrungen waren—so erzählt die Sage—lebten hier die Rothhäute, für deren Unterhalt Tutokanula väterlich sorgte, in friedlicher Abgeschiedenheit. Aber ihr Glück nahm ein Ende als die liebliche Göttin Tissaak dem Tutokanula auf dem Gipfel des damals noch nicht gespaltenen Süddoms erschienen war und jenen zu sich winkte. Der nur noch an Liebesfreuden denkende Tutokanula verbrachte fortan all seine Zeit in den Armen der reizenden Tissaak, er kümmerte sich nicht mehr um die Menschen und ließ die Ernten aus Mangel an Regen verderben, so daß eine Hungersnoth im Thale unausbleiblich schien. Das weiche Herz der Göttin ward jedoch von dem Elend der verhungernden Indianer gerührt, die sich, um Rettung flehend, an sie gewandt hatten. Sie riß sich aus den Armen des Tutokanula und rief den Großen Geist um Hülfe an für ihr Volk. Der zerspaltete den Süddom und ließ die Fluten des Hochgebirgs durchs Thal rauschen, Regen strömte vom Himmel, die Ernten waren gerettet und alle Angst vor der Hungersnoth hatte ein Ende. Tissaak aber, die sich dem Großen Geiste als Opfer dargebracht hatte, war auf immer verschwunden.

---

3. The German-American painter of the West (1830–1902).

Als Tutokanula seinen Verlust entdeckte, verließ auch er das Thal, wo er ohne seine Geliebte nicht länger leben wollte. Ehe er fortging, meißelte er noch ihr Antlitz in die Felswand des zerborstenen Süddoms (wo dasselbe in schwachen Umrissen zu sehen ist) und sein eigenes mächtiges Bildnis in die Granitmauer des El Capitan, von wo aus er immer noch ernst und traurig thalaufwärts, nach der ehemaligen Wohnung seiner verschwundenen Göttin, hinüberblickt.

Im Yosemitethale werden die Sagen der Urbewohner und die Namen, welche sie allen hervorragenden Felsen und Katarakten gegeben haben, fortleben, wenn der letzte von den Rothhäuten längst verschwunden sein wird. Yosemite bedeutet auf indianisch "der große graue Bär." Der dem El Capitan schräg gegenüberliegende Bridal-Veil-Fall wird von den Indianern Pohonó, d.i. der Geist der bösen Winde, genannt. Keine Rothhaut wagt sich gern dorthin, und niemand von ihnen würde um alle Schätze der Welt eine Nacht am Katarakte im Lager verbringen. Die durch die herabstürzenden Fluthen in seiner Nähe stets heftig erregte Luft scheint jenen von bösen Geistern voll zu sein. Die Entdeckung des Yosemitethals im Jahre 1851 hatte schrecklicher Weise die fast gänzliche Vernichtung der dort wohnenden Indianer zur unmittelbaren Folge. Eine Abtheilung Milizen und Grenzler verfolgte eine Schar vor ihnen flüchtender Rothhäute, die sich des Pferdediebstahls und der Mordthaten an einigen Minern schuldig gemacht hatten, bis in ihre damals noch unbekannte Bergfeste und tödtete den ganzen Stamm bis auf einen kleinen Überrest. Die letzte Schlucht, in welcher die Indianer Schutz suchten und wo die meisten von ihnen niedergemetzelt wurden, führt heute noch den Namen "Indian Canyon." Durch ihre ungezügelte Raubgier und Mordlust hatten die Rothhäute selbst das Verhängnis gegen sich heraufbeschworen, einen Feind, der kein Erbarmen kannte. Fürwahr, ein wehmütiger Gedanke, daß sich die Entdeckung des herrlichsten Felsthales in der Neuen Welt mit dem tragischen Untergange seiner alten Bewohner verknüpfen mußte! Heute sieht man nur noch wenige Indianer im Thale, kaum ein paar Dutzend, die vom Fischfang leben und in ihrer zerlumpten Kleidung einen traurigen Eindruck hinterlassen. Noch wenige Jahre und auch dieser kleine Rest des einst zahlreichen Yosemitestammes wird verschwunden sein; keiner wird alsdann noch die Geister am Pohonó fürchten, und Tutokanula's Riesenbild wird vergebens von der Felsmauer des El Capitan nach den alten Bewohnern des Thales ausschauen.

Der Bridal-Veil-Fall, den ich bei meinem Eintritt ins Yosemitethal ganz in der Nähe sah, wird oft als der Staubbach in der Sierra Nevada bezeichnet. Aber jener ist weit wasserreicher und viel imposanter als sein Bruder in den Alpen. Die Höhe der beiden Wasserfälle ist fast dieselbe; der Staubbach ist 925, der gegen 70 Fuß breite Brautschleierfall 940 Fuß hoch. Während der Staubbach seine weiche milchige Fluth unaufhörlich über den Abhang in die Tiefe drängt und nur als ein diamantener Sprühregen die grünen Matten des Lauterbrunnenthals erreicht, stürmt der Pohonó mit donnerndem Brausen auf mächtige Granitblöcke in den waldumbauten Thalgrund herunter. Wie leuchtende Raketen schießen die Fluthen hier und da aus dem vom Winde zertheilten Katarakte herab, der, aus der Ferne gesehen, einem riesigen silberdurchwirkten wehenden Schleier ähnlich ist—daher sein Name. Wenn die Sonne am hohen Nachmittage einen farbigen Bogen auf die sprühenden Fluthen des herrlichen Wasserfalls malt, über den sich die 3750 Fuß hoch ansteigenden Granitgipfel der

sogenannten "Drei Grazien" (Three Graces) stolz erheben und auf die der kolossale
El Capitan ernst hinüberschaut, so ist das ein Gesammtbild von wunderbarer, wilder
Schönheit, gegen welches das des Staubbachs fast als kleinlich erscheint.

Wie ich am grünen Ufer des etwa 70 Fuß breiten klaren Merced zwischen zerstreut wachsenden Eichen und prächtigen Coniferen langsam weiterreite, begrüßen
mich zunächst an meiner Rechten die 2600 Fuß hoch aufstrebenden kolossallen Mauern der Kathedrale, neben deren steilen Klippenwänden zwei isolirt dastehende sich
an 500 Fuß über das Felsgesims erhebende Granitpfeiler, die Cathedral-Spires, d.i.
Kirchtürme, seltsam aufgesetzt sind. Dann treten mir an der Nordseite die 4300
Fuß hohen schrägen Gipfel der Three Brothers entgegen (von den Indianern die
Pompompasus, d.h. die sprungfertigen Frösche, genannt), die aussehen, als ob sie
jeden Augenblick in das Thal herabstürzen könnten, und rechter Hand der furchtbar
steile Sentinelfels, von den Indianern Loya, d.h. die Schildwache, genannt. 3270 Fuß
baut er seinen obeliskähnlichen Granitgipfel, der oben nur 300 Fuß breit ist, über
das grüne Thal empor, das zu seinen Füßen mit prächtigen 150 bis 175 Fuß hohen
Fichten geschmückt ist. Hinter dem Loya liegt die hellgraue Kuppe des 4500 Fuß
hohen Sentineldoms.

Aber mehr noch als vom gewaltigen Sentinelfels wird das Auge vom dem ihm
gegenüber von der Südseite der Thalwand aus einer Höhe von 2634 Fuß in drei Caskaden sich herabstürzenden Yosemitefall gefesselt, dem höchsten bekannten Wasserfall auf der Erde; ich sage ausdrücklich, der höchste Wasserfall, denn der ihm
gegenüberliegende 3200 Fuß hohe Sentinelfall kann ihm diesen Rang nicht streitig
machen, da derselbe sich nur wie ein schmales silbernes Band an den steilen Felsen
herunterschlängelt und gar nicht das Aussehen eines Kataraktes hat. Unter den Schwei-
zerfällen kommen nur die bei Reichenbach ihm an Höhe ziemlich nahe; aber es sind
ihrer sieben auf einander folgende unterbrochene Caskaden, und keiner von ihnen
kann sich im entferntesten an Wasserfülle und Größe mit dem obern Yosemitefall
messen. Dieser ist 1600 Fuß hoch, oben einige 30 Fuß breit, und erweitert sich nach
unten bis auf 300 Fuß. Der durch einen Felsenvorsprung von ihm getrennte mittlere
Fall ist 600 Fuß hoch und stürmt über eine steile, rauhe Granitfläche herab, der untere
gleich auf ihn folgende macht seinen Riesensprung von 434 Fuß direct in den Abgrund.
Der obere Yosemitefall schwebt wie der Brautschleierfall im Winde hin und her. Sein
laut hörbares Brausen und der Anblick der gleichsam vom Himmel herabstürzenden
mit unzähligen blitzenden Tropfen und Wassergarben sich drängenden Fluth gab den
schroffen Contouren der umliegenden Granitgipfel ein lieblicheres Aussehen, denen
ohne den riesigen Katarakt gleichsam das pulsierende Leben gefehlt hätte.

II.

Unsere Reisegesellschaft hatte sich von den drei gegen die Mitte des Yosemitethales in ländlichem Stil erbauten Gasthäusern des Herrn Leidig, eines pennsylvani-
schen Deutschen, als Absteigequartier gewählt. . . .

Als die Nacht hereingebrochen war, trieb es mich aus dem Hotel wieder hinaus
ins Freie, wo der Vollmond das herrliche Thal mit seinem milden Lichte zauberisch
erhellte. Eine silberne Ampel hing er über dem dunklen Obelisk des Sentinelfelsen und

beleuchtete die gegenüber liegenden gigantischen grauen Granitwände, wo der große Yosemitefall seinen ruhelosen Silberschleier geisterhaft hin und her wallen ließ. Die schlanken Fichten malten ihre dunklen Schatten scharf auf den erleuchteten grünen Thalgrund; kein Lufthauch bewegte ihre hohen Wipfel; Alles war still, wie ein Traum, und nur der Katarakt brauste in weiter Ferne: —eine poetische Mondnacht, die ich nie vergessen werde!—

Am folgenden Morgen sprengte unsere fröhliche Touristencavalcade von Damen und Herren bereits in aller Frühe den grünen mit bunten Blumen und malerischen Gruppen von Eichen und Nadelhölzern geschmückten Thalgrund entlang, nach dem wild-romantischen Tenaya-Canyon hinübereilend, um dort am sogenannten Mirror Lake (dem Spiegelsee) die Sonne aufgehen zu sehen. Am Eingange des Canyon hielt die aus hellgrauem Granit bestehende 3725 Fuß hohe Kuppe des Norddoms (indianisch Tokoya) majestätisch Wacht, an dessen unterer Felswand sich mächtige concentrisch geformte Bogen, die Royal Arches, und die 2000 Fuß hohe gewaltige Washington-Säule emporbauten. Der dunkelgrüne Mirror Lake (von den Indianern Awiya genannt), welcher jedoch eher den Namen eines Teiches als den eines Sees verdient, liegt am Fuße des 4990 Fuß senkrecht gegen das Thal abfallenden Süd-Halbdoms und ist von Sträuchern und hohen Bäumen malerisch umgeben, die sich mit den naheliegenden steilen Granitgipfeln in seiner glatten Fluth klar wiederspiegeln. Am frühen Morgen ist der Reflex seltsam scharf, obgleich meiner Ansicht nach mehr Wesens davon gemacht wird, als er verdient. . . .

Nach unserer Rückkehr vom Spiegelsee ließ sich unsere ganze Reisegesellschaft, Herren und Damen, pflichtgemäß in stolzer Gruppe, hoch zu Roß und Maulesel, den großen Yosemitefall im Hintergrunde, photographiren, und dann waren wir bereit, dem Vernal- und dem Nevadafall eine Visite abzustatten. Diese zwei prächtigen Wasserfälle bildet der Merced an seinem obern Thalende, das sich vom Tenaya-Canyon in südöstlicher Richtung abzweigt. Der Yosemite- und der Brautschleierfall werden von Bergströmen gespeist, die von Norden und von Süden her das Hauptthal im rechten Winkel treffen. Der Weg nach dem Vernalfall führte durch einen dicht bewaldeten Thalgrund unter der mächtigen Felsmauer des Glacier Point und am Ufer des sich über gewaltige Granitquadern brausend herabtummelnden Merced hinauf. Nach rechts hin schließt die Schlucht mit einem steilen Felsen ab, über den sich ein 600 Fuß hoher Wasserfall, der "South Fork Cataract," hinabstürzt. Wir folgten jedoch dem brausenden Merced aufwärts, nach der Felswarte des Mount Broderick hinüber. Die Fichten, welche sich hier und da an den himmelhohen Felswänden eingenistet, hatten dort augenscheinlich eine precäre Existenz, und es scheint oft unglaublich, wie sie es möglich machten, an den schroffen Abhängen Fuß zu fassen. Von unten sahen die höher stehenden Bäume wie ganz kleine Tannenreiser aus, die an den Felswänden festklebten.

Am "Recordhouse," so benannt nach einem glatten Felsen, der die Rückwand eines Zimmers bildet, wo Touristen, die sich gern verewigen möchten, ihre Namen hinzukritzeln pflegen, gingen wir eine kurze Strecke zu Fuß in die Schlucht des Merced, um den berühmten Vernalfall in Augenschein zu nehmen. Dieser wunderbar schöne Wasserfall, von den Indianern Piwaak, d.h. der Katarakt der blitzenden Krystalle, genannt, stürzt sich, 400 Fuß hoch und 60 Fuß breit, über eine die Thalschlucht quer

The Vernal Fall, drawing/etching from a photograph, signed by [Jean-Pierre] Moynet and [Charles] Laplante. Reprinted from Theodor Kirchhoff, "Die Wunder des Yosemite-Thales," *Globus: Illustrirte Zeitschrift für Länder- und Völkerkunde* 31, no. 2 (1877): 23.

durchschneidende senkrechte Felswand in eine prächtig bewaldete Kluft donnernd hinab. Auf seiner grünlichen Fluth spielte im Sonnenlichte ein cirkelrunder bunter Bogen, dessen immer wechselnde, bald hellere bald verschwimmende Farben wie in einem Kaleidoskop bald erloschen, bald sich neu belebten. Die den waldigen Thalkessel einschließenden und ihn hoch überragenden Felswände bildeten einen Rahmen zu dem wilden Katarakte, wie er romantischer kaum gedacht werden kann. Aber es schien, als ob die Überraschungen an diesem Tage nicht enden sollten, und es war in der That schwer, uns innerhalb der Grenzen einer vernunftgemäßen Bewunderung zu halten. Nur eine kurze Strecke waren wir auf schmalem Saumpfade höher ins Gebirge hinaufgeritten, als uns plötzlich der etwa eine halbe englische Meile oberhalb des Vernalfalls 700 Fuß über eine schräge Felswand herabstürzende mächtige Nevadafall in großartigem Panorama begrüßte. Ein steiler sich volle 2000 Fuß über das Thalniveau erhebender Granitkegel, die "Freiheitsmütze" (Cap of Liberty—ein von Amerikanern sehr bewunderter Name) genannt, stand links hinüber nahe an dem prächtigen Wasserfall, und der dem Matterhorn an Gestalt ähnelnde riesige Halb-Süddom ragte mit seinen nackten hellgrauen Felswänden nicht weit von der "Freiheitsmütze" himmelan: ein grandioses Bild, dessen Vorgrund ein prächtig bewaldeter Thalkessel bildete.

Die Amerikaner nennen den Nevadafall (den Yowiye der Indianer) den schönsten Wasserfall in der Welt, was ich dahingestellt sein lassen will. Ich möchte dem Vernalfall vor ihm den Preis der Schönheit geben, namentlich deshalb, weil der Thalkessel, in den dieser sich hinabstürzt, ein mehr geschlossenes Bild giebt, als die Umgebung des Nevada-Katarakts, an dessen einer Seite der Bergrücken flach ausläuft. Jeder, der die Katarakte im Yosemitethale besucht hat, macht selbstverständlich auch Vergleiche zwischen ihnen und anderen berühmten Wasserfällen, z.B. dem Niagara, dem Shoshone, denen in der Schweiz u.s.w. Gewiß überragen die Cascaden des Yosemitethales die in der Schweiz bei weitem (d.h. im Frühjahr und im Frühsommer gesehen); aber— um der Wahrheit gerecht zu bleiben—, die wilde Anmuth des stolzen Niagara und das schrecklich schöne Schauspiel des durch das tiefe Basaltbett des Schlangenflusses in Idaho herabdonnernden großen Shoshonefalls[4] erreichen sie dennoch nicht. . . .

[Ich will] uns jetzt direct auf die Felswarte von Cloud's Rest—die Wolkenruhe— versetzen, welche wir am folgenden Vormittage nach einem ermüdenden Ritt von acht englischen Meilen von Snow's Gasthaus erreichten. Cloud's Rest, 6450 Fuß über der Thalsohle und 10,510 Fuß über dem Meeresspiegel gelegen, ist der höchste Berggipfel in der Umgebung des Yosemitethals. Wir befanden uns hier in einer schrecklich öden Gebirgswüste, in deren Mitte sich das aus mächtigen halbverwitterten Granitquadern aufgebaute Felsgerüste der "Wolkenruhe" wie eine natürliche Festung erhob. Die gleichsam von Menschenhand aufgehäuften Felsplatten geben dem Grat, der sich wie ein Vorgebirge weit hinausthürmt, eine seltsame Gestaltung, wie ich Ähnliches noch nie zuvor gesehen. Vor Jahrtausenden, als hier noch der ewige Schnee sein Reich hatte, muß die Aussicht von diesem isolirten Felskamme eine ähnliche wie die vom

---

4.   We omit here a lengthy footnote referring the reader to Kirchhoff's description of the Shoshone Falls in the first volume of his *Reisebilder und Skizzen aus Amerika*, as well as to the recent publication of the second volume of the same work. Earlier versions of approximately half of this second volume had already appeared in *Globus*.

Gornergrat gewesen sein. Aber jetzt fehlt ihm die winterliche Pracht, welche das Panorama von jener Hochwarte in den Alpen so ergreifend macht. . . .

Als unsere Touristenschaar bei der Rückkehr von Cloud's Rest im Zickzack den jähen Abhang, der vom kleinen Yosemitethale am Nevadafall hinunterführt, in langer Reihe vorsichtig hinunterritt, erinnerte mich die Scene mehr an die Alpen, als irgend eine andere, die ich noch in diesen Bergen geschaut hatte. Der tief unter uns liegende grüne, herrlich bewaldete Thalkessel, eingeschlossen von den himmelanstrebenden Gebirgswänden, der prächtige Wasserfall und der schäumende Merced gaben ein wahrhaft schweizerisches Bild, in welchem unsere auf dem steilen Saumpfade sich langsam herabbewegende phantastische Reiterlinie nicht den uninteressantesten Punkt bildete. Beim Vernalfall überließen wir unsere Reitthiere zeitweilig den Führern, welche dieselben eine Strecke weit über das Gebirge allein weiter trieben, während wir am Wasserfall auf langen Leitern in die Schlucht hinabstiegen, um die hinabstürzenden Fluthen ganz in der Nähe zu betrachten.

Ehe wir die Leitern bestiegen, blickten wir, hinter einem natürlichen Felsparapet Platz nehmend, von oben auf die wilden, entfesselten Fluthen hinunter. Die ganz dicht am Abhang liegende Felsbrüstung schien von der Natur eigens für Besucher, die zum Schwindel geneigt sind, hierher gesetzt worden zu sein, denn sicherer und bequemer hätte kein Baumeister den Platz herrichten können. Dagegen war die Passage über die Leitern bei der Nähe des gewaltigen Katarakts nicht ohne Gefahr. Unser Führer erzählte uns beim Herabsteigen in aller Ruhe, daß hier vor einiger Zeit ein Italiener das Gleichgewicht verloren hätte und kopfüber einige hundert Fuß auf die Felsen hinabgefallen sei, welche Mittheilung uns die wackeligen Stufen mit doppeltem Mißtrauen betrachten ließ. Vor einem mächtigen natürlichen Gewölbe, das wie aus der Bergwand herausgehauen schien, hatten wir einen überaus großartigen Anblick auf den nahen prächtigen Vernalfall, der sich in einer compacten Fluthenmasse 400 Fuß hoch über das Felsparapet in die bewaldete Kluft hinunterstürzte. . . .

Bei unserm Rückmarsche vom Fall nach dem Thale verlor ich unvorsichtiger Weise meine Gefährten im Felsgewimmel aus den Augen, konnte den betretenen Pfad nicht wieder finden und stak eine volle Stunde lang buchstäblich fest zwischen einem fast undurchdringlichen Gewirr von Gebüsch und schlüpfrigen Felsblöcken. Der in meiner Nähe laut brausende Katarakt machte es mir unmöglich, mich meinen Kameraden durch Rufen hörbar zu machen; dazu sollte sich unter diesen Felsen und Büschen eine zahlreiche Colonie von Klapperschlangen eingenistet haben,—eine nichts weniger als angenehme Nachbarschaft! Diese Kletterpartie zwischen den riesigen Felsblöcken und durch das dicht verschlungene Gebüsch, wobei ich meistens auf Händen und Knien hin- und herkriechen mußte und stets in Gefahr war, dem Abhange, in welchen sich der Katarakt unter mir herabstürzte, zu nahe zu kommen, fand ich im höchsten Grade ungemütlich! . . .

Über den Glacier Point verließen wir am folgenden Morgen das Yosemitethal. Auf steilem Saumpfade ritten wir in langer Reihe langsam an der Südseite des Thales bergan, blickten von dem 1800 Fuß hohen Felsvorgebirge des Union Point hinunter auf die uns lieb gewordenen, unter parkähnlichen Baumgruppen liegenden Gebäude und erreichten nach zweistündigem Ritt den Gipfel der sich 3700 Fuß jäh über den Thalgrund erhebenden Felswand des Glacier Point, auf dessen breitem Plateau ein herrliches Fichtenwäldchen steht. Die Aussicht von diesem erhabenen Standpunkt ist nächst der vom Inspiration Point unstreitig die großartigste über das Yosemitethal. Von einer überhängenden Felsplatte sahen wir direct unter uns in das Thal hinab, ohne die zu unseren Füßen aufstrebende gewaltige Felswand erblicken zu können. Wie auf einer Landkarte lag das grüne Thal mit seinen ganz zierlich scheinenden Bäumen, Wiesen, Anlagen und Häusern tief unter uns, durchschlängelt von dem hellen Bande des Merced und umschlossen von den gewaltigen hellgrauen Felswänden und himmelanstrebenden Domen. Als ein kleiner Spiegel blinkte der Mirror Lake zu uns herauf aus dem Waldesgrün. Gerade uns gegenüber schwebte der große Yosemitefall wie ein im Winde flatternder Silberschleier an der mächtigen Felswand hin und her, und von rechts herüber grüßten uns die scheinbar dicht über einander liegenden weiß schäumenden Katarakte des Vernal- und des Nevadafalls aus einem anmuthigen Thalgrund, auf den die in duftiges Gewand gehüllte hohe Warte von Cloud's Rest aus weiter Ferne herabblickt. Es war dies ein Panorama, wie es wohl kein zweites ihm ähnliches in der weiten Welt giebt: jener idyllische Thalgrund, umrahmt von den stolzen Granit-Mauern und -Domen und geschmückt mit den herrlichsten Wasserfällen!

Noch einen Blick in das Wunderthal der Sierra, und dann jagte unsere bunte Touristencavalcade im Galopp, durch den hohen Tannenwald und über grüne Wiesen und an malerischen Berghängen entlang, zurück nach der Fahrstraße. Vierzehn englische Meilen von Glacier Point erwartete uns die Stagekutsche, die uns wieder über Clark's Ranch nach Merced und an die südliche Pacificbahn brachte, wo sich unsere Gesellschaft nach Nord, Ost und West, wahrscheinlich auf Nimmerwiedersehen, trennte. Aber wir nahmen ja Alle die Wunder von Yosemite mit uns in das nüchterne Alltagsleben, als schönes Traumbild einer goldenen Erinnerung!

Peter und Paul im Süden[1]

"Das war noch eine lustige Zeit," erzählte mir jüngst mein Bekannter Peter, "ein fröhliches und sorgenfreies Leben, als ich noch im Staate Mississippi wohnte, ehe der verheerende Bürgerkrieg das blühende Land heimsuchte und die offenherzigen Südländer noch jedem manierlichen Fremden, den das Schicksal in ihre Mitte führte, eine helfende Hand zum Fortkommen reichten! Wer nur einen halbwegs offenen Kopf hatte, dem konnte es, bei vernünftiger Benutzung des damals in den Plantagenstaaten eingeführten unbegrenzten Kreditsystems nicht fehlen, dort schnell auf einen grünen Zweig zu kommen. Hören Sie nur selbst wie es mir im herrlichen Süden erging. Nicht immer war ich ein so bescheidener Mensch, wie heute, und Sie werden bald vor meinem Unternehmungsgeist Respekt bekommen!

"Wir,—nämlich mein ehrenwerther Genosse Paul und meine Wenigkeit,—setzten dazumal unsern umherirrenden Fuß in die neue Eisenbahnstadt O...a, welche im gelobten Lande Mississippi lag. Der New-Orleans-, Jackson- und Great Northern-Eisenbahn-Gesellschaft war in O...a vorläufig das Geld ausgegangen, und es mußte dort mit dem Eisenbahnbau zeitweilig eingehalten werden, was die Geschäftsaussichten in jenem Platze, wo der 'Terminus' voraussichtlich einige Jahre bleiben würde, über die Maßen glänzend machte. Allerdings lag rings umher noch dichter Wald, und der Plantagen mit reizenden Südländerinnen gab es in der Nähe durchaus nicht so viele, wie zwei neu eingewanderte, lebenslustige junge Deutsche dies wünschten. Doch es konnte nicht fehlen, daß hier in Kurzem eine Menge von unternehmendem Volk zusammenströmen mußte, wozu hoffentlich auch die feurigen Kreolinnen ihr Kontingent stellen würden. Genug, wir kamen zu dem Entschluß, hier unsere Zelte aufzuschlagen und um Fortuna zu werben. Geld hatten wir allerdings keins, aber dümmere Leute als wir, denen auch kein Rothschild zu Gevatter gestanden, waren in Mississippi reich geworden. Warum sollte es uns nicht auch gelingen?

"Als wir an einem sonnigen Morgen auf dem Stamm einer abgehauenen Fichte Platz genommen hatten, und die Lage der noch mit Urwald bestandenen Bauplätze in unserem Geiste kritisch beleuchteten, um zu entdecken, an welcher Stelle wohl der Haupt-Boulevard von O...a angelegt werden würde, und danach uns anzukaufen, redete uns ein Vollblut-Amerikaner vertraulich an: 'Ich sage Ihnen, Fremde! Sie wünschen ein feines "Lot" zu kaufen? Ich bin der Mann, der Ihnen dienen kann. Diese Straße gehört mir. Erlauben Sie, daß ich Ihnen eine ächte Regalia anbiete?' Selbstverständlich acceptirten wir die einladende Habaneserin, wirbelten den blauen Duft wohlgefällig in die sonnige Luft und erkundigten uns nach der Lage und dem Preise der 'Lots.' 'Dreihundert Dollars für ein Front-Lot, fünfhundert Dollars für ein Eck-Lot,' lautete die Antwort. Und wann müßten wir dafür bezahlen? fragt Paul, indem er die Asche von seiner Habana nachlässig wegschnippte. 'O, das hat Zeit! Sobald das Haus fertig ist, oder später,' erwiedert der coulante Grundbesitzer. Wir entschlossen uns dazu, ein

---

1.   From the *New-Yorker Belletristisches Journal* 27, no. 24 (9 August 1878).

Eck-Lot zu kaufen, der Kaufbrief ward *in optima forma* ausgestellt, ein 'Cocktail' hinter die Kravatte gegossen, und wir waren Grund-Eigenthümer in O...a, mit einem Millionärspatent in der Tasche.

"Die nächste Aufgabe war, uns klar zu werden, welche Art Geschäft wir etabliren wollten, und danach unsern Plan für einen hier zu erbauenden Tempel Fortuna's auf gesunder Basis auszulegen. Da jeder Eisenbahnzug eine Menge von reichen New-Orleansern nach O...a brachte, die Gesellschaft suchten, und Jedermann, der Durst hatte, traktiren wollten, und sich am Orte ungezählte weiße Nichtsthuer herumtrieben, die entweder Stunden lang in hockender Stellung auf dem Boden einander gegenüber-saßen, sich mit Dolchmessern die Zähne stocherten, Tabak kauten, Holz schnitzelten und von Politik redeten oder sich mit Revolverschießen und anderweitigem 'Sport' amüsirten, mit geborgten Silberdollars nach dem Strich warfen, oder Springübungen nach Art der Känguruhs machten,—so schien uns diese lebenslustige Bande von weißen Nichtsthuern, in Gemeinschaft mit den vielen reichen New-Orleansern, ein vortreffliches Material zu bilden, um ein nobles Vergnügungslokal damit in Flor bringen zu können. An Durstigen fehlte es entschieden in O...a nicht, und was anderweitige Vergnügungen anbetraf, z.B. Billard-Carambolagen, Kegelschieben, Pokerspiel u.s.w., so zweifelten wir keinen Augenblick daran, daß sich unser Publikum leicht dazu her-anbilden lassen würde. Das Resultat unserer Konferenz war der Entschluß, eine Art Vauxhall in O...a zu gründen und dasselbe mit einer, unserem Unternehmungsgeiste würdigen Eleganz auszustatten.

"Jetzt galt es, einen erfahrenen Architekten für den Bau des Vergnügungspalastes zu finden und das nöthige Baumaterial zu erlangen. Eine etwas heikelige Unterneh-mung, da unsere Taschen, wie gesagt, schon lange nicht mehr den erfreulichen Klang von klappernden Goldstücken vernommen hatten. Einen Architekten fanden wir je-doch bald in Gestalt eines herkulischen Negers, der sich vortrefflich darauf verstand, ein Haus zusammenzufügen, und den uns sein Herr, ein in der Nachbarschaft des Ortes lebender, und befreundeter Plantagenbesitzer, für die Kleinigkeit von fünfhundert Dol-lars Gold für diesen Zweck überließ. Der Pflanzer war ganz mit uns einverstanden, den stipulirten Betrag für den Bau des Hauses nach Fertigstellung desselben ausgezahlt zu erhalten, und *lieh* uns sogar noch vier andere Schwarze, welche unser Grundstück hübsch von Bäumen säuberten. Dann mußte Bauholz herbeigeschafft werden. Ein Besuch auf den nahe gelegenen Dampf-Sägemühlen hatte die fatale Entdeckung zur Folge, daß jeder Fuß Bauholz, den die Mühlen zu schneiden im Stande waren, bereits auf vier Monate im Voraus bestellt war. Der Preis belief sich auf zwölf Dollars pro tausend Fuß. Paul bot einem Mühlenbesitzer ziemlich unerschrocken sechzehn Dollars pro tausend Fuß, wenn er uns unter der Hand den Vorzug geben und das Bauholz sofort liefern wollte. Abgemacht!—Zahlung, wie gewöhnlich: sobald das Haus fertig sei!—Nägel, Eisenklammern, Schlösser und Thürklinken und sonstige zum Bau er-forderliche Materialien erhielten wir in den betreffenden 'Stores' gleichfalls ohne sonderliche Mühe geborgt.

"Schnell wuchs unser Haus aus dem Boden hervor. Unser Kredit war am Orte bei allen soliden Geschäftsfirmen auf erfreuliche Weise im Steigen begriffen, denn da wir die Kosten des Gebäudes mit der Einrichtung desselben auf circa viertausend Dollars veranschlagten, so wurden wir dem entsprechend abgeschätzt. Vor Allem aber that uns noth, schnell etwas baar Geld zu verdienen, um unvorhergesehene und dringende Ausgaben bestreiten zu können. Denn, wie Paul es zu thun pflegte, heute zwanzig Dollars von A, morgen zwanzig Dollars von B, übermorgen zwanzig Dollars von C zu borgen, dann mit der Rückzahlung von zwanzig Dollars an A zu beginnen und gleich wieder zwanzig Dollars von D zu borgen etc.,—ein solches primitives Finanz-Verfahren ließ sich auf die Dauer nicht gut durchführen.

"Wir beauftragten nun nach reiflicher Überlegung unsern Architekten, rasch ein Eckstübchen unter Dach und Fach zu bringen, während der übrige Theil des Hauses einer langsameren Vollendung entgegenginge. Sobald das Stübchen regendicht war, kaufte Paul vier Faß Whiskey,—selbstredend auf Kredit,—wobei er möglichst lange um den genauesten Preis feilschte. Zwei Faß wurden aufrecht hingestellt, zwei legten wir hin, und zwar so, daß die an den Enden eingebrannten Worte '*rectified Whiskey*' und '*old Magnolia*' abwechselnd vorn oder oben auf zu lesen waren, um unser wählerisches Publikum glauben zu machen, wir hätten vier verschiedene Sorten Branntwein auf Lager. Den Schnaps auf Faß No. 1 verkauften wir zu anderthalb Dollars die Gallone, den aus Faß No. 2 zu zwei Dollars, aus Faß No. 3 zu zweieinhalb Dollars und aus Faß No. 4 zu drei Dollars, oder mehr, die Gallone. Da das edle Getränk allmiteinander nur zwanzig Cents pro Gallone kostete, so war der Verdienst nicht schlecht.

"Unsere Kunden pflegten aber so entsetzlich viel Whiskey zu probiren, daß wir genöthigt waren, ein entsprechendes Quantum durch Brunnenwasser zu ersetzen. Ich sträubte mich lange gegen dieses scheinbar inhumane Verfahren, bis Paul mich davon überzeugte, daß sowohl vom moralischen, als vom allgemein menschlichen Ge-sichtspunkte aus betrachtet, durchaus nichts dagegen einzuwenden sei. Denn, erstens sei verdünnter Schnaps gesünder als unverdünnter, und dann könnte kein Vernünftiger von uns verlangen, ungewässerten Branntwein an Kunden zu verkaufen, die so rück-sichtslos beim Probiren wie die unsrigen waren. Es wurde deshalb Faß No. 1 mit zwei Eimern Wasser verdünnt, die andern Fässer successive mit etwas weniger. Die Destillirmanipulationen betrieben wir aber stets bei verschlossenen Thüren.

"Die Kundschaft kam bald in erfreulicher Menge. Es war eine wohlthuende Ar-beit, den reihenweise aufmarschirten Negern ihre zwei bis vier Gallonen haltenden Korbflaschen und Pony-Fässer mit gewässertem 'Old Magnolia' zu anderthalb Dollars die Gallone zu füllen. Die Pflanzer, welche meistens zu theureren Preisen 'Bourbon' und 'Brandy' verlangten, erhielten, was sie wünschten,—Alles aus demselben Faß. Paul verkaufte sogar Whiskey, welchen er auf mir unbekannte Weise goldig gefärbt hatte, als Jamaica-Rum für sechs bis acht Dollars die Gallone. Mir passirte es einmal, daß ein knauseriger Yankee sich fünf Gallonen Branntwein zu blos anderthalb Dollars die Gallone verzapfen ließ. Als er abmarschiren wollte, trat ein ihm befreundeter Pflanzer in unser Destillirzimmer und kaufte nach langen Probiren fünf Gallonen zu drei Dollars die Gallone. Ich überredete dann den Yankee, seinen Branntwein wieder zurückgießen zu lassen und auch, wie sein Freund es gethan, drei Dollars Whiskey zu kaufen,—ganz denselben Artikel zum doppelten Preis! Auf diesen Handel war Paul lange Zeit sehr neidisch und überließ mir nur ungern den Ruhm davon. Beiläufig will ich hier noch erwähnen, daß wir im ersten Geschäftsjahre über dreihundert Tonnen Schnaps an unsere stets durstigen Kunden verzapften. Gewiß ein anerkennenswerthes Zeugniß unseres unermüdlichen Fleißes!

"Nach dem Destillirzimmer erwies sich die Kegelbahn als Hauptquelle unseres Erwerbs. Der Bau und die Equipirung der Kegelbahn waren leicht bewerkstelligt,—die Einnahme fast Alles reiner Profit. Da nach der Gesetzgebung des Staates Mississippi das Kegeln auf neun Kegel (mit einem König) verboten und, als Hazardspiel, mit Gefängnißstrafe belegt war,—ein Beweis, wie sehr der demokratische Geist im Süden bereits gelitten hatte, da das Fallen eines gekrönten Hauptes für Republikaner doch eigentlich ein erlaubter Genuß sein sollte!—so ließen wir einfach auf zehn Kegel (ohne König) schieben. Es war dies eine schlaue Umgehung des Gesetzes, welche seitdem in allen Staaten dieser erleuchteten Republik, wo die neun Kegel mit dem König verboten sind, eingeführt worden ist. Das Kegelschieben, welches jeden Morgen um halb sechs Uhr begann und ununterbrochen bis spät in die Nacht fortdauerte, warf uns einen Nutzen von circa zwanzig Dollars pro Tag ab. Die, beim Bau des Hauses von unserm Neger-Architekten angestellten, weißen Zimmerleute pflegten sich unter der Arbeit oft mit Kegelschieben zu erholen. Zwischen Destillirzimmer und Kegelbahn kamen sie gar nicht aus der Kreide heraus und mußten uns am Schluß der Woche, statt Lohne zu erhalten, noch Geld zugeben.

"Auf diese Weise ward unser Vauxhall unter Dach gebracht, ohne daß wir zu unnöthigen Baarzahlungen gezwungen wurden. Es schien aber fast unmöglich, die unumgänglich nothwendigen Thüren und Fenster, sowie das zu Fußböden, Gesimsen, Plafonds etc. etc. erforderliche, feinere Holzwerk geborgt zu bekommen. Denn die in New-Orleans wohnenden Holzhändler, welche jene Artikel zu liefern hatten, waren durchaus nicht so liberal gesinnt, wie ihre Kollegen in Mississippi. Wir wurden mit Achselzucken aus den Bureaux verschiedener Holzniederlagen in der 'Crescent-City,' wo wir unsern Kredit anzustrengen versuchten, hinauskomplimentirt. Bei der Überwindung dieser Schwierigkeit zeigte sich Paul's Finanzgenie im hellsten Glanze. Es gelang ihm, von verschiedenen wohlhabenden Kaufleuten, welche Speicher und Wohnhäuser in O...a errichten ließen, eine Anstellung als Makler zu erhalten, um feines Holzwerk bei einem reichen Holzhändler in New-Orleans zu bestellen. Durch Vermittelung prompt honorirter Wechsel galt er bei dem New-Orleanser bald als zuverlässiger Mann, dessen Empfehlungen unbedingten Glauben verdienten. Er vertraute nun dem Holzhändler an, daß der gut situirte Herr Peter in O...a ein sehr schönes Haus errichten lasse, und daß er sich bemühen wolle, dessen Kundschaft zu erlangen. Borgen könne man ihm ohne jegliches Risiko. Der Holzhändler ging auf den Vorschlag mit Dank ein,—wir erhielten das nothwendige Baumaterial auf Kredit, und zwar mit sechs Prozent Rabatt, die sich Paul als Makler für seine Mühe von dem braven New-Orleanser in Baar auszahlen ließ.

"Die Stuben tapezierte ich mit höchsteigener Hand, und zwar mit den feinsten französischen Glanztapeten, die wir selbstverständlich ebenfalls auf Kredit kauften. Ein Amerikaner, welcher das Anmalen des Hauses kontraktlich für hundertundfünfzig Dollars übernommen hatte, entwickelte einen solchen Durst und fand so viel Vergnügen am Kegelschieben, daß er, ehe er noch mit dem Anpinseln halb fertig war, uns bereits das Doppelte der stipulirten Summe für Whiskey und Kegelschieben schuldete! Das nöthige Mobiliar, sowie ein Billard für vierhundert Dollars, erhielten wir mit Leichtigkeit von einem Franzosen in New-Orleans auf sechs Monate geborgt, indem wir ihm eine Hypothek auf unser Haus ausstellten.

"Als unser Vauxhall mit der Einrichtung fertig dastand, gaben wir ein glänzendes Einweihungsfest, wobei sich unsere sämmtlichen Herren Gläubiger königlich amüsirten. Fortuna blieb uns hold, und das Geschäft blühte in einer Weise, die unsere kühnsten Erwartungen übertraf. Noch vor Abschluß des Jahres besaßen wir ein schuldenfreies Eigenthum. Unser Vauxhall blieb während der nächsten Jahre der Versammlungsort der Elite des Städtchens und der zahlreich dort eintreffenden Fremden. Wir verdienten sowohl von den Einheimischen, wie den New-Orleansern ein horrendes Geld für Spesen an Poker- und Würfel-Tischen, an der Kegelbahn und am Billard, sowie für feine Cigarren und Getränke. Die zahlreichen Bummler in O...a zivilisirten sich, zu unserer großen Freude, im Lauf der Zeit vollständig. Dagegen blieben aber die schönen Creolinnen in reservirter Ferne, was Paul selbst beim Pokerspiel das Herz schwer machte. Was mich anbelangt, so vergaß ich, im Gefühl einer durch eigenes Genie begründeten, glänzenden Existenz, den Verlust des verfeinernden Umgangs mit dem schönen Geschlecht. Mein Stolz bestand darin, im Destillirzimmer, das sich in eine elegante Trinkstube verwandelt hatte, die prächtigsten 'Hahnenschwänze,' 'Juleps,' und 'Cobblers'[2] zu fabriciren."

Hiermit schloß mein Bekannter Peter seinen sehr lehrreichen Bericht über seine und seines Genossen Paul Erlebnisse im sonnigen Süden. "Wie sehr ist doch die Welt seit jener glorreichen Zeit zurückgeschritten!" dachte ich bei mir im Stillen, als ich mit meinem lieben Peter den "innern Menschen" in einer eleganten Schänke stärkte. Denn wo fände man selbst hier, im vielgerühmten "Goldlande," heute noch genügenden Kredit, um, ohne einen Cent Kapital zu besitzen, ein anständiges Geschäft erfolgreich in's Leben rufen zu können? Die Menschheit wird aller Orten philiströser, geiziger, und selbstsüchtiger, und nur die Erinnerung an die vergangenen, goldenen Zeiten ist uns Älteren als Trost des Daseins in einer nüchternen Gegenwart geblieben. Meinem braven Freunde Peter drückte ich wehmüthig die Hand, als wir aus dem "Saloon" wieder auf die Straße traten, und bat ihn beim Abschiede um Paul's Adresse, die er mir denn auch unter dem Siegel der Verschwiegenheit anvertraut hat.

2.   "Juleps" is the only term in this list being used as we would use it today. "Hahnenschwänze" are, of course, cocktails; and a "cobbler" in the 1800s was an alcoholic beverage made of wine or sherry, orange juice, and sugar.

5

Udo Brachvogel

Udo Brachvogel (1835–1913) was a writer of poetry, prose, and commentary; a gifted translator; and a major figure in German-American publishing. Born in Danzig, he enjoyed a classical education at the universities of Heidelberg and Bonn and studied law in Jena and Breslau. He passed his first state examination in 1858, then spent time in Vienna, lived in Hungary from 1860 to 1866, and subsequently emigrated to America. Following a year in New York he moved to St. Louis and took a position as an assistant librarian at the Mercantile Library there. He became acquainted with Carl Schurz, joint proprietor and editor of the *Westliche Post* (with Emil Preetorius), as well as with young Joseph Pulitzer; and he was eventually made an associate editor of that newspaper.

Brachvogel moved in 1878 to New York, where until March of 1881 he was co-owner and editor, together with Rudolph Lexow, of the *New-Yorker Belletristisches Journal*; thereafter he was sole editor. This influential weekly journal was a major intellectual publication for readers of German in the United States, with a circulation in the 1880s of more than 71,500.[1] Many signed and unsigned works that appeared in it—including literary contributions and news reports—were written by Brachvogel himself. One of the regular features for several years was his "Briefe aus dem Eisenbahn-Wagen," an American travel series. But works of European writers such as Fanny Lewald and Rudolf Gottschall were also serialized in the *Belletristisches Journal*, as well as translations of works of modern English-language writers. In 1886 or 1887 Brachvogel moved to Omaha to assume the editorship of the new Republican newspaper *Westlicher Courier*. It was sold in 1891 to Frederick F. Schnake, who continued its publication under the name *Nebraska Banner*; and in the same year Brachvogel, who had become an agent for the Germania Life Insurance Company of New York, was transferred to Chicago. In 1894 he returned to New York, where he lived as a freelance writer for the rest of his life.

Brachvogel's translations introduced several major American writers to readers of German. One of these was Bret Harte, who recognized Brachvogel's assistance by dedicating to him his "The Story of a Mine" (1877); another was Mark Twain, a collection of whose short works Brachvogel translated and published under the title

1. Carl Wittke, "The German Forty-Eighters in America: A Centennial Appraisal," *The American Historical Review* 53 (1948): 722.

Udo Brachvogel (undated). Reprinted from Udo Brachvogel, *Gedichte* (Leipzig: B. Westermann, also New York: Lemcke & Buechner, 1912), frontispiece.

Unterwegs und daheim: Neue Sammlung humoristischer Skizzen.[2] Brachvogel also produced a manuscript text for Walter Damrosch's 1896 (?) opera based on Nathaniel Hawthorne's *The Scarlet Letter,*[3] though in the end Damrosch used words by George Parsons Lathrop instead.

Two volumes of Brachvogel's poetry were published in book form during his lifetime, as well as a work concerning the German press in America.[4] His translations, reports, and commentaries are scattered through various magazines, newspapers, or collections, both in the United States and in Europe, such as the *Belletristisches Journal*; *Deutsch-Amerikanische Monatshefte für Politik, Wissenschaft und Literatur*; *Der deutsche Vorkämpfer*; *Die Gartenlaube*; *Volksstimme des Westens* (St. Louis); and others. He wrote a lengthy essay on Bret Harte, which appeared both in the journal *Nord und Süd* and also as a separate pamphlet.[5] Brachvogel (as well as Theodor Kirchhoff) was a contributor to Ernst Hesse-Wartegg's *Nord-Amerika, seine Städte und Naturwunder, sein Land und seine Leute.*[6] In the 1920s A. B. Faust remarked that Brachvogel's prose works are "scattered and quite inaccessible"[7]—a fact that remains true today. Those interested in investigating Brachvogel's life and contribution further should visit the Rare Books and Manuscripts Division of the New York Public Library, where his papers are held.

Included in this volume are four of Brachvogel's prose pieces, a poem, and portions of a second poem. The first of these, an article entitled "Die Black Hills," appeared in the *New-Yorker Belletristisches Journal*, volume 23, number 30, on 25 September 1874, some four years before Brachvogel began his full-time association with the newspaper. It begins with a synopsis of the main news stories of the summer—a second Great Chicago Fire, floods in the eastern part of the United States, an assassination attempt against Bismarck, an adultery trial involving Henry Ward Beecher, a millennium anniversary in Iceland, and the discovery of gold in the Black Hills area of the Dakota Territory. The article captures a moment in time—and without the sometimes distorting advantage of hindsight. Readers learn of General George Custer's early expedition through the Black Hills, which took place nearly two years before the Battle of the Little Bighorn where Custer was killed, and are given

---

2. *Unterwegs und Daheim: Neue Sammlung humoristischer Skizzen* (Stuttgart: Robert Lutz, 1886).

3. This manuscript is among the Brachvogel papers in the archives of the New York Public Library.

4. Udo Brachvogel, *Gedichte* (Vienna: Carl Gerolds Sohn, 1860); Udo Brachvogel, *Gedichte* (Leipzig: B. Westermann, and New York: Lemcke & Buechner, 1912); Udo Brachvogel, *Die deutsche Presse in den Vereinigten Staaten* (Berlin: s.n., 1885).

5. *Nord und Süd*, publ. by S. Schottländer (November 1880); republ. as *Bret Hart* (Breslau: S. Schottländer, 1880).

6. Published in Leipzig by Weigel, 1880.

7. Albert Bernhardt Faust, *The German Element in the United States*, 2 vols. in 1 (New York: Steuben Society of America, 1927), 2:698. See also Faust's entry in the *Dictionary of American Biography*, ed. Allen Johnson, vol. 2 (White Plains, N.Y.: Kraus International Publications, 1985), 541–543.

information about the U.S. government's stated policies toward the Native Americans. Facts are provided about weather conditions and vegetation in the Black Hills, "der amerikanische Schwarzwald." Brachvogel attempts to assess conflicting reports about the gold discovered in the area, concluding with cautionary remarks for those who would head to the Black Hills in pursuit of wealth. The report incorporates history, politics, and news of the exploration and development of the American continent. Brachvogel's meticulousness and attention to detail are admirable; he proves himself to be a master researcher and reporter.

The second text, "Die Fälle des Niagara," was published in the *New-Yorker Belletristisches Journal*, volume 25, number 20, on 14 July 1876, and also in Ernst Hesse-Wartegg's *Nord-Amerika, seine Städte und Naturwunder, sein Land und seine Leute*.[8] This essay's purpose is to make one of the attractive areas of America known to the German-speaking world, both to German Americans and to Germans, whether or not they would be likely to visit the place themselves. Brachvogel includes historical and geographical information, as well as information about bridges over the falls, the opening up of the area to tourists, and more.

The third text—"Prozeß oder Roman?"—was published in two installments in volume 26 of the *New-Yorker Belletristisches Journal*, numbers 50 and 51, on 8 February and 15 February 1878. It provides an account of Myra Clark Gaines's background as well as the long and complicated court proceedings involving her vast but disputed inheritance, which came repeatedly before courts in Louisiana and also— fully seventeen times, in fact—before the U.S. Supreme Court. The case attracts the attention of scholars still today.[9] Brachvogel, seeing the story's potential as fiction as well as trial history, presents a well-researched report: an account that includes love and betrayal, disputed marriage, an illegitimate child, a lost will, deceiving business associates, and endless court trials. This is Brachvogel as both a newspaper reporter and a writer of literary prose who can weave a fascinating tale.

The final prose text was published in 1901 as a front-page story in the cultural section (the "Sonntagsblatt") of the *New-Yorker Staats-Zeitung*.[10] The article was a memorial to the Thalia Theater, which in the period from 1879 to 1891 had served as one of the successful and influential German theaters in New York City, and just weeks earlier had been advertised for sale by the heirs of the former owner of the property, William Kramer. This piece is nothing less than a full-scale historical account of the German theater in New York, including legends and anecdotal information about the owners, actors, directors, productions, successes and failures, theater facilities, etc. There are other, better-known and more readily available treatments of the subject,

8.   Published in Leipzig by Weigel in 1880. Unfortunately, Hesse-Wartegg does not attribute the piece to Brachvogel, other than to state on the title page that Brachvogel was one of the contributors to the volume. The section on the Niagara Falls is the ninth chapter of the third volume, pages 130–144.
9.   See, for example, Elizabeth Urban Alexander's monograph *Notorious Woman: The Celebrated Case of Myra Clark Gaines* (Baton Rouge: Louisiana State University Press, 2001). Alexander asserts that the Gaines case helped to set legal precedents in family law and led to new protections for women, children, and marriages.
10.   *Sonntagsblatt der New-Yorker Staats-Zeitung* 53, no. 16 (21 April 1901).

including an article—perhaps written by Lotta L. Leser—in *Das Buch der Deutschen in Amerika* and another by Edwin H. Zeydel.[11] Compared with these, Brachvogel's contribution is a more intimate portrayal of both the events and the figures involved. The first of our two illustrations was published with Brachvogel's article and shows actors, actresses, and directors who had worked with the Thalia Theater. The second illustration is from the year 1914 and shows the front of the former Thalia Theater, now for all intents and purposes hidden by the city's expansion all around it. In 1929 the building was demolished.

Brachvogel's poems and translations are represented by the final two selections for this chapter. The first is his poem "Ein Grüner," which appeared originally in the *New-Yorker Belletristisches Journal* in 1876 and with some changes in his 1912 poetry volume.[12] We have used the latter version. Our second selection is part of a long epic poem entitled "Jacobus de Benedictis," in which Brachvogel tells the story of the poet Jacopone da Todi (1256–1306), who wrote the familiar "Stabat Mater." Brachvogel's verses tell of the poem's creation: the death of the poet's young wife, his entry into a cloister, the writing of his masterpiece, his growing insanity, and his death. Interwoven into the poem is Brachvogel's translation into German of the Stabat Mater stanzas themselves, together with the Latin original; it is these parts we present here.[13]

Brachvogel's contemporaries were divided in their opinion of him. One comment is a poem written by the German-American poet Friedrich Karl Castelhun, which begins with the words:

O du Udo, laß das Dichten,
Udo, o du laß es sein;
Denn die Kinder deiner Muse
Schaffen dir und uns nur Pein.[14]

Another who jeers is Robert Reitzel, who quotes a news item from Brachvogel's *Westlicher Courier*—a report that a man named Hiram Schoonover was acquitted of murdering his mother-in-law after he testified that he had mistaken her for a varmint of some kind—most likely a skunk.[15] Reitzel scoffingly dubs Brachvogel "der ehemalige Schöngeist des 'Belletristischen Journals'" and comments that this is the kind of thing

11. "Das deutsche Theater in Amerika," *Das Buch der Deutschen in Amerika* (Philadelphia: Deutsch-Amerikanisches Nationalbund, 1909), 421–470, esp. 423–435; Edwin H. Zeydel, "The German Theater in New York City," *Jahrbuch der Deutsch-Amerikanischen Historischen Gesellschaft von Illinois*, ed. Julius Goebel, vol. 15 (for 1915) (Chicago: University of Chicago Press, 1916), 255–309.

12. *New-Yorker Belletristisches Journal* 25, no. 44 (29 December 1876); Udo Brachvogel, *Gedichte* (Leipzig: B. Westermann and New York: Lemcke & Buechner, 1912), 237–238.

13. The entire poem, entitled "Jacobus de Benedictis," together with Brachvogel's introduction, was published in Udo Brachvogel, *Gedichte* (1912), 196–214.

14. Friedrich Karl Castelhun, *Gedichte* (Milwaukee: Freidenker Publishing Co., 1883), 217–218. The poem is entitled "An Udo Brachvogel, nachdem ich sein Gedicht 'Canossa' gelesen hatte."

15. Robert Reitzel (*Der arme Teufel* 4, no. 5 [31 December 1887]) quotes Brachvogel's words as follows: "Die Geschworenen waren der weisen Ansicht, daß man nicht verlangen könne,

Brachvogel is now publishing. Reitzel himself was concerned with more important matters, particularly in the fall of 1887, when the Haymarket martyrs were on trial. But George Sylvester Viereck, on the other hand, calls Brachvogel "Deutsch-Amerikas größter Balladendichter," continuing: "Er hat Verve, Farbenpracht, Musik, Bilder, wie kein anderer unserer Poeten. . . . Seine Stimmungen, seine Sujets sind eigenartig und packend."[16] Viereck praises not only his poetry, but also two novels, "King Corn" and "Irregang auf der Prärie," which I have not been able to locate.

Today Udo Brachvogel's name has all but been forgotten. And yet, for a number of decades he was at the center of German-American cultural life. He knew and was known by other writers and publishers, musicians and theater directors, Americans as well as German Americans. His essays on a wide variety of topics introduced his readers to political and cultural news of the United States, while his novels and travel literature introduced them to America itself. Through his translations he was instrumental in bringing modern American literature to the attention of the literary world in Germany as well as to German Americans; and the fact that he concentrated on major figures such as Mark Twain and Bret Harte show his unerring judgment and flawless taste. Regrettably, no one has even made a bibliography of Brachvogel's contributions; to be sure, it would not be easy to do so. Few of his publications appeared in book form, and only one of his books was published in the United States. Most of his works have remained scattered throughout the rapidly disappearing German-American journals and newspapers. Nevertheless, a study of his role and significance would be an extraordinarily worthy and valuable undertaking.

---

in einem Kornfeld den Unterschied zwischen einer Schwiegermutter und einer Stinkkatze zu sehen. Schoonover kann sich jetzt für Geld sehen lassen." Brachvogel was merely picking up an item that had been reported in the local news, as the *Omaha Daily Bee* of 14 December 1887 had used the same language: "The jury reached the sage conclusion that a mother-in-law and a polecat are so closely allied in physical outlines that Hiram could not be expected to distinguish between them in a cornfield. Schoonover will now take front rank among the countless human freaks in Nemaha county."

16. "Udo Brachvogel, Deutsch-Amerikas größter Balladendichter," in *Das Buch der Deutschen in Amerika* (Philadelphia: Deutsch-Amerikanisches Nationalbund, 1909), 397–398.

Die Black Hills

Es ist ein heißer Sommer, den wir hinter uns haben. Nicht in des Wortes eigentlicher und allgemeiner Bedeutung. In ihr hat er nur mäßigen Klagen Veranlassung
gegeben. Desto bewegter, ereignißreicher, desto heißer war er von dem besonderen—die
Bescheidenheit verbietet, zu sagen: dem bevorzugten—Standpunkte des Journalisten
aus. Es war ein Sommer ohne Sauregurkenzeit, waren Enten-Monate ohne Enten, war
eine todte Saison ohne Tod. Die Hundstage, unter unseren gesegneten Breiten nur zu
bereit, um vier und mehr Wochen früher zu beginnen, als es ihnen der Kalender erlaubt,
fanden die Zeitungen machende und die Zeitungen lesende Welt in voller Arbeit, in
voller Aufregung. Feuer und Wasser lieferten den Stoff, lieferten die Sensation. Freilich
beide in der beklagenswerthesten Weise. Chicago hatte wieder einmal gebrannt,[1] und
zwar auf eine Art, die, wenn es nicht eben die Phönix-Stadt am Michigan-See gewesen
wäre, einen Schreckensschrei über das ganze Land wach gerufen hätte. Fast gleichzeitig
mit dem feurigen sollte sich das feuchte Element in seiner ganzen Zerstörungsgewalt
offenbaren. Eben da die ungeheuren Überschwemmungen, welche die Zucker- und
Reisfelder Louisiana's verwüstet hatten, abzufließen begannen, wurde das Mill-River-
Thal in Massachusetts und kurz darauf die Schwesterstadt Pittsburg's, Alleghany, der
Schauplatz einer Vernichtung durch Fluthen, deren Menschenopfer nach Hunderten
und deren Eigenthumszerstörung nach vielen Hunderttausenden zählte.[2] Dann kam
von Europa die Nachricht des Attentats auf den in Amerika volksthümlichsten Mann
der alten Welt[3] und versetzte, wenigstens das große Deutschthum des Landes, in
ebenso heftige wie anhaltende Erregung. Nur ein Erdbeben hätte noch gefehlt. Da aber
die Natur ein solches glücklicherweise nicht lieferte, so war die Gesellschaft im Verein
mit der Kirche so freundlich, dasselbe darzubieten. Und war für eines! Die große
Brooklyner *Comoedia divina* wälzte ihre Wogen von täglicher Literatur und täglichem
Skandal—eine Sündfluth, von der kühnlich behauptet werden mag, daß ihres Gleichen
noch nicht dagewesen—über die gesammte amerikanische Welt.[4] Und da sich endlich
auch ihre zähen und mißduftenden Schlammmassen zu zertheilen begannen, wehte,
um die verwöhnte öffentliche Neubegierde ja nicht ohne Nahrung zu lassen, vom
arktischen Nordosten her isländischer Milleniums-Wind[5] in die einsinkenden Segel

1.   The Second Great Chicago Fire of 16 July 1874 was far less destructive than the Great
Chicago Fire of 1871, but it made news headlines throughout the country.
2.   On 16 May 1874 a dam on the Mill River in western Massachusetts gave way, leading to
widespread flooding and the death of 139 people. On 26 July of the same year flood waters from
four streams poured water into heavily populated areas of Allegheny, Pennsylvania.
3.   German Chancellor Otto von Bismarck was the object of an unsuccessful assassination
attempt in Bad Kissingen in July 1874.
4.   Reverend Henry Ward Beecher was accused by his best friend Theodore Tilton of carrying
on affair with Tilton's wife. The 1875 adultery trial, which resulted in a hung jury, was in the
American news throughout the summer of 1874.
5.   In 1874 the millennium anniversary of Iceland's settlement was celebrated; the King of
Denmark granted Iceland a constitution.

unserer stolzen Zeitungsflotte, erscholl vom fernen Westen her ihren Piloten und Mannschaften der Ruf von allerlei wundervollen Landerforschungen, und der noch magischere von Goldentdeckungen auf dem östlichen Abhang des Felsengebirgs-Plateau's.

Gold! Es ist eigentlich im Laufe des letzten Vierteljahrhunderts ein alltäglicher Ruf geworden. Und so oft wurde er von Täuschungen aller Art begleitet und von Enttäuschungen aller Art gefolgt, daß er von seiner einstigen Gewalt bedeutend eingebüßt hat. So kann man auch diesmal sagen—zum Glück sagen,—daß ihm ein eigentliches Goldfieber, wie man es in den letzten vierziger und ersten fünfziger Jahren so häufig erlebte, nicht gefolgt ist und auch schwerlich folgen wird. Aber ganz macht- und zauberlos ist er darum noch lange nicht geworden.

Es ist das Territorium Dakota, aus dessen vom Gebirgsstock der Black Hills, oder, wie ihn die deutschen Zeitungen getauft haben, vom *amerikanischen Schwarzwalde* bedeckter Südwest-Ecke er ertönte. Es war dies zugleich das einzige der großen Unions-Territorien jenseits des hundertsten Längengrades, welches noch des Gold-zaubers entbehrte. Nachdem Californien im Januar 1848 den großen Goldreigen eröffnet hatte, schlossen sich ihm in ziemlich rascher Aufeinanderfolge Idaho, Montana, Colorado und Wyoming an. Arizona und Neu-Mexiko waren bereits den alten spanischen Conquestadoren des, südlich daran grenzenden, Aztekenreiches als Heim-stätten des kostbarsten der Naturgeschenke bekannt. Nevada und Utah traten als Silber-Dorados ebenbürtig in die Reihe der Edelmetall-Schatzkammern Onkel Sam's. Nur Dakota fehlte noch. Es hatte überhaupt etwas Verwais'tes, Uneinladendes, und blieb Jahre hindurch, trotz seiner unmittelbaren Nachbarschaft mit den Staaten, das unbekannteste der Territorien. Der Hauptgrund lag allerdings darin, daß es fast zur Hälfte—"für ewige Zeiten," wie das famose Wort lautet,—den Indianern eingeräumt war, und noch dazu dem zahlreichsten, lebenskräftigsten und unangenehmsten Stamme derselben, den Sioux. Sie verstanden es, auf ihrem Schein zu bestehen und den weißen Eindringling in nachdrücklicher Weise von ihren Grenzen fern zu halten. Als jedoch der große Vater in Washington einen seiner berühmtesten Kriegshäuptlinge an der Spitze einer mächtigen Kriegerschaar entsendete,[6] um einmal nachzuschauen, wie es bei seinen rothen Söhnen vom Stamme der Sioux eigentlich aussähe, da rüsteten sie Friedenspfeifen und gaben die Geheimnisse ihres Landes widerstandslos preis.

Es war das Beste, was sie thun konnten. Denn General Custer's Expedition umfaßte eine kleine Armee. Sie bestand aus zehn Kompagnieen Kavallerie (siebentes Regiment), einem Bataillon Infanterie, einer Batterie Gatling-Kanonen und sechszig indianischen Kundschaftern (Scouts). Nicht minder war für einen wissenschaftlichen Stab gesorgt, der zwei Geologen, einen Botaniker, einen Zoologen, einen Physiker, einen Zivil-Ingenieur, den unerläßlichen Photographen und mehrere erfahrene Goldgräber in sich begriff. Der Train bestand aus 100 mit je sechs Maulthieren bespannten Wagen und einem Bedienungs-Personal von 100 Mann. Am 2ten Juli verließ dieser formidable Heerzug Fort Lincoln, um nach 300 Meilen langem, nicht beschwerdelosem Marsch

6.   General George A. Custer led an expedition through the Black Hills of the Dakota Territory in 1874, two years before the Battle of the Little Bighorn.

über die, westlich vom Missouri zum Felsengebirgs-Plateau ansteigenden "Plains," am 20sten Juli den Belle-Fourche-Fluß zu überschreiten und das Gebiet der Black Hills zu betreten. Der größere Theil des Marsches hatte über gutes Weideland, dem es auch an Wasser und Holz nicht fehlte, dahingeführt. An einem der Nebenflüsse des Missouri, dem Grand River, wurde eine merkwürdige, dem Ingenieur Ludlow zu Ehren benannte Höhle entdeckt, deren Wände indianische Hieroglyphen trugen, und in deren Innerem eine Menge indianischen Kleidungs- und Schmuckgeräthes als gute Prise befunden ward. Zwischen dem kleinen Missouri, und dem Belle Fourche, dem nördlichen Quellfluß des Cheyenne, stellte sich die Gegend öde und völlig unfruchtbar dar, verwandelte sich jedoch, sobald einmal der Bannkreis der Schwarzen Berge überschritten war, in das gerade Gegentheil. Der üppige Graswuchs und der gute Holzbestand, welche hier überall den Boden bedeckten, wurden von den Erforschern als günstiges Vorzeichen für Das genommen, was ihrer in den Bergen selbst harrte. Und es hielt ihnen in überraschender Weise Wort.

Hören wir General Custer selbst, welcher sich, seinen literarischen Neigungen entsprechend (er ist bekanntlich ein regelmäßiger Beiträger der "Galaxy"), in nahezu poetischer Weise, wie folgt, vernehmen läßt: "Die Gegend war prachtvoll. Gras, Wasser und Holzbestand waren in Fülle vorhanden. Ich erstieg nach kurzer Rast den Gipfel des 6600 Fuß hohen Inyan Kara, der bedeutendsten Erhebung, die wir noch erreicht hatten. Dann ging es in die Berge selbst. Baumstämme, die uns den Weg versperrten, wurden fortgeschafft, und so ein Weg für die Thiere erkämpft, auf dem wir rüstig voranzogen, inmitten einer Gegend, welche im herrlichsten Blüthenschmucke prangte. Die Gesträuche und Pflanzen waren zum Theil so hoch gewachsen, daß die Leute ihre Blüthen vom Sattel aus pflücken konnten. Ich taufte daher dieses Thal 'Das Blumenthal' (Floral Valley). Ein Gebirgsbach, mit krystallhellem, kühlem Wasser, durchschlängelte es seiner ganzen Länge nach. An seinem Ende erstiegen wir den westlichen Kamm der Schwarzen Berge. Aber anstatt jenseits desselben eine unfruchtbare, von Felsstücken und Steingeröll bedeckte Gegend zu finden, erblickten wir ringsum die üppigste Vegetation. Die ganze Gegend glich einem Park, dessen Schönheiten sich am Besten denen des New-Yorker Zentralparks vergleichen."

Nach allerlei Kreuz- und Querzügen durch Berg und Thal, nach mehreren friedlichen Begegnungen mit den Indianern, nach verschiedenen erfolgreichen (!) Goldgräbereien und noch erfolgreicheren Jagden auf lebendiges Wild, erreichte die Expedition am 3ten August den südlichen Quellarm des Cheyenne-Flusses, der die Schwarzen Berge gen Mittag zu in der nämlichen Weise begrenzt, wie es der Belle Fourche nach Norden hin thut. Gleich den weitgeschweiften Armen einer Zange, deren Stiel der Haupt-Fluß bildet, zu welchem sie sich vereinigen, umfangen diese beiden Flüsse von nahezu allen Seiten das eigentliche Gebiet der Schwarzen Berge. Ihnen strömen sämmtliche Gewässer desselben zu, darunter der Elk Creek, von dessen Thal General Custer sagt, daß es an Schönheit und Ausdehnung irgend einem der durchzogenen Thäler der Black Hills gleiche.

Seinem Laufe folgend, legte die Expedition einen Theil des Rück-Marsches durch die erforschten Gegenden zurück, mußte ihn jedoch, wegen der unpassirbaren Rohr-Dickichte, in welche er schließlich führte, wieder verlassen, um durch einen Paß in dem Felsenwall seines nördlichen Ufers eine Anhöhe zu erreichen, von der sie zum ersten

Mal wieder die "Plains," über welche sie zwei Wochen früher herangezogen waren, überblicken konnten. Der Rückzug durch das westliche Dakota nach den Militärposten am Missouri wurde dann in ähnlicher Weise wie der Hinmarsch bewerkstelligt, und am 1sten September langten die Heerzügler mit einer Pünktlichkeit in Fort Abraham Lincoln an, welche den Spezial-Korrespondenten der "New-York Tribune" zu folgender Apostrophe begeisterte: "'Pünktlichkeit ist die Seele des Geschäfts,'" sagte der arme Richard. "'Sechszig Tage, Custer, sollst Du ausbleiben und alle Deine Arbeit thun,'" sagte General Terry; "'aber am Einundsechzigsten sollst Du von Deiner Arbeit ausruhen!'" Und so geschah es. 600 hungrige Pferde, 700 noch hungrigere Maulthiere und 800 bestaubte, sonnenverbrannte und wettergebräunte Soldaten sagten Amen dazu.

Wie bei allen derartigen Unternehmungen, lauteten die ersten, während der Dauer der Expedition selbst abgefaßten und der fernen Außenwelt zugesendeten Berichte ziemlich regellos. Die Wissenschaft pflegt sich erst später, wenn sie daheim ihr ganzes Material übersichtlich und geordnet vor sich hat, vernehmen zu lassen, und was vorher verlautbart, hat entweder die Gestalt kurzer militärischer Meldungen, oder lebhafter und eindrucksvoller, aber völlig unsystematischer Privat-Schilderungen. Von Beiden lagen Proben vor, lange bevor die Expedition in ihren Hafen von Fort Lincoln wieder eingelaufen war. Ein Geograph oder ein Geolog hätte danach unmöglich ein Bild der neu entdeckten Gebiete entwerfen können. Das Publikum im Allgemeinen jedoch erfuhr genug. Denn in dem Einen stimmten alle Nachrichten überein: daß die Black Hills eine Art landschaftliches Paradies mit glänzender landwirthschaftlicher Zukunft seien, daß es in ihnen Wasser, Gras, Wald und reizende Blumen in Fülle gebe; daß die Indianer sich äußerst respektvoll vor den Reiter-Kolonnen des großen Washingtoner Vaters erwiesen, und—endlich, daß Gold gefunden sei.

Natürlich wurde dies Letztere sofort zum großen Schlagwort des ganzen Unternehmens. Alle Thäler, reich genug an Blumen, um hunderttausend Hochzeiten damit ausstatten zu können; alle Weideflächen, üppig genug, um General Custer's Pferde fetter heimzuschicken, als er sie hergebracht hatte; alle Jagdreviere und Fischereigründe, noch so gesegnet mit Wild und Forellen, und schließlich alle friedlichen Indianer-Abenteurer, wurden übersehen und vergessen neben der einen Kunde: daß man hinlängliche Spuren und Proben des edlen Metalles gefunden habe, um die Black Hill's als neuestes Dorado proklamiren zu können. Einen solchen Eindruck machte die Kunde, wenigstens in den hauptsächlich von ihr berührten Kreisen westlicher Abenteurer und Goldsucher, daß man nicht nur sofort von der Ausrüstung von allerlei Expeditionen von Bismarck im Norden, Yankton im Westen [sic], Cheyenne im Süden aus hörte, sondern daß auch alsbald eine Fluth von Anfragen in Betreff Landerwerbung in den Black Hill's bei den zuständigen Behörden in Washington einliefen. Es ist bekannt, in welcher pünktlichen und ehrenhaften Weise auf Beides geantwortet wurde. Während das Ministerium des Innern in klaren, unumwundenen Worten erklärte, daß die Schwarzen Berge den Indianern gehörten, und daß vor Abänderung des bestehenden Vertrages keinem Weißen das Recht zugestanden werden könne, sich daselbst zu irgend welchem Zwecke niederzulassen, schlug das Kriegsministerium ans Schwert, und verlieh den Worten des Sekretärs des Innern durch die weitere Erklärung, daß es allen Unternehmungen, zu deren Ziel trotzdem die Black Hill's gemacht werden sollten,

mit Gewalt entgegentreten werde, den Nachdruck der energischen That. Freilich ist
Rußland groß und der Czaar weit, und Golddurst und Felsengebirgs-Pionierthum sind
ein paar Dinge, gegen die so leicht nichts auszurichten ist,—indessen wurde doch
der erste Ausbruch eines etwaigen "*Black Hill Excitement*" durch dieses Vorgehen
in heilsamer Weise gedämpft und auf solche Kreise beschränkt, deren Golddurst und
Abenteurersucht die Gesellschaft im Allgemeinen nicht beeinflußen und schädigen.

Doch nicht genug damit. Seitdem sind auch vorläufige Auszüge der Berichte
des wissenschaftlichen Stabes der Expedition veröffentlicht worden, welche noch
ungleich mehr dazu angethan sind, den Zauber des neuen Goldlandes zu Schanden
zu machen, als alle Washingtoner Warnungen und alle Sheridan'schen Drohungen. Ja,
man kann sagen, daß diese amtlichen Referate zu den Nachrichten, wie sie die New-
Yorker Zeitungen durch ihre Spezial-Korrespondenten von der Expedition selbst aus
empfingen, ja selbst zu Dem, was General Custer in seinen Berichten sagt, in einem
geradezu unerklärlichen Widerspruch.

Man urtheile selbst. Es heißt in des Generals vom 2ten August, Lager am Harney
Peak (dem höchsten, etwas über 8000 Fuß hohen, Berge des ganzen Schwarzwaldes)
datierten Rapport: "Über die wissenschaftlichen Forschungen soll später ausführlich
berichtet werden, doch sei hier schon bemerkt, daß Gold an verschiedenen Stellen in
größerer Menge gefunden wurde. Mir liegen 40 oder 50 Körner reinen Goldes vor, so
groß wie Nadelknöpfe, die aus einer einzigen Pfanne voll Erde gewonnen wurden."
Und nach beendeter Erforschung der Schwarzen Berge schreibt er unter dem 15ten
August vom Lager am Bear Butte aus: "In einem meiner früheren Berichte erwähnte
ich das Vorhandensein von Gold in den Black Hill's. Genaue, an zahlreichen Punkten
vorgenommene Untersuchungen bestätigten diese Angabe. In vielen Wasser-Rinnen
zeigte fast jede Pfanne voll Erde eine kleine, aber die Arbeit aufwiegende Quantität
Goldes. Bei den raschen Märschen und kurzen Halten konnte von einer eingehenden
Untersuchung nicht die Rede sein. Aber es verdient erwähnt zu werden, daß unsere
Bergleute in einer acht Fuß tiefen Grube, welche sie auswarfen, von der Rasendecke
herab bis zum Boden eine Menge Gold fanden, welche die aufgewendete Mühe reich-
lich bezahlte. Es bedurfte keines Sachverständigen, um das edle Metall zu finden.
Männer, welche nie vorher Gold gegraben, fanden es nach kurzer Zeit und ohne viele
Arbeit."

Ganz ähnlich lauteten die Berichte verschiedener Korrespondenten, von denen
hier nur das, klarstem Anschein nach aus eigener Anschauung geschriebene Schluß-
Resumee des, im Namen der "World" die Expedition begleitenden, Berichterstatters
Platz finden möge. Derselbe schreibt von Bismarck unter dem 31sten August: "Die
Goldentdeckungen in den Black Hill's anlangend, so will ich kurz und vorsichtig
zugleich sein. Es ist zu bedauern, daß die spärlich bemessene Zeit nur Untersuchungen der oberflächlichsten Art und auch diese nur an einigen Punkten gestattete,
während ein großer Theil des Innern der Black Hill's gar nicht besucht oder doch
kaum anders als aus der Ferne überblickt wurde. Goldadern in Quarz wurden nicht
entdeckt, obwohl sich der letztere in außerordentlichen Mengen vorfand, und es die
Ansicht Aller ist, welche der Frage ihre Aufmerksamkeit schenkten, daß man bei
einer eingehenden Untersuchung der Quarzregion wahrscheinlich auch auf Gold gestoßen sein würde. Häufige Untersuchungen hingegen, wenngleich auch diese nur in

oberflächlicher Weise, wurden in den Thälern und den Betten ausgetrockneter Flüsse angestellt, als deren Ergebniß sich das Vorhandensein von Gold an zahlreichen Plätzen herausstellte. Es kam in der Gestalt kleiner Blättchen, von den Goldgräbern 'Color' genannt, in jeder Pfanne voll Erde, welche ausgewaschen wurde, vor. In den meisten Fällen war der Ertrag kein solcher, daß er als 'gutzahlender' hätte bezeichnet werden können. An einigen Stellen hingegen waren unsere Goldgräber äußerst zufrieden, und bezeichneten ganze Lagen als '*big pay*,' was in greifbare Zahlen übersetzt, einen täglichen Ertrag von 25 bis 100 Dollars bedeutet. 'Diese Goldlager,' sagte einer der erfahrensten von den uns begleitenden Goldgräbern zu mir, 'werden ihre Erträge nicht in der Art liefern, wie die kalifornischen Placerminen, in denen ein Arbeiter zwei und drei Monate graben konnte, ohne Etwas zu finden, dann aber mit einem Spatenstreich einen Klumpen von zehn und zwanzig Tausend Dollars Werth bloslegte. Hier ist das Gold gleichmäßig in Körnern und Blättchen vertheilt. Man findet es durch das ganze Erdreich verbreitet. Eine Pfanne voll ist so viel werth, wie die andere, und eine jede lohnt die Arbeit des Auswaschens wohl. Indessen haben wir noch nie den Felsengrund der Flußbetten erreicht, und bevor dies nicht geschehen ist, vermag Niemand zu sagen, wie viel eigentlich da ist, und von welcher Gestalt es ist.'"

Dahingegen heißt es in dem vom 8. September, St. Paul, Minnesota, datirten Abstrakt des offiziellen Berichtes des Prof. N. H. Winchell, der die Expedition als Geologe begleitete, an den Ingenieur derselben, Col. William Ludlow, wörtlich: "In Betreff der nutzbaren Mineralien, welche sich in den Black Hills finden, so kommen die folgenden in bedeutenden, leicht auszubeutenden Quantitäten vor: Gyps in unbegrenzten Massen; verschiedene Marmorarten; Eisenerz im Südosten des Gebirges; Moosagate; Schiefer und Talk. Es mögen sich auch noch andere Mineralien vorfinden, und in der That berichteten die Bergleute und Goldgräber, welche die Expedition begleiteten, daß sie Gold und Silber in den Flußthälern des südöstlichen Theiles des Gebirges gefunden hätten, wiewohl ich selber kein Gold zu sehen bekommen habe, noch irgendwo goldhaltigen Quarz zu entdecken vermochte. Ich habe daher die Berichte über Goldfunde mit äußerster Vorsicht aufgenommen."

Man wird zugestehen müssen, daß dies ein wunderlicher Widerspruch ist. Selbst wenn man beiden Parteien, dem Mann der Wissenschaft auf der einen, dem militärischen Führer des Unternehmens und dem dasselbe begleitenden Zeitungs-Korrespondenten auf der anderen Seite, auf's Wort glaubt, bleibt es immer ein schwer zu lösendes Räthsel, wie dieser, den man doch zuerst hätte herbeiholen müssen, von dem Golde, dessen Proben der General besitzt, und welches der Korrespondent in den Händen der Goldgräber erblickte, nichts zu sehen bekommen hat.

Desto übereinstimmender sind sämmtliche Berichte in Betreff der natürlichen Schönheit des amerikanischen Schwarzwaldes und seines Werthes für eine künftige Besiedelung. Und diese Übereinstimmung ist schließlich ein ungleich werthvolleres Angebinde, welches die Herren von ihrem Erforschungs-Streifzug der Welt mitgebracht haben, als alle Goldkunden wären, wenn sie zugleich von nichts Anderem, als einer Wüstenei, deren die Felsengebirge ohnehin zur Genüge in sich schließen, und einer Steingeröll- und Sagestrauch-Öde[7] mehr zu berichten gehabt hätten. Wird

7. "Sagestrauch" is undoubtedly Brachvogel's word for "sagebrush."

schon General Custer, indem er von dem Wasser- und Weidenreichthum der Black Hills, von ihrem Reichthum an Waldungen, Fruchtsträuchern und schönblühenden Schmuckpflanzen spricht, ganz poetisch, so vergessen auch unsere vorsichtigen Gelehrten jede Rückhaltung, wenn es von den Vortheilen zu sprechen gilt, welche die erschlossenen Schwarzen Berge jenem Weißen in Aussicht stellen, der zur Hebung ihrer Bodenschätze mit Pflug und Spaten herbeikommen wird.

"Es ist eine Gegend," erklärt Oberst Ludlow, "in geradezu wunderbarer Weise für die Besiedelung durch den Ackerbauer und Viehzüchter geeignet. Sie hat Überfluß an Wald, an Weiden und fließenden Wassern. Kalte, klare Quellen finden sich überall. Die Thäler des Südabhanges harren nur des Pfluges. Ihr Boden ist von wunderbarer Fruchtbarkeit, wie das üppige Gras und das nicht minder wuchernde Wachsthum von Blumen und Beeren tragenden Gebüschen beweis't. Das Klima ist von dem der Plains gänzlich verschieden, und nach seinen Erzeugnissen zu urtheilen, ein ungleich angenehmeres: kühler im Sommer und milder im Winter. Dürre ist ihm fremd, da die Nächte schweren Thaufall bringen. Und was den Schnee der Wintermonate betrifft, so kann derselbe unmöglich ein übermächtiger sein, da sich in den Fluß- und Bachthälern keine Spuren von Überschwemmungen entdecken ließen."

Es unterliegt nach dieser und ähnlichen Schilderungen für Denjenigen, der die Felsengebirge, oder richtiger gesagt: die Plains, aus eigener Anschauung (und wäre es auch nur eine Fahrt mit der Pacificbahn, von der sich diese Bekanntschaft herschreibt) kennen gelernt hat, keinem Zweifel, daß der amerikanische Schwarzwald in dem grenzenlosen Hochland des amerikanischen Westens eine Art Oase, denjenigen Colorado's oder des Rio-Grande-Thales von New-Mexico ähnlich, bildet, deren die Zivilisation sich auch in anderer Gestalt, als der des Goldjägers und des primitiven Trapper- und Abenteurerthums, wie es in den Rocky-Mountains heimisch ist, wird bemächtigen können. Da sie es aber nicht so eilig hat, den rothen Mann aus seinen Sitzen zu verdrängen, wie diese Letzteren, so wird noch eine geraume Zeit vergehen, ehe sie den Erwerb des neuen Gebiets anstreben wird. Vor der Hand wird trotz aller Zweifel, in welche die Goldfrage einstweilen noch für jeden Unbefangenen gehüllt sein muß, doch sie es sein, in deren Namen, ganz gleich, ob mit Erlaubniß der Vereinigten Staaten oder ohne dieselbe, die Eroberung der Black Hills begonnen werden wird.

Die Fälle des Niagara

Das ist Buffalo. Stattlich und der zweitgrößte Handelsplatz des Staates New-York, ist es zugleich die am weitesten nach Westen vorgeschobene größere Stadt desselben. Von etwa zweimalhunderttausend Menschen bewohnt, dehnt es sich mitten in weiter Wasser- und Land-Ebene an den Ufern des Erie-See's, oder vielmehr des Stromes dahin, zu dem sich der Erie-See verengt, um sich dreißig Meilen weiter nördlich in den Ontario,—das letzte Glied jenes gigantischen Seeen-Systems, das im St. Lawrence seine Wasser dem Ozean zusendet,—zu ergießen. Dieser Strom ist der Niagara. Breit und majestätisch wälzt er die ungeheuren Fluthen der größten Inland-Seeen des Erdballs dahin. Nur wenige Meilen noch, und seine Fälle sind erreicht. Aber wie? Kann eine so schmucklose Gegend, wie diese, wirklich die Fassung, wirklich der Rahmen sein, mit welchem die Natur ihre kolossalste Schaustellung umgeben? Es will und will dem erwartungsvollen Reisenden nicht glaublich werden. Es ist immer das selbe flache, ausdruckslose Land, durch welches der Schienenweg dahinführt. Über den Erie-Kanal führt er hinweg, auf dem sich Boot an Boot, des Westens Getreideschätze dem Osten zutragend, drängt. Stets zur Linken das mächtige Stromwesen. Sein Spiegel scheint, mit der Landfläche umher im gleichen Niveau zu liegen. Nirgends eine Anschwellung des Bodens, nirgends eine Abwechslung für das suchende, von dieser holländischen Eintönigkeit ermüdete Auge. Und doch ist dieses Stromwesen der Niagara! Und doch zittern seine so ruhig anzusehenden Fluthen in ihren Tiefen bereits in schnellerer Strömung dem ungeheuerlichen Wasser-Sturz entgegen, den gesehen zu haben ein Unerläßliches ist, um sagen zu können: "Auch ich war in Amerika!"

Eine halbe Stunde fliegt dahin,—die letzte Zwischenspanne der Fahrt. Eine kleine Stadt mit breiten Straßen und vielstöckigen Kasernen zeigt sich. Von den Lippen des Conducteurs tönt der Ruf "Niagara Falls!" der alle Passagiere in drängender Hast aus dem Wagen lockt. Jene vierstöckigen Kasernen sind Hotels, und wenn nichts Anderes, so lehrt wenigstens ihr Anblick, daß hier der Zielpunkt eines ungewöhnlichen, von allen Richtungen der Windrose herbeiströmenden Fremdenverkehrs erreicht ist. Das ist aber für den ersten Moment auch Alles. Eine desto heiterere Unterhaltung gewährt es Dem, der hier nicht zum ersten Male aussteigt, die Gesichter jener Reisenden zu betrachten, welche, vom Verlangen nach dem Anblick des berühmten Naturschauspiels verzehrt, herbei eilen und vor der Hand nichts Anderes entdecken, als eine gewöhnliche Eisenbahnstation und eine gewöhnliche kleine Stadt mit breiten, offenen Straßen, riesigen Hotels und Indianer-Bazars. Aber nur wenige Minuten Geduld, nur wenige Schritte vorwärts,—und schon drängt sich die Gewißheit der Nähe von Außerordentlichem mit Macht auf. Das Gehör empfängt die erste Kunde davon. Ein fernes Sausen und Rauschen, verhallendem Donner und zügellos aufschlagendem Wolkenbruch ähnlich, tönt heran. Lauter und lauter schwillt es mit jedem weiterführenden Schritt herüber. Schon schlägt es voll und Alles übertäubend an das Ohr. Und jetzt erscheint der Strom auch dem Auge wieder, in wilder Empörung einherrasend,—derselbe Strom, dessen Spiegel noch kurz vorher in ruhigster Majestät herüberstrahlte. Wenige hundert Ellen weiter jedoch, dort, wo er plötzlich aufzuhören scheint und die schneeweißen Wolken zum Himmel stäuben: dort ist es,—dort stürzt er in die Tiefe!

Aber schon die Strecke vorher gleicht einer Wasser-Lawine, und nichts ist natürlicher, als daß der Fremde, von ihrem Anblick überwältigt, im ersten Moment vergißt, daß er es hier nur mit dem Präludium zu der rauschendsten aller Elementar-Symphonieen zu thun hat. Stromschnellen, "Rapids," heißt diese Strecke, und es ist ein einziges Bild, welches die enorme Masse des Stromes, haltlos ihrem Untergange entgegenwirbelnd, gewährt. Aus der grünen Fluth aufspringend, schimmernden Rossen mit Schneemähnen gleich, schäumt es und bäumt es sich empor,—ein Wellen-Bacchanal, welches, von der eigenen Wuth berauscht, dem Abgrunde entgegentaumelt. Hier und da ragt aus ihm ein schwarzer Steinblock oder eine cypressenbewachsene Klippe auf. Vergebens hat das Ungestüm der Fluthen an ihnen bisher gerüttelt. Dort bildet sich, geheimnißvoller Gewalt auf dem Grunde des Felsenbettes gehorsam, ein weißschäumender Trichter. Hier wieder schlägt ein mächtiges Wogenbündel zurück, aber nur, um schon im nächsten Moment von der eigenen Wucht dem tobenden Reigen der übrigen nachgepeitscht zu werden. Überall siedendes, fieberndes, jedes Zügels baares Voranstürzen, wüthendes Kämpfen und Strudeln und eine Entfeßlung des grimmigen Elements, als gelte es, Himmel und Erde mit sich in die Vernichtung zu reißen. Und zu dem Allen der donnernde Triumphgesang des wiedergebornen Chaos,—das sind die Rapids!

Und doch ist dies nur die Hälfte, und zwar die kleinere Hälfte des Stromes. Ein umfangreiches Felsen-Eiland wirft sich quer vor den Flußriesen hin, ehe dieser in den Abgrund stürzt, seine stolze Masse in zwei Arme scheidend, von denen ein jeder seinen eigenen Fall bildet. Ein jeder aber welch' ein Katarakt-Koloß! Ein jeder ein Weltwunder für sich! Es ist, als ob die Natur nicht zufrieden gewesen wäre, ihr erhabenstes Schauspiel nur Ein Mal zu geben. Sie theilte es—und gab es doppelt. Goat-Island, die Ziegen-Insel, heißt jenes Eiland. Und es ist ein entzückendes Stück Erde! Wie die Stromarme, welche es umschlingen, Wasserfälle bilden, so bildet es, zu derselben Tiefe hinabstürzend, einen mächtigen Felssturz. Zu seinen Füßen aber schäumen die gestürzten Niagara-Hälften wieder in Eines. Sollte es von dem Strom überfluthet werden, dann würden die beiden Fälle in der Breite von einer englischen Meile einen einzigen Katarakt bilden.

Doch wie? Wohin stürzt dies Alles? Diese Stromarme, Inseln und Felsenwände mitten in der endlosen Ebene? Öffnet sich die Erde, um den bis dahin so friedlichen Fluß in ihre Tiefen zu reißen? Klafft die Unterwelt auf, um ihn zu verschlingen? Fürwahr, so ist es! In scheitelrechter Jähe fällt plötzlich um nahezu zweihundert Fuß das Flußbett, während die Ufer sich einförmig und eben in ihrem bisherigen Niveau dahinbreiten. Zu einem gähnenden Riesenspalt, einer klaffenden Schlucht vertieft es sich, haarscharf in die weite Fläche hineingerissen. Auf ihrer Sohle schäumt der gestürzte Strom weiter. Schwindelnd überblickt der Wanderer die Kluft von ihrer Kante aus. Kaum hundert Schritt davon zurücktretend, sieht er ihre Ränder sich scheinbar wieder an einander schließen, und über sie hinweg schweift sein Blick, als sei die Ebene durch nichts unterbrochen. Sein Ohr aber vernimmt fort und fort das brausende Lied der Tiefe, als klagten die Fluthen, früher dem Himmel so nahe, ob ihrer Verbannung in den Abgrund.

Und doch müssen sie da unten ihren Weg fortsetzen, bis die Ebene umher, gleichfalls sich senkend, dort wieder mit ihrem Niveau zusammenfällt, wo sie das Ufer des Ontario-See's bildet, und wo der Niagara seine und der vier übrigen "großen Seeen" unendliche Wasser in diesen ausgießt. Um vierhundert Fuß niedriger liegt sein Spiegel, als der des Erie-See's. Die Strecke zwischen beiden ist zu kurz, als daß ein Strom von der Breite und Tiefe des Niagara mit gleichmäßigem Gefäll auf ihr herniederfließen könnte. Und so thut er denn, was er muß,—er führt in ihrer Mitte jenen chaotischen Fluthen- und Felsen-Saltomortale aus, der in seiner Art auf unserem Erdball ebenso einzig ist, wie die Sonne in unserem Planeten-System.

Goat Island ist mit dem Städtchen am östlichen Ufer des Flusses durch eine für Wagen sowohl, wie für Fußgänger bequem zu passirende Brücke verbunden, welche quer durch die Rapids führt. Eine breite Fahrstraße ist rund um die ganze Insel angelegt, die von üppigem Walde und smaragdenen Rasenflächen parkartig bedeckt ist und nach allen Richtungen hin von wohlgehaltenen Fußwegen durchschnitten wird. Dichtbelaubte Weidenbäume, Cypressen und blühende Gesträuche kränzen im Frühling die Ufer und tauchen ihre niederhängenden Zweige in die Wirbel der Rapids. In ihren Dickichten aber nistet zwitscherndes Vogelvolk und erhebt, uneingeschüchtert durch das Toben der Wasser, seine zarten Stimmen zum Preise derselben Naturgewalten, wie jene. Kleinere Inseln und Klippen,—so die "Drei Schwestern," so das "Luna-Island,"—gruppieren sich um Goat Island, wie Hofgesinde um seinen Fürsten.

Der östlich von Goat Island stürzende Katarakt (es ist jener, welchen der von New-York Kommende zuerst erblickt) führt den Namen des "amerikanischen Falles." Sein westlicher, ihn an Größe fast um das Doppelte überragender Zwilling ist der "Hufeisen-Fall." Er hat seinen Namen von der hufeisenförmigen Biegung, welche er nach Innen macht, und in der er sich nach dem canadischen Ufer (nach welchem er auch als "canadischer Fall" bezeichnet wird) hinüberschwingt. Auf einer von Goat Island aus weit in ihn hineinspringenden, selbst schon von Fluthen überwaschenen Klippe ist ein Thurm errichtet, von dessen Höhe man bequem in das Chaos brandenden Wassers, zackigen Gefelses und brauender Schaumwolken auf dem Grunde der Schlucht schauen kann. Aber wie scharf man auch den Blick hinuntersende,—ein klares Bild der wilden Szene ist nicht zu gewinnen. Die dem Sturze sich zuwälzende Wassermasse leuchtet im ungetrübten Schimmer hellgrünen Chrysopras-Gesteines. Von dem Moment jedoch, da sie die Felskante überschritten, verwandelt sie sich in eine Lawine zitternden Schaumes. So stürzt sie und überstürzt sie sich, und nichts Formbestimmtes vermag das Auge mehr festzuhalten, mehr zu erzwingen. Schimmerndes Gewölk breitet sich über den Anprall der Wogen auf die Felsen des Abgrundes. In Silbernebel-Gestalt steigen sie empor, die Milliarden zerschellter Wasserstäubchen, und hüllen das Vermählungs-Geheimniß der Tiefe in ihre keuschen Schleier. Sobald die Sonne auf dieses Gewölk scheint, bilden sich vollfarbige Regenbogen, und selbst das sanftere Licht des Mondes ruft das schöne Phänomen matt, aber deutlich wahrnehmbar hervor. Von Luna-Island, einer kleinen, durch einen schmalen Arm des amerikanischen Falls von Goat Island getrennten Insel, genießt man das seltene Schauspiel am vollkommensten. Einem verhüllten, träumenden Sonnen-Regenbogen ist das wunderbare Lichtgebilde zu vergleichen. Wie eine matt-glänzende Schleierbrücke wölbt es sich über dem Aufruhr des Abgrundes, fast farblos dem gewaltsam andringenden Blicke, und doch für den leicht darüber hingleitenden deutlich in siebenfarbigem Lichte spielend.

Zwei der größten Nationen der Erde,—das Volk der Vereinigten Staaten und das von England,—begegnen sich an den Fällen des Niagara. Europa und Amerika, alljährlich durch Tausende ihrer Reisenden vertreten, reichen sich über sie hinweg die Hand. Ein internationales Stelldichein, zu dem sich kein Schauplatz darbieten könnte, welcher auf das Attribut der Unvergleichbarkeit ein größeres Anrecht hätte! Und wenngleich die Natur versäumt hat, eine ebenbürtige Berg- und Felsen-Szenerie um das ungeheure Wasser-Schauspiel aufzuthürmen, so ist dieses doch an sich so übergewaltig, so jedem Maße entwachsend, daß es, einem unschätzbaren Juwel gleich, ein Recht darauf hat, jeglicher Fassung zu entrathen. Dieses Gefühl nimmt schon nach der ersten Minute, welche ihn in die Mitte jener Wunder führt, Besitz von der Seele des Fremden. Wie von einem Zauberstabe berührt fühlt er sich. Spurlos ist der noch eben beklagte Eindruck der dürftigen Gegend, durch die er herannahte, ausgetilgt, und von Stunde zu Stunde wird er sich klarer bewußt, daß die Elementar-Gewalten, zu denen er hier staunend die Hände erhebt, auf Erden ihresgleichen nicht haben, nicht haben können!

In unwandelbarer, stets gleichbleibender Mächtigkeit zeigen sich die Katarakte. Die Einflüsse des wechselnden Jahres und des wechselnden Himmels rühren an ihrer Majestät nicht mehr, als ein Lufthauch an den wuchtigen Falten eines Kaiserpurpurs. Keine Dürre vermag die unendlichen Wassermassen zu schmälern, kein Wolkensturz sie anzuschwellen, und nur wenn die Stürme des Frühjahrs und Herbstes die Fluthen des Eriesees in ungewöhnlichen Mengen in den Niagarastrom hinunterpeitschen, wird es an der in trübes Gelb veränderten Farbe der Fälle erkennbar, daß Tausende und aber Tausende von Kubikfuß Wassers in der Secunde mehr fallen, als gewöhnlich. Die Masse selbst aber erscheint unverändert die nämliche.

Es ist möglich, von Goat Island unter den Fall selbst zu gelangen, d.h. in jenen Raum hineinzuschreiten, der sich zwischen der Felswand und den über sie im Bogen hinwegstürzenden Fluthen bildet. Der Sprühregen, welcher diesen ganzen Raum erfüllt und den Eindringling im Zeitraume weniger Sekunden auf das unbarmherzigste durchnäßt, hat einen erfinderischen Kopf auf den Gedanken gebracht, diejenigen, die diese Wagefahrt unternehmen wollen, mit einem eigenen Toiletten-Apparat zu versehen. Das Vermiethen dieser Anzüge, von denen versichert wird, daß sie der andringenden Nässe durchaus Trotz bieten, ist ein Zweig jener Industrie, welche, auf des Fremden Börse spekulirend, auch am Niagara in vielerlei Gestalt lästig wird. Man empfängt weite Kleidungsstücke, die, aus zitronengelbem Öltuch angefertigt, weder durch ihre Farbe, noch durch ihren Schnitt die Gestalten, welche sie umhüllen, besonders heben, und deren Undurchdringlichkeit sich schon nach wenigen Minuten als illusorisch erweist. Als desto zuverlässiger, ja als völlig unentbehrlich bewähren sich die unförmlichen Filzpantoffeln, die an die Füße festgebunden werden. Nur sie ermöglichen ein Voranschreiten auf dem Gestein, welches durch die Nässe der Jahrtausende so glatt und schlüpfrig geworden ist, daß der ungerüstete Fuß auch nicht den mindesten Halt darauf zu finden vermag. Aber das Unheimliche der Expedition liegt nicht in der Glätte und Zerklüftung des Pfades, auf welchem man sich zwischen der Wasser- und der Felsenwand hindurchzwängen muß. Auch hier hat die obenerwähnte Industrie zu des Reisenden Bequemlichkeit und ihrem eigenen Nutzen Stege, Geländer und Stufen hergestellt, die, wenngleich nicht durch Solidität imponirend, doch leidlich sicher in dem tobenden Aufruhr dahinführen. Wirklich beängstigend hingegen, ja überwältigend und nicht von Jedem zu ertragen, wirkt der ungeheure Luftdruck, der athemraubende

Zug, welcher schneidend und pfeifend dem Eindringling entgegenschlägt. Es ist, als ob die Geister der Tiefe, welche hier ihren Wohnsitz haben, dem seltsam vermummten Menschkinde ihr Reich mit unerbittlicher Entschiedenheit verwehren wollten. Ganze Sturzwellen schleudern sie ihm entgegen. Alle Getöse des Abgrundes entfesseln sie. Die Windsbraut lassen sie gegen ihn anrasen. Aber er dringt vorwärts, und schon steht er in der Mitte dieses ganzen Hexensabbaths von Wogen, Sturm und Donnergetöse. Graue, neblichte Dämmerung umgiebt ihn. Kaum das Nächste vermag er durch die Massen hin und her gepeitschten Sprühregens zu erkennen. Über seinem Haupte wölbt sich der Fall. In rinnenden Pilastern, in flüssigen Arkaden strömt die, viele Fuß dicke, Wasserdecke hernieder. Das Gestein unter seinen Füßen bebt. Betäubt und nach Luft ringend, drückt er sich, Hülfe suchend, an die Felsenwand. Auch der stärkste Schrei, welcher jetzt seiner Brust entfliege,—schon dem dicht dabei Stehenden würde er ungehört verhallen. Aber es giebt kein Rückwärts. Voran muß, wer einmal so weit gedrungen. Längs der Felsenmauer auf und nieder führt der glatte, schlüpfrige Steg. Von Klippe zu Klippe durch das Bacchanal von hundert Ungewittern führt er dahin. Endlich wird es wieder heller und heller,—schon löst sich der unsägliche Druck auf Gehör und Lunge,—noch diesen Steinblock empor, und der volle Tag fluthet aufs Neue dem Aufathmenden entgegen.

Das ist die berühmte *Cave of the winds*, die "Höhle der Winde," das Luftrevier des Aeolus, das Hochzeitsgemach des Wassers und der Sturmbraut! Aber ein wie winziger, ein wie verschwindend kleiner Theil der Katarakte ist es, unter welchen sich der Mensch auf diese Weise wagen kann. Es ist nur der schmale Arm des amerikanischen Falls zwischen Goat and Luna Island, der sich über der *Cave of the winds* wölbt. Unter den großen, den eigentlichen Fällen würde jeder menschliche Organismus in Atome zerschellt und zermalmt werden. Nicht eher werden sich die dort lauernden Elementar-Mysterien vor eines Lebenden Augen entschleiern, als bis ein neues Geschlecht von Enakssöhnen mit Muskeln aus gediegenem Gußstahl die Erde bevölkern wird. Und doch reizt den Menschen nichts in solchem Maße, als der Natur gerade dort, wo sie sich in ihrer stolzesten Unabhängigkeit zeigt, Fesseln anzulegen. Wie er unter den größten Wasserfall der Erde, soweit er dort seine Existenz-Bedingungen findet, vordringt, so fährt er auf leichtem Nachen quer vor den Fällen von einem Ufer des gestürzten Stromes zum anderen hinüber. Kräftiger Arme und mächtig geschwungener Ruder bedarf es da freilich, um das Fahrzeug durch die Tücke der kochenden, grundlosen Fluthen zu lenken. Von der Höhe des Ufers neben den Fällen oder von Goat Island scheint das Spiel um so verwegener, je winziger sich der Kahn darstellt. Aber es ist keine Gefahr dabei, sondern nur Poesie. Ein Windstoß treibt die von den Fällen aufsteigenden Schaumwolken über ihn fort, oder es legt sich auch ein vollleuchtender Regenbogen über die muntere Gesellschaft dahin, welche schon nach wenigen Minuten auf dem schmalen, künstlich an der andern Uferwand emporgebauten Pfade zur Höhe aufsteigt.

Eine ungleich bequemere Verbindung der beiden Schluchtränder als diejenige per Kahn, bietet die, eine englische Meile weiter gelegene, weltberühmte Hängebrücke. Die erste Idee zu einer derartigen Überbrückung des Niagara oder besser gesagt des Felsenschlundes, auf dessen Sohle der gefallene Strom seinen Lauf fortsetzt, muß durch einen Vogel angeregt worden sein, welchen der Erbauer vom einem Rande dieses Schlundes zum anderen hinüberfliegen sah. So leicht und so graciös spannt sich das merkwürdige Bauwerk über die Tiefe. Der Name des Mannes, welcher es schuf, hat deutschen Klang: Johannes Röbling. Und schon gehen die Riesengefüge jenes andern Baues, der Überbrückung des East-River zwischen New-York und Brooklyn, ihrer Vollendung entgegen,[1] welcher bestimmt ist, diesem Namen noch eine Glorie mehr zu leihen. Aber auch ohne sie bleibt der Ruhm unseres kühn-genialen Landsmannes durch die Ausführung der Suspension-Bridge über den Niagara gesichert. Zierlich und imponirend zugleich heben sich ihre Linien von dem blauen Hintergrunde des Himmels ab. Ein eiserner Gedanke, welcher über den gähnenden Abgrund hinweg England und die Union verbindet. Und wie verbindet! Aus zwei Etagen bestehend, bietet die Brücke in der unteren derselben den trefflichsten Heerweg für Wagen, Reiter und Fußgänger. Die obere trägt die Eisenbahn. Gitter- und Flechtwerk von Eisen, durch dessen quadratische Riesenmassen man bequem den Kopf hindurchstecken kann, umschließt käfigartig den unteren Weg. Zwischen zwei Paaren verhältnißmäßig schlanker Pfeiler, die im Felsengrunde der Ufer wurzeln, hängt das Ganze. Nicht viele Passagen gleich dieser bietet die Welt. Unten in schwindelnder Tiefe erblickt der die Brücke beschreitende Fußgänger den schäumenden Strom. Die Fälle selbst, wiewohl eine englische Meile oberhalb, senden ihm ihre donnernden Grüße herüber. In derselben Entfernung unterhalb, zur Hälfte schon durch eine Biegung der Schlucht dem Blicke entzogen, gewahrt er die Charybde des *Whirlpool*, einen grimmigen Strudel, eine Orgie rasender Fluthenwirbel, ähnlich den Rapids, nur zügelloser als diese im verengten Klippenbett emporkochend. Über seinem Haupte aber poltert der wagenreiche Eisenbahnzug dahin. Und er, der Fußgänger selbst? Gelassen schaut er von der Mitte der Brücke durch das Gitterwerk hinunter in den Abgrund, fest und sicher auf beiden Füßen an einer Stelle stehend, wo früher nur der Adler seine luftbeherrschenden Schwingen wiegte, oder der Fischweih hing, bereit, nach dem Element, welches ihm seine Nahrung liefert, hinunterzuschießen. Er weiß jetzt, was es heißt: "Zwischen Himmel und Erde." Seit er auf der Suspension Bridge gestanden, weiß er es! Und doch schien Blondin, der bekannte Seiltänzer, anderer Meinung zu sein. Ihm genügte das "Zwischen Himmel und Erde" der Suspension Bridge nicht. Wie überall, so auch hier, beschloß der Waghals seinen eigenen Weg zu gehen. Nachdem er etwa tausend Schritt unterhalb der Fälle ein Seil von einem Rande des Abgrundes nach dem anderen gespannt (schon diese Vorbereitung war eine in ihrer Art merkwürdige Leistung), promenirte er auf diesem luftigen Pfade vom Unionsgebiet nach Canada hinüber.[2] Der Niagara selbst spielte bei dem Wagniß eigentlich nur eine untergeordnete Rolle. Wer Hunderte von Fuß hinabstürzt, für den ist es gleichgültig, ob er dort unten auch noch in's Wasser fällt. Phaeton's Sturz wäre poetischer geworden, wenn er, statt in den Ozean, in ein Bett von Rosen gesunken wäre. Die Entfernung vom Himmel und sein Verderben wären dasselbe geblieben. Übrigens ist Blondin nur ein Seiltänzer, und Phaeton war der Lieblingssohn des Lichtgottes. Aber die Tollkühnheit, für welche das Wort: "Rührt nicht an die Vorrechte der Götter!" keine Geltung hat, theilt der Gaukler des neunzehnten Jahrhunderts mit dem Helden der schönsten Sage des Alterthums.

1. John A. Roebling's Brooklyn Bridge was completed in 1883.
2. Tightrope walker Jean François Gravelet (1824–1897), known as the Great Blondin, crossed the Niagara gorge several times in the summer of 1859.

Drawing of John A. Roebling's Niagara Falls Suspension Bridge. Completed in 1855 and demolished in 1896, it was a railroad and road bridge. Reprinted from D. H. Montgomery, *The Beginner's American History* (Boston: Ginn & Company, 1893), 174.

Das canadische Ufer ist bis auf eine Art Terrasse, zu der es sich in einiger Entfernung vom Rande der Niagara-Schlucht erhebt, ebenso flach, wie das amerikanische. Man rollt in leichtem Wagen zehn Schritte, und kaum das, vom Abgrund entfernt, auf der ebensten Chaussee dahin. An einer Stelle ist es sogar möglich, auf einem Wege, der im weiten Zickzack an der Schluchtwandung aufgeschüttet ist, hinunter zum Wasser zu fahren. Verschiedene Hotels und Landhäuser fallen auch hier, zerstreuter und mehr vom Ufer ab liegend, aber nicht minder großartig, als auf dem amerikanischen Ufer, in's Auge. Auch ein "Museum" befindet sich dicht am Hufeisen-Fall und sendet dem Fremden eine ganze Schar zudringlicher Agenten entgegen, um ihn zum Besuche halb einzuladen, halb zu zwingen. Wer in Europa gereis't ist,—sei es nun am Rhein, in den Alpen oder in Italien,—wird unwillkürlich ausrufen: "Ganz wie bei uns!" Vor dem Besuche der Jahrmarktsbude am Niagara jedoch sei entschieden gewarnt. Nicht weil der Humbug dabei ärger ist, als bei sonstigen Instituten dieses Gelichters, oder weil man unverschämteren Prellereien ausgesetzt ist,—das nicht. Aber warum dem erlauchtesten aller Naturschauspiele eine Stunde, ja nur zehn Minuten um ein paar mottenzerfressener Eidergänse oder einer Kollektion indianischer Armseligkeiten willen entziehen?

Nur wenige Schritte vom Museum und ganz nahe dem Hufeisen-Fall bot bis vor wenigen Jahren der Table Rock (Tafel-Felsen), eine zungenartig über den Abgrund hinausragende Felsplatte, den schönsten Standpunkt, um den ganzen Fall mit Goat Island in der Mitte in voller Breite zu überblicken. Seitdem hat sich der merkwürdige Felsen,—müde, tausend und aber tausend Reisenden zum Piedestal zu dienen,— losgelös't und ist in den Schooß jener Fluthen gestürzt, deren Gesang er seit Äonen gelauscht. Er hatte ihrem Locken lange genug widerstanden. Das göttliche Naturbild aber, welches von ihm gewonnen wurde, ist dadurch, daß der Beschauer seitdem dreißig oder vierzig Fuß weiter zurückstehen muß, um Nichts verkümmert worden.

Ein göttliches Bild, fürwahr! Gegenüber die weithin sichtbaren Hotels des amerikanischen Städtchens. Rechts davon der amerikanische Fall, eine gerade, schneeige Schaumwand bildend. Mit ihm in gleicher Höhe, aber etwas breiter, die Felsenmauer von Goat Island, grau und nackt zur Tiefe hinunterstürzend, den Fuß in grünleuchtenden Fluthen, die Stirn von grünleuchtendem Walde bekränzt. Von da, nach dem canadischem Ufer, in wunderbar kühnem Bogen hinübergeschwungen, der Hufeisen-Fall mit dem auf der Goat Island-Seite keck in seine Brandung hineingebauten Leuchtthurm. Tief unten endlich schäumendes, bacchantisch bewegtes, smaragdenes Element, aus welchem, duftiger, als Indiens duftigste Schleiergewebe, jene Wasserstaubwolken zum Himmel aufsteigen, die das eigentliche Geheimniß des Katarakts verhüllen. Es ist ein Anblick, so groß, so sehr zur vollsten Erhebung emporreißend,—und die Titanen-Musik der stürzenden Wasser vollendet, was das Auge ja versäumen mag, der Seele zu übermitteln,—daß nichts erübrigt, als schweigendes Staunen!

Und mit diesem Bilde, als einem dauernden Besitzthum, sei auch hier vom Niagara geschieden. Unzertrennlich aber von ihm, ja, nach jedem wiederholten Erschauen nur um so gebieterischer das Gemüth erfüllend, bleibt die Sehnsucht, auf's Neue seinen Gewalten gegenüber zu stehen, seinen Donnern zu lauschen, vor seinen Offenbarungen zu vergehen.

Prozeß oder Roman?

I.

Es war im Herbst 1870. Ich stand in einem Juvelierladen der New Orleanser Canal-Street, mit dessen Besitzer ich bekannt war. Seit etwa zehn Minuten hörte ich, halb belustigt, halb verwundert, der Unterhaltung zu, welche eine kleine ältliche Frau mit, oder vielmehr gegen meinen "Meister bei Gold und Edelstein" führte. Es war das Einseitigste von Zwiegespräch, was mir noch je vorgekommen. Kaum, daß die kleine ältliche Frau auf eine der vielen Fragen, mit denen sie ihrem lebhaften Rede-Erguß noch mehr Lebhaftigkeit lieh, ein "Ja," "Gewiß," oder sonst etwas Zustimmendes gestattete. Es war wie ein Plaidoyer, das sich an eine große Versammlung richtete, nicht wie eine, einem einzelnen Zuhörer geltende Mittheilung. Das Wort "Grundstücke" mit allerlei näheren lokalen Bezeichnungen bildete ihr Schlagwort. Dazwischen war von gerichtlichen Entscheidungen aus verschiedenen, selbst ganz entlegenen Jahren die Rede, und die Worte Kriegsgericht, Obergericht und Oberbundesgericht wirbelten, von einem ganzen Feuerwerk gerichtlicher Fachbezeichnungen umsprüht, durcheinander. Und doch hatte das Alles nichts Unangenehmes oder gar Unheimliches. Die Dame,—denn das war sie in jeder Bewegung und in jedem Wort,—sah wie eine Fünfzigerin aus, mit einer Gesichtsfarbe, die noch einen rosigen Schimmer hatte, mit Zähnen, die, ganz gleich, ob ächt oder nicht, weiß und vollständig waren, und mit ein Paar Augen, die in ihrem Glanz und ihrer Lebhaftigkeit die unverfälschte Jugend selbst wiederspiegelten. Sie hatte etwa eine Viertelstunde lang gesprochen, als sie sich plötzlich erinnerte, daß sie eines kleinen Geschäftes halber in den Laden gekommen sei, und dasselbe, ohne ihr Plaidoyer eigentlich zu unterbrechen, durch ein Paar eingestreute Worte nebenher erledigte. Un dann stieß diese neue Muse juristisch-geselliger Beredsamkeit einen mehr selbst ironisirenden als kläglichen Seufzer aus, "daß sie nun trotz Allem und Allem noch immer nicht an ihrem großen Ziele angelangt sei," und verließ kurzen und leichten Schrittes den Laden.

"Eine Verrückte ist das nicht?!" wendete ich mich halb fragend an das endlich befreite Opfer jener Beredsamkeit. "Ich würde sie sonst Mrs. Fintch nennen,—Mrs. Fintch, die kleine alte Prozeß-Närrin von 'Jarndyce contra Jarndyce' in Dickens Bleakhouse."

"Sie würden damit der merkwürdigsten Frau des Südens, die in ihrer Art zugleich die vernünftigste ist, nur ebenso unrecht thun, wie Ihrem eignen Urtheil!" lautete die Antwort, und sie klang ernst genug, um bei Dem, welchem ihre halbe Zurechtweisung galt, erst recht alle Geister der Neugierde zu entfesseln.

"In ihrer Art,—Jeder ist in seiner Art vernünftig. Sie müssen mir mehr und Stärkeres über die kleine Frau sagen, ehe—"

"Es ist die Generalin Gaines!" wurde ich kurz und scharf unterbrochen.

Ich stürzte nach der Thüre, um womöglich noch einen Blick auf die Entschwundene zu werfen. Aber ihre Füße waren schnell wie ihre Zunge, und mir blieb nichts übrig, als mir noch einmal genau alles das zu wiederholen, was ich soeben gehört, und wovon ich absolut nichts verstanden hatte.—

Mrs. General Gaines. Etching from a photograph by
Brady, as it appeared on the front page of *Harper's
Weekly,* 13 April 1861. (Wisconsin Historical Society:
WHi-47895.)

Die Generalin Gaines,—*Myra Clark Gaines!* Das war der Name, der erst zwei
Jahre vorher wieder ein Mal durch alle Zeitungen als der der siegreichen Heldin
des ungeheuerlichsten Erbschafts-Prozesses geflogen war, welcher sich noch je vor
amerikanischen Gerichtshöfen abgespielt hatte. Wieder ein Mal,—wer wußte noch
recht, zum wievielten Mal? Alle fünf, sechs Jahre pflegte sich das Stück zu wiederholen,
erst vor den Staatsgerichten Louisianas, dann vor den Bundesgerichten bis hinauf zu
jenem höchsten Tribunal des Landes, das unter der Washingtoner Capitol-Kuppel
in einer Unantastbarkeit thront, die fast ebenso groß und anerkannt ist, wie seine
Schläfrigkeit. Es waren schon ein halbes Dutzend Entscheidungen erfolgt, welche
die kleine Frau zur reichsten Herrin im ganzen Süden gemacht hatten. Aber immer
wieder hatten auch die Gegner zwischen dem festschließenden Schuppen-Gefüge,
das die Brust der Gerechtigkeit umpanzerte, eine Lücke entdeckt, in welche sie einen
neuen Pfeil schießen, einen neugeschliffenen Dolch stoßen konnten. Schon das Jahr
1860 hatte einen vollkommenen Triumph gebracht, und Richter Wayne[1] vom obersten
Gerichtshof der Vereinigten Staaten hatte aus Anlaß der Urtheils-Verkündigung
bemerkt: "Wenn in Zukunft ein hervorragender Rechtsgelehrter Amerikas von der

N.B. The *numbered* notes in this text are editorial comments. Brachvogel's notes are *asterisked.*
1.   U.S. Supreme Court Justice James M. Wayne, who served from 1835 to 1867.

öffentlichen Bühne abtritt, um die Geschichte des Gerichtswesens dieses Landes zu schreiben, so wird er diesen Fall als den merkwürdigsten bezeichnen müssen, der jemals vor seinen Gerichtshöfen zur Verhandlung gelangte."

Der gute Richter Wayne sollte mit diesen Worten mehr Recht gehabt haben, als er da er sie aussprach, wohl selbst dachte. Der Prozeß sollte noch merkwürdiger werden, als er im Jahre 1860 bereits war. Er sollte trotz der gefallenen Entscheidung nicht nur wieder aufleben, sondern das auch gleich für sieben und dann noch einmal für zehn Jahre thun, bis endlich im Sommer des vorigen Jahres aus den Weisheits-Dünsten, welche die höchste Richterbank des Landes umnebeln, das Schwert der Göttin zu letztem und endgiltigem Streich aufzuckte, um den Knoten, zu welchem sich hier Prozeß und Roman im Lauf eines halben Jahrhunderts verschlungen hatten, für immer zu durchhauen.

Und die Heldin,—denn den Namen verdient sie!—von dem Allen ist jene kleine Frau mit den jugendlich klaren Augen, den nicht näher zu untersuchenden Zähnen, der schnellen Zunge und den nicht minder schnellen Füßen, die ich im Herbst 1870 in dem New Orleanser Juwelen-Laden sah, die damals volle sechsundsechzig Jahre zählte, und die ich um ein Haar mit der kleinen, rührenden, halbverrückten Mrs. Fintch in Bleakhouse auf eine Stufe gestellt hätte! Ja,—sie verdient den Namen einer Heldin. Denn ihr Unternehmen war ebenso kühn, wie ihre Ausdauer tödtlich für ihre Gegner. Sie griff das empfindlichste und zu allen Zeiten mit der größten Energie bewachte und vertheidigte Interesse,—das des Grundbesitzes im Großen an. Sie scheute nicht nur vor keiner Anstrengung zurück, es zu erschüttern, sondern sie lehnte sich auch gegen Alles auf, was betreffs seiner in diesem Lande bisher als üblich, gesetzlich und heilig gegolten. Ihre Ansprüche erstreckten sich auf Millionen. Sie umfaßten Häusergevierte in den besten Gegenden von New Orleans; Äcker und weitverbreiteten Landbesitz im Plantagen-Paradies Louisianas; Ufergerechtigkeiten an dem größten Handelsstrom der Welt; Inseln in diesem Strom und allerlei Neuland, das er im Lauf der Zeit angeschwemmt. Und das Alles, nachdem die Rechtstitel davon in die Habe von hundert neuen Eigenthümern übertragen worden, von denen die Meisten ihren Besitz bereits nach Jahren und Jahrzehnten zählten! Durch Dutzende von Händen waren diese Titel gegangen; im vollsten Vertrauen waren sie übertragen worden; ohne den leisesten Gedanken an ihre Angreifbarkeit hatte man sie erworben. Ihre Eigner aber waren die Mächtigen in Stadt und Staat; Gebieter auf dem Markt und an der Börse; Führer in der Politik und im öffentlichen Leben; Tonangeber in der Gesellschaft. Gegen das Alles und gegen sie Alle unternahm Frau Myra Clark Gaines den Kampf,—eine einzelne Frau gegen die Hülfsmittel von fünfhundert und gegen die Interessen von fünftausend Männern.

Wie kam die Frau dazu?

Ich will versuchen dem Leser einen kurzen Abriß ihres Romans und desjenigen ihres Prozesses zu geben.

*   *   *

Es ist nöthig um achtzig Jahre zurückzugreifen. New Orleans, damals noch in spanischem Besitz, ist die Scene der zu berichtenden Vorgänge. Eine schwache, unselbstständige Civilverwaltung und eine willkürliche geistliche Herrschaft bildeten die Autoritäten der Stadt, welche mit ihrer fast tropischen Lage und von verschiedenen Nationalitäten und Racen bevölkert, sich der wiedersprechendsten Sitten- und Gesellschafts-Zustände erfreute. Es war die Stadt der Gegensätze. Neben dem ausartendsten Luxus die Armuth und Rechtlosigkeit ungezählter Sklaven; neben fanatischer Frömmigkeit die zügelloseste Weltlichkeit; neben Nabobs und Lieblingen des Glücks, Pariahs und Auswurf aller Art! Aber nicht diese Letzteren sind's, die hier in Betracht kommen. Unsere Geschichte führt uns nur in die glänzenden Kreise Jener, "die,"—wie der Gewährsmann dieser Mittheilungen sagt,—"theils Besitzer unermeßlicher Ländereien, theils fürstlich reiche Handelsherren, theils ächte Aristokraten des *ancien regime*, vielfach aber alles Dreies zugleich, unter den Magnolien Louisianas ihren Scherbet schlürften."

Zu den typischen Gestalten dieser sybaritischen Gesellschaft gehörte *Daniel Clark*, dessen Schiffe auf allen Meeren heimisch waren, und dessen Conti in allen Banken europäischer Handelsstädte des höchsten Ansehens genossen. Um die Mitte des vorigen Jahrhunderts zu Sligo, Irland, geboren, sah er sich als junger Mann plötzlich von einem verschollenen vor Jahren ausgewanderten Oheim nach der neuen Welt berufen, welcher,—Junggeselle, wie es damals fast alle Granden der New Orleanser Gesellschaft waren,—ihn zum Theilhaber seines Geschäfts berief und bei seinem Tode zum Erben einsetzte. Er war ein würdiger Nachlaßverwalter. In ebenso umsichtiger, wie unternehmender Weise, wahrte und vermehrte er das Überkommene, und da das Glück an jede seiner Maßnahmen gekettet schien, erwuchs sein ohnehin stattlicher Besitz zu mächtigem Reichthum. Kein Zweifel, daß er ein Mann von nicht gewöhnlicher Thatkraft und nicht gewöhnlichem Einfluß auf seine Umgebung war. Und so wuchsen sein Ehrgeiz und seine Bedürfniß, Andre zu beherrschen, mit der Macht, die seine wachsende Habe verlieh. So wurde die gesellschaftliche und politische Rolle, die er spielte, bald zu einer ebenso gebietenden, wie die des Kaufherrn. So beschränkte er sich schließlich nicht auf das heimische Gemeinwesen, sondern knüpfte auch andre als commercielle Verbindungen mit dem Auslande, übte er weit über die Grenzen des spanischen Louisiana hinausreichenden persönlichen Einfluß.

Seit 1798 vertrat er die Vereinigten Staaten als Konsul, und das unter Umständen, unter denen dieses Amt den Ränken der spanischen Verwaltung gegenüber nicht wenig Geschicklichkeit und Schneidigkeit erforderte. Im Jahre 1802 ging er nach Paris, wo er mit hoher Auszeichnung von der französischen Regierung behandelt wurde, welche damals bereits in dem geheimen Vertrag von St. Ildefonso die Abtretung Louisianas von Spanien erwirkt hatte. Und als gleich danach auch Präsident Jefferson bereits durch den amerikanischen Gesandten Livingstone in Paris den Weiterverkauf Louisianas an die junge Union bei dem ersten Konsul in Anregung brachte und betreiben ließ, zog Letzterer den New Orleanser Handelsfürsten in sein Vertrauen und ließ sich von ihm über den Werth der betreffenden Besitzungen unterrichten. Diese Mittheilungen,—sie blieben kein Geheimniß,—erregten den Verdacht und die Sorge des Gesandten der Vereinigten Staaten. Ja, sie verursachten nicht geringen Allarm in Washington und ließen selbst nach dem Abschluß jenes berühmten Kaufgeschäfts, durch welches Louisiana im Jahre 1803 ein Theil der Vereinigten Staaten wurde, den neuen Unionsbürger Clark nie mehr ganz unverdächtig erscheinen. Anders seine Mitbürger; sie erwählten ihn zum ersten Delegaten, welcher Louisiana im nationalen

Kongreß vertrat, und auch dort eine Rolle spielte, welche der Stellung, die er in seiner Vaterstadt einnahm, entsprach.

Indessen, es ist nicht der Politiker, es ist der Privatmann Clark, welcher hier in Frage kommt. Schon vor seiner Reise nach Paris hatte ihn der Zufall in den Kreis einer Frau von ebenso üppiger wie anziehender Schönheit geführt, einer Creolin, Madame Zulima de Granges. Die Dame war die jugendliche "Wittwe" eines eingewanderten französischen Edelmanns, der in New Orleans in wenig erfreulichen Verhältnissen gelebt hatte. Zu ihr trat Clark in Beziehungen, welche kurz darauf zu einer heimlichen Heirath führten.

Eine heimliche Vermählung! Warum eine heimliche? Die Frage erledigt sich am besten durch eine zweite Frage: War Zulima de Granges wirklich Wittwe?

Diese beiden Fragen bilden den Kern des ganzen späteren Monstre-Prozesses, dessen Heldin die, Anfangs Juli 1805 zu New Orleans geborne, Tochter jener Zulima und Daniel Clarks, Myra Clark Gaines, werden sollte.

War Zulima de Granges wirklich Wittwe, und die von ihr geborne Tochter der Sprößling eines legitimen Bundes mit Daniel Clark? Es liegt ein Zeugniß von Madame Caillaret, einer Schwester der Zulima de Granges vor, welches diese Dame bald nach Beginn des späteren Prozesses zu Gunsten ihrer Nichte abgab. Dasselbe stammte aus den dreißiger Jahren und lautete dahin: "daß Daniel Clark im Jahre 1802 ihrer Familie Anträge gemacht habe, Zulima zu heirathen, nachdem er sich überzeugt habe, daß ihre Ehe mit de Granges nichtig sei, weil eine früher mit diesem verheirathete Frau in Frankreich am Leben sei."

Diese Aussage giebt auch den Schlüssel zu dem Aufenthalt der Madame de Granges und einer andern Schwester derselben, Madame Despeaux, in Philadelphia während des Sommers 1802. Die beiden Damen kamen von New York, wo sie die Trauungs-Register sämmtlicher katholischen Kirchen in der Hoffnung durchstöbert und durchforscht hatten, in ihnen den Beweis von de Granges früherer Verheirathung zu finden. Ihre Nachsuchungen hatten keinen unmittelbaren Erfolg gehabt, aber sie hatten wenigstens auf die Spur eines lebenden Zeugen Namens Gardette geführt, als dessen Wohnort ihnen Philadelphia angegeben worden. Daher ihr Aufenthalt in dieser Stadt, in der sie denn auch in der That glücklich genug waren, Herrn Gardette aufzufinden. Er gab die gewünschte Erklärung in Betreff der ersten de Grange'schen Heirath ab. Er war nicht nur Zeuge der betreffenden Vermählung gewesen, er wußte auch Näheres über die zur Zeit noch lebende erste Madame de Granges.

Wessen bedurfte es noch mehr? Madame Zulima de Granges war das Opfer eines Bigamisten geworden. Ihre Ehe mit demselben war ungiltig, sie war frei! Und kaum war dies heiß ersehnte Ergebniß erreicht, als auch der glühende Millionär von New Orleans in Philadelphia erschien, und eine geheime kirchliche Einsegnung seines Bundes mit Zulima in Gegenwart von Madame Despeaux, eines Herrn Doisier und eines New-Yorker Freundes stattfand.

Damit wäre der vollständige Beweis der rechtsgiltigen Ehe Daniel Clarks und Zulima de Granges geführt gewesen. Aber es wurden im Lauf des späteren Prozesses andere Zeugenaussagen abgegeben, welche den Aufenthalt der beiden Schwestern in Philadelphia in wesentlich verschiedenem Lichte erscheinen lassen. Ein Herr Daniel W. Coxe, ein persönlicher und Geschäftsfreund Daniel Clarks, sagte im Jahre 1837

aus: "Daß im April 1802 eine Dame mit einem Einführungsschreiben Clarks bei ihm
erschienen sei, in dem sie ihm von dem Freunde in der zartesten und angelegentlich-
sten Weise empfohlen war. Dieselbe erwartete, Mutter zu werden, und er, (Coxe) ward
ersucht, sie und ihr Kind, das Clark für das seinige erklärte, mit der höchsten Sorgfalt pflegen und allen nur erdenklichen Bequemlichkeiten umgeben zu lassen. Diese
Dame war Zulima de Granges. Coxe entledigte sich seines Auftrages in der gewissen-
haftesten Weise. Das Kind, welches von der Dame geboren wurde, ward einer fremden
Familie übergeben, und die hierzu nöthigen Mittel von Clark ebenso reichlich, wie
pünktlich zur Verfügung gestellt."

Dieses Zeugniß sollte im Laufe des Prozesses von nahezu entscheidender Wichtigkeit, und in mehreren Instanzen zur Klippe werden, an welcher Myra Clark Gaines
Anstrengungen zu scheitern drohten. Denn nach ihm erschien Zulima de Granges als
die flüchtige Maitresse Clarks, die nach Philadelphia gekommen, daselbst ihre Schande
zu verbergen, und nicht als die Verlobte desselben, welche die Beweise ihrer Freiheit
suchte, dieselben fand und mit ihnen ausgerüstet, bald darauf Clarks eheliches Weib
wurde. Indessen, das Zeugniß der Madame Despeaux wurde schließlich doch als das
gewichtigere anerkannt. Es hat somit auch den historischen Faden dieser Aufzeichnung
zu bilden. Ihm gemäß eilten die Schwestern bald nach der heimlichen Vermählung von
Philadelphia nach New Orleans, wo soeben die—erste Gattin de Granges in Person
erschienen war, um ihre Rechte geltend zu machen. Daß dem so war, haben später
auch andere Aussagen als die der Madame Despeaux bekräftigt. De Granges wurde
gerichtlich verfolgt, der Bigamie angeklagt und gefangen gesetzt.

Mit welcher Ungeduld hatte Zulima diesen Zeitpunkt erwartet! Noch war ihre
Verbindung mit Clark ein Geheimniß, und wie zärtlich auch die Bande waren, welche
sie aneinander fesselten, sie theilte weder seinen Namen, noch sein Haus. In dem
Augenblick, da de Granges Bigamie gerichtlich bewiesen war, stand sie vor der Welt
auch als die rechtmäßige Gattin Clarks da. Es war der große, der heiß herbeigeflehte
Augenblick ihres Lebens, den sie sicher und nahe bevorstehend erblickte.

Unerwartetes, treuloses Geschick! In der letzten entscheidenden Stunde noch
gelingt es de Granges, aus dem Kerker zu entkommen. Verrätherei und Bestechlichkeit
der Beamten scheinen ihm behilflich gewesen zu sein. Ja, der spanische Gouverneur
selbst wird des Einverständnisses bezichtigt. Der Flüchtling eilt den Mississippi
hinab, an dessen Mündung gerade ein segelfertiges Schiff liegt. Es entführt ihn nach
Frankreich, von dessen Gestaden er nie mehr zurückkehrt.

Und Zulima de Granges,—oder Zulima Clark?

Sie wurde nie als das rechtmäßige Gemahl Clarks anerkannt, so lange sie lebte,
und Jahrzehnte erst nach ihrem Tode sollte es dem unbeugsamen Muthe und der
unerschütterlichen Thatkraft ihrer Tochter gelingen, den Namen der Mutter zugleich
mit des Vaters fürstlichem Erbe zu retten.

Mit demselben Eifer übrigens, mit dem während des späteren Prozesses die
Gegner Myra Clark Gaines das Zeugniß Coxes den Aussagen der Despeaux und
Anderer über den Philadelphier Aufenthalt Zulima de Granges entgegensetzten, suchten sie auch die, so gut wie erwiesene, Bigamie de Granges nachträglich durch allerlei Gegenzeugnisse zu bestreiten. Es wurden Aussagen produzirt, nach denen es
unmöglich gewesen wäre, den Angeschuldigten, auch wenn er nicht geflohen wäre,

schuldig zu finden. Ja es wurde sogar behauptet, er sei nicht prozessirt, sondern prozessirt und freigesprochen worden, und somit habe die heimliche Ehe Clarks und Zulimas, selbst zugegeben, daß sie in Philadelphia vollzogen worden sei, unmöglich eine giltige sein können. Somit sei ferner der spätere Sprosse dieser Ehe, Myra, ein uneheliches Kind und zu keinerlei Erbansprüchen berechtigt gewesen. Aber auch diese Gegenzeugnisse und Beweise gelang es der unerschütterlichen Myra im Lauf ihres Prozesses zu widerlegen, was um so schwerer war, als die gerichtlichen Archive von New Orleans, aus denen allein die entscheidenden schriftlichen Beweise ans Licht gezogen werden konnten, bei der Übergabe von dem spanischen an das französische Gouvernement verloren und zerstreut worden waren.

Wie aber gestaltete sich das Verhältniß Zulima de Granges zu ihrem heimlichen Gemahl in der Folgezeit? Es war im Juli 1805, daß sie ihm im Hause jenes Vertrauten und Geschäftsdisponenten G. B. Boisfontaine die Tochter gebar, welche später die Wiederherstellerin ihrer Ehre werden sollte. Ein Jahr danach wurde Clark von New Orleans aus in den Kongreß nach Washington gesandt. Er verließ die Heimaths-stadt, um sich erst nach Philadelphia zu begehen, wo große Geschäftsverbindungen seine Anwesenheit nothwendig machten. Von hier aus erhielt seine Gattin mehrfach Nachrichten von ihm. Nicht lange jedoch, und diese Nachrichten wurden selten und seltener. Endlich hörten sie ganz auf. In wie schmerzlicher Ungeduld die einsame Frau auch auf ein Lebens- und Liebeszeichen des Entfernten harrte, es sollte ihr keines mehr zu Theil werden. Es ist möglich, daß Clark dennoch geschrieben, und daß der Zufall seine Briefe Derjenigen vorenthielt, welche in ihrer, der Welt gegenüber so zweideutigen, Stellung in doppelter Sehnsucht darauf wartete. Ja mehr als das: es liegen Gründe zu der Annahme vor, daß er wirklich geschrieben, daß aber seine Geschäfts-Theilhaber, durch deren Hände die Korrespondenz ging, seine Briefe, wie die von Zulima an ihn gerichteten, unterschlugen. Gleichviel, ob in der Untreue Clarks, ob in einem unglücklichen Zufall oder in den Ränken gewissenloser Feinde der Grund dafür zu suchen ist,—es währte nicht lange, und die Beziehungen zwischen den Beiden erschienen abgebrochen. Ob Gatte und Gattin, oder nur Liebhaber und Geliebte, ob durch das Gesetz und die Kirche, oder nur durch die Leidenschaft verbunden,—Clark und Zulima wurden einander entfremdet, und nie mehr sollten die einmal gelös'ten Bande erneuert werden. Monate und Jahre vergingen, und als sich nach Ablauf dieser Zeit die Eltern Myras wiedersahen, war Zulima—die verheirathete Frau eines Andern.

Man muß, um die Möglichkeit derartigen Wirrsals zu begreifen, sich das New-Orleans jener Tage und die Moral seiner Gesellschaft vergegenwärtigen. Tugend und Ehrbarkeit hatten in der üppigen Süd-Stadt nicht den mindesten Werth. Kaum einer der hervorragenderen Kaufleute besaß eine gesetzliche Gattin. Und wenn er ja eine besaß, so lebte er gewiß nicht mit ihr, sondern überließ sich jeder Art freier Beziehungen, wie er ihr nachsichtsvoll dasselbe gestattete. Zulima de Granges war schön, Creolin und die echte Tochter dieser Gesellschaft. Dazu war sie leidenschaftlich und ehrgeizig. Ihre Schwestern sagen uns, daß sie durch die Hindernisse, welche sich der Anerkennung ihrer Ehe mit Clark entgegenstellten, auf das Äußerste gereizt, auf das Tödtlichste verwundet worden sei. Sie hatte ihm eine eheliche Tochter geboren und mußte sich einverstanden erklären, dieselbe fern, im Verborgenen, wie ein Kind der Schande auferziehen zu lassen. Der Staat häufte seine erlesensten Ehren auf das Haupt des Gatten. Er ging nach Washington,—sie durfte ihn nicht geleiten, durfte nicht Theil nehmen an dem Glanz seiner Stellung, wie doch Beides ihr Recht gewesen wäre. Dann wurden seine Briefe selten und seltener, endlich hörten sie ganz auf. Sie fühlte sich verlassen, verrathen, verstoßen,—und die Verzweiflung bemächtigte sich des heißblütigen Weibes. Gerüchte der, für sie unheimlichsten, Art drangen nach New-Orleans, und wurden in seinen skandalsüchtigen und skandalgewohnten Salons bereitwillig aufgenommen, verbreitet und vergrößert. Gerüchte: daß Daniel Clark einer glänzenden jungen Dame in Philadelphia den Tribut hingebendster Galanterie darbringe,—daß er mit ihr verlobt sei,—daß die Vermählung dicht bevorstände! Diese Nachricht rief in der verlassenen Frau einen äußersten Entschluß wach. Sie eilte nach Philadelphia,—damals noch eine Seereise von Wochen!—erschien bei Herrn Coxe und verlangte von ihm, dem vertrautesten Freunde ihres Gatten, Aufklärungen. Sie schwur ihm, daß sie Clarks rechtmäßige Gemahlin sei. Sie drang in ihn, sie beschwor ihn, sie bedrohte ihn, ihr den Namen der Nebenbuhlerin zu nennen, die ihr den Gatten rauben wollte. Und dieser Gatte,—wo weilte er selbst im Augenblick,—dieser Gatte, der Vater ihres Kindes, der es wagen wollte, ihr untreu zu werden und diesem Kinde das Erbe eines Bastard-Namens zu hinterlassen? Aber all dieses leidenschaftliche Ungestüm erschütterte Herrn Coxe sehr wenig. Er hatte für jede ihrer Fragen, Bitten und Drohungen dasselbe Lächeln. Endlich ersuchte er die Dame um die Beweise ihrer Verheirathung. Sie hatte keine in ihren Händen,—aber sie eilte, dieselben herbeizuschaffen. Vergebens! Ihr Freund Coxe schien wohl gewußt zu haben, warum er zu allen ihren Behauptungen und Drohungen so glatt und ruhig lächeln konnte. Sie suchte nach schriftlichen Beweisen,—sie waren verloren gegangen, oder vernichtet worden. Der Priester, der sie heimlich getraut, war vor Jahresfrist nach Irland zurückgekehrt,—Briefe erreichten ihn nicht, oder konnten ihn nicht erreichen. Und so stand die unglückliche Frau vernichtet da, als Clarks Freund ihr sagte: "Warum auf Ansprüchen bestehen, auf welchen zu bestehen als vollkommner Wahnsinn erscheinen muß? Es ist unmöglich, Beweise beizubringen! Und welche Rolle muß eine hilflose Anklägerin in einer Sache, wie diese, dem reichen Kaufherrn, dem mächtigen Politiker gegenüber spielen?"

In Zulima gährte wohl Leidenschaft und Ehrgeiz, nicht aber jener Geist und jene unbeugsame Thatkraft, welche ein Vierteljahrhundert später in ihrer Tochter Myra aufleben sollte. Sie unterlag. Nur einen Versuch noch machte sie, um auf anderem Wege in Erfahrung zu bringen, was ihr von Coxe nicht zu erfahren gelang. Ihr Gemahl war in Baltimore. Dorthin reis'te sie, um die Bestätigung seiner Treulosigkeit zu empfangen. Hier folgte sie ihm eines Abends nach einem Landhause, wo sich eine glänzende Gesellschaft um jene junge Dame versammelte, deren Name ihr in Verbindung mit Clarks Namen genannt wurde. Von ihrem Miethwagen aus sah sie das festlich erleuchtete Haus, sah sie die geschmückten Gestalten, hörte sie die Töne der üppigen Tanzmusik, und erblickte sie endlich auf dem Balkon die wohlbekannte Form des Mannes, den sie liebte mit der Leidenschaft und dem Ehrgeiz der spanischen Creolin,—an seinem Arme aber und überhäuft von seinen zärtlichen Aufmerksamkeiten eine schimmernde Mädchengestalt, lächelnd und scherzend die Huldigungen erwiedernd, die ihr gezollt wurden.

Und mit diesem Bilde in der vergifteten Seele kehrte die verlorene Frau nach Philadelphia zurück,—um im August 1808 Herrn Gardette zu heirathen.

II.

Soweit die Geschichte Zulima de Granges, der heimlichen Gemahlin Daniel Clarks, der Mutter von Myra Clark Gaines!

Daniel Clark sollte sich seiner Freiheit nur kurze Zeit erfreuen. Er starb, ohne sich allen Philadelphier und Baltimorer Brautfahrten zum Trotz wieder vermählt zu haben, am zehnten August 1813. Die Krankheit, welche seinem Tode voranging, war kurz und schwer. Nur wenige Freunde waren um sein Sterbebett versammelt. Boisfontaine, sein schon ein Mal genannter New Orleanser Vertrauter, war nach seiner eignen Aussage stets bei ihm. Ebenso Lubin, sein langjähriger Kammerdiener. Zu ihnen gesellte sich während der letzten Stunden des Handelsfürsten Herr Relf, einer seiner Geschäfts-Theilhaber.

Was ereignete sich während dieser letzten Stunden?

Clark hatte 1811 ein Testament gemacht, welches seine beiden Kompagnons Richard Relf und Beverley Chew zu Nachlaßverwaltern und seine noch lebende Mutter Mary Clark zur Erbin ernannte. Aber er machte 1813 ein zweites Testament, in dem er "Myra Davis—Myra Clark, so genannt nach Oberst S. B. Davis, in dessen Familie die 1805 geborne Tochter Zulimas aufgezogen wurde,—als seine Tochter und einziges legitimes Kind anerkannte und ihr sein Gesammtvermögen vermachte." Zu Exekutoren dieser zweiten letztwilligen Verfügung hatte er Oberst Joseph Deville, Degontine Bellechasse, James Pitot und den Chevalier de la Croix ernannt. Sie alle waren wohlbekannte Bürger von New Orleans, selbst bemittelte Männer und theils persönliche, theils Geschäftsfreunde Daniel Clarks.

Es ist durch unumstößliche Zeugnisse bewiesen worden, daß vor Clarks Tode ein solches Testament existirte. Es rührte ganz und gar von seiner Hand her und war ordnungsgemäß gezeichnet und gesiegelt. Er hatte es mehreren vertrauten Freunden gezeigt und vorgelesen. Mit Anderen hatte er davon gesprochen und sie mit dem Inhalt der Urkunde bekannt gemacht. Noch Andre hat er nur von ihrem Vorhandensein unterrichtet. Boisfontaine sagte aus: Clark habe ihm vier Monate vor seinem Tode zuerst von dem Testament gesprochen. Zwanzig Tage vor seinem Ende habe er gesagt: "Es ist gethan." Zehn Tage später habe er dem Chevalier de la Croix ein Paket zur Durchsicht gegeben und in seiner Gegenwart erklärt: "Dies ist mein Testament." Und endlich sei er noch am Tage vor seinem Tode auf den Gegenstand zurückgekommen, und habe "das kleine schwarze Futeral" in seinem Privatzimmer als den Aufbewahrungs-Ort des Dokuments bezeichnet.

Die Todesstunde des Crösus nahte heran. Noch ein Mal war er auf den Gegenstand, der seine Seele bewegte und sein Gewissen ängstigte, zurückgekommen. Die Stimme der Pflicht erhob sich noch ein Mal mit Macht zu Gunsten seines Kindes. Mit schwerer Zunge schärfte er Boisfontaine und Lubin ein, auf jeden Fall das kostbare schwarze Futeral dem Chevalier de la Croix einzuhändigen, sobald Alles vorüber sein würde.

Hierauf wurde er bewußtlos. In diesem Augenblick trat sein Kompagnon Relf ein, ging nach dem Schreibtisch des Sterbenden, nahm daraus ein Bund Schlüssel und verließ das Zimmer. Lubin folgte ihm einige Augenblicke später nach dem Privatzimmer Clarks. Er wollte eintreten, fand aber die Thüre verschlossen. Ein Geräusch von Papieren, die durchblättert wurden, klang ihm deutlich und vernehmbar durch die Thür entgegen.

Später, als das "kleine schwarze Futeral" geöffnet wurde,—war kein Testament darin zu finden. Statt seiner produzirten die Herren Relf und Chew den letzten Willen Clarks von 1811, in welchem sie zu Nachlaßverwaltern eingesetzt waren. Er wurde legalisirt, und die genannten Testaments-Vollstrecker traten die Verwaltung der großen Hinterlassenschaft Daniel Clarks von New Orleans an.

Und nun zu der Hauptperson unsres Dramas, zu Myra Clark, der einstweilen um ihr Million-Erbe betrogenen Tochter des Louisianaer Nabobs!

Oberst S. B. Davis, der Schwager des treuen Boisfontaine, war es, in dessen Haus dieser das Kind seines Brodherrn und Freundes gebracht hatte. Dort, unbekannt mit ihren Eltern, wuchs Myra Clark als Myra Davis empor. Unbekannt mit ihrem stolzen Vater, wie mit ihrer wenig glücklichen Mutter, und ohne Erinnerungen an diese Letztere, wuchs sie dort heran. Im Jahre 1812 verlegte Davis seinen Wohnsitz von New Orleans nach Philadelphia und von dort einige Jahre später in die Nähe von Wilmington im Staat Delaware. Die Verhältnisse der Familie waren einfach aber anständig. Ihr Haupt ein ernster Mann, der es nicht liebte, sein Haus zum Sammelplatz einer größeren Gesellschaft zu machen. So floß Myras Kinder- und Mädchen-Zeit ruhig, friedlich und ohne Wechsel dahin. Doch nicht gar zu lange, und dieser letztere sollte sich einstellen, und zwar in nicht wenig romantischer Gestalt. William Wallace Whitney, ein junger Mann von gewinnender Erscheinung, gewählten Manieren und einer guten gesellschaftlichen Stellung, erschien im Hause des Oberst Davis. Nicht eben sehr zuvorkommend von dem Letzteren aufgenommen, gelang es dem Gast desto schneller und sicherer die Gunst seiner Tochter zu erwerben. Heftige Kämpfe hatten die Liebenden zu bestehn, ehe es gelang, den väterlichen Widerstand zu brechen, ehe es Whitney vergönnt war, 1830 die Geliebte als Gemahlin nach dem Staat New York zu führen, wo seine Familie ansäßig war.

Die ersten beiden Jahre dieser Ehe waren die glücklichsten in Myras Leben,— nach ihrem Ablauf sollte eine neue Gewalt in dasselbe eintreten und alles Bisherige umstürzen oder doch in neue Bahnen reißen. Sie lernte das Geheimniß ihrer Herkunft kennen! Es war die letzte ihr zugemessene Spanne Ruhezeit vor einer Menschenleben-langen Periode des Streits, des Ringens gewesen. Nun rief ihr Schicksal. Es gab ihrem Dasein ein Losungswort. Es zeigte ihr ein Ziel und jene winkende Siegespalme, die nicht weniger gewaltig ist, ob sie dem Helden auf blutigem Schlachtgefilde vorleuchte, oder ob sie das Gehirn und die Träume einer "schwachen" Frau mit der ganzen Gewalt der Monomanie umneble.

Aus ihres Pflegevaters eignem Munde erfuhr Myra Whitney das Mährchen ihrer Abkunft, und daß sie während ihres ganzen bisherigen Lebens getäuscht worden sei,—getäuscht, zum Bastard gestempelt und geplündert! Und sofort begann auch ein Leben für sie, das man der Fabelexistenz der Danaiden vergleichen müßte, wenn nicht schließlich die doppelte Glorie der Penelope darauf gefallen wäre!

Stück für Stück begann Myra Clark Whitney die Beweise zu sammeln und von den entlegensten Punkten zusammen zu tragen, bis ihr endlich selber kein Zweifel mehr blieb, daß dem Allen so sei, daß sie Zulima de Granges und Daniel Clarks legitimes Kind, und daß die Erbe des Letzteren nach göttlichem und menschlichem Recht ihr gebühre. Von dieser Erkenntniß durchdrungen, hörte sie auf, ein gewöhnliches Weib zu sein, war sie nur noch die Verkörperung einer Idee, eines Vorsatzes, eines Kampfes. Hundertmal wurde sie zurückgewiesen, enttäuscht, niedergeschmettert,—hundertmal stand sie von Neuem aufrecht. Widerstand über Widerstand, Hinderniß über Hinderniß, Feindseligkeit über Feindseligkeit überwand sie, bis sie endlich nach fünfundvierzig Jahren nicht nur einen Erfolg, nein einen vollkommenen Triumph davon trug, an dem alle Welt, nur sie allein nicht, längst verzweifelt hatte.

Acht Mal ist in diesem Zeitraum, (1832 bis 1877) ihr Prozeß zur Entscheidung vor das höchste Tribunal des Bundes gelangt. Und jedes Mal über die verschleppenden, erschöpfenden Instanzen von Lokal- und Staats-Gerichten hinweg! Zum ersten Mal im Jahre 1839 mit nicht günstigem Ergebniß. Dann 1841, wo das Urtheil zu ihren Gunsten ausfiel, sich jedoch auf Nebendinge erstreckte. Hierauf 1844 mit demselben Erfolg,—bis endlich das Jahr 1847 zuerst Etwas, wie einen entschiedenen Sieg brachte. Damals erklärte der, schon eben genannte, Richter Wayne, welcher stets ein Freund und Bewunderer dieser ungewöhnlichen Rechtsstreiterin war: daß ihre Ansprüche auf die Daniel Clark'sche Hinterlassenschaft zu New Orleans, welche, nach Clarks Tode von den Herrn Relf und Chew, als Vollstrecker des Testaments von 1811 verwaltet worden war, rechtlich begründet seien. Er entschied ferner: daß Myra die legitime Tochter Daniel Clarks sei und folglich nach den Gesetzen von Louisiana nicht derartig hatte enterbt werden können, wie es in dem Willen von 1811 geschehen sei. Sie habe als Intestat-Erbin trotz dieses, sie übergehenden, letzten Willens, einen unumstößlichen Anspruch auf ein Pflichttheil.

Es war wirklich ein Sieg! Indessen sollte ihm nur zu bald eine neue Niederlage folgen, welche nicht blos alles Errungene wieder in Frage stellte, sondern die unermüdliche Kämpferin auch nöthigte, ihren Prozeß-Krieg fast auf ganzer Linie von Vorne zu beginnen. Sie war indessen Wittwe geworden. Das gelbe Fieber hatte ihren Gemahl, der um des großen Rechtsstreites willen mit ihr 1834 nach New Orleans übergesiedelt war, im Jahre 1836 dahin gerafft. Mit drei Kindern stand sie allein. Vermögen, so unerläßlich angesichts der Aufgabe ihres Lebens, besaß sie kaum. Wenige Freunde nur standen ihr, der Bekämpferin eines halben Gemeinwesens zur Seite, und selbst diese hatten kein Vertrauen zu ihrer Sache. Um so ungebeugter war das ihrige. Um so ungebrochener der, gleich einer Elementarkraft in dem zarten Weibe waltende, Wille. Auch sollte sie das Glück nicht ganz im Stich lassen. In der Person des General Gaines[2] fand sie bald darauf einen Freund, fand sie den Gemahl, der während der nächsten zwölf Jahre auf das Treuste, Ritterlichste und Thatkräftigste ihren Kampf zu dem seinigen machen sollte. Schon früher hatte der General den regsten Antheil an dem kühnen Unternehmen zur Schau getragen. Als er mit der Trägerin desselben persönlich bekannt wurde, vermochte er nicht ihrer unwiderstehlichen Beredsamkeit, ihrer hohen

2.   General Edmund Pendleton Gaines (1777–1849) is himself an interesting figure; his life and career are the subject of James W. Silver's book *Edmund Pendleton Gaines, Frontier General* (Baton Rouge: Louisiana State University Press, 1949). In 1839, Myra Clark Gaines became his third wife.

Frauen-Liebenswürdigkeit gegenüber kalt zu bleiben,—er bot ihr seine Hand, und seitdem ist die Heroin dieser Geschichte für die amerikanische Welt nicht Myra Davis, nicht Myra Clark, noch Myra Clark Whitney, sondern Myra Clark Gaines.

Die Kosten, welche die Aufnahme und Führung des Prozesses verursachten, waren ungeheuer. Das Heirathgut, welches Myra besessen, schmolz, unbedeutend, wie es an sich war, in kürzester Zeit dahin. Das Vermögen ihres ersten Gemahls folgte. Sie lieh von ihrer Familie, sie lieh von ihren Freunden, sie lieh von einem Jeden, der Zeit und Großmuth genug besaß, ihrer zwingenden Rede ein Ohr zu leihen, und denen sich ihre Siegesgewißheit mittheilen mußte, sobald sie zu sprechen begonnen. Die ersten Advokaten des Landes bewirthete sie fürstlich, wenn sie die Mittel dazu hatte,—und wenn sie keine besaß, so erschien sie allein vor den Schranken der Gerichte und führte den juristischen Wortstreit für ihre Ansprüche, für ihr Recht. Sie kannte jeden Paragraphen des Gesetzes. Das gerichtliche Formelwesen war ihr geläufig, wie das Alphabet. Auf jeden fachlichen, auf jeden formellen Einwand, war sie mit einem Gegeneinwand gerüstet. Über einen Punkt sprach sie ein Mal vor dem obersten Staatsgericht von Louisiana durch zwei und eine halbe Stunde, und widerlegte die gegnerischen Advokaten in einer Weise, daß sie nicht nur ihren Prozeß verloren, sondern auch noch den Ruhm einer unauslöschlichen Lächerlichkeit gewannen. In General Gaines erhielt sie den Bundesgenossen, dessen sie gerade bedurfte. Er widmete sich, seinen Einfluß und sein Vermögen gänzlich der Sache seiner Gattin. Während eines Jahrzehnts und länger entwarf der ältliche, aber mit der Ritterlichkeit seines Standes das Feuer südlicher Jugend verbindende Mann und seine noch jugendliche Gemahlin alle ihre Feldzugspläne gemeinschaftlich. Sie besaß Schönheit, die Beredsamkeit einer Muse und die Überzeugung eines Märtyrers. Er verfügte über gesellschaftliches Ansehn, über bedeutenden Wohlstand, und seine Hingebung war die eines Geliebten, eines Gatten und eines Vaters. Erst mit ihm in Gemeinschaft und theilweise durch ihn gelang es Myra ihren ersten entscheidenden Sieg, den vom Jahre 1847, davon zu tragen.

Aber es wurde schon gesagt: diesem glänzenden Erfolge sollte eine desto größere Niederlage folgen. Und da kein Unglück unbegleitet zu kommen pflegt, so sollte auch der Schlag, der Myra Clark Gaines bald darauf in ihrem großen Rechtshandel treffen sollte, einen Vorboten in dem schwersten Familien-Unglück finden, davon sie nur ereilt werden konnte. Im Herbst 1849 starb General Gaines, und ließ seine Frau in einer Zeit zum zweiten Mal als Wittwe zurück, da sie mehr als je, seiner Stütze bedürfen sollte.

Zwei Jahre später,—1851—erfolgte eine fünfte Schlußentscheidung des Prozesses, die wieder durch alle Instanzen gepeitscht, der von 1849 völlig entgegengesetzt ausfiel. Damals hatten Freunde der Generalin in dem obersten Richter-Kollegium gesessen, während ihre Gegner, deren energischester Richter Catron, ein New Orleanser war, fehlten. In den folgenden vier Jahren sollte sich das gerade ins Gegentheil wandeln. Richter Catron selbst verkündete die Entscheidung, die für die Ansprüche der Klägerin in jedem Punkt ungünstig lautete. Sogar ihr Recht als Pflichterbin auf eine Intestat-Quote der Clarkschen Hinterlassenschaft wurde verneint, da die beigebrachten und längst als vollwichtig anerkannten Beweise ihrer legitimen Tochterschaft unvollständig und für den Gerichtshof nicht maßgebend befunden wurden.

Dieses Mal bedurfte es neun Jahre, ehe sich die Geschlagne erholt hatte, ehe sie in neuer Rüstung auf dem alten Schlachtfelde, das heißt vor dem obersten Tribunal der Vereinigten Staaten erschien. In der Zwischenzeit war es ihr gelungen, vor den Gerichten von Louisiana das verloren gegangene Testament von 1813 auf die Zeugnisse verschiedener Personen hin legalisiren zu lassen, die dasselbe gesehn, gelesen, oder von Clark verlesen gehört hatten. Dieses hochwichtig Resultat wurde 1855 in New Orleans erreicht. Mit ihm erschien die Klägerin 1860 in Washington, in einem Prozeß gegen Duncan Hennen, der ein Grundstück betraf, welches der Genannte aus der ehemaligen Clarkschen Nachlaßmasse käuflich erworben hatte. Die bekannten Exekutoren dieser Nachlaß Masse, Relf und Chew hatten das Grundstück 1820 verkauft. Seit dem war es 1835 und 1836 noch zwei Mal weiter verkauft worden, bis es 1844 durch einen vierten Verkauf in Duncan Hennens Hände gekommen war. Auf Grund des, vor den Louisianaer Gerichtshöfen legalisirten, Clarkschen Testaments von 1813 wurde jetzt Myra Clark Gaines vom Oberbundesgericht als Erbin der Clarkschen Hinterlassenschaft und somit auch ihre Ansprüche auf das Hennensche Grundstück anerkannt. Der Besitzer desselben wurde depossedirt und somit der Präcedenz-Fall für alle übrigen Inhaber von Grundstücken aus dem Clarkschen Nachlaß geschaffen. Nicht ohne großen Widerstand seitens einzelner Richter wurde diese neue, die sechste, Entscheidung durchgesetzt. Auch dieses Mal war es vor Allen Richter Catron, der sich feindselig bis zur schonungslosesten persönlichen Gehässigkeit erwies. Ihm schloß sich namentlich Oberrichter Grier an. Als dieser seine Stimme gegen eine Entscheidung zu Gunsten der Klägerin abgab, brach er zum Schluß seiner Begründungs-Rede in die für diesen ganzen Rechtshandel karakteristischen Worte aus:

"Ganz und gar weiche ich in meiner Ansicht von derjenigen der Majorität des Gerichtshofes ab, und zwar im Hinblick auf das Gesetz nicht minder als auf die Thatsachen selbst, welche meine Ansicht begründen. Aber ich halte es nicht für nothwendig, meine Meinung dadurch zu rechtfertigen, daß ich vor der Öffentlichkeit noch ein Mal ein skandalöses Geschwätz breit trete, das unter dem Staube eines halben Jahrhunderts begraben lag, und welches das Anstandsgefühl auch dort hätte sollen begraben sein lassen. Ich erkläre daher diesen Prozeß für entschieden und zwar, wie ich hoffe, zum letzten Mal, und füge nur dies Eine hinzu: Wenn die Gerichte von Louisiana im Stande sind, ein nicht mehr existirendes Testament auf verworrene Wiedererzählungen, phantastische Einbildungen, dunkle Erinnerungen und großmütterliches Stadtgeklätsch hin wieder herzustellen, und nach fünfundvierzig Jahren die Besitztitel von dritten, vierten und fünften Käufern, die im besten Glauben und in der gesetzlichsten Weise gekauft haben, umzustoßen,—dann *haud equidem invideo, miror magis.*"*

Richter Catron aber, dem Alles daran liegen mußte, die ungünstige Entscheidung von 1851, die hauptsächlich sein Werk gewesen, aufrecht zu erhalten, versuchte sogar den Beweis zu führen, daß Clark, als er starb, eigentlich ein zu Grunde gerichteter Mann gewesen. Er sagte: "Daniel Clarks Bankerott war unvermeidlich. Sein Grundeigenthum hatte keinen Werth und war mit Schulden überbürdet. Die Käufer desselben haben nur diese abgetragen. Ja, viele davon sind noch heute nicht bezahlt. Auch ist der Werth des von der Klägerin beanspruchten Eigenthums seit 1820,—dem Jahre in welchem Chew

---

* Ich beneide Euch keineswegs, sondern bewundre Euch vielmehr. [Brachvogel's translation.]

und Relf die meisten Verkäufe behufs Regulirung der Schuldenmasse des Clarkschen Nachlasses bewerkstelligten,—etwa um das Fünfhundertfache gestiegen!"

Trotz aller dieser Argumente, und obwohl dieselben Eines oder das Andre von Wahrheit enthielten, blieb die Klägerin Siegerin auf der gerichtlichen Wahlstatt. Aber Diejenigen, die in dieser sechssten Entscheidung den Schluß des großen zivilrechtlichen Dramas zu erblicken vermeinten, irrten dennoch.

Wie klar auch der Wortlaut der Entscheidung war, noch reichte dieselbe nicht hin, um den Widerstand der zahlreichen, in vielen Fällen in ihrer ganzen Habe bedrohten Inhaber des ehemaligen Clarkschen Grundbesitzes gegen die, von den Gerichten anerkannte und in ihre Rechte wieder eingesetzte, Tochter und Erbin Clarks zu brechen. Noch ein Prozeß schien nöthig, und es war nur naturgemäß, daß die Frau, welche sechs Mal bis an die Instanz des obersten Gerichtshofs im Lande gegangen war, keinen Augenblick davor zurückscheute, diesen Gang mit ihren Gegnern noch einmal zu thun. Und sie that ihn, noch ein Mal und ein zweites Mal. Und beide Male als Siegerin!

Nur wenige Monate sind verflossen, seit der Vorhang über dieses unerhörten Gerichts-Schauspiel zum achten Mal gefallen ist. Dieses Mal,—kein Rechtsgelehrter des Landes zweifelt daran,—für immer. Die Worte der letzten Entscheidung selbst, lassen darüber keine Unklarheit zu. Sie sind so deutlich und bestimmt, daß jeder der Schlußfrage vorangehende Satz nichts Anderes als eine Bejahung derselben ist. Diese Schlußfrage aber lautet: "Kann man nach allem Dem sich nicht der bestimmten Hoffnung hingeben, daß die Rechte Myra Clark Gaines auf den Nachlaß ihres Vaters Daniel Clark jetzt ein für alle Male anerkannt sind?"

Frau Clark Gaines zählt in diesem Augenblick zweiundsiebzig Jahre. Aber nicht nur die New Orleanser Zeitungen versicherten eben erst gelegentlich ihres letzten Triumphes, sondern auch alle Personen, die zu der merkwürdigen Frau in persönlichen Beziehungen stehen,—und Wer in der Louisianaer Hauptstadt kennt sie nicht von Angesicht zu Angesicht?—erklären, daß ihr Aussehen noch heutigen Tages das einer anziehenden Dame von ebenso viel fünfzig Jahren sei. Und warum nicht? Was giebt es, das man von dieser Frau nicht glauben möchte? Ein Leben voll Kampf hat sie stark erhalten,—und ist Stärke nicht Jugend? In der düstersten Epoche ihres bewegten Daseins, nach dem Tode des General Gaines und zur Zeit der vernichtenden Niederlage von 1851, war ihr Muth ungebeugter, ihr Talent, sich Hilfsquellen zu erschließen, fruchtbarer denn je. In wenigen Monaten war das von Gaines hinterlassene Vermögen aufgebraucht. Tausende auf Tausende von Dollars mußten aufgenommen werden, und keine andre Sicherheit konnte den Gläubigern geboten werden, als die Hoffnung auf den endlich doch zu gewinnenden Prozeß. Es ist nicht zu viel gesagt, daß die Ausgaben für diesen fast halbhundertjährigen Rechtsstreit im Lauf der Zeit die Höhe von anderthalb Millionen erreicht haben! Mit der Thatkraft und Schlagfertigkeit der Klägerin wuchs der Haß und die Schonungslosigkeit ihrer Gegner um so mehr, als ihr kein männlicher Schützer zur Seite stand. So leidenschaftlich war die Erbitterung gegen sie, daß ihr Leben mehr als ein Mal bedroht wurde. Wiederholt wurden Attentate auf sie ausgeführt. Ja, eine Kugel streifte ein Mal ihr Haar und durchbohrte ihren Hut. Aber sie schritt unbeirrt und unentwegbar ihren steilen Pfad empor. Sie erzwang sich denselben, wo jede andre Frau, wo Tausende von Männern zurückgebebt wären. Und endlich kam sie ans Ziel. Sie ist zweifelsohne die reichste Frau in den Vereinigten

Staaten. Der Werth des ihr zugesprochenen Eigenthums kann kaum annähernd geschätzt werden.* Vom Staat Louisiana allein hat sie zwei und eine halbe Million zu
fordern, über deren Abzahlung in zehnjährigen Zahlungen von einer Viertelmillion
per Jahr Verhandlungen mit der Staatsgesetzgebung schweben. Es wurde bereits gesagt, in was Allem das ihr zuerkannte Eigenthum besteht: in umfangreichem Grund
und Boden in der südlichen Handels-Metropole, in Wohngebäuden, Waarenhäusern,
Speichern, privaten und öffentlichen Bauten und Anlagen aller Art, dazu in enormen
Ländereien in den besten Lagen Louisianas und Pflanzungen, welche selbst der Bürgerkrieg, der Alles entwerthete, in ihrem Werth nicht schädigen konnte. Ein fürstlicher
Besitz, merkwürdig an sich, noch merkwürdiger durch die Schicksale und Kämpfe,
deren Preis sein endlicher Besitz war, am Merkwürdigsten durch die Frau, welche
diese Schicksale durchlebt, diese Kämpfe durchkämpft hat!

Wird Frau Gaines auch die Realisirung dieses Besitzes noch zu Stande bringen,
wird sie lange genug leben, um das kaum minder umfangreiche und verwirrte
Abwickelungs-Geschäft, welches jetzt an sie herantritt, ebenso zu vollenden, wie ihren
Prozeß?

Was wäre diese Frau nicht im Stande?

---

*   Ein Theil der Clarkschen Hinterlassenschaft wurde in den vierziger Jahren aufgenommen
und zu den Prozeß-Akten eingereicht. Die einzelnen Posten dieses Inventariums stellten sich
nach damaliger Schätzung, wie folgt:

Eine Baumwollen-Plantage und Ländereien aus dem Nachlaß seines Oheims Oberst Clark	$200,000
Zwei Baumwollen-Plantagen, die Clark 1812 von Isajah Wilkens, jede mit einhundert Negern übernahm	$200,000
Die Maison Rouge Ländereien	$2,000,000
Hypotheken auf der Zucker-Plantagen Havana Point	$300,000
Ländereien am Waschita von Louis Bouligny gekauft	$10,000
Eine Zucker-Plantage am Mississippi, fünfzehn Meilen oberhalb New Orleans	$12,000
Ländereien am Mississippi, achtzig Meilen oberhalb New Orleans, von W. Simpson gekauft	$20,000
Bauplätze in New Orleans, 1802 von Richter Pelot gekauft	$80,000
Ein Platz an der Oranien Straße in New Orleans, 1813 gekauft	$80,000
Ländereien am Bayou Teche	$30,000
Ländereien am Bayou Lafourche	$30,000
Ländereien bei Eaux de Plaqnemines	$10,000
Zehntausend Acres Baumwollen-Land am Bayou Boeuf	$500,000
Siebentausend Acres am Nezipique-Fluß	$50,000
Einhundert und zehntausend Acres am Amitia- und Cambia-Fluß	$1,000,000
Achtzigtausend Acres Cypressen-Sumpf am Ouacheta-Fluß	$29,000
Drei Bauplätze an der Gentilly Road bei New Orleans	$20,000
Schulden der Herren Chew und Relf an Clark	$200,000
Verschiedene andere Ausstände	$278,000
Summa	$5,000,000

"Das Alte stürzt, es ändert sich die Zeit . . ."
Ein Erinnerungsblatt an die deutsche Aera
des Thalia-Theaters

"Zu verkaufen: Hinterlassenschaft des verstorbenen Herrn Wm. Kramer, 46, 48 und 48½ Bowery, durchgehend bis Elizabeth Straße; Raum-Umfang sechs und ein halbes City Lot."

Diese in den Grundeigenthums-Anzeigespalten der New Yorker Zeitungen vom Oster-Sonntag erschienene Verkaufs-Announce dürfte, trotz ihrer einfach-geschäftlichen Unscheinbarkeit, doch ein ganz besonderes, wenn auch nicht gerade österlich-freudiges Interesse beanspruchen. Und nicht blos seitens des kundigen New Yorker Real Estatikers. Ungleich mehr noch von Seiten des Ideal-Ästhetikers, und nicht am wenigsten des deutschen der vielsprachigen Metropole, sobald es ihm beim näheren Zusehen zum Bewußtsein kam: um was es sich bei diesen siebentehalb City Lots eigentlich handle. Um das "Thalia Theater"—das im Jahre 1879 auf diesen deutschen Namen umgetaufte "Old Bowery Theatre," welches sich hier mit seinem mächtigen viersäuligen Portikus bereits seit 1826, trotz der etwas bedenklichen Ionik dieser vier Säulen, als Etwas wie der älteste und einzige wirkliche Theater-Monumental-Bau New York's erhebt.

Denn was es sonst in diesem Punkt mit den New Yorker Theatern auf sich hat, so viele wir deren auch haben, und wie praktisch und schön sie auch im Innern ausgestattet sein mögen, wissen wir ja zur Genüge. Meistens bilden sie nur den hinteren Appendix eines größeren Baues mit vorgelagerter Geschäfts-Front. Und selbst wo sie das neuerdings nicht mehr thun, ist doch von einer gleichzeitigen künstlerisch-selbstzwecklichen Architektur so wenig die Rede, daß nicht einmal der Riesenkasten der Metropolitan Oper die geringsten äußeren Umänderungen zu erfahren brauchte, wenn er plötzlich als "Department Store" nach Kansas City oder St. Paul versetzt würde,—und daß Pauline Lucca, wenn sie heute abermals nach Amerika käme, die "Academy of Music" mit derselben wienerisch-berlinerischen Ungenirtheit für ein "Pockenhaus" statt für ein Opernhaus halten könnte, wie sie es vor dreißig Jahren that! Kein Wunder daher, daß selbst allen neuesten monumentalen Olympia-Ambitionen und Olympia-Bankerotts eines Oscar Hammerstein zum Trotz noch heute das alte Thalia-Theater mit seinen vier Säulenkolossen wie eine theatralische und bauliche Landmarke zugleich, und nicht nur der unteren Bowery, sondern des ganzen älteren New York aufragt.

Und darum ist es auch kein Wunder, daß die von den Oster-Zeitungen gebrachte Nachricht von seinem bevorstehenden Verkauf und damit besiegelten Abbruch eine weithin reichende, nichts weniger als österlich-freudige Sensation hervorgerufen hat. Zumal in den weitesten deutschen Kreisen dieser noch immer vierten oder fünften deutschen Stadt der Erde, in denen die Erinnerungen an Das, was gerade ihnen das zum "Thalia" gewordene "Old Bowery Theatre" noch in der Reifezeit des eben heimgegangenen Jahrhunderts gewesen, viel zu frisch und zu freundlich sind, um schon jetzt der Gefahr eines Vergessens ausgesetzt zu sein, das nicht nur ein ganz unverdientes Vergessen, sondern ein noch unverdienterer Undank wäre.

* * * *

Das "Thalia Theater" ist das dritte eigentliche deutsche Theater New York's gewesen. Denn ein deutsches Theater hat New York gehabt, seit es ein Deutschthum gehabt hat. Und es hat mehr oder weniger gute deutsche Theater gehabt, seit es— dank der auch in diesem Punkt für "Deutsch in Amerika" so allentscheidenden Achtundvierziger-Einwanderung—ein mehr oder minder gutes Deutschthum gehabt hat. Das wäre so seit Anfang der fünfziger Jahre, wo es nicht nur bereits verschiedene deutsche Zeitungen, Schulen, Kirchen, Brauereien, Hotels und Vereine, sondern auch ein, heute freilich nur noch in der Erinnerung existirendes "Klein-Deutschland" zwischen East- und North River gab. Sich nach Westen an die untere Bowery lehnend, bedeckte dies Klein-Deutschland mit seinem, diesem Namen entsprechend besonders großen Segen an Kleinen den ansehnlichsten Theil jener "Ostseite," welche seitdem mehr und mehr in das Zeichen des echtöstlichen, d. h. orientalischen "Sweatshop" und der internationalen "Rothen Laterne" gerathen, im Augenblick auch keine Spur mehr von der spezifisch-kleindeutschen Enklaven-Idylle aufweist, die hier einst thatsächlich in allen nur möglichen blonden Haar-Nuancen und allen nur möglichen und unmöglichen germanischen Idiomen vorherrschte.

Selbstredend war es diese Stadtgegend, in welcher auch die deutsche Muse ihre ersten schüchternen Schritte auf dem Boden von Manhattan that. Und es ist merkwürdig, man möchte fast sagen: echt deutsch, welche Schollen-Treue sie für dieselbe auf Jahre hinaus bewahren sollte, nachdem sie dort nur einmal erst festen Fuß gefaßt; "dort,"—das heißt: an der untersten Bowery, mitten innen zwischen Canal Street und Chatham Square. Und "festen Fuß gefaßt,"—das heißt: nach verschiedenen Domicilirungs-Versuchen in Turn- und Vereinshallen und für ein paar Saisons auch in höchst problematischen Unterschlüpfen an Division Street und Chatham Square schließlich eine wahrhaft stattliche Unterkunft im alten "Stadt-Theater" findend. Und das gleich auf zwanzig Jahre. Die Stätte ist noch heute da, wenn auch nicht mehr—sie heißt seit den Siebziger Jahren "Windsor Theater"—unter dem alten anheimelnden deutschen Namen. Sie ging sammt der mit ihr als "Hartmann's Hotel" verwachsenen wahrhaft menschen- und kunst-freundlichen Schauspieler- und Theaterenthusiasten-Karavanserei in Flammen auf, worauf über der Asche beider und genau in den alten Umfassungs-Mauern das den vornehmeren englischen Namen führende "Windsor" erstand. Vornehmer,—es wird sogar heute noch ebenso unentwegt, wie vor einem Menschenalter und mehr, wenn auch nicht gerade "der" Kunst,—es gibt dort nur noch "Yiddische" Komödie,—doch "die" Kunst geopfert.

Vor diesem Menschenalter und mehr aber,—welch ein wirkliches erstes deutsches Theater in New York ist dies alte "Stadttheater" gewesen! Welche künstlerischen und finanziellen Glanztage hat es unter Otto und Elise von Hoym gesehen! Es war gleich nach dem Bürgerkriege, während dessen dieses tüchtige Schauspieler- und noch tüchtigere Direktorenpaar sein Theater auf einen höchst anständigen künstleri-

This illustration appeared together with Brachvogel's article. It shows the theater's four directors: Mathilde Cottrelly (top center), Carl Hermann (bottom center), Gustav Amberg (left center), and Heinrich Conried (right center). The others are actors and singers associated with the theater, all mentioned in the article. They are, by rows from top to bottom, as follows: top row—Marie Geistinger, Wilhelm Knaack, Josefine Gallmeyer, Tewele, and Antonie Janisch; second row—Magda

continued on next page

schen Fuß aus eigener Kraft gebracht, daß auch der Import transatlantischer Kunstgrößen begann. Den Reigen eröffnete Ottilie Genée, welche zu jener Zeit bereits Jahre lang die Prima-Soubrette des Friedrich-Wilhelm-städtischen Theaters in Berlin, 1865, ihre erste Amerikafahrt und damit die erste richtige Amerikafahrt eines deutschen Bühnen-"Stars" überhaupt unternahm. Sie war damals so zwischen Vierzehn und Vierzig, und kann noch heute, wo sie irgendwo im alten Deutschland einer wohlverdienten, aber selbst jetzt von der, so zwischen Achtzehn und Achtzig stehenden, regsamen Frau sicherlich noch nicht ganz freiwillig genossenen Veteranen-Muße genießt, mit Stolz auf ihr erstes transatlantisches Gastspiel an der unteren Bowery zurückblicken.

Und nun folgten sie ihr,—während die Unternehmende selbst sich nach dem, damals noch durch keine Pacificbahn mit den Staaten verbundenen Californien wandte und nahezu zwei Jahrzehnte den guten und namentlich gut zahlenden Landsleuten am Goldenen Thor eine entsprechend gute deutsche Bühne gab—die großen Wanderlustigen und wanderlustigen Größen des damaligen deutschen Theaters in ununterbrochenem Strome. Als Erster, gleich der wirklich Erste von Allen: Bogumil Dawison zu seinem heute in einer Art Märchenglanz leuchtenden Riesen-Gastspiel von 1866–1867, das sich aber schon damals mit seinem Koloß von Repertoire sowohl, wie mit den kolossalen Einzelleistungen, aus denen es sich zusammensetzte, wie ein einziges großes Bühnenmärchen selbst abspielte. Dann Hendrichs, Auguste von Baerndorf, die L'Arronges, Friedrich Haase und Marie Seebach. Sie haben bis in die siebziger Jahre hinein im alten Stadttheater unten an der Bowery gespielt und jenen doppelten grünen Blattschnitt einheimsen dürfen, der hierzulande die Kunst dem Künstler wie dem Kunstfreund so doppelt theuer macht. Und es erübrigt nur noch eines Spätlings-Gastspiels der Lucca daselbst im Frühjahr 1874, sowie der Thatsache zu gedenken, daß auf diesen Brettern unter Adolf Neuendorff der "Lohengrin" seine erste Aufführung in der Neuen Welt erlebt hat, um dem wuchtigen Kunst-Guthaben des alten "Stadt-Theaters" keinen weiteren Posten zur Erhärtung seines Anspruchs, in der deutsch-amerikanischen Theatergeschichte als erstes wirkliches deutsches Theater New Yorks fortzuleben, zufügen zu müssen!

* * * *

Aber mit dem Beginn der siebziger Jahre wollte es plötzlich mit der deutschen Muse unten an der Bowery doch nicht mehr recht gehen. Die Hoyms zogen sich zurück. Das bis dahin so recht das Hinterland ihrer Bowery-Kunstgründung bildende "Kleindeutschland" bekam seine ersten Nordwärts-Zuckungen. Die Hochbahn begann in die "Gretchen"-Versmusik der Seebach und die Gounod'sche "Gretchen"-Musik der Lucca hineinzurasseln. Das Hotel Hartmann und das daneben liegende Café Logeling legten Trauer an und hielten Abends unfreiwillige Polizeistunde. Regelmäßige Vorstellungen gab es nicht mehr, sondern nur noch spasmodische

---

Irschick and Kathi Schratt; third row—Ludwig Barnay and Adelaide Ristori; fourth row—Emmy Meffert and Ferdinand Schütz (together) and Adolf Link; sixth row—Emil Thomas and Adolf Sonnenthal; bottom row—Friedrich Mitterwurzer, August Junkermann, Heinrich Bötel, Ernst Possart, and Josef Kainz.

Versuche ein zeitweiliges Leben,—wie jenes mit den unglaublichen "Geschundenen Raubritter" Aufführungen, in denen der spätere Dresdener Hofschauspieler von der Osten allabendlich in seinem Hungerkäfig mit Äpfeln, Gemüse und Hühnerknochen bombardirt wurde!—in die "alte Kunstbude," wie es jetzt respektlos hieß, zu bringen. Und dann, je nun—eines schönen Morgens des Jahres 1874 gab es kein deutsches "Stadt-Theater" mehr, dafür aber wachten die New Yorker an demselben Morgen im Besitz des Neuendorffschen "Germania-Theaters" an der Vierzehnten Straße und in dem ihres zweiten richtigen Deutschen Theaters überhaupt auf.

Damit war das deutsche Theater in New York und Alles, was mit ihm zusammenhing und sich dafür interessirte, mit einem Ruck ganz gewaltig in die Höhe gekommen. Und Adolf Neuendorff,—nicht nur mit seinem blonden Lohengrin-Kopf, sondern auch noch mit so manchem Andern der Germanischste unter allen deutschen Theater-Direktoren New Yorks!—war mit seinem "Germania-Theater" auch ganz der Mann dazu, es der deutschen Muse in ihrem neuen Heim, selbst unter Tammany-Fittigen, heimisch und behaglich zu machen. Wenigstens für die nächsten Jahre. Aber Eines oder das Andere mußte diese, als Frauenzimmer ohnehin und als Göttin nun gar erst so unberechenbare Muse doch in ihren alten Kunst- und Jagdrevieren da unten,— "below Canal," wie es plötzlich unter den besonders heraufgekommenen deutschen Theaterfreunden, mit einem extra Garde-Schnarren auf dem "Can—a—a—a—l" zu heißen begann!—zurückgelassen haben, was sie noch immer wieder dahin zurückrief. Und nicht blos mit flüsternden Sentimenten und lockenden Worten. Es bedurfte nun der ersten ehrgeizigen Über- und Mißgriffe, die sich der sonst so prächtige Neuendorff (wie mit seiner extravaganten Wachtel-Saison in der "Academy of Music" und später seine Übersiedelung nach dem frühen Wallack'schen "Star"-Theater) zu Schulden kommen ließ, und zur Schuld waren auch die Schulden da, und es bedurfte dann nur noch des zufälligsten aller Zufälle, um den sentimentalen Bowery-Stimmen eine denkbarst materielle, aber eben darum auch klangvollste zugleich hinzuzugesellen, und das große Zurückbeschwörungswort gesprochen sein zu lassen.

* * * *

Der Sprecher dieses Sesamwortes war William Kramer, der Besitzer des einst ja auch zum Zwischenakts- und sonstigen Erfrischungs-Born des alten "Stadt-Theaters" gehörenden, aber durch sein Eingehen lange nicht so wie die Hartmanns, Logelings u.s.w. afficirten "Atlantic Garden" nebst dem dazu gehörenden "Old Bowery Theatre." Die beiden Theaterleutchen aber, zu denen es gesprochen wurde, waren Mathilde Cottrelly und Gustav Amberg, der Ort endlich, wo es fiel, war der Terrace Garden, wo Amberg, der eben damals in New York "herumzumanagern" begann, im Frühjahr 1879 ein paar Sondervorstellungen arrangirt hatte, die dermaßen besucht waren, daß der "Atlantic Garden"-Magnet, als er zu einer derselben mit seiner ganzen Familie und einem schon damals sehr kranken Bein erschien, wegen Platzmangel in irgend einem Privatwinkel untergebracht werden mußte. Das gefiel, ja imponirte dem scharfen Kramer'schen Geschäftsblick dermaßen, daß der "Atlantic"-Eigenthümer, der im "Old Bowery Theatre" ja auch ein Theater zur Verfügung hatte, sich sofort mit Manager und Soubrette in Verbindung setzte. Eine Verbindung, deren Ergebnis denn schon in wenigen Monaten die Wiedereröffnung seines, während des Sommers völlig neu hergerichteten alten "Bowery Theaters" als nagelneues deutsches "Thalia-Theater" sein sollte.

Die Zeit dazu war eine um so gelegenere, als damals Neuendorff in seinem "Germania" gleichzeitig durch eine zweite Konkurrenz aus seiner deutschen Theater-Alleinherrschaft aufgeschreckt werden sollte. Der Urheber derselben war Heinrich Conried, den es um dieselbe Zeit wie Gustav Amberg in New York auf eigene Faust zu "managern" begann, und der im nämlichen Jahre im gerade vakant gewordenen "Fifth Avenue Theater" eine alleroberste deutsche New Yorker Bühne plante. Das unterblieb nun angesichts der so plötzlichen aller-untersten—"unter der Can—a—a—l"!—Wiedergeburt der deutschen Bühne allerdings. Dafür aber ging Conried als Charakterspieler und Schauspiel-Regisseur zu der neuen Direktion Mathilde Cottrelly. Und als unter dieser und Amberg'scher Geschäftsleitung am 11. September 1879 das neue deutsche "Thalia-Theater" mit Schillers "Kabale und Liebe" eröffnet wurde, war er es, unter dessen Regie es geschah, und der selber, nicht etwa seinem Fach entsprechend den "Wurm" und damit die Kabale, sondern in einer trotz seiner Jugend den künstlerischen Haupterfolg des Abends bildenden Darstellung des alten "Miller" die väterliche Liebe selbst darstellte.

* * * *

Die Eröffnungs-Vorstellung von "Kabale und Liebe" wies noch verschiedene andere Merkwürdigkeiten auf. Sie fand trotz einer Menge fast einem Neubau gleichkommender Veränderungen und Renovirungen des alten "Bowery Theaters" genau an dem Tage,—Donnerstag den 11. September—statt, für welchen sie drei Monate vorher, gleich in dem ersten Kramer-Cottrelly-Amberg'schen "Thalia"-Pronunciamento in Aussicht genommen war. Sodann fiel sie mit einer schweren, in der Abnahme des rechten Beines bestehenden Operation William Kramer's, des Gründers und Eigenthümers, zusammen. Und endlich wurde sie durch einen, auch dieses tragischen Zusammentreffens gedenkenden Prolog eingeleitet, dessen ernstgehaltene und schwungvolle Verse keinen Anderen zum Verfasser hatten, als—den anerkannt tollsten und ausgelassensten "Puck"-Witzkopf!

Die in dieser Weise eingeleitete erste "Thalia Theater" Saison war eine glückliche. Die Cottrelly hatte eine gute Operetten-Truppe zusammengebracht mit sich selbst, Adolphi und Schnelle—dem kleinen stimmbegabten Schnelle, der gar nicht mehr aus dem "Thalia-Verband" herauskommen sollte, denn er starb noch innerhalb desselben!—an der Spitze, und "Fledermaus" und "Seekadet" waren ihre ersten Trümpfe. Auch Drama, Lustspiel und Posse mit Conried, Carl Schönfeld, . . . ,[1] Frau von Trautmann und Emma Fiebach—der kleinen Fiebach, die dann auch bald gestorben ist,—that seine Schuldigkeit. Und als vollends der erste große (in diesem Fall 5 Fuß 9 Zoll große) europäische Gast, Magda Irschick, erschien, gab es eine richtige dramatische Sensation. Sie spielte "Medea," "Daborah," "Maria Stuart," "Donna Diana," "Elisabeth," "Jungfrau,"—das ganze Janauschek- und Clara Ziegler-Repertoire. Da man aber hierzulande sehr wohl die Janauschek, die Ziegler jedoch gar

---

1.   This name is illegible in the Library of Congress microfilm copy of the newspaper, which was my source.

nicht kannte, so waren die hiesigen Kunstweisen vom Hotel Hartmann, Café Loge-ling und Atlantic Garden sehr bald darüber einig, daß sie die reine Ziegler sei. Und "gezieglert" hat sie denn auch weidlich. Sie hatte sogar wirklich die Gestalt und auch etwas vom Kopf der tragischen Muse; in ihren Bewegungen war Energie; und in ihren Lungen Kraft, Kraft und noch einmal Kraft.

* * * *

Schauspiel und Operette theilten sich auch in verständiger Weise und mit anständigem Erfolg in die erste Hälfte der, mit einer gut inscenirten Aufführung von Schiller-Laube "Demetrius" eröffneten zweiten "Thalia"-Saison. Dann aber sollte der große Gast- und Kunst-"Star" von jenseits des Ozeans kommen, der auch die letzten und hartnäckigsten Deutschen New Yorks, die sich verschworen hatten, den Theater-Weg "unter die Cana—a—l" nie wieder finden zu wollen, durch die Macht ihrer außerordentlichen Begabung zwingen sollte, diesen Weg von Neuem immer und immer wieder zu finden und zu gehen.

Eigentlich soll man über die Geistinger gar nicht zu schreiben anfangen, wenn man gleich wieder damit aufzuhören hat. Und da dies hier doch nun einmal der Fall und da es wirklich für den Theater-Schreiber, der zugleich ein Theater-Freund ist, schwer ist, nicht überschwänglich zu werden, wenn es von der Geistinger und ihren amerikanischen Gastspielen zu reden gilt, so sei hier gleich der gründlichste Ausweg, dieser Gefahr zu entrinnen, gewählt. Der: statt in Worten mit Zahlen zu sprechen. Beim Theater bedeuten sie ja auch Etwas, haben sie ihre besondere Werthung, bieten sie einen auch sehr wohl an das rein Ideale anzulegenden und diesem gerecht werdenden Maßstab.

Der unter Kramer'scher baar in Wien hinterlegter Garantie von 18,000 Dollars abgeschlossene Geistinger-Cottrelly-Kontrakt lautete auf 60 Vorstellungen à Hälfte der Brutto-Einnahme, die mit 300 Dollars garantirt war. Diese 60 und noch verschie-dene Extra-Vorstellungen wurden auch richtig kontraktmäßig abgespielt. Nun war der von William Kramer in Wien hinterlegte Garantie-Vorschuß von 18,000 Dollars be-reits bei der zwanzigsten Vorstellung in die Kasse des Thalia-Theaters zurückgekehrt, und statt um 18,000 Dollars reicher, ist dann die Geistinger am 5. März 1881 mit etwas über 50,000 Dollars nach Wien zurückgedampft!

War es ein Wunder, daß die Geistinger, die sich während dieses ersten Gastspiels gleich genial und zugkräftig in der großen Operette ("Großherzogin," "Madame Favart," "Boccaccio") wie in der Tragödie ("Arria und Messalina"), im Volksstück ("Therese Krones," "Drei Paar Schuhe," "Näherin"), wie im hohen Drama ("Cameliendame" und "Donna Diana") bewährt hatte, dann gleich für vier Jahre überhaupt fast Amerikanerin wurde! Ja, daß sie noch ein Mal, volle 15 Jahre später, eine persönliche Wiedersehens-Erfahrung mit dem New Yorker Publikum feiern durfte, wie sie für beide Theile nicht schmeichelhafter und ehrenvoller zugleich zu denken war!

* * * *

Wie hoch sich der Reingewinn der Direktion Cottrelly bei diesem an modernste Metropolitan-Zahlen anklingenden 50,000 Dollars-Gastspiel der Geistinger belaufen, kann hier nicht angegeben werden. Daß auch er ein ganz passabler gewesen, war daraus zu schließen, daß er im Verein mit einem ihr plötzlich von anderer Seit kommenden Anerbieten "auszuverkaufen," es der liebenswürdigen Frau Direktorin ermöglichte, sich nach diesen zwei Jahren mit ebenso blattreichen Manager-Lorbeeren, wie blätterreichem Bank-Buch in ein drittes verheirathetes Privatleben zurückzuziehen und für 1881–82 einer "Thalia"-Direktion Hermann und Amberg Raum zu geben.

Wie aber bei dieser Gelegenheit Gustav Amberg vom Geschäftsleiter zum Mitdirektor aufstieg, avancirte gleichzeitig Heinrich Conried—die beiden Namen sind seitdem bestimmt gewesen, im New Yorker Theaterleben beständig neben einander, gegen einander und je nachdem auch über einander hinweg aufzutauchen!—zum artistischen Beirath der neuen Firma. Gleich der Cottrelly ein ursprünglicher "Germaniatheater" Import Adolf Neuendorff's, sollte er, wie diese, an der unteren Bowery zum Kunst-Konkurrenten und,—man war eben bei den letzten Direktions-Tagen des "Germania"-Mannes angekommen,—zum segensreichen Geschäfts-Rivalen desselben werden. Und als es dann, nach einer erst von der, später mit Amberg nach dem Westen gehenden, Geistinger bestrittenen, danach aber auch ohne sie im Zeichen von Audrans "Mascotte" mit Jenny Stubel, Seebold, Klein und Link stehenden glänzenden Operetten-Saison, im Frühjahr 1882 nach einem in Theaterkreisen landläufigen Bonmot nicht mehr "Hermann-Amberg," sondern "Hermann am Berg" hieß und die Auflösung der von vornherein denkbarst unfirmen Firma erfolgte, trat Heinrich Conried ganz in die nun auf Hermann und Conried getaufte ein.

* * * *

Und damit begann im "Thalia-Theater" jene Montechristo-Saison, von der noch heute gesprochen wird, wenn es sich um ein Bild für richtige "König Lustiks" Bühnenzeiten und für Alles handelt, was private Munifizenz und künstlerische *carte blanche* vermögen, wenn sie in einer und derselben Theater-Kanzlei zu Rathe sitzen und ihnen außer einer der größten Bühnen New Yorks auch der ganze Kunstmarkt Deutschlands zur Verfügung steht. Die Signatur dieser Saison war: Zunächst die beste und bis in die hintersten und untersten Chor-Regionen bestausgestattete deutsche Operette, welche New York noch gesehen und die namentlich mit Johann Strauß' "Lustigem Krieg" eine geradezu im großen Opern-Stil gehaltene Rekord-Leistung bot. Sodann eine ganze Hetze vorwiegend Wiener Gastspiele von solchen schauspielerischen Celebritäten der Kaiserstadt, daß man fast glauben konnte, New York sei für ganze Theater-Wochen an die Donau versetzt. Zuerst die Gallmeyer, die an der Bowery gegen die mit Amberg nach dem Broadway ("Star Theater") ausgewanderte Geistinger ausgespielt werden sollte, sich dabei aber leider nur selbst als bereits ausgespielt erwies. Mit ihr Knaack und Tewele mit einem ganzen Repertoire seiner lustigen und tollen Dinge. Sodann im Schönheits-Zenith ihrer damaligen siebenundzwanzig Jahre Kathi Schratt, die für Sardou's "Cyprienne" in Dr. Bassermann einen Partner fand, daß das Publikum volle drei Wochen lang nichts Anderes sehen wollte, als wie sich die Beiden unter Conried'scher Regie scheiden ließen. Und nach ihnen endlich Ludwig Barnay mit einem Gastspiel, das nur einer etwas günstigeren Konstellation gewisser Umstände bedurft hätte, um sich zu einer zweiten "Dawisonade" an der Bowery auszuwachsen.

Wie es nun einmal das Loos des Schönen auf der Erde ist—selbst dann ist, wenn man Hermann und Conried heißt!—auch diese Glanz- und Glorien-Zeit Hermann'scher

Finanz-Unerschöpflichkeit und Conried'schen Regie-Zaubers sollten im "Thalia-Theater" ihr Ende erreichen. Und das schon so bald. Und das gleich für immer. Der letzte Abend des Barnay'schen Gastspiels,—er brachte vor einem überfüllten Hause mit der Geistinger in einer Proszeniumsloge und Tommaso Salvini in der anderen zum Schluß eine in mehr als einem Sinne geradezu stürmische Aufführung der Forums-Szene aus "Julius Cäsar!"—war auch das Letzte der Conried-Hermann'schen Pracht an der Bowery.

Schon am darauffolgenden Tage, dem 1. März 1883, hielt auf's Neue Gustav Amberg an der ihm so vertrauten Stätte seinen Einzug. Dieses Mal allein. Und dieses Mal, um zu bleiben. Wenigstens so lange es überhaupt noch eines Bleibens war in dem zwischen Canal Street und Chatham Square zusammengepreßten untersten Bowery-Viertel—mit seinem immer häufigeren und zudringlicheren Hochbahngerassel—mit seinem ortsüblichen Geschäfts-Lärm und Schacher-Slang—und mit den sich immer dichter über diese deutsche "Thalia"-Oase lagernden exotischen Dünsten des nahen Chinatown und des noch näheren Ghetto!

* * * *

Fünf volle Spielzeiten waren es, welche Gustav Amberg noch dort unten als theatralischer Kunstwart gewaltet. Mit wechselndem Glück, wechselndem Gelingen und wechselndem Muth und Behagen. Aber schließlich doch im Stande, mit einem derartigen letzten Glanzsaison-Rekord—1887 bis 88—auch seinerseits den unvermeidlichen Zug gen Norden anzutreten und das dort für ihn erbaute Amberg-Theater zu beziehen, daß man noch heute beim bloßen Lesen davon eine Art Blendung empfindet!

Was sich bis dahin—d.h. vom Frühjahr 1883 bis zu dem 1887—im Thalia-Theater zugetragen, möge hier kurz in einer damaligen aus maßgebender Kollegenfeder stammenden Zusammenfassung rekapitulirt werden:

"Nach dem Schluß des Barnay-Gastspiels am 30. April 1883 siedelte Marie Geistinger wieder nach dem Thalia-Theater über und fügte dort mit ihrer Darstellung der Titelrolle der Operette 'Der Seekadet' ihren bisher errungenen Triumphen einen neuen hinzu. Die Saison von 1883–84 brachte den New Yorker Theaterfreunden wieder mit der Geistinger den 'Bettelstudent' und 'Die Afrikareise,' und im Frühling gelang es der anmuthigen Antonie Janisch, die Gunst des Publikums gleichsam im Fluge zu gewinnen. Im folgenden Winter (1884–85) wurde in der ersten Hälfte der Spielzeit ein sehr abwechslungsreiches Schau- und Lustspiel-Repertoire, 'Probepfeil,' 'Die Welt, in der man sich langweilt,' 'Die Große Glocke,' 'Der Stiftsarzt' u. s. w., zur Aufführung gebracht. Von Neujahr bis Anfang März beherrschte der langathmigste aller Amberg'schen Operetten-Erfolge—'Nanon,' mit Emmy Meffert und Ferdinand Schütz—ausschließlich das Repertoire. Vom 9. bis 23. März gastirte Adolf Sonnenthal. Dann gab es ein einmaliges Auftreten der italienischen Tragödin Adelaide Ristori, und Millöcker's 'Feldprediger' bildete den Schluß dieser interessanten Saison. In der Spielzeit 1885–86 machte das New Yorker Publikum die Bekanntschaft des genialen Friedrich Mitterwurzer, welcher zuerst einige Wochen im 'Star-' und dann später im 'Thalia-Theater' mit von Abend zu Abend sich steigerndem Erfolge auftrat. Neben seinem Gastspiel fanden Schönthan's 'Raub der Sabinerinnen' und einige treffliche Aufführungen komischer Opern die stärkste Theilnahme des Publikums. Die Saison

1886–87 wurde mit der hübschen Dellinger'schen Operette 'Don Cäsar' auf das Glücklichste eingeleitet. Die Gastspieler dieser Saison waren der auf den Thalia-Brettern bereits mehr als heimische Komiker Link und sein Berliner Gegenstück Emil Thomas nebst seiner Gattin und die reizende Elsa Hoffmann. Am 1. März kam dann Adolf Neuendorff, der längst kein eigenes Theater mehr hatte, zu Gustav Amberg zu Gast und führte bei ihm seine romantisch-komische Oper 'Waldmeisters Brautfahrt' auf. Die nun folgende Saison 1887–88 sollte die letzte deutsche und zugleich die glanzvollste der ganzen deutschen Aera des Thalia-Theaters sein."

Hierzu sei bemerkt, daß Sonnenthal, dessen geradezu phänomenales vierzehn-tägiges Thalia-Gastspiel im März 1885 stattfand, gar kein Import Amberg's war. Heinrich Conried hatte ihn herübergebracht, hatte aber plötzlich, als er ihn hier hatte, kein passendes Theater für ihn. So klopfte er dann mit seinem kostbaren Gast bei seinem alten Thalia-Kollegen an, und wie Recht dieser hatte, ihm seine Arme und Pforten auf's Weiteste zu öffnen, dafür mögen auch hier um so lieber Zahlen sprechen, als sie, wie im Fall der Geistinger, so auch in diesem, zugleich das Überschwänglichste in der denkbar kühlsten *matter of fact* Weise sagen. Der Menschen wie Geld mit der gleichen Unfehlbarkeit einnehmende Wiener Burgtheater Doyen,—denn das war er auch 1885 schon!—erhielt tausend Dollars für die Vorstellung. Davon mußten jedes Mal 400 Dollars an Amberg für sein Haus und seine Schauspieler gezahlt werden. Was nach Abzug dieser beiden Posten übrig blieb, wurde brüderlich zwischen den Herren Amberg und Conried geteilt. Da nun die siebzehn Vorstellungen, welche Sonnenthal in diesen vierzehn Tagen unter dem gastlichen Dache Amberg's absolvirte, eine Gesammteinnahme von 62,000 Dollars ergaben, so ist leicht herauszurechnen, daß ein jeder der beiden Impresarii gegen die 17,000 Dollars des Gastes zwischen 18- und 19,000 Dollars direktorialen Schmerzenslohn empfing. Der doppelt wundervolle Fall, in welchem ein "Star," statt einfach einen Unternehmer aufzufressen, gleich Zweien so viel ließ, daß ein Jeder über 1000 Dollars mehr als er selbst hatte. Die Herren Conried und Amberg sollten eigentlich in Gemeinschaft die Metropolitan Oper unternehmen,—das würde doch endlich einmal den singenden Herrschaften an der Neununddreißigsten Straße zeigen, wohin der Gast und wohin der Direktor gehört!

* * * *

Und nun noch ein Wort über die große 1887–88er Saison, die Amberg's Schwa-nengesang an der unteren Bowery sein sollte. Es war wirklich Gesang darin. Er hatte Heinrich Bötel von Hamburg herübergebracht und gab mit ihm im Oktober und November eine ganze Opern-Reihe, die sich sogar bis zu den "Hugenotten" verstieg, und während deren das Geld in der Amberg'schen "Box-Office" eben so klingend herumflog, wie die hohen C's dieser jüngeren Wachtel-Auflage in seinem Theater.

Außer dieser Oper stand die Saison noch im Zeichen von Plattdeutscher Komödie, Lustspiel, Posse und hoher Tragödie. Ihre großen Künstlernamen aber waren, außer dem Bötel's, die von: August Junckermann, Mathilde Cottrelly, Gertrud Giers, Ernst Possart und Ludwig Barnay. Und nicht nur daß Possart allein ein unvergeßliches Gastspiel von richtigen Dawison-Dimensionen,—in die bewußten Zahlen umgesetzt: 37,860 Dollars!—absolvirte. Es gelang auch zum Schluß desselben noch, Barnay zum zweiten Male an die Bowery herunterzubringen. Wie Sonnenthal drei Jahre früher, war auch er nicht als Amberg'scher, sondern als Conried'scher "Star" herübergekommen. Aber nachdem sein mit dem historischen Blizzard vom 16. März zusammenfallendes erstes Auftreten in der "Academy of Music" buchstäblich eingeschneit war, sah er sich auch bald anderweitig aus dem großen Opernhause an der Vierzehnten Straße herausgefroren, und war nur zu willig, sich in die ihm plötzlich öffnenden Arme Gustav Amberg's—es war überhaupt erstaunlich, wie der Mann es während seiner "Thalia"- Zeit immer verstanden, die Arme rechtzeitig zu öffnen!—an der unteren Bowery zu stürzen. Gemeinsam traten dann die deutschen Gäste—Possart, Barnay und Giers—in einer ganzen Anzahl von Vorstellungen, unter Anderen in "Wallenstein," "Don Carlos," "Journalisten" und "Hamlet," auf, wobei die letztgenannte Vorstellung, in der Possart den "Polonius" und Barnay den "Hamlet" spielte, zugleich Barnay's Benefiz war, und außerdem noch dadurch des Besonderen bemerkenswerth wurde, daß es ganz im Gegensatz zu des Benefizianten damaligen ersten New Yorker Erfahrungen, die nur von Schnee und Eis wußten, hier zum Schluß beinahe zu einem Feuer gekommen wäre. Es fand nämlich gleichzeitig im anstoßenden "Atlantic Garden" die, in einem besonders stimmungsvollen Moment in ein kleines Feuer ausartende Feier der Kramer'schen Silberhochzeit statt. Zum Glück hatte es aber bei dem Lärm, obgleich derselbe kein blinder war, sein Bewenden. Dem New Yorker Publikum blieb eine der schlimmsten Theater-Paniken erspart,—das Thalia-Theater selbst aber entging bei der Gelegenheit nur mit knapper Noth dem, was man seit Ibsen so vielsagend "ein schönes Sterben" zu nennen pflegt!

* * * *

Erübrigt jetzt noch der Epilog! Er fällt, nachdem es nach Gustav Amberg's Argonautenfahrt nach der Vierzehnten Straße erst noch ein Interregnum so gut wie völlig theaterloser Zeit hinter den vier großen ionischen Säulen gegeben, in die Saison von 1890–91. Bestritten wurde er von den Rosenfelds. Die Rosenfelds—es sind ihrer, wenn auch nicht gerade nach Muster der christlichen Trinitas, so doch von allen sonstigen guten Dingen, drei!—haben sich in der neuen Welt einen großen Namen mit den kleinen Liliputanern gemacht. Und das bei Amerikanern und Deutschen gleichmäßig. Trotzdem war darin keine Gerechtigkeit. Die Rosenfelds sind weit mehr als nur Zwerge-Bärenführer gewesen, zumal man hier schon in den Siebziger Jahren in den Two Jean Petit, Jean Piccolo und Kis Joszi "viel größere Zwerge" gesehen hat. Nein, die Rosenfelds haben im internationalen Theater-Konto dieses Landes auch richtige "große" Posten auf der Habenseite. So die erste Einführung Gerhart Hauptmanns, so die Einfuhr (bei der Ausstattungsfracht, um die es sich dabei gleichzeitig handelte, ist das Wort wohl erlaubt!) der "Meininger"; und endlich das erste amerikanische Gastspiel der Duse.

Die beiden ersten dieser Posten füllen auch zwei Drittel der Rosenfeld'schen "Thalia"-Direktion von 1890–91 aus. Sie brachten Gerhart Hauptmann's "Vor Son- nenaufgang" zur Aufführung, und gaben mit den Meiningern, bei denen sich Anna Haverland, Mathieu Pfeil und Kober befanden, "Julius Cäsar" (mit der leibhaftigen Meininger Pompejus-Statue und echtem Meininger Volksgeschrei in der Forum-Scene), "Maria Stuart" und die "Hermanns-Schlacht" (womit aber nicht eine Wiederholung der Saison von 1882–83, sondern das Kleist'sche Schauspiel gemeint war!) an zahlreichen

Abenden. Das letzte, aber weitaus wuchtigste Drittel aber war ein Gastspiel Joseph Kainz', welches den Rosenfelds von irgendwoher aus der oberen Stadt in den Schoß fiel. Es sollte, namentlich mit seinen von Leidenschaft und Eigenart förmlich flammenden Grillparzer-Gestalten Leon und Rustan, sodann mit seinem "Hamlet," "Karl Moor" und "Uriel Acosta"—eine Art Brillant-Feuerwerk bilden in welchem sich, wenn schon nicht das "Thalia-Theater" selbst, so doch die deutsche Komödie, die es seit zwölf Jahren beherbergt hatte, ein Ausleben in Feuer und Schönheit begehen sollte!

Und wenn, damit auch die in Theaterdingen ohnehin stets auf der Lauer liegende leichte Ironie hier zum Schluß zu ihrem Recht komme, noch erwähnt wird: daß auch Mathilde Cottrelly zu guterletzt noch einmal auf diesen Brettern, die sie einst als "Thalia"-Bretter so recht aus der Taufe, ja aus den Windeln gehoben hatte, gemimt, und daß dies in der Rolle der "Madame Teitelbaum" geschah, so ist damit zugleich diese ganze, erste und letzte Rosenfeld-Saison im "Thalia-Theater" erschöpft. Denn nicht nur, daß die Cottrelly eine ganz vorzügliche "Teitelbaum" war,—sie hat sich erst ganz neuerdings noch in den Theater-Dienst der Muse Israel Zangwills gestellt— es wurde mit dieser "Teitelbaum" von den eigenen Händen der einstigen "Thalia"- Schöpferin selbst auch der unwillkürliche Übergang zu dem "Après nous le Dèluge!" bewerkstelligt. Welches ihr in Gestalt jener "Yiddischen Comödie" auf den Fersen folgte, die 1891 vom "Thalia-Theater" Besitz ergriff und bis zu diesem Augenblick behalten hat.

* * * *

Und jetzt?

Der Leser ist gebeten, noch ein Mal die an der Spitze dieser Zeilen stehende Realestate-Announce zu lesen. Das sagt Alles. Das alte "Thalia-Theater" wird niedergelegt werden und auf den siebenthalb werthvollen Baustellen zwischen Bowery und Elizabeth Street wird ein Neubau, wie er dorthin gehört, erstehen. Wünschen wir ihm das Beste! Vor Allem aber das Eine: daß, was immer auch—eine Power-Station, eine Synagoge, ein großer Sweatshop, ein Missionshaus, ein Lodging-Haus, ein Skyscraper mit einem Dutzend verschiedener Bestimmungen,—aus ihm werde, die deutsche Muse im zwanzigsten Jahrhundert nie mehr dort anzuklopfen haben möge, wie wohl sie sich dort auch im neunzehnten noch dicht bis an sein Ende heran befunden habe!

Photograph of the Bowery (Thalia) Theater, 46 Bowery, looking north (1914). Milstein Division of United States History, Local History & Genealogy, The New York Public Library, Astor, Lenox and Tilden Foundations. Used with permission of the New York Public Library.

Ein Grüner[1]

(Auf dem New Yorker Christbaummarkt.)

Nicht kommst vom Harz du, nicht vom Schwarzwald,
Nicht beugte dich der Alpen Föhn,
Du bist ein Neuweltsohn, dich sandten
Der Alleghanies wald'ge Höhn.
Und dennoch blickst du auf mich nieder
In deinem grünenden Gewand,
Als kämst du eben grün von Drüben,
Wo einst auch mir die Wiege stand.

Wie Blut umspülte deine Ahnen
Der Rothaut Lagerfeuer-Glut,—
Es wird um dich verklärend fließen
Der Weihnachtskerzen Silberflut.
Sei mir gegrüßt, Amerikaner,
Vom Strahle deutschen Lichts geküßt,
Wie uralt auch dein Landesstammbaum,
Sei mir als Grüner froh gegrüßt!

Und wo von deutschem Wort umklungen,
Du in der Armut engem Raum,
Wo in des Reichtums gold'nem Prachtsaal
Du flammen wirst als Weihnachtsbaum:
Mach' ihnen auch den letzten Winkel,
Und auch das letzte Herz erhellt
Im Lichterglanz der alten Heimat,
Im Hoffnungsgrün der neuen Welt!

Doch wo umtönt von fremden Lauten
Du strahlen wirst im Feierkleid:
O strahle ihnen in das Herz auch
Das ganze Herz der Weihnachtszeit!
Und wie gering und ungeschickt auch
Der Schmuck, der dir beschieden ist:
Vergiß es nicht, daß du ein Grüner,
Und darum ein Erob'rer bist!

Ja, ein Erob'rer und ein Sieger,
So gehe deinen lichten Gang!
Uns aber sei zu allen Zeiten
Ein voller, ganzer Heimatklang!

1. Brachvogel, *Gedichte* (1912), 237–238.

Was mit ins neue Land wir brachten
Gemütvoll tief und flammend kühn:
Das lehr' uns wahren, des zum Pfande,
Du Grüner, bleib' uns ewig grün!

Stabat Mater[2]

Stabat mater dolorosa	An dem Kreuz in Tränenschauern
Juxta crucem lacrymosa,	Stand die Mutter voller Trauern,
Dum pendebat filius,	Da der Sohn im Tode rang,
Cujus animam gementem,	Dem die Seele, noch im Sterben
Contristantem ac dolentem	Weinend um der Welt Verderben,
Pertransivit gladius	Aller Schmerzen Schwert durchdrang!
O quam tristis et afflicta	Was erträgt sie selbst an Schmerzen,
Fuit illa benedicta	Die gesegnet unterm Herzen
Mater unigeniti,	Gottes Eingebor'nen trug;
Quae moerebat et dolebat	Hilflos stand sie,—was empfand sie,
Pia mater, dum videbat	Als den Blick emporgesandt sie,
Nati poenas incliti?!	Wo der Haß ans Kreuz ihn schlug?!
Quis est homo, qui non fleret,	Gibt's ein Auge, das nicht taute,
Christi matrem si videret	Wenn in solcher Not es schaute
In tanto supplicio?	Sie, die uns den Gott gebar?
Quis non posset contristari,	Wer vermöchte kalt zu scheinen,
Piam matrem contemplari	Sieht er sie um jenen weinen,
Dolentem cum filio?	Der ihr Sohn, ihr alles war?
Pro peccatis suae gentis	Bluten unter Geißelhieben
Videt Jesum in tormentis	Sieht sie ihn, des heilig Lieben
Et flagellis subditum;	Trug der Menschensünde Lohn;
Videt suum dulcem natum	Sieht ihn, an das Holz geschlagen,
Morientem desolatum,	Qualenvollsten Tod ertragen,
Dum emisit spiritum.	Ihren süßen einz'gen Sohn.
Eia mater, fons amoris,	Mutterquell der Lieb', erdulden
Me sentire vim doloris	Laß, was ohne dein Verschulden
Fac, ut tecum lugeam.	Du geweint hast, mich mit dir!
Fac, ut ardeat cor meum	Laß, o laß mein Herz entbrennen,
In amando Christum deum,	Ihn zu lieben, ihn zu kennen,
Ut sibi complaceam!	Seine Gnade gönne mir!

2.   From the poem "Jacobus de Benedictis." German translation by Brachvogel. Brachvogel, *Gedichte* (1912), 196–214.

Sancta mater, istud agas,	Heil'ge Mutter, o vollbring' es,
Crucifixi fige plagas	Mit dem Kreuz dies Herz durchdring' es
Cordi meo valide.	Und der Pein, die er dran litt!
Tui nati vulnerati,	Qual und Plagen, nicht zu sagen,
Jam dignati pro me pati	Die, zerschlagen, er getragen
Poenas mecum divide!	Einst für mich, teil' du mir mit!
Fac me tecum pie flere,	Unter Seufzen, unter Weinen
Crucifixo condolere,	Will ich mich mit dir vereinen,
Donec ego vixero.	Trauern will ich lebenslang;
Juxta crucem tecum stare	Will zu dir ans Kreuz mich stellen,
Te libenter sociare	Deinem Jammer zugesellen
In planctu desidero!	Meine Klagen, heiß und bang!
Virgo virginum praeclara,	Jungfrau, aller Jungfrau'n Sonne,
Mihi jam non sis amara,	Gönn', o gönne mir die Wonne
Fac me tecum plangere;	Lasse klagen mich mit dir;
Fac, ut portem Christi mortem,	Christi Scheiden gönn' uns beiden,
Passionis fac consortem	In vereinter Qual zu leiden,
Et plagas recolere.	Seine Martern gönne mir!
Fac me plagis vulnerari,	Gib, daß ich gleich ihm verblute
Cruce hac inebriari	Hier am Kreuze, und ermute
Ob amorem filii.	Durch sein Lieben mich dazu.
Inflammatus et succensus	Aber dann auch rette, rette
Per te, virgo, sim defensus	Mich vor der Verdammnis Kette,
In die judicii!	Am Gerichtstag rette du!
Christe, cum sit hinc exire,	Christus, winkst du mir zum Sterben,
Da per matrem me venire	Laß die Palme mich erwerben,
Ad palmam victoriae!	Wie die Mutter sie verhieß!
Quando corpus morietur,	Wenn die Erdenbande sinken,
Fac, ut anima donetur	Lasse ew'ge Glorien trinken
Paradisi gloriae!	Mich in deinem Paradies!

6

Robert Reitzel

Robert Reitzel (1849–1898) was a man of broad interests. He was a preacher turned freethinker, a poet, speaker, and literary critic; and he was a liberal, socialist, and even radical thinker who championed the cause of the working class. Today he is remembered as the writer of his *Abenteuer eines Grünen,* a memoir of his early months in the United States, and as the power behind the Detroit-based weekly journal entitled *Der arme Teufel.* Reitzel published this journal, which contains most of his known works, from 6 December 1884 until his death on 31 March 1898. After that it was continued by Martin Drescher in Detroit until 9 September 1900; and it was revived by Albert Weidner in Friedrichshagen near Berlin, where it survived from 1902 to 1904.

In the first 80 years or so following Reitzel's death, there was only minimal interest in his life and contributions. Studies included American doctoral dissertations by A. E. Zucker and Rudolf T. Rieder from the First World War era, as well as a more recent one by Randall P. Donaldson, one master's thesis, and a few assorted journal articles.[1] But recently things have begun to change. Ulrike Heider's "political biography" of Reitzel (her term), published in 1986, was followed by Richard Oestreicher's 1992 article, Donaldson's 2002 revision of his dissertation, Oliver Benjamin Hemmerle's monograph from the same year, and a collection of Reitzel's works edited by Manfred Bosch, which appeared in 2005.[2] Three of these contributions were published in Germany, pointing to a welcome new interest in Reitzel among Europeans.

Reitzel has not become a well-known figure at least in part because his writings remain inaccessible; only a handful of libraries worldwide possess a complete set

---

1.   Adolf Eduard Zucker, *Robert Reitzel*, diss., University of Pennsylvania, 1917; Rudolf Theodor Rieder, *Ein Bild Robert Reitzels und des "Armen Teufels" aus seinem Verhältnis zur Litteratur*, diss., University of Wisconsin, 1918; Randall Paul Donaldson, *Robert Reitzel (1849–1898) and his German-American Periodical* Der arme Teufel, diss., Johns Hopkins University, 1976; Paul Eberhardt Werckshagen, "Robert Reitzel, seine Persönlichkeit und seine Weltanschauung," M.A. thesis, University of Illinois, 1908; Erwin Ritter, "Robert Reitzel, Armer Teufel (1849–1898)," *Yearbook of German-American Studies* 5 (1972): 12–26.
2.   Ulrike Heider, *Der arme Teufel: Robert Reitzel, vom Vormärz zum Haymarket* (Bühl-Moos: Elster, 1986); Richard Oestreicher, "Robert Reitzel, *Der Arme Teufel,*" *The German-American Radical Press: The Shaping of a Left Political Culture, 1850–1940*, ed. Elliott Shore et al. (Urbana: University of Illinois Press, 1992), 147–167; Randall P. Donaldson, *The Literary Legacy of a "Poor Devil": The Life and Work of Robert Reitzel (1849–1898)* (New York: Lang, 2002);

Robert Reitzel (undated). Reprinted from *Der arme Teu-fel* 14, no. 697 (9 April 1898), the issue that announced his death.

of *Der arme Teufel*. The three-volume edition of Reitzel's works published in 1913 by the Reitzel Klub of Detroit under the direction of Max Baginski,[3] on which large portions of the later editions and monographs are based (including those of Heider, Donaldson, and Bosch), has done perhaps more harm than good, as it gives no dates or other references for the items included. In addition, it not only clumsily alters Reitzel's spelling (often, but not always, replacing his "ß" with "ss," for example), but also incorporates numerous absolute blunders—among which my favorite is Reitzel's essay

Oliver Benjamin Hemmerle, *"Der arme Teufel": Eine transatlantische Zeitschrift zwischen Arbeiterbewegung und bildungsbürgerlichem Kulturtransfer um 1900* (Münster, Vienna, and London: Lit Verlag, 2002); *Robert Reitzel: Ich will nur auf einem Ohre schlafen, damit ich keinen Weckruf zur Freiheit verpasse*, ed. Manfred Bosch (Berlin: Karin Kramer, 2005).
3.   Robert Reitzel, *Des armen Teufel gesammelte Schriften*, 3 vols., ed. Max Baginski (Detroit: Reitzel Klub, 1913).

title "Sollen wir von den Klugen lernen oder von den Toren?" which appears here as "Sollen wir von den Klugen lernen oder von den Toten?"[4] Certainly such errors might cause the reader to misunderstand Reitzel's sense of humor, if not his entire world view.

Reitzel was born on 27 January 1849 in Weitenau in southern Baden, near Schopf-heim, where the city archives still hold some of his papers and other records; his parents were the local schoolteacher Reinhard Reitzel and his wife, née Catherine Uehlin. He grew up in Weitenau, in Mannheim, and later in Karlsruhe, where new opportunities had taken the family. Reitzel had wanted to join his friends at the university in Hei-delberg but failed in several attempts to complete preparatory courses; and in the spring of 1870, when he was 21 years old, it was decided he should emigrate to the United States, where his older brother Karl was already established.

During his first year in America, Reitzel supported himself with various jobs, began to write his *Abenteuer eines Grünen*,[5] passed oral exams to become a licensed minister of the Reformed Church in Maryland, and took a position as a minister of the First Reformed Church in Washington, D.C. In the spring of 1872, however, having been charged with inappropriate behavior, he lost both his position and his license to serve as a Reformed Church minister. According to Randall P. Donaldson, Reitzel's problems began with his officiation at an infant baptism, where he mistook a witness for the mother of the child, thus essentially leaving the parents out of the ceremony; the complaint filed stated that he had been drinking earlier that day. Though Reitzel was reinstated, the dispute escalated, and he, together with most members of his congregation, left to establish an independent congregation. But soon even this new arrangement proved too restrictive for his taste, and in the fall of 1873 Reitzel became the leader, or speaker, of an active group of Freethinkers in the Washington area.[6]

In 1874 Reitzel met Eduard Schröter, the leader of U.S. free congregations, in Sauk City, Wisconsin. Though he continued at least until 1876 to serve as speaker of his Washington free congregation, he also embarked on frequent and lengthy lecture tours, mainly in the Midwest, appearing at Turners Clubs and Freethinkers meetings there. In 1883, he moved to Detroit, the city that became his permanent home, where he already enjoyed popularity as a lecturer and where he succeeded in finding financial backing for *Der arme Teufel*.

The Haymarket Affair was a turning point in Reitzel's career and became an incident with which both he and his journal were identified. On 4 May 1886, a group of Chicago workingmen gathered near Haymarket Square in response to nationwide strikes and demonstrations for better working conditions. The situation escalated to violence when someone threw a bomb into the ranks of policemen who had come to disperse

---

4.   Reitzel, *Des armen Teufel gesammelte Schriften*, vol. 3, 450–452. Bosch, who includes this work in his edition, cites the third volume of the Friedrichshagen edition (*Der arme Teufel* 3, no. 13 [1904]) as his source. It was originally published in *Der arme Teufel* 4, no. 5 (31 December 1887).

5.   Published in serialized form in the first two volumes of *Der arme Teufel*, between December 1886 and March 1888.

6.   Donaldson, *The Literary Legacy of a "Poor Devil,"* 21–22.

the group. Eventually eight workers—five of whom were German Americans—were charged with and tried for their alleged role in instigating violence that led to the death of a policeman. All were convicted; one committed suicide while awaiting execution, four others were hanged for their crimes, and the three who survived in prison were pardoned by the Illinois governor in 1893. Reitzel visited the accused in prison, attended court proceedings, published reports in *Der arme Teufel*, spoke at graveside services after the executions, and furnished his readers with annual commemorations of the workers' deaths. His untiring efforts to fight against social injustice of all kinds and to focus the attention of the wealthy on the problems of the working class became part of the permanent mission of *Der arme Teufel*.

From early May until late August 1889 Reitzel traveled to Europe—motived by "Sehnsucht," as he informs his readers;[7] his trip was financed by Detroit benefactors with connections to the brewing industry. He landed in Hamburg and made his way down the Rhine to Frankfurt and Mannheim and on to Baden. He visited the mother of one of the Haymarket martyrs, his own father, and others, and spent time in Switzerland and also in Munich before returning home. Along the way he wrote "Reisebriefe" for *Der arme Teufel*, which appeared in 17 installments between 1 June and 5 October 1889, the last one approximately six weeks after his return to Detroit.

Beginning in 1893, Reitzel suffered a progressively debilitating illness that modern writers have described as a "tubercular infection."[8] Eventually he was an invalid confined to his room, paralyzed, and in pain; but despite this, he remained an active editor of *Der arme Teufel* and a contributing writer to the very end.

Fully 696 issues of *Der arme Teufel* were published under Reitzel's editorship, and the small sample of texts presented here cannot do justice to his contribution. He published insightful essays on literature and literary figures, including well-established ones like Shakespeare, Lessing, Goethe, and Schiller; newer figures such as Gottfried Keller, C. F. Meyer, Gerhart Hauptmann, and Arno Holz; and English-language writers such as Thomas Carlyle and Walt Whitman. His work included poetry, philosophy, essays, social criticism, and speeches, and always his goal was to promote both literary culture and the cause of freedom, justice, and a better life for society's poor and disadvantaged.

Our first section of Reitzel's works consists of six poems, most of which thematize love or yearning for places that will not be seen again—the feeling of an emigrant. The different one bears the title "Im wunderschönen Monat März." Here Reitzel praises the cold, harsh month of March—the time when the revolutions of 1848 and 1849 began, which will someday lead to the "Lebensmai" of freedom. This poem appeared in *Der arme Teufel* just preceding an article about March revolutionary activities in history: the Ides of March, the events of 1282 in Sicily, the Boston Massacre of 1770, the retreat of the English from Boston in 1776, the assassination of August von Kotzebue in 1819, the beginning of the Greek revolution in 1821, the March events of the Revolution of 1848–1849, the commune uprising in Paris in 1871, and the murder of Czar Alexander

---

7.   *Der arme Teufel* 5, no. 23 (4 May 1889).
8.   Donaldson, *The Literary Legacy of a "Poor Devil,"* 27.

II in 1881. These poems were early Reitzel works, and all appeared in the first or second volume of *Der arme Teufel.*[9]

The second selection is taken from Reitzel's *Abenteuer eines Grünen,* a humorous account of his early months in the United States. This part of the narrative consists of tales of his early work as a minister, in which he treats himself, his role, and his parishioners with lighthearted irony.[10] His story of the baptism that can be found on page 215 is a fictionalized rendition of the ill-fated baptism ceremony that led to his dismissal from his position as minister; he converts a situation with serious repercussions into a funny tale of mistaken identity where the joke is on himself and no harm is done.

The third selection is Reitzel's fairy tale "Der unglückliche Erbprinz."[11] In this tale man ("der Erbprinz Mensch") is kept in check and away from freedom ("die Prinzessin Freiheit") by state and church. When Uncle State did not beat him, Aunt Church preached to him (and that was much worse). The fourth is the speech Reitzel delivered on 13 November 1887 at the graves of the five German-American Haymarket martyrs; it was published within the week in *Der arme Teufel.*[12] Then follows "Eine Weihnachtspredigt," the Christmas sermon Reitzel claims he would give if he were asked to preach; his words attack his listeners' haughty and hypocritical attitude toward the poor and underprivileged, those who live in the environment from which the Christmas story came.[13] The next two selections, "Amerikanische Wahrheiten" and "Ansprache bei der Gedächtnißfeier unsrer Todten vom 11. November 1887" are both from the fall of 1890; they give expression to his concern—his indignation—over the situation in America vis-à-vis the plight of the working class.[14] The final pieces include a few paragraphs from Reitzel's "Reisebriefe," his obituary for his father, and finally "Fremd im eigenen Hause."[15] Taken together, they are a piognant statement of Reitzel's own feelings, caught between the old country and the new, giving expression to the plight of the immigrant who is at home neither among his friends in Europe nor even within his own family in America. Reitzel states the problem fully and succinctly in a

9. "In der Fremde" in *Der arme Teufel* 1, no. 32 (11 July 1885); "Letzte Liebe" in *Der arme Teufel* 1, no. 35 (1 August 1885); "Auf dem Genfersee" and "Vergebens" together in *Der arme Teufel* 1, no. 49 (7 November 1885); "Im wunderschönen Monat März" in *Der arme Teufel* 2, no. 15 (13 March 1886); and "Reminiscenz" in *Der arme Teufel* 2, no. 21 (24 April 1886).
10. Robert Reitzel, *Abenteuer eines Grünen*, 2nd ed. (Chicago: Mees, Deuss & Co., 1902), 45–48, 50–54.
11. *Der arme Teufel* 2, no. 42 (18 September 1886).
12. *Der arme Teufel* 3, no. 51 (19 November 1887).
13. *Der arme Teufel* 6, no. 5 (28 December 1889); republished in *Der arme Teufel* 13, no. 630 (26 December 1896).
14. "Amerikanische Wahrheiten" in *Der arme Teufel* 6, no. 45 (4 October 1890), and "Ansprache" in *Der arme Teufel* 6, no. 51 (15 November 1890). Neither has been published previously in book form.
15. "Reisebriefe," in *Der arme Teufel* 5, no. 28 (8 June 1889); "In Memoriam," in *Der arme Teufel* 6, no. 4 (21 December 1889); "Fremd im eigenen Hause," in *Der arme Teufel* 6, no. 8 (18 January 1890).

few sentences: "Wer Amerika-müde ist, der reise nach Deutschland . . . " and "Fremd sind wir nicht nur im Vaterhaus, sondern auch im eigenen Haus. . . ."[16]

Robert Reitzel is a giant among German-American literary figures whose stature and importance have long been recognized. Karl J. R. Arndt and May Olson, for example, give him the highest praise, calling his journal a publication "of considerable merit" and stating that "Reitzel was the foremost writer of German prose in America in his time."[17] The significance of his contribution, together with the recent interest in his life and works, make it all the more astonishing that there is no critical edition of *Der arme Teufel*. The preparation of such an edition should be at the top of the agenda of those interested in German-American literature; too long, scholars have been unable to take Reitzel's entire œuvre into account.

16. See below, pages 239 and 242.
17. Karl J. R. Arndt and May E. Olson, *The German Language Press of the Americas*, 3rd ed. (Munich: Verlag Dokumentation, 1976), 212.

In der Fremde

Sie küßt mich in Tränen
    Und fragt mich: "Warum
Bist du in den Armen
    Der Liebe so stumm?

So stumm und verdrossen,
    So teilnahmlos kalt,
Was ängstigt dich, Liebster,
    Mit fremder Gewalt?

Ich bin eine Blume
    Und blühe nur dann,
Schaust du mich mit Augen,
    Mit freundlichen an.

Doch bist du es müde,
    Mir Sonne zu sein,
Geh hin, laß mich sterben
    Im Dunkeln allein."

"Ach, Liebchen, mein Leben,
    Mein Herz ist mir schwer,
Mein Sehnen und Denken
    Geht all übers Meer.

Und hab ich geschworen,
    Dir eigen zu sein,
So wars eine Lüge,
    Mein Herz ist am Rhein.

Laß fließen die Tränen,
    Ich weine mit dir,
Doch mein Kuß ist geheuchelt;
    Denn mein Herz ist nicht hier."

Letzte Liebe

Wenn die Gedanken nächtlich schwirren
    Um Bilder, die ich einst verehrt,
    So sind sie stets nach kurzem Irren
    Zu Deinem Bild zurückgekehrt.

Wenn ich um Abschiedsworte weine,
    Die mancher süße Mund mir sprach,
    Zuletzt tönt immer noch das Deine
    Sehnsüchtig mir im Herzen nach.

Wohl hunderttausend Liebesgrüße
    Sind mir von schöner Hand gesandt,
    Und doch sind es nur Deine Küsse,
    Die mir bis in das Herz gebrannt.

Was hundertmal ich schon geschworen,
    Hab hundertmal ich nicht geglaubt,
    Oft hab ich Lust und Lieb verloren,
    Oft wurde Beides mir geraubt.

Und wenn nun auch mein flüchtig Wesen
    Den holden Glauben sich erwirbt
    Von jener Liebe auserlesen,
    Die mit dem Menschen selbst nur stirbt,

So halt es, Liebste, wohl erwogen:
    Du mußt mir eine Bürgschaft sein;
    Denn fänd ich, daß auch Du gelogen,
    Stürzt' mir der letzte Himmel ein.

Auf dem Genfersee

Über blaue Wasser fuhr ich,
    Goldnen Sonnenschein im Herzen,
    Und der Himmel war im Wasser,
    Und die Freude war auf Erden.

Goldnen Sonnenschein im Herzen,
    Blickt ich auf die hohen Berge,
    Die mit ihren schnee'gen Häuptern
    Sich zum See heruntersehnten.

Und der Himmel war im Wasser,
    War ein blauer, kühler Himmel,
    Und mein Herze wär so gerne
    Tief in ihn hinabgesunken.

Und die Freude war auf Erden,
    An den Ufern sangen Winzer,
    Und den Becher in den Händen
    Grüßt ich sie, die Worte sprechend:

Über blaue Wasser fahr ich,
    Goldnen Sonnenschein im Herzen,
    Und der Himmel ist im Wasser,
    Und die Freude ist auf Erden.

Montreux, 3. Sept. 1869.

Vergebens

Ach, noch einmal möcht ich sehen
    Jene wunderblauen Wasser,
    Jene rebumsäumten Ufer,
    Jenes Paradies auf Erden.

Möcht am Grabe Heloisens
    Nur noch eine Träne weinen,
    Eh mein düsteres Geschick mich
    Nach dem fernen Westen zieht.

Einmal auch noch möcht ich schauen
    In das dunkle Mädchenauge,
    Das mich dort auf jenen Wogen
    Wie ein Gottesstrahl gestreift.

Einmal, einmal! unnütz Sehnen!
    Einmal wär mir doch genug nicht,
    Und am andern Tage seufzt ich
    Wiederum noch einmal, einmal!

                          1870.

Im wunderschönen Monat März

    Hoch preisen sie den Mai mit seiner Blütenpracht
Oder des Juni Düfte hauchende Sommernacht,
Dem Januar auch, der Flüsse krystallhell überdacht,
Ward schon beim Klang des Schlittschuhs manch frisches Lied gebracht.

    Mir aber liegt heut andern Monates Lob am Herz,
Ich sing, der wüst oft hauset, den vielgeschmähten März,
Der freilich bringt gar manchem vorzeitgen Blümlein Schmerz,
Eins aber kann er: Fesseln brechen von Eis und Erz.

    Wenn durch die Nächte brausen die Märzgewitter wild
Und sturmgepeitschter Regen des Tages Licht verhüllt,
Das sind die Mutterwehen, bevor des Frühlings Bild
Dem lang geschlossnen Schooße der Erde hold entquillt.

    In solchen Märzestagen ist einstens auch erwacht
Der Völker Geist, der lange gebunden in Knechtschaftsnacht.
O acht- und neunundvierzig! wie da zusammenkracht
Der Freiheit nackte Faust und eherne Söldnermacht!

    Wohl wars noch wild und wüste, denn ehrbar still und schlicht,
Das ist die Art der blutgen, der Revolutionen nicht.

Doch weiß man, wenn im März der Strom das Eis durchbricht,
Dann werden bald die Wasser erglänzen im Sonnenlicht.

Wir harren noch, wir hoffen den schönen Lebensmai,
Es ist der März der Menschheit noch lange nicht vorbei,
Doch ob auch wolkenschwanger der Horizont noch sei,
Schon tönet sturmgewaltig der Freiheit Melodei.

Reminiscenz

Draußen lockt der blaue Himmel,
Grüne Zweige, frisches Leben.
Könnt ich durch das offne Fenster
In die freien Lüfte schweben!

Könnt ich zu dem Strom hinunter,
In den Wogen spielen, scherzen!
Ach, was soll ich bei den Büchern,
Ich mit meinem vollen Herzen!

Stockt mir die geschäftge Feder,
Wandl' ich gleich in meinen Träumen
An den Küsten Madagaskars
Unter blühnden Mandelbäumen.

Denk ich gleich der Sommernächte,
Wo sich jeder Blick umfeuchtet,
Und der Nymphe weißer Körper
Durch die dunkeln Büsche leuchtet.

Denk ich an ein Waldgebirge
Und ein Schlößlein auf dem Gipfel,
Freundlich blickt der Strahl der Sonne
Durch die grünen Baumeswipfel.

Denk ich an ein kleines Städtchen—
Immer enger wird der Rahmen,
Und ich seh am End mich schreiben
Meines Liebchens teuren Namen.

Selections from *Abenteuer eines Grünen*

Die erste Predigt!—Die erste Mensur, die erste Schlacht, die erste Liebeserklärung, der erste Katzenjammer—Alles Kinderspiel gegen die erste Predigt. Ich hatte wohl schon bei den Examina Gedichte vorgetragen, manchen Salamander dirigirt und in manchem Rundgesang vorgesungen, aber auf einer Kanzel stehn, im schwarzen Talar mit lang herabhängenden Ärmeln, der Mittelpunkt sämmtlicher klug prüfenden, dumm glotzenden, mutwilligen und andächtigen Augen, und das Wort Gottes verkünden—ich wünsche meinem schlimmsten Feind die Traumgesichter nicht, die ich in den dieser Predigt vorausgehenden Nächten zu erdulden hatte! Mein Mentor Pistorius sorgte allerdings dafür, daß ein allenfalsiges Durchfallen meinerseits für seine Kirche nicht von zu unangenehmen Folgen gewesen wäre, er bestimmte nämlich den Abendgottesdienst, der immer spärlich besucht war, für mein erstes Auftreten.

Die Ratschläge, welche mir dieser Prediger des Worts zur Gelegenheit gab, waren allerdings nicht sehr christliche, aber, wie ich später eingesehen habe, sehr vernünftige. Vor allen Dingen, sagte er mir, machen Sie's kurz! Um die Zuhörer kümmern Sie sich gar nichts, nehmen Sie an, daß Sie zu lauter Stockfischen sprechen, aber leisten Sie um Ihrer selbst und um der Sache willen das Beste.

Das Thema, resp. den Text, überließ er mir glücklicherweise. Und so suchte ich denn in meinem religiösen Gedächtniß nach etwas, das auf mich einen besonderen Eindruck gemacht. Und ich dachte an meine Mutter, die auf eine Million verzichtet hätte, wenn sie meine erste Predigt erlebt hätte; sie las lieber in ihrem Schiller oder zum religiösen Hausgebrauch in ihrem Witschel; aber ich erinnerte mich einer tieftraurigen Stunde, da die Kranke, die Verzweifelnde ihre arme Hoffnung in die, stolzes Vertrauen atmenden Worte kleidete: "Und ob ich schon wanderte im finstern Tal, fürchte ich kein Unglück: denn du bist bei mir, dein Stecken und Stab trösten mich"—und ich nahm den 23. Psalm zum Text meiner ersten Predigt.

Eine Menge Eselsbrücken waren mir zur Verfügung gestellt, aber ich glaube, ich habe doch eine ziemlich selbstständige Arbeit geliefert; und das kann ja einem einigermaßen mit Phantasie begabten Menschen bei einem solchen Text auch nicht schwer werden. Ich brachte das sorgfältig ausgearbeitete Manuskript meinem Mentor, der aber schien Zutrauen in mich zu setzen; er gab mir die Predigt ungelesen zurück. Und so hätte ich damals schon, falls ich schon so weit gediehen gewesen wäre, die schönsten Ketzereien von der Kanzel verkündigen können. Es war aber eine wirklich schöne (ein damaliger Mit-Kandidat erklärte sie für das Beste, was er je gelesen, obgleich sie ihm heute jedenfalls ebenso kindlich vorkommen würde, wie mir) poetische Predigt, ich lernte sie tapfer auswendig, rekapitulirte sie, wo ich ging und stand, und fand mich eines Sonntags Abends, statt fröhlichen Muts im Senft'schen Parlor, wo ich hingehörte, klopfenden Herzens in der Kirche der "Ersten Reformirten Gemeinde" von Baltimore ein, wo ich nicht hingehörte, und die mir in jenen Augenblicken mindestens so groß vorkam wie das Münster in Freiburg.

Um "einen besseren Eindruck zu machen," und namentlich um die etwas defekte Herrlichkeit meines eigenen Gottestischrockes zu ersetzen, wurde mir der eigenhändige Talar meines Pistorius um die Lenden gegürtet. Nur einen kleinen Spickzettel mit ungefähr zehn Anfangsworten betreffender Hauptperioden hatte ich krampfhaft in die Hand geschlossen; die Predigt selber war meinem Gehirn, so lang ich dem Altargottesdienst mit anmutiger Würde, das Gott erbarm! beiwohnen mußte, vollständig entflohen. Erst auf der Kanzel, als der mitleidige Pistorius einige überflüssige "Gesangbuchverse" singen ließ und selber ein außergewöhnlich langes Gebet losließ, kam mir Alles wieder zum Bewußtsein; und trotzdem es mir vor den Augen dunkelte, war es doch ein gewisses Selbstgefühl, das mich beseelte, als ich mit deutlicher Stimme meinen Sermon begann: "In Christo Jesu, geliebte Gemeinde!"

In demselben Augenblick aber schwand das Dunkel von meinen Augen, und jedes der anwesenden Gesichter bohrte sich mit ordentlich schmerzhafter Deutlichkeit in die Netzhäute ein. Mir unbekannte und gleichgiltige Gesichter; wenn nur nicht die zwei ersten Bänke gewesen wären, auf denen saßen mit Hohn grinsenden Gesichtern die Herren vom "Guten Willen" und die Mitglieder des edeln Vereins der "Sumpfmaier"!

Die "Sumpfmaier," das war die zweite "Couleur," welcher ich mich in Baltimore anschloß und die zum Glück für die Beteiligten (der Name sagt genug wohl schon) nur kurze Zeit bestand. Jugendliche, von deutschen Konservatorien eben zurückgekehrte Musikanten mit ungeheuren Erwartungen und ungeheurem Durst, verdorbene Gymnasiasten und Studenten, das waren die Elemente, aus denen die Sumpfmaier sich rekrutirten. Mit Sorgfalt hatte ich ihnen sowohl wie dem "Guten Willen" verheimlicht, an welchem Sonntag mein erstes Auftreten stattfinden sollte; und nun saßen sie doch da, teils elegant und mit Würde, teils mit struppigen Haaren, kühnen Schnurrbärten, flegelhaften Attitüden und Hohn grinsenden Gesichtern. Nur einige Sekunden brauchte es, nicht mehr als eine anständige Pause nach der Anrede auszufüllen, um mich mit der Sachlage vertraut zu machen, und gerade vor dieser Gesellschaft meinem Ehrgeiz einen mächtigen Ruck zu geben; und ohne Stocken floß der Strom meiner Rede.

Ich sage nichts weiter über die Predigt, als daß es mir gelang, den Hohn von diesen Gesichtern zu vertreiben, daß eine alte Frau mit dem Taschentuch im Gesicht herumhantirte, und daß mir ein Kirchenrat nach Beendigung des Gottesdienstes sagte: Sie können natürlich nicht so predigen wie unser Pastor, aber Sie haben Ihre Sache gut gemacht. Du lieber Gott! selbst das nahm ich damals für ein Kompliment, trotzdem Pistorius einer der trocken-traurigsten und unerbaulichsten Prediger war (oder noch ist), die ich jemals gehört.

Ich darf nicht verschweigen, daß ich noch in derselben Nacht, nachdem ich mit dem Pastor ein ehrbar Schöpplein getrunken und Müdigkeit vorgeschützt hatte, einem riesigen Jubel- und Triumphkommers der Sumpfmaier beiwohnte und den Cerevis-Farben: Blau-Weiß-Gold alle Ehre antat.

* * * * *

Ehe ich hier zu der Schilderung meiner damaligen ökonomischen Lebenslage übergehe, welche durch das Verlassen der Senft'schen Fleischtöpfe und Fässer wieder bedenklich am Boden hinkroch, muß ich doch den ersten und bis jetzt einzigen Fall berichten, in dem ich mich auf einer Kanzel oder Rednerbühne durch Steckenbleiben blamirt habe. Der bisherige aufmerksame Leser wird sofort ahnen, daß die dunkeln Mächte der Sumpfmaierei dabei ins Spiel kamen; und so war es auch. Die "lustige

Gesellschaft," in welche mich der jedem Deutschen zur Seite gehende mephistophe-
lische Engel gebracht, ließ mich nicht so ungestraft aus ihren Klauen entrinnen.

Es handelte sich um die dritte Predigt. Ich fühlte mich schon etwas sicher, ach! zu
sicher; und ebenfalls einer alten Liebe folgend, hatte ich mir als Text das 13. Kapitel
des 1. Korinther-Briefs gewählt, jene ewige und erhabene Schilderung der göttlichen
Kraft der Liebe in selbstlosen Menschenherzen: "Wenn ich mit Menschen- und Engel-
zungen redete und hätte der Liebe nicht, so wäre ich ein tönend Erz oder eine klingende
Schelle." Das Manuskript war wohl gelungen und trefflich einstudirt. Ich will hier
gleich bemerken, daß ich, trotzdem ich mich in dieser Beziehung eines gewissen Rufes
erfreue, niemals ein "Redner" war. Die geistige Kraft, direkt aus dem Born des Innern
zu produziren, das dazu gehörige Gedächtnis und die Geistesgegenwart haben mir
immer gefehlt. Ich mußte vielmehr das, was ich niedergeschrieben, wörtlich auswendig
lernen. Darin aber, in der Fähigkeit des mechanischen Gedächtnisses war ich ziemlich
gut beschlagen, ein "Und nun," oder "Hiermit, geliebte Anwesende," oder auch nur ein
eigentümlicher Schriftzug auf ein kleines Zettelchen notirt, brachten mich für ganze
Abschnitte der Predigt auf den Trab. Späterhin, als Pfarrer, pflegte ich Samstag Nachts
so etwa um zehn Uhr mit dem Niederschreiben der Predigt zu beginnen und hatte sie
durchschnittlich des Morgens um sechs Uhr im Kopfe. Noch später machte ich mir die
Sache bequemer und benützte das Manuskript; ich fand, und, so viel ich weiß, fand es
manches Auditorium in den Ver. Staaten, daß ich so am Besten mit ganzer Seele, also
doch eigentlich frei sprechen konnte. Ich habe übrigens in meinem Leben nur einen
einzigen Redner gehört, der, ohne Manuskript redend, nicht in Wiederholungen oder
Trivialitäten geriet oder gar bisweilen den ängstlichen Eindruck verursachte, daß der
Zuhörer ihm helfen müsse, dieser einzige war nicht etwa Karl Schurz oder Ingersoll—
viel Spreu im Weizen! —sondern Wendell Philipps. So muß Demosthenes gesprochen
haben!

Ich komme nach dieser Abschweifung auf meine dritte Predigt zurück. Sie fand
ebenfalls an einem Sonntag Abend statt. Wäre ich, wie es die heilige Ordnung vor-
schreibt, den Tag über im stillen Kämmerchen geblieben, so wäre Alles gut gewesen,
so aber sprach der Versucher zu mir: Siehe, du hast wacker gearbeitet, bist deiner
Sache sicher und darfst dir wohl bei der heutigen Nachmittagskneipe der Sumpfmaierei
einen Schoppen erlauben. Da bekanntlich das Laster öfters triumphirt als die Tugend,
so ging ich. Ich schwöre es, daß ich außer den offiziellen Salamandern und den absolut
unerläßlichen Komment-Schoppen ein Muster von Kandidaten-Mäßigkeit darbot; ich
hatte auch noch eine Stunde zur direkten Vorbereitung übrig und benützte sie—und
doch—alle Schuld rächt sich auf Erden!

Als ich an jenem Abend die Kanzel betrat, als ich mit der notwendigen captatio
benevolentiae (bei Tischreden: Unvorbereitet wie ich bin) zu Ende war, liefen mir auf
einmal die Gedanken wirr durcheinander, der Angstschweiß trübte mir die Augen,
so daß ich nicht einmal die Zeichen des Spickzettels mehr lesen konnte, und wie die
Stimme des Weltgerichts ertönte mir das gelispelte "weiter! weiter!" des hinter mir in
der Kanzel sitzenden Pistorius. So stotterte ich noch einige Sätze von der wunderbaren,
von der ganz außerordentlichen, der ganz unbegreiflichen Macht der Liebe, die mich
doch jetzt so schnöd im Stich ließ, geriet mitten in den schönen Periodenbau eines
zweiten Teils, warf einige Sätze des Schlusses dazwischen, verstand endlich den hinter

mir sitzenden Pastor, der mir immer energischer zuflüsterte: "hören Sie auf!" und schloß mit einem ganz plötzlichen, ungerechtfertigten und sehr zerknirschten "Amen!" Die ganze Affaire hatte vielleicht sechs Minuten gedauert, aber daß mir nicht damals schon die Haare grau wurden, halte ich heute noch für ein Wunder.

Ein Glück war es, daß die Zechbrüder sich nicht hatten von ihrem Konvivium trennen können, daß überhaupt nur einige alte Frauen und Kindlein in der Kirche anwesend waren, und daß solchermaßen wohl Niemand die Blamage gemerkt hatte, als ich und Pistorius. Zu meiner großen Erleichterung schien sich der Letztere gar nichts daraus zu machen. Er meinte, das müsse Jedem einmal passiren, und die Hauptsache sei immer, zur rechten Zeit Amen zu sagen. Ich habe ihn jetzt im Verdacht, daß ihm die Abkürzung nicht unangenehm war, da er meine Begleitung ablehnte und seine eilenden Schritte nach einer Richtung hinlenkte, die nicht nach seinem Pfarrhaus führte.

Diese Predigt habe ich später noch mehr als einmal in verbesserter Auflage gehalten; und es wollte mich manchmal bedünken, als ob die zu mir aufschauenden glänzenden Augen gar nicht schwer zu überzeugen waren, daß unter allen Weissagungen und Geheimnissen und aller Hoffnung und allem Glauben *die Liebe doch das größte ist* . . . .

* * * * *

Einer unter den Pastoren, welche mich damals mit zeitweiliger Stellvertretung beglückten, war mir besonders günstig gesinnt. Er hieß Veit—und es war ein sehr langer Veit, der vergeblich unter einem spärlichen Bart eine Marburger Abfuhr zu verstecken versuchte. Als ich das erste Mal die Ehre hatte, in seiner Kirche, wenn ich nicht irre, war die dem heiligen Markus zu Ehren gebaut, zu predigen, wäre mir fast ein großes Unglück passiert. Ich war nämlich gekleidet in einen Chorrock des Pastors, und da mir derselbe um einen Fuß zu lang war, so verwickelte ich mich bei dem Ersteigen der hohen Kanzeltreppe mit den Füßen darin und wäre rücklings hinuntergestürzt, wenn nicht die Vorsehung in Gestalt des langen Pastors hinter mir drein gegangen und mich in liebenden Armen empfangen hätte. Später pflegte ich die überflüssige Länge des Talars über den Arm zu schlagen, wie es die Damen bisweilen mit ihrer Schleppe tun, und das muß sehr niedlich ausgesehen haben.

Derselbe Veit war es, welcher mir zuerst die Aussicht auf eine glänzende Zukunft eröffnete. Rev. Veit besorgte nämlich außer seiner Kirche in der Stadt auch noch eine kleine Landgemeinde an der sog. Bellair-Road, zu der er alle vierzehn Tage hinauszufahren pflegte. Das war ihm aber, wie er sagte, zu beschwerlich geworden, und er meinte, das könne etwas für mich sein. So trat ich denn an einem Sonntag meine erste sehr denkwürdige Missionsreise an. Die Entfernung betrug etwa zehn Meilen, und man hatte mir daher ein Fuhrwerk besorgt. Aber dem Pferd sah man es an, daß es ein Pferd um Gotteswillen war; ich glaubte kaum, daß es lebendig wieder heimkommen würde. Der Weg war steil und entsetzlich schmutzig, und ich mußte mit meinem Begleiter—dem Sohn meines wackern Hauswirts—die Hälfte Zeit den Wagen schieben helfen. Endlich erblickte ich ein einsames Kirchlein am Wege, und davor saßen wie Raben auf der Fenz die erwartungsvollen Andächtigen. Der Gottesdienst begann. Ein musikalisches Instrument war nicht vorhanden, und das Gesangbuch, das sie da eingeführt hatten, war ein mir gänzlich fremdes, in dem ich kein einziges bekanntes Lied finden konnte. Nun, dachte ich, die Leute werden ja wohl ihre Lieder kennen, gab also irgend eine Nummer, las die erste Strophe vor und erwartete nun den Gesang der Gemeinde; die aber wartete auf mich. Der Schweiß begann mir über das Angesicht zu laufen, die Sache war kritisch, und schließlich sah ich mich dazu gezwungen, irgend einen Ton anzugeben und kühn darauf loszusingen. Die Melodie, die ich damals aus dem Stegreif komponirte, muß eine herrliche gewesen sein. Wenn ich dachte, lange genug in der Höhe gewesen zu sein, ging ich herunter; dann wieder eine Oktave hinauf und so weiter dacapo mit Gracie. Aber meine Andächtigen sangen mit, brüllten mit, immer wacker drauf los, es war ein Tonstück, wie es die Verdammten in der Hölle nicht schauerlicher produziren könnten.

Aber auch das, ja sogar die vermehrte und verbesserte Auflage am Schlusse des Gottesdienstes wurde überstanden, und wir schienen trotz alledem Gefallen aneinander gefunden zu haben. Der Kirchenrat sprach sich in anerkennender Weise aus, und ich wollte schon meinen Rosinante wieder anspringen lassen, da trat ein Mann zu mir mit der Bitte, an seinem Kinde die heilige Taufe zu vollziehen. Das brachte mich in nicht geringe Verlegenheit; hatte ich doch seit meiner eigenen Aufnahme in die Christenheit keiner Taufhandlung beigewohnt, und von dorther nur noch eine sehr dunkle Erinnerung von dreimaligem Wasseraufgießen im Namen des Vaters, des Sohnes und des Heil. Geistes. Ich ließ mir aber natürlich meine Schwäche nicht anmerken, sondern fragte den Mann mit Amtsmiene, ob er eine Bibel im Hause habe. Der Unglückliche hatte keine; es mußte also die große Bibel aus der Kirche mitgeschleppt werden, damit ich doch wenigstens etwas vorlesen konnte. Der Täufling wurde gebracht, ich verlas ein Dutzend Bibelsprüche; schüttete dann eine ganze Schüssel voll Wasser in drei Abteilungen über das unglückliche Wurm, ich wollte nämlich die Sache gründlich besorgen, und hielt dann, um ein Übriges zu tun, noch eine eindringliche Rede an die Mutter, worin viel von dem "Kinde deines Herzens," "Verantwortlichkeit Gott gegenüber," "die Mutter ist die wahre Erzieherin des Kindes" u. dgl. Dingen die Rede war. Entdeckte aber, als Alles vorüber war, zu meinem Entsetzen, daß diejenige, der ich so schön vorgepredigt, die Großmutter gewesen war, während die Mutter in einem Winkel ein zweites kaum zwei Monate altes Baby stillte. Nun, ich tröstete mich, daß die Verwechslung wenigstens keine so schlimme war, als wenn ich etwa die Mutter als Großmutter angeredet hätte. Der glückliche Vater forderte mich hierauf auf, ein Glas Bier zu trinken, aber siehe da, die biedern Landleute hatten schon vor dem Fest ein Übriges getan, und das Fäßchen ließ sich nur noch einige trübe Tropfen abnötigen, die mir Reuetränen über vergangene Herrlichkeit schienen. Der Kirchrat honorirte mich für die Predigt mit zwei Dollars, der glückliche Vater mit fünfzig Cents. Hurrah! Erster Verdienst im Dienste des Herrn!

Noch öfters hatte ich das Vergnügen, mit jenen harmlosen Landleuten, welche die Kultur noch sehr wenig beleckt hatte, zu verkehren; und wir kamen überein, daß ich die Stelle haben solle, mit einem Gehalt von zweihundert Dollars jährlich, wozu mir aber Kost, Wohnung, Essen und Kleider frei geliefert werden sollten. Es war eine schauderhafte, traurige Gegend, und die Menschen standen auf einer sehr niedern Stufe, aber ich hätte mich doch freudig der Aufgabe gewidmet, wenn es nicht plötzlich dem langen Pastor eingefallen wäre, daß er eigentlich die paar Dollars wie bisher so auch künftighin selber verdienen könne.

Zu dieser ersten Taufe war ich, wie ich später erfuhr, als unordinirter Kandidat, gar nicht berechtigt gewesen. Hoffen wir, daß der Täufling darum nicht weniger die Segnungen seines Heilands genossen hat.

Bei dieser Gelegenheit fällt mir eine andre urkomische Verwechslung ein, welche mir einige Jahre später bei einer Trauung passirte. Man hatte mich nach einem Bauernhause in der Umgegend Washingtons berufen, um zwei liebende Herzen gesetzlich glücklich zu machen. Dort angekommen, versuchte man mir das Leben so angenehm wie möglich zu machen. Der bekannte Kaffeekuchen mit Rosinen, blutwarmer Gerstensaft und in Maryland gezogene echte Pfälzer Havannas spielten dabei die Hauptrolle. Endlich, als die Unterhaltung etwas ins Stocken kam, fragte ich: Aber wo ist denn das Brautpaar? Ja so, sagte der Bauer, mir sein änihau fertig, ging in die Kammer und holte ein hochzeitlich geschmücktes Mägdelein, dem aber sichtlich der Myrthenkranz nicht geblieben war. Aha, dachte ich als gewiegter Menschenkenner, reicher Bauer, Wittwer, Haushälterin, Zwangsheirat, mir kanns recht sein, und legte los. Als ich aber nach kurzem Sermon, in welchem den Beiden gar beweglich ans Herz gelegt wurde, "welchen wichtigen Schritt sie zu begehen im Begriff standen," dem Bauer die verhängnißvolle Frage vorlegte: Wollen Sie die hier Anwesende etc.?—da gab sich unter der kleinen Gruppe eine seltsame Bewegung kund, die Linie öffnete sich, und aus dem Hintergrund schob man einen Jüngling in schwarzem Rock vor, ein blumengeschmücktes Opfer, das augenscheinlich nicht recht wollte. Das war also der Bräutigam—und ich hatte die ganze Zeit zum Vater der Braut gesprochen!

Die Ehe wurde geschlossen, aber wie es scheint nicht im Himmel; denn als nach vier Wochen ein Kindlein das Licht der Welt erblickte, da war es, wenn der Mensch Pech hat, nacht-pech-rabenschwarz; und da die Unglückselige, obgleich sie Maria hieß, nicht schlau genug war, einen äthiopischen "Heiligen Geist" vorzuschützen, so wurde wegen misplaced affection die Trennung ausgesprochen.

Da ich in lustige Pfarrgeschichten hineingerathen bin, so will ich, da wir doch so jung nicht wieder zusammen kommen, gleich noch einige erzählen; der trübe Hintergrund wird später, wenn ich meine geistige Entwicklung in jenen zwei "geistlichen" Jahren zu schildern habe, immer noch genügend zur Geltung kommen.

Ganz im Beginn meiner Amtstätigkeit in Washington wurde ich an einem schönen Sonntag Nachmittag in das Haus einer kürzlich eingewanderten Schotten geholt, um daselbst eine Kindtaufe zu vollziehen. Das brachte mich in arge Verlegenheit, denn mein Englisch, auf das ich in Deutschland so stolz gewesen war, hatte sich hier als äußerst unbrauchbar erwiesen. Ich protestirte aber vergebens, der Schotte, dem irgend Jemand weis gemacht hatte, daß ich der einzige und echte Vertreter der kalvinischen Prädestinations-Theorie in Washington sei, erklärte sich damit zufrieden, daß die Zeremonie in deutscher Sprache vorgenommen werde. Es waren so recht gesunde rotbackige blauäugige Highland-laddies und -lassies, wie sich Robert Burns für alle Zeiten verewigt hat. Die andächtige Scheu auf den frischen Gesichtern der Mutter, Schwestern und Schwägerinnen, mit denen ich lieber ein Pfänderspiel arrangirt hätte, war rührend; und als ich so den Leuten in einer ihnen vollständig fremden Sprache etwas vorpredigte und mir unwillkürlich der Gedanke durch den Sinn schoß: eine Biermesse würde hier dieselben Dienste tun, mußte ich mir alle Gewalt antun, um nicht von der Komik der Situation überwältigt zu werden. Welche Gedanken mögen

wohl in den Schädeln der katholischen Collegen auftauchen, die Jahr aus Jahr ein
den Leuten den lateinischen Unsinn vorplappern!—Nach der Taufe winkte mir der
junge Ehemann mit geheimnisvoller Miene in ein Seitengemach; und nachdem er sich
erst mittels der Gebärdensprache versichert, daß ich nicht zu den Teetotalers zählte,
erschien prompt eine Riesenkaraffe mit Whiskey, der noch im Vaterland über der blauen
See das Licht der Welt erblickt hatte und von außerordentlich guter Qualität war. Wir
unterhielten uns vermittelst dieses Mediums ganz prächtig; mir war es manchmal,
wenn ich den Mann sprechen hörte, zu Mut wie einem Berliner, der sich von einem
Schwarzwälder etwas vorerzählen läßt, und was er aus meinem Englisch gemacht hat,
muß er selber am Besten wissen. Die Gesellschaft im Vorderzimmer war, nachdem
einmal die Heiligkeit vorüber war, sehr munter geworden, und als ich mir von den
Mädchen beim Abschied als Wegzehrung e Schmützli (ein Mäulchen, wie Göthe sagt)
mitnahm, hatte Niemand etwas dagegen einzuwenden. Ach, jene Augen werden jetzt
auch schon nicht mehr so munter glänzen, und der Kummer hat gewiß schon Furchen
in jene apfelfrischen Wangen gegraben!

* * * * *

In Washington lebte ein Mann, dem sich Gottes Segen in Gestalt von sieben
Kindern geoffenbart hatte; diese sieben waren—entsetzlich!—alle nicht getauft. Der
Mann war freisinnig, aber der Frau ihrer Tante ihrer Schwägerin ihre Freundin konnte
so gottlose Zucht nicht länger mehr mit ansehen, und da der Frau ihrer Tante ihrer
Schwägerin ihre Freundin immer Recht behält,—so erschien eines Tages der Sünder
mit zerknirschter Miene und bestellte mich zu der siebenfältigen Taufe. Da hab ich
aber einen durchaus verstockten Kindskopf kennen gelernt. Einer der Kleinen nämlich,
ein Kerlchen von etwa fünf Jahren, hatte sich als die heilige Handlung beginnen
sollte, unter den Tisch verschanzt und war weder durch Drohungen noch durch
Schmeicheleien hervorzukriegen. Es wurden ihm Prügel in Aussicht gestellt, man bot
ihm einen nagelneuen Cent, Candy, man versprach ihm ein Schaukelpferd, half Alles
nichts! Dieser Knabe wollte nun einmal absolut nicht zu den Kindlein gehören, die zu
Jesus kommen. Ein orthodoxerer Kollege hätte in solchem Falle unbedingt den Teufel
gerochen, mir aber—ich hatte nämlich selber immer, auch in jenem Jahr, einen inneren
Widerwillen gegen Zeremonien—machte der Junge Spaß. Ich machte der Mutter klar,
daß ja das Wasser doch nur Nebensache sei—"Wasser tuts freilich nicht"—daß ihn
der Segen auch unter dem Tische erreichen werde, und daß man ihn vollberechtigt
mit den Andern ins Kirchenbuch einschreiben werde. Und so geschahs. Der Junge
setzte seinen Willen durch, und—hoffentlich ist ein recht tüchtiger Heide aus ihm
geworden.

* * * * *

Es hatte ein Knab ein Mägdlein lieb, aber, wies halt so geht, ans Heiraten
dachten sie zu spät. Er war Soldat und sollte ins falsche Welchland (in diesem Falle
New Mexico) reiten; da mußte denn doch der Bund erst noch geschlossen sein.
Die Trauung fand bei dem jovialen Wirt Bachus statt, der gewiß manchem alten
Kriegskameraden noch in Erinnerung ist, oder wenn nicht er, so doch gewiß seine
Frau, die weiland "schöne Anna," welche wie Heines Marketenderin, in der Auswahl

der Waffengattungen durchaus nicht einseitig war. Der junge Mann reiste sofort nach der Trauung ab, die junge Frau zog sich eines Unwohlseins halber zurück, die Zeugen aber philosophirten bei einigen Flaschen Niersteiner (General B. und Dr. Sch. denkt ihr daran?). Da, in der Mitternachtsstunde erschien Frau Anna mit glückstrahlendem Gesicht: "Meine Herren, 's ist alles in Ordnung, ein prächtiger, gesunder Junge und die Mutter befindet sich den Umständen gemäß wohl." Jetzt konnte auch gleich getauft werden! Eine Kneiperei, die von der Hochzeit bis zur Kindtauf sich ausdehnt, müßte selbst dem wackeren Rodensteiner imponirt haben.

Der unglückliche Erbprinz
Ein Mährchen

Es wurde einmal ein Erbprinz geboren und der hieß Mensch. Dem war alle Macht und Herrlichkeit der Erde versprochen, und er sollte in sie eingesetzt werden an dem Tage, an dem er sich mit der gleichaltrigen Prinzessin Freiheit vermählen würde. Die Erziehung dieses Erbprinzen vertraute der liebe Gott einem Ehepaare an, das von Ewigkeit her im Himmel schon gewohnt hatte, dem Onkel Staat und der Tante Kirche.

Das war aber ein böser Onkel und eine böse Tante. Sie haßten die arme Prinzessin Freiheit, und weil sie gern selber alle Macht und Herrlichkeit besessen hätten, so wollten sie dafür sorgen, daß der Erbprinz nie aus den Kinderschuhen herauskäme und daß er die Prinzessin Freiheit nie kennen lerne.

Das war eine ganz merkwürdige Geschichte: der Prinz war schon ein großer starker Junge, er hätte schon gern Braten gegessen und Wein getrunken, aber man ernährte ihn immer noch mit Schafsmilch, er wäre gern auf Bäume geklettert und durch den Fluß geschwommen, aber man hatte ihn immer noch eingebütschelt und eingewickelt wie ein ganz kleines Kind, und wenn er strampelte und schrie, so drohte man ihm mit dem schwarzen Mann oder man steckte ihm den süßen Lutschbeutel der Geduld in den Mund.

Nun hatte Tante Kirche eine Magd angenommen, die hieß Wissenschaft und tat gar untertänig, aber eigentlich war sie auch eine Prinzessin und treu ergeben ihrer Schwester, der Freiheit. Einst fragte der Prinz: wie alt bin ich denn? da sagte ihm die Magd: schon viele viele tausend Jahre. Das hörte die böse Tante, und die arme Magd wurde hart gescholten und geschlagen und in die dunkle Kammer gesperrt; dem Knaben aber wurde alle Tage vorgesagt, obgleich er ein Erbprinz war: du bist und bleibst ein dummer kleiner Junge.

Die gute und getreue Magd aber wurde ihrer Leiden satt und entfloh aus dem Hause und ward in der frischen Luft immer größer und schöner, und des Nachts schlich sie sich heimlich zu dem Prinzen ein und lehrte ihn lesen und erzählte ihm von dem weiten Himmelszelt und vielen andern schönen Dingen.

Da erkannte eines Tages Prinz Mensch seine Stärke, er zerriß die Wickelbänder, und ob sie ihn auch hart straften mit der Rute des Gesetzes, er ließ sich nicht mehr bändigen, er erzwang sich die ersten Hosen und die Erlaubniß, im Garten spazieren zu gehen.

Da sprach der böse Onkel zu der bösen Tante: er fühlt seine Kraft, wir müssen ihm etwas zur Beschäftigung geben. Da machten sie einen Streifen an seine Hosen und gaben ihm einen bunten Rock und einen Säbel. Nun konnte er nach Herzenslust anrennen gegen Bäume und Felsblöcke und Nebelgestalten. Und wenn er sich dabei traf mit dem eignen Schwert und zu Boden fiel, daß er sich arg weh tat, dann belobte ihn der Onkel Staat, denn er dachte: so kann ich ihn immer im Zaum halten. Wenn der Prinz aber die hohe Mauer erklettern wollte, welche den Garten von dem Reiche der Prinzessin Freiheit trennte, dann wurde er immer Wochen lang wieder in die Wickelbänder eingeschnürt, so hart, daß sie ihm ins Fleisch schnitten, und er gelobte, er wolle es nicht wieder tun.

Die Tante Kirche aber, damit er nicht gar zu wild wurde, und da er nun doch einmal lesen gelernt hatte, gab ihm ein Zauberbuch in die Hand, das Jeden, der es dreimal liest, blind macht und lahm. Nun war aber ein Blatt in dem Buche, welches einen Gegenzauber enthielt, und das hatte die böse Tante auszureißen vergessen, und dieses Blatt las der Erbprinz lieber denn alle andern Blätter des Zauberbuches, denn es handelte von der Liebe.

Ich will eine Geliebte, ich will heiraten, sprach eines Tages Prinz Mensch zu dem alten bösen Ehepaar. Darüber erschracken sie gewaltig, denn sie wußten wohl, daß ihrer Herrschaft Gefahr drohe. Da sandten sie dem Prinzen, der schon lang ein großer, starker Jüngling geworden war, gleich drei Jungfrauen auf einmal ins Gemach, die hießen Glaube, Liebe, Hoffnung. Aber wenn sie auch gar schön gen Himmel schauen konnten, so hatten sie doch weder Fleisch noch Knochen, und unser Prinz wandte sich traurig von ihnen ab.

Zur selben Zeit begab es sich, daß die beiden Alten oft gräulichen Streit hatten über die Abgaben und das Edelgestein, das dem Erbprinzen von Rechtswegen gehörte, und als sie sich wieder einmal arg in den Haaren hatten, da erklomm der Prinz geschwind einen hohen Baum und schaute über die Mauer.—Ach, was sah er da! Sonnen und Monde leuchteten und funkelten zu gleicher Zeit, die Vögel sangen Jubellieder von allen Bäumen, riesengroße Blüten hauchten wundersüßen Duft aus, und in all der Herrlichkeit wandelte Prinzessin Freiheit, nackt, von Goldhaar umflossen, aus ihren großen stolzen Augen ging ein leuchtender Flammenstrom in das Herz des Erbprinzen. Schwester Wissenschaft berührte mit ihrem Zauberstabe die trennende Mauer, die stürzte mit Gekrache, über die Trümmer hin schwang sich der Jüngling mit kühnem Satz und umschlang die Prinzessin und küßte sie und hielt sie so fest ans Herz gepreßt, daß er schier meinte, sie seien für immer eins geworden.

Aber schon waren auch Onkel Staat und Tante Kirche in höchster Wut herangerast, und, die Luft verfinsternd, umgab sie das kolossale Heer der Mönche und Ritter und Beamten und Büttel und Professoren und Soldaten, kurz alle die häßlichen dämonischen Geister, welche das böse Ehepaar zum Schutz seiner unrechtmäßigen Herrschaft im Solde hielt.

Wehe! Wehe! welch ein heilloses Kämpfen! Was halfen dem Prinzen Mensch seine kräftigen Fäuste, was half der Freiheit ihr flammendes Schwert! Von hinten hockten sie ihnen auf den Nacken, mit Stricken umschlangen sie die edlen Leiber, mit Weihrauchdämpfen betäubten sie ihnen die Sinne, mit Sceptern zerschlugen sie ihnen die edeln Glieder.

Nun warf man den Prinzen ins dunkelste Verließ, und wenn ihn Onkel Staat nicht mit spitzen Ruten schlug, so predigte ihm, und das war noch viel schlimmer, Tante Kirche. Die Wissenschaft, auf einmal klein und erbärmlich geworden, verdingte sich wieder als Magd, und die Freiheit war blutend, mit dem Schmutze des Hohnes besudelt, weit, weit ab in die Verbannung geflohen, verdorben, gestorben.

Gestorben? Nein, zuweilen in stillen Nachtstunden, wenn der Erbprinz Mensch in bittern Schmerzen lag und über sein Elend nachdachte, dann sang ihm die Nachtigall das

Lied von der verratenen und verkauften Prinzessin Freiheit, und bei dem süßgewaltigen Ton schmolz ihm das Herz in Tränen sehnsüchtiger Liebe. Und manchmal drang ein freudiger Sonnenstrahl durch des Gefängnisses Gitter und verkündete ihm: die Freiheit lebt und wird gesunden, und du sollst sie doch noch dein eigen nennen; dann jubelte sein Herz, und in Fesseln sang er ein stolzes Lied von der Zukunft.

— — — — — — — — — —

Das ist aber ein trauriges Märchen, sagte das Kind, dem ich es erzählt, da ist ja nicht einmal eine Hochzeit drin.

Ja, mein Kind, und viel trauriger ist es noch, daß es ein wahres Märchen ist und daß es schon mehr als einmal passirte und immer wieder passirt.

Hat es gar kein Ende? fragte das Kind.

O ja, für dich und mich. Wenn wir im Grabe liegen, dann ist das Märchen aus.

Ansprache, gehalten an den Särgen unsrer Acht auf dem Friedhof zu Waldheim bei Chicago, am 13. Nov. 1887

Freunde der Freiheit! Mein erstes Wort an diesen Särgen soll eine Anklage sein, nicht gegen den Geldpöbel, der heute in seinen Kirchen dem Herrgott dafür dankt, daß er wieder einmal ein gerechter Richter gewesen ist, sondern gegen die Arbeiter von Chicago. Denn ihr, Arbeiter von Chicago, habt fünf eurer besten, edelsten und consequentesten Vertreter eurer Sache in eurer Mitte ermorden lassen. Die Religion klage ich an, welche den Unterdrückten zuruft: Duldet, so werdet ihr ernten,—seid untertan aller Obrigkeit, denn sie ist von Gott. Dieses System und diese Religion haben die Menschheit entmannt und das Wort "Humanität" geschändet, dieses System und die noch übrig gebliebenen Einflüsse der Religion, in deren Namen man euch getauft hat, haben euch, ihr Arbeiter von Chicago, so feig gemacht, daß ihr bei diesem entsetzlichen Sieg des Schlechten ruhig zusaht, daß ihr zusaht, wie man eure besten Männer ermordete.

Es gab eine Zeit, da die Arbeiter es nicht begreifen konnten, daß nur die *ganze* Freiheit ihre Sklaverei vernichten und ihnen Menschenwürde garantiren kann. Damals konnten jene elenden Preß-Kosacken, welche ein gut' Teil zur Ermordung dieser Männer beigetragen haben, mit einem gewissen Schein von Recht sagen, daß die Prediger des Unglaubens und der anarchistischen Lehren *nicht* Vertreter des Arbeiterstandes seien. Heutzutage ist es durch die Teilnahme sämmtlicher Gewerkschaften, leider die *nachträgliche* Teilnahme, bewiesen, daß die Arbeiter die Vertreter ihrer Sache wenigstens anerkennen und ehren.—Wie zur Zeit der französischen Revolution der Bürgerstand, nachdem so viele Opfer geblutet, sich selbst als die Nation erklärte, so ist jetzt die Zeit gekommen, da die Arbeiter *sich selbst* als die regierende und gesetzgebende Macht erklären müssen. Hier an diesen Särgen ist es am Platze, daß in allen Herzen das Gelübde getan wird: Wir wollen das ausführen, was diese Leute anstrebten, wir wollen den Menschenrechten, welche uns auf dem Papier schon längst geschenkt sind, praktische Geltung verschaffen.

Wir sind keine Christen, welche die Rache ihrem Herrgott überlassen, wir müssen sie selbst in die Hand nehmen, und da wir keinen Himmel erhoffen, so müssen wir Alles, was getan werden kann, auf Erden tun und bald tun.

Wir müssen eine Organisation haben, welche die Ermordung des Rechts durch die, welche die Macht in Händen haben, nicht erlaubt!

Wir müssen der Welt beweisen, daß das rote Banner das Symbol jener Liebe ist, welche alle von Fürsten und Mammonsdienern geschaffenen Unterschiede verachtend, dem ganzen Menschen die ganze Welt geben will.

Man kann nicht von jedem Bekenner unserer Sache verlangen, daß er bis zu der Sonnenhöhe unseres Louis Lingg sich aufschwinge, welcher allen Versuchen, ihn zur Unterschreibung eines Gnadengesuches zu veranlassen, das herrliche Wort entgegensetzte: "In unserer Lage ist der Selbsterhaltungstrieb das größte Verbrechen." Aber das kann man von Jedem verlangen, daß er von diesen Todten den wahren Lebensmut kennen lernt, nämlich über die gewöhnlichen Lebensbedingungen die Erringung jener Ideale zu setzen, welche von allen großen Menschen empfunden und gelehrt und von jedem Lumpen verlacht werden: Freie Liebe! freie Wahrheit! freies Recht!

Eines dürfen wir an diesen Särgen sagen, obgleich unsere Feigheit an der Ermordung dieser Männer hier mitschuldig ist: Diese Männer starben wie Männer, wie Helden! Louis Lingg, Georg Engel, Albert Parsons, Adolph Fischer, August Spies—wenn in der Zukunft diese Namen genannt werden, so wird jeder Verteidiger des Systems erbleichen, das auf Raub gegründet, durch Heuchelei zusammengehalten und durch gesetzlichen Mord verteidigt wird. Diese Todten werden wahr- und wahrhaftig leben. An einem Charfreitag hat man sie gekreuzigt. Dieser Sonntag ist ein Ostersonntag und muß für alle Zeiten ein Auferstehungstag werden.

So gewiß diese Bäume wieder frisches Laub hervorsprossen werden, so gewiß werden diese Todten lebendig werden in uns, in den Arbeitern von Chicago, in den idealdenkenden Menschen der ganzen Welt.

> Noch nie hat man mit Henkern das Recht unterdrückt!
> Noch nie hat man am Galgen die Wahrheit erstickt!
> Nie gibt es Schranken für den Gedanken!

Wir haben keine Ursache, für diese Todten zu trauern; sie starben den Heldentod, und wie das Kreuz einst zum Zeichen der Liebe wurde, so wird der Galgen im 19. Jahrhundert zum Zeichen der Freiheit werden. Aber trauern müssen wir über unsere eigene Schmach, über unsere Unentschlossenheit, über unsere Feigheit.

Laßt uns von diesen Gräbern mit den Worten Herweghs im Herzen scheiden:

> Wir haben lang genug geliebt,
> Wir wollen endlich hassen![1]

---

1.   These are the last lines of Georg Herwegh's poem "Das Lied vom Haß."

Eine Weihnachtspredigt

Wenn ich heute, am Geburtstag des Judenjünglings, den die Christen zu verehren behaupten, in einem jener Gotteshäuser die Predigt halten dürfte, wo die Sitze gepolstert sind und alljährlich versteigert werden, so würde ich ungefähr folgendermaßen sprechen:

Geliebte Unandächtige in dem Herrn, den ihr noch gar nicht kennt!

Heut wird es mir vielleicht gelingen, euch andächtig zu machen, denn solch' eine Predigt wie meine wird schwerlich je an eure längeren und kürzeren, mehr oder weniger verbrecherisch verknorpelten Ohren und Öhrchen geschlagen haben. Es ist euch zwar schwer beizukommen, denn während die Töchter Eva's im Ballsaal ihre Herzen möglichst ungeschützt den Pfeilen Amors darbieten, sind sie in der Kirche mit möglichst vielen kostbaren Hüllen umwickelt, zum großen Ärger der jungen und alten Christen und der Herren Prediger selber. Wenn ich euch so betrachte mit euren den Tieren geraubten Pelzjacken und Röcken, so meine ich, ihr seid doch gut belesen in der Bibel, ihr habt etwas gelernt von dem schlauen Jakob. Der umhüllte seine Glieder mit Pelzen, damit der alte blinde Isaak ihn für seinen erstgeborenen Sohn halte und ihm seinen Segen gebe. So wollt ihr wohl auch mit euren Ottern- und Katzen- und Marder- und Robben-Fellen den Herrgott täuschen, damit er euch für ehrliche Esau-Naturen hält und ihr euch seinen Segen erschleichet.

Mögt ihr ihn haben! Euerm Herrgott könnt ihr vielleicht etwas vormachen, "dem Schlafenden da droben," aber nicht mir. Ich sehe es jenem kostbaren Mantel an, daß er noch letzte Nacht in einer Spielhölle am Nagel hing, und jenem, daß ein Hürlein ihn lachend um die nackten Lenden geschlagen, und jenem, daß er unter seinem prahlerischen Kragen einen lumpigen, schofeln Bankerotteur und Fälscher verbirgt. Ich weiß, daß jene Salskin-Jacke mit dem horizontalen Handwerk verdient wurde, das heuer erst recht einen goldenen Boden hat, und daß der Schimmer jener Diamanten einen Ehemann bedeutet, der beide Augen zudrückt, wenn die Herren Liebhaber so nobel sind, daß für ihn auch etwas abfällt. Ich rieche aus euren Parfüms heraus den Gestank der Fabriken, aus euren Gesängen tönt mir das Sausen der Maschine heraus und der Fluch des Sklaven, der sie bedient.

Aber ich will keine Straf- und Bußpredigt halten, ich will euch nur die Geschichte erzählen, die ihr schon hundertmal gehört habt und doch nie recht, die Geschichte von der Geburt, die irgendwann irgendwo stattgefunden hat und die man den Germanen zu lieb auf den 25. Dezember verlegte, weil dieselben um diese Zeit sich so wie so ihren Julrausch antranken.

Vielliebe hochgeborene Damen und Herren, ich muß euch in sehr niedrige Gesellschaft führen. Es war in einem Wirtshaus, als Maria, die Frau des Zimmermanns Joseph, ihre Stunde herannahen fühlte, ein Wirtshaus, aber bitte, falle Niemand in Ohnmacht, Bier wurde dort keins getrunken, höchstens Wein vom Ölberge und etwa importirter Baktrerschnaps. Damals gehorchte man noch der Obrigkeit und begab sich zur Volkszählung an den Ort, an dem man geboren war. Wenn das heute noch der Fall wäre, so würde auch mancher und manche meiner Andächtigen den Weg nach einem Kartoffeldörfchen in Irland oder Deutschland antreten müssen.

In Folge der Volkszählung war das Wirtshaus so besetzt, daß man der armen Wöchnerin nicht einmal ein Zimmer anweisen konnte und diese allerhöchste Niederkunft im Stalle stattfinden mußte. Denkt euch, wie unbequem! Der Stallgeruch und das neugierige Vieh! Von einem Arzte wird auch nichts erzählt, und es scheint nicht einmal weiblicher Beistand zugegen gewesen zu sein. Die Ersten, welche dem nach dem Rembrandt'schen Bilde zu urteilen, über die ganze Geschichte sehr erstaunten Joseph gratulirten, waren Hirten, Cowboys würde man hierzulande sagen. Und in solcher Lage und solcher Gesellschaft schlug der Herr des Himmels und der Erden zum ersten Male die Augen zu der Menschheit auf, die er erlösen sollte!

Mit dem Gratuliren war es aber so eine Sache. Ihr, meine lieben Christinnen, würdet in einem solchen Falle die Wöchnerin schwerlich besuchen, und ihr, meine Christen, würdet die Sache mit einem Witz oder mit einer moralischen Bemerkung abmachen, für das Übrige ließet ihr die "Little Sisters of the Poor" oder professionelle Engelmacher sorgen. Denn dieser Jesus, bitte, erröten Sie nicht, liebe Christinnen, hatte eigentlich gar kein Recht, auf die Welt zu kommen; er war ein uneheliches Kind, ein Bastard, ein junger Kukuk, der dem guten Joseph in's Nest hineingewachsen war. Nein, so ein Skandal! Ich will es ja gern glauben, daß Gott der Herr oder der heilige Geist der Vater war, aber das macht die Sache nur noch schlimmer. Wenn so hohe Herrschaften ein so schlechtes Beispiel geben, wie soll da die Heiligkeit der Ehe aufrecht erhalten werden? Zudem tat der liebe Gott auch gar nichts, um seinen leichtsinnigen Streich wieder gut zu machen; er sorgte nicht einmal materiell für sein jüdisches Kind der Liebe; er bezahlte weder für dessen Erziehung noch für Board, er sorgte nicht dafür, daß es in einer anständigen Familie untergebracht wurde, kurz, er benahm sich wie ein wahrer Raben- oder besser Kukuks-Vater. Mag es auch seinem Einfluß zuzuschreiben sein, daß der Knabe im Säuglingsalter, da ihn doch der Tod noch nicht geschmerzt hätte, von der Mordwut des Herodes verschont blieb, so hat er ihn doch unleugbar in seinem dreißigsten Lebensjahre der ungerechten und wunderlichen Obrigkeit überlassen und hat ruhig zugesehen, wie man ihn am Kreuze zu Tode marterte. Und dieser von Gott und den Menschen verlassene jüdische Bastard, der "von Rechtswegen" den Tod des Verbrechers erlitt—ihm singen sie heute Hosiannah auf dem ganzen Erdenrund, und in gewaltigen Hallen unter goldenen Kuppeln erschallt sein Name; die Fürsten der Erde beugen vor ihm die Kniee, und ihr, meine lieben Andächtigen, habt ihm zu lieb eure schönsten Kleider angezogen und eure frömmsten Gesichter aufgesetzt!!!

Und da sitzt ihr und lügt euch und mir vor, das sei der Mann, der euch erlöst habe, euch, die ihr eine Heiligkeit der Ehe erheuchelt und zugleich die Liebe zum Hurentum erniedrigt habt, euch, die ihr die Armuth zum Verbrechen stempelt, euch, die ihr wie der Pöbel von Jerusalem das Blut Derjenigen fordert, welche gegen eine ungerechte Obrigkeit Protest einlegen.

O erbärmliches Gaukelspiel! O schamloser Betrug! Ihr gleicht dem Geist, den ihr begreift. Ich sehe eure Seelen in ihrer häßlichen Nacktheit, und ich schaudere. Aber weit über euch hinweg, hinaus aus den Mauern dieses armseligen Gotteshauses schaut mein Blick das jüdische Kindlein zum erhabensten Symbol heranwachsen, gewaltig wie der in Lebensfluten und Tatensturm auf und ab wallende Geist der Erde selber. *Die Sehnsucht der Völker hat das Märchen vom Jesuskind gedichtet.*

Vor zwei Jahrtausenden haben schon die Sklaven des mächtigsten Reiches der Erde geahnt, daß aus der Tiefe die Erlösung kommen muß, aus der Tiefe der Menschheit, wo immer unversehrt der Same der rettenden Tat, der Gedanke der Revolution geborgen ist. Ein Proletarier muß der Volkserlöser sein, ein Kind der Liebe! Tyrannen-List stellt schon seiner Kindheit nach, aber die Weisen bringen ihre Schätze an die Wiege des Kindes und prophezeihen seinen Ruhm. Der Staat wird ihn ans Kreuz schlagen unter dem Jubel des Pöbels, der Priester und der Reichen. Aber tödten kann er ihn nicht. Die Auferstehung folgt auf jeden Charfreitag. Die Tage werden länger, die Sonne tritt ihren Siegesgang an. Das ist der Jesus der socialen Revolution. Ich glaube an ihn; ich feiere seine Geburt; ich hoffe es zu erleben, daß er eure Wechseltische umstößt und euch Alle zum Tempel hinausjagt, ihr Andächtigen, damit endlich der Friede den Menschen werde und das Wohlgefallen auf Erden. Amen!

Amerikanische Wahrheiten

So lang ein armer Teufel zwischen wahr und unwahr, zwischen schön und häßlich, zwischen recht und unrecht zu unterscheiden weiß, ist er reicher als die reichen Heiligen, denen aus purer Gewohnheit des Lügens und Heuchelns schließlich die Unterscheidungsfähigkeit verloren geht. Wehe aber dem armen Teufel, wenn er das Urteil seines Herzens auch im Munde trägt! Schweigen soll er über jede Schmach der deutschen Heimat, denn das Vaterland ist heilig; und ob es mit der Narrenkappe sich brüstet und den Goldring der Sklaverei in der Sonne blitzen läßt, wir sollen uns bedanken, daß ein Abglanz des sklavischen Narrentums auch auf uns fällt. Wenn wir aber von dem Unrat sprechen, der hinter den Säulen dieser Republik sich angesammelt hat, wenn wir um Hülfe schreien, weil uns dieser Unrat die Luft verpestet und Tausende in ihm ersticken, dann herrscht man uns an: Wenns euch nicht gefällt, so geht in euer Vaterland zurück. Ach! man würde uns das überall auf der Welt sagen. Wir sind aber gar nicht gesonnen, das aufzugeben, was wir uns erobert haben mit der Waffe der Arbeit: das Recht, hier das Unrecht, die Lüge zu denunciren, das Recht, an das menschenrechtliche Princip dieser Republik zu appelliren und im Übrigen mit den Andern zu hungern nach Luft und Licht und Liebe und Humanität. Ich für meine Person spreche zu den anmaßenden Censoren unseres Daseins: Ich verachte euer "Bürger-Recht," ich gehöre nicht zu euch, ich helfe nicht mit, die Sklaventreiber und Rechnungsführer eurer ungerechten Haushaltung erwählen, und schon die aristokratische Eigenschaft des Ekels verbietet es mir, mich an euern Tisch zu setzen. Aber das Recht, auf diesem Boden zu wohnen, das ich mit dem Manne teile, der mit schwerer Händearbeit sein Brot verdient, das könnt ihr mir nur mit Gewalt nehmen, denn diese Erde gehört noch weniger euer als der Luft, die darüber hinstreicht oder dem Unkraut, das darauf wächst.

Wohl tut es aber uns, den zugereisten armen Teufeln, wenn ein Mann Critik an seinem Volke und an dieser Republik übt, der auf seine Geburt in diesem Lande hin auch das Erbrecht desselben beanspruchen könnte. Der Amerikaner Pentecost[1] hat in seiner Ansprache vom 21. September den Amerikanern Wahrheiten gesagt, welche unser deutschtümelnde Amerika-Müder schon darum verschweigt, weil er sie in keinem Land der Welt ungestraft aussprechen dürfte. Ich will einige Gedanken dieser Critik hier folgen lassen.

Alle die Zeichen, welche den Untergang einer mächtigen Nation verkündeten, sind heutzutage in den Ver. Staaten vorhanden. Ehe die Sonne über dem ersten Tag des Januar 1901 aufgeht, wird diese Nation in den Krämpfen einer Revolution sich wälzen. Hundert Tropfen Blutes für jeden Edelstein, der den Busen der verdorbenen Weiber unsrer Reichen schmückt, zehn Tropfen Blutes für jede Zähre, welche das Angesicht der Armut netzte.

---

1. Hugh O. Pentecost, editor of the radical weekly journal *The Twentieth Century* from 1889 to 1892.

Welches sind die Zeichen der Zeit?

Im Norden ist der Geldbeutel der Diktator der Wahlen, im Süden das Schießgewehr. Im Norden werden die Armen gekauft, um für die Reichen zu wählen, im Süden jagt man die Armen von den Wahlplätzen fort, um für die Reichen Raum zu machen. Die Republikaner des Nordens klagen die Demokraten des Südens der Einschüchterung der Armen an; die Demokraten des Südens beschuldigen die Republikaner des Nordens der Corrumpirung der Armen. Beide Anklagen sind gerecht. Die Politik dieses Landes stinkt. Jedermann riecht es, aber Jedermann hat sich an den Geruch gewöhnt.

Die Regierung dieses Landes hat keinen Bankerott mehr zu machen, denn dieses ist keine Republik mehr sondern eine Plutokratie (Geldherrschaft). Man regiert uns in New York nicht von Albany sondern von der Office der Grand Central Railroad aus, nicht von Washington sondern von Wallstreet aus. Der Präsident dieser Republik ist die Creatur von Bankdirektoren und Fabrikanten. Durch ihr Geld wurde er erwählt, er ist der Agent ihres Willen. Unsere Gouverneure sind Creaturen der Eisenbahnen und der Kohlenminen. Unsere Beamten vom Präsidenten bis zu den Pinkerton-Schuften sind durch die Reichen eingesetzt, um die Interessen der Reichen zu vertreten, trotzdem sie mit den Abgaben bezahlt werden, welche man von den Armen erpreßt.

Das Hoffnungslose der Situation ist, daß die Armen dieselbe mit dumpfer Zufriedenheit hinnehmen, sie nagen das Bettelbrot der Armut, aber sie "stimmen" für die Reichen; und wenn heute eine Revolution ausbrechen würde, so würde die Hälfte davon ihr Leben einsetzen, den Reichen das Recht der Beraubung der Armen zu erhalten. Das ist unsere Nation: Eine Million tyrannisirt sechzehn Millionen. Ich bin kein Prophet, ich komme nicht als ein Bote Jehovahs. Ich spreche nur die Worte des gesunden Menschenverstandes, und ihr wißt, daß es wahr ist, was ich sage.

Und ein anderes Zeichen der Zeit ist dies: Das Volk hat sein Vertrauen auf Gerechtigkeit durch die Unionen verloren. Nur die Monopolisten sind einig. 1600 Gesetzesvorschläge wurden in der jetzigen Sitzung des Congresses eingebracht, und jeder einzelne ist gegen den landlosen, geldlosen, maschinenlosen Mann gerichtet. Auf der anderen Seite herrscht unter den organisirten Arbeitern die traurigste Uneinigkeit. Drei große Organisationen haben wir: die Arbeitsritter, die Federation der Arbeit und die Bruderschaft der Locomotiv-Ingenieure. Diese Organisationen kämpfen bitterer gegeneinander und sind sich gegenseitig feindseliger gesinnt, als sie vereint die Monopolisten bekämpfen und hassen. Sie denken, stimmen und arbeiten nicht zusammen. Sie haben vereint nicht Geld genug, die Stimmgeber, Gesetzfabrikanten und Richter zu kaufen. Wißt ihr nicht, ihr Arbeiter, warum die gescheidteren Politiker und Zeitungsschreiber schon längst nicht mehr gegen den Unionsmus auftreten? Weil sie wissen, daß derselbe machtlos ist; ja sie haben es heute gelernt, die Unionen zu benützen, um ihre Privatzwecke sogar unter der Flagge des Volksbeglückertums, sogar unter Anrufung der Freiheitsgöttin durchzusetzen.

Die Arbeiter beginnen, einzusehen, daß sie vergebens die zweischneidige Waffe des Strikes und des Boycotts geschwungen haben. Was sich bei dem Strike der N. Y. Central R. R. ereignete, wird sich immer wieder ereignen. Mit der kommenden Crisis wird es auch unmöglich sein, von den Arbeitern Strike-Auflagen zu erheben. Wenn man nicht mehr an Strikes glaubt, werden die Aufstände des Mobs sich bemerklich machen. Hungernde und Frierende kennen keine Achtung mehr vor dem Eigentum;

und wenn sie nehmen, was sie kriegen können, werden sie von den Soldaten der Monopolisten niedergeschossen. Wenn dann noch etwas Kraft, noch etwas Mut in der Brust des duldenden Volkes vorhanden sein wird, so wird jener furchtbare Todtentanz anheben, zu dem brennende Städte die Beleuchtung und Gewehrknattern und platzende Dynamit-Bomben die Musik liefern.

Welche Rolle spielen die Prediger des Evangeliums in dem socialen Drama unseres Jahrhunderts? Nominell sind sie Vertreter jenes Jesus Christus, der in Armut geboren war, in Armut gelebt hat und auf den Wunsch der Kirche von der Regierung an dem Kreuz-Galgen gehenkt wurde; in Wirklichkeit aber predigen sie nur, was den Reichen paßt; denn wenn es auch schließlich die Armen sind, welche von ihrem Hungerlohn die Sporteln für die Pfaffen zahlen, so wissen die letzteren zu gut, daß der Not-Verzweiflung die Religion nicht standhält, und daß der Aberglaube des bösen Gewissens auf freigeistigen reichen Sündern immer wieder die größten Brocken ab-preßt. Vor 40 Jahren waren die Pfaffen, die Verteidiger der bestehenden Sklaverei, heute sind sie die Verteidiger der bestehenden Monopole.

Hier sind Zeichen der Zeit, von welchen kein anerkannter und anständiger Prediger auf der Kanzel zu sprechen wagt: Reiche Müßiggänger amüsiren sich in Newport und Tuxedo; Arbeiter der Kohlenbergwerke erwerben mit täglicher Lebensgefahr das Elend für sich und ihre Kinder. Junge Damen und Herren veranstalten Nachahmungen der englischen Fuchsjagd; alte Männer und Weiber suchen nach Nahrung in den Abfall-Fässern der Straße. Schooßhunde werden zum Genuß der frischen Luft in den Parks spazieren gefahren; Kinder arbeiten in der Giftluft der Fabriken. Die Herren Prediger reisen zur Erholung nach Europa; Männer, welche das Evangelium der Gerechtigkeit für Alle verkünden, schnappen in den Höfen der Zuchthäuser nach Luft. Der Unglaube leidet in den Tenement-Häusern "um der Gerechtigkeit willen"; die Frömmigkeit genießt im weißen Haus die Früchte der Corruption. Straßendirnen nehmen Jeden mit, der noch einen Schnaps bezahlen kann; Damen der feinen Gesellschaft fangen Millionäre in Saratoga oder bankerotte Fürsten in Europa.

Das sind amerikanische Wahrheiten. Jeder sieht sie, Jeder hört sie, und Jeder hält das Alles für selbstverständlich. Wenn aber eines Tages der Fischteich, den die "Obern Tausend" zu ihrem Vergnügen über dem Johnstown unsrer republikanischen Cultur errichtet haben, die Dämme durchbricht, dann wird unter Heulen und Zähneklappern Jeder bekennen müssen, daß so etwas zwar schrecklich, aber natürlich ist.

Ansprache bei der Gedächtnißfeier unsrer Todten vom 11. November 1887

Als wir noch Kinder waren, lauschten wir mit klopfendem Herzen den Märchen von den guten Prinzen, welche die bösen Riesen und Drachen bezwangen und die Unschuld befreiten. Als wir größer wurden, vermochte selbst die Corruption des Geschichtsunterrichtes uns nicht zu verbergen, daß es nicht die Prinzen waren, welche zwischen die Macht und das Recht ihr Schwert legten, sondern Menschen, welche an die Majestät des Volkes glaubten; und wir weinten über sie Tränen des Mitleids und der ohnmächtigen Wut; denn ob sie siegten oder unterlagen, immer war es das Volk selber, welches, des Vermächtnisses der Todten unwürdig, von der buhlerischen Dirne der Gewalt sich betören ließ. Aber wir hielten zu unsern Helden von den Gracchen bis auf Ulrich Hutten, von den ungefügen Führern der Bauernkriege bis auf Robert Blum und die Opfer der Rastatter Festungsgräben; und selbst diejenigen Achtundvierziger, welche wir hier mit eigenen Augen im Gewand der zahlungsfähigen Tugend einherstolziren sehen, haben es nicht fertig gebracht, uns den Glauben zu nehmen, daß immer wieder Helden geboren werden müssen.

Da faßte unsre Zeit das tausendfach zersplitterte Streben von Jahrhunderten in die eine Forderung zusammen: Jedem gehöre sein Werk; Niemand hat ein Recht, zu wuchern mit der Arbeit Anderer. Eine einfache Forderung, ein billiges Verlangen. Und doch erhob sich die ganze Gesellschaft der Macht gegen sie wie ein Mann. Wie in den Kreuzzügen reitet der Pfaffe neben dem Ritter, und wie in den Bauernkriegen wüten Herr und Knecht gegen die Bittsteller der Gerechtigkeit.

Aber in Amerika ergötzten wir uns noch am Traume der Freiheit, und wenn die Not auf uns lastete, und wenn wir das Unrecht hoch zu Roß hohnlachend paradiren sahen, so tröstete sich auch der ärmste Proletarier bei dem Gedanken: Wenn wir wollen, wenn das Volk will, so wird es mit einem Schlage anders. Mit Staunen betrachteten wir die Flüchtlinge, die Ausgestoßenen, die politischen Verbrecher von drüben; das waren ja ganz harmlose, gute, mitunter ganz sanftmütige Leute. Gewiß harmlos, sie wollten ja nur arbeiten und nur so viel von dem Ertrag ihrer Arbeit, um der Not zu entrinnen, welche selbst der Sklave nicht kennt.

Aber das Zeitalter der Maschine reift in fünf Jahren mehr Not und mehr Erkenntniß als die alte Zeit in hundert Jahren. Die Not ist die Mutter jeder Erfindung, sollte sie nicht auch den Gedanken gebären, der die Freiheit schafft, und die Waffe welche die Freiheit erobert?

Also erhob sich da und dort öffentlich die fragende Stimme. Die Mächtigen lachten: In Amerika hat auch der Crank das Recht, seine Meinung vor das Volk zu bringen. So lachten einst Landpfleger und Pharisäer über die Lehren des wandernden Zimmermannssohnes. Aber sie lachten nicht mehr in Amerika, als der socialistische Gedanke ein Echo in allen Schichten des Volkes fand, als nicht nur der Professor auf dem Katheder und der Pfarrer auf der Kanzel der neuen Lehre eine wohlwollende

Unterstützung zu teil werden ließen, als auch der Mann, der das tägliche Brod schafft, auf die Notwendigkeit seines Daseins für Andre kam, als auch der Kohlengräber sich besann, daß ein Weib ihn geboren.

Was! die Armut soll kein Verbrechen mehr sein?! Was! bloßlegen will man die Wurzeln des Reichtums?! Jetzt ist es an der Zeit, Einhalt zu tun. Gesetze gibt es keine gegen solchen Ansturm, die Leute von gestern wußten nicht, was das Maschinenalter von heute schaffen wird, aber Ankläger gibt es, Richter gibt es, Geld gibt es, um intelligente Geschworene zu kaufen, Henker gibt es—und Judäa errichtete auf Golgotha, und Amerika errichtete in Chicago den Galgen, der zum Zeichen der Erlösung wird.

Helden des Arbeitens, des Duldens, des bewußten Tragens des Unrechts, des unablässigen stillen Protestes, Helden des Proletariats aus eigener Wahl haben wir unzählige. Die Räuberbande, deren Schild das Gesetz, deren Schwert die Wahl, deren Höhlen die Paläste sind, haben nicht geruht, bis wir unsere Märtyrer hatten. Weh uns und unsern Kindern, wenn dieses Jahrhundert uns verläßt, ohne daß aus den unzähligen *duldenden* Helden ebensoviele Helden der *Tat* geworden sind!

Ich, werte Anwesende, habe den Glauben schon hundertmal verloren, und hundertmal hab ich ihn wieder erobert. Immer wieder wächst er in mir wie die Blüte des Rosenstrauches, wenn im trostlosen November unser Blutfrühling herannaht, wenn ich sehe, daß immer noch das Gedächtniß jener gräßlichsten Tat unsrer Zeit wächst, sich ausspricht und, trotz der Niedertracht dieser Jahre des Zuwartens, protestirt gegen die gottbegnadete Schandgewalt, die uns in den Händen hält und erdrücken kann.

Wie auf den Bergen ein freiheitsuchendes Volk seine Flammenzeichen entzündet, so lodert in diesen Tagen, so weit mein geistiges Auge schauen kann, jene Liebe empor, welche nur dem Schlechten, dem Geistlosen, dem Unterdrücker als Haß erscheint, und überall strömt rascher das rote Herzblut der roten Fahne zu, dem verpönten Symbol internationaler Menschlichkeit. Nicht nur in den großen Städten unseres Continents, auch weitab von den Centren der Bewegung, wo man nur die äußersten Schwingungen der Not des Proletariats verspürt, auch dort errichtet die Liebe den Manen unserer Todten einen Altar. Uns sind Seelen vereint in manchem Tal der ewigen Alpen; ich weiß an den rebengekrönten Abhängen des Schwarzwalds ein Dörflein, wo heute der Lorbeer die Bilder dieser Todten schmückt. Ich weiß, tiefverborgen in Pennsylvaniens Bergwald und auf den Höhen, von denen der Blick in den Stillen Ocean sich taucht, denkt man und fühlt man so, wie ich es hier ausspreche. Tod und Verwesung sind immer die Geburtsstätte neuen Lebens. Blut ist der beste Kitt unter Denen, für die es vergossen wird.

Jeder Dummkopf kann eine Bombe werfen, hat ein Vertreter der socialdemokratischen Partei zu Halle gesagt.—Vielleicht war es ein Dummkopf, der die Bombe in Chicago warf, vielleicht war es ein Agent, *provocateur*, vielleicht war es ein Mann, der die Verletzung eines amerikanischen Grundprincipes durch uniformirte Söldner des Capitals nicht dulden wollte. Ich weiß es nicht, aber soviel weiß ich: Der Knall jener Explosion zittert heute noch in sündigen, gewaltgesättigten Herzen nach; so viel weiß ich, jene Bombe, auch ein Erzeugniß des Maschinenalters, hat in drei Jahren eine Propaganda erzeugt, welche die besten Agitatoren in zwanzig Jahren nicht zu stande gebracht hätten.

Diese Tat und ihre Consequenzen hat Augen geöffnet, welche nichts von der Not sahen, sie hat Ohren erreicht, welche den Lehren des Socialismus verschlossen geblieben waren, sie hat Herzen aufgerüttelt, welche an die Rechtlosigkeit der Gerechtigkeit in dieser Republik nicht glauben wollten.

Und noch mehr: Sie hat einen festen Ring der Einigung um alle fühlenden und gerecht denkenden Menschen geschlossen, den selbst die eifersüchtige Eitelkeit der Arbeiterführer nicht zersprengen kann.

Es gibt ja noch Heißsporne, welche sich gegenseitig vorrechnen, wer das Recht habe, diese Todten zu feiern. Ich aber sage, und mit mir sagen es tausend ehrliche Herzen: Bekämpft euch sonst, so viel ihr wollt, um des verschwindenden Bruchteils willen, den ihr für ganze Wahrheit haltet, aber an den Gräbern Derer, die um der Gerechtigkeit willen gefallen sind, schweige der Zwist; laßt eure Ismen zu Hause an solchen Gedächtniß-Tagen, ihr lieben Menschenbrüder! Nicht als Socialisten, Individualisten oder Anarchisten hat man diese Männer an den Galgen und ins Gefängniß gebracht, sondern, wie die Mutter Linggs in so einfach mächtigen Worten gesagt hat: weil sie es mit den armen Leuten hielten.

Ich brauche sie nicht noch einmal heraufzubeschwören, die Gestalten dieser unserer Todten, denn sie stehen heutzutage auch dem klar vor der Seele, der sie nie im Leben gesehen hat. Märtyrer pflegen wir sie zu nennen, aber sie sind ganz gewiß keine im christlichen Sinn. Den christlichen Märtyrern half ihr Fanatismus über Qualen und Tod. Was bot ihnen das Leben? Erniedrigung, Entsagung, Seufzen und Jammer. Aber der Tod sollte ihnen die Krone der Ehren bringen, das Anschauen Gottes, die Erkenntniß des Unendlichen. In solchem Glauben, von solch fanatischer Eitelkeit beseelt, da ließ es sich leicht sterben. Die christlichen Märtyrer sind auch sehr alten Datums; heutzutage wollen die Christen im Gegenteil durch ihre Religion etwas verdienen auf Erden, so 'n bischen politischen Einfluß. Und doch, wie stolz würden diese Christen sein, wenn unsre Fünf in der Todesnot noch schnell zum Herrn Jesus Christus sich bekehrt hätten!

Fanatiker hat man diese Vertreter der Arbeitersache genannt; und man hat, auch von befreundeter Seite, namentlich dem Charakter Linggs diese bequem erklärende Bezeichnung anhängen wollen. Dieser Lingg war aber ein Humorist im besten Sinne, nichts trübte seine gute Laune, nicht einmal das Fatum des unvermeidlichen Opfertodes; dieser Mann hatte die große Gesinnung, jede Begnadigung als eine Entehrung zurückzuweisen, und er war skeptisch genug (Fanatiker sind nie skeptisch), sogar den Nutzen seines Todes für die Arbeiter zu bezweifeln. Er glaubte allerdings an die theoretische und praktische Bedeutung des abschreckenden Beispiels; aber darin sind die Befürworter der Todesstrafe, darin sind alle die großen Moralphilosophen seine Genossen, welche über das Dictum: "Strafe muß sein," nicht hinausgekommen.

Fanatiker Engel und Fischer, die sich nur auf das beriefen, was die größten Lehrer der Völker zu allen Zeiten gelehrt haben?! Fanatiker Albert Parsons, der seine letzten Stunden der Poesie und der rührendsten Familienliebe widmete?! Fanatiker August Spies, der aus eigner Kraft vielseitig gebildete Mensch, den selbst seine Feinde liebten, der Mann, dem, als alle Hoffnung entflohen war, immer noch ein Blick in schöne Augen süßester Genuß war?!

Als das Todesurteil gefällt wurde, triumphirte die Plutokratie laut und offen. Als unsre Männer so starben, zitterte sie, banger Ahnungen voll.

Jedermann bewundert es, wie der Adel Frankreichs und die Girondisten vor hundert Jahren lächelnd in den Tod gingen. Damals war aber das Guillotiniren zur Modesache geworden; es stirbt sich leicht in guter Gesellschaft. Diese aber waren die ersten Opfer eines geheimen Kriegszustandes, an welchen die Welt noch nicht glauben wollte; körperlich und geistig zum vollen Leben berechtigt, verachtend himmlischen und irdischen Lohn, starben sie nicht wie Christus, der an seiner Gottähnlichkeit verzweifelte, sondern wie Sokrates. Wohlwollende Menschen unsrer Zeit waren es mit allen dazu gehörigenden Tugenden und Fehlern, die man ins Gefängniß führte, als Verbrecher hat man sie verurteilt, aber aus dem Chicagoer Galgen-Gottesgericht gingen sie als Heroen hervor.

Sie starben für das Volk. Wo bist du Volk, in welchem die Stimme der Todten reden, in welchem der Mut der Todten lebendig werden soll? Ich sah die Wolke eines Narrentums wie eine Hand groß über der atlantischen Küste stehen, und sie überwuchs den ganzen deutschamerikanischen Himmel. Ich hörte einen schmutzigen Priester dem Gotte Mammon ein neues Loblied singen, und alsbald schwoll das Gepläre über den ganzen Continent. Wie der toll gewordene König David tanzten sie in dieser schweren Zeit der Not auf offener Straße vor vermoderten Bundesladen. Das deutsche Volk Amerikas feierte seinen Tag.

Was sie feierten, sie wußten es nicht; aber ich weiß es: Jeder seine eigene Narretei. Da kamen aus den Höhlen ihrer knabenhaften Wichtigkeit die Logenbrüder und freuten sich ihrer mittelalterlichen Lappen im Sonnenschein des neunzehnten Jahrhunderts. Und aus der Kirchen ehrwürdiger Nacht, wurden sie alle ans Licht gebracht; treue, gedankenlose Gesichter, schwielige Hände, arbeitgekrümmte Beine; du lieber Gott! den Feiertag würde man ihnen gönnen, wenn sie nur nicht selber doppelt dafür bezahlen müßten.

Und wer in dieser Republik einer Todschlags- oder Bedienten-Uniform sich erfreut, marschirte mit.

Und wer einen Nachschlüssel zum öffentlichen Futterkasten besitzt; und wer Schwindelhaber sät und den reinen Wein schmiert, war dabei; und sie wußten nicht, daß man ihnen durch die glatten, leuchtenden Gesichter ins schandbare Herz sehen konnte.

Und wer je seinen Glauben an das neueste Evangelium: *the public be damned!* praktisch betätigt hatte, war als Führer bestellt.

Und dieser scheckigen Armee des umgekehrten Fortschrittes folgte die Wagenburg des Handels und der Industrie, welche von dem Herzblut der Ärmsten sich nähren.

Ich aber sprach zu mir: So steigt das Volk auf die Straße, wenn es seine Dränger und Drücker versichern will, daß es zufrieden ist, daß es ihm wohl ergeht, daß noch nicht alles Fett ausgekocht ist, daß der Raubbau des industriellen Systems des Maschinenalters noch nicht Alles verwüstet hat.

Wir sind das Volk! rauschte es aus tausend Fahnen, es gibt kein sociales Elend, nur Cranks sind unzufrieden, und nur Verbrecher rütteln an der heiligen Ordnung.

Wenn das das Volk ist, sagte ich zu mir, so will ich mich an Aristokraten wenden, welche den Mut der Wahrheit haben. Und ich fand einen reichen Christen, der ein ausgezeichnetes Buch geschrieben hat (*Caesar's Column*); darin fand ich folgendes geschrieben: Dich entsetzt die Tat des Verbrechers, du siehst, das ist kein Mensch mehr, das ist eine Bestie. Aber wenn du es genau ergründen könntest, würdest du wahrscheinlich finden, daß der Keim dieser Brutalität durch die Ungerechtigkeit der Regierenden in irgend einen Vorfahren dieses Verbrechers gelegt wurde. Hier haben wir brutale Gesetzesbrecher, welche man bestraft. Wenn aber die wenigen brutalen Verbrecher die Gewalt hätten, Gesetze zu machen, so würden sie ohne Zweifel ein Faustrecht einsetzen, welches die Beraubung von Millionen Menschen durch List und Tücke zum schwersten Verbrechen machen würde. Sieh dirs recht an, mein Bruder, was ist es, wenn du als Wohlhabender um deine Uhr beraubt wirst, selbst wenn dir noch dazu ein Loch in den Kopf geschlagen würde, was ist das gegen das entsetzliche Loos jener Masse, die von der Wiege bis zum Grabe arbeitet ohne Lust und lebt ohne Hoffnung? Würdest du nicht Beraubung und sogar den Tod vorziehen gegen jenes Lebendigbegrabensein, gegen jenes Ersticken im Schmutze? Und so scheint es mir, daß vor dem Richterstuhl der höheren Vernunft die größten Verbrecher der Welt nicht jene Bestien sind, welche kein Gesetz kennen, deren Eigennutz zu Knüppel, Dolch oder Pistole greift, sondern Diejenigen, deren Selbsucht die Quellen des gesellschaftlichen Zusammenlebens vergiftet, die Urheber von Gesetzen und Zuständen, welche Millionen zu Räubern und Mördern machen würden, wenn die Millionen es nicht vorzögen, stillschweigend zu dulden.[1]

Ich fand aber noch andere Propheten. Im "Century Magazine" stand geschrieben: In unsrem System herrscht der Betrug, folglich müssen alle Gesetze zerfallen, und das System muß als Ganzes zu Grund gehen.

Sogar die Null auf dem Präsidentenstuhl der Ver. Staaten öffnete voriges Jahr das Mündlein und sprach wehmütig: Was soll daraus noch werden?

Ich ging zu hohen Geistlichen. Sagt Bischof Potter: Dies ist die Ära der Plutokratie; Geld gibt Verzeihung für alle Verbrechen. Bischof Spaulding: Unsre reichen Leute müssen ihre Pflicht tun oder untergehen.[2]

Endlich der Schriftsteller Ruskin: Selbst die Religion ist kein Trost, nicht einmal ein Scheintrost für die Masse der Unglücklichen, denn mit dem Elend geht Hand in Hand das Laster. Sollte es eine nächste Welt geben, so sind sie hier schon verdammt.

Ich bezweifle es sehr, werte Anwesende, daß diese Priester und Schriftgelehrten es wirklich ehrlich meinen mit der Abhülfe, wenn ihnen Jemand ein Palliativmittel anböte, einen Waffenstillstand, einen Aufschub, so würden sie jedenfalls mit beiden Händen zugreifen. Aber sie sehen doch wenigstens, was um sie her sich vorbereitet, sie fühlen den Atem des kommenden Sturmes, und darum, sage ich, sind für sie unsre Todten noch eher gestorben, als für die stumpfe Masse, die über irgend einer Narretei ihr eigenes Elend vergißt.

1.   Ignatius Donnelly, *Caesar's Column: A Story of the Twentieth Century*, ed. Walter B. Rideout (Cambridge, Mass.: Belknap Press of Harvard University Press, 1960). Donnelly's book was originally published in 1890. Reitzel has translated a long passage from it—everything in this paragraph after the colon. The original is in Rideout's edition, pages 42–43.
2.   The quotes from the *Century Magazine*, from President Benjamin Harrison's inaugural address, from Episcopal Biship Henry Codman Potter, and from Roman Catholic Bishop John Lancaster Spalding can also be found in Donnelly's *Caesar's Column*, pages 89–92.

Volk, Volk? ich glaube nicht mehr an das Volk, so wenig die Fünf daran geglaubt haben, als sie inmitten des Volkes erdrosselt wurden. Ich glaube nur an die Treue und an den Mut Einzelner, aber diese Einzelnen werden schließlich die gedankenlose Masse mit sich reißen.

Jene Bischöfe und Schriftgelehrten würden sich höchlich bedanken, wenn man sie Anarchisten nennen würde, und doch ist zwischen ihnen und unsern Todten nur ein kleiner, praktischer Unterschied. Auch unsere Männer wußten es und verkündeten es der Welt, daß der Staat von heute ein verwesender Körper ist, der nur Ungeziefern und Raubvögeln ein Wohlgefallen sein kann. Aber unsre Männer waren ehrlicher und meinten es besser mit dem Wachstum des neuen Lebens, sie wollten nicht nur den Todtenschein ausstellen, sie wollten auch Todtengräber sein. Volk? Das Volk ist Salz, das dumm geworden, Herrgott, wenn ich beten könnte, würde ich dich anflehen: schenk uns tüchtige, sachverständige Todtengräber!

Was nach der Beerdigung oder nach der Verbrennung—ein Crematorium, wenns groß genug ist, tut's auch—folgen soll? Ich weiß es nicht und betone es ausdrücklich, daß ich keine Idee davon habe.

Ich habe einen außerordentlichen Abscheu vor allen Patent-Medicinen.

Hier ist das einzige Arcanum, sprach schon an meiner Wiege die Kirche, das deine von Haus aus kranke und verderbte Seele retten kann, hier ist dein zeitliches und ewiges Heil: der Glaube an Christum Jesum. Rings um mich hörte ich die verschiedenen christlichen Marktschreier, welche sich gegenseitig Schwindler nannten und vor Nachahmungen ihrer kostbaren Medicin warnten. Ich hielt mich an die Flasche mit der protestantischen Etikette, da sie in meiner nächsten Umgebung Hausmittel war; ich glaubte an Jesum Christum. Aber das Sehnen meines Herzens wurde nicht gestillt; statt mich freier und wohler zu fühlen, kam ich mir immer ängstlicher vor und dümmer. Da bewies mir die Wissenschaft, daß die christliche Medicin weiter nichts ist als eine Nachahmung und Mischung altheidnischer Zaubertränke. Ich atmete tief auf und warf das Zeug zum Fenster hinaus. Die arme Menschheit hat aber alle diese Tränke durchkosten müssen, sie ist krank vor lauter Mediciniren, und doch will sie dem Arzt nicht vertrauen, der Vernunft heißt, und der ihr anrät: Mach dir körperliche Bewegungen, prügle die Quacksalber durch und probir es einmal mit klarem Wasser und frischer Luft!

Frisch und frei wehte es mich an im Radikalismus. Hier waltete Vernunft, hier weitete sich der herrliche Sternhimmel der Ideale. Aber als ich mir getrauen wollte, nur Mensch zu sein, als mir alle Satzung ein Gräuel wurde, als mir das Elend der unterdrückten Menschenbrüder wichtiger erschien als die Abschaffung der Präsidentschaft und selbst das Frauenstimmrecht—da kam der Herr Medicinalrat Radikalismus und sagte mir: Du bist krank, du mußt dich an meine unfehlbare Medicin gewöhnen, die heißt: der religionslose freie Staat. Mir aber zeigte die Geschichte, daß alle Völker dieses Mittel probirt, daß die Republiken so gut Unterdrückung züchteten wie die Despotieen und daß im besten Staate der Bürger nicht so viel Freiheit genoß wie der Nomade der Wüste oder der Barbar der germanischen Urwälder, daß endlich, weil in allen Reichen Reiche gezüchtet werden, alle Reiche stürzen müssen. Ein Staat kann wohl religionslos sein, das beweist uns Amerika, aber niemals frei. Jedes Gemeinwesen ist von vornherein ungesund und der Corruption verfallen, in welchem es Herren-Arbeit und Knechte-Arbeit gibt.

In Folge dieser Erkenntniß kann man mich einen Socialisten nennen, einen Anarchisten. Wenn mir aber meine lieben Freunde von irgend einem Ismus mit ihrer Patentmedicin kommen, die für Alles gut ist, dann bin ich nicht zu Hause. Wenn man sich einmal den Magen verdorben hat, ist es gerade genug. Mein "Armer Teufel" und ich, wir suchen uns Menschen auf unsre Art, und wir haben auch solche gefunden. Wir glauben an die Naturheilkunde. Unser Zukunftsprogramm besteht in sehr einfachen Wahrheiten: Wenn eine Barracke Einsturz und die Zerstörung ihrer Insassen droht, so muß man sie abreißen, unter allen Umständen wird dann ein besseres Haus erbaut werden. Oder wenn eine Operation die einzig mögliche Rettung eines Kranken ist, so muß operirt werden, selbst wenn der Patient unter dem Messer sterben sollte. Oder endlich, wenn ein Aas die Luft verpestet, so muß es weggeschafft werden; die frische Luft strömt nachher schon von selber zu.

Ich habe einmal in dem Märchen vom unglücklichen Erbprinzen geschildert wie der Prinz Mensch jedesmal, wenn er die verbotene Braut Freiheit küßt, von Onkel Staat und Tante Kirche und ihren Bütteln zur Vernunft und zur Tugend zurückgeführt wird.

Wehe! Wehe! was ist das immer für ein heilloses Kämpfen! Was helfen dem Prinzen Mensch seine kräftigen Fäuste, was der Freiheit ihr flammendes Schwert! Von hinten hocken sie ihnen auf den Nacken, mit Stricken umschlingen sie die edeln Leiber, mit Weihrauchdämpfen betäuben sie ihnen die Sinne, mit Sceptern zerschlagen sie ihnen die edeln Glieder. Schwester Wissenschaft auf die sie gerechnet hatten, hat sich wieder als Magd den Mächtigen verdingt, und ungestört straft Onkel Staat und predigt—was noch schlimmer ist—Tante Kirche. Nur die Kunst gaukelt, wie ein Sonnenstrahl, der in den Kerker fällt, schönere Wirklichkeit vor, und Nachtigall Poesie singt von der Brautnacht erfüllter Liebe.

Wird es immer so sein? Ich habe schon oft verzagend mir gesagt: Jawohl, das ist des Märchens Ende. Aber aus der Erde stampf ich mir Mut, in welche man unsre Todten begraben hat. Von jenem Blutgericht aus geht ein Frühlingshauch der Hoffnung durch die Welt. Wenn die neue Zeit Menschen gebracht hat, die *so* sterben können, so wird sie auch Menschen bringen, die den Mut haben, recht zu leben.

Zwei Classen gibt es nur in der heutigen Gesellschaft, ob sie in Europa in die monarchische Spitze ausgeht, ob sie in den Ver. Staaten vom Geldsack sich ihre Gesetze machen läßt, und Göthe hat sie trefflich festgenagelt. Oben im Sonnenlicht schwebt

> "Verzehrerinnen fremden Fleißes! Naschende
> Vernichterinnen aufgekeimten Wohlstands ihr!"

Unten im trübseligen Schatten kriechst

> "Erobert, marktverkauft, vertauschte Waare du!"[3]

Aber über dieser Zweiteilung schweben freie Herzen, welche das Glück nicht verdirbt und das Unglück nicht bricht. Euch ruf ich an, die ihr der Sauerteig seid, deren Dasein

---

3.   Johann Wolfgang von Goethe, *Faust,* Part II, Act 3.

die Garantie einer besseren Zeit ist: Haltet wach das Gedächtniß der Todten vom 11. November 1887, und bis die Zeit zu Taten kommt—kommen wird sie ein Blitz, ein Schlag—haltet fest an Karl Heinzens urkräftigem Wort:

> Was man liebt, für das muß man sein Leben lassen,
> Was man haßt, das muß man gründlich, tödtlich hassen.
> Eins der Beiden müßt ihr wählen recht und schlicht,
> Einen Mittelweg, beim Teufel, gibt es nicht.[4]

4.   These are the first two and the last two lines of Karl Heinzen's poem "Lieben und Hassen," with slight changes. Karl Heinzen, *Gedichte* (Boston: K. Heinzen, 1867), 139, 140.

Selections from "Reisebriefe"

Den 9. Mai 1889.

Ich grüße die Nordsee, die Freie! Mich schaute sie in der Mondnacht an mit geheimnißvollen gewaltigen Augen. Wieder war ich ganz allein. Ein Segelschiff, das sich dunkel vom hellen Horizont abhob, kam mit einem Male in den Lichtschimmer. Ganz nah zog es vorbei, so daß man jedes Stückchen der Takelage unterscheiden konnte. Kein Mensch schien auf Deck zu sein, aber das Bellen eines Hundes tönte herüber. Jetzt wußte ich auf einmal, daß mir das Haustier auf der Reise gefehlt hat, die Gesellschaft eines Hundes oder einer Katze hätte ich zeitweise der menschlichen bei weitem vorgezogen.

Böse Dinge hat man mir erzählt von der Nordsee, aber schöner und menschen-freundlicher kann sich kein Meer geberden, als heute die gefürchtete Nordsee; nicht glatt wie Öl, leicht wellengekräuselt das Wasser, frisch wehend die Luft und der Himmel hellblau.

Morgen sind wir in Hamburg; und wenn ich glücklich durch die Douane und erste Polizei-Inspektion hindurch sein werde, gehen diese Zeilen auf Reisen, und *diis faventibus* werden sie alle meine Leser erreichen und von denselben in dem nämlichen Gruß der Liebe aufgenommen werden, in welchem sie geschrieben sind.

Postscriptum: Frau Nordsee scheint eine jener Damen zu sein, welche sich durch Complimente beleidigt fühlen. Während ich ihr Lob niederschrieb, hüllte sie sich urplötzlich in eine Tarnkappe, so daß es wie eine Wand rings ums Schiff stand; die Gesichter der Sachverständigen wurden mürrisch, die Nebelsignale ertönten und mein Barbier aus der Palz sagte: Krich die Kränk, mer sin noch nit in Hamburg. Das Ganze dauerte aber nur etwa zehn Minuten, und jetzt lacht die Gewaltige über den schlechten Witz, den sie sich mit uns erlaubt hat.

*   *   *

Frankfurt a. M.,
14. Mai 1889.

Genötigt durch eine Combination von trübem Wetter und Gewissensbissen, er-greife ich die Feder, um meinen Freunden und Lesern Nachricht zu geben über die Empfindungen, welche eben jetzt, nachdem ich ein bürgerliches Diner eingenommen, wovon namentlich das Suppenfleisch mit Meerrettich sehr preiswürdig war, meine satte Seele durchfluten.

Schildern wir zunächst die Situation. Ich sitze in einem Zimmer des von Kennern soliden Comforts und guten Weines ohne weiteren Firlefanz gepriesenen Hotel Starck, No. 8 Papageiengasse, gerade bei der Weißfrauenkirche, welches Hotel ich allen Deutschlandfahrenden armen Teufeln bestens empfohlen haben will. Mir gegenüber blühen vor einem Fenster Levkojen und Goldlack, und wenn ein schönes Mägdelein dahinter säß und mir ein Brett herüberlegen wollte, so wäre die Papageiengasse gar kein Trennungsgrund mehr. So aber müßte man, um küssen zu können, doch schon den Hals einer halbwüchsigen Giraffen borgen. Es ist schwer, in diesen Frühlingstagen sich dem Leben zu entziehen, und wärs auch nur auf eine Stunde, es ist schwerer, den widersprechenden Gefühlen gerecht zu werden, welche das Herz des im eigenen Vaterlande Fremden bestürmen. Ich atme Wonne in jedem Zug, und doch weiß ich, daß ich an diesem satten, zufriedenen, nur in Kleinigkeiten rechthaberischem Volke keinen Anteil habe. Der Schmerz und der Zorn, welcher die Brust der deutschen Dichter-Propheten erfüllte, sind hierzulande dem Volke unverständlich und der Polizei verdächtig. Die Ideale sind eine Münze, die außer Curs gesetzt ist, und jede Überzeugung ist als unnützer Ballast längst über Bord geworfen. Über Amerikanismus in Deutschland hat sich vor zehn Jahren etwa Prof. Dubois-Reymond beklagt, aber heute sind die Amerikaner die reinsten Schwärmer gegen die platten Untertanen, die über *panem et circenses* nicht hinauskommen.

Weiß der Teufel, wie sie es anstellen, das arbeitende Volk bekommt man hier mitsammt seinem Elend nur in vereinzelten Exemplaren zu Gesicht; was man trifft, und mit wem man verkehren muß, das sind Leute, die immer Zeit haben und die sich um jeden Preis amüsiren wollen. Man macht mit, man glaubt vielleicht eine Zeitlang an diese köstliche Fröhlichkeit, aber man verspürt immer deutlicher eine klaffende Leere im Innern: man fragt sich verwundert: Warum bist Du nicht zufrieden? Natur und Kunst, Alles steht vor Dir auf reichbesetztem Tisch, und doch fühlst Du bei den schönsten Scenen den Wunsch: Nur weiter, nur fort! nur wieder an die große Wasserbrücke, welche Dich mit dem Lande verbindet, das Du erst lieben lernst, wenn Du nicht mehr seinen Boden unter den Füßen fühlst.

Wer Amerika-müde ist, der reise nach Deutschland, er wird sofort kurirt sein. So weit habe ich es jetzt schon, nachdem ich kaum die Gerüche der deutschnationalen Küche gerochen, in der Erfahrung gebracht, daß ich ein sorgenfreies Leben in Deutschland mit der kümmerlichen Existenz eines armen Teufels in Amerika nicht eintauschen möchte. Und das ist meine ehrliche Meinung, trotzdem kein Tag vergeht, an dem ich nicht Freudentränen vergieße über das Erhabene und Anmutige, das ich mit durstigen Sinnen verschlinge.

In Memoriam

Am 28. November starb mein Vater *Reinhard Reitzel* im Alter von 77 Jahren in Schopfheim i. W. Als ich ihn im Mai dieses Jahres besuchte, dachte Keiner von uns Beiden, trotz der eingetretenen Altersschwäche, daß das Ende so nahe sei. Einem Nachruf des Markgräfler Tageblattes entnehme ich folgende Sätze:

> . . . Was er als Lehrer wirkte, das dürfte aus Berufskreisen heraus beredteren Ausdruck finden, als es dem Schreiber dieser Zeilen gelingen könnte; was er uns Schopfheimern als Freund, Gesellschafter und Mitbürger in jungen Tagen und wieder während seiner letzten zehn Lebensjahre gewesen ist, davon wird wohl in jeder Familie mit ungeteiltem Lob gesprochen werden. An seiner irdischen Hülle trauernd, hegen wir die Überzeugung, daß auf seiner letzten Reise kein Feind ihm vorangegangen, keiner ihm nachfolgen wird, und wiederholen es: keinen besseren und treueren Freund hat unser Städtchen, unser Tal und die ganze ihm an's Herz gewachsene Markgrafschaft—so Land als Leute—je zu eigen genannt.

Ich erlaube mir, noch Einiges beizufügen. Mein Vater war kein Fortschrittsmann, und für das Wesen der neuen Zeit, für das Drängen und Sprossen des großen Gedankens, die Gerechtigkeit für das arbeitende Proletariat, fehlte ihm das Verständniß. Er wandte sich lieber der Vergangenheit zu. Manche Sage unserer schönen Heimatstäler am Kaiserstuhl oder im Bereich des Feldbergs hat er dem Volk wieder mundgerecht gemacht, und zur Würdigung und Unsterblichkeit des Hebel'schen Geistes hat er sein redlich Teil beigetragen. Seine eigenen Poesien, deren er eine große Anzahl verfaßte, erhoben sich nie über das Gebiet der Mittelmäßigkeit, dagegen sind einige Lieder-Compositionen erhalten geblieben und in die Bücher der Schulen und Gesangvereine übergegangen.

Als Lehrer aber hat er sich in einer fast 50jährigen Tätigkeit jene so wenig beachteten und doch nur treuem und ausdauerndem Streben zufallenden Lorbeeren erworben. Ich habe seine Schüler und Schülerinnen nur mit Liebe von ihm sprechen hören. Mit eigenen Augen habe ich's oft in seiner Schule gesehen, daß die Disciplin sich von selber ergab, trotzdem oder vielleicht weil er niemals köperliche Züchtigung in Anspruch nahm.

Leider war er in meiner Erziehung, wenn man das Erziehung nennen kann, mit der Anwendung des Stockes um so freigebiger. Es ist ja leider eine Tatsache, daß die besten Pädagogen der Schule in der eigenen Familie ihre Kraft erlahmen sehen. Hunderte von Kindern liefen ihm auf der Straße entgegen und hingen sich an ihn an, die Liebe des eigenen Kindes vermochte er sich nicht zu erwerben.

Ich kann mir nicht versagen, hier ein kleines Erlebniß mitzuteilen, das so recht drastisch das Verhältniß zwischen Vater und Sohn kennzeichnet, wie es in Deutschland vielleicht mehr als in anderen Culturländern zu finden ist. Meine Auswanderung nach Amerika war schon beschlossene Sache, da machte mir eines Tages mein Vater zu meinem größten Erstaunen den Vorschlag, mit ihm eine kleine Reise nach Baden-Baden zu machen. Schweigend unsere Cigarren rauchend, dampften wir nach der Bäderstadt. Ein gutes Mittagessen, ein Spaziergang nach dem alten Schloß, der Zungenlöser, der Wein, und vor Allem das Entgegenkommen des Vaters brachten es doch so weit, daß wir uns ganz famos mit einander unterhielten. Als wir am andern Tage nach Hause fuhren, bemerkte mein Vater zu mir: "Ich habe Dich eigentlich gar nicht gekannt, man kann ja mit Dir viel besser auskommen, als ich dachte."—"Ja, mir geht's gerade so!" sagte ich.

Bei meiner letzten Anwesenheit konnte natürlich von einem Verständniß um so weniger die Rede sein, als unsere Ansichten himmelweit auseinander gegangen waren. Meine "amerikanischen" Manieren konnten dem alten Manne nicht passen, und ich konnte es nur schwer verzeihen, daß er unter den Motiven meines Besuches auch mercenäre vermutete. Trotzdem war unser letzter Abschied ein solcher in Frieden und Liebe, sowie ich auch nur in diesem Gefühle seiner gedenken werde.

Fremd im eigenen Hause

Wenn uns ein deutschländischer Vetter mitleidig oder höhnisch die Heimatlosen nennt, so dürfen wir ihm antworten: Wenn wir keine Heimat haben, so hast du keine Freiheit. Aber ach! der Vetter ist im Vorteil, denn während ihm die Abwesenheit der Freiheit durchaus keine Unbehaglichkeit verursacht und er schon längst bei den Klängen der Regimentsmusik mit Behagen an die Table d'Hote der Knechtschaft sich setzt, können wir es nur mit einem Seufzer aus dem tiefsten Innern bestätigen: Ja, wir sind heimatlos!

Für Menschen, welche tierisches Behagen erfüllt, wo immer sie Vieh treiben und das Beste der Krippe mitessen dürfen, für Fanatiker der Religion oder irgend einer Partei existieren die Schmerzen der Heimatlosigkeit nicht; wer aber weder am Dienen noch am Herrschen Geschmack findet, wem nicht alle Wünsche befriedigt sind, wenn es ihm "gut geht," wer nicht in einem Programm seiner Zeit aufgeht, sondern unter allen Umständen die Individualität sich wahrt, gerade der wird das Weh nach irgend einer Heimat erst dann los, wenn der blasse Bruder des Schlafes für ihn die Fackel senkt.

Ich habe es erfahren, was es heißt, fremd geworden zu sein in der eigenen Heimat, die so grün und schön in den Träumen der Nächte und der Tage vor mir stand, wie es tut, wenn einem selbst im Vaterhause der Stein des Mißverständnisses statt des Brotes der Liebe gereicht wird! Wie gern würde ich die Begeisterung für mein Adoptivvaterland als Balsam in meine Herzenswunde träufeln! Es will mir nicht gelingen, denn ich kann Amerika nicht lieben, ich weiß, daß wir Heimatlosen niemals tiefe Wurzeln in diesem Boden schlagen, niemals in ganzer Freudigkeit in diesem Sonnenlicht emporsprossen können. Fremd sind wir nicht nur im Vaterhaus, sondern auch im eigenen Haus, das wir uns hier gebaut, in der Familie, die uns, den Verächtern des staatlichen Kampfes um die Beute, Ruhehafen und Kraftherd sein sollte. Und wenn du das beste und treueste Weib zur Seite hättest, zwischen dir und deinen Kindern steht eine unsichtbare Barriere—du bist und bleibst ein Deutscher, sie sind und werden immer mehr Amerikaner; mit andern Worten und damit mich Niemand nationaler Schwachheit bezichtige: Das Beste in dir verstehen sie nicht, die Sprache deines Herzens reden sie nicht, und deinen edelsten Schatz, das Erbteil, das Niemand besteuern kann, kannst du ihnen nicht hinterlassen.

Man rede mir nicht von den Oasen in dieser Menschenwüste, Familien, die befähigt waren, in sich selber das heilige Feuer zu nähren und durch eine Verkettung von günstigen Umständen ungestört sich in sich selber entwickeln konnten! Ich habe die traurige Erfahrung gemacht, daß auch unter diesen Ausnahmen oft die Selbstlosigkeit, der Friede, die gegenseitige Liebe nur so lange vorhanden waren, als man "zu Besuch" da war, daß aber der intimere Einblick dieselbe Gemeinheit fand, welche man auf die Gemeinen beschränkt glaubte. Hier handelt es sich um allgemeine Erfahrungen, und die liefern leider in Bezug auf die nächste Generation der Deutschamerikaner ein schlechtes Resultat.

Am schlimmsten steht es natürlich mit den Mischehen. Wo deutsche Mutter und amerikanischer Vater, verwischen sich in der Nachkommenschaft die deutschen Züge fast vollständig. Wo deutscher Vater und amerikanische Mutter, geht der Prozeß nicht so rasch vor sich, aber der Einfluß der Tochter dieses Landes ist der überwiegende, und die Barriere zwischen Vater und Kindern ist schon der Sprache wegen von vornherein eine unübersteigliche. Sind aber beide eingewanderte Deutsche, so werden doch die Kinder anders als die Eltern, und während die Mutter dem Wesen der Kinder sich anbequemt, bleibt der Vater in seinem Denken und Fühlen allein.

Gutreligiöse Menschen und radikale Freidenker beklagen ein gemeinsames Geschick. Ich meine nicht die Pharisäer ihrer Bekenntnisse. Unter denen sind sogar die Christen noch im Vorteil und scheinbar die Besseren; denn, wenn ihnen auch gar nichts daran liegt, ob ihre Kinder wirklich religiös sind, so sorgen sie doch dafür, daß dieselben wenigstens äußerlich in ihre Fußtapfen treten, in denselben Kirchen knien und demselben unsichtbaren Gott den Pfennig opfern, den sie als Taler von demselben Gott Mammon wieder zurück zu erhalten hoffen. Die Pharisäer unter den Radikalen aber, welche aus irgend einer jener undefinierbaren und schwer bis zu ihrer Wurzel zu führenden Eitelkeiten eine freisinnige Rolle spielen, blicken gleichgültig dazu, wenn die Kinder den Glauben an Dinge und die Ehrfurcht vor Göttern heucheln, welche die Alten ihr ganzes Leben lang lächerlich gemacht haben. Ja, im Innern sagen sie sich wohlgefällig: "Der Junge ist schlauer als ich; der weiß, wo man sich Freunde machen muß, der paßt in die Welt!"

Darüber wollen wir uns auch keinen Kummer machen; kann man auch Trauben lesen von den Dornen? Aber für euch blutet mein Herz, ihr ehrlichen Frommen, wenn ihr eure Kinder den Schätzen nachjagen seht, welche die Motten und der Rost fressen, und mehr noch für euch, denn ich verstehe euch ganz, ihr unabhängigen Kämpfer der Freiheit, die ihr, auf Lohn und Anerkennung und Erfolg verzichtend, die herrliche Hoffnung im Busen truget, daß in den Früchten eures Leibes auch die Früchte eures Geistes erwachsen und eure Kinder das erobern würden, worum ihr vergeblich gekämpft.

O abscheuliche Barriere! Eure Töchter haben keine Tränen für die Märtyrer der Freiheit, sie sind berechnend, aber geistesleer; sie sind gefallsüchtig, aber sie können nicht lieben; sie haben weder Abscheu noch Mitleid für ihre Schwestern im Schmutz, noch Geringschätzung, weil sie überzeugt sind, daß sie das erhabene Ziel erreichen werden: eine Ehe, die eine gute Versorgung ist.

O abscheuliche Barriere! Ihr seid die Kinder mit dem seligmachenden Kinderglauben an einen Weltsieg der Gerechtigkeit, an einen Freiheitsmorgen für alle Unterdrückten; eure Söhne sind die Alten, die eure Narrheit belächeln, weil sie mit amerikanischer Genauigkeit wissen, was in der Welt zum Erfolg verhilft. Wißt ihr noch, wie wir uns sträubten gegen die Kenntnisse, welche der Broterwerb verlangt, wie wir aber heimlich gierig an den Quellen sogen, wo Menschenliebe strömt und der Glaube an das Ideale; wie wir durch die Wälder schwärmten, wo der Wind frei durch die Wipfel saust und am schäumenden Wildbach die Blume der Romantik blüht! Zu unserm freudigen Erstaunen finden wir hin und wieder einen jungen Deutschamerikaner, der sich für deutsche Literatur interessiert. Hier ist ein Samenkorn auf den richtigen Boden gefallen! Aber wenn wir die Sache näher untersuchen, so ist es ihm nur darum zu tun, mit einigen Dingen sich oberflächlich bekannt zu machen, die man in Gesellschaft wissen soll, und die Sprache will er nur darum nicht vergessen, weil er schlau genug ist, einzusehen, daß man dieselbe zum Fortkommen im Leben brauchen kann. Wir aber haben gegen alle Verbote das gelernt, was uns nicht nützen konnte und uns doch einzig und allein zu Menschen gemacht hat.

Ich habe die Karriere so vieler Söhne tüchtiger Väter und freiheitsliebender Mütter verfolgt. Nur der Kultus des Wahren und Schönen umgab ihre Jugend, nur die besten und freiesten Schulen besuchten sie. Aber Verständnis und Liebe für die Ideale ihrer Eltern, den Haß gegen alle Unterdrücker, die Sehnsucht nach der Befreiung der Armen und Elenden konnte man ihnen doch nicht beibringen. Eine Zeit lang noch zwang sie die kindliche Pietät, äußerlich wenigstens an den Bestrebungen der Eltern Anteil zu nehmen—es gab ja auch hin und wieder Vergnügen dabei, und das konnte man mitnehmen—aber bald trieben sie in andre Kreise, wo sie sich mehr zu Hause fanden; und wenn man schließlich die paar Stunden des oft sonderbaren Vergnügens abrechnete, so blieb nichts übrig als der Geschäftsmann und die Losung: Geld, Geld und noch einmal Geld.

Ich habe wohl beobachtet, daß unsrer Jugend, vielleicht gerade weil der Erwerbssinn so stark in ihr ist, ein gewisses praktisches Gerechtigkeitsgefühl, ein Verlangen nach Ellbogenraum für Jeden nicht abgeht, und ich darf sie nicht unter die Feinde der sozialen Evolution zählen; ob die soziale Revolution in ihnen ein Feuer entzünden wird, von dem wir bis jetzt noch keinen Funken entdecken konnten, kann für den Einen ein schmerzender Zweifel, für den Andern eine stille Hoffnung sein. So viel ist sicher: Das Deutschamerikanertum, das seinen Lessing und Feuerbach und Börne in Fleisch und Blut mit herüber gebracht hat, das stirbt mit uns, die wir die Heimat verloren haben und im eigenen Hause fremd sind.

7

Julius Gugler

This chapter includes two pieces written by Julius Gugler (1848–1919), a prominent Milwaukeean, a lithographer, business man, and man of letters. One is an "Autobiographische Skizze," which he wrote for his family in the year 1898.[1] Though written some ten years after the other one, a play entitled *"For Mayor Godfrey Buehler,"* we present it first, as it contains biographical information about the author and his background.

A typewritten manuscript copy of the "Autobiographische Skizze" can be found in the archives of the Max Kade Institute for German-American Studies at the University of Wisconsin–Madison, a recent gift of members of the Gugler family; an identical copy and also a handwritten manuscript copy are available at the Milwaukee County Historical Society. This document is rich in scope. It tells of the youth and education of Julius Gugler's father Heinrich (Henry) Gugler (also spelled Gugeler), who was born 1816 into modest circumstances in Untertürkheim near Stuttgart (Württemberg) and became a vignette and portrait engraver and an emigrant to the United States. He is known today for his work on Ebner and Seubert's *Denkmäler der Kunst*,[2] for his engraving (together with J. H. Littlefield) of President Ulysses S. Grant, and above all for his life-size steel engraving of President Abraham Lincoln, often called the best Lincoln likeness.[3]

Julius Gugler's own story constitutes the main part of the "Autobiographische Skizze." Born in Stuttgart, he was the oldest son of Heinrich Gugler and his wife Friedericke. In the fall of 1853, his father left their home in Württemberg to find employment in the United States as an engraver of banknotes, and within a short time, his wife followed with their two young sons, Julius and Paul, settling in the New York area. In 1856 his wife, who was unhappy with life in New York, took the two younger sons, Paul and Robert (who had been born in Brooklyn), and returned to her native Württemberg, where the fourth son, Henry, Jr., was born; and in 1857, following that

---

1.   This document is untitled; the editor of this volume gave it the title "Autobiographische Skizze."
2.   Karl Friedrich Arnold von Luetzow and Wilhelm Luebke, *Denkmäler der Kunst von den ersten künstlerischen Versuchen bis zu den Standpunkten der Gegenwart*, 2 vols., 2nd ed. (Stuttgart: Ebner & Seubert, 1858). The images on page 254 of our anthology are from the 1864 Volksausgabe, which is based on this edition of the work.
3.   See reproduction below, page 269.

Henry Gugler, Sr., Julius Gugler, and Oswald B. Gugler. From "The Story of an Achievement" (twenty-fifth anniversary brochure of the Gugler Lithographic Company, 1903). Max Kade Institute for German-American Studies, University of Wisconsin–Madison.

year's economic depression, Julius and his father returned to Europe, too. The family's final and permanent emigration to the United States came two years later, in the fall of 1859.

Julius Gugler left school at the age of fifteen and was apprenticed to a New York lithographer named Ferdinand Mayer, a long-time friend of his father. He learned his trade quickly and well, and at the age of eighteen felt himself secure enough to break his apprenticeship contract and seek employment on his own, first in New York, then in Philadelphia and Cincinnati. But his heart was in New York, and he returned for what turned out to be a brief period to Ferdinand Mayer's firm in order to be near his friends and the cultural life of the city which had long been his home. In 1869, Gugler was offered a position by the lithographic company of Seifert and Lawton in Milwaukee, and although at first not favorably inclined to consider a move to the "far West, where Indians lived and one could not go out without a weapon,"[4] he negotiated an attractive salary and accepted.

The author writes of his upbringing, his schooling and apprenticeship, his friends, religion, and early experiences with German literature and German theater in New York, as well as his (and his father's) political ideas and ideals vis-à-vis the 1848 Revolution, the Civil War, slavery, liberalism, etc. Though written as a personal memoir, the document reveals a great deal about life in America in the second half of the nineteenth century. It is incomplete, ending abruptly at about the time Gugler moved to Milwaukee in 1869 and was getting established there.

In 1878, Julius Gugler, his father, and his brothers Robert and Henry Gugler, Jr., also trained lithographers, founded the firm H. Gugler and Son, which in 1883, after the 1880 death of Henry, Sr., was incorporated as the Gugler Lithographic Company. Robert Gugler left the company in 1884 and Henry Gugler, Jr. in 1902. Meanwhile, Julius Gugler's oldest son Oswald B. Gugler (1873–1949) had entered the business in 1890 with a view towards working his way into a management position. The firm prospered in Milwaukee under the Gugler name until 1966, when it was sold to the NorthStar Print Group, which in turn was purchased in 2005 by the Multi-Color Corporation.

Several of Julius Gugler's children are remembered for achievements in their respective fields. Above all one should mention Eric Gugler (1889–1974), the youngest, an architect of note, who played an important role in the expansion of the White House in the 1930s and 1940s, including the redesigning of the West Wing and the Oval Office; he was also responsible for the Theodore Roosevelt memorial that was dedicated in 1967. Another was Frida Gugler (1874–1966), who studied at the Art Institute of Chicago as well as in Europe; she spent most of her active life as an artist in New York and is known for her landscapes and marine paintings, mainly watercolors. Ralph Gugler (1886–1958) wrote a 1907 B.A. thesis at the University of Wisconsin–Madison entitled "The Literary History of the Milwaukee German Theatre, 1850–1875," which is useful for scholars in the field of German-American literature; it can be found in the archives of the Max Kade Institute for German-American Studies in Madison.

---

4.   See page 266 of this volume. Translation by the editor.

Julius Gugler wrote a number of poems, an epic poem, a one-act dramatic poem entitled *Die Pioniere* that was presented at the dedication of Chicago's Schiller Theater in 1892, and the dramatic character sketch entitled *For Mayor Godfrey Buehler*, which we include in this volume.[5] First performed to a full house in the Stadt Theater in Milwaukee[6] on 24 and 28 April 1889, this play was reviewed in most complementary terms in the *Milwaukee Herold* on 25 April: "It was hilarious, a continuous appreciative laughter from the beginning to the end of the performance." The triumvirate of leading Milwaukee actors, Ferdinand Welb, Leon Wachsner, and Julius Richard,[7] are all praised for their portrayals: "Mr. Welb in the title role presented a marvelous characterization. Mr. Wachsner's 'Dutch Pete' was hysterically funny; Mr. Richard fittingly portrayed the brother-in-law Dorn." But above all, this reviewer pinpoints the main reason for the play's popularity in 1899 and for its importance today: in it life in a German-American community of that era is accurately depicted. He states: "Just about everything is discussed that moves the heart of the German-American voter: questions of labor and temperance, of German-language instruction, election corruption, and so on." The main fun, as he insists and as we understand today, has to do with the Gugler's representation of the German-American language:

> One can see in the entire production the connoisseur of German-American affairs and views; and this intimate acquaintanceship shows itself particularly in the humorous presentation of the characters and the accurate imitation of the German-American language. A more comprehensive indoctrination in the linguistic sins of German Americans can scarcely be given.[8]

---

5.   Gugler contributed poems to *Deutsch-Amerikanische Dichtung*, ed. Konrad Nies and Hermann Rosenthal, 2 vols. (1888–1890). His other works include: *Dramatisches: Die Pioniere: Lyrisches Festspiel in einem Akte* and *"For Mayor Godfrey Buehler": Deutsch-amerikanisches Charakterbild in drei Aufzügen* (Milwaukee: privately published, 1892, rpt. 1907); *Der Stern des Westens: episches Gedicht* (Milwaukee: privately published, 1900); *Wie's die Stunde gab: Gedichte* (Milwaukee: privately published, 1910). Peter Merrill mentions the Chicago performance of *Die Pioniere*, without disclosing his source (Peter Merrill, *German-American Urban Culture: Writers and Theaters in Early Milwaukee* [Madison, Wisc.: Max Kade Institute, 2000], 35).
6.   This Stadt Theater was on Third Street, just north of Wells Street. In 1890 the Stadt Theater moved to Oneida Street, to a building belonging to Frederick Pabst. The name was changed in 1895—after the theater was rebuilt following a fire—to the Pabst Theater.
7.   Ferdinand Welb, Leon Wachsner, and Julius Richard became managers of the Stadt Theater in 1895 upon the retirement of Heinrich Kurz. In 1900 Welb left Milwaukee to take a similar position in St. Louis.
8.   Translations by the editor. The German original of these quotations is as follows:

> Es war nur eine Heiterkeit, ein fortgesetztes Beifallsgelächter von Anfang bis zum Schlusse der Vorstellung . . . Herr Welb bot in der Titelrolle eine treffliche Cha-racteristik. Herrn Wachners 'Dutch Pete' wirkte urkomisch; Herr Richard brachte den Schwager Dorn gebührend zur Geltung . . . . Da kommt so ziemlich Alles zur Sprache, was das Herz des deutsch-amerikanischen Wählers bewegt: die Tarif- und Temperenz-Frage, die Frage des deutschen Unterrichts, die Wahlcorruption u. dgl. m.

The short review published in the same newspaper on 29 April, after the play's second performance, adds that Gugler's intentions were not simply to entertain, but that the public had appreciated the entertaining elements more than the "numerous kernels of gold that are scattered in it."[9]

The society of "Porcupine City" portrayed in Gugler's play is unlike what one finds in Christian Essellen's 1853 play *Bekehrung vom Temperenzwahn*.[10] Essellen makes no reference to the fact that his German-American characters are living within an Anglo-American society, whereas Gugler puts members of both groups on stage together and in direct competition with one other. The Anglo-American Judge Thompson and the German-American Mr. Buehler are opposing mayoral candidates, while Thompson's son Harold rivals the German-American Mr. Oldham for the love of Buehler's daughter Rosa. The individual characters' language (whether English or German), one of the main sources of the play's humor, is described in detail in the lengthy instructions at the beginning of the play; and the tendency of some German Americans to change their names (and language and lifestyle) for American ones is ridiculed by the heroine. Specific reference is made to concerns of Milwaukee's German-American community. For example, Rosa's education in the German school (the German-English Academy in Milwaukee dating from 1851?) is contrasted with the education her little brother is receiving in the public school. And the fundraiser being held at the beginning of the play is to benefit a German-American university, an interest of many German Americans at this time. The plot turns on two sources of trouble for the title figure. First, a good deed done on the immigrant ship almost spells disaster for candidate Buehler, but in the final analysis it is problems with his American citizenship that make him unelectable.

Julius Gugler's name has all but been forgotten. Germanists do not know his works, and students of American literature and American history have not discovered him. Even his major enterprise—the lithography business—has for the most part been replaced by modern techniques of reproduction. Yet his contributions played a role, as well as those of other members of his family, and through his writings he is one of the significant other witnesses.

. . . Aus der ganzen Schilderung läßt sich der Kenner deutsch-americanischer Verhältnisse und Anschauungen erkennen und diese vertraute Bekanntschaft zeigt sich insbesondere noch in der humorvollen Wiedergabe der Charactere und der treffenden Nachahmung der deutsch-americanischen Sprache. Eine erschöpfendere Belehrung über die Sprachsünden der Deutsch-Americaner kann kaum durch eine Lection gegeben werden.

9. ". . . die zahlreich darin verstreuten Goldkörner."
10. See the first chapter of this volume.

Autobiographische Skizze

Liebe Kinder:

Vor einigen Tagen bin ich fünfzig Jahre alt geworden und treibt es mich einem Drange Folge zu leisten, der mich schon seit Jahren beseelt. Ich möchte Euch so gerne eine kurze Lebensbeschreibung, ein flüchtiges Bild meiner Kindheit, meiner Jugend, und meines Mannesalters hinterlassen, an dem Ihr Euch in späteren Jahren einerseits erbauen und ergötzen könnt, oder andererseits Euch meine Fehler und Irrungen merken und so weit als möglich, Ähnliches in Eurem eigenen Lebensgange vermeiden könnt. Denn ich werde offen und frei über Alles reden, werde nach bester Erinnerung, Alles von Wichtigkeit anführen, damit das Gesamtbild Eures Vaters im Wesen, Streben und Irren so vollständig als möglich werde.

Daß Euch ein Vermächtniß dieser Art willkommen sein wird, entnehme ich aus meiner eigenen Erfahrung. Schon seit dem Tode meines Vaters suche ich unablässig nach jedem Zeichen seiner Hand, als Ausdruck seines Geistes und Wesens. Jedes gezeichnete Blatt, jeder Strich und hauptsächlich jedes Schriftstück, das er hinterließ, ist mir von Wert. Ich weiß, daß er ein Mann von feinen Geistesgaben war und ein reiches Seelenleben besaß, und zu erfahren wie solche Menschen das Leben auffaßten, wie sie sich mit den Freuden und Qualen desselben abfanden, war mir allezeit ein ernster Genuß, ja sogar ein Bedürfnis; denn in dem Bewußtsein, das Rechte und Gute selbst zu wollen, und wissend andrerseits, wie schwer es ist zu jeder Zeit das Gewollte auszuführen, treibt es mich immer wieder zu erfahren wie andere Menschen mit dem Leben und seinen Unzulänglichkeiten, seinen Erfolgen und seinen Enttäuschungen fertiggeworden sind. Aus den wenigen schriftlichen Hinterlassenschaften Eures Großvaters war es besonders ein kleines Notizbuch, das ich erst vor etwa einem Jahre in die Hände bekam, das mich besonders ergriff und aufs höchste interessierte. Es ist eine mit Bleistift geschriebene Geschichte seiner anno 1853 erfolgten Auswanderungsreise nach Amerika. Beginnend mit der Vorbereitung derselben in Stuttgart, verfolgt sie den ganzen Weg über Straßburg, Paris und Havre, die lange qualvolle, zeitweilig auch mit Humor durchleuchtete Seereise per Segelschiff nach New York und gibt zum Schlusse noch die ersten Eindrücke des neuen Landes auf den Ankömmling, die ersten Sorgen um eine passende Stellung in seinem Fache u.s.w. (Ich werde dieses Buch als Teil dieser Blätter—nach Reinschrift der letzteren—dem Ganzen beifügen.) Dieses Büchlein war's, das meinen längst gehegten Wunsch, auch meinen eigenen Lebenslauf zu erzählen, ausreifen ließ und knüpfe ich nun hierin, teils an dasselbe an, oder gehe weiter hinter den Inhalt desselben zurück, um gewissermassen neben dem eigenen auch in kurzen Umrissen eine Art von Familienbild zu geben. Dieses geschieht wiederum, weil Euer Großvater der Begründer seines Namens und Geschlechtes in Amerika ist. . . .

Euer Großvater Heinrich Gugler wurde am 27. September 1816 . . . in Untertürkheim, Württemberg als der jüngste Sohn seiner Eltern geboren. Letztere waren Weingärtner und lebten, trotzdem sie einige Äcker besaßen, in sehr bescheidenen Verhältnissen. Von des Großvaters Vorleben bis zu dem Zeitpunkte, wo der künstlerische Trieb sich unklar in ihm regte, ist mir wenig bekannt. Später hörte ich Einiges von der Großmutter über das mangelnde Verständniß seiner Eltern, von den Trieben, die den fünfzehnjährigen Knaben beseelten. Er hatte die ausgezeichnete Volksschule des Württemberger Landes besucht (er hatte, wie man in Schwaben sagt, einen guten Schulsack) und sollte nun einen Beruf erwählen. Bilder machen wollte er. Er hatte deren schon eine erkleckliche Anzahl gezeichnet und gemalt in Form von Geburtstags- und Hochzeitsgratulanten. Ich selber sah einige noch im Jahre 1858 in den Bauernhäusern seines Geburtsortes, wo sie, wie es damals Sitte war, ziemlich hoch an der Wand hingen, und man darum deren Ausführung nicht beurteilen konnte. Es waren meistens Blumenkränze, in deren Mitte Bibelsprüche und Verse geschrieben waren.

Auch die Gedichte hatte er dazu verfaßt und waren meine Tanten und Onkels damals, als der Großvater schon ein Kupferstecher von Ruf geworden war, sehr stolz auf ihren Bruder "Heiner." Aber anfangs der 30er Jahre war die Noth in meines Vaters elterlichem Hause sehr groß! "Maler" wollte der Junge nun einmal werden, aber einen "goldenen Boden" sollte dieses Malen doch einmal haben, ferner hatten die biederen Landsleute wenig Vorstellung, wo das mit dem Knaben hinaus wollte. So thaten sie ihn denn zu einem Klempner ("Flaschner" heißt dies in Schwaben) der Federrohre aus Blech mit Bildern reich verziert für die Schulkinder verfertigte. Da bekam er denn einige Übung im Ornament, wurde aber der Sache bald überdrüßig. Wie es nun kam, weiß ich nicht, aber das nächste was ich von Eurem Großvater weiß, ist daß man ihn nach Stuttgart in die dortige Kunstschule schickte. Dorthin ging er circa drei Jahre täglich, der Weg maß 2–3 Wegstunden und machte der Knabe diesen zweimal, morgens und abends, während ein spärlicher "Wecken" (Semmel) sein karges Mittagessen ausmachte. Später kam er abwechselnd zu einem als Holzschneider und Kupferstecher in die Lehre und brachte es durch sein natürliches Talent und einen unerschöpflichen Fleiß bald zu bedeutender Fertigkeit, hauptsächlich im Kupferstich, den er sich nun denn zum Lebensberuf machte. Wie es damals üblich und heute noch für Kunst- und Handwerksbeflissene sehr zu empfehlen ist, ging er außerhalb Landes um Manier und Art der Behandlung seines Faches in anderen Städten kennen zu lernen. So lebte er längere Zeit in Darmstadt und später in München. Heimgekehrt, war er in seinem Fache so tüchtig geworden, daß ihm die erste Kunsthändlerfirma in Stuttgart einen Haupttheil des von dieser geplanten Monumentalwerks "Denkmäler der Kunst" in Stahl zu stechen übertrug. Wenn ich heute die von eurem Großvater gestochenen Blätter betrachte und die Liebe, das Können und die Ausdauer ins Auge fasse, die dazu nötig sind, solch vollkommene Nachbildungen (in Umrissen) der Kunstdenkmäler des Altertums und der Renaissance hervorzubringen, so überkommt mich ein Gefühl der Rührung, das ich kaum bemeistern kann. Ich werde mit Hochachtung erfüllt vor dem Künstler und mit einer Art Sehnsucht nach der glücklichen Zeit, wo man Muse fand bei abgemessenem Einkommen sich ganz der Kunst zu widmen. Weder das Werk selber noch die Arbeit des Künstlers würde man heute, ausgenommen als Rarität, würdigen und bezahlen.

In seinem 31. Jahre heiratete er meine Mutter und Eure Großmutter, geborene Friedericke Kasten, damals 23 Jahre alt. Der Großvater hatte sich durch unbeugsamen Fleiß Einiges erworben und hatte ein für damalige Verhältnisse gutes Einkommen, sodaß er an den Ehestand denken konnte und dann auch Zutritt zu den "besseren" Bürgerfamilien Stuttgarts hatte. So kam er in die Familie des "Hofkupferschmieds" Kasten und wählte dessen zweite, körperlich und geistig wohl ausgestattete Tochter zur Frau. Dieses war im Jahre 1847. Am 24. Februar nächsten Jahres wurde ich in Stuttgart, während es überall in Europa gährte und die Revolution weit und breit in der Luft lag, geboren. Vater nahm an den Zeitströmungen regen Anteil und obgleich nicht einer der Extremsten, gehörten seine Freunde und Bekannten meist dem jungen nach größerer Freiheit strebenden Kreise deutscher Männer an, wie er überhaupt Zeit seines Lebens offenen Sinn für jeden Fortschritt hatte und stets für die Befreiung der Menschen von Joch und Fessel jeglicher Art mit Wort und Beispiel tätig war. Die Jahre '48 und '49 rissen ihn zwar nicht so weit in den Strudel hinein, daß er landesflüchtig hätte werden müssen (obgleich er mehreren Verfolgten mit einiger Gefahr half, über die Grenzen zu kommen) aber die nach dem "Revolutionsrausch"—wie jene Jahre genannt wurden—folgende Zeit der Reaktion wurde ihm, der an politischen Dingen, seiner Natur gemäß, regen Anteil zu nehmen gezwungen war, auf die Dauer doch so schwer, daß er einem Rate seines ihm einige Zeit vorher nach Amerika ausgewanderten Freundes, Kupferstecher Girsch, folgend im Herbste 1853 sich entschloß, sein Glück über See zu versuchen. Zunächst reiste er allein, seine Frau, mich und meinen inzwischen geborenen Bruder Paul in Deutschland zurücklassend. Die Reise ging wie obenbemerkt über Havre per Segelschiff nach N.Y. wo er nach einer beschwerlichen Reise wohlbehalten ankam.

Obgleich es ihm bald gelang Beschäftigung bei einer der schon damals florirenden Banknote Kompagnien zu erhalten, so machte es ihm doch einige Mühe, sich in den Stil des Stahlstichs, der in Amerika gang und gäbe war, hineinzuarbeiten. Die deutsche Art war mehr auf kleine Durcharbeitung des Gegenstandes berechnet, während der amerikanische Banknotenstil breit und kräftig war. Die Handhabung dieser Manier bedang Mühe und Übung, allein derart war des Großvaters Talent, daß er in erstaunlich kurzer Zeit sich in die neue Art hineingearbeitet hatte und einen für damalige Zeit sehr schönen Lohn bezog. Als er sich in seiner Stellung gesichert fühlte, und Amerika ihm und den Seinigen eine Zukunft zu verheißen schien, hieß er Frau und Kinder nachkommen. Dies geschah per Cunard Dampfer Canada, der damals zwischen Liverpool und Boston seine Fahrten machte.

Obgleich mein Erinnerungsvermögen sich fast bis ins dritte Lebensjahr zurückerstreckt und ich mich deutlich erinnere, zeitweilig von unserer Wohnstube im zweiten Stock des großelterlichen Hauses nach dem Vorderzimmer wo der Vater arbeitete, von der Mutter geschickt worden zu sein, so sind mir klarere Erinnerungen aus frühester Jugend erst von dieser Amerikareise zurückgeblieben. Ich entsinne mich dunkel der Reise den Rhein hinab, der Stadt Liverpool, des Schiffes und seiner Kajüte und schließlich der holperigen Eisenbahnreise von Boston nach New-York.

Vater mietete in West Mount Vernon 16 Meilen von New-York, Haus mit Garten und wir verblieben dort etwa ein Jahr, worauf wir dann nach Brooklyn zogen, bis gegen Ende 1856 meine Mutter, die sich mit den amerikanischen Verhältnissen durchaus nicht befreunden konnte, nach Deutschland zurückverlangte. Ihr Heimweh wuchs derart, daß sie schließlich nur "a Eckele in Deutschland" sich erwünschte und auf alles Übrige verzichten wollte. Mein Vater gab ihrem Drängen nach und Paul mit sich nehmend, kehrte sie wieder nach Deutschland zurück und ließ sich in Schorndorf einer Oberamtsstadt Württembergs nieder.

Ich selber war beim Vater verblieben und die Dinge gingen ihren gewöhnlichen Gang, als im Laufe des Jahres 1857 eine böse Geschäftskrisis losbrach. Der Banknotenstich litt vielleicht mehr als viele andere Geschäftszweige während dieser Zeit und hatte zur Folge, daß Vaters Lohn um ein Drittel geschnitten wurde. Dieses in Verbindung mit der plötzlich hereingebrochenen Not, der allgemeinen Stockung des Verkehrs und der allseitigen Zerstörung der Werte weckten in ihm Zweifel an der Zukunft Amerikas und er beschloß, nach der alten Heimat zurückzukehren. Dorthin zog er nun mit mir und ließ sich in Schorndorf, wo inzwischen mein jüngster Bruder (Robert, der dritte Sohn, war in Brooklyn geboren) Henry zur Welt gekommen war. In der schön gelegenen Württembergischen Oberamtsstadt, als die Eisenbahn noch nicht dorthin ging, verbrachte unsere Familie vielleicht die herrlichsten Jahre ihres Lebens. Vater arbeitete an den "Denkmälern der Kunst," ein monumentales Werk von Ebner und Seubert in Stuttgart herausgegeben, und sowohl er als die Mutter genossen einen überaus angenehmen Verkehr mit den kleinen Honoratioren des Städtchens: Postmeister, Doctor, Apotheker u.s.w. und in späteren Jahren sprachen beide so gern und so oft von den gemütlichen Zeiten in Schorndorf. Ihr Aufenthalt daselbst um diese Zeit war ja nicht der erste, schon vor ihrer Auswanderungszeit hatten sie ein paar Jahre dort gelebt und knüpften sie nun aufs Neue an die alten Verbindungen wieder an. . . .

Nach Amerika übergesiedelt, wurde ich in West Mount Vernon in eine Privatschule geschickt, wo auf deutschen Unterricht Wert gelegt wurde, desgleichen später in Brooklyn. Erst nach der Mutter Rückreise nach Europa zog Vater nach N.Y. und ich wurde in die öffentliche Schule geschickt. Meine Lernbegierde und schnelles Erfassen kamen mir auch da zustatten, und da Kinder fremde Sprachen bekanntlich sehr schnell erlernen, so machte ich rasche Fortschritte und ich erinnere mich 1857 als 9-jähriger Junge in die zweithöchste Klasse der Grammar School No. 7 an der Christie Str. in N.Y. gekommen zu sein. . . .

Mit der Rückkehr nach Deutschland wurde ich aus dem wohlbegonnenen Schulsystem Amerikas herausgerissen und von Schorndorf bald nach Stuttgart übersiedelnd, ward ich hier in die sogenannte "Mittelschule" geschickt. Es scheint, als ob die freie "Volksschule" meinen Eltern nicht standesgemäß erschien, Realschule oder Gymnasium aber entweder für mich zu hoch, oder ihnen zu teuer war, so wurde der Kompromiß mit der Mittelschule gemacht. Dortselbst bekam ich einfachen aber gediegenen Unterricht in den üblichen Elementarfächern und das bischen systematischen Unterricht, den ich in deutscher Sprache erhalten habe, schreibt sich von dieser Schule her. Was mir aber aus jenen anderthalb Jahren die teuerste Schulerinnerung ist, ist unser Lehrer (Pleibel hieß er) der mit Liebe zu seiner Sache uns Buben jeden Samstag Morgen Vortrag über griechische Mythologie hielt und mit fesselndem Vortrag unseren begierigen Herzen die Helden Homers vor die Sinne zauberte. Meine Freude am Großen und Schönen, die mich unbetrübt und ungeschwächt noch heute beseelt, wurde dort geweckt. Es mag ein Zufall sein, daß jene Zeit und dieser Mann das Unschätzbare in mir hervorgerufen, aber ich kann heute noch nicht ohne Rührung jener Tage und dieses

Above: Raphael, Self-portrait, engraved by H. Gugeler (plate 45).
Left: Bamberg Cathedral, drawn by W. Riefstahl and engraved by H. Gugeler (plate 23). Images from *Denkmäler der Kunst,* Volksausgabe, ed. Wilhelm Luebke (Stuttgart: Ebner & Seubert, 1864).

begeisterten Mannes gedenken und dieses, trotzdem mich letzterer einmal jämmerlich eines Mißverständnisses halber verhauen hatte! . . .

Ich glaube mein Vater hatte die Absicht, mich späterhin doch in eine Realschule zu schicken, allein seine Pläne und das Unterrichtssystem, unter dem ich erzogen werden sollte, wurde wieder unterbrochen, als mein Vater sich im Herbst 1859 entschloß, mit Sack und Pack endgültig nach Amerika zu übersiedeln. Noch sehe ich meine Großeltern am Fenster ihres Hauses in Thränen stehen, als Vater, Mutter und wir die Knaben die Hügelstraße hinaufwanderten, um schließlich an der nächsten Ecke ihnen auf immer zu verschwinden. Niemals haben Großvater und Großmutter, Kinder und Enkel sich wieder gesehen!

Mein Vater hatte seiner bei dem Krache von 1857 gefaßten Meinung, daß es von da an wohl mit Amerika aus sei, selber nicht recht getraut, denn bei seiner Rückkehr nach der alten Heimat hatte er wohlweislich Möbel und sonstige Hauseinrichtung einpacken und in sichere Verwahrung geben lassen, sodaß als die Familie ankam, so ziemlich alles vorhanden war eine Haushaltung zu beginnen. Dies geschah denn auch und mit unserem Einzug in das 4-stöckige (Tenement) Wohnhaus 98 Forsythe Str. N.Y. beginnt ein neuer und ereignisreicher Abschnitt des Lebens sowohl meiner Eltern als meiner selbst. Ich wurde wieder in die öffentliche Schule geschickt, mußte aber, da ich die englische Sprache beinahe vollständig vergessen hatte, in die zweitunterste Klasse derselben Schule wandern, in der ich, zwei Jahre zuvor, der zweitobersten angehörte. Glücklicherweise wurde zu jener Zeit noch alle drei Jahre promoviert,[1] sodaß ich, da ich fleißig war und rasch das Vergessene nachholte, bald wieder in Klassen kam, die meinem Alter angemessen waren. Im Juni "graduierte" ich und machte mein Examen für die "Free Academy" wie die einzige damalige Hochschule in N.Y. genannt wurde. . . .

Inzwischen war es den Eltern nicht zum allerbesten gegangen. Vater hatte wirklich etwas Mühe gehabt wieder ins professionelle Fahrwasser zu gelangen und als der Sezessionskrieg 1861 ausbrach, war es mit den Banknotendruckereien, bei denen er beschäftigt war, ganz aus. Vater mußte sich nun bei den Verlegern von Prachtwerken um Einzelarbeiten bewerben. Dieses war aber eine sehr unsichere Sache und ein zweifelhafter Erwerb, zumal mein Vater nicht das geringste Geschäftstalent hatte und er durch die Not gezwungen oft Arbeiten zu einem Preise annahm, um welchen dieselbe kaum herzustellen war.

Wir wohnten höchst einfach im dritten Stock des schon genannten Hauses an der Forsythe Str. und später dann an der Ludlow Str. nahe Division. Manchmal sagte mir meine Mutter, war nicht Geld genug im Hause, das Feuerholz, das bündelweise im grocery store verkauft wurde, zu bezahlen und dort habe sie (wie sie mir weiter erzählte) die altbekannte Ausflucht dem Ladenbesitzer gegenüber gebraucht, sie habe ihre Börse im Zimmer liegen lassen, wenn sie kam, Kaffee für das Frühstück zu kaufen. Geborgt im eigentlichen oder fortlaufenden Sinne haben meine Eltern nie. Den klarsten Beweis für die herrschende Knappheit im Elternhause war die Tatsache,

---

1.   This is probably an error and should be "three times per year" instead of "every three years."

daß wir überhaupt wenig echten Kaffee und Thee zu jener Zeit zu trinken bekamen, sondern, daß stets Surrogate wie Gersten- oder Roggenkaffee des Morgens und Thee von Kakaoschalen abends auf unserem Tisch stand. Uns Kindern wurde gesagt, dies geschähe aus Gesundheitsrücksichten, aber Hauptgrund war, daß durch den Krieg alle Lebensmittel immer mehr in die Höhe gingen, bis eben manches für die Eltern unerschwinglich wurde.

Indessen, in jener schweren Zeit 1860–1863 gelangen meinem Vater einige seiner besten Arbeiten. Portraits historischer Persönlichkeiten und besonders das Bildnis eines Mitglieds der N.Y. Tribune, Solon Robinson, ein herrlicher Greisenkopf, an dem er mit sichtbarer Liebe gearbeitet hatte. Zu jener Zeit stiegen sowohl der Publizist Friedr. Kapp als auch der Historiker Bancroft öfters die steilen Mietshaustreppen bei uns hinauf, um mit Vater Probedrücke von Bildnissen, die er für ihre betreffenden Werke stach, zu besprechen.

Im September 1862 bezog ich die Free Academy und wollte einen "modern classical course," wie man das heute zu nennen pflegt, verfolgen, aber schon nach einigen Wochen Lateinstudium, von dem mir heute nur noch vier Fälle der Deklination des Wortes "musa" erinnerlich sind, sattelte ich nach einem modernen Kursus mit Französisch um. Wie es immer war, so lange ich in die Schule ging, so auch hier und ich lernte leicht und war ziemlich fleißig, sodaß ich nach dem ersten Semester unter 400–500 Schülern der "Introductory Class" (heut "Freshman") der 43ste stand. Im Verlaufe des zweiten Semesters aber ging eine Veränderung in mir vor, über die ich mir heute noch keine Rechenschaft zu geben vermag, die sich aber in einer fast plötzlichen Abneigung gegen das Zur-Schule-Gehen äußerte. Ich muß zu jener Zeit meinen Eltern wohl manchen Kummer bereitet haben, besonders meinem Vater, der hoffte, sein Sohn werde sich einst Wissen und Kenntnisse aneignen, die ihm selbst zu erwerben, vom Schicksal versagt worden war. Ich bin überzeugt, daß er mich, trotz seiner beschränkten Mittel, hätte eine Universität durchmachen lassen, hätte ich nur so gewollt. Wie oft im späteren Leben habe ich bereut oder vielmehr bedauert, daß mich damals ein solcher Geist gefesselt hielt!

Wie oft habe ich meinen Vater, ungerecht gewiß, angeklagt, daß er mich nicht zwang, meine Studien fortzusetzen! . . . Mein Vater ein aufgeklärter Mann in den freiheitlichen Traditionen der Zeit um die Mitte des vorigen Jahrhunderts befangen, glaubte zu fest an die möglichst freie Bestimmung des Menschen und zwang mich *nicht*, nach seiner besseren Überzeugung das zu werden, worauf hin meine paar sichtbaren Talente hindeuteten! Trotzdem aber wurde ich auch das nicht, was ich eigentlich zu werden trachtete: Kaufmann! Wie ich zu dieser Idee gekommen, weiß ich heute selbst nicht mehr. Vielleicht, daß meine anglo-amerikanischen Schulfreunde, die der damaligen Ansicht gemäß alle in's Geschäft gingen, Einfluß auf mich hatten. Die sahen sauber aus und hatten gute Kleider an und ich dachte mich zum Gegensatz in Fabrikskleidern und schmutzigen Händen! Zudem verdient so ein "clerk" immerhin etwas Geld, während der Lehrling in irgend einem Beruf oder einer Fabrik kaum ein mageres Taschengeld erhielt. Gegen dieses Hirngespinst meinerseits aber legten die Eltern gütiger Weise ihr Veto ein und nach langem Hängen und Würgen wurde gewissermassen ein Kompromiß vereinbart, wonach ich Lithograph werden und bei einem Jugendfreunde des Vaters Ferd. Mayer in die Lehre gehen sollte. Im Frühjahr

1863 trat ich dort, gegen meinen Willen fast, jedenfalls aber ohne Eifer und Hoffnungen in den Beruf ein, dem ich heutigen Tages noch folge.

Bald hierauf verbesserten sich endlich auch die Verhältnisse der Eltern. Im Verlaufe des Unionskrieges fand sich die Regierung gezwungen, Papiergeld herauszugeben und sie errichtete zu dem Behuf ein eigenes Bureau in Washington. Dorthin wurde der Vater etwa ein Jahr nach meinem Eintritt in die Lehre als "vignette engraver" berufen. Erst wohnte er allein in Washington, aber als er sah, daß das Regierungsetablissement Bestens versprach und demnach lohnende Beschäftigung gesichert war, ließ er die Familie nachkommen. Ich allein, da ich durch Lehrlingskontrakt an Ferd. Mayer & Co. gebunden war, blieb in New-York zurück.

In jener Zeit, als sich mein Widerwillen gegen die Schule entwickelte und mein Lebensberuf in Beratung gezogen wurde, erwuchs mir eine Lebenserfahrung, die sich durch das erste Lehrlingsjahr hinziehend, in ihrer Tragweite bestimmend wurde für eine Seite, wenigstens, meiner künftigen Lebensanschauung. Heute, aus der Perspektive gesehen, hat die Sache eine nicht zu verleugnende komische Seite, aber damals wühlte mir ein schwüler Sturm im Gemüt und drückten die Geschehnisse mir unauswischbare Runen in's Gefühlsleben. Jedem kommen wohl dergleichen Dinge im Leben vor, allein wenn ich zurückdenke, so war ich doch sehr jung damals (etwa 15 Jahr) als ich mit mir über die schwere Frage des Glaubens und Unglaubens einig werden mußte. Mein Vater hatte die Gewohnheit vieler Väter, die obgleich unkirchlich und skeptisch, ja eigentlich ungläubig, ihre Kinder doch Sonntags in den Religionsunterricht gehen lassen. Sie tun es, weil sie die Kinder in guter Aufsicht wähnen. So ließ er denn auch mich die Sonntagsschule einer Calvinistischen deutschen Kirche besuchen. Hätte er meine Empfänglichkeit für alles Große, Erhabene und Transcendentale richtig ermessen, hätte er es nicht getan. Vielleicht hat auch der Wunsch meiner Mutter mich "konfirmiert" zu wissen bei der Sache mitgewirkt, kurz im Konfirmantenunterricht und bei dem an Sonntagen wuchs mir die Größe und Bedeutung des Christentums, wie es sein Begründer wollte und lehrte, immer voller auf im Herzen. Besonders ergriff mich die Idee der Erlösung von Sünde und Schuld durch die calvinistische Lehre, daß nicht durch Taten und Äußerlichkeiten das Himmelreich zu erringen sei, sondern lediglich durch die Gnadenwahl Gottes. . . .Wenn ich heute auf mich zu damaliger Zeit zurückblicke, so ist's auf einen Burschen, der nicht schlechter und nicht besser war als andere seines Alters, aber nach dem christlichen Sündenregister gemessen, war er dem Teufel verfallen. Dies mir einzuprägen, machten sich meine bekehrten Freunde und Bekannten nun zur Aufgabe und es gelang ihnen, daß ich mir mit meinen paar Sünden wie ein Kind des Beelzebub vorkam. Durch das Gefühl meiner Sündhaftigkeit und der Bitte und Flehen um Gnade und Entlastung würde mir die Erlösung kommen. Wochenlang nun kniete ich abends vor meinem Bette nieder und betete, wobei ich mir das Zeugnis geben kann, daß nie Jemand ehrlicher und inbrünstiger je gebetet hat! Dabei tat ich, wie mein Bruder in Christi vorgab zu tun, ich trank keine geistigen Getränke und rauchte nicht, weil es sündhafte Schwäche sei. Daß ich die zehn Gebote halten wollte, war selbstverständlich.

Inzwischen kam's daß eines Tages meine Mutter mir den Auftrag gab, eine verspätete Arbeit meines Vaters an den Besteller abzugeben. Ich sollte sagen, daß die Verzögerung durch den Transport von Washington nach New-York geschehen sei.

(Vater hatte diese Arbeit als Nebenerwerb in freier Zeit gemacht.) Ich verweigerte absolut zu gehorchen, da was von mir verlangt wurde, eine Lüge sei. Ich blieb auch dann noch fest, als meine arme Mutter, die der englischen Sprache nicht mächtig war, allein nach der Stadt wandern mußte, die Platten abzuliefern und die Notlüge zu sprechen so gut sie eben konnte. Diese Sache aber erledigt, ging die Mutter in die christliche Gesellschaft, der ich angehörte und beklagte sich bitter bei ihnen, daß sie ihres Sohnes Kopf verdreht und sein Herz ihr abspenstig zu machen versuchten. Darauf großes Aufsehen in Gemeinde und Sonntagsschule. Von allen Seiten wurde mein Lob als standhaftem Christen gesungen und in der Schule wurde ich den jungen Leuten als leuchtendes Beispiel vorgehalten. Meine Mutter glaubte mich dem Muckertum schon verfallen und der Vater schrieb mir eindringliche Briefe. Ich sah, daß meine Eltern litten und ich kam in Zwiespalt mit mir selbst. Es war ein böser Zustand.—Als aber mir zum Preise Hymnen gesungen und um meine fernere Standhaftigkeit in meinem christlichen Verein gebetet wurde, da fing es an in mir zu dämmern und auf einmal sah ich, wie selbst ein guter Mensch in die Lage kommen kann, zwischen dem Gebot seine Eltern zu ehren und dem nicht zu lügen, in Zwiespalt geraten kann. Es fing an, mir widerlich zu werden, daß der ungehorsame Sohn gelobt werden sollte, weil er eine harmlose Lüge nicht sprechen wollte und die Liebe zu den Eltern feierte schließlich den späten aber berechtigten Sieg. Zu allem kam noch, daß obgleich ich fest an dem getanen Gelübde totaler Abstinenz festhielt, ich die Freunde da und dort bei der Übertretung selbst gestellter Gesetze ertappte. Schließlich wollte mir auch alles Beten nichts nutzen, das Gefühl übergroßer Sündhaftigkeit wollte nicht vorhalten, und die Erlösung ließ so lange auf sich warten, daß ich schließlich wohl an ihr verzweifeln mußte. Zu dem allem kam, daß mein emotioneller Teil sich langsam beruhigte und der Intellekt durch die erlebten Widersprüche geweckt wurde und die Oberhand bekam. Von da ab bin ich mein Leben lang aller konfessioneller Religion abhold gewesen. . . .

Wie ich ohne Eifer und große Erwartungen in meinen Beruf eingetreten bin, so sehr wuchs er mir nach und nach ans Herz, sodaß einige Monate genügten, um mich ganz gefangen zu nehmen. Ich lernte rasch und war was Fortschritte anlangte, ein exemplarischer Lehrling. Von Haus aus und durch frühere Bemühungen meines Vaters hatte ich etwas Geschicklichkeit im Zeichnen erlangt, die sich weniger in freier Nachahmung der Natur äußerte als in exakter Darstellung eines Vorbildes oder bestimmten Gedankens. So kam ich nach einigem Hin und Herschwanken ins Schrift- und Ornamentenfach hinein, in welchem ich denn auch sehr bald Brauchbares leistete. Während zweier Winter besuchte ich Abends das unvergleichliche Cooper Institute, wo ich ausgezeichneten Unterricht im Zeichnen nach Gyps erhielt, und obgleich ich es hierin nicht allzuweit brachte, da mir die richtige Begeisterung hierfür fehlte, so fanden meine Arbeiten doch der Lehrer Beifall. Nachdem ich etwa ein Jahr in der Lehre gewesen war, arbeitete ich bereits an Bestellungen aller Art mit, sodaß ich meinem Meister, dessen Geschäft gerade in diesen Jahren hoch aufblühte, wertvoll geworden war. Daß ich selber dieses so deutlich merkte, war meinem Gemütszustand indessen nicht sehr zuträglich und es dauerte auch nicht lange, so ließ ich es bei meinem Lehrmeister durchblicken, daß seine Wertschätzung meiner Leistungen zu gering sei. Andererseits war ich begeisterter Lithograph geworden. . . .

In diese Jahre fällt auch mein Verkehr mit meinen Jugendfreunden, speziell mit Hubert, Lacroix und Kesel etc.[2] im New-Yorker Turnverein, dessen "Zöglingschor" ich angehörte, zusammen. Da erwuchs in mir die Liebe zum Theater und später zur Musik. Ich schloß mich dramatischen Vereinen an, sah fast allabendlich gute und schlechte Stücke im N.Y. Stadttheater, wo ich Statistendienste verrichtete, um die Gelegenheit zu erhalten in's Theater zu gehen. In gleicher Linie mit dem Facheifer wuchs jetzt die Lust an jeder Kunstübung größeren Styls. Nach und nach bekam ich eine nennenswerte wenn auch dilettantische Bühnenkenntnis, und die Begeisterung fürs deutsche Drama überkam mich in ganzer Fülle bei den großen Leistungen eines Hendricks, Haase und Dawison.

Von der Bühne herunter kam mir auch eigentlich die Liebe zur Musik, diejenige Kunst die ich, da mein Sinn nunmehr gegen die Bühne abgestumpft ist, und trotz der höheren Malerei und Dichtkunst, am wenigsten entbehren könnte. Durch Sonntagsarbeit hatte ich mir von meinem Lehrmeister einige Dollars verdient, die ich verwandte, die damalige "große" Oper in N.Y. unter Marezteks und Muschutz Leitung mit Hebelmann, Huniner und Formes, Johannsen etc. als Hauptkräfte zu genießen. Meine erste Oper war Gounods Faust. Ich erinnere mich genau auf meinem Ruhesitz gefesselt sitzen und das Große über mich ergehend lassend. Ebenso der Heimweg von der 14. Straße herunter nach meiner Wohnung an Division Str. Wie im Traum ging ich, das Hirn voll von herrlicher unentwirrbarer Melodie. Alles sang in mir. Es war wohl nicht allein die Poesie des Tonsatzes die dies bewerkstelligte und mich so mit Seligkeit erfüllte, es war wohl auch der Fauststoff, der das bewirkte und die Apotheose der Liebe, die in diesem zum Ausdruck kommt. Dieses wars wohl die dem Jüngling einen Blick in einen auch ihm blühenden Lebensfrühling gewährte.—Nachher sah ich noch "Freischütz" und die "Hugenotten." Ich kaufte mir dann Klavierauszüge und Potpourris aus diesen Opern und versuchte sie auf der Zither, die ich schon in Deutschland einigermassen zu handhaben gelernt hatte, nachzuspielen. Eine mühsame Arbeit! Aber ich ließ nicht nach. Ich vertiefte mich auch in die Mysterien der Harmonielehre, sodaß ich diese "klassische" Musik, wie man sie mir nannte, nach und nach wenigstens zu meiner Zufriedenheit auf dem einzigen Instrument das ich kannte, nachspielen konnte. Dadurch aber schwand mir allmählig die Lust an den "Ländlern" und "Gebirgsmelodien" die meiner Zither auf den Leib geschrieben waren, ja, meine Lust an dem Instrumente selbst, dessen Leistungsfähigkeiten so eng umgrenzt waren, ließ nach. Mein musikalischer Horizont wurde weiter und weiter und ich bekam zusehends Lust an gediegener Musik, die nur dadurch in Rand und Band gehalten wurde, daß mein Geldbeutel stets eng und leer war. Später gelang es mir noch die damaligen "Bateman Concerts" mit der Sängerin Parepa, dem Geiger Roso und anderen hervorrangenden Künstlern zu hören und endlich die Anfänge Theodor Thomas' mit seinem famosen Orchester mit zu erleben, und zu genießen. Durch letzteren erschloß sich mir mit einem Male die ganze Größe und Bedeutung der Musik in absolutem Sinne und eröffnete sich mir eine Quelle hohen Kunstgenusses, die sich

---

2.   Carl Hubert, Adam Lacroix, and John Kesel, whom Gugler describes later in this text, in a section we have omitted.

mit den Jahren immer mehr erweiterte und bei wachsendem Verständnisse mir immer tiefere Seelenfreude gewährte. Trotzdem wurde ich zwanzig und mehr Jahre alt, ehe ich Beethoven zu erkennen und ins Einverständnis mit ihm zu kommen begann.

Der Literatur im Ganzen brachte ich nicht den Eifer entgegen, den mir Theater und Musik einflößte. Im Geiste Schillers und Heines—neben Hebel und Beranger die Lieblingsdichter meines Vaters—aufgewachsen, verehrte ich die Hoheit, Wucht und Wortkraft des ersteren und die lyrische Feinheit sowohl als auch die Satyre und den Witz des letzteren. Goethe, außer im Faust und in seiner Ballade und Liedern stand außerhalb meines Verständnisses damals, wie sich auch mein Vater nie in ein rechtes Verhältnis zu Goethe bringen konnte. Seine Größe vermochte er nicht zu erfassen, während seine exklusiv aristokratische Art, verglichen mit dem warmen demokratischen Wesen Schillers, ihn befremdete. Diese seine Anschauungen gingen auch auf mich über, lagen vielleicht schon in meinem Blute begründet, sodaß ich, erst um die Lebensmitte, an die monumentale Unnahbarkeit Goethes herantretend, einzusehen begann, wie einfach die Großen doch eigentlich sind und ihre Tiefe und Bedeutung nur darin besteht, daß sie Ewig und Wahres in knappster abgerundeter Form zu sagen wissen.

Wie auf so manchen jungen Menschen damaliger Zeit, wenn er lebhaften Geistes war, wurde auch ich von Heine schädlich beeinflußt. Ich habe wie viele andere seine leichtfließenden scheinbar so losen Verse nachzuahmen gesucht, aber zu meinem Wohle, da der Erfolg ein zweifelhafter war, bald aufgegeben. Andererseits hat die Satyrick Heines mich ganz gefangen genommen. Ich liebte ihn um dieser Eigenschaft willen mehr als daß er Dichter des "Buches der Lieder" war. Diese seine Art kam der meinigen entgegen, wie denn auch eine kritisch-satyrische Ader mich fast bis in's 40. Jahr hinauf beherrscht hat und mir, besonders in früher Jugend und erstem Mannesalter eine gut geschriebenen Kritik eines bedeutenden Kunstwerkes oft wertvoller vorkam, als der erhabene Inhalt des letzteren. Diese meine Veranlagung zu vertiefen, tat Heine selbst sein gutes Teil und die geistreichelnde Art der deutschen Literatur der damaligen Zeit hinaufreichend bis in die 80er Jahre, tat das Übrige. Das Zersetzende, auf Schwächen hindeutende, nicht das Aufbauende, Schaffende, war mir das Wichtigste; jedenfalls schien mir wohl das letztere selbstverständlich, während Ersteres mich eine seltene und löbliche Kunst dünkte!—Dazu kam jetzt das Regime Offenbachs mit seiner leicht flüssigen Oper, seiner Verspottung. "Travestierung" des Heiligsten in der Poesie der Überlieferung: Orpheus, die schöne Helena, Genoveva u.s.w. paßten wiederum zu meinem damaligen Wesen, und ließen mich nicht zu mir selber kommen, zumal ich allein war und keinen väterlichen Freund hatte, der mich von meiner Bahn ab auf richtigere Wege leiten konnte. . . .

Unterdessen war ich 18 Jahre alt geworden und hatte nicht nur den Ruf gewonnen, ein vielversprechender Lithograph in meinem speziellen Zweig zu werden, sondern ich fühlte selbst zu meinen Ungunsten, daß dem so sei. Nicht daß ich, wie jeder der sich einem Fache widmet, öfters Tage des Mißtrauens auf meine Fähigkeiten und der entsprechenden Niedergeschlagenheit gehabt hätte. Im Gegenteil, diesen Regungen verdanke ich zum großen Teil, daß ich zuletzt doch noch das geworden bin, was man mir prophezeite. Was mir, d.h. meinem Seelenzustand Nachteiliges aus Bewußtsein, daß ich was könne, entfloß, war die gleichzeitige Erkenntnis, daß meine Arbeit meinem Lehrmeister viel Geld einbringe, während mein eigener Lohn ein kärglicher blieb. Ich forderte mehr, obgleich man mir wegen meiner Verdienste schon mehr zahlte als der Kontrakt vorschrieb. . . . Ich schrieb meinem Vater dringende, wahrscheinlich überschwängliche Briefe nach Washington, den Standpunkt betonend, daß seinem Versprechen entgegen, sein Freund, mein Lehrmeister, mir eine angemessene Bezahlung verweigere, und daß er und ich es uns schuldig seien, den Kontrakt zu lösen, ja daß er schon durch die Weigerung mich anständig zu bezahlen, verfallen sei, und daß ich konsequenterweise "freier Mann" geworden u.s.w. Ich erinnere mich nur eines Satzes aus meines Vaters Antworten: "konsequent ja, aber nicht rabiat!" Dieses letzte Wort bezeichnet so recht meinen damaligen Zustand und blieb es mir wohl, weil es so zutreffend war, so lange im Gedächtnis. Ich *war* rabiat geworden,—und verließ meinen Lehrmeister. Mein Vater konnte, trotzdem ihm ein Kontraktbruch zuwider war und ihm die Gründe für meine Handlungsweise nicht einleuchteten, meinen Entschluß nicht verhüten. Ich versuchte zuerst in N.Y. Stellung zu erhalten, bekam auch Beschäftigung zu einem Gehalt wie ich ihn mir erwartete; allein mein Lehrmeister strengte das Gesetz an und ich zog vor, Verwicklungen der Art, die mir durchaus nicht zusagten, aus dem Wege zu gehen. Ich reiste nach Philadelphia. Noch nicht einen Tag in der Stadt, hatte ich eine womöglich noch besser bezahlte Stellung erhalten als die in N.Y. Meines Lehrmeisters Nachstellungen ließen nun nach, da es von jeher ein mißliches Ding ist, einen Unwilligen zum Arbeiten zu zwingen, und weil nur eine kostspielige Requisition durch die Behörden Pennsylvaniens mich nach N.Y. hätte zurückbringen können. . . .

Inzwischen war ich gut situierter und gern gesehener, wenn auch hier wiederum *gefürchteter* Arbeiter bei einer guten Firma geworden. Ich lieferte, glaube ich, genügend und auch gute Arbeit, aber der Haustyrann war ich geworden und mein Meister, da er nur Kauf- und nicht Fachmann war, mußte mich mit Reverenz und Glacéhandschuhen anfassen um mich fest zu halten. Unter solchen Umständen ist es denn auch nicht zu verwundern, daß mich der Hafer stach und ich unter Zureden R's[3] beschloß, mit ihm eine Office zu mieten und "for the trade" lithographische Arbeiten anzufertigen. Wir mieteten (d.h. ich) ein Arbeitszimmer im unteren Stadtviertel und bald regnete es von Bestellungen. R. baute während der Arbeit Luftschlösser und leistete deshalb auch nicht viel. Trotzdem lieferte die erste Woche ein großes Einkommen, welches große Erwartungen für die Zukunft in uns rege machte. Allein, die zweite Woche fiel schon viel magerer aus und nach einem Monat staken wir in Schulden für Miete in der Stadt und im Mietshause. Inzwischen hatte ich an eine lithographische Firma in Cincinnati, die Graveure suchte, um Anstellungen geschrieben und erhielt sehr bald günstigen Bescheid. Es war eine Stellung, die mir einen Lohn sicherte, wie ihn die besten Leute bei Ferd. Mayer bekamen und ich brannte natürlich drauf, so bald als möglich anzutreten. Wie aber fortkommen? Da kam plötzlich meine Mutter aus Egg Harbor City, wohin meine Eltern seit einiger Zeit übergesiedelt waren, in Philadelphia an. Ich hatte ihr von der Stellung in Cincinnati geschrieben und sie zu gleicher Zeit um finanzielle Hilfe gebeten. Diese wurde mir denn auch bewilligt, aber unter der Bedingung, daß

---

3. Richard Rinckwitz, an acquaintance from Gugler's apprenticeship days with Ferd. Mayer & Co. in New York.

ich mich von R. lossage und allein nach dem Westen reise. R. selbstverständlich
hatte mitgewollt! Ich versprach, ohne R. Philadelphia zu verlassen, die Mutter zahlte
Schulden, gab mir Reisegeld und ging geruhig heim. Nach ihrer Abreise dauerte mich
der arme Freund sehr, aber ich ging allein, ihm eine größere Arbeit zur Ablieferung
und Einkassierung des Betrages überlassend. Nach etwa 8 Tagen stand er in meiner
Stube in Cincinnati. Ich verschaffte ihm eine Stelle in demselben Geschäft in dem
ich tätig war, aber es hielt nicht lange vor. Inzwischen hatten wir in dem Hotel, in
dem wir wohnten, mit unserem Zither- und Guitarrespiel Aufsehen erregt und Einla-
dungen seitens der Damen vom Hause, in den Empfangszimmern vorzutragen, erhalten und angenommen. Gleich beim ersten Male, nachdem wir zwei Stücke gespielt,
um darauf eine Tanzweise anzuschlagen, stellte mein lieber R. seine Guitarre beiseite
und indem er mich weiterspielen ließ, drehte er sich bald mit der schönen Tochter
der Wirtin im Tanze! Wir spielten später noch einige Male, aber als ich sah, daß sich
ein Verhältnis zwischen R. und der Wirtstochter zu entspinnen begann, zog ich mich
zurück. Inzwischen ging es mit dem Freunde mehr und mehr abwärts—er wurde
später Schildmaler und Anstreicher, wofür er kaum $5.00 die Woche erhielt. Später
lieh ich ihm einige Muster, die ich nicht mehr vorzuzeigen gedachte, und er benutzte
sie sich eine Stellung in Louisville zu verschaffen. Eines schönen Nachmittags stieg
er mit magerem Köfferchen, seiner Guitarre und in geborgten Beinkleidern in den
Omnibus, um nach der Bahn zu fahren. Später sah ich ihn dann noch eine Zeit lang
in Milwaukee, wo er physisch und moralisch herabgesunken, einige Zeit wohnte und
arbeitete, ich seinen Verkehr aber so viel wie möglich vermied.

Ich brachte ungefähr anderthalb Jahre in Cincinnati zu in zwei verschiedenen
Stellungen, aber förderlich in meinem Fache noch auch in anderer Beziehung war mir
dieser Aufenthalt nicht. Dazu kam, daß meine Eltern mir meinen Bruder Paul (circa 3
Jahre jünger als ich) ein kaum ausgelernter Cigarrenmacher, zuschickten, auf den ich
zu achten hatte. Wie die Eltern zu diesem Entschluß kamen, ist mir heute noch ein Rät-
sel, denn es war das denkbar verkehrteste, was sie tun konnten. Ich selber in meiner Freiheit durch seine Gegenwart gehemmt, mußte ihm andererseits mehr freien Spielraum
gewähren, als die Eltern ihm erlaubt hätten. So kam er früh in ein Wirtshausleben
hinein, welches ihm, besonders da er ziemlich Geld verdiente und von jeher schwachen
Charakters war, bleibend anhing. Zudem bekam ich einen Typhusanfall, der mehrere
Wochen währte und mich sehr reduzierte. Ich bekam Heimweh nach meinem geliebten
New-York und nach dem Verkehr mit Besseren in meinem Fache, das mich nach wir
vor auf's tiefste interessierte und in dem ich bestrebt war, dereinst das Beste zu leisten,
was durch Fleiß und Fähigkeiten erreichbar war. Meine vier Busenfreunde zogen mich
ebenfalls an und so schrieb ich denn meinem Lehrmeister, daß ich noch zwei Jahre bei
ihm zu dienen hätte, d.h. bis ich majorenn werden würde, daß ich gerne zurückkehren
möchte um diese zwei Jahre in seinem Dienste zuzubringen. Dieses zu einem Lohne,
der circa halb so groß war als ich in Cincinnati verdiente u.s.w. Ich bekam bald darauf
ein Annahmeschreiben und kehrte hocherfreut nach New-York zurück. Dort trat ich
wieder in die alten Kreise und zu den alten Freunden kamen einige neue. Offenbar
war meine Firma sehr gut mit dem Kontrakte, den sie mit mir gemacht, zufrieden und
man schien es mir hoch anzurechnen, daß ich ein so großes Geldopfer zu bringen
gewillt war. Gewiß war mir darum zu tun, mich meinem Lehrmeister gegenüber zu

rechtfertigen, denn ich fühlte, daß ich ohne vollständig genügenden Grund meinen Kontrakt ursprünglich gebrochen, allein ich tat es eben so darum in N.Y. d.h. *daheim* sein zu können, als um des anderen Grundes halber. Der geringe Lohn störte mich wenig—ich habe nie viel um den Gelderwerb an sich gegeben—nur insofern hätte ich gerne mehr Einkommen gehabt, um meine Freunde, die immer arm blieben traktieren zu können und uns gemeinsam die Genüsse an Theater und Concert, nach denen uns der Sinn stand, verschaffen zu können.

Nach Ablauf etwa eines Jahres änderte sich die Firma und mein alter Chef, indem er mich hiervon benachrichtigte, machte mich zugleich darauf aufmerksam, daß hierdurch unser Kontraktverhältnis sich von selber löse. Ich teilte ihm mit, daß ich nach wie vor aushalten würde wie versprochen. Noch ein halbes Jahr hielt die Sache vor, aber die Söhne des Alten, die Mitglieder der Firma geworden und sehr tyrannisch und rechthaberisch waren, machten mir das Bleiben in dem Geschäfte schließlich doch zur Unmöglichkeit und ich trat definitiv und endlich aus. Die Söhne sind verkommen, einer nahm sich das Leben und das Geschäft löste sich ein paar Jahre nach des Alten Tod vollständig auf.

Hierauf arbeitete ich auf meinem Wohnzimmer für die neugegründete Firma Mayer, Merkel & Ottmann, bis ich kurz nach Neujahr 1869 eine Aufforderung, Stellung in Milwaukee anzunehmen, bekam.

In die letzten zwei New-Yorker Jahre fällt die starke Fortentwicklung meiner Liebe zur Musik und meine nähere Kenntnis vieler Werke der großen Meister. In dieser Zeit hatte Theodor Thomas sein famoses Orchester gegründet und gab für mäßigen Eintritt herrliche Concerte im Central Park Garden und anderswo. Das innere Weben und die Mache mancher klassischen Composition suchte ich zu erkennen und zu ergründen, indem ich mir Klavierauszüge kaufte oder borgte, sie für meine Zither transcribierte und mich an den schönen Harmonienfolgen ergötzend und belehrend mir so die Abende vertrieb. Aber auch das Theater—das deutsche—fesselte mich sehr. Ich war fortwährend Mitglied einer Dilettantengesellschaft, mit der ich nach Brooklyn oder Jersey City fuhr, um Vorstellungen zu geben. Meistens machte ich den Souffleur. Ein paar Mal spielte ich auch, aber das Lampenfieber war jedes Mal so groß, daß ich das gut Auswendiggelernte auf den Brettern radikal wieder vergessen hatte. Ich las viel über das Theater, kannte jede Novität, deren es damals allerdings nicht so viele gab als heute, und war mit dem Repertoir sämtlicher großer Schauspieler vertraut. Ich hatte nach und nach eine ordentliche Fachkenntnis erlangt. Als darauf in stattlicher Reihe die schauspielerischen Größen Deutschlands gastierend zu uns herüberkamen, brach eine Götterzeit für mich herein. Da kam Dawison, Hendricks, Hasse und Hartung, die Seebach, Bärndorf und Hesse und mehrere andere. Die ganze Größe der damaligen deutschen Schauspielkunst entwickelte sich vor meinen trunkenen Augen und die gewaltige Kraft unserer Dramatiker drang mir in's Gemüt und mir ihre bis dahin beim Lesen kaum geahnten Schätze offenbarend. Auch einige amerikanische Größen der Bühne sah ich damals, wie Booth, Davenport und andere, allein das englische Idiom, so geläufig es mir stets war, hat mich von der Bühne herab immer etwas befremdet, da es fast immer unnatürlich und geschraubt gesprochen wird. Man scheint den Tonfall der Engländer kopieren zu müssen, welcher vielleicht "vornehm" klingen mag, andererseits aber bestrebt zu sein scheint, die wenigen offenen Vokale der englischen

Sprache noch mehr mit Naseltönen zu verdecken. Erst wenn die Amerikaner einmal allgemein musikalisch werden, werden sie diesen Irrtum einsehen. . . .

Aus obigen Allem ist leicht zu ersehen, wie ich, trotz aller Liebe zu den Kunstäusserungen der Menschheit noch immer kein wahres Kunstempfinden besaß, daß vielmehr das, was ich so tat, in dem Drange der Jugend wurzelt, die womöglich allen Genüssen des Lebens teilhaftig werden will, und in dem Streben eines lebendigen Geistes nach Vervollkommnung. Nebenher lief natürlich auch die Schwäche, deren man sich aber in jener Zeit nicht klar wird, mitreden zu können unter den Wissenden und unter denen, in deren Gesellschaft man sich bewegen möchte, oder zu denen man sich glaubt mit Recht zählen zu dürfen. Erst später, nach meinem Eintritt in den Ehestand, als die flüssige Form sich in ein Festes abzuklären begann, da kam ich allmählich auf das Wesentliche der Künste und ich fing an, das Dauernde und Innerliche von dem Äußerlichen und Unwesentlichen unterscheiden zu können. Da klimperte ich keine Symphoniesätze mehr auf der Zither oder dem Klavier, da ging ich mit Eurer Mama ins Concert und lauschte nur,—oder ins Theater um Kunstleistungen zu genießen, ohne mir über Rang des Darstellers oder dessen Repertoir Gedanken zu machen. Mit dem Erwachen der Erkenntnis des Schönen in der bildenden Kunst hat es viel länger gedauert. Erst nach der Centennial Ausstellung Philadelphia 1876, wo ich eine große Menge guter Bilder und Skulpturen sah, fing es in mir auch in dieser Richtung zu dämmern an.

Meine politischen Überzeugungen damaliger Zeit könnte ich eigentlich ererbte nennen. Ich blickte in dieser Hinsicht vielleicht mehr als in allen anderen zu meinem Vater hinauf, der gefestigter Demokrat war. Er hatte die 48er Zeit als junger Mann durchlebt und stand mit vielen Prominenten jener Tage teils in direkter, teils nur in geistiger Verbindung. Kaum in Amerika angelangt, schloß er sich der jungen Republikanischen Partei an (ohne indeß noch stimmen zu dürfen) und war unendlich lebhaft für Fremont (1856 Präsidentschaftskandidat) tätig. Neueingewanderte schlossen sich damals vielfach der sogenannten Demokratischen Partei an, sich von dem ihnen geläufigen Namen sich irre machen lassend. Allein war diese Partei nach glorreicher Vergangenheit diejenige der südlichen Sklavenhalter geworden und befürwortete (in ihrem extremen Flügel wenigstens) die Ausdehnung der Sklaverei. Eben dem Fürstendrucke entgangen und fest an Völkerfreiheit und an die Selbstbestimmung des Individuums glaubend, mußte er sich zur Republikanischen Partei schlagen, welche die Abschaffung der Negersklaverei zwar nicht direkt befürwortete, aber deren Ausdehnung entgegentrat. Nach Andeutungen die ich damals bekam, war der Großpapa innerlich Abolitionist, gehörte also dem radikalsten Flügel des damaligen politischen Lebens wenigstens geistig an. Er aber war mein Vorbild und was nicht schon in mir durch die Geburt gelegen, wurde durch sein Beispiel, seine Lehren und seinen Umgang großgezogen und faßte festen Fuß in mir. Der Name Freiheit begeisterte mich wie jeden jungen Menschen, dessen Herz ihn hinausdrängt in die Welt der Erkenntnis und der Taten, aber in mir war auch der Glaube an die erlösende Mission des Volkes oder des gemeinen Mannes gegenüber den durch Geburt oder Zufallslage begünstigten Klassen, gegen die ich von früh an eine Feindschaft in mir verspürte. Milderungsgründe den "armen Reichen" gegenüber, die doch auch nur durch das Schicksal das werden mußten, was sie geworden und sich vielleicht nicht zufriedener in ihrer Lage befanden als ich in der meinigen, gab es für mich damals keine.

Meine Begeisterung für die Sache des Nordens, als der Krieg mit den Südstaaten 1861 losbrach, war daher groß. Ich verfolgte, von der Inaugurationsreise Lincolns, die er bei Nacht und Nebel über Hornsburg nach Washington machte, an, jede Scene der Exposition des hereinbrechenden Dramas, von dem Durchmarsch und der Verhöhnung des Massachusetts'er Regiments in Baltimore, dem Fall von Fort Sumter über die Niederungen des Trauerspiels unter McClellan, Pope und Hooker hinweg zum Wendepunkt bei Gettysburg und den Siegen im Westen, bis zu den letzten Akten in Georgia und South Carolina unter Sherman und Spottsylvania und Appomattox unter Grant.

Nach wiederhergestellten Frieden kamen gar bald die Rekonstruktionspfuschereien unter President Johnson. Diesen gegenüber standen die ultraradikalen Bestrebungen derer, die nicht nur den Neger aus der Sklaverei befreit, sondern auch als vollwichtigen Bürger gleich in jeder Weise mit dem Kaukasier sehen wollten. Es wurden die neuen Zusätze zur Konstitution der Ver. Staaten promulgiert und überall im Lande platzten Geister und Anderes aufeinander im Für und Wider der Idee, den ehemaligen Negersklaven das Stimmrecht zu verleihen. Natürlich waren der Vater und ich eifrigst für diese neuen Konstitutionsparagraphen. In den Turnvereinen, die damals noch mehr in Politik machten als heute, da der Turnerbund von N.A. sich für die abolitionistische Anschauungsweise erklärt hatte und jeder Turner sich zur Bundesplatform verpflichten mußte, gingen die Wogen sehr hoch. Unter den Turnern war doch eine Minderzahl da, die obgleich der Sklaverei als solcher Feind, den Negern das Stimmrecht zu verleihen mißbilligte. Die Turnvereine aber und der Bund speziell nahmen die Stellung ein, daß die Befreiung aus der Sklaverei zugleich die Verleihung bürgerlicher Rechte bedinge. So wurde ich damals Zeuge einer der ernstesten Szenen, der ich jemals im Leben beigewohnt. In der Cincinnati Turngemeinde war große Vorstandssitzung. Zu derselben waren eingeladen solche Turner, die in der eben stattgehabten Wahl, ob die Neger das Stimmrecht erhalten sollten oder nicht, mit Nein gestimmt hatten. Es waren alte Mitglieder der Gemeinde und junge darunter, aber Jeder, der auf Befragen zugab, gegen das Negerstimmrecht sein Ballot abgegeben zu haben, wurde kurz und ohne weiteren Appell aus der Gemeinde ausgewiesen. Damals neben dem tiefen erhebenden Eindruck, die diese Gesinnungstüchtigkeit auf mich machte, war ich selbstverständlich ganz der Ansicht der gestrengen Richter von diesem Vorstande. Mit den Jahren aber lernte ich die Ausgestoßenen als eine Art Märtyrer oder Falschverurteilter anzusehen, denn ohne meine Sympathie für die in Sklaverei und Bedrückung Lebenden verloren zu haben, haben die Jahre und die Praxis gelehrt, daß die Verleihung des Stimmrechts an Menschen, die nichts damit anzufangen wissen, kein "ungemischter Segen" ist, und daß Freiheit des Individuums und das Stimmrecht eines Bürgers nicht zwei Dinge sind, die sich ohne Weiteres decken.

Ich führe diese Episode hauptsächlich deshalb an, um meine und meines Vaters radikale Denkweise von damals näher zu kennzeichnen. Bei dem Großvater hielt sie bis zu seinem Tode 1880 vor, wie ich im Verlauf dieser Blätter vielleicht noch darzutun Gelegenheit haben werde. In meinem Wesen aber scheint eine konservative Ader, die der Vater zwar auch nicht ganz entbehrte, stärker zu pulsieren als bei ihm, und als ich damals ahnte, und obgleich ich heute noch der eifrigste Verteidiger der individuellen Selbstbestimmung bin und jede Beeinträchtigung der persönlichen Freiheit von mir weise, den Staat nur als ein notwendiges Übel anzusehen vermag, und jeden Eingriff desselben mit allen geistigen Mitteln bekämpfen werde, so gilt mir doch die historische Entwicklung des Bestehenden als ein Faktum, das berücksichtigt werden und in Betracht gezogen werden muß, wenn neue Ideen auftauchen und verwirklicht zu werden drängen. Mit anderen Worten, aus dem Revolutionär ist, wie das so oft zu beobachten ist, ein Evolutionist geworden, obgleich ich nicht ableugnen will, daß diese Wandlung nicht allein aus Erfahrung und besserer Kenntnis entsprungen ist, sondern teilweise mit der natürlichen Abneigung des älteren Mannes gegen alle Gewaltmittel zusammenhängt.

Den Faden meiner Erzählung wieder aufnehmend, habe ich kurz noch der Zeit zu gedenken, wo ich mit Freund Hubert an Ludlow Str. ein Zimmer bei einer befreundeten Familie bewohnte, und wo mehrmals per Woche eine Zusammenkunft der übrigen Freunde zu Sang und Spiel und lustiger Rede stattfand. Dort erhielt ich eines Abends einen Brief von Robt. Mayer & Co., Händler in lithographischen Materialien, ich möchte den nächsten Morgen in ihrem Geschäfte vorsprechen, es sei ein Herr aus dem Westen da, der meine Muster zu sehen wünsche. Wir lachten im Kreise noch darüber und machten unsere geringschätzigen Bemerkungen über den Mann aus Milwaukee (daher kam er nämlich) und über den "fernen Westen" wo die Indianer hausten und man unbewaffnet nicht ausgehen könne etc. Daß ich wieder von N.Y. weggehen würde, war mir und den Anderen undenkbar, deshalb die Scherze alle, die wir natürlich gegen unser besseres Wissen losließen. Am anderen Tage ging ich indessen hin, um meinen Mann anzusehen. Mein Freund Louis Hengstler, Teilhaber der Firma Robt. Mayer & Co., hatte aber Herrn Lawton (so hieß der Mann aus Milwaukee) schon so viel Gutes und Schönes von mir erzählt, daß der meine Arbeiten kaum ansah und nur darauf bedacht war, mich für sein Geschäft zu gewinnen. Da ich nun aber nicht von N.Y. fortwollte, stellte ich ihm, wie ich dachte, eine so hohe Summe als Lohn, daß ich sicher glaubte, er würde mich ziehen lassen. Aber dem war nicht so. Gute lithogr. Graveure waren rar und schwer zu bewegen, aus den Großstädten fortzubewegen. Er wurde nur ein wenig blaß, erholte sich aber schnell und meinte, es sei sehr viel $50.00 per Woche, aber er sei bereit, mir $45.00 per Woche für das erste Jahr zu zahlen mit dem Versprechen, auf $50.00 per Woche im zweiten etc. Nun, so gerne ich in N.Y. blieb, als mein Gewährsmann wirklich Ernst machte mir $45.00 per Woche zu bezahlen, da ging mir die Höhe des Gehalts doch ernstlich im Kopf herum und ich fing an, meinem lieben N.Y. doch untreu zu werden. Ich versprach, Lawton nächsten Tag Bescheid zu sagen und ging in ziemlicher Aufregung von ihm fort. Meine Anhänglichkeit an Freunde und meine Vaterstadt (die N.Y. nun doch einmal war) ließen mich zwei befreundete Lithographen aufsuchen und ihnen die Stelle, die mir angeboten worden, zu offerieren. Keiner hatte rechte Lust. In meinem Gefühle hin und her getrieben, entschied ich mich denn nach ein paar Tagen mit schwerem Herzen, nach Milwaukee zu gehen, und ich unterschrieb endlich den Kontrakt mit Seifert & Lawton, der sich heute noch unter meinen Papieren befindet. Dieses war einer der großen Wendepunkte in meinem Leben. Unter Abschiedsfeierlichkeiten aller Art reiste ich denn in der ersten Hälfte des März 1869 von N.Y. ab und erreichte ohne Aufenthalt Milwaukee, wo ich im St. Charles Hotel [wohnte], das sich damals eines ausgezeichneten Rufes als deutsches Gasthaus erfreute. . . .

Ich fand sehr bald Aufnahme in der besten deutschen Gesellschaft, in Familienkreisen, hauptsächlich aber in geselligen Vereinen von Herren, wo es mir denn auch stets wohler war als bei Privatbesuchen. Ich ging auf Bälle und auf Kränzchen, lernte eine Reihe hübscher lebenslustiger Mädchen kennen und war, wie ich annehmen darf, recht wohl gelitten. Was mir am besten dabei gefiel, war der von mir so verehrte echte deutsche Ton, das ausgezeichnete Deutsch, das Jeder sprach und die Freude an Konzert- und Theatervorstellungen, deren es in deutscher Sprache gehalten, die Menge gab. So dauerte es auch nicht lange und ich fühlte mich sehr wohl in Milwaukee. N.Y. verblaßte allmählich und ehe ein Jahr vorübergegangen war, betrachtete ich Milwaukee als meine eigentliche Heimat, die es denn auch festgeworden und zum heutigen Tage geblieben ist. Was mich so sehr anheimelte war, daß hier an dem einen Orte schon die zweite Generation aufwuchs, die mit der Scholle verwachsen, stolz auf das geistig und materiell Geschaffene zurückblickte; wo die jungen Männer meines Alters alle Schulkameraden waren und die gegenseitigen Schicksale ihrer selbst und ihrer Eltern kannten und die durch solch Zusammensein und Wirken sich näher standen als ich es sonst in meinen Kreisen gefunden. Ich beneidete meine neuen Bekannten um ihre Schulfreundschaften und die Gelegenheiten, die sie gehabt, eine planmäßige Schulerziehung in der noch heute berühmten Engelmannschen Schule zu erhalten. Wie kontrastierte dagegen das Nomadenleben, das meine Eltern geführt: Stuttgart, New-York, Washington, Egg Harbor City etc.! Immer neue Verbindungen, neue Schulsysteme und Lebensformen! Was Wunder, daß ich meinen Eltern begeisterte Briefe schrieb über das schöne Milwaukee am Michigansee! . . .

Mein Verkehr mit Leuten meines Faches war ein sehr seltener, vielleicht schon deshalb, weil es damals nur einen oder zwei Lithographen in Milwaukee gab, mit denen sich, außer über das Handwerk, wenig reden ließ. Andererseits habe ich meinen Verkehr stets außerhalb des Faches gesucht, die Abwechselung im Gedankengange brauchte, und weil ich mich für so viele Dinge außerhalb meines Gewerbes interessierte und meine Lernbegierde im Verkehr mit Solchen, die mir nützen konnten, befriedigen wollte. So ist es ganz begreiflich, daß bei meiner Veranlagung mich gerade das am meisten interessierte, was ich nicht kannte und nicht wußte. Milwaukee hatte damals wenig Kunstbeflissene oder wenigstens hatte es der Zufall nicht gebracht, daß ich in solche Kreise kam. Meine neuen Milwaukeer Freunde waren gegenteils fast alle in Banken und Geschäftshäusern tätig und obgleich Leute von sehr guter allgemeiner Bildung, hörte ich in ihrer Mitte, neben Scherz und dem leichten Geplänkel am Kneiptische, fast nur Dinge, die mit dem Geschäftsleben in Zusammenhang waren. Nach und nach interessierte ich mich auch für solche Dinge und der Gedanke setzte sich langsam bei mir fest, daß Geschäftsmann zu werden und zu sein, eigentlich gar nicht schwer sei und daß nur ein wenig Mut meinerseits dazu gehöre, um neben meinem eigentlichen Fache auch ein ebenso guter Kaufmann zu werden.

Wie in so vielen Fällen im menschlichen Leben, so war auch hier der Anstoß zu meinen neugebackenen Anschauungen ein gemischter. Es war nicht der Ehrgeiz des jungen strebsamen Menschen allein, der mir die genannte Überzeugung beibrachte, sondern noch zwei Faktoren von fast zwingender Gewalt waren es, die mich nach und nach dahin brachten, in mir den Glauben an meine Kaufmannschaft reifen zu lassen, und mich schließlich in's Geschäftsleben trieben, wohin ich, nach meiner nunmehr dreißigjährigen und besseren Erfahrung und unleugbarem Erfolge, doch nie hingehört habe.

Der eine Antrieb ging von der Lage meiner Eltern aus. Der andere hing mit den Verhältnissen zusammen, die sich kurz nach meiner Bekanntschaft mit Eurer lieben Mama entspannen.

Nachdem mein Vater sein großes Bildnis Lincolns in Egg Harbor City vollendet hatte und nicht gleich eine Neubestellung ähnlicher Art sich zeigte, wandte er sich wieder der kleineren Vignettierkunst zu und stach ein paar kleine Sachen für eine N. Yorker Banknotengesellschaft, die aber nicht zufriedenstellend ausfielen. Durch die seit einigen Jahren vom Vater getriebene breitere Stichart wollte ihm die kleinere und feinere Filigranarbeit des Banknotenstahlstichs nicht recht gelingen. Er war ganz niedergeschlagen und konnte nicht begreifen, daß man seine Arbeit statt zu loben anzunehmen verweigerte. Er wandte sich an mich um mein Urteil. Ich sah sofort, wo der Fehler lag und brachte es dem Vater schonend bei. Er müsse Geduld haben und sich nach und nach wieder an die kleine Form gewöhnen, aber er war und blieb ungeduldig. Dazu kam noch, daß er sich einen pekuniären Erfolg von seinem "Lincoln" erhoffte, der in der Folge auch ausgeblieben war. Überhaupt, vom rein praktischen Standpunkte aus, war die Übernahme des Lincoln-Auftrags, wie es sich auch späterhin in der oben angedeuteten und auch in anderer Weise zeigte, ein Fehler. Er errang durch die Arbeit allerdings große künstlerische Befriedigung, so lange sie dauerte und ein wenig posthumen Ruhm, aber für seine Familie und sein bevorstehendes Alter war es von entschiedenem Nachteil. So kam er nach Chicago, um für ein dortiges Banknotengeschäft ein paar Aufträge auszuführen und zugleich zu mir nach Milwaukee zum Besuch. Mir war die Lage der Eltern und die noch unselbständigen Brüder Robert und Henry viel im Kopfe herumgegangen. Wie wäre es, dachte ich mir, wenn wir, der Vater und ich, eine lithographische Anstalt in Milwaukee, dieser neuaufblühenden, hoffnungsvollen Stadt anfingen und so einen neuen Boden für ihn und für mich und die ganze Familie gründeten? Meine Überzeugung, daß es ein Leichtes sein würde, ein Geschäft zu gründen und zu führen, hatte sich durch den schon angeführten Verkehr mit meinen Freunden vollkommen festgesetzt, und wenn ich auch nicht leichtsinnig der Sache näher getreten bin, lag meine Furcht vor einem möglichen Mißerfolge nicht etwa in einem Mangel an meiner geschäftlichen Befähigung, sondern weil das Bedürfnis für eine neue Lithographie vielleicht doch nicht, wie ich hoffte, vorhanden sein könnte! . . .

So wurde Vater und ich Partners in der Firma Seifert, Lawton & Co. in einer Form und um einen Kostenpreis, den die Sache nicht wert war. Hätte ich damals gewußt, wie sie nur die Furcht vor unserer etwaigen Konkurrenz bewogen hat, uns in die Firma aufzunehmen, und wäre ich ein besserer Kaufmann gewesen, als ich mir einbildete zu sein, so hätte ich meinem alten Vater pekuniär viel besser dienen können, als ich voller Besorgnis glaubte zu tun, als ich die heillosen Bedingungen Seifert & Lawton's annahm. Es dauerte denn auch kaum zwei Jahre, da kam die Enttäuschung und zu meiner Qual die Erkenntnis des begangenen Fehlers. Diese Erkenntnis wurde mir

Photograph of Henry Gugler's life-size steel engraving of Abraham Lincoln, completed in 1868 or 1869. Max Kade Institute for German-American Studies, University of Wisconsin–Madison.

jetzt im näheren Verkehr mit der Bremer'schen Familie, besonders mit meinem nachmaligen lieben, unvergeßlichen Schwiegervater George Bremer, den Gebrüdern Morawetz und meinem guten Freunde Albert Geilfuß Eurem Onkel. Meine "Geschäftskenntnisse" schrumpften gewaltig vor der nüchternen sachlichen Kritik dieser Fachleute im besseren Sinne, zusammen und ich sah zu spät meinen Irrtum ein. Zugleich war es, wie ich deutlich fühle, mein Bestreben gewesen, eben diesen Menschen zu zeigen, daß ich nicht nur ein "Künstler," sondern auch einer der ihrigen sein könne. Ihnen dieses zu beweisen, war mir besonders deshalb wichtig, weil ich Eure Mutter gewinnen wollte. Ich litt unter dem Gefühle nämlich, daß man Leute meiner Profession und solche, die wie ich in jungem Alter schon ziemlich herumgekommen waren, für windig halte und ich fühlte meine Fähigkeiten für Stabilität und geordneten Erwerbssinn am besten dartun zu können, indem ich versuchte, es ihnen nach-zutun, d.h. auch ein Geschäftsmann wurde. Daß ich an unnötigen Befürchtungen litt, weiß ich heute und hatte es bald erfahren, nachdem ich in nähere Beziehung zu diesen guten Menschen getreten bin. . . .

An einem Sonntag Nachmittage wars als, nach meinem üblichen Besuch des Chr. Bach'schen Concertes in der Turnhalle, ich gegen sechs Uhr in den Saal der alten Engelmannschen Schule trat, wo auf den dort üblichen Sonntagsnachmittags-"Kaffeeklatsch" ein kleiner Tanz folgte. Nachdem ich Umschau unter den Anwesenden gehalten hatte um zu sehen, wer von den beliebtesten Tänzerinnen allenfalls anwesend sein könnte, entdeckte ich eine mir ganz neue Erscheinung in einer Ecke des Saales. Ich seh es noch wie heute! Ein ungeheurer Glasschrank stand dort an der Wand, in welchem allerlei Apparate und physikalische Instrumente aufbewahrt wurden. Neben diesem saß ein hübsches junges Ding mit lebhaften Augen und munterem Gebahren an der Seite einer älteren Dame. Mich fesselte sofort Wesen und Aussehen des wohl-gestalteten niedlichen Geschöpfes und ich ließ mich zum Tanze vorstellen. Es war Eure spätere Mutter! . . .

Was wir damals zusammen gesprochen, weiß ich natürlich nicht mehr. Es war eine Plänkelei zwischen zwei Menschen, die sich ebenbürtig fühlten und die sich freuten, einen würdigen Gegner gefunden zu haben. Ich entdeckte in Bertha Bremer eine feine geistige Veranlagung und Resultate einer wohlgeführten Erziehung, ein von konventionellen Einengungen noch unberührtes Geschöpf, das sich nicht scheute, das was es zu sagen hatte, auszusprechen. Das Alles war mir neu. Meine übrigen Milwau-keer Mädchenbekanntschaften waren von den "prospektiven" Schwiegermüttern mehr oder weniger aufs Geheiratetwerden dressiert und mit Geschicklichkeit übten die meisten diese löbliche Gepflogenheit und unterließen jenes im Hinblick auf ihre endliche Bestimmung, die des ganzen weiblichen Geschlechtes. Hier aber war ein Mädchen, allerdings noch nicht 17 Jahre alt, das sich aber naiv im Genusse des Augenblicks und ihrer natürlichen Veranlagung hingab unbekümmert um Zukunft und schließlicher "Versorgung." Was Wunder, daß ich alle Anderen vergaß. Selbst die feinsten Tänzerinnen, mit denen ich mich so gern tummelte, ließ ich sitzen, um mit Eurer Mutter, die in dieser Kunst nicht besonders fix war, zu tanzen. Aber entschädigt wurde ich für Alles durch das Glück, das ich in ihrer Unterhaltung fand, und wenn wir Arm in Arm mehr unter den Tanzenden promenierten als uns im Walzer schwangen, so geschah es gewiß nicht etwa aus dem obgenannten Mangel an Fertigkeit ihrerseits, als aus beiderseitigem Genusse an etwas Anderem, das uns denn auch rasch als etwas Besseres, ja Höheres vorkam. . . .

Am Sonntag den 6. August 1871 hielt die "Erheiterung" ein Picnic auf Lüdde-manns Farm, da wo jetzt der schönste Teil des Lake Park sich ausbreitet. Ich ging spät hinaus und fand alles in schönster Stimmung. Unwillkürlich fanden wir uns, hatten uns wie üblich viel zu sagen und uns gegenseitig zu necken. Bei der Heimfahrt im offenen Omnibus stand es in mir fest. Heute oder nie! Im matterleuchteten Hausflur bei Großpapa Bremer geschah das süße Gelöbnis, das wohl eine Stunde oder mehr vielfache Beteuerungen erfuhr und erst abrupt durch väterlichen Ruf von oben abgebrochen wurde.

Ein paar Tage nachher erhielt ich die Zusage der Eltern auf das liebenswürdigste, desgleichen drückte mir mein Vater seine Übereinstimmung aus. Nur meine Mutter machte Miene, mir ihre Einwilligung zu verweigern und zwar wie ich vermute auf Grund der jüdischen Abkunft Eurer Mama und auch weil sie, wie es so Mutter Art, was Anderes für mich bestimmt hatte. Daraus entstanden mir viel unerquickliche Kämpfe, die sich zwar mit der Zeit lösten, aber die tatsächliche Übereinstimmung mit meinem Schritte habe ich von meiner Mutter nie erringen können.

Am 3. März 1872 erfolgte denn unsere Hochzeit im Hause der Schwiegereltern, wozu von Freunden nur zwei meiner Freunde geladen waren. Ohne eine Hochzeitsreise, die ich so gerne gemacht hätte, zogen wir in unser kleines Heim an der Jefferson Str. nahe Knapp ein und ein einfaches aber herrlich schönes Eheleben nahm seinen Anfang. . . .

In diesen Jahren war das Karnevalswesen, wie es einige Gesangvereine in New-York noch treiben, auch über die Erheiterung eingebrochen und ich wurde aufgefordert, an Narrensitzungen und Maskenbällen teilzunehmen. Während des ersten Winters schon entdeckte ich, daß meine Poeterei, in Stunden des Liebesverhältnisses zu Eurer Mutter geboren, entwickelungsfähig sei und sich mit einiger formeller Übung zu Scherzliedern und satyrischen Gedichten verwenden ließe. So kam's denn, daß ich mir rasch im Narrenrate ein Renomee als Liederdichter erwarb und die folgenden Jahre zeugten eine Menge dieser, die mit mehr oder weniger Erfolg bei unseren in der Erheiterung abgehaltenen Narrensitzungen gesungen wurden und deren sich einige, teilweise, im Gedächtnisse der damaligen Mitglieder erhalten haben. Ja so erfolgreich war ich in dieser Tätigkeit und als Vortragender bei derartigen Sitzungen, daß als ich späterhin mit ernsteren Arbeiten vor das Publikum trat, man mich nicht ernst nahm. Wohl mag Manches formell mangelhaft gewesen sein oder beschränkte Ausdrucksmittel, Gedanken und Gefühle nicht zu vollem Ausdruck haben kommen lassen, allein der Ernst ist damals wie heute noch der Grundzug meines Wesens gewesen und Huldigung der ernsten Musen mein eigentlicher Dienst. Wie weit indessen die über mich herrschende Ansicht gediehen war und wie sehr meine karnevalistischen Erfolge meinem späteren guten Namen als Dichter ernsterer Gepflogenheit entgegenstand, zeigt sich an einem charakteristischen Witzwort eines hervorragenden Erheiterungs-Mitgliedes. Lange Jahre, nachdem an den Erheiterungs-Karneval gar nicht mehr gedacht wurde, und ich verschiedene Arbeiten veröffentlicht hatte und mein "For Mayor Godfrey Buehler" und "Die Pioniere" schon auf unserer Bühne aufgeführt worden waren, erfuhr der Betreffende, der jetzt im fernen Westen wohnt, von diesen meinen ernsteren Erfolgen durch einige Freunde, die ihn besuchten. Kopfschüttelnd sagte er zu letzteren: "Ich habe zwar schon gehört, daß aus einem Dichter ein Narr geworden ist, aber daß ein Narr zum Dichter wird, das giebt's nicht!" Noch heute leide ich derartige Voreingenommenheiten—in wiefern begründet müssen andere entscheiden!—aber sogar einer der Kritiker meines vor ein paar Jahren erschienenen "Der Stern des Westens" hat mir meine Vergangenheit als Karnevalsdichter vorgeworfen, d.h. jene zu ungunsten der Gegenwart hervorgehoben!

In jene Zeit fallen auch meine Verbindungen mit dem Radikalismus und der Sozialdemokratie. Ich entwickelte eine starke polemische Tätigkeit als Artikelschreiber und Verfasser von satyrischen Gedichten für Tages- und Wochenblätter aller Art. Stets auf der äußersten Linken stehend in politischen Dingen, war es den Emissären des Sozialismus, deren Deutschland eine Menge nach dem Deutsch-Französischen Krieg und dem Krach von 1873 nach Amerika sandte, ein Leichtes, mich Empfänglichen für ihre verführerischen Theorien zu begeistern. Ich weiß noch, wie ein gewisser Bruck meinen Vater und seine Freunde in einer gemütlichen Abendkneipe, wo ich auch öfters hinkam, bearbeitete und es dauerte nicht lange, hielt er den Vater und mich durch seine Beredsamkeit im Netze. Aber nicht wir allein wurden von den Beglückungstheorien hingerissen; es kamen noch andere, darunter Jos. Brucker, in jene Kneipe und eh wir's uns versahen, waren wir zu Jüngern des neuern Erlösers, des Sozialismus geworden. Hinzufügen will ich aber gleich hier, daß mir, trotz aller Begeisterung für die neue Lehre, und vermöge eines Restes mir verbliebener Erkenntnis, doch schwankte, daß mit der Aufhebung *aller* Konkurrenz und des auf natürlichen Egoismus aufgebauten Wettbewerbs, der Versuch gemacht sei ein Naturgesetz aufzuheben, und daß darum die Sache wahrscheinlich nicht gehen werde. Besonders wollte mir die Verstaatlichung "aller Arbeitsmittel" nicht behagen. Eisenbahnen, Minen etc. ja die sollte der Staat betreiben, aber die Errichtung von Arbeitskasernen und die damit zusammenhängende Beeinträchtigung der persönlichen Freiheit wollte mir durchaus nicht behagen. Andererseits fesselte mich aber wieder die philantropische und poetische Seite der Bewegung. Die jahrtausend alten verbrieften Besitzrechte mit ihren schreienden Ungerechtigkeiten unterminieren zu helfen, dem Anhäufen von Reichtümern ent-gegenzuarbeiten, dem Niederen und vom Schicksal Preisgegebenen gleiche Gelegen-heiten mit Bessergestellten im Kampfe ums Dasein zu gewährleisten—, das war ein ideales Streben und während einiger Jahre füllte es meine ganze Seele aus. Und noch heute bin ich der Meinung, daß eine Zivilisation, die dieses Namens würdig ist, zu sorgen hat, daß die Ziele der Sozialdemokratie im Großen und Ganzen verwirklicht werden. Wenigstens diejenigen, die den doppelten Zweck haben größere Massen glücklicher zu machen (Beschränkung des Vermögens und des Erbrechtes) und besseren Betrieb der Staatsökonomie versprachen (Verstaatlichung der Verkehrsmittel, des Bodens etc.). Selbst wenn wir fürchten müssen, daß im Hintergrunde das staat-liche Arbeitshaus lauert. Am Ende ist das doch nicht ganz zo schlimm, wie ich alter Individualist mir das vorstelle. Unsere erste Sorge muß immer sein, durch Zu-sammenwirken der Erleuchtesten (unter der Staatsform) die Schwächen unseres Geschlechts vor der wachsenden Macht des Einzelnen (durch die Gewalt des Besitzes) zu schützen.[4]

---

4.   This is the end of the autobiographical text. It is possible that Gugler intended at some point to write a continuation.

"For Mayor Godfrey Buehler"
Deutschamerikanisches Charakterbild
in 3 Aufzügen

Personen

Gottfried Buehler, Mayorskandidat.
Marie, dessen Frau.
Rosa, Fritz (12 Jahre alt), deren Kinder.
Gustav Dorn, Schwager Buehlers.
Mr. C. J. Oldham, Neffe Buehlers.
Christian (Kutscher), **Dörte** (Stubenmädchen), im Hause Buehlers.
Judge Thompson, Mayorskandidat.
Harold, dessen Sohn.
Peter Deutsch, genannt "Dutch Pete," Saluhnkieper.
Mrs. Mayer, Präsidentin des Schulvereins.

Rebecca Sonnenstrahl.
Mauser, Stadtrathsmitglied.
Mr. Smith, Mr. Jones, Mr. Crooke, Mr. Cook, Freunde und Parteigenossen Thompsons.
Mr. Balzer, Mr. Knödel, Mr. Lutz, Freunde und Parteigenossen Buehlers.
Ein Ticketpeddler. Ein Reporter. Die Sekretärin des Schulvereins. Postbotin. Loosverkäuferin.
Freundinnen Rosas. Fairbesucher. Damenkommitee. Barney, der Kutscher des Nachbars.

Ort der Handlung: Porcupine City.

Der erste Akt spielt auf einer deutschamerikanischen Fair, am Schlußabend derselben. Der zweite am Nachmittag und Abend des darauffolgenden Wahltages. Der dritte am Morgen nach der Wahl.

Zeit: Gegenwart.

Die folgende Drucklegung des Stückes geschieht in der vortrefflichen Bühneneinrichtung meines Freundes Ferdinand Welb, welch feinsinnigem Dramaturgen und gewandtem Spielleiter ich zu bleibendem Danke verpflichtet bin. Es ist auch großentheils seiner vortrefflichen Personifizirung des "Gottfried Buehler" zuzuschreiben, daß das Stück denjenigen Erfolg errang, den es sich, seiner Zeit, bei mehrmaliger Aufführung in Milwaukee rühmen durfte.[1]

---

1.   This is Gugler's note as it appeared in the published version of the play. Welb was one of the three Milwaukee actors who took over management of the Stadt Theater in 1895.

Einige Winke für die Darstellung
der Hauptpersonen des Stückes

Gottfried Buehler,
um dessen Person und Wesen sich das Stück dreht, stelle ich mir als einen gutsituirten, braven, aber eitlen und ehrgeizigen Deutschamerikaner vor. Er hat eine mittelmäßige Erziehung genossen und ist durch ein gut Theil angestammter, oder in Amerika erworbener *common sense* und Thatkraft, zu Wohlstand gelangt. Er hat ein klein wenig vom Parvenüe, aber ohne die Rohheit dieser Gattung. Seine Sprechweise ist die so vieler Deutscher in den Vereinigten Staaten: unscharfe Aussprache, Anklang an das Mittel- und Süddeutsche, untermischt mit spezifisch englischen Wendungen und Brocken. Wo letztere erscheinen, sollen sie, ohne besondere Betonung—wie selbstverständlich—in seinen Reden zum Ausdruck kommen.

Das Englische, das er zu sprechen hat, soll der deutsche Schauspieler, sofern ihm die englische Sprache nicht geläufig ist, sorgfältig zu erlernen suchen. Je näher der Schauspieler deutscher Zunge dem richtigen Englisch kommt und je sichtlicher seine Anstrengung wird, um so stärker wird die Wirkung sein. Denn Buehler ist einer jener Deutschen, die trotz langjährigen Aufenthalts in Amerika des Englischen nicht ganz Herr geworden sind. Einem im Lande geborenen deutschen Schauspieler wird diese Rolle, oder vielmehr der englische Theil derselben, weniger gelingen.

Der politische Inhalt der Reden Buehlers, mag, nach Maßgabe der in der Gegenwart schwebenden Tagesfragen, verändert werden. Solche Änderungen aber müssen diskret vorgenommen werden. Besonders muß das Einerseits und Anderseits seiner Hauptrede, am Schlusse des ersten Aktes, beibehalten bleiben und im Übrigen darauf gesehen werden, daß Buehlers Charakterbild nicht vergröbert wird.

Sein Alter ist circa 46 Jahr. Er sollte in anständiger, gutpassender Kleidung dargestellt werden. Ein wenig Wohlbeleibtheit wäre auch zu empfehlen.

Frau Marie Buehler.
Einfache deutsche Hausfrau in guten Verhältnissen. Sie hat, im Gegensatz zu ihrem Manne, eine etwas feinere Erziehung genossen. Ihr Sinn dreht sich lediglich um ihr Hauswesen und ihre Familie. Sie ist freundlich und gescheidt, ohne geistreich sein zu wollen. Ihre Sprache ist die gewöhnliche, auf deutschen Bühnen übliche. Alter etwa 40 Jahre.

Rosa Buehler
ähnelt meist ihrer Mutter. Sie ist 18 bis 19 Jahre alt, an einer guten deutsch-englischen Schule in den Vereinigten Staaten erzogen; spricht perfekt deutsch. Wo in ihren Reden englische Worte vorkommen, sollten dieselben möglichst korrekt im Accent zum Ausdruck kommen. An ihr soll sichtbar werden etwas von amerikanischer Klugheit und eine gewisse Sicherheit im Auftreten; andererseits soll aber Pedanterie und Altklugheit vermieden werden.

Eine lebendige Darstellung würde dieser Figur, obgleich ich nicht versucht habe, dieselbe besonders auszumalen (da sie nur in zweiter Reihe wichtig für die Handlung des Stückes ist), wohl zu statten kommen.

Gustav Dorn

ist typischer Deutschamerikaner von gediegener Bildung. Ist sich des Ansehens, das er unter der Bevölkerung deutscher sowohl als englischer Zunge genießt, bewußt. Er soll mit Frische und Humor dargestellt werden. Er hat den Krieg zur Erhaltung der Union mitgemacht und einen Arm dabei verloren.

Judge Thompson.

Anglo-Amerikaner von Bildung, dem man es ansehen muß, daß er gereift ist und sich einigen Schliff erworben hat. Er spricht gutes Deutsch, aber der Schauspieler muß das englische "R" (mit der Zunge vorn am Gaumen) und das englische "L" (Zunge hinten an den Gaumen gedrückt), wo immer diese Buchstaben vorkommen, benutzen. Dieser Punkt muß sorgfältig beobachtet werden, da nur auf diese Weise ein Anglo-Amerikaner auf einer deutschen Bühne in den Vereinigten Staaten glaubhaft gemacht werden kann.

Thompson ist etwas steif im Benehmen. Sollte mager dargestellt werden. Er ist genau in Allem, aber nicht ohne Wohlwollen.

Harold Thompson.

Dies ist vielleicht die schwierigste Rolle des Stückes. Harold soll etwas von der Ungelenkigkeit oder vielmehr der Eigenheit des Benehmens der Yankees zeigen, welche Attribute darzustellen dem deutschen Schauspieler einige Schwierigkeiten bereiten dürften. Dabei muß alles Karrikiren vermieden werden. Dieses besonders in der Kleidung. Dieselbe muß fashionabel, darf aber nicht stutzerhaft sein.

Er spricht gutes Deutsch in derselben Weise wie sein Vater, der ihm eine Erziehung auf einer deutschen Universität hat zuteil werden lassen.

Oldham

ist ein deutschamerikanischer "Dude" (Dandy, Stutzer), dabei verschlagen und ein Intriguant. Das Englische, das er spricht, muß perfekt sein; während sein Deutsch— wie das von den Thompsons gesprochene—mit dem englischen "R" und "L" versetzt werden muß. Er liebt Rosa nur oberflächlich und sieht in ihr lediglich die gute Partie.

Peter Deutsch

(Dutch Pete) ist der landläufige deutschamerikanische Bierwirth oder "Saluhnkieper." Breit, kommun und derb im Wesen wie im Aussehen. Er sollte möglichst dick personifizirt werden, ohne Schnurrbart, aber mit rothblondem Kinnbart und gleichfarbiger Perrücke.

Hier muß wieder bemerkt werden, daß etwaige vorkommende englische Brocken korrekt (im Sinne wie diese Art Leute sie eben sprechen) hervorgebracht werden. Alle Rollen, worin solche spezifisch deutsch-amerikanische Merkmale vorkommen, müssen auf ein hiesiges Publikum lächerlich anstatt komisch wirken, wenn sie in dieser Beziehung unwahr dargestellt werden.

Christian

habe ich als Schwaben aufgefaßt, weil mir diese Landsleute geläufig sind. Ich habe nichts dagegen, wenn diese Figur schweizerisch, bayerisch oder österreichisch gespielt wird. Man richte sich darin nach vorhandenen Kräften; nur muß die Rolle süddeutsche Färbung haben, weil cholerische Temperamente im Süden häufiger angetroffen werden als im Norden. Gutmüthigkeit ist ein Hauptmerkmal dieser Episodenfigur.

Dörthe
ist Repräsentantin der großen Rasse von Dienstmädchen, die ein gemischtes Deutsch, wie ich es angewandt, sprechen. Das Pommerisch-Mecklenburgische ist dabei vorherrschend. Man vermeide das Städtisch-Berlinische indessen soviel als möglich. Mit den Redensarten ist es zu halten, wie ich unter "Peter Deutsch" angegeben. Korrektes Auswendiglernen eines jeden Wortes ist unerläßlich.

Ticket Peddler.
Muß starken plattdeutschen Anklang haben. Zuviel mag indessen dem Verständniß seitens der Zuhörer nachtheilig sein. Wenn mein Versuch im Plattdeutschen von einem Schauspieler, dessen Muttersprache Niederdeutsch ist, verbessert werden kann oder soll, so hüte er sich nur davor, die Sache allzu echt zu machen. Der allgemeine Ton wohlgetroffen ist dem zu genauen Markiren des Einzelnen in der Sprache vorzuziehen.

Die übrigen Rollen sind von geringerer Bedeutung und bedürfen dieselben deshalb keiner weiteren Erklärung meinerseits.

Daß ich mich überhaupt einer Erläuterung der Figuren meines Stückes unterzogen habe—ein, wie ich glaube, bei Autoren rein- oder reichsdeutscher Werke nicht übliches Verfahren,—so geschah es einmal seines ungewöhnlichen Inhaltes wegen und zum andernmal unseren hiesigen Schauspielern, deren Mehrzahl nur kurze Zeit im Lande lebt, einen kleinen Leitfaden an die Hand zu geben, der ihnen eine glaubhafte und treue Darstellung der Figuren des Stückes ermöglichen soll.

Wenn je bei einem dramatischen Werke es auf Naturtreue, "richtigen Ton" und wahre "Atmosphäre" ankam, so ist dies bei folgendem Stücke der Fall. Andrerseits glaube ich, wird es dem Schauspieler bei einiger Liebe zur Sache, und vorhergehender sorgfältiger Beobachtung deutschamerikanischen Lebens und Treibens, gelingen die erheblicheren Gestalten des Stückes, sich zu Dank und den Zuschauern zum Genusse, darstellen zu können.

J. G.

Erster Akt

Die Szene stellt eine sogenannte "Fair" dar, welche von einer deutsch-amerikanischen Schule zum Zwecke der Kasse eines deutschamerikanischen höheren Institutes aufzuhelfen, veranstaltet worden ist. Die Bühne ist festlich bekränzt und beflaggt. Buden mit allerlei Zierrath und Kunterbunt besetzt, sind an den Seiten aufgestellt und laufen desgleichen am Hintergrund entlang. Auf einer Erhöhung in der hintern Ecke rechts ist ein Flügel postirt, auf dem ein junger Mann mit Unterbrechungen klimpert. In der Ecke links ist eine "Postoffice" angebracht. Den Mittelgrund der Bühne nimmt ein mit den Sternen und Streifen und der Statue der Freiheitsgöttin geschmücktes Bureau ein. Auf den Ecken desselben Büsten von Washington und Lincoln. Nach vorne zu ist in diesem Bureau ein ziemlich großer Schalter eingefügt, welcher weit offen steht und hinter welchem man einzelne, mit Brillen behaftete, ältere Frauen sieht. Dieselben tragen fast ununterbrochen ein freundliches Lächeln auf dem Gesicht. Über dem Bureau prangt ein Schild, welches deutsch und englisch folgende Inschrift trägt:

    "A silver ice-pitcher and goblets to be presented to the most popular candidate for Mayor! Votes 50 cents each."

    Dieses Service soll irgendwo zur Ansicht ausgestellt sein. Gruppen von Mädchen (theils in Phantasiekostümen) treten ab und zu und fordern junge und ältere Männer, Besucher der Fair auf, Loose für alle möglichen Dinge zu nehmen und zeichnen die Nummern der genommenen Loose dann in kleine Büchelchen ein. An erhöhter Stelle sollte ein großes sog. "Crazy Quilt" aufgehängt werden und allerlei sonstige Gegenstände, meistens Haushaltungsartikel mit enormen Preisen versehen, zum Verkauf ausgeboten werden. In der Coulisse links sieht man das Ende eines Schanktisches hervorstehen, welcher ebenfalls dekorirt gedacht ist.

    Beim Aufzuge des Vorhanges steht eine junge Dame (Rebecca) neben dem Klavier und singt: "When the swallows homeward fly." *Dieses Lied hat sie (in englischer Sprache) unter Begleitung des Klavierspielers schon vorher angefangen und sie singt beim Aufziehen des Vorhanges eben noch die letzten Verszeilen.* Applaus der Anwesenden *im Hintergrunde. Fräulein verbeugt sich steif und linkisch und läuft dann ziemlich unzeremoniell und kichernd in den Vordergrund. Einige Freundinnen und Bekannte, darunter Rosa Buehler folgen.*

    Fortwährend lebhaft bewegtes Bild. Gedämpftes Lachen und Sprechen. Ab und zu Klavierspiel.

1. Scene

Rosa, Rebecca, Freundinnen.
Alle Freundinnen sprechen und bekomplimentiren Rebecca.

1. FREUNDIN:	Fein, Rebecca! Das hast Du hübsch gesungen!
2. FREUNDIN:	O so gefühlvoll! Das geht so zu Herzen!
3. FREUNDIN:	Besonders am Ende das: "*Parting, yes parting gives pain!*"
ROSA:	Aber sage mir, Rebecca, warum singst Du nicht deutsch? Gerade dieses Lied ist doch im Deutschen viel schöner.
REBECCA:	Denkst Du? O ich denke nicht!—Die deutsche Sprache ist so hart zu behalten und sie spricht sich auch so schlecht— *(mit etwas niedergeschlagenen Augen)* Mr. Oldham meint auch, das Englische wäre besser zu singen, als das Deutsche.
ROSA:	So, meint er das?
1. FREUNDIN:	O ich, ich denke auch, das Englische ist viel weicher.
3. FREUNDIN:	Und viel eleganter——
2. FREUNDIN:	*(mit Augenaufschlag) And so full of sentiment.*

Freundinnen ab nach dem Hintergrund. Von Zeit zu Zeit Klavierspiel während der Szene, doch so, daß es den Dialog nicht stört.

ROSA:	Sag' mal, Rebecca, hat mein Vetter das wirklich gesagt?
REBECCA:	*Sure!* Er sagt, man müsse die deutsche Sprache—wie eine fremde Sprache behandeln.
ROSA:	Das heißt wohl, man müsse sie *schlecht* sprechen?
REBECCA:	*O sha!* Das nicht, aber man sollte sie mehr *refined* sprechen;—nicht so breit und gedehnt,—das klingt so *dutchy!*
ROSA:	Ihm wäre besser, wenn er redete, wie ihm der Schnabel gewachsen ist und seinen ehrlichen deutschen Namen behalten hätte.
REBECCA:	Er hat ganz recht, daß er seinen Namen gechanged hat.
ROSA:	Natürlich! Er ist ja Clerk in Sweetberg's Dry Goods Store; da ist das Namenumändern ansteckend geworden.

Oldham im Hintergrund sichtbar.

REBECCA:	Well, die feinsten Ladies von Shoddy-Heights kommen *nur* zu ihm, wenn sie shoppen gehen.—Doch da seh' ich ihn kommen und so will ich Euch nicht weiter stören. *(schnippisch)* Denn wenn *Du* da bist, sieht er mich doch nicht an! *Rosie you've made a mash there!* *(mit Gruß an Oldham vorbei, nach hinten im Vorübergehen Oldham grüßend)*

2. Scene

Rosa, dann Oldham.

ROSA:	*(Rebecca verächtlich nachsehend) Mash!*
OLDHAM:	*(ist schon im Hintergrund sichtbar gewesen) How do you do, Rosie!*
ROSA:	Guten Abend, Vetter! *(gibt ihm die Hand)*
OLDHAM:	Ich hoffte Dich hier zu finden. Es ist die letzte Nacht, wo die Fair offen sein wird, dachte ich, und da wird Rosie *sure* nicht fehlen.
ROSA:	Du hast richtig gerathen. Sind doch die Eltern langjährige Mitglieder des Schulvereins.
OLDHAM:	Und dann wird heute Abend *(leicht spottend)* ja abgestimmt, wer mehr—mehr—— *(kann das Wort nicht recht finden)* populär ist, Dein Vater oder Judge Thompson—
ROSA:	Leider ist dem so! Mein verblendeter Herr Papa glaubt eben, es sei zum Erfolge in der Politik nöthig. Indessen mein Geschmack ist dies *(deutet auf den Schalter)* hier durchaus nicht und ich wäre viel lieber zu Hause geblieben, wenn—
OLDHAM:	Wenn Du nicht hofftest, Harold hier zu treffen;—ja, ja, ich weiß—
ROSA:	Caspar!
OLDHAM:	*Charles, if you please!*
ROSA:	Ach was, Charles! Caspar Julius heißt Du. Doch lassen wir das. Ich weiß, daß Du auf Harold böse bist.
OLDHAM:	Er hat mich insultirt!
ROSA:	Er nannte Dich einen Dude,—ich weiß es.

OLDHAM:	Er hat's Dir also schon erzählt?
ROSA:	Allerdings hat er das; aber Du verdienst auch nicht besser beurtheilt zu werden, denn Du bringst Deine ganze freie Zeit in Skating Rinks und bei Ice Cream- und Strawberry Parties zu und gehst regelmäßig in die Sonntagsschule. Natürlich nur wegen der hübschen Mädchen, die Du dort beisammen findest.
OLDHAM:	Aber Rosie, Du bist *mistaken,—much mistaken*. Ich liebe eben die *refined society*, die man dort findet. Daß zufällig hübsche Mädchen darunter sind, ist nicht meine Schuld,—obgleich ich nicht *denyen* kann, daß mir das sehr angenehm ist.
ROSA:	Besonders dann, wenn solch ein hübscher Flattersinn mit dem Mund voll *Chewing Gum* nach dem schönen Charley schmachtet.
OLDHAM:	Was kann ich helfen?! *That's my happy luck!* Du weißt, Rosie, ich liebe Dich, Dich ganz allein, und ich gebe keinen Cent um all die Andern!—Wenn Du mir nur ein bischen Vertrauen schenken wolltest!
ROSA:	Ach ja doch,—ich hatte es ganz vergessen! Du sagtest mir,—ich glaub', es war vor einem halben Jahr,—Du liebtest mich und möchtest mich gerne zur Frau haben.—Und was habe ich Dir damals geantwortet?
OLDHAM:	Du sagtest, wenn ich eine Stelle errungen hätte, welche,—welche ein Ehepaar ernähren könne so—soll ich wieder anfragen. Jetzt, Rosie, bin ich soweit!
ROSA:	*(lächelnd)* Nun, und was bist Du jetzt?
OLDHAM:	Ich bin *shop walker* in Sweetberg's Store und ziehe achthundert Dollars *per annum*.
ROSA:	Und was hast Du erspart?
OLDHAM:	Erspart? Erspart?—*Well*, eigentlich nicht viel. Du weißt ja, wenn man anständig gedressd gehen will.—
ROSA:	*(spöttisch)* Und Ausgaben für Schnipelschuhe, Stove Pipes, Bartwichse, Spazierstöcke, Uhrgehänge, Glaceehandschuhe u .s. w. hat, so behält man von solchem Einkommen nicht viel übrig, kann mir's denken! Aber für die Tochter meines Vaters bist *Du* nichts. Laß Dir rathen, Caspar,—oder Charley, wenn Dir das lieber ist,—sieh, dort hinten flanirt Rebecca Sonnenstrahl, die schwärmt für Dich und ist ganz Dein Fall. Du machst auf einmal drei Menschen glücklich: Dich, Rebecca und—deren Vater, welch' letzterer schon längst darnach trachtet, sie unter die Haube zu bringen und willens ist, wie er sagt: "Einiges zu thun vor seinen Schwiegersohn!"—Doch nun muß ich Dich verlassen, sei mir nicht böse, Charley *(schalkhaft und etwas malitiös)* ich meine es gut mit Dir! *(ab unter die Menge, wo sie Harold trifft)*
OLDHAM:	*(im Vordergrunde) That settles it, I s'pose!*—Aber warte nur, hochnasige Cousine, ich will es Dir schon heimzahlen. Der *snob* Harold hat Dein Herz gefangen, da ist natürlich der arme Cousin Charley *nowhere. (geht sinnend ein paar Schritte auf und ab)* Ich muß et-

was thun, um mich zu rächen!—Aber wie?—Morgen ist *election day*,—ob sich da was thun ließe?—Wenn Thompson *defeated* würde, ist's möglich daß er Einwendung gegen Harold's Verbindung mit den Buehler's machen wird.—Wenn aber Buehler *defeated* würde? *Whew!* Welche Wuth würde der kriegen! Alles würde er verfluchen und verdammen!—*I've got it!* Es ist da eine dunkle Geschichte in Buehler's Vergangenheit. Ich muß mich einmal näher erkundigen. Das wäre ein Fressen für die Zeitungen. *Buehler* muß *defeated* werden! Aber *careful*, Charley. Buehler ist ein starker Kandidat—das muß vorsichtig gemacht werden! Er darf nicht ausfinden, daß Du gegen ihn gearbeitet hast, sonst ist alles *played out. (ab unter die Menge)*

Klavierspiel, schon vorher unterbrochen, hört ganz auf.

3. Scene

Rosa, Harold; später Mädchen mit Loosen.

HAROLD: *Rosie, my dear Rosie!* Ich bin so glücklich, Dich zu sehen! Also Dein hartherziger Papa ist meiner Werbung um Dich noch immer entgegen? Er haßt mich vielleicht?

ROSA: O nein, Harold. Er liebt blos Deine freien Umgangsmanieren nicht. Würdest Du ihm offen entgegentreten, hättest Du ihm Deine Aufwartung im Hause gemacht, und ihn nicht eher zu vermeiden gesucht, er dächte freundlicher von Dir. Statt dessen *(zögernd)* suchst Du mich Abends—heimlich—an der Hausthüre auf, ein Umstand, der ihn verstimmt und bewirkt, daß er Dich eben für einen amerikanischen—Windbeutel hält, *(lächelnd)* eine Sorte, für die wir Deutschamerikaner bekanntlich nicht schwärmen!— *(neckisch) Present company always excepted! (als Harold Miene macht, sie für ihre Schelmerei zu umarmen)* Halt! Du vergissest, daß wir an einem öffentlichen Orte sind! Wohin ist auf einmal Deine Yankeereserve? Du hast Dich ja merkwürdig germanisirt!

HAROLD: O, Rosie!

ROSA: Hast Du das vielleicht bei Deinen Studien in Heidelberg gelernt? Seinen Regungen gibt sich höchstens ein Deutscher hin, aber ein Abkömmling der Puritaner—*For shame!*—

HAROLD: Rosie, Du bist ein Göttermädel!

ROSA: Sagte ich's nicht? Deutsche Studentenphrase!—Übrigens vergissest Du ganz, daß wir Feinde sind; politische Feinde!—*Wir* sind für "Reform"! Ihr dagegen für die "blauen Gesetze," für das "Puritanische"! *Brrr!* Harold, wie seid Ihr so staubig und verschossen! *(Geberde des Staubabwischens von Harold's Schulter)*

HAROLD: *(begeistert)* Rosie, Du bist wirklich eine kleine Hexe. Aber 's ist wahr, die politischen Differenzen zwischen unseren Vätern sind ein schwerer Stein auf unserem Wege.

ROSA:	*(neckisch)* Nun, wenn wir Judge Thompson besiegt haben werden, wird sich der Vater in der Freudigkeit seines Erfolges schon geneigt zeigen.
HAROLD:	*(lachend) Well*, Rosie, Du scheinst sehr vertrauensvoll zu sein!
ROSA:	Verlaß Dich darauf: Gottfried Buehler wird Mayor dieser Stadt!
HAROLD:	*(lächelnd)* Na, wir werden ja sehen! Übrigens weißt Du, Rosie, daß ich gestern Partner von Deinem Onkel Dorn geworden bin? Wenn Du jetzt durch die Main-Straße gehst, wirst Du in goldenen Lettern auf schwarzem Schild die Firma: "Dorn & Thompson" prangen sehen!
ROSA:	Was Du sagst! Nun das freut mich aber sehr! Ich habe den Onkel Dorn so lieb!
HAROLD:	*(begeistert)* Und Onkel Dorn arbeitet fleißig für die Wahl Deines Vaters!
ROSA:	Ich weiß es und freue mich umsomehr darüber, als er anfangs bemüht gewesen war, den Vater von der Kandidatur zurückzuhalten.
HAROLD:	Mr. Dorn ist ein Gentleman! Wie er ein tapferer Soldat im Kriege war, ist er ein loyaler Freund im Frieden!
ROSA:	Der Vater aber ist böse auf ihn, wer weiß aus welchem Grunde. Indessen glaube ich, daß er, wider seinen Willen, unter Onkel Dorns Einfluß steht!
HAROLD:	Da wäre vielleicht durch Dorns Hilfe etwas für unsere Sache zu erwirken?
ROSA:	Vielleicht; allein wenn alle Stränge reißen, bleibt uns immer noch die gute Mutter! *Die* hält die Liebe ihrer Tochter nicht für eine Geschmacksverirrung. *(neckisch)* Ich natürlich theile ihre Ansicht nicht ganz, indessen,—
HAROLD:	Rosie!

Ein schüchternes Mädchen in phantastischem Kostüm tritt zu Rosa und Harold, letzterem Loose anbietend.

MÄDCHEN:	Entschuldigen Sie, Mr. Thompson! Möchten Sie nicht auch ein Loos nehmen? Äußerst billig—kostet nur 50 Cents!
HAROLD:	*(verbeugt sich) Well, Miss*, was ist's, was Sie haben? Zeigen Sie mir das Kleinod und ich will sehen, ob sich's bezahlt, darauf zu spekuliren?
MÄDCHEN:	Sehen Sie, dort der elegante Kinderwagen wird verloost. *(schiebt den Wagen vor)* Wir nehmen nur zweihundert Loose;—
HAROLD:	Aber kleine Miß, Sie wissen ja, ich habe keinen Gebrauch für solch ein Fahrzeug!
MÄDCHEN:	*O well*, Sie können ihn ja aufheben!—— *(Pause)*

Rosa wendet sich verlegen weg.

| HAROLD: | *(mit Humor) Well*, auf diese Gefahr hin, können wir's ja riskiren! |

Rosa verlegen ab; desgleichen Harold, nachdem er das Loos bezahlt hat, gefolgt von dem Mädchen, das im Abgehen sein Geld zählt.

4. Scene

Dutch Pete, Balzer, Lutz, Knödel (auf der einen Seite der Bühne). Smith und Jones (auf der anderen Seite). Mrs. Mayer. Dann Buehler.

DUTCH PETE: *(zu Balzer)* Also, Balzer, so mache mer's! Mir thun, als ob mer kein' dam Cent schpende wollte—*you know?*

BALZER: Ich versteh'!

SMITH: *(zu Jones) Watch Dutch Pete! I guess, they're up to a scheme!*

JONES: *Never mind, we'll fix 'em.*

DUTCH PETE: *(zu Balzer) Of course,* hie und da lasse mer en halbe Dahler fliege.

LUTZ: Nur daß es so aussieht, als ob mir thäte!

BALZER: Gegen's End, aber, wird ringepitscht!

DUTCH PETE: Also ufgepaßt!

BALZER: *All right!*

KNÖDEL: Weiß schon!

LUTZ: Also druff!

ALLE: Ah, da kommt er! Guten Abend, Captain Buehler.

Buehler tritt auf. Allgemeines Händeschütteln. Buehler tritt an den Schalter zur Frau Präsidentin Mrs. Mayor. Diese verbeugt sich freundlich lächelnd.

BUEHLER: Guten Abend, *boys, how are you? (im Rednerton durch die Öffnung)* Mrs. Mayer wünsch' Ihne schön guten Abend!—Es ist ein herrliches Fest, was Sie da arrangirt habe und welches in der Geschichte deutscher Bestrebunge in Amerika ohne Gleiche dasteht!

MRS. MAYER: Mr. Buehler, Sie sind *zu* freundlich! Wir thun nur unsere Schuldigkeit! Wenn man eine *so große*, wichtige Sache im Auge hat—

BUEHLER: Ja, die deutschamerikanische Landesuniversität? Sie ist kein leerer Wahn mehr, wie der Dichter so schön sagt,—sie lebt, sie *is a fact!* Deutsches Wissen, deutsche Kunst und das deutsche———

Stimmen im Hintergrunde an der Bar a tempo: "Beer!"

BUEHLER: *(ohne Unterbrechung fortfahrend)* —Lied werden endlich eine Stätte finden auf fremdem Bode und All' das werde mir nur Ihne zu verdanke habe und Ihrem herrliche Frauenverein. Möge er wachse und gedeihe! *(reicht ihr die Hand; dann in gewöhnlichem Gesprächstone) By the way,* was macht Mr. Mayer? Hab ihn gestern *on 'change* net gesehe?

MRS. MAYER: Er fühlt nicht gut, Mr. Buehler. Er hat Kalt bekomme und muß das Zimmer hüten.

BUEHLER: *You don't say!* Thut mir leid! Grüße Sie ihn von mir. Hoffentlich wird er morge *all right* sein und sei Bürgerpflicht thun?

MRS. MAYER: Gewiß! Morgen muß er 'raus! um *(verbindlich lächelnd)* für "Buehler und Reform" zu stimmen!

BUEHLER: Sehr schmeichlhaft! Grüße Sie Mr. Mayer von mir! Guten Abend! *(tritt abseits und plaudert mit Freunden)*

Händeschütteln. "Buttonholing." *Buehler wird von Pete nach der Seite geführt. Letzterer flüstert ihm in's Ohr. Buehler flüstert zurück, schiebt den Hut auf den Hinterkopf, dann wieder auf die Stirn, gestikulirt und scheint außerordentlich Wichtiges mit seinem "Buttonholer" vorzuhaben. Inzwischen:*

KNÖDEL: *(in den Schalter laut) Two votes for Capt. Buehler!*

SMITH: *(lauter) Ten votes for Judge Thompson!*

KNÖDEL: *(zu Balzer)* Der Judge und seine Leute strengen sich höllisch an!

BALZER: 's ist eigentlich dummes Zeug für diese Geschichte da unser gutes Geld auszugeben, der silberne Eispitcher ist ein großer Humbug.

KNÖDEL: Thut nichts! Es ist für einen guten Zweck und das Geld auch *so* nicht 'nausgeworfen, *you know? (stößt Balzer mit einem deutlichen Augenzwinkern in die Rippen)*

BALZER: Versteh! *Fat offices,* he?! *(stockend) Well,* das wäre schon alles gut, aber—weißt Du,—ich hab' kein Geld mehr.—*Lend me a dollar!*

KNÖDEL: Habe mich ewe blank gestimmt. *(zieht zwei leere Taschen aus den Hosen)* Fünf Dollars habe ich mitgebracht, die sind futsch. Geh zum Captain; der hat für den guten Zweck noch immer was übrig. *(tritt beiseite)*

Balzer geht auf Buehler zu, welcher indessen Pete losgeworden ist. Er zieht mit Ostentation seine Börse und reicht Balzer einen $5.00 Schein, welchen dieser zum Stimmkasten trägt und dort ausgibt. Während dieses Vorganges sind Thompson's Freunde aufgetreten. Nun laute Stimmenabgabe für beide Kandidaten.

DUTCH PETE: Da komme se! Die gucke mer net aus, als ob sie viel Schputs hätte!

KNÖDEL: Den Crooke, den kenn' ich. Gegen zehn Uhr kauf' ich mir den Kerl!

BALZER: Der kneipt gern Eins im Stille.

KNÖDEL: *You bet.* Und kann nichts vertragen.

LUTZ: *That's the ticket!*

5. Scene

Vorige. Thompson und Freunde. (Thompson und Buehler begegnen sich.)

THOMPSON: *(offen)* Freut mich Sie zu treffen, Mr. Buehler.

BUEHLER: *(etwas verlegen)* Freut mich ebenfalls. *(räuspert sich)*

THOMPSON: Was macht Mrs. Buehler und Familie?

BUEHLER: Sehr wohl, danke.—Feines Wetter heute.

THOMPSON: Sehr fein—etwas kalt meine ich—

MRS. MAYER: *(tritt aus dem Bureau heraus und reicht erst Thompson, dann Buehler die Hand; zu Thompson)* Ich heiße Sie im Namen des Schulvereins herzlich willkommen. Wollen die Herren sich nicht bei uns umblicken? Da ist zuvörderst dieses Service aus schwerem getriebenem Silber *(führt die Herren vor die Gegenstände),* um dessen Besitz, Sie, meine Herren, heute rivalisiren sollen—

THOMPSON: *(nachdem er die Sachen angesehen)* Sehr schön! Fein gearbeitet.

MRS. MAYER: O dies ist echte Waare!

THOMPSON: *(leichthin)* Gewiß, ich bin überzeugt!

MRS. MAYER: *(mit herabgedrückter Stimme)* Kostet dem Verein über 250 Dollars!

*Thompson blickt Mrs. Mayer ungläubig an, während jetzt Buehler die Sachen ober-
flächlich mustert.*

BUEHLER: *(verbindlich zu Mrs. Mayer)* Sehr kostbar! Dies Service muß ich
habe! Mir fehlt grad *so a Set* zu mei'm Hausstand.

LUTZ: Zwei Stimmen für Mr. Buehler.

THOMPSON: *(lächelnd zu Buehler)* Nun wir werden ja sehen! Denke meine Freunde
werden es Ihnen nicht allzu leicht machen!

JONES: *Ten votes for Judge Thompson!*

THOMPSON: Sehen Sie, Herr Buehler!

MRS. MAYOR: *(gleißnerisch)* Wie leid es mir thut, daß nicht *beide* Herren die glücklichen Gewinner sein können!

BUEHLER: *(mit bedeutsamer Miene)* O ich bin *polite* genug dem Judge den Pitcher
gewinne zu lasse.—Am End von der *election* und dem *excitement*
wird ihm e frisch Glas Eiswasser sehr gut sein.

KNÖDEL: Pete, seh doch jetzt dem Judge sein verdutzt Gesicht!

DUTCH PETE: Net wahr! Ich hab's Euch ja immer gesagt! Im Debattiren kann den
Captain keiner biete! Noch net emal der Schurz!

Die Anderen lachen.

THOMPSON: *(schlau lächelnd)* Ich nehme die guten Wünsche meines Freundes
Buehler dankbar an. *Er* braucht den *ice-pitcher nicht.* Am Salt-Lake
soll es ohnehin schon so kalt sein, daß er weiterer Abkühlungsmittel
nicht bedarf.

SMITH: *How is that for high!*

JONES: *Bully for the Judge!*

*Freunde beider Kandidaten, welche dieselben umstehen, lachen; am lautesten die
Freunde Thompsons. Buehler unterdrückt merklich den Verdruß über Thompsons
Ausfall.*

BUEHLER: *(reicht Thompson die Hand)* Guter Witz! Wir werde aber schon sehe.
(lauernd) Wolle Sie jetzt nicht Eins mittrinke, Judge?—'s kann nit
schade, wenn man auch *vor* der Wahl so a Kleins zum Abkühle
nimmt.

THOMPSON: *(etwas verlegen)* Danke Ihnen, ich trinke nie! Indessen, was die
Sache sonst betrifft *(zur Gesellschaft im Allgemeinen),* meine Herren,
trinken Sie fröhlich drauf zu und, wenn Sie wollen, auch auf meine
Gesundheit! *(geht zu Harold)*

BUEHLER: *Come boys!* Wir wolle Eins petze!

*Harold ist aufgetreten. Die Männer, Freunde beider Kandidaten gehen mit Buehler
nach dem Schanktisch.*

BUEHLER: *(im Abgehen, hocherfreut zu den Andern)* Habt Ihr's gesehe?—Er ist e
verkappter Temperenzler, was ich immer gesagt hab! *(im Rednerton)*
Meine Herren hütet Eure persönliche Freiheit und (bereits hinter der
Scene) *"Give us the beer."*

Faßanschlagen und Gläserklappern.

6. Scene

Thompson, Harold. (Harold ist zu Thompson getreten.)

THOMPSON: *(halblaut zu Harold)* Höre, Harold, ich will nicht, daß Du viel Geld für den Britannia-Pitcher hier ausgibst. Das ganze Zeug ist nicht 25 Dollars werth.

HAROLD: *Well*, auch ich dachte nicht viel aufzuwenden, da ich ganz Deiner Ansicht bin, indessen drängt es mich aus Gründen privater Natur mich hier zu zeigen und—

THOMPSON: Und *gesehen* zu werden, nicht wahr?

HAROLD: Vater, Du weißt?

THOMPSON: Gewiß weiß ich, daß Miß Buehler Dich ein wenig im Netz hat. Nun, ich kann das schon begreifen. Sie ist eine angenehme kleine Person, indessen der Captain ist ein ungeschliffener Bär und ich glaube er sollte geschlagen werden.

HAROLD: Dann hast Du nichts gegen meine Werbung um Rosie einzuwenden?

THOMPSON: Nein, nicht das Geringste. Ich erfahre, der Privatcharakter der Buehlers ist über allen Zweifel; auch sind sie wohlhabend und, soweit ich Miß Rosie kenne, glaube ich, daß Ihr im Ganzen als Eheleute gut fahren werdet.

HAROLD: Ich danke Dir, Vater!—Sage mir aber mal, wie stehen denn die Sachen? Ich habe die Politik in letzterer Zeit wenig verfolgt; sind die Aussichten gut?

THOMPSON: *(lächelnd)* Wessen Aussichten?

HAROLD: *(ebenfalls lächelnd)* Deine, natürlich.

THOMPSON: Nun, kann ich wissen, ob Du nicht Buehlers Erfolg vorziehst?

HAROLD: Nein, gewiß nicht; obgleich ich befürchte, wenn er geschlagen wird, wird er nie seine Einwilligung zu meiner Verbindung mit Rosie geben.

THOMPSON: *(Harold die Hand gebend) Never mind*, mache Dir hierüber vor der Hand keine Sorgen. Ich hoffe, alles wird noch gut gehen. *(lächelnd)* Wie ich in der Politik, so mußt Du eben in der Liebe Deine Chancen hinnehmen, wie sie fallen.

Beide ab.

7. Scene

Buehler, dann Postbotin und Rosa

BUEHLER: *(kommt aus dem Hintergrunde mit etwas geröthetem Gesicht)* Brrr! Election-Bier! Das Zeug hab' ich jetzt aber bald dick! Der Mensch macht sich rein zum Gummischlauch. Und doch,—was soll mer mache? Als Volkscandidat muß mer mit dem Volk in seiner Weis' verkehre!

MÄDCHEN: *(als Postbotin costümirt, tritt ihm entgegen)* Mr. Buehler, ich hab 'n *letter* vor Ihne.

Buehler wirft seine Cigarre, die er eben angebrannt, quer über die Bühne und will mit einer galanten Verbeugung den Brief ergreifen. Das Mädchen zieht denselben zurück. Indessen tritt Rosa auf.

BUEHLER: *(zur Botin)* Na, soll ich denn net?

MÄDCHEN: *Hold on, please!* Der Brief ist werth zwei Schilling, Captain *(lächelnd die Hand hinstreckend)* "C. O. D."

BUEHLER: *Golly*, das ist 'ne theure Post! Und *cash* muß mer auch noch bezahle? *(greift in die Tasche)* Ja, sind denn kei Schtämps drauf? *(gibt ihr das Geld)* Wahrhaftig, *no! (die Botin galant unter dem Kinn krauend)* Na warte Sie nur, *bye and bye*, wenn die Reformpartei dran kommt, wird die alte Postwirthschaft ausgecleaned, da werde dann nur noch so frische junge *ladies*, wie Sie sind, als *letter-carriers* angestellt.

MÄDCHEN: *O that would be so nice!*

ROSA: *(bei Seite)* Sieh, sieh, wie liebenswürdig!

BUEHLER: Und bei jeder "*special delivery*" werd' ich dafür sorge, daß Ihr Mädcher auch ein Kuß kriegt als Botelohn. Soll ich vielleicht den Anfang mache? *(macht Miene die Botin zu küssen)*

Mädchen läuft kichernd ab.

BUEHLER: *(will selbstzufrieden lächelnd nach hinten, als er Rosa ansichtig wird)* Hallo, Rosie!

ROSA: Guten Abend, Papa! Wie liebenswürdig Du gegen das junge Mädchen warst! Habe Dich eigentlich noch nie so gesehen!

Während folgender Scene bitten die Comite-Damen die Herren Balzer und Smith, als Repräsentanten beider Parteien, in die Office zum Zwecke des Stimmenzählens. Beide Herren setzen sich an den Tisch, den Stimmkasten zwischen sich, und zählen die Stimmen. Einer oder der andere, der noch stimmen will, wird abgewiesen. Von Zeit zu Zeit kommen einige an den Schalter und erkundigen sich.

BUEHLER: Na weißt Du, Rosie, ich bin nun einmal in der Geschichte drin und da muß mer mitmache, wie's die Andern thun! *(nach der Richtung, in der die Postbotin abgegangen, deutend)* Der ihr Vater, weißt Du, hat die 18. Ward in seiner Tasch und kann viel gege mich thun, wenn er will. Die wird die ganze Geschichte fein zu Haus erzähle und das zieht bei dem Alte! Doch laß mich jetzt endlich gucke, was in dem Brief drein steht—'s wird wieder so e dumm Gedicht sein:

    "*Roses red and violets blue,*

    Sugar is sweet and so are you."

(hat den Brief geöffnet, sein Blick verfinstert sich; erzürnt zu Rosa) Rosa, Rosa!

ROSA: Was ist's Papa?—Sie haben Dir wohl wieder eins versetzt? So hinterrücks—nicht wahr? Diese elenden Politiker!

BUEHLER: Ach was—guck mich e mal an! *(Er sieht ihr fest in die Augen, dann halblaut.) No,* aus dene Auge gucke kein so *yankee notions* raus!— *Die* wenigstens sind noch gut deutsch!

ROSA: Papa, was hast Du? Was steht in dem Brief? Laß mich ihn lesen.

BUEHLER:	*(gibt ihr den Brief)* Da!
ROSA:	*(liest)* "Honorable Godfrey Buehler! *Dear Sir!*—Gucke se scharf aus auf die Rosie und auf dem Judge Thompson sein Sohn. Die zwei haben sich heimlich *engaged* und denke noch heut Nacht zu *elope!* Ein Freind!"

Rosa lacht laut auf.

BUEHLER:	Na, thu nur net so! Ich weiß schon längst, daß er Dir was vorschwärmt. Und verfängt er sich wirklich, dann ist er auch sicher net zu gut dazu Dir was vom Durchbrenne vorzufasele.
ROSA:	Du thust Harold sehr unrecht, Vater!
BUEHLER:	Gar net, gar net! Aber ich glaub, 's ist besser, wenn die Deutsche bei de Deutsche bleibe und die Yankees bei de Yankees. Die blaublütige Kerle bilde sich doch ein, der amerikanische Herrgott hätt' sie bei Plymouth Rock Anna 1600 und tuback aus eme extra Teig geschaffe. Dabei sind sie aber doch, grad wie mir Deutsche, mit allem Gute und Schlechte was an ihne war, eingewandert und sind reich und unverschämt geworde, grad wie mir auch.
ROSA:	Harold hat aber alle Achtung vor den Deutschen, Du weißt, er hat in Deutschland studirt, seine Erziehung vervollständigt und hat gelernt, das Gute was an uns ist, wohl zu schätzen.
BUEHLER:	Ja, schätze!
ROSA:	Übrigens, weißt Du, daß er Partner vom Onkel geworden ist? Die Firma heißt jetzt: "Dorn & Thompson"!
BUEHLER:	*(etwas überrascht)* So?—Na, meinetwege, mir kann's recht sein. Des sind zwei, die so recht zusamme passe—die sollte sich Beide vergolde lasse, damit se net verroste. Und Dein Onkel sollt sich in e vergitterte Office setze, daß ihm ja net die gemeine Welt, b'sonders die Politiker, so Einer wie Dein Vater zum Beispiel, zu nahe kommt und die reine Händ beschmutzt.
ROSA:	Wenn Du auf des Onkels politische Gesinnung anspielst, thust Du ihm Unrecht. Ich höre nur das höchste Lob über ihn aussprechen und sein Urtheil gilt viel in maßgebenden Kreisen.
BUEHLER:	Maßgebende Kreise? Wer sind die? He? Vielleicht die Idealiste wie Dein Onkel? Oder sind sie's Volk, aus dem ich aufgewachse bin?
ROSA:	Aber Ideale sollte doch der Mensch haben.
BUEHLER:	Freilich soll er, aber net in der Politik, am allerwenigste in der amerikanische. Die ist praktisch und *matter of fact!* Mit dene ideale Faxe kommt Einer überhaupt net weit in Amerika. Da ist Dein Onkel der beste Beweis dafor. Als gewesener Student und Luftibus ist er mit einem ganze Bündel "Ideale" nach Amerika ausgewandert. Er konnt alle Sprache der alte und moderne Welt spreche, nur net Englisch und als bald darauf der letzte Cent ausgegebe war, ist er halt in Krieg gege de Süde mitgegange, wo se ihm de Arm kaput geschosse hawe.
ROSA:	*(begeistert)* Er hat sich heldenmäßig geschlagen.

Julius Gugler

BUEHLER: Gewiß, des hat er, alle Respekt davor.

ROSA: Und hat die Pension, die ihm sein dankbares Adoptivvaterland
            entrichtet, gut und nutzbringend angewandt.

BUEHLER: Nutzbringend—gewiß! Für ihn allemal! Er ist ja Advokat geworde—
            (geringschätzend) a lawyer—Du weißt, ich hab' den Onkel recht
            gern, wenn er auch gegenwärtig net schön an mir handelt. Aber er is
            a lawyer! Für die Sort' hab' ich nix übrig. Ich hab' sie ausgefunde.
            Wenn ich noch emal was mit so einem Kerl zu thun hab' und wenn mei
            Klag noch so sicher ist, und wenn sie sich um 5000 Dollars handelt,
            die ich gewinnen *muß*, so frag' ich 'n erst, was die *Fees* sind, und
            wenn er sagt: 100 Dollars, sag ich zu ihm: Gebe Sie mir Ihre *Fees* und
            nehme Sie all das andere!—Da komm ich immer noch besser weg als
            umgekehrt! Aber wir wolle lieber jetzt abbreche. So viel ist sicher, der
            Harold muß viel Gutes thun, eh' er *mir* gefällt,—und daß er Dich—
            mei Rosie— *(sich zu ihr wendend)* mei Herzblatt, habe sollt, das will
            mir nit in Kopf. Sieh, viel besser ist's, Du machst Dich bei Zeiten von
            ihm los.—Ich glaub nu emal net an ihn.—Möchtest Du net vielleicht
            en Andern? Guck', mir werde jetzt *prominent*—und alle Thüre stehe
            Dir offen! Da sind z. B. die Hallers und die Lorings Bube—alles feine
            flotte Kerls, mit viel Cash und in gute Verhältnisse.

ROSA: Du wirst Harold noch kennen und schätzen lernen. Überlassen wir die
            Angelegenheit der Zukunft. Doch da kommen Deine Freunde. Es ist
            gut, daß ich gehe. Gute Nacht, Papa!

*Die Unterhaltung ist schon früher durch Geräusch, welches immer lauter wird und
in Hurrah und Hochrufe ausbricht, unterbrochen worden. Buehler hat das Service
gewonnen. Seine Freunde treten auf ihn zu, klopfen ihm auf die Schulter und schütteln
ihm die Hände, einige werfen ihre Hüte in die Höhe u. s. w. Während dem entfernt sich
Rosa.*

8. Scene

*Buehler, Balzer, Lutz, Pete, Präsidentin, Damen-Comite, Knödel, Smith, Jones, Crooke,
Cook, Sekretärin, Damen vom Comite. Alle Herren und Damen.*

BALZER: Hurrah für Captain Buehler!

LUTZ: *Three cheers for our new Mayor!*

PETE: *(auf Buehler zutretend) By Golly, we beat him!*

ALLE: Hurrah! Hurrah!

*Die Frau Präsidentin und das Damen-Comite treten aus dem Bureau heraus und gehen
auf Buehler zu.*

MRS. MAYER: Auch ich, Herr Buehler, erlaube mir im Namen dieser Damen *(auf
                ihre Begleiterinnen deutend)* Ihnen zu Ihrem Erfolge zu gratuliren
                und hoffe nur, daß dieser, in seiner Art kleine Sieg, nur der Vorläufer
                des größeren sein wird, den wir am morgigen Tage für Sie erwarten!

FRAU SEKRETÄRIN: *(zu einem Mitglied des Comite, beiseite)* Ganz dieselben Phrasen
                    hatte sie sich für Judge Thompson auf Englisch einstudirt.

DAME VOM COMITE: Bei 300 Dollars Reingewinn kommt's auf einige kleine Höf-
                   lichkeitslügen doch nicht an.

BUEHLER: *(gravitätisch) My dear ladies!* Ich weiß nicht, wie ich Ihne vor die
                   große Ehre, die Sie mir anthue, danke soll. Erwarte Sie in diesem
                   feierliche Augenblick kein *speech* von mir, mei Herz ist zu voll *(wischt
                   sich das Auge aus)*, ich kann Ihne blos die Händ schäke und sage, daß
                   ich, wenn ich erwählt sollt werde, Alles thun will, um die Interesse der
                   nationale deutschamerikanische Landesuniversität zu vertrete.

MRS. MAYER: Ich danke Ihnen, Herr Buehler. Das Damen-Comite wird sich morgen
                   das Vergnügen machen, Ihnen die Preisgegenstände in Ihrer Wohnung
                   zu überreichen.

BUEHLER: *(mit winkender Handgeberde)* Danke, danke! *Much obliged*, meine
                   Damen!

PETE: *(zu Mrs. Mayer. Dutch Pete soll die Verlegenheitsworte "ewwe," und
                   "ewwedo," diskret in seine Rede einflicken)* Mrs. Präsidentin, ich
                   möcht', im Name von meinem Freund Captain Buehler frage, ob er
                   net darf für seine Freund hier im Saluhn—wollt sage: Saal—Saal—a
                   Keg Bier anschlage lasse.

MRS. MAYER: *(sieht nach ihrer Uhr)* Wie Sie wünschen, meine Herren, es ist jetzt
                   zehn Uhr, die Fair ist geschlossen und somit steht der Saal ganz zu
                   Ihrer Verfügung. Gute Nacht, meine Herren!

ALLE: Guten Abend, meine Damen! *(Die Damen ab.)*

*Dutch Pete besorgt nun das Arrangement der Klapptische, Bänke und Stühle quer vor
dem Bureau. Ein Barkeeper, mit möglichst dummem Gesicht, Fettlocke bis auf die
Nasenwurzel, über die Stirn geklebt, hemdärmelig, bringt ein Fäßchen Bier, stellt es
auf den Tisch. Pete schlägt das Fäßchen gravitätisch und mit dem Bewußtsein dieses
Geschäft zu verstehen, an und beaufsichtigt den Barkeeper im Füllen und Vertheilen
von Gläsern und Sandwiches.*

KNÖDEL: Donnerwetter, das hat aber Trubel gekostet!

BALZER: Weniger Trubel als Geld!

DUTCH PETE: *(großspurig) Never you mind*, Balzer! Dein Geld war's net und das
                   Übrige *is none of your business*!

Knödel lacht. Balzer macht ein dummes Gesicht.

9. Scene

Vorige (ohne Damen), Reporter.

LUTZ: Captain hier ist der Reporter vom "Volkswächter." Er will Ihne
                   interviewen! *Mr.—a—I—forget your name?—* *(auf Buehler deutend)*
                   Captain Buehler!

BUEHLER: *(lebhaft des Reporters Hand ergreifend)* O wir kenne uns schon
                   lang, Mr.—na—na? Na, Sie wissen ja wie Sie heiße! Sie wolle wohl
                   berichte?—He? Großartiger Erfolg für die Reformpartei! Buehler hat
                   gesiegt mit 200 Majority.—Schreibe Sie nur Alles auf.

Reporter schreibt, indem er öfters nach dem Tisch mit Gläsern und Sandwiches schielt und im Lauf des Folgenden sich immer mehr in die Nähe des Tisches rückt.

BUEHLER: *(im Tone des Diktirens)* Trotz der riesigen Anstrengungen der Freunde Judge Thompsons konnte der endliche Triumph—konnte der endliche Triumph—habe Sie das?—der guten Sache der Reformpartei, wie sie sich in Capt'n Buehler—e—e—embodied—

REPORTER: "Verkörpert"—

BUEHLER: Meinetwege—verkörpert—konnte der Erfolg doch net gestoppt—

REPORTER: "Aufgehalten"—

BUEHLER: *(etwas ungehalten)* Na ja, aufgehalte werde und der Preis des Abends *mußte* ihm von selber——

REPORTER: *(mit leisem ironischen Lächeln)* "Selbstverständlich."

BUEHLER: *(stutzt ein wenig)* Wie meinen Sie das? Ich hoff' net, daß Sie stichle wolle.

REPORTER: *(noch ironisch)* Wie sollt' ich auch!—Ich meine nur der Preis des Abends mußte Ihnen selbstverständlich zufallen.

BUEHLER: Ach so—Na, hab' ich denn das net gesagt?— *(im Diktirton)* Also von selber zufallen. Es ist dies ein gutes Zeichen, daß das Resultat morgen am Poll gerade so ausfallen wird u. s. w. *(im Gesprächston)* Nun, Sie wisse ja, wie man das so macht.

REPORTER: *(im abwesenden Ton, da er sich jetzt in der Nähe der Gläser befindet)* Gewiß, gewiß!

Buehler sieht endlich die Bewegung, kommt dem Reporter zuvor, reicht ihm das Glas. Dieser steckt hurtig Bleistift und Papiere ein und ergreift statt dessen einen Sandwich. Buehler stößt mit ihm an.

REPORTER: *(nachdem er getrunken und während er ißt)* Wir werden das schon machen. Sie wissen ja, der "Volkswächter" unterstützt Sie in Allem!

PETE: Na, wie is es, Capt'n, mit 'ner kleine *speech*?

BUEHLER: *(gekitzelt)* Ach laß Pete, ich bin gar net vorbereitet.

PETE: *Net prepared? Never mind,* Du bist der beste Schtump-Schpieker inseit 30 Meilen von hier. *Ladies and*—Wollt' sagen: *Gentlemen!* Ich *move,* daß wir uns jetzt setze und eins trinke mit unserm nächste Mayor Capt'n Godfrey Buehler!

Die Gesellschaft ruft: "Hurrah! You bet!" *u. s. w. Alle setzen sich, Buehler an die Seite Pete's in die Mitte hinter den Tisch und vor dem Bureau. Alles trinkt und ißt.*

PETE: *(ergreift den Bierhammer und schlägt auf den Tisch, während er mit Rednergeberde und Amtsmiene aufsteht—Pause mit Unruhe—Er muß zwei bis drei Mal klopfen bevor Stille eintritt.)* Gentlemen! Mir habe heut Abend unter uns einen Mann, den Ihr Alle kenne thut!—Ich brauch sein Name net zu sage, weil Ihr auch mit ihm *acquainted* seid. Er is 'n Mann, der aus dem gemeine Volk aufgeraist worde is und wenn er auch alleweil *well to do* is, sei Abkunft doch net vergesse hat und mit einige Mann Händs schäkt und der nie auf seine alte Freunde zurückgeht, wenn sie da eins mit ihm trinke wolle! In alle nationale Frage is er gepostet und es lebt Keiner in Porcupine City, der ihn da drin biete kann! *(zu Buehler)* Capt'n Godfrey Buehler, *please address the meeting.*

BUEHLER: *(trinkt sein Glas leer und steht auf. Hurrah-Rufe, dann Pause)* Bürger und Freunde! . . . .

JONES, SMITH UND ANDERE: *(rufen)* Englisch, englisch!

BALZER, LUTZ UND ANDERE: *(rufen)* No deutsch, deutsch!

BUEHLER: *(macht Pause, dann:)* Meine Herren, es ist mir ganz Worscht, ob ich Deutsch oder Englisch zu Ihne rede soll. Mr. Präsident lasse Sie, *if you please,* die Miethung über die Frage abstimme.

SMITH: Endlich! *(zu Jones)* Das gibt einen Hauptspaß!

JONES: *(zu Smith)* Sein Englisch ist schauderhaft— *(laut)* Englisch!

BALZER: *(der es gehört)* Was der Capt'n kann kein Englisch? Das wer'n Se gleich sehe. Englisch!

ANDERE: Deutsch!

BALZER, KNÖDEL: No, jetzt grad englisch, um dene die Mäuler zu stoppe!

PETE: Gentlemen—unser Candidat spricht Englisch und Deutsch—Eins mindestens ebe so gut wie das annere, und Ihr habt ewedo zu *decide* in welcher Sprach er rede soll. Alle die *in favor of English* sein, sage "Aye" die dagege "No."

Während der Rede Pete's agitiren Balzer und Knödel unter Hinweis auf Jones Rede für "Englisch." Einige stimmen "No"—die Meisten "Aye."

PETE: Die Ayes habe's. *(zu Buehler) De Meeting wants you to shpeak English.*

BUEHLER: *(trinkt ein neugefülltes Glas aus und steht auf. Seine Rede wird vielfach durch Applaus unterbrochen.) Fellow Citizens and Friends! (Bravo! Ruhig!) Most of you here I knew since you was babies! I grew up among you, and while you learned your A B C, I studied the great principles of our free government! And while you grew up to be men and intelligent voters, I have come to master the secrets of true statesmanship and stand here ready to be the chosen represen- tative of your wishes in the municipal chair of Porcupine City. (Ap- plaus)*

Our principles are clear! They are the principles of the great Reform Party, *and I make them my own. Our platform is the grandest ever constructed! We strive to build up a great and solid nation, and yet, at the same time, we wish to preserve carefully the rights of each and every* state, county *and* ward.

We are for Tariff Reform *and* Protection *of home industry. The government must have its necessary income and we must secure high wages for the workingmen in the East and high prices for the grain of our farmers in the West. (Hurray!)*

We are also decidedly for Civil service reform. *But what is Civil service reform? It is that every man, who is fitted to fill his position in the public service, should be allowed to hold it,—while he is efficient!*

But what did the Opposition Party *do, when they came into power?
They turned out of office every friend of reform and filled the fat places
with incapable men of their own party! (Während dieser Rede wird
immer fleißig eingeschenkt. Buehler trinkt ab und zu in den Pausen,
er fängt schon an zu schwanken und es steigert sich sein Zustand im
Verlauf der Rede zum Rausch.)*

What then, gentlemen, is our clear duty, when elected? We must put
back—*the good men,—that were ousted, and in that way show, by our
own acts, that—we uphold the banner of true Civil service reform.*

*And now I come to the most vital—question of the present day!—*the
Temperance question. *(Hurrah!) We all know that drunkenness is an
evil!—But the Anglo-Americans must be taught to drink—as well as* we
*can! They should not be allowed to stop—us by legislation! The right
of every human being—to drink—shall be denied by nobody!—And by
that right—we will stand—and fight and if it takes—all summer!—*

*Rauschender Beifall, Händeklatschen, Gelächter, Bravos und Hurrahs. Der Vorhang
fällt langsam, so daß er die Rede mit dem letzten Wort abschneidet.*

Zweiter Akt

1. Scene

Zimmer in Buehlers Hause. Reiche, aber behagliche Ausstattung.

DÖRTHE: *(allein; schwingt den Flederwisch und staubt ab. Sie ist aufgeputzt
und sieht schnippisch aus, ist aber nicht unschön.)* Gott, was ist das
heut vor ein *excitement* in dies Haus! Kein Augenblick nich Ruhe!
(wirft sich auf das Sopha) Das *up stairs* und *down stairs* laufen! Und
Miß Rosie thut mich onfahren, als ob ich heute nich meine Arbeit
dhun thäte wie alle Dage! *(gähnt und reckt sich)* Na, bei die bin ich
nich so, obgleich man sich in dissen Land doch Nichts nicht jefallen
zu lassen braucht und mich die Miß Maier in der Dritten Straße schon
oft einen halben Dahler mehr die Woche versprochen hat, wenn ich zu
sie kommen wollte!—Aber die alte Buehlern das is so 'ne Rechte!—
Die is en Satan! Der Alte is zwar auch ein Brummbär. Aber er is doch
ganz anders als wenn die Olle mir anranzt, und dann gibt er mich doch
rückwärts mal 'nen Quarter oder 'nen halben Dahler.—Vielleicht
liebt er mir und die Olle will's nicht zugeben?—Ist schon möglich!
Die Männer von einigem Land lieben mir. *(betrachtet sich kokett im
Spiegel)* Besonders der Barney McGinnis, mein Freund, der Hostler
von Livingstones nebenan! Ich habe aber auch—eine *preference* vor
die *green Erin boys.* Die sein lustig und spaßig und nehmen ihre
Mädels aus zu *Dances* und *Pic-Nics*!—Wie tappich dagegen is doch
der Krischan, unser Kutscher!—Schrecklich! Der *liebt* mir blos! Was

hab ich da davon? Heirathen? Das kann ich alle Dage! Das ist nichts
vor mir!—*Fun* will ich haben. Doch dabei fällt mich bei, daß mich
mein Barney heute Abend will in's Dime Museum nehmen und da
soll ich ihm ein paar Cigarren mitbringen. Wo hat sie denn der Alte
stehen? *(sucht Buehlers Cigarrenkästchen)* Oh, da sein sie! *(nimmt
eine Handvoll und steckt sie in die Tasche)* Merken thut er's heute
doch nich. Der is in eine Aufregung von wegen die Wahl und in die
letzte Zeit sein hier Cigarren bei die Dausende aus und eingegangen.

2. Scene

Dörthe, Christian.

CHRISTIAN: *(an der Thüre)* Guten Abend, Dorothee!

DÖRTHE: *Miss Dorothy* heiß' ich vor Ihnen!

CHRISTIAN: *(freundlich)* Na ja, recht gern! *Miss Dorothy*, wo ischt denn der Herr?
I such en schon d' ganz Zeit.

DÖRTHE: Wie geht denn die Leckschon bis jetzt? Wer is *ahead*?

CHRISTIAN: *(verständnißlos)* Was saget Se?

DÖRTHE: Döskopp! Wie's mit die Wahl geht?!

CHRISTIAN: Ja, dös woiß i net. I han gar nix verstande. Des verfluacht Englisch
will mer gar net in de Schädel!

DÖRTHE: Ja, ja, Sie sein schrecklich grün! Da is der Barney nebenan ein anderer Kerl, der is nur drei Dage länger in dies Land und is auf die
ganze Politik gepostet. Vorhin noch sagte er mich, Judge Thompson
sei sicher *elected*.

CHRISTIAN: Natürlich schwätzt der so, weil er's au grad so han will! Die verdammte
eirische Koge sind immer gege die Deutsche, so viel han i schon raus,
wenn i au grün bin. Und besonders der Kerle da nebendra—

DÖRTHE: Christian, nehmen Sie sich Ihnen in Acht!

CHRISTIAN: *(aufgebracht)* Ach was, in Acht nehme! Wenn mir emal der Kerl
über de Weg lauft, so schlag i em sei Himmelfahrtsnas' aus sei'm
Schnapsgsicht raus, daß er———

DÖRTHE: *(halb gebietend, halb ängstlich)* Das werden Sie nich dhun—

CHRISTIAN: Net?—Ha!—Aber g'wiß thu i's!

DÖRTHE: *(plötzlich liebenswürdig werdend und ihn dutzend)* Ach, Krischan,
wer wird denn gleich so *excited* werden? Du bist *mistaken* über den
Barney. Krischan, mich zu lieb—thu ihm nix—er thut Dich auch
nix! *(Sie tritt auf ihn zu und streichelt seine Wange.)* Nich hauen,
Krischan!

CHRISTIAN: Noi, noi,— *(für sich)* vor der Hand net!

3. Scene

Vorige. Buehler (schnell eintretend).
Dörthe und Christian fahren auseinander.

BUEHLER: *(aufgeregt, erst Dörthe, dann Christian forschend ansehend)* Wo sind die Nachmittagszeitunge? Noch keine da? *(sich über den Kopf fahrend, für sich)* Herr Gott, was brummt mir mein Kopf.

DÖRTHE: Ja, Mr. Buehler, ich glaub sie sein in die Küche. Ich hole sie. *(ab)*

BUEHLER: Herr Gott, was brummt mir mein Schädel. Na, Christian, was gibt's? Hast Du alles besorgt? *(legt seinen Hut auf den Fenstertisch)*

CHRISTIAN: Ja wohl, Mischter Buehler, Älles! I hab de Mischter Tschäckson, Mischter Fläherti, die beide Mischter Kleinschmied und wie die andere Älle heißet nach em Pohl gefahre und sie habet jeder g'schtimmt.

Dörthe kommt mit den Zeitungen zurück.

BUEHLER: *(läuft auf sie zu)* Geb her den Wisch! *(blickt Dörthe stumm an, dreht sich ab und blickt wieder hin. Dann für sich, indem er ihr ein Geldstück seitwärts hinreicht.)* Das ist ein impertinentes Frauenzimmer. *(Dörthe und Christian, verliebt thuend, ab)*

4. Scene

Buehler (allein, Dörthe nachsehend).

BUEHLER: Je sauberer die Visasch, desto unverschämter die Zung. Aber, o Gott, mein Kopf, mein Kopf! Ich bin nur neugierig, was der "Volkswächter" über mich zu sage hat. E' speech hab' ich gehalte, das weiß ich.—Es schreit noch immer "Hurrah" in meinem Gehirn und mei Auge sehn immer noch dem Pete sei roth Nas' und sein Bierhammer, sonst ist alles Nacht und Nebel. *(Er hat die Zeitung hin und her geblättert.)* Aha, da steht's mit große *headings. (liest)* "Großer Erfolg! 500 Dollars Einnahme! Die Existenz der Deutschamerikanischen Landesuniversität gesichert auf alle Zeit!"—Hm, hm! *(liest)* "Gottfried Buehler, unser Kandidat für das Mayorsamt siegt im Popularitätskampfe mit Judge Thompson!—Letzterer entpuppt sich endlich als Vollblut-Temperenzler!"—Ja, dem hab' ich sein Wassersimpel-Orden mit dem blaue Band endlich angehängt!—Aber weiter *(liest)*: "In den eleganten Räumen"—— *(überspringend)* "Erfolgreiche Fair"—"zum Abschluß gebracht"—"viel Prominente waren zugegen"—Na ja!—"Herr Maier, Frau Maier, Herr Pfannenschmidt, die Fräulein Birnstiel" u. s. w. Man kennt sie ja,—'s sind immer dieselbe!—"Schöne Kostüme"—"reizend ausgesehen"—"reiche und zweckmäßige Gewinne"—"Frau Häppchen gewann ein Bicycle neuester Konstruktion." "Dr. Mischler eine Wurstmaschie und das berühmte Crazy Quilt, bestehend aus 5700 kleinen Fleckchen Zeug und an dem 17 Hände 7 Wochen gearbeitet hatten, gewann unser wohlbekannter radikaler Agitator Sturmvogel, u.s.w. Man munkelt auch von stattgehabter Ver-lobung—Herr Streber, Insurance Agent, mit Fräulein Kalliope Kra-xel, Tochter des reichen Soapfat-Fabrikanten Bonifaz Kraxel"—Aber das Alles interessirt doch mich nicht!?—"Die liebenswürdige Frau Präsidentin"—Natürlich!—"Die Hauptanziehungskraft indes-

sen, des Abends"—aha, jetzt kommt's! "Die Hauptanziehungskraft
des Abends aber war der freundschaftliche Wetteifer zwischen den
Verehrern der beiden Mayorscandidaten Captain Buehler und Judge
Thompson um das öfter im 'Volkswächter' beregte silberne Eiswasser-
service. Der Kampf war höchst lebhaft, obgleich von vornherein zu
erkennen war, wer der glückliche Gewinner sein würde. Es ergab sich
denn auch eine Majorität von 356 Stimmen für Captain Buehler, welches Resultat mit frenetischem Beifall aufgenommen wurde. Die beiden Candidaten waren anwesend und begrüßten die Freunde. Besonders zeigte sich wieder Herr Buehler als der coulante, liebenswürdige
Herr der er ist, indem er Freunde und Bekannte auf das feinste
regalirte und seinen guten Takt damit bekundete, seinen Gegner Judge
Thompson ebenfalls einzuladen. Dieser bekannte jedoch sofort Farbe
und schlug die Einladung aus. Hierdurch ist es nun endlich klar zu Tage
getreten, was der 'Volkswächter' zuerst und wiederholt behauptet hat:
Judge Thompson ist ein Temperenzler vom reinsten Wasser."—Das
hab' ich aber fein gemänädscht!—"Am Schlusse des Festes wurde noch
eine kleine informelle Zusammenkunft der Freunde des Herrn Buehler
beschlossen, bei welcher Gelegenheit derselbe sich in geistvoller"—
(er reibt sich die Stirn) "und umfassender Weise"— *(Pause)* "über
die Tagesfragen rednerisch verbreitete. Besonderes Gewicht legte
der Redner auf die große und nur zu selten betonte Wichtigkeit der
persönlichen Freiheit. In anschaulicher Weise behandelte Redner
diese Frage und erntete denn auch begeisterten Beifall seitens der
Versammlung, welche sich zu später Stunde trennte."—Ja, aber
wann, wann? Herr Gott, mein Kopf, mein Kopf!—"Heute nun findet
die Wahl statt und wieder wird es sich bei dieser Gelegenheit zeigen,
ob der Deutsche sich seiner Mission hier in diesem Lande bewußt
ist und willens ist für Reform, Fortschritt und persönliche Freiheit,
wie diese Postulate in Captain Buehler vertreten sind, zu wirken und
zu stimmen, oder ob er dem Muckerthum und der Wassersimpelei
die Hand bieten wird zur schließlichen Unterdrückung aller jener
Eigenthümlichkeiten, die der Deutsche mit der Muttermilch"—Milch
ist gut—"eingesogen und die zu verpflanzen und zu verbreiten er
eigentlich in's Land der Freiheit gekommen ist. Darum ergeht unsere
Mahnung an unsere deutschen Mitbürger: Stimmt Alle wie *ein* Mann
für Captain Buehler als Mayor unserer schönen Porcupine City und
Ihr werdet dem deutschen Wesen, der deutschen Kunst, dem deutschen
Lied und deutscher Gemüthlichkeit einen unvergeßlichen Dienst
geleistet haben.—Also ein für allemal: Für Mayor Captain Godfrey
Buehler!"—Ja: Hurrah für Captain Buehler! Der "Volkswächter" ist
doch ein Mordspäper! *(steht auf. Man hört Dampfpfeifen draußen.
Auf der Kaminuhr schlägt es 6 Uhr.)*
    Jetzt liegt da drin in dene Boxe der Wahrspruch des souveräne
Volks! Eigentlich war's a helle Freud' zu sehe, wie sie heut gelaufe

sin mit ihre Stimmzettelcher und dann noch dabei zu denke, daß auf ungefähr der Hälfte: "Godfrey Buehler" gedruckt steht!—Auf der Hälft!?—Am End gar auf der kleinere Hälft!?—Ach was, so zu denke bei *dem* Hurrah und der Begeisterung, mit der ich an jedem Poll empfange worde bin! 's is ja ganz unmöglich! Wenn mich die Gauner net drum beschummele, bin ich der nächste Mayor von Porcupine City, so gewiß als ich—

5. Scene

Buehler. Dorn. Später Dörthe.

DORN: Guten Abend, Gottfried!

BUEHLER: *(sich umblickend, dann mürrisch)* Guten Abend! *(für sich)* Das ist schon e schlechts Zeiche, wenn *der* kommt.

DORN: Du hier, heute, zu dieser Stunde? *(sieht auf die Uhr)* Ich sollte denken, Du wärst im Hauptquartier und lauertest auf Nachrichten.

BUEHLER: Soll ich zwei Stunde dahinsitze und mich von ere Crowd naseweiser Bube mitleidig anglotze lasse?

DORN: Allerdings, es ist noch zu früh und ich kann mir Deine Lage vorstellen; sie ist gegenwärtig nicht die allergemüthlichste.

BUEHLER: *(eifrig)* Wie so?

DORN: Du hast es ja selbst angedeutet: man weiß noch nicht, ob man Derjenige welcher ist, oder ob es der Andere ist!

BUEHLER: Ach so!

DORN: Du erlaubst wohl, daß ich mir eine Cigarre anbrenne. *(reicht ihm sein Etui. Buehler weist ab)* Du kannst *diese* getrost riskiren, es sind keine Election-Cigarren.

BUEHLER: Mag jetzt net. *(für sich)* Hab' schon mei Theil verplotze müsse heut und hab' noch e ganze Buschel in der Tasch. *(zeigt zwei mit Cigarren voll gespickte Westentaschen)* Du hast natürlich Dein redlich Theil für den gewisse—"Andern" gethan, net wahr?

DORN: Das glaubst Du? Und doch habe ich mich öffentlich zu dem gegenwärtigen Programm Deiner Partei bekannt.

BUEHLER: Na, bei Euch Fenzreiter ist alles möglich! Ihr wart't immer ab bis die Parteie ihre Platform gemacht und ihre Candidate ernannt habe, nachher nehmt Ihr alles unter'n Vergrößerungsglas und wenn Ihr irgendwo e Staubfleckche entdeckt, setzt Ihr Euch wie Kinder in e Eck und schreit: Ich thu net mit, ich thu net mit!—Ihr sagt *nie*, was Ihr wollt, Ihr wißt nur, was Ihr *net* wollt,—und das kaum! Drum geht Ihr auch net in die Caucusse, weil Ihr dort Farb bekenne und Euere *opinion* angebe müßt!

DORN: *(lacht)* Du schilderst uns "Unabhängige" ganz vortrefflich, aber Du irrst, wenn Du sagst, ich besuche die Vorwahlen nicht, ich war ja sogar bei derjenigen die Dich nominirte.

BUEHLER: Die trotz Deiner Proteste mich nominirt hat, sollt'st Du sagen—

DORN:	Das ist nun auch nicht ganz richtig. Ich habe im Stillen versucht, Deine Nomination aus guten Gründen zu verhindern, aber ich habe nicht, wie Du vielleicht annimmst, laut oder auffällig dagegen protestirt.
BUEHLER:	*(springt auf)* Also de wirepuller hast Du gespielt!—Steht so was auch im reine Evangelium der Mugwumps?
DORN:	Wenn Du das "wirepullen" nennst, ja! Bei einem Anderen, den ich nicht so hochschätzte wie Dich, würde ich *laut* gesprochen und auch danach gehandelt haben.
BUEHLER:	Deiner Ansicht nach bin ich also ein solch verwerflicher Candidat, daß nur der Umstand, daß wir verschwägert sind, Dich abgehalte hat, mich öffentlich zu blamire? *(setzt sich wieder)*
DORN:	Da gehst Du nun zu weit, lieber Gottfried. Im Gegentheil, ich versuchte Dich vor einer Blamage zu *retten*. Ich schätze Deine Ehrbarkeit, und liebe Dich um Deiner ausgezeichneten Eigenschaften willen, aber um einer städtischen Verwaltung vorzustehen, dazu gehören hervorragende administrative Fähigkeiten, welche zu entwickeln Dein früheres Geschäft Dir wenig Gelegenheit gewährt hat.
BUEHLER:	*Well?*
DORN:	Der Hauptbeweggrund meiner Opposition aber lag in der Überzeugung, daß Dich lediglich der Ehrgeiz und die Langeweile treibt und nach einem Gespräch mit Marie bin ich zu dem Entschluß gekommen, ich thue ihr und vielleicht am Ende auch Dir einen Gefallen wenn ich handelte wie ich that, um die Familie vor einer immerhin möglichen Blamage zu behüten.
BUEHLER:	So! Na Großdank! daß auch Du für mich Vorsehung spiele wollt'st; bei meiner Frau nimmt mich das weniger Wunder, die hat schon vom erste Tag unserer Verheirathung an, die Vorsehung für mich gespielt und hat noch immer Vergnüge an dem "Job."—Ich denk, ich weiß aber, was *Dich* bei der Sach treibt. Du bist nämlich auch einer von dene Deutsche, die lieber en Yankee oder gar en Eirische, und wär er noch so e großer Lump, im Amt sehe als en Deutsche.
DORN:	Es ist mir nicht unlieb daß Du dem Gespräch diese Wendung gibst und so will ich Dir denn sagen daß Du zum Theil recht hast: ich sehe lieber einen unfähigen Eingeborenen im Amte als einen unfähigen Deutschen. Das Deutschthum so zahlreich es ist, hat verhältnißmäßig wenige Vertreter in der Politik die ihm Ehre machen, und weil ich stolz bin auf meine Abstammung und jedes verächtliche Wort, das von nativistischer Seite über die Deutschen in Amerika gesprochen wird, mir in's Herz schneidet, geht mein Wirken dahin, solche Landsleute, die sich nicht durch hervorragende Eigenschaften auszeichnen, von einer Laufbahn, in der sie nur zum Gespött unserer Gegner werden, abzuhalten.
BUEHLER:	*(unter den vorstehenden Sätzen etwas reduzirt, lauernd)* Und als die richtige Fortsetzung von Deine philosophische Gedanke hast Du auch heut natürlich mit aller Macht gege *mich* gearbeit'!

DORN: Nein, lieber Gottfried. Siehst Du, in dem Punkt nun war ich inconsequent. Im Gegentheil! Wenn Du geschlagen bist, ist es nicht meine Schuld. Ich habe den ganzen Tag, in meiner Weise, für Dich gewirkt. Wenn Du gewählt bist und dabei glücklich wirst, soll's mich als Schwager nur freuen, aber *(bedeutsam)* ich fürchte, Du wirst es nicht.

BUEHLER: He, wie, was? Was werd' ich net? Net gewählt?

DORN: Nein, nicht glücklich, selbst wenn Du gewählt würdest.

BUEHLER: *How so?*

DORN: Ahnst Du nichts in Deiner schwarzen Seele?

BUEHLER: Ahnen? *(für sich)* Bei dem Kopp! *(laut) No!* Als ob Mayor zu sein, Ein nothwendigerweis unglücklich mache müßt.

DORN: Das nicht! Aber die Götter verfolgen mit Neid der Sterblichen Glück!—Weißt Du denn, warum ich hier bin?

BUEHLER: *No!* Du kommst ja sonst auch ungerufe.

DORN: Danke! Diesmal komm ich auf Bestellung.

BUEHLER: Net von mir!

DORN: Aber von Deiner Frau! *(zieht ein Zeitungsblatt aus der Tasche)* Da lies und erstarre!

BUEHLER: *(vernichtet)* Was? *(dreht die Zeitung nach allen Seiten um)* Wo is des her? *(liest)* "Evening Light." A Nigger in the Fence!—The Reform Candidate in a new light!—Is Capt. Buehler a Bigamist?—Brings a young woman and child to this country and then sets them adrift!— Des is net wahr!—Oder vielmehr es is wahr.—Aber wie kommt des da enein?

DORN: Ja, liest Du denn keine Zeitungen?

BUEHLER: Den Wisch da von der Muckerpartei soll ich auch noch lese? In dene Yankeepäpers les' ich überhaupt nur die *headings.* Wenn ich die gelese hab, weiß ich schon viel zu viel.

DORN: Es scheint fast so in diesem Augenblick. Also die Geschichte ist wahr? Dann wehe Dir, Gottfried! Deine Frau weiß ebenfalls davon und hat mich mit Thränen gebeten, die Sache zu untersuchen.

BUEHLER: *God allmighty*, steh mir bei!

DORN: Nun bin ich wohl gezwungen, ihr die Unglücksmähr zu überbringen.

BUEHLER: *(eifrig)* Ach was, Unglücksmähr! Wahr ist alles,—nur die Schlußfolgerung net. An dene Insinuatione, die da in dem Wisch enthalte sind, bin ich so unschuldig wie das neugeborene Baby auf dem Schiff. *(setzt sich)* Herr Gott, Gustav, Du kennst mich doch und meine Frau sollt mich erst recht kenne! Die Geschichte war nämlich so: Wie ich vor 26 Jahre mit meinem Vater im Zwischendeck 'rüber gekomme bin, war auch ein armes junges Frauenzimmer auf dem Schiff. Unterwegs gab sie einem kleine Mädche das Lebe. Die jung Mutter war trostlos und ohne Hilf. Natürlich hab' ich mich ihrer angenomme—ohne Wissen von meim Vater, der streng war und nichts von dem "schlechte Ding," wie er sie genannt, höre wollt. Ich aber war jung und das Weib hübsch und leidend,—genug um 'en l9jährige Bursch zu rühre. So habe ich sie denn hinter dem Rücke von meim Vater und mit Hilfe vom Schiffsarzt gepflegt und ihr, wie wir in New York angekomme sind, eine anständige Unterkunft verschafft. Später als wir nach dem Westen weiter gereist sind, hab' ich ihr noch ein Theil meiner schmale Baarschaft zurückgelasse, hab' ihr Adieu gesagt und seitdem hab' ich weder von ihr noch von ihrem Kindche gehört.—Aber die Zeitungskerle, die habe's 'raus.—Jetzt habe sie mich schon als vorzeitige Vater ausgeschrie, als treulose Liebhaber und was dergleiche Schändlichkeite mehr sind. Wenn das net bald aufhört, so glaub' ich's fast selber!

DORN: Hast Du Beweise?

BUEHLER: Wie soll ich Beweise habe? Das Mädche ist verschwunde und— vielleicht sammt ihrem Kind im Elend untergegange.

DORN: Wie ist aber die Zeitung auf diese Begebenheit gekommen?

BUEHLER: Das weiß der Deifel!—Es scheint, als ob die *opposition* in der Politik immer allerlei G'schichte auf Lager halte thät, von welche sie dann je nachdem sie auf ein Candidate passe, eins auf's Gerathwohl loslasse— und weiß der Kukuk wie's zugeht, *Etwas* paßt fast jedes Mal.

DORN: Hm, hm!—Das ist schlimm, sehr schlimm!

BUEHLER: *(besorgt)* Also mein Frau glaubt das dumme Zeug—und natürlich Du auch?—Ihr zwei seid ja immer einig, wenn's gege mich geht.

DORN: Nein, Gottfried, ich glaube Dir gern und wenn Marie eben nicht ein Weib wäre, würde sie Dir glauben müssen, wie ich, denn Du siehst wahrhaftig nicht aus, wie ein Don Juan.

BUEHLER: *(steht auf)* Na nu?

DORN: Ich meine, wie ein ehrloser Don Juan! Aber das Unglück ist nun mal angerichtet, jetzt heißt es ihm die Stirne bieten.—Beweise für Deine Unschuld, sagst Du, sind nicht zu erlangen, Du mußt daher stramm ableugnen. Ich denke bei Deinem ehrlichen Gesicht sollte Dir das doch gelingen.

BUEHLER: *(kraut sich in den Haaren)* Na ja ich will's versuche, aber ich glaub' net an den Erfolg, denn sieh, die Marie hat ein scharfes Aug' und sieht mir an der Nasenspitz an, wenn ich ihr was vormache will. Dazu kommt noch, daß ich e schlecht's Gedächtniß hab' und anstatt, daß ich die alte Lüg' zweimal hersag', erzähl' ich dann immer wieder e neue, oder ich werd' beim zweite Mal wirklich bei der Wahrheit ertappt!

DORN: *(leise spottend)* Gottfried! Das ist aber sehr fatal! Weißt Du, daß Du damit nur wieder schlagend beweist, daß Du zum Mayor nicht taugst.

Dörthe öffnet die Mittelthür. Rüstet den Tisch für das Abendbrot und zündet die Lichter an. Dann wieder ab.

DORN: Doch wir wollen jetzt abbrechen. Euer Mädchen richtet den Tisch für das Abendessen. Du erlaubst wohl, daß ich mithalte? Wenigstens hat mich Deine Frau eingeladen.

BUEHLER: *(aufathmend)* Gustav, Du bist mir ein schrecklicher Mensch! Jedesmal wenn Du kommst, bringst Du mir entweder etwas Schlimmes in's Haus, quälst mich oder machst Dich lustig über mich. Es drückt mich wie eine Last, bis Du fort bist, und bist Du fort, dann fehlt mir was. Die G'schicht' mit meiner Alte ist mir 'n wenig in die Glieder gefahre. Du mußt bei mir bleibe. So lang Du da bist, wird Marie net davon anfange. Morgen, wenn ich Mayor bin——

DORN: Und wenn Du's nicht wirst?

BUEHLER: Dann—

DORN: Still—Deine Frau.

6. Scene

Vorige. Frau Buehler, später Rosa und Fritz. Dörthe.

FRAU BUEHLER: *(sieht ihren Gatten etwas von der Seite an, dann zu Dorn)* Guten Abend, Gustav! Freut mich, daß Du Wort gehalten?

DORN: Du weißt, daß mich Deine Kartoffelpuffer noch immer herbeilocken.

FRAU BUEHLER: *(zu Buehler)* Nun Gottfried, wie steht's?

BUEHLER: *(ängstlich)* Was? Wie meinst Du?

FRAU BUEHLER: *(etwas verdutzt)* Ich meine die Wahl.

BUEHLER: *(vorkommend)* Ach so! Die Wahl; nu—Manche sage eso—Andere wieder eso—Andere wieder sage gar nix.

DORN: *(leise zu ihm, während Frau Buehler am Speisetisch etwas zurecht rückt)* Aber, Gottfried, tritt Deiner Frau doch, so lange Du kannst, männlich entgegen.

FRAU BUEHLER: *(hat etwas am Speisetisch zurecht gerichtet)* Ich sollte denken, Du hättest Nachricht. Die Wahl ist doch vorüber.

BUEHLER: *(sich ermannend)* Wie kann ich Nachricht habe? Jetzt ist's siebe Uhr und erst um halb sechs sind die Polls geschlosse worde! E Frau, die beinah hier gebore sein könnt, weiß noch nicht, daß das Stimmezähle Zeit nimmt. Ja, wenn man das mit Maschine mache könnt!

DORN: *(leise zu Buehler)* Bravo, so ist's recht!

BUEHLER: Die zähle vielleicht noch morge früh, wenn die Wahl *close* ist! Bei der Tilden-Wahl habe sie drei Monat gezählt und ich soll jetzt schon wisse, ob ich Mayor bin oder net!

FRAU BUEHLER: Na entschuldige nur, wenn mir Eure Wahlfinessen nicht so geläufig sind. Du hast Dich auch früher blutwenig darum gekümmert. Seitdem Du aber Deine Küferei an eine Aktien-Gesellschaft verkauft hast und als Rentier nicht immer weißt, was Du mit Deiner Zeit anfangen sollst, bist Du auf politische Abwege gerathen.

BUEHLER: Abwege? Natürlich! Man meint, Du und der Gustav hättet e Stockcompagnie gegründet, um mit verstärktem Kapital gegen mich zu arbeite. Ich weiß schon, was jetzt noch kommt. "Braver Mensch, durch Glück und Fleiß zu Wohlstand gelangt, hat sich in'n Kopf gesetzt, er sei zu was Besserem gebore. Mäßige Geistesgabe, die sich nicht vermehrt habe u.s.w., u.s.w."—Das kenn ich Alles auswendig! Das hat mir Dei Partner da schon oft und viel schöner und ausführlicher beigebracht. Aber Ihr irrt Euch alle Zwei und ich werd' Euch den Gefalle net thue *defeated* zu werde, dafür habe ich gesorgt—

FRAU BUEHLER: Du irrst, wenn Du glaubst, ich wünsche Deine Niederlage. Mir ist aber mein alter einfacher Gottfried viel lieber, wie der *Honorable Godfrey Buehler* auf dem Mayors-Stuhle—das glaube mir.

DORN: *(zu Buehler)* Jetzt paß auf, das ist der erste Schuß—in's Blaue vorerst,—natürlich.

BUEHLER: *Well*, ich sage Dir, Marie, so Mayor zu sein ist net bitter! Ist's denn net schön: *"His Honor"* titulirt zu werde, *(zärtlich werdend)* und Du Alte als Mrs. Mayor an meiner Seit!

FRAU BUEHLER: Das ist nichts für mich, Gottfried!

BUEHLER: Die Frau hat aber auch nicht die Spur von *ambition*! Ich versteh's gar net!

FRAU BUEHLER: Und ich nicht, daß Du so blind bist. Glaubst Du denn daß man wirklich und ernstlich an Dich als Kandidat gedacht hätte, wenn sie einen andern gefunden hätten, der—

BUEHLER: Dümmer gewesen wäre als ich. Sag's nur; ich bin jetzt bald an Alles gewöhnt!

Dörthe trägt das Abendessen auf und geht dann wieder ab.

FRAU BUEHLER: *(Rose und Fritz treten auf.)* Die Kinder kommen, wir wollen uns lieber zu Tische setzen.

DORN: *(zu Buehler)* Die Hauptaktion ist auf eine andere Zeit verschoben worden.

BUEHLER: *(zu Dorn ungeduldig)* Ach, mach mir was weiß! Ich wett', sie weiß nix von der ganze G'schicht.

DORN: Die kommt schon, wart nur!

7. Scene

Vorige. Fritz, Rose.

ROSE: Guten Abend, Papa! Guten Abend, Onkel!

FRITZ: *How are you, uncle—Good evening, Pa!*

Alle setzten sich zu Tisch. Dorn neben Buehler.

ROSE: *(zu Buehler)* Nun, Papa, wie ist die Wahl verlaufen?

BUEHLER: *(mürrisch)* Kann ich's wisse? *(für sich)* Ich sitze wie auf Kohle!

FRITZ: *Never mind, Pa, you're all right! (zu Dorn) I know for sure, Pa's elected.*

FRAU BUEHLER: Fritz!

BUEHLER: So! Und wie hast Du denn das erfahren?

FRITZ: *I wanted to bet with Tommy Higgins, he is the smartest boy in the class, and he wouldn't bet me.*

FRAU BUEHLER: Wenn Du schon reden mußt, so sprich doch Deutsch.

FRITZ: Mama, so was kann man nicht Deutsch sagen. *(zu Dorn) I wanted to bet him even, but he wouldn't do it, so I bet him five to one, that Pa'll be elected.*

DORN:	Und was *habt* Ihr denn gewettet?
FRITZ:	*I bet my nickel against his penny.*

Alle lachen.

FRAU BUEHLER:	Aber Fritz, was seh ich? Du hast ja ein blaues Auge!
ROSE:	's ist ja wahr, eben sah ich's auch.
FRITZ:	*O that's nothing!—The other fellow got two black eyes and a bloody nose besides.*
BUEHLER:	*(will ärgerlich werden)* Also Du hast wieder mal gefighted, Lausbub! Ich möcht' Dir noch e Ohrfeig dazu gebe. *(macht eine entsprechende Bewegung)*

Rosa unb Frau Buehler wehren ab.

FRAU BUEHLER:	Laß ihn doch, er wird angegriffen worden sein.
ROSE:	Die Jungens in seiner Schule sind so abscheulich.
FRITZ:	*(zu Rose) But I can handle them, you bet! I won't let them call Pa any names.*
BUEHLER:	*(aufmerksam)* So? Na, was haben sie denn von mir gesagt?
FRITZ:	*(zu Buehler) Jimmy Hadley called you a—* *(zögernd, dann leiser)* *dam' Dutchman.*

Alle außer Buehler und Fritz lachen.

BUEHLER:	*(ärgerlich)* Und was hast Du geantwortet?
FRITZ:	*I called him a blasted Knownothing and said, says I, that we were as good as him, any day, says I, and a darn sight better too, and then he called me a liar, and I said, says I, you are another, an—and—and so the fight commenced. But I malled him so he won't call me names again, you just bet your boots!*

Frau Buehler, Dorn und Rosa lächeln verstohlen.

BUEHLER:	*(kann seine Befriedigung nicht unterdrücken)* Na, eigentlich hast Du Recht gehabt, aber wenn Du in Deim Lebe Jeden durchhaue willst, der Dich "Dutchman" schimpft, da kriegst Du mehr zu thun als Du händle kannst.— *(sieht auf die Uhr)* 's ist jetzt halb acht, mach Dich an Deine Aufgabe und dann geh zu Bett.

Fritz setzt sich an einen Tisch auf der anderen Seite des Zimmers und schlägt seine Bücher auf.

ROSE:	Papa, ich gratulire Dir auch zu Deinem Erfolge.
BUEHLER:	*(schnell)* Erfolg! Was für ein Erfolg?
ROSE:	Nun, Du hast doch den Preis auf der Schulfair gewonnen.
BUEHLER:	Ach so!
DORN:	Das soll ja ein kolossaler Erfolg gewesen sein.
BUEHLER:	*(für sich)* Gott soll's wisse, theuer genug war er!
FRAU BUEHLER:	Ja, ich hörte es schon gestern Abend von Rosa *(zögernd und bedeutsam)*. Von Dir hab ich's nicht gut erfahren können, denn Du warst heute ja nirgends zu sehen—und gestern Abend so wenig mittheilsam.
BUEHLER:	Ja, ich war halt müd— *(geht ein paar Mal auf und ab)*
FRAU BUEHLER:	Kein Wunder, es war auch schon spät, oder vielmehr schon recht früh, Du kamst zu gleicher Zeit mit dem Milchmann.

DORN:	Da kann ich mir die Stunde ungefähr denken.
BUEHLER:	Na ja, ich mußte doch meine Freunde, die sich für mich angestrengt hatte, en Bische *treate* und da ist's wahrscheinlich spät geworde! *(reibt sich über den Magen)* Die G'schicht ist mer auch net gut bekomme, der verdammte kalte Lunch steckt mir noch im Mage!
FRAU BUEHLER:	*(ironisch)* Natürlich—der Lunch!
BUEHLER:	*(sie copirend)* Natürlich—der Lunch!
FRITZ:	*Papa, your bile is out of order.*
BUEHLER:	*(ärgerlich)* Bile! Bile!? Was ist denn das wieder für ein neues Wort?
FRAU BUEHLER:	Fritz, was soll das?
DORN:	*(erklärend)* Deine Galle sei außer Ordnung.
BUEHLER:	Meine Galle ist in der allerschönste Verfassung und ich hab augenblicklich genug davon, um Dir— *(steht auf und holt mit der Hand aus)*
FRITZ:	*(zurückweichend)* Listen, Pa! Here my Physiology-book says: (liest) The acids of the stomach should be absorbed by the alkali of the bile!

Rosa und Frau Buehler lachen. Die Anderen stehen nach und nach auf; Frau Buehler klingelt. Dörthe kommt und es wird abgedeckt.

BUEHLER:	*(hat den Satz nicht begriffen, blickt ärgerlich von Einem zum Andern)* Was ist das nu wieder für e neus Studium, das sie Euch da eintrommele! *(zu Fritz)* Gieb her das Buch! *(liest)* "First Book in Physiology." "The human body and how to take care of it.—Eating and what comes of it. Effects of Alcohol upon the body." *(wirft Fritz das Buch ärgerlich vor die Füße)* Natürlich, auch wieder so e verkappter Temperenz-Traktat! Marsch aus meine Auge mit sammt Deiner—Deiner *physiology* und laß mich's net wieder sehe!
FRITZ:	*(packt seine Bücher zusammen, zu Rosie) Rosie, please come and help me with my examples?*
ROSE:	*Yes, wait a minute. (zu Buehler)* Ich habe manches Gute in dem Buche gefunden, Papa. Eine vernünftige Gesundheitslehre schadet doch gewiß nichts.
BUEHLER:	Ach was, alles dummes Zeug! Mich und Dei Mutter habe sie auch net gelehrt was wir *net* esse und *net* trinke sollte und sind doch immer gesund und munter gewese!—Aber so geht's hier mit dene Schule!—Dich hab' ich in die deutsche Akademie geschickt, in e Musterschul, und Du hast die ganz Weltg'schicht von d Grieche und de römische Kaiser an auswendig gelernt; sprichst deutsch, perfekt— wie ein Grünhorn, und 's Englische—ungefähr ebenso.—Und den Bub', den schick' ich in die "Public School," wie sich das für ein' angehende amerikanische Bürger schickt und der studirt im zwölfte Jahr Anatomie und G'sundheitslehr wie e Doktor, schpellt wie ein Papagei und lernt so gut Englisch, daß er auf e deutsche Frag' immer e englische Antwort gibt! 's ist *doch zu* verrückt! Man weiß schon gar net mehr, was man mit dene Kinner anfange soll!

Rosa und Fritz ab.

FRAU BUEHLER:	Du scheinst Dich ja sehr gegen die Mäßigkeitslehre zu ereifern.

BUEHLER:	Herr Gott, Marie! Laß mich jetzt in Ruh mit Deiner Sticheleie!—Nu ja, meinetwege, ich hab' gestern en g'hörige Affe gehabt und hab' folglich heut 'n Katztenjammer! Aber jetzt muß ich gehe und endlich einmal nachsehe, wie die *Returns* hereikomme.
DORN:	Ich gehe mit Dir, Gottfried!
BUEHLER:	*(bestrebt fortzugehen)* Gewiß, komm nur, es ist hohe Zeit.
FRAU BUEHLER:	*(zu Dorn)* Wieviel Uhr ist's denn?
DORN:	Nicht ganz halb acht.
FRAU BUEHLER:	*(zu Buehler)* Ich glaube doch vorhin verstanden zu haben, daß vor acht Uhr nichts zu erfahren sei.
BUEHLER:	*(etwas verdutzt)* Eigentlich ja! Ich habe aber dem Pete versproche, ihn um siebe Uhr im *headquarter* zu treffe.
FRAU BUEHLER:	Nun dann ist es also doch zu spät für die Verabredung; wir wär's, wenn Du, Gustav, vorausgingst, und Gottfried entschuldigtest?
DORN:	Wie Du meinst,—aber—
BUEHLER:	Aber warum soll ich denn noch hier bleibe?
FRAU BUEHLER:	*(leise zu Buehler)* Das sollst Du gleich erfahren. Bleibe! *(zu Dorn)* Adje, Gustav!
DORN:	*(zu Buehler, komisch)* Leb wohl, Gottfried! Es war so schön ge-männedscht, doch es hat nicht sollen sein! *(zu Frau Buehler)* Adje Marie! *(nach Buehler hin noch eine Geberde des Strammbleibens machend, ab)*

8. Scene

Buehler. Frau Buehler.

FRAU BUEHLER:	*(nach einer kleinen Pause)* Ich habe Gustav absichtlich zum Vor-ausgehen bewogen, da ich Dir etwas zu sagen habe.
BUEHLER:	*(athmet schwer auf)* Wie Du willst, Marie!
FRAU BUEHLER:	*(setzt sich ins Sopha)* Laß uns ein wenig plaudern.
BUEHLER:	Wenn Dir mei Unterhaltung heut Spaß macht, meinetwege. *(halb ängstlich)* Aber,—von was denn?
FRAU BUEHLER:	Nun—von der Vergangenheit.
BUEHLER:	*(für sich)* Jetzt kommt's.
FRAU BUEHLER:	Weißt Du auch, Gottfried, daß heute unser Hochzeitstag ist?
BUEHLER:	*(erleichtert)* 's ist ja wahr—das hatt' ich wahrhaftig ganz vergesse. *(setzt sich zu ihr)*
FRAU BUEHLER:	Ist auch nicht zu verwundern. Du mußt jetzt an andere Dinge denken.
BUEHLER:	*(zerstreut)* Na, der Mensch muß doch emal vernünftig werde und—
FRAU BUEHLER:	Vernünftig?
BUEHLER:	Na, ich mein der Mensch muß endlich begreife, daß er net zum Faullenze geboren ist, sondern sich nützlich mache soll für die Menschheit.
FRAU BUEHLER:	So!—Nun ich meine, Gottfried, damals warst Du ein nützlicheres Mitglied der menschlichen Gesellschaft, als heut.
BUEHLER:	*(zerstreut)* Wann? Damals?

FRAU BUEHLER:	Vor zwanzig Jahren!
BUEHLER:	Ach ja so—damals an unserm Hochzeitstag!—Ja, ja!
FRAU BUEHLER:	*(scheltend)* Gottfried! Ich meine, als Du noch Küfer warst in der großen Brauerei, gegenüber dem kleinen Putzladen, den ich führte.— Ich sehe Dich heute noch wie in jenen Tagen, als Du in Kappe und Schurzfell frisch und flott den Rundgang um die großen Fässer machtest und Dein Liedchen sangst.
BUEHLER:	*(jetzt ebenfalls von der Erinnerung angeregt)* Ja, ich weiß! Und wenn ich dann als emal gestoppt hab während der Arbeit und hinüber geguckt und Du über Deine Blume raus zu mir herüber geblinzelt hast, da bin ich erst recht wieder in Trab gekomme und hab drauf los gerappelt, daß es e Freud war.
FRAU BUEHLER:	Der Nachbarschaft war das lustige Gehämmer ein Greuel, aber mir, Gottfried, mir war es die schönste Musik.
BUEHLER:	Ja, das waren schöne Zeiten! *(citirt)* "Die schöne Zeit der ersten Liebe!"
FRAU BUEHLER:	Der jungen Liebe heißt es.
BUEHLER:	Na ja, die junge *und* die erste. Du warst doch mei erste und mei—mei einzige Lieb!
FRAU BUEHLER:	*(forschend)* Die Allererste?
BUEHLER:	Na, natürlich.
FRAU BUEHLER:	Hast Du wirklich nie eine andere vor mir geliebt, Gottfried?
BUEHLER:	Ich will Dir sage, Marie, e vernünftige Frau soll ihrem Mann kei so Frage stelle, besonders net nach zwanzig Jahr.
FRAU BUEHLER:	Also ist es wahr! O Gottfried, ich bin betrogen, hintergangen.
BUEHLER:	*(für sich)* Na, jetzt kann's losgehe, das andere war nur so a Preambel. *(laut)* Betroge! Hintergange! *How so?* *(Dorns Miene und Worte nachahmend)* Seh ich aus wie ein Don Juan? *(steht auf)*
FRAU BUEHLER:	*(zieht einen Zeitungsausschnitt heraus und gibt ihn Buehler)* Da lies und vertheidige Dich, wenn Du kannst.
BUEHLER:	*(mit einem Seitenblick nach dem Blatt)* Ach, kenn ich schon! Dummes Zeitungsgequatsch!
FRAU BUEHLER:	Also Du kanntest es und hast es nicht der Mühe werth gehalten mir eine Aufklärung zu geben?
BUEHLER:	*No!* Weil ich Dich für vernünftig genug gehalte hab, net Alles zu glaube was man über Deinen Mann in der Zeitung schreibt.
FRAU BUEHLER:	*(freudiger)* Also dies ist Alles erlogen, nicht wahr?
BUEHLER:	Gewiß, ja—*of course*—das heißt, 's Meiste davon, oder vielmehr das Wenigste—
FRAU BUEHLER:	Also wahr—wirklich wahr. O meine Ahnung!
BUEHLER:	Was für eine Ahnung? Marie, ich sag Dir, ich bin vollständig unschuldig! Bedenk doch—ich—ich war erst neunzehn Jahre alt.
FRAU BUEHLER:	*(langsam)* Nun?
BUEHLER:	*(verdutzt)* Nun? *(Pause)* Und—und ich war in Begleitung von meim Vater, der, wie Du weißt, ein höchst strenger Mann war.
FRAU BUEHLER:	Und wenn! Die gestrengen Väter haben oft die lockersten Söhne.

BUEHLER: Ja, ich habe aber das Mädchen doch erst auf dem Schiff kenne gelernt.

FRAU BUEHLER: Beweise!

BUEHLER: *(stammelnd) Sie* kam aus Pommern und *ich* aus Hanau!—

FRAU BUEHLER: *(spöttisch)* Soll das ein Beweis sein?

BUEHLER: *(böse werdend)* Herr Gott im Himmel! Frau laß mich jetzt in Friede
mit der Inquisition! Das ist vielleicht kein Lawyers-Beweis, aber wer
wie Du einem ehrliche Gesicht kein Glaube schenke will, der würde
selbst, wenn ich den Verführer—Pätow glaub ich, hieß der Schuft,—
herbeischaffe könnt, noch fortfahre mich im Verdacht zu habe. Da
hört doch die Gemüthlichkeit auf. *(sinkt erschöpft in den Stuhl, in
Folge der krampfhaften Anstrengungen lebhaft athmend und ängstlich
auf seine Frau schauend)*

FRAU BUEHLER: *(aufstehend, gemessen)* Gewiß, die Gemüthlichkeit und noch weit mehr
hat zwischen uns aufgehört. Ich sehe es genau, ich bin die betrogenste
aller Frauen! Wir Zwei sind geschiedene Leute, Gottfried!

BUEHLER: Geschieden?

FRAU BUEHLER: Ja, geschieden.

BUEHLER: *(aufspringend)* Aber, Marie! Liebe Marie!

Draußen hört man erst leise, dann lauter "Hurrah" schreien.

FRAU BUEHLER: Genug davon für heute. Jetzt magst Du zusehen ob Du vielleicht Mayor
geworden bist und kannst die befleckte Stirne dem Volke zeigen, das
einen Mann erwählt, der das Glück seiner Familie und seiner Frau
zerstört hatte, als er sie noch nicht einmal kannte. *(mit Würde ab)*

9. Scene

Buehler (allein). Dann Oldham.
Draußen lautes "Hurrah."

BUEHLER: *(geht langsam nach rechts zum Fenster)* Ob das Hurrah wohl meiner
Frau gilt? *(will abgehen, trifft unter der Thür Oldham)*

OLDHAM: Uncle, hast Du etwas Zeit für mich?

BUEHLER: *(ungeduldig)* Du, Charley, was willst Du?

OLDHAM: *I see*—Du willst fort—Ist unnöthig, Du bist schon so gut wie erwählt.

BUEHLER: *No*, was Du sagst! Hurrah! Jetzt kann noch Alles gut werde! *(eilig ab)*

10. Scene

Oldham (allein).

OLDHAM: *(ruft ihm nach)* Uncle, uncle! Er hört nicht. Wollte meine Werbung
um Rosie vorbringen, bevor er ausfindet, daß er geboten ist. *Defeated*
ist der gute uncle, das ist sicher. Wenn meine *split tickets* ihn nicht
defeated haben, so hat's mein kleiner Sensations-Trick gethan mit
der Liebesgeschichte. Auch hinter diesem wird er die Thompsons

vermuthen und sie zur Hölle wünschen. *I'll get there if luck will have it! (ab)*
Hinter der Scene: "Hurrah! Hurrah! Hurrah!"

11. Scene

Frau Buehler, dann Christian.

FRAU BUEHLER: Ob die Entscheidung schon erfolgt ist? Draußen rufen sie voll Jubel und Freude. *(setzt sich an den Tisch, wo Fritz seine Aufgaben machte, und nimmt ihr Nähzeug zur Hand)*
　　　Wenn Gottfried doch Mayor geworden? Freuen sollte es mich für ihn, wenngleich unser Glück über diese unselige Wahl zu Grunde gegangen ist. O um den Leichtsinn der Männer! Sollte man diesem Mann mit dem ehrlichen Gesicht zutrauen, daß ein so schwarzer Fleck auf seiner Vergangenheit haftet? Wir Frauen sind immer ihre erste *wahrhaftige* Liebe, aber geliebt haben sie andere doch vor uns! *(seufzt)*

CHRISTIAN: *(an der Thür)* Madame, hent Se e bisle Zeit für mi ibrig?

FRAU BUEHLER: Ah Christian, sind Sie's? Wissen Sie wohl, wem das Hurrah galt?

CHRISTIAN: I?—Jo, des woiß i net! So a Gebrüll verstandet nur de Wilde in Afrika!

FRAU BUEHLER: Nun, Christian, was kann ich für Sie thun?

CHRISTIAN: Sehe Se, wisse Se, Frau Buehler, I—i—möcht gern heirathe und—

FRAU BUEHLER: *(lächelnd)* Heirathen? Und wen denn?

CHRISTIAN: Na, die—die Dorothee!

FRAU BUEHLER: Dörthe? Ja, das ist ja was ganz Neues!

CHRISTIAN: Ja, mir au.

FRAU BUEHLER: Ja und lieben Sie sie denn?

CHRISTIAN: Ei freili! Sie soll ja mei Frau werde!

FRAU BUEHLER: Und ist Dörthe auch Ihnen gut?

CHRISTIAN: Ja, sehe Se, Frau Buehler, sell weiß i ebe net; aber se hat gsagt, wenn i nemme fluache thät und versprecha wollt, dem Barney nix zu thue, so könnt ma net wisse, was noch werde könnt——

FRAU BUEHLER: Kennen Sie denn ihre Familie, ihre Angehörigen näher?

CHRISTIAN: I weiß nix, als daß sie Dorothea Pätow heißt und e Waisekind ischt, wie i au.

FRAU BUEHLER: *(stutzend, für sich)* Pätow, Pätow? Das ist ja derselbe Name, den mein Mann— *(zu Christian)* Und hat sie Ihnen noch nie von ihren Eltern erzählt?

CHRISTIAN: Sie sagt, sie sei uf 'eme Schiff bei der Überfahrt gebore worde und ihr Mütterle sei bald nachdem sie gelandet wäret, im Elend gstorbe,—ihrn Vatter hätt se net kennt, hat sie gsagt.

FRAU BUEHLER: *(für sich, aufgeregt)* Diese Person in *meinem* Haus! O Gottfried, Gottfried, was werd' ich noch erleben. *(zu Christian, nachdem sie ihre Aufregung niedergekämpft hat)*

Sie wollen meinen Rath, Christian, und ich will Ihnen denselben geben. Sie verdienen eine brave Frau, aber Dörthe ist nichts für Sie! Sie ist eine—eine leichtsinnige Person, die ich sofort entlassen werde! Da haben Sie meinen Rath und nun thun Sie was Sie für das Beste halten.

CHRISTIAN: *(nach einigem Nachdenken)* I merk so nach und nach immer mehr, wie recht Sie habet. I glaub wirklich, die Dorothee meint's net ganz ehrlich mit mer und so will i se halt in Gottesname fahre lasse. Gott vergelt's Ihne, Adje! *(für sich im Abgehen)* Aber jetzt kriegt der Barney erst recht seine Prügel und das feschte! Ei Genugthuung muß der Mensch doch han! *(ab)*

Wiederholtes Johlen auf der Straße.

FRAU BUEHLER: *(allein)* Na, *das* hat mir gerade noch gefehlt. O Gottfried, Gottfried, was hast Du mir angethan!

12. Scene

Frau Buehler, Rosa. Dann Dörthe, Harold.

ROSA: Mama ich fürchte, Papa ist geschlagen.

FRAU BUEHLER: Nun vielleicht ist es besser so!

ROSA: *(am Fenster rechts)* Du hast gut reden, Mama. Aber was wird aus Harold und mir? Es ist abscheulich, daß sich dieser Wahlkampf selbst in die Herzensangelegenheiten der Kinder drängt.

FRAU BUEHLER: *(für sich)* Ja sogar in die der Alten.

Dörthe tritt auf.

ROSA: Dörthe, Du? Was gibt's?! Hast Du Berichte über die Wahl?

DÖRTHE: Ich? *No, Miss Rosie!*

FRAU BUEHLER: Was willst Du?

DÖRTHE: Hier die Karte!

Rosa nimmt die Karte und liest dieselbe, indem sie zu ihrer Mutter geht.

ROSA: *(verlegen, dann)* Harold! Laß ihn eintreten, Mama, und höre ihn!

FRAU BUEHLER: Nun meinetwegen! *(zu Dörthe)* Mr. Thompson ist willkommen! *(zu Dörthe)* Wenn Mr. Thompson fort ist, kommen Sie sofort hierher, ich muß Sie sprechen.

DÖRTHE: Schon gut! *(geht, kehrt sich aber noch einmal um)* Madame, eben fällt mich bei, ich habe doch was gehört. Vorhin lief Einer drunten vorbei, der schrie immerzu: *386 Majority! Hurrah! Hurrah!*

FRAU BUEHLER, ROSA: *(zugleich)* Für wen?

DÖRTHE: Vor Jochen Snut, Constabler, in die 19. Ward. *(geht zur Thür und läßt Harold ein, dann ab)*

FRAU BUEHLER: *(enttäuscht)* Abscheuliches Ding!

ROSA: *(zugleich)* Ah!

Harold tritt ein.

ROSA: *(auf ihn zugehend)* Guten Abend, Harold!

HAROLD:	*(reicht Rosa vorübergehend die Hand und nickt ihr freundlich zu, geht dann zu Frau Buehler, verbeugt sich vor ihr. Diese reicht ihm ihre Hand, welche er sichtlich erfreut ergreift. Rosa tritt zurück.)* Guten Abend, Frau Buehler. Sehr freundlich von Ihnen, daß Sie mich in dieser Stunde empfangen.
FRAU BUEHLER:	Nicht doch, Mr. Thompson; warum sollte ich nicht. Sie sind mir stets willkommen!
HAROLD:	Nun, ich dachte der Sohn eines wahrscheinlich geschlagenen Mannes würde in der Stunde der Freude vielleicht nur störend sein.
FRAU BUEHLER:	Wie? Sie haben Nachricht?
ROSA:	Ist's entschieden?
HAROLD:	Noch nicht; aber alle Anzeichen deuten auf den Erfolg des Herrn Buehler hin.
FRAU BUEHLER:	Mr. Thompson, Sie sehen mich in einer unangenehmen Lage. Der Sieg meines Gatten sollte mich freuen; allein ich habe dennoch meine ernstlichen Bedenken! Es wäre entschieden besser für Herrn Buehler wenn er geschlagen würde, oder *(mit einem Seufzer)* wenn er nie Kandidat geworden wäre.
HAROLD:	Ihr Gatte repräsentirt die gegenwärtige Strömung in der Politik und dieselbe ist nicht ganz zu verwerfen, während anderseits mein Vater ein gewisses veraltetes conservatives Element vertritt, das, trotz seiner Ehrbarkeit, durch sein unduldsames Wesen nicht mehr in unsere Zeit hineinpaßt.
FRAU BUEHLER:	Ich fühle, daß Sie mir etwas Freundliches sagen wollen, und ich danke Ihnen für Ihre gute Absicht; aber lassen wir das lieber, Mr. Thompson, und kommen wir auf etwas Anderes.
ROSA:	Mama, Du wirst mich vielleicht entschuldigen, ich möchte dem Vater noch einen kleinen Imbiß herrichten.
FRAU BUEHLER:	Ja gewiß, Rosa; gehe nur, Du bist entschuldigt!

Rosa verbeugt sich hinter dem Rücken der Mutter etwas komisch gegen Harold und wirft diesem, ehe sie das Zimmer verläßt, eine Kußhand zu. Ab durch die Mittelthür.

FRAU BUEHLER:	*(Harold zum Sitzen einladend)* Nun, Mr. Thompson, sagen Sie mir, was Sie zu uns führt.
HAROLD:	Frau Buehler, Sie wissen daß ich Ihre Tochter liebe und daß ich gerne Ihre Zustimmung erhalten möchte zu unserer Verlobung. Ich weiß, Herr Buehler ist mir nicht sehr gewogen. Ich komme daher zu Ihnen, mit Rosies Erlaubniß, um Sie zu bitten, Fürsprache bei Herrn Buehler für unsere Verbindung einzulegen.
FRAU BUEHLER:	Nun, nach Allem was ich von Ihnen gehört habe, bin ich nicht abgeneigt Ihre Bewerbung um Rosas Hand zu begünstigen. Ich weiß, Rosa liebt Sie und ich kenne erstere zu genau, um nicht zu wissen daß sie ihre Neigung keinem Unwürdigen entgegenbringen wird.
HAROLD:	*(eifrig)* Dank, Dank! Und wenn Sie mich erst näher kennen gelernt haben, so werden auch Sie eine solche Meinung von mir bekommen.

	Vielleicht wird auch Herr Buehler sein ungünstiges Urtheil über mich ändern.
FRAU BUEHLER:	Das wollen wir hoffen! Bis jetzt aber haben Sie eher Alles vermieden, die Ansicht die er über Sie hat, umzugestalten.
HAROLD:	Ich fühle meinen Fehler, nachdem Rosie mich darauf aufmerksam gemacht hat.
FRAU BUEHLER:	Also Rosie hat Sie schon in die Kur genommen?
HAROLD:	O ja und wie!
FRAU BUEHLER:	Fürchten Sie sich nicht ein wenig vor ihrer schulmeisterlichen Art?
HAROLD:	O nein, durchaus nicht! Ich habe schon in so vielem empfunden, wie recht sie hat und wie verkehrt manche unserer anglo-amerikanischen Anschauungen sind. Dann ist sie ja auch nicht einseitig und lobt das Gute auch auf *unserer* Seite.
FRAU BUEHLER:	Gewiß! *(nachdenklich, dann etwas lauernd)* Wissen Sie, daß Sie sich heute hätten am Besten die Gunst meines Gatten erringen können?
HAROLD:	Und wie?
FRAU BUEHLER:	Wenn Sie sich ein wenig seiner Sache angenommen hätten, vielleicht nur so im Stillen!
HAROLD:	*(nach einer kleinen Pause, verlegen)* Frau Buehler, ich verstehe Sie nicht ganz; wenn ich aber recht bin, so würde das meiner Ansicht nach einen Vertrauensbruch in sich schließen, meinem Vater gegenüber. Das wäre ich nicht imstande gewesen, wenn ich auch mit den Ansichten meines Vaters nicht ganz übereinstimme. Oder verstand ich Sie falsch?
FRAU BUEHLER:	*(lächelnd)* Nun, Mr. Thompson, Sie haben mich recht verstanden und ich freue mich Ihrer ehrenhaften Ansichten. Verzeihen Sie einer Frau, die in ihrem langen Leben in diesem Lande einen schlimmen Fehler in dem Gesammtcharakter Ihrer Stammesbrüder gefunden hat: seine Ansicht zuweilen nur um des Vortheils willen zu verschweigen. Ich kann alles verzeihen nur die *Unwahrheit* nicht.
HAROLD:	Frau Buehler, ich habe durchaus keinen Grund Ihnen ob des kleinen Kreuzverhörs böse zu sein. Aber nun danke ich Ihnen für Ihre Freundlichkeit mich als Sohn aufnehmen zu wollen und ich überlasse, wie gesagt, getrost mein Anliegen Ihrer Sorge in der sicheren Hoffnung, Sie werden Alles zu meinen und Rosas Gunsten lenken. Leben Sie wohl, Frau Buehler. *(Er erhebt sich und will gehen.)*
FRAU BUEHLER:	Harold,—so darf ich Sie jetzt wohl nennen?
HAROLD:	*(eifrig)* O ich bitte darum!
FRAU BUEHLER:	Kommen Sie morgen früh, falls Herr Buehler siegen sollte, wieder her. Vielleicht läßt sich dann schon etwas für Ihre Sache thun.
HAROLD:	Wenn aber mein Vater gewählt ist?
FRAU BUEHLER:	Dann warten Sie noch einige Tage.
HAROLD:	Gut! Wie Sie befehlen! Ich baue jetzt ganz allein auf Sie! Guten Abend! *(ab)*

FRAU BUEHLER: Rosa hat sich nicht getäuscht. Harold ist ein Ehrenmann im vollen Sinne des Wortes. Sie wird glücklich mit ihm werden—glücklicher wie ihre Mutter—o Gottfried!

13. Scene

Frau Buehler, Dörthe, Barney.

DÖRTHE: *(stürzt zur Thür herein, hat Barney am Ärmel und will ihn hereinziehen. Dieser aber, der zerschlagen und blutrünstig aussieht, bleibt unwillig an der Thür stehen.)* Miß Buehler, Miß Buehler!

FRAU BUEHLER: *(auffahrend)* Was gibt's, Dörthe? Was soll der laute Ton?

DÖRTHE: *(in der Thüre)* Come Barney!

Barney schüttelt unwillig mit dem Kopfe.

DÖRTHE: *(mit dem Fuße aufstampfend)* Come here, Barney!

Barney brummt etwas durch die Zähne, rührt sich aber nicht von der Stelle.

DÖRTHE: *(zieht Barney herein)* Da sehen Sie man hin! Ist das die Art, wie bei Sie ein anständiges Mädchen in ein anständiges Haus sich zu trieten lassen braucht?

FRAU BUEHLER: Der Mann blutet ja? Wer ist es denn? Was hat's gegeben?

DÖRTHE: Was es gegeben hat? Sehen Sie sich ihn mal an. *(weint)* Haue hat's gegeben. Beinahe umgebrungen hat er ihm!

FRAU BUEHLER: Wer, wer denn?

DÖRTHE: Der Krischan, Ihr Kutscher, der miserablichte Schwob hat mich meinen Barney, meinen schönen Barney, zugerichtet wie ein geklopftes Beefsteak! Da sehen Sie ihm mal an; nischt ist von all seine Schönheit geblieben als der eine Vorderzahn. *(geht auf Barney zu, der sich mürrisch abwendet und dann, nachdem er die Zähne gefletscht und der eine Zahn sichtbar wurde, abgeht. Dörthe kommt wieder vor zu Frau Buehler, die ein Lächeln nicht unterdrücken kann.)*

Aber Miß Buehler, das sag ich Sie *(das Folgende in möglichst schnellem Tempo).* Ich brauche mich in ein anständiges Haus nicht gefallen zu lassen, daß man meinen Liebsten haut. Überall wo ich gewohnt habe, habe ich mich einen *beau* gehalten, wie es einem anständigen Mädchen zukommt und ich bin auf viele Plätze gewesen; Sie müssen nicht denken, daß dies der erste ist und daß ich grün bin und bei Sie dienen muß——

FRAU BUEHLER: Dörthe, ich verbitte mir solche Sprache!

DÖRTHE: Ach was! Dies is ein freies Land und ich bin gerade so gut wie Sie und noch viel besser, wenn ich auch nicht *(schnippisch)* Mrs. Mayor bin, was Sie eigentlich auch noch nich sind!—Und der Mr. Buehler—puh! auch en Mayor, das is der Rechte. *(lacht)* Hahaha!

Pauken und Pfeifen, untermischt mit Hurrahrufen in der Entfernung, nach und nach näher kommend.

FRAU BUEHLER: *(ärgerlich werdend)* Dörthe!

DÖRTHE: Ha, so'n Mann, der die Dienstmädchens nachstarrt mit die Glotzaugen
                 und keine Courage nicht hat, als ihr manchmal so hinten 'rum 'n
                 Quarter in die Hand zu drücken.
FRAU BUEHLER: *(höchst aufgebracht)* Jetzt aber hab' ich's satt! Gleich packen Sie Ihre
                 Sachen und verlassen das Haus! Augenblicklich gehen Sie!
DÖRTHE: Na ja, ich werde man schon. Ich kann einigen Platz haben. Die Mrs.
                 Mayer an die Dritte Straße gibt mich gleich 'en halben Dhaler mehr
                 die Woche, wenn ich zu ihr komme.
FRAU BUEHLER: *(nimmt Geld aus ihrer Börse)* Da haben Sie Ihr Geld! Marsch
                 hinaus!
DÖRTHE: *(im Abgehen verächtlich)* Nu ja, ich gehe ja schon!
Als sie zur Thür hinaus will, kommt Buehler.

14. Scene

Vorige. Buehler.
Musik setzt ein hinter der Scene, nicht zu laut. Rufe: "Hurrah, Hurrah! Hurrah for our
Mayor! For Captain Godfrey Buehler! etc. etc."
BUEHLER: *(kommt zur Thür hereingestürmt, umfaßt Dörthe und dreht sich mit
                 ihr ein paar Mal im Kreise herum, bis zur Mitte der Bühne hin)* Ich
                 bin gewählt! Ich bin gewählt! Ich bin gewählt! Hurrah!
DÖRTHE: *(windet sich los, grimmig zu Buehler im Abgehen) O you old fool!*
                 (ab)
FRAU BUEHLER: Gottfried!
BUEHLER: *(stutzt, kraut sich im Haare, während seine Frau auf ihn zugeht, ihn
                 mit ihren Blicken musternd. Er begegnet dem, was sie sagen möchte,
                 indem er sie umarmen will, sie aber windet sich los und wendet sich
                 nach rechts.)* Komm her Mrs. Mayor Buehler, sei wieder gut!
FRAU BUEHLER: *(abwehrend, streng)* Schamloser Mormone!
Alle im Eintreten: "Hurrah! Hurrah! Hurrah!"*—Musik.—Schlußgruppe.*
Vorhang fällt.

Dritter Akt

1. Scene

Die Dekoration wie im zweiten Akte. Die Mittelthür ist offen. Die Lampen ausgelöscht.
Der Marmortisch vorm Fenster in der Mitte des Zimmers, drei Stühle um denselben.
Das Sopha u. s. w. links möglichst zur Seite gerückt.
BUEHLER: *(allein; im Schlafrock)* Also Mayor wär' ich! Mit 700 Stimmen Ma-
                 jorität! 's ist doch e schöne Sach' so Auserwählter des Volks zu sein
                 und zu denke, wie die ganze Stadt jetzt auf ein hinguckt und denkt,
                 der Godfrey Buehler ist doch eigentlich e Mordskerl! 's muß doch

was hinter so me Mensche stecke, sonst könnt's dem souveräne Volk doch net passire, daß es ihn wählt. *Well*, das Volk soll sich auch nit in mir getäuscht habe, ich will ihm treulich diene. Jetzt werde die neue Straße ausgelegt und die alte gepflastert. Die Wasserwerke müsse vergrößert werde und dene Yankees, die die deutsche Sprach' aus de öffentliche Schule treibe wolle, muß gelehrt werde, daß jetzt e deutscher Mayor das Heft in der Hand und ihne das Handwerk lege wird. S' is doch e Freud das Volk so in sich selbst verkörpert zu sehe und so von Jedem angeredet zu werde: *"How do you do, Mr. Mayor?"* und *"How is your Honor to-day?" (nachdenklich)* Nur eins fehlt mir jetzt zu meim Glück: e freundlicher Blick von meiner Frau! Der ist aber seit gestern die Sonn' im Gesicht untergegange und kein Strahl will mehr aus ihre Auge auf mich niederfalle. 699 Stimmen mehr als ich brauch, um Mayor zu sein und dennoch fehlt mir eine, ohne die ich's in Friede net sein kann. 's ist schändlich! Und noch so unschuldig dabei zu sein! Wenn ich mir nur noch so e kleins Fehltrittche zu Schulde hätt komme lasse, da wär doch noch e *Bische* Sinn in der Geschicht;—aber so unschuldig wie e Lämmerschwänzche!—Aber wenn ich den Kerl zwische die Finger krieg', der die G'schicht angestiftet hat, dem brech' ich bei meiner Mayors-Ehr' alle Knoche im Leib kaput. *(setzt sich)*

2. Scene

Buehler, Dorn.

DORN: Guten Morgen, *Herr Mayor.*

BUEHLER: *(mürrisch)* Guten Morgen.—Ach so, Du bist's!

DORN: Na, gut geschlafen auf Deinen frischen Lorbeeren?

BUEHLER: Ja, hat sich was zu Lorbeern! Dorne sind's, nix als Dorne!

DORN: Na, Du fängst aber früh an Deine erhabene Stellung zu beklagen— früher wenigstens, als ich dachte—

BUEHLER: Mayor der Stadt zu sein, weißt Du, macht mir vorderhand kei' Sorge— und wenn ich Trubel hätt', so würd' ich schon damit fertig wern,—Dir zum Trotz—aber mei Alte—

DORN: Ja allerdings, Marie scheint unversöhnlich.

BUEHLER: Hast Du das Gesicht gesehe gestern Abend?

Dorn nickt.

BUEHLER: Den Blick! Ich hab schon manchmal die Bekanntschaft von *dem* Aug' gemacht, aber so geblitzt hat's noch nie aus dere Eck' wie gestern Abend! Denk Dir nur, *scheide* will sie sich lasse—scheide!

DORN: *(hat sich gesetzt)* Hätte nicht gedacht, daß sie soweit gehen würde— wann hat sie das gesagt?

BUEHLER: Gestern Abend, nachdem Du fort warst.—Natürlich, es soll nicht öffentlich sein, nur so unter uns.—Verstehst Du?—Gustav, Gustav! warum hast Du mich verlassen!

DORN: *(lächelnd)* Konnt' ich anders, sie hat mich ja moralisch vor die Thür gesetzt.

3. Scene

Vorige. Christian.

CHRISTIAN: *(wischt sich die Augen, hat geweint)* Entschuldige Se, Mischter Bueh—Mischter Mayor, wollt i sage,—Die Dorothee *(weint heftig)* ischt—ischt net da; und weil e Herr drauße ischt, der Se sehe will—da bin i komme.—Da ischt sei Karte.

DORN: Christian, was ist Dir? Du weinst ja?

CHRISTIAN: Ach, Herr Dorn, wenn Sie wißtet, wie des thuat, Sie würdet au greine!

DORN: Ja was denn, was denn?

CHRISTIAN: 's isch werle schad! 's war a saubers Ding. I han se so gern ghet und was soll das arme Waisekindle jetzt anfange?

DORN: Ja, was für ein Waisenkind?—Wer denn?

CHRISTIAN: Ha no, die Dorothee, unser Stubemädle! Mrs. Buehler hat se fortgschickt.

BUEHLER: Na ja! Das hat noch gefehlt! *(zu Dorn)* Jetzt wird die Scheidung *public!*

DORN: Warum?

BUEHLER: Warum? Natürlich, *Du* weißt ja net, was e Frau im Stand ist, wenn sie die Aussicht hat, vierzehn Tag ohne Dienstmädche zu sein. *(setzt sich)*

DORN: Ach so! *(zu Christian)* Du hast wohl die Dörthe sehr gern gehabt?

CHRISTIAN: Ei freili!

DORN: Und wolltest sie heirathen?

CHRISTIAN: Mrs. Buehler hat g'sagt, se kennt mer eigentli net derzu rathe und i sollt' es lieber bleibe lasse, aber *(heult jetzt)* Mischter Dorn *(auf's Herz zeigend)* da sitzt's, da sitzt's! Seit i den Kerle, den Barney so heillos verschlage han, weiß i ganz gwiß, daß die Dorothee Pätow nie mei Weib wird.

BUEHLER: *(springt auf, erschrocken)* Wie? Was ist das?

Dorn, auf Buehler und Christian blickend, ist verblüfft.

BUEHLER: Pätow sagst Du? Weißt Du wo sie herstammt, wer ihre Eltern waren?

CHRISTIAN: I glaub, sie hat nie keine g'hett!

DORN: Hat sie keine Verwandte?

CHRISTIAN: Ja, das weiß i au net, aber Mrs. Buehler weiß vielleicht, wo se herkommt; soll se frage?

BUEHLER: Um Himmelswille, nor net!

DORN: So? Wie kommst Du *darauf?*

CHRISTIAN: Ha no, wie i der Missis Buehler gestern gesagt han, wie Dörthe heißt, so ist mir's vorkomme, als ob sie ihre Leut vielleicht kenne thät.

BUEHLER: *(zu Dorn)* Gustav, Gustav! 's wird immer schöner!

DORN:	Geh nur jetzt, Christian.
CHRISTIAN:	Brauchet Se sonscht nex?
BUEHLER:	Nichts! *(für sich)* Hab schon mehr wie genug!

Christian geht lamentirend ab.

4. Scene

Buehler, Dorn.

BUEHLER:	*(in der Aufregung auf und abgehend)* Da haben wir die Bescheerung.
DORN:	Gottfried, ich fange an Dich wirklich zu bedauern. Diese letzte Entdeckung setzt all dem Andern die Krone auf. Aber wie ist es möglich, daß ihr den Namen von Eurem Mädchen nicht kanntet?
BUEHLER:	Wer kann die Name von all dene Wandervögel behalte. Alle paar Tag ein anderes Gesicht. Es ist kein Zweifel mehr, Dörthe ist das Kind von dem verlassene Frauenzimmer auf dem Schiff und meine Frau glaubt jetzt, ich hätt' sie heimlich in's Haus gebracht, weil mich das Gewisse schlägt und ich mei—mei—
DORN:	*(stichelnd)* Deine Tochter—
BUEHLER:	*(ärgerlich)* Tochter! Laß jetzt Dein unzeitig Gestichel und wend' lieber Dein große Advocate-Verstand an, mir aus dem Schlamassel zu helfe.
DORN:	Erinnerst Du Dich denn keines Umstandes mehr, der als Beweis für Deine Unschuld gelten könnte? Ist Niemand zu finden, der diese Beweise erbrächte?
BUEHLER:	*(nachdem er sinnend und sich durch die Haare fahrend, auf- und abgegangen war)* Ja, da war e Kerl, so e langer Engländer oder sonst e Fremder auf dem Schiff, der hat ihr öfters Geld gebracht und ist dann immer, ohne den Dank abzuwarte und ohne zu reden, verschwunde. Aber wo mag der jetzt stecke?
DORN:	Ja, das ist allerdings fatal!

5. Scene

Vorige. Christian, dann Mauser.

CHRISTIAN:	Mr. Mayor, jetzt wartet aber der Herr nemme; soll i en vorlasse?
BUEHLER:	Na meinetwege.

Christian öffnet Mauser die Thür und geht dann ab.

MAUSER:	*(auf Dorn zu)* Ah! Mr. Dorn, freut mich sehr!
DORN:	*(steif verbeugend)* Herr Mauser.
MAUSER:	*(zu Buehler)* His Honor, the mayor, nicht wahr?
DORN:	Oh, sind die Herren nicht bekannt? *(stellt vor)* Gottfried! Herr Mauser, Mitglied des Stadtrathes und Präsident der *North Side Improvement Company!*—Seiner Ehren der Herr Bürgermeister!
BUEHLER:	*Happy, to meet you!*
MAUSER:	Mr. Mayor!

DORN:	*(leise zu Buehler, indem er Stühle herbeirückt)* Du, ich glaube, da ist schon Einer am frühen Morgen, der einen Bargain mit Dir machen will, soll ich Dich mit ihm allein lassen?
BUEHLER:	*(ebenfalls leise) Oh no,* bleib nur! Du sollst gleich sehe, wie ich mit der Sort' fertig werd'!
DORN:	*(von Einem zum Andern blickend)* Ich störe die Herren wohl und will mich deshalb——
BUEHLER:	*Not at all!* Mich nicht. Wenn der Herr nichts dagege hat, so ist's mir lieber Du bleibst.
MAUSER:	*(etwas zögernd)* O durchaus nicht, Mr. Dorn—nur Geschäfte offener Art.

Alle setzen sich, kleine Pause.

BUEHLER:	*(noch stehend, am Tisch; gravitätisch) Well, what can I do for you?*
MAUSER:	*(hüstelnd)* Nun, sehr viel für uns, für meine Company und für Sie selbst, wenn Sie wollen, Mr. Mayor. *(Er zieht eine kleine Landkarte hervor.)* Sehen Sie, hier liegen zwanzig Acker Land, die meine Company in Bauplätze auszulegen gedenkt. Zwischen diesem Land und der Stadtgrenze aber liegt dieser Streifen da— *(deutet auf die Karte)*
BUEHLER:	*(aufmerksam)* Ja, ja, gewiß, mei *property.*
MAUSER:	Ganz recht, Ihr Eigenthum. Wir möchten nun die Straße, die Sie hier sehen, nach unserm Lande durchgeführt sehen.
BUEHLER:	Durch mei *property*?
MAUSER:	Ja!
BUEHLER:	Aber mein Land liegt ja 15 Fuß tiefer und es thät mich ja ein Heidegeld koste es auszufülle und nachher doch nicht mehr werth sein. Nix *come* heraus! Daraus werd' nix!
MAUSER:	Das sollte mir leid thun!
DORN:	Ist die Stadt denn nach dieser Richtung hin schon bis zur Grenze besiedelt?
MAUSER:	Das nicht; aber unser Land liegt schöner und höher, als das nahe der Grenze und würde sich rascher besiedeln.
BUEHLER:	*No,* da bin ich entschiede dagege!
MAUSER:	Das thut mir leid; denn trotzdem wir schon eine kleine Majorität im Stadtrath sicher haben, hätte ich doch gern Ihre Zustimmung.
BUEHLER:	*(gravitätisch)* Gibt's net! Die Ordinanz wird einfach gevetoed! Gevetoed wird se!
MAUSER:	*Sorry, Mr. Mayor, very sorry,* aber——
DORN:	*(bedeutsam)* Würde Ihre Compagnie Herrn Buehler vielleicht entschädigen für Ausgaben, die ihm in Jahren nichts einbringen werden?
MAUSER:	Das käme darauf an, was Herr Buehler für seine Zustimmung haben möchte!
BUEHLER:	*(zu Mauser)* Was, kaufe wolle Se mich? Kaufe? Wisse Sie was, Sie und Ihre ganze Company habe zusamme net Cash genug, um den Godfrey Buehler zu kaufe. Was glaube Sie denn—Sie—Sie—

MAUSER: *(lächelnd) Don't get excited, Mr. Mayor.* Also Sie wollen nicht?—Nun, dann nicht! Ich kann Sie aber versichern, daß Sie die Ordinanz *nicht* mit Ihrem Veto belegen werden.

DORN: Warum sollte Herr Buehler das nicht thun?

MAUSER: Weil er jede Stimme braucht, wenn die Sonntagsfrage demnächst im Stadtrath vorgebracht wird. Die Temperenz-Partei hat beinahe zwei Dritttheile für sich. Der Herr Mayor wird die Ordinanz natürlich mit seinem Veto belegen, aber er muß *verhindern*, daß sein Veto überstimmt wird! Dazu braucht er Stimmen, und zwar die Stimmen seiner eigenen Partei und wenn diese gegen ihn fallen, so können Sie sich denken——

DORN: *(aufstehend)* Und Sie sind ein Deutscher?

MAUSER: *(ebenfalls)* Ja, was man hier so nennt!

DORN: *(ärgerlich)* Natürlich Deutscher, "was man so nennt!" Das heißt: Gott beschütze uns vor unseren Freunden, mit den anderen werden wir schon fertig werden. Herr Mauser, von Ihrer Sorte gibt's, gottlob, nur Wenige, aber immerhin genug, um sich als ehrlicher Deutschamerikaner herzhaft schämen zu müssen. Herr Buehler wird wahrscheinlich unter so bewandten Umständen Ihre löbliche *Privat*-Ordinanz zu unterzeichnen gezwungen sein.

Buehler läuft ärgerlich im Zimmer herum und ballt die Faust.

DORN: *(zu Buehler)* Nicht wahr, Gottfried, Du wirst— *(stößt Buehler, der Miene macht "Nein" zu sagen, heimlich an)*

BUEHLER: *Well—all right—*meinetwegen!

MAUSER: Nun, das dachte ich mir auch—*thank you, Mr. Mayor— (will Buehler die Hand reichen)*

BUEHLER: *(ärgerlich, ohne die Hand zu nehmen) Good bye!*

MAUSER: *(lächelnd) Good bye your honor! Good bye Mr. Dorn! (ab)*

DORN: Merkst Du nun, Gottfried, warum ich mit der praktischen Politik nichts zu thun haben mag, das heißt: kein Amt bekleiden will? Und ich fürchte, Du wirst noch viel weniger leicht mit diesem Interessenten-Gelichter fertig werden als ich.

BUEHLER: Ich denk', ich werd' die Kerle schon noch fixe. Wenn sich nur Alles andere so—

DORN: Pst! Still! Deine Frau kommt!

6. Scene

Vorige. Frau Buehler.

FRAU BUEHLER: *(im Morgenanzug, feierlich)* Guten Morgen Gustav; es ist gut daß ich Dich treffe.

BUEHLER: Hast Du vielleicht mit Gustav allein zu sprech?

FRAU BUEHLER: Nein—die Angelegenheit betrifft auch Dich.—Gustav, ich bin in dieser Nacht zur Überzeugung gekommen, daß es besser ist, wenn Gottfried und ich uns trennen.

DORN: Aber Marie—

FRAU BUEHLER: Ich bin fest entschlossen und bitte Dich, die nöthigen gesetzlichen Schritte zu thun. Meine Ansprüche auf ein Auskommen für meine Kinder und mich werden mäßige sein, anderseits glaube ich einiges Anrecht auf eine gesicherte Existenz zu haben, denn—denn ich habe redlich und treu *(wischt sich die Augen)* als Gattin an seiner Seite den Wohlstand, den er besitzt, erringen helfen; anderseits wünsche ich aber nicht, daß—das—das *(schluchzt)* arme Waisenkind—

BUEHLER: Aber Marie!—

FRAU BUEHLER: Das arme Waisenkind, die Dörthe Pätow durch mich leiden oder gar leer ausgehen soll.

DORN: Aber Marie, Gottfried versichert Dich auf sein Ehrenwort—

FRAU BUEHLER: Für mich ist die Schande klar erwiesen. Der gestrige Abend hat mir die Augen geöffnet. In der Freude über seine Wahl spielte ihm das Vaterherz den Streich seine schlau angelegten Pläne über den Haufen zu werfen. Sie war die erste, die er umarmte, als er im Glück über seine Wahl nach Hause stürmte.

DORN: Was ist das? Das ist ja sehr verdächtig.

BUEHLER: Ach was, ich war halt glücklich über meine Wahl und mußt was zum Knutsche habe; da is mir die ewe in den Weg gelaufe. Im *excitement* thut mer Einiges. Wenn ich Dich doch versichere, daß ich Dörthe weder gekannt, noch gesehe hab', eh' sie in's Haus gekomme is!

FRAU BUEHLER: Lassen wir das, ich weiß genug.

DORN: Aber wenn er Dir Beweise seiner vollständigen Unschuld bringen kann?

FRAU BUEHLER: Beweise? Ich sehe nur immer stärkere Beweise für die Schwärze seines Herzens und seiner Gesinnung und darum ist es besser, wir trennen uns und zwar auf immer. Ich baue darauf, Gustav, daß Du sofort die nöthigen Schritte thun wirst, daß in Bälde die, die— *(schluchzt)* Scheidung ohne Auffälligkeit bewerkstelligt werden kann.

DORN: *(mit Advokatenmiene)* Nun denn, Marie, wenn Du willst, ich stehe zu Diensten.

FRAU BUEHLER: Ich danke Dir. *(ab)*

7. Scene

Buehler, Dorn.

BUEHLER: Bist Du denn verrückt?! Weiß wahrhaftig net mehr, was ich von Dir halte soll. Mei Alte macht offenbar bitter Ernst und da redest Du ihr sogar noch das Wort.

DORN: Aber Gottfried, siehst Du denn nicht, daß jetzt mit Deiner Frau nicht zu reden ist und daß es besser ist, ihr nicht zu widersprechen? Laß mich nur machen, vielleicht geht noch alles gut. Geh Du aber nun Dich in Gala zu werfen. Gleich wird die ganze Herrlichkeit von Gratulanten, *Office-seekers* und Schwadroneure erscheinen, dem neuen hochwohllöblichen Bürgermeister von Porcupine City ihre Aufwartung zu machen!

BUEHLER:	Ach, geh mir weg mit Deine Flause. Was hab ich mich auf *den* Tag gefreut und was hat er mir gebracht?! Es geht mir bald wie dem Bauernbub, der zum Begräbniß von seim Vater sei roth West net hat trage derfe: "Jetzt freut mich schon die ganz Leich' net mehr." *(ab)*

8. Scene

Dorn, Harold.
Dorn will ab, trifft auf Harold.

HAROLD:	Ah, guten Morgen, Mr. Dorn, auch schon hier?
DORN:	Guten Morgen, Harold, wie Sie sehen.—Was gibt's? Etwas Wichtiges auf der Office?
HAROLD:	Nicht daß ich wüßte. War übrigens noch gar nicht da. Wollte eben mal Frau Buehler sprechen.
DORN:	*(lächelnd)* Wegen Rosie, nicht wahr?

Harold nickt.

DORN:	Gute Wahl, Harold! Ein prächtiges Mädchen! Der Alte aber oppositionell, wie?
HAROLD:	Leider!
DORN:	Na, ich weiß davon!
HAROLD:	Frau Buehler ist mir aber sehr gewogen und will sich unserer bei ihrem Gatten annehmen.
DORN:	Glaub' ich gerne, aber heute nicht.
HAROLD:	So, warum? Sie hat uns ihre Hilfe ja gestern noch so warm zugesagt.
DORN:	Ja, zwischen gestern und heute ist eine lange Zeit. Als prospektives Mitglied unserer illustren Familie darf ich es Ihnen ja wohl sagen—also im Vertrauen: Herr und Frau Buehler haben sich heillos überworfen. Die Sache scheint fast unmöglich auszugleichen.
HAROLD:	Herr und Frau Buehler entzweit? Wie versteh ich das?
DORN:	Hm! Der Artikel im "*Evening Light*"!
HAROLD:	Ach, die Geschichte mit dem Frauenzimmer und ihrem Kinde auf dem Auswandererschiff! *(lacht)* Und Frau Buehler glaubt?
DORN:	Gewiß glaubt sie.
HAROLD:	Aber es ist doch nichts an der ganzen Geschichte!
DORN:	*(aufmerksam)* So? Wissen Sie denn das so ganz genau?
HAROLD:	*Well*, ich selber weiß nur, was mir mein Vater angedeutet. Er scheint indessen die Umstände ziemlich genau zu kennen.
DORN:	So? Vielleicht hat am Ende Ihr Herr Vater den Artikel selber in die Zeitung—
HAROLD:	*(zornig)* Mr. Dorn!
DORN:	Verzeihen Sie meinen Argwohn! Aber warum hat Ihr Herr Vater denn nicht öffentlich dementirt?
HAROLD:	Das hätte er auch sicher gethan, wenn er gedacht hätte, die Sache würde eine solche Wendung nehmen.

Stimme des Ticketpeddlers hinter der Scene hörbar: "Wie lange soll ich noch warten?"

9. Scene

Vorige. Christian.

DORN: Was gibt's?

CHRISTIAN: Da ist Einer, der nemme warte will und sagt, wenn der Mr. Buehler ihn net glei anhöret wird er ihn für *damages* verklage!

DORN: Schon gut, Christian, gleich!

Christian ab.

DORN: Na, Harold, ich werde Ihren Herrn Vater sofort aufsuchen.

HAROLD: Sie finden ihn in seiner Office.

DORN: In einer Viertelstunde bin ich dort.

HAROLD: Ich werde Sie anmelden. *Good bye!*

DORN: *Good bye!*

Harold ab.

10. Scene

Dorn, dann Ticketpeddler.

DORN: So sind die Yankees. Bin ganz überzeugt, den Alten hat es gekitzelt, daß diese Geschichte in die Campagne hineingespielt hat. Selber angeregt hat er sie nicht, aber das Capital, das sich daraus schlagen ließ, hat er stillschweigend für sich hingenommen.

PEDDLER: *(tritt auf, defekt angezogen, schlottrige Kleider, Hosen in den Stiefeln und Pelzmütze auf dem Kopf; kaut ein Primchen und ist ein klein wenig angetrunken)* Ju'n Dag!

DORN: *(den Mann ansehend)* Guten Tag. Na, was ist denn das für eine Species? *(Pause)* Was wünschen Sie?

PEDDLER: *(frech, verlegen)* O—nisch! *(Er sucht einen Spucknapf und als er keinen findet, nimmt er sein Primchen aus dem Munde und wirft es sorgfältig in die Ecke des Zimmers.)*

DORN: Nichts? Na darum sind Sie doch wohl nicht hergekommen?

PEDDLER: Nee! Ick wäre schon jar nich herjekommen, wenn mich nicht Jemand jesagt hätte, ick sollte mich hier mein Jeld holen.

DORN: Geld? Was für Geld und wofür?

PEDDLER: Na vor meine Arbeet, die ick vor Ihnen jedhan habe.

DORN: Arbeit? Für mich?— *(für sich)* Ja so, ich bin ja gegenwärtig mein Schwager! *(laut)* Haben Sie vielleicht Holz klein gemacht?

PEDDLER: Nee, det thu ick sonsten; aber heut hef ick vor Ihnen bei die Leckschen gearbeet.

DORN: Ja, was denn?

PEDDLER: Ick habe bei die Wahlkasten jestann' und Tickets jepeddelt.

DORN: So—o! Ja, habe ich Sie denn engagirt? Oder, wenn es meine Freunde gethan haben, warum wenden Sie sich nicht an die?

PEDDLER: Ach, die kenne ick jar nich!—So wenig wie ick Ihnen kennen dhue! Det macht aber nischt aus;—ick habe den janzen Dag jestanden und habe mir die Beene vor Ihnen abgefroren und nu will ick meine Bezahlung.

DORN: *(für sich)* Nicht schlecht, das! *(zum Peddler)* Und wenn ich Ihnen nun sage, daß ich Sie nicht engagirt habe und Sie deshalb auch keine Forderung an mich haben, was dann?

PEDDLER: *(nimmt ein neues Primchen, gelassen)* Dann jehe ick in die 19. Ward und sage die Entschpeckters, sie sollen Ihnen man nich wählen.

DORN: *(lächelnd)* So; also auf diese Art wird das gemacht! Ja, aber Mann, die Wahl ist doch längst vorüber.

PEDDLER: Jewiß, aber det oviehzielle Zählen nicht.

DORN: So, also in Eurer Ward *zählen* sie erst nach dem—*Zahlen. (macht die Bewegung des Geldzählens)*

PEDDLER: Ja, ja, so eben meint ick't man.

DORN: *(ärgerlich werdend)* Wissen Sie denn auch, daß man so was Betrug nennt?

PEDDLER: M—ja! Det mag't wohl sind, und ersten as ick noch jrün west, hefft ick't ooch so anseht, aberscht min Nochbar Jochen Snut söt tau mi: Dat's Allens was annerscht in Amerika; da möt man *smart* sind, hat hei segt! Wer d' meiste betohlt, de hat's; ob einer nu die Stimmen *vor* die Wahl kauft oder sie nachher kaufen dhut—

DORN: *(unangenehm berührt)* So—so! Und wie lange sind Sie schon im Lande?

PEDDLER: Ick? *(besinnt sich)* Lat mol sehn! Am nächsten Ersten sind 't wohl füf Wochen.

DORN: Hab ich mir's doch gleich gedacht! Nun will ich Ihnen was sagen, Landsmann,—wenn das noch in ihren benebelten Kopf hineingeht— sagen Sie Ihrem Nachbar Knut, oder Snut wie er heißt, er sei ein Lump und ein gemeiner Verführer, der seine Landsleute zu schlechten Streichen anhält. Unsere Wahlverhältnisse hier sind gewiß nicht die allerreinlichsten, aber ein elender Kerl ist der, der sie noch weiter zu verderben sucht, als sie schon sind.

PEDDLER: Wat Sie da seggen, haff ick nich all verstann; aberscht et muß wahr sind. Sie scheinen mich ein juten Boß zu sind. Ick will Ihnen nu ok zeigen, det ick ehrlich vor Ihnen gearbeet hab. *(sucht lange in den Taschen)* Wo is et denn?—dat Düvelstüg! Aha, da heff ick't! *(reicht's Dorn)* Da sehen Sie sick Ihnen man det Ticket an.

DORN: Ein *split-ticket* mit Thompson als Mayor.

PEDDLER: Ja, det hat so'n kleen parfümigter Stutzter in die 7. Ward, wo ick vor Ihnen jestanden bin, jepeddelt—aber wi hefft ihm elklich verkloppt!— Na, wie is et nu mit dem Jelde?

DORN: Wie viel beanspruchen Sie denn für Ihre höchst werthvollen Dienste?

PEDDLER: Tein Dohler.

DORN: Zehn Thaler?! Nu, ich dächte, das wäre ein guter Tagelohn—

PEDDLER: Na billiger kann ick et doch nich dhun! Et kost mir selbsten so ville.

DORN:	Wie rechnen Sie denn das?
PEDDLER:	Bei det Holzmachen verdien ick füf Dahler. Dat muß ick nu vorneweg abrechnen. Denn hef ick vor Ihnen drei Dahler füftig Cent vertrietet und wenn Sie mich nu tein Dahler geben, komm ick bei den Handel grade raus; denn 'n Dahler brauch ich noch bis ick in die 19. Ward komme, mit all die Saluhns uff'n Weg.
DORN:	*(lächelnd)* Ja so; daran habe ich allerdings nicht gedacht. Ich will Ihnen das Geld geben, weil Ihre Familie das jedenfalls gut brauchen kann.
PEDDLER:	Familie hab ick noch nich, aber ick wull mi hier eene suchen.
DORN:	Sie wollen heirathen?
PEDDLER:	Nu ja, dat heißt, ick bin man schon so halb und halb verheirathet. Mine Braut is schon vor 26 Jahren nach Amerika ausjewandert und nu wull ick sehen, ob ick ihr nich finden dhue!
DORN:	Wo sind Sie her? Und wie heißen Sie denn eigentlich?
PEDDLER:	Ick bin aus Pommern, und heiße Pätow, Willem Pätow!
DORN:	Was? Wär's möglich?
PEDDLER:	Na, warum sollt' ick nich. Ick habe mir lange jenug jeschämt, det ick so heiße, Ihnen kann ick't ja seggen. Sie scheinen mich einen braven Mann zu sein. Ick war ein Luftikus, hab meine erste und einzigste Lieb sitzen lassen, weil mich eine andere besser jefiel.—Na, nachher war's mit *die* erst recht nischt,—dann hab ick mir det Trinken angewöhnt, ging in's Weite und strome nu so einige twintig Jahre in die Welt herum; aber det Verlangen nach meine erste Leiv konnt ick doch nie loskriegen.
DORN:	Na, nun ist's allerdings hoch an der Zeit.
PEDDLER:	Ja, aber ick bin nu auf die richtige Spur.
DORN:	Gut, gut, wir wollen's hoffen!—Kommen Sie nur mit mir; vielleicht kann ich Ihnen, wenn auch nicht zu einer Braut, so doch zu einer Tochter verhelfen!
PEDDLER:	Wie? Wat seggen Se da?
DORN:	Fragen Sie nicht.—Kommen Sie nur. *(abseits)* Jetzt zu Thompson; ich fühle, er kann Licht in das heillose Dunkel dieser Geschichte bringen.

Beide ab.

11. Scene

Frau Buehler, dann Oldham.

FRAU BUEHLER:	*(tritt nachdenklich auf)* Es muß sein. Der Schritt ist nothwendig, wenn mir's auch in's Herz schneidet mein Unglück vor die Augen der Welt gezerrt zu sehen! Aber was wird nun aus Rosa und Harold? Ich mag mir die Zukunft nicht ausmalen, es könnte mich wahnsinnig machen!
OLDHAM:	*Aunty, what's up*—Bist Du unwohl?

FRAU BUEHLER: Nein, nicht im Geringsten!

OLDHAM: Du siehst etwas angegriffen aus! Freust Du Dich denn nicht über Uncle's *election*?

FRAU BUEHLER: O gewiß—gewiß thue ich das—aber die Aufregung der letzten Tage hat mich etwas angegriffen.—Was führt Dich zu mir?

OLDHAM: *Aunty*, ich—ich bin gekommen, Dich in einer Sache zu sehen, in welcher Du für mich sehr viel thun kannst. Wie würde ich Dir, *perhaps*, als *son-in-law* gefallen?

FRAU BUEHLER: Als Schwiegersohn? Das ist mir ja *ganz* was Neues!

OLDHAM: Ja, ich liebe Rosie von ganzem Herzen und ich möchte daß Du mir dabei hilfst sie für mich zu gewinnen.

FRAU BUEHLER: Ja, warum frägst Du sie nicht selbst?

OLDHAM: *I guess she don't like me.*

FRAU BUEHLER: *(für sich)* Ich glaube es auch. *(laut)* Rosie's Herz ist nicht mehr frei.

OLDHAM: *I know it.*

FRAU BUEHLER: Nun?

OLDHAM: *Well*, ich dachte, so weit wäre es noch nicht.

FRAU BUEHLER: Ich glaube doch. Harold Thompson hat bei mir um Rosas Hand angehalten.

OLDHAM: Und Du hast ihn *encouraged* und ihm, *perhaps*, sogar Rosie's Hand versprochen?

FRAU BUEHLER: Ja und nein!

OLDHAM: Also ist noch Hoffnung?

FRAU BUEHLER: *Meine* Zustimmung haben die Brautleute. Es fehlt nur noch die Onkel Buehlers.

OLDHAM: Uncle Buehler wird seine Zustimmung zu der Verbindung seiner Tochter mit dem Sohn seines Feindes nie geben; *never!*

FRAU BUEHLER: Ach so;—nun darüber kannst Du Dich beruhigen!

OLDHAM: Wenn aber Leute alles aufbieten um Onkel Buehler zu defeaten—

FRAU BUEHLER: Das ist nun einmal in der Politik nicht anders.

OLDHAM: Wenn sein Opponent aber Dinge in die Welt hinausgeschickt hätte, die Onkel Buehlers Charakter touchen?

FRAU BUEHLER: *(aufmerksam)* Was? Wie meinst Du das?

OLDHAM: *(spöttisch lächelnd) Didn't you read the papers?* Die Geschichte auf dem Steamer *anno* dazumal?

FRAU BUEHLER: Wie käme Thompson damit in Verbindung?

OLDHAM: Was thut ein Yankee nicht, um zu seinem Zweck zu gelangen? *Harold Thompson is none too good for that.*

FRAU BUEHLER: Also Du glaubst, Harold hätte—

OLDHAM: Nun, wer denn sonst?

FRAU BUEHLER: *(nach einer Pause)* Charley, das kann ich nicht glauben!

OLDHAM: *Well,*—vielleicht war's auch der alte Thompson. Irgend einer von der *crowd* hat es in die Welt hinausgesprengt.

FRAU BUEHLER: *(aufmerksam)* Also gewiß weißt Du es nicht?

OLDHAM: *M—no—but—*

FRAU BUEHLER: Dann solltest Du aber auch nicht den Verdacht aussprechen. Wenn Onkel Buehler davon erfährt, wird er bei seiner leichtgläubigen Natur bitter ergrimmt werden über die Thompsons.

OLDHAM: *(unvorsichtig) That would just suit me!*

FRAU BUEHLER: So, also daher bläst der Wind? Du willst Zwietracht säen? Fast bringst Du mich auf die Vermuthung, daß Du selbst Derjenige bist, der diese Geschichte verbreitet hat.

OLDHAM: *(für sich) Perhaps she aint much out of the way!*

FRAU BUEHLER: Aber ich will zu Deiner Ehre annehmen, daß ich mich irre und daß ein Funke wahrer Liebe für Rosa in Dir ist, der Dich zu solch verwerflichen Mitteln greifen ließ.

OLDHAM: *(ärgerlich, für sich) I guess my little scheme didn't work, after all.*

FRAU BUEHLER: Charley, Charley—Du einziges irregeleitetes Kind meiner armen verstorbenen Schwester! Wie glücklich ist sie, daß sie Dich heute nicht sehen kann! Sie, die für Dich gelitten und nach Deines Vaters Tode ihre paar Kenntnisse auffrischte und Lehrerin wurde, um Dich ernähren zu können und die schließlich unter der Last ihres Berufes zusammenbrach.

OLDHAM: *(ungeduldig) Oh sha!* Das sind alte Geschichten; ich hatte sie schon alle glücklich vergessen.

FRAU BUEHLER: Ja, allerdings hast Du sie vergessen, wie Du den ehrlichen Namen vergessen hast, den sie trug. Du bist die Mutter nicht werth, die immer nur an Dich und Deine Zukunft dachte und die mit ihrem letzten Athemzuge noch Deinen Namen stammelte. *(Sie steht auf und geht an die Kommode, um eine Schatulle aus derselben zu holen.)*

OLDHAM: *(für sich) She's wound up, it seems.*

FRAU BUEHLER: Schon längst hatte ich die Absicht, die paar Andenken die sie hinterließ, Dir zu übergeben, aber ich wollte warten, bis Du etwas ernsteren Sinnes geworden und diese Andenken so achten würdest, wie sie es verdienen.—Hoffentlich rühren Dich diese Zeichen aufopfernder Liebe und flößen Dir etwas Wärme und guten Willen in Dein kaltes verstockes Herz! *(kehrt zum Tisch zurück)*

OLDHAM: *(für sich) Sentimental nonsense.*

FRAU BUEHLER: *(die Schatulle öffnend)* Hier unter unseren eigenen Familienpapieren habe ich sie sorgsam aufbewahrt. Sieh hier das Selbstbildniß Deines Vaters auf der alten Broche, die Deine Mutter einst mit so gerechtem Stolze trug—diese blonde Locke, die ich für Dich noch in der letzten Stunde aus der Fülle ihrer Haare geschnitten,—hier Deine ersten Kinderschuhe—

Oldham ist lässig auf die Schatulle zugegangen und blickt die Gegenstände gleichgültig an.

12. Scene

Vorige. Christian.

CHRISTIAN: Mrs. Buehler! Mrs. Buehler!

FRAU BUEHLER:	Was gibt's?
CHRISTIAN:	Se send scho älle do, die Herre, die dem Mayor Buehler gratulire wöllet.
FRAU BUEHLER:	Ach so! Herr Buehler wird wohl in seinem Zimmer sein. Rufe ihn Christian.

Christian nach links ab.

13. Scene

Frau Buehler, Oldham. Pete, Smith, Crooke, Cook, Jones. Dann beide Thompsons. Später Buehler, Knödel, Balzer, Lutz. Zuletzt Rosie und Fritz.
Oldham ist an der Schatulle stehen geblieben und hat darin eifrig gekramt und scheint etwas gefunden zu haben, was ihn höchlichst interessirt.

PETE:	Good morning, Mrs. Buehler! *(stellt die mit ihm gekommenen Herren vor)*
	Mrs. Buehler, Mr. Smith; Mrs. Buehler, Mr. Cook; Mrs. Buehler, Mr. Crooke; Mrs. Buehler, Mr. Jones; Mr.—Mr.—Na, Sie wisse ja, wie Sie heiße.

Einer nach dem andern tritt vor und sie sprechen abwechslungsweise: Glad to meet you—Happy to see you—Glad to know you—Howdy *u. s. w. und schütteln Frau Buehler derb die Hand, welche dieselbe nachher vor Schmerz reibt. Thompson und Harold kommen von der Mitte. Buehler, in Wichs und mit Würde, tritt von der Seite auf und schüttelt die Hände der anwesenden Herren.—Er ist etwas verblüfft, Thompson zu sehen, faßt sich aber schnell. Rosa und Fritz treten ebenfalls ein.*

THOMPSON:	*(auf Buehler mit Anstand zugehend, im Rednerton)* Herr Buehler! Ich beeile mich einer der Ersten zu sein, Ihnen meine Gratulation darzubringen. Ich habe jedes ehrliche Mittel gebraucht Sie zu schlagen, es ist mir aber nicht gelungen. Das Volk hat gesprochen; ich beuge mich seinem Willen und reiche meinem ehrenwerthen Gegner die Hand! Wollen Sie dieselbe annehmen?
BUEHLER:	*(etwas verblüfft, dann mit Stolz)* Gewiß, Judge, hier mei Hand! *(schütteln sich kräftig die Hand)*
HAROLD:	Auch ich gratulire Ihnen von Herzen.
BUEHLER:	Danke! Danke! *(für sich)* Die Yankees habe doch so a Art an sich;— ich könnt's net!
ROSA:	Gratulire Papa!
FRITZ:	*Me too, Papa! Didn't I tell you I'd win my bet!*

Beide treten zu Frau Buehler.

OLDHAM:	*(hat währenddem die Papiere in der Schatulle durchsucht; er forscht nach einem Blatt, das er nicht finden kann. Endlich tritt er mit einem Dokument an Buehler heran.)* Sag mal, *uncle*, bist Du denn auch Landesbürger?
BUEHLER:	*(entrüstet)* Dumme Frag!
OLDHAM:	Wo verwahrst Du denn Deine *papers*?
BUEHLER:	*Papers?* Brauch ich keine! Ich bin als minorenner Bub von 19 Jahr mit meim Vater eingewandert und bin demnach Bürger auch ohne Papiere.

OLDHAM:	Ja, dann muß aber Dein Vater *Citizen* gewesen sein.
BUEHLER:	Er war's auch! Ich weiß noch wie er für McClellan gestimmt hat. Wart emal—sei Bürgerschei muß doch noch in der Box sein. *(ruft)* Mama!
OLDHAM:	Laß nur! Dies ist das einzige Papier, was in der Box enthalten ist.
BUEHLER:	Nun—und?
OLDHAM:	*(im Stillen triumphirend) Well*, dies ist nur das erste *paper* Deines Vaters—*his intention paper*—sonst ist keines vorhanden.

Buehler starrt das Papier an, besieht's von allen Seiten, kratzt sich hinter'm Ohr und läuft endlich an die Schatulle, worin er dann eifrig, aber erfolglos kramt. Inzwischen hat sich Oldham zu den Freunden Buehler's gewandt und ihnen mit lebhaftem Bedauern angedeutet, daß Buehler wahrscheinlich kein Bürger sei. Bewegung unter den Anwesenden.

BALZER:	Kein Bürger,—dummes Zeug!
LUTZ:	Ich hab ihn ja schon stimmen sehen, wie ich noch so klein war wie ein Baby! *(macht die Bewegung)*
SMITH:	Das will nichts heißen! Es stimmt Mancher, der kein Recht dazu hat.
KNÖDEL:	*A nice piece of business that!* Wir quälen uns ab ihn zu erwählen und nachher kommt's 'raus, daß er kein Bürger ist.
PETE:	Was habt Ihr g'sagt? Der Capt'n ist kein Bürger?—*Nonsense! (geht zu Buehler an den Tisch)* Wo sein Deim Vater seine Papiere?

Buehler gibt Pete ein Blatt, welches er zu lesen versucht. Da er dieses aber schlecht fertig bringt, wendet er sich mit demselben an Judge Thompson. Alle folgen neugierig.

PETE:	Judge, gucke Se mal das Papier do an. Ist das vielleicht e *mortgage* oder e *marriage-license*, oder was is es?
THOMPSON:	*(besieht das Papier)* Nein, das sieht aus, wie ein Bürgerschein.
PETE:	*(zu den Anderen gewendet)* No, was habe ich gesagt?
THOMPSON:	Aber nur eine Intentions-Erklärung.
PETE:	*(verdutzt)* So? Und der Bub, dem sei Vatter net voller Bürger ist, eh der Bub majorenn geworde is, der Bub ist kein Bürger?
THOMPSON:	Ja, so ist es!
PETE:	*(nach einer kleinen Pause) That settles it.*
OLDHAM:	*(hämisch lächelnd, für sich) I think so too!*
BUEHLER:	*(sinkt in das Sopha)* O, ich Esel!
ROSA:	O weh, jetzt ist alles aus!
HAROLD:	Das hat uns gerade noch gefehlt.

Harold und Rosa gehen mit lebhaften Geberden des Bedauerns auf Buehler zu. Buehler wehrt sie ab.

BALZER:	*(zu Buehler)* Du bist uns ein Schöner! Willst für Mayor laufen und weißt noch nicht, daß das erste Gebot im Lande heißt: Du sollst Bürger werden.
KNÖDEL:	All die Arbeit—das schöne Geld und—obendrein den Katzenjammer—alles umsonst!
BALZER:	Und der schöne Gedanke endlich einmal eine fette Office zu bekommen, ist auch futsch!
KNÖDEL:	's ist schändlich!

BALZER:	Zu dumm!
SMITH:	*Dam fool!*
JONES:	*(lachend) It serves that greenhorn right!*

Alle nach hinten.

PETE:	Wer war denn aber der Schmartmeier, der sein Nas in annere Leute ihre *papers* steckt?
BUEHLER:	*(fährt plötzlich auf und deutet auf Oldham)* Da steht der Schuft mit seiner Spürnas, dem ich sein Lebtag Wohlthate erwiese hab und die er mir jetzt auf die Art dankt! *(zu Oldham)* Mach, daß Du mir aus de Auge kommst, daß ich net vergeß, daß ich Dein Onkel bin und Dir net die Knoche im Leib verschlag.
ALLE:	Schmeißt den Kerl, den Schuft, den Lump hinaus! Hinaus! Hinaus! *(wollen auf ihn zu)*

14. Scene

Vorige. Dorn, Ticketpeddler, Christian, Reporter, Dörthe.

DORN:	Was gibt's denn da?
PETE:	Eweda wolle mer en Schuft enausschmeiße!
DORN:	Einen Augenblick! Soeben komme ich von der Office des *"Evening Light,"* wo mir auf dringendes Verlangen mitgetheilt wurde, daß der Name des Mannes, der die verläumderische Geschichte über Herrn Buehler in die Zeitung brachte *(spöttisch)* Mr. C. J. Oldham ist! *(zum Reporter)* Nicht wahr, Herr Reporter, Sie bestätigen mir das?
REPORTER:	Gewiß! Er wollte erst den "Volkswächter" damit beglücken, aber Herr Buehler weiß, daß wir nichts Nachtheiliges gegen ihn bringen würden, auch wenn's die Wahrheit wäre.
ALLE:	Schmeißt den Schuft hinaus.
PEDDLER:	Halt mal! Dat is ja der kleene parfümigte Stutzer, der in die 7. Ward, wo ich jestanden bin, det *split-ticket* jepeddelt hat. Das Jeschäft is ihn aber bald jelegt worden. En feiner Herr, *(wird Harold ansichtig)* ach ja, da sind Sie ja woll ook! Ju'n Dag! Det haben Sie fein jemacht. *(zu den Übrigen)* Als hei nich jehen wullt, do hat er em mit die Hand jezeigt, wo de Weg hinlöpt, *(macht Gebärde)* un wi Annern mit drop,—rin in die Gosse!—
ALLE:	'raus mit ihm.

Oldham wird hinausgeworfen. Die Freunde Buehlers, außer Pete, gehen mit ab.

FRAU BUEHLER:	Wer ist dieser Mann?
DORN:	Dieser Ehrenwerthe ist Dörthens Vater! Wie Enoch Arden war er verscholen und ist wieder aufgetaucht zur Freude seiner Tochter Dörthe und *(leise zu Frau Buehler)* zu Deinem und Gottfrieds Glück!
CHRISTIAN:	*(zieht Dörthe in die Thür, wo sie stehen bleibt)* O Frau Buehler, se will net rei komme! I weiß, se hat net schön an Ihne ghandelt, aber sehet Se, i konnt halt net ohne sie sei. Wöllet Se uns net de Sege gebe? *(winkt Dörthe, die aber nicht kommen will)*

FRAU BUEHLER:	Schon gut, lieber Christian *(reicht beiden die Hand)*, ich wünsche Ihnen und Dörthe alles Glück—das wissen Sie ja—aber nun *(sich bei Dorn und den Anderen umsehend)* erklärt mir das Räthsel?
DORN:	*(auf Judge Thompson deutend)* Da steht der Mann, der damals auf dem Schiff das Mädchen unterstützt hat. *(zu Thompson)* Judge jetzt reden Sie!
BUEHLER:	Ja, war ich denn blind? Sie ware der lange Ker—Engländer—dafür hab ich Sie nämlich damals gehalte—über den ich mich so schmählich geärgert hab?
THOMPSON:	Ja, ich habe damals, durch unseren Consul veranlaßt, dem armen Mädchen die Überfahrt ermöglicht.
BUEHLER:	Judge—*shake!* Sie sind doch e famoser Kerl! *(zu Frau Buehler)* Alte, hast Du's gehört? Meine Beweise—da sind sie!
FRAU BUEHLER:	*(fällt weinend Buehler um den Hals)* Gottfried! *(zu Thompson)* Herr Thompson! O wie ich Ihnen dankbar bin.
BUEHLER:	Jetzt kann mer der ganze politische Krempel gewoge bleibe. Der Mayor ist futsch! Alte, aber Du lebst und ich halt Dich im Arm, wie in uns're junge Tage!

Umarmung, Händeschütteln.

FRAU BUEHLER:	Lieber Gottfried!
BUEHLER:	*(zu Harold)* Jetzt aber zu Ihnen, junger Mann! Sie sind a Gentleman! Ja, noch mehr: Sie verdiente a Deutscher zu sein!—Nein, ich mein's im Ernst und wenn es Ihrem brave Vater recht is und Sie wolle die Tochter von einem—geschlagene Mann zur Frau habe, so gehört sie Ihne. *(zu Frau Buehler)* Was sagst Du, Alte? *(zu Thompson)* Judge?
FRAU BUEHLER:	O meinen Segen haben sie schon längst!
THOMPSON:	Auch den meinigen!
ROSA:	*(in die Arme ihres Vaters)* Lieber Vater! *(in die Arme Harolds)* Harold!
HAROLD:	*My dear Rosie!*

15. Scene

Vorige. Mrs. Mayer. Damencomite.

MRS. MAYER:	*(war gegen Ende der vorigen Scene an der Spitze des Damenkomites, welches das Silberservice feierlich vor sich herträgt, eingetreten, und wendet sich nun an Buehler, der seinerseits sich noch einmal gravitätisch aufrichtet)* Soeben von Ihrer glorreichen Wahl unterrichtet, nehmen wir die Gelegenheit wahr unserem *neuen Bürgermeister* die schuldige Hochachtung darzubringen und ihm, das von seinen Mitbürgern zuerkannte Geschenk eigenhändig zu überreichen.
BUEHLER:	*Well*, Mrs. Mayer, ich dank Ihne vielmals für Ihre gute Absicht, aber Sie komme mit Ihre Gratulation e wenig zu spät! Mei Termin is um!—Ich habe schon wieder *resigned*. Den *Pitcher* aber werd ich zur

Erinnerung an mei kurze Mayorschaft dankbar behalte. *(zur Seite)* Bezahlt hab ich ihn ja doch!

Das Service wird auf den Mitteltisch gesetzt.

DORN: Und etwas Eiswasser kann Dir auch nicht schaden!

PETE: *(am Mitteltisch, Christian dahinter)* Mer kann ja auch—da—was Anders draus trinke, net wohr? *(winkt Christian, der eilends mit dem Service abgeht)*

BUEHLER: Schö, Alte, wär's aber doch gewese, wenn mer jetzt auch noch "Mr. und Mrs. Buehler" heiße dhäte!

PETE: *Never mind*, wenn Du Berger werst, kannst Du bei der nächste Wahl noch emal laufe.

BUEHLER: Du besser laufst und sorgst dafor, daß mer emal anstoße könne auf das neue *engagement!*

PETE: Hawe mer scho besorgt. *(Christian tritt auf.)* Her mit dem Temperenzkessel!

DORN: Da kommt der Pitcher ja gerade recht.

Christian kehrt mit dem gefüllten Pitcher zurück. Pete und Christian gießen in die zu demselben gehörigen Becher und reichen diese herum.

BUEHLER: Hoffentlich platzt er net, wenn e stärkerer Droppe hinei kommt als Eiswasser.

DORN: Also: Das Brautpaar soll leben!

BUEHLER: *(indem er seine Frau um die Taille faßt)* Und die Alte danebe.

PETE: *(vortretend)* Und der Herr Mayor Bueh—

BUEHLER: Werst Du gleich still sei!

ALLE: Hoch! Hoch! Hoch!

Vorhang fällt.

8

Lotta L. Leser

T here is no better example than Lotta L. Leser of the ephemeral nature of the field of German-American literature: her name and work are for all intents and purposes untraceable today. Born in Berlin on 15 September 1864 (née Nicolay), she attended a girl's school there. Beginning with the novella "Johannistag," which was published in the Sunday section of the *Berliner Volkszeitung* in 1880, and other prose works that appeared in the *Norddeutsche Allgemeine Zeitung*, the *Deutsches Tageblatt*, the *Münchener Jugendblätter*, and elsewhere, she was on the way to establishing herself as a writer in Germany before she emigrated to Philadelphia in 1892 with her husband, the physician Dr. Victor Leser.[1] There is evidence of her life and work for the next 18 years, including a collection of four short stories and a "Märchenspiel mit Gesang" entitled *Schön-Rottraut*, both published in book form in 1904, as well as short stories that appeared in the Chicago journal *Die Glocke*.[2] In addition, we can list several dramatic pieces that were performed in the German theater in Philadelphia: the previously named *Schön-Rottraut*, *Namego*, *Maskenfreiheit*, and *Die Glücksucher in Amerika*.[3]

We owe the little information we have about Leser's life and contribution to the fact that she wrote the section concerning "Deutsche Dichtkunst in den Vereinigten Staaten" and probably also the section on "Das deutsche Theater in Amerika" for *Das Buch der Deutschen in Amerika*.[4] Robert E. Ward copies the information provided

---

1. I can find no more specific bibliographical information about Leser's early works; and as far as I can tell, none of the newspapers and journals where they appeared are available for the time period in question in the United States.

2. Her published works include *Das zerrissene Bild und andere Novellen* (Dresden: E. Pierson, 1904) and *Schön-Rottraut: Ein Märchenspiel mit Gesang* (Dresden: E. Pierson, 1904). *Die Glocke*: *Illustrierte Monatshefte für Literatur und Kunst* [subtitle varies], ed. G. F. Hummel (vol. 1 and 2, March 1906–February 1908) and John F. Hahn (vol. 3, March 1908–April 1908) contains, in addition to "Wie Peter Meffert 'nein' sagen lernte," the following short stories: "Die Insel der Seligen" (in vol. 2, no. 1 [March 1907]) and "Imre" (in vol. 2, nos. 3, 4, and 5 [May, June, and July 1907]).

3. *Das Buch der Deutschen in Amerika* (Philadelphia: Deutsch-Amerikanisches Nationalbund, 1909), 391.

4. *Das Buch der Deutschen in Amerika*, 368–396 and 420–470. It is not absolutely clear that Leser wrote the section on the German-American theater.

Lotta L. Leser. From *Das Buch der Deutschen in Amerika* (Philadelphia: Deutsch-Amerikanisches Na-tionalbund, 1909), 365.

there for his bio-bibliographical work, without crediting her more than to say that she "wrote articles on German-American literature."[5]

The U.S. Federal Censuses from the years 1900 and 1910 each list Lotta Leser and her husband Victor Leser as residents of Philadelphia. Victor Leser's birthplace is given as Missouri, and in 1900, a seventeen-year-old daughter named Antonie was living with them. But traces of their existence stop there. Thus the 1910 Census and *Das Buch der Deutschen in Amerika*, published in 1909, together constitute my final documentation. I believe that Clara L. Nicolay (1863–?), also born in Berlin, who was a resident of Philadelphia beginning in 1897, may have been a relative. Clara L. Nicolay completed a Ph.D. degree at the University of Pennsylvania in 1907 and

5.   Robert E. Ward, *A Bio-Bibliography of German-American Writers, 1670–1970* (White Plains, N.Y.: Kraus International Publications, 1985), 174.

taught for a few years at Bryn Mawr College; but I have not been able to find additional information about her.[6]

In September 1907, *Die Glocke* announced a competition for literary work in several categories. Leser's novella "Wie Peter Meffert 'nein' sagen lernte" took first place among the entries for a German-American humoresque, as was revealed in March 1908; it was simultaneously stated that the winning piece would be published in the April issue.[7] The April issue contains part of Leser's contribution and ends with the statement that the conclusion will follow,[8] but unfortunately, this was the last issue of *Die Glocke* to appear. The journal simply ceased publication—suddenly and without warning. I have made a few unsuccessful attempts to find out what may have happened to papers and manuscripts belonging to *Die Glocke,* as well as whether Leser herself left posthumous papers with libraries anywhere—all to no avail.

The half-story we have reveals Leser's ability to see America with the eyes of a new immigrant, in this case a young boy who grew up in a privileged home in Germany. Peter Meffert is not actually his name; the term seems to connote a simpleton, and Leser implies that it means a person who can easily be pushed around.[9] Sent by his unloving family to live with a relative in Philadelphia who had emigrated to America years earlier, this "Peter Meffert" finds that the relative is not a wealthy German-American cousin who can offer him a good living and eventually also an inheritance, as he had imagined. In fact, Peter is caught in the situation of the redemptioners, emigrants forced to work off their transportation expenses by a kind of indentured servitude once they arrived. Finally he has put up with all he can take—Philadelphia's filth, the inn where his cousin works, the kitchen personnel there (especially Miss Rosie!), and his total lack of free time, better prospects for the future, and more—and he runs away. The rest of the story is missing, though when Peter takes a job in a large chemical firm, we wonder if he will someday fulfill his old dream of studying chemistry after all.

Lotta L. Leser's prose works belong in the category of nineteenth-century German poetic realism, and both her subject matter and her style are sometimes reminiscent of authors such as Franz Grillparzer and Theodor Storm. She dedicated her volume of short stories entitled *Das zerrissene Bild und andere Novellen* (1904) to Wilhelm Raabe, another writer who belongs in this group. Her sketches are enjoyable, and the short story "Imre" contains a complex, multigenerational plot. Further study of Lotta L. Leser and her works is certainly to be recommended, and it should be undertaken before more sources have disappeared. But even if other publications and manuscripts cannot be located, at least this figure should serve as a poster child for the unfortunate state of affairs in the field of German-American literature.

6. *Das Buch der Deutschen in Amerika*, 388–389.
7. *Die Glocke*, vol. 2.7 (September 1907), 300; *Die Glocke*, vol. 3.1 (March 1908), 45.
8. *Die Glocke*, vol. 3.2 (April 1908); Leser's humoresque appears in the supplement known as the "Glockenstube," pages 11–17.
9. See "Peter Meffert" on the Web site "Sprichwörter—Redensarten—Zitate" (http://www.operone.de/stw/p.php, last accessed 31 March 2007).

Wie Peter Meffert "nein" sagen lernte

Daß er nicht in Wirklichkeit "Peter Meffert" hieß, wird jeder Deutsche wohl verstehen, sintemalen dieser Name nur als Sammelbegriff für einen gutmütigen etwas beschränkten Menschen gilt. Sein Tauf- und Familienname war Emil Oscar Fleming,— aber niemand nannte ihn so. Schon die Amme gab dem geduldig beschaulichen Säugling den Spitznamen, als er noch im Steckkissen, müde und harmlos, seine ersten Lebensmonde verdämmerte.

Mit Jubel begrüßten seine Schulkameraden den Einsamen, und ließen nichts unversucht, Emil Oscar Fleming ein verbrieftes Recht auf diesen Ehrentitel erlangen zu lassen. Ein "Peter Meffert" hat keinen eigenen Willen, er ist der gehorsame Sklave kleiner und großer Tyrannen, der Sündenbock, der Prügelknabe, an dem alle ihre üble Laune, ihre Enttäuschungen auslassen.

Übrigens war er selbst eine lebendige Enttäuschung. Sein Elternpaar schöne, stattliche Herrenmenschen, nach denen sich die Leute auf der Straße umblickten, deren Wort galt, selbst wenn es sich über die Atmosphäre von Gemeinplätzen erhob, waren erst erstaunt, dann förmlich beleidigt, als ihr Sprößling, ein dürftiges, unbedeutendes Wesen, kaum Energie genug besaß, in herkömmlicher Weise die Wände anzuschreien. Da jedoch der Kleine als dritter in der Kinderschar sein Erscheinen machte, ein prächtiger Bube und ein engelschönes Schwesterchen waren vor ihm eingezogen,—so wandelte sich die gelinde Entrüstung der Eltern in gleichgültiges Mitleid. Selbstredend wurde "Peter Meffert" genährt und gekleidet, wie es ein Kind wohlhabender Eltern erwarten und verlangen darf, aber er wurde "zurückgesetzt." Natürlich, Staat war nicht mit ihm zu machen. Seine Kindheit bildete eine Kette unablässiger Demütigungen und Kränkungen, d.h., sie wäre eine solche gewesen, wenn der Junge mehr auf seinen Vorteil bedacht gewesen wäre. Sein größter Fehler, dessen er sich sogar von frühester Kindheit an bewußt war, bestand darin, daß er nicht "nein" sagen konnte, unter keinen Umständen, unter keiner Bedingung. Er war eine rechte, echte Amboßnatur, und daß neben ihm alles zum "Hammer" wurde, ist selbstredend. Das winzigste, unbedeutendste Nichts bekam in "Peter Mefferts" Gegenwart den dringendsten Wunsch sich als Autorität zu betätigen, und jeder, der in andrer Umgebung in das sprichwörtliche Mauseloch kroch, fühlte urplötzlich Zäsarenanwandlungen, hatte das unabweisbare Bedürfnis seinen sonst recht knickerigen, zittrigen Fuß in den allzeit gebeugten Nacken des harmlosen Dulders zu setzen. Dabei war "Peter Meffert" im Grunde weder dumm noch unbegabt, nur grenzenlos, lächerlich geduldig und gutmütig. Wie hätte er sonst seinen Mitschülern von den untersten Stadien der Vorschule bis hinauf in die höheren Gymnasialklassen bei den Aufsätzen, Exempeln, Übersetzungen, helfen können, und bis zu dem Maße, daß ihm weder Zeit noch Gedanken für seine eignen Arbeiten übrig blieb. Er zierte durch seine Gegenwart den letzten Platz auf der letzten Bank, wegen nicht angefertigter Zäsarübersetzungen, während sein bester Freund mit der von "Peter Meffert" vorzüglich ausgeführten Arbeit, als Primus paradierte.

Sein gleichgültiges, träumerisches Lächeln lieh ihm wirklich etwas Stupides, und niemand kann seiner Umgebung verargen, daß sie ihn für unerlaubt beschränkt hielt. Er hatte nicht einmal Mut und Energie genug seinen richtigen Anteil an den guten Dingen des Lebens zu verteidigen. Selbst in den freßfreudigen Jahren gab er auf offene oder versteckte Betteleien, bescheidene oder unverschämte Forderungen, ohne Zögern seine besten Bissen hin. Da er in angenehmem Wohlstand, verfeinerter Umgebung aufwuchs, wurden ihm die gröberen und gemeineren Schicksalsbüffe erspart, dafür fehlte es nicht an allerhand Nadelstichen, die freilich seine etwas derbe Haut nicht allzu schmerzlich empfand. Seine elementare Gutmütigkeit sicherte ihm zugleich eine erfreuliche Dosis Selbstzufriedenheit.

Daß er ein großer Tierfreund war, ist selbstverständlich. Sein Zimmer bildete den Schrecken aller weiblichen Hausbewohner, denn eine Familie weißer Mäuse, ein Rattenpaar, gleichfalls mit zahlreicher Nachkommenschaft, Kröten, Frösche, verschiedene Blindschleichen nebst zwei jungen Katzen, waren das mindeste was sein Gemach stets beherbergte. Die Krone seiner Lieblinge war ein in Form und Größe etwas verunglückter Fox-Terrier, den er leidenschaftlich liebte und der ihn dafür, wie das Recht und Brauch, ganz gehörig tyrannisierte. Besagten Fox-Terrier—wohl um des Kontrastes seiner harmlosen Erscheinung willen, Zerberus benannt—hatte er von einem immer hungrigen Schulkameraden für eine Mark sowie die tägliche Spende von zwei beschmierten und belegten Brötchen erhandelt. Diesen Vertrag einzuhalten, kostete rasende Mühe. "Peter Meffert" war sich entschieden bei Abschluß des Kontraktes der völligen Tragweite seines Versprechens nicht bewußt gewesen, denn er mußte sich, um seiner Verpflichtung gerecht zu werden, in ein förmliches Sklavenverhältnis zur Köchin setzen. Gänge gehen, Holz zerkleinern, sogar als Postillon d'amour fungieren, und einem handfesten Grenadier hieroglyphen-bedeckte, unsaubere Zettel in die Kaserne tragen,—kurzum alle erdenklichen Verrichtungen auf sich nehmen. Der tägliche Tribut, den er zu entrichten hatte, wurde mit eiserner Konsequenz eingefordert,—wehe, wenn die Brötchen den Anforderungen nicht entsprachen,—eine sofortige, gewaltsame Abholung des Zerberus stand alsdann zu erwarten.

Dieses greuliche Abhängigkeitsverhältnis hätte auf Jahre hinaus bestanden, wenn "Peter Meffert" nicht plötzlich einen leichten Scharlachfieberanfall bekommen hätte und der Schule fern bleiben mußte. Da sich Zerberus im Bette des kleinen Patienten eingenistet hatte und weder durch Versprechungen noch durch Drohungen zum Aufgeben seines angestammten Rechtes veranlaßt werden konnte, so ließ man ihn in Bett und Zimmer des Kranken, schon aus Furcht, er könne die Ansteckung weiter verbreiten. Als "Peter Meffert" nicht zur Schule kam, machte sich sein Tributgläubiger auf den Weg zur Wohnung seines Schuldners, die fällige Rate einzukassieren. Dieser Jüngling besaß eine enorm ausgeprägte Unverschämtheit, die so elementar war, daß er selbst felsenfest an sein gutes Recht glaubte. Man erfuhr durch ihn von dem schnöden Handel, der Ausbeutung des gutmütigen Opfers,—und wenn auch von nun ab der Tribut für hinfällig erklärt wurde, so hatte man doch nur gefühllosen Spott für den Gebrandschatzten. Den kümmerte der Hohn wenig,—er drückte seinen vierbeinigen Freund zärtlich ans Herz, und dämmerte der Genesung langsam und beschaulich entgegen.—Es gab eine fürchterliche Prügelei bei der "Peter Meffert" nicht völlig überwunden hervorging, als er wieder zur Schule durfte. Alle die seinen Quälgeist um die guten Bissen beneidet hatten, nahmen seine Partei, sie bildeten die Majorität, und die Übrigen, welche auf seiten des Tributheischenden waren, unterstützten den angeblich Geschädigten nur etwas halbherzig, mehr durch ermunternde Zurufe wie durch tatkräftige Hilfe, und letztere ist doch bei einer herzhaften Schlägerei entschieden vorzuziehen.

Daß "Peter Meffert" gezwungen war, ein höchst wachsames Auge auf Zerberus zu haben, ist selbstredend. Der verständige, kleine Köter gab übrigens selbst gut acht, schlief sich gründlich aus, während sein Herr in der Schule war, und benutzte erst die Zeit, wenn ihn dieser begleiten konnte zu seinen Ausflügen ins Freie.

Wenn man annimmt, daß sich Leben und Taten eines jeden Menschendaseins mit Runenzeichen eingraben,—in Menschenherzen, Gedächtnis, Umgebung,—so mußte man fast glauben, "Peter Mefferts" Lebensspur sei auf Wasser gezeichnet worden. Nichts was er sagte und tat, schien haften zu bleiben. Keine Kinderaussprüche von ihm wurden mehr oder minder willigen Besuchern vorerzählt, nie brauchte er Gedichte herzusagen, kleine Lieder zu singen, sich in irgend einer Weise zu produzieren, trotz seiner Gutmütigkeit, vielmehr weil er diese zu seiner Haupteigenschaft gemacht hatte, blieb er eben—"Peter Meffert."

Wenn die Geschwister in schönen Kleidern paradierten, trug er sein schmuckloses Kittelchen,—"er macht sich nichts daraus," hieß es. Wurden die anderen mitgenommen, ließ man ihn zurück. "Er spielt lieber mit Zerberus," war der Vorwand, unter dem man auf seine Begleitung verzichtete,—und wahr blieb es, viel Ehre war mit dem gleichgültigen, unbeholfenen, kleinen Burschen nicht einzulegen. Zerberus tyrannisierte ihn, wie erwähnt, auch. Daß er ihn allnächtlich fast aus dem Bette herausbugsierte, ist selbstverständlich. Der freche, kleine Kerl lehnte sein breites Puckelchen fest gegen die Wand, stemmte seine vier kräftigen Beinchen gegen "Peter Mefferts" Körper und beförderte ihn so, zwar mühsam und beschwerlich, aber sicher bis an die äußerste Bettkante. Daß es ihm trotzdem dabei noch gelang, den größten und besten Teil der Bettdecke zu behalten, muß als ein Meisterstück von Geschicklichkeit betrachtet werden. Weniger gutmütige Seelen hätten das dreiste kleine Hundevieh vielleicht aus dem Bette befördert,—nicht so "Peter Meffert"; er respektierte die Ansprüche eines jeden, insbesondere eines Wesens, dem er sich verpflichtet glaubte, und Zerberus, sein Schützling, das hilflose, stumme Tierchen, das ohne ihn verhungern und verkommen mußte, hatte vor allem Anrecht an alles was ihm gehörte.

So war "Peter Meffert" sechzehn Jahre alt geworden, ein lang aufgeschossener Junge mit einem mehr ehrlichen als anziehenden Gesicht, schlicht, gerade, anspruchslos bis zum Verbrechen. Noch hatte er keinerlei Passionen als seine Liebe zu allem, was da fleucht und kreucht, und eine verschämte Hinneigung zu einer allerliebsten, kleinen Achtjährigen, der jüngsten Schwester einer sehr schönen, sehr hoheitvollen jungen Dame von zwanzig Jahren, die häufig kam, "Peter Mefferts" Schwester, oder vielleicht seinen Bruder, zu besuchen. Die erwachsene Schönheit wendete ihm kaum einen Blick zu, benutzte ihn nur dazu, Botengänge für sie zu machen, und auf ihre kleine Schwester acht zu geben, wenn sie höchst notwendige Besuche und Besorgungen zu machen hatte, und während dieser Zeit die Kleine im Hause von "Peter Mefferts" Eltern ließ.

Die kleine Mia, wie sie sie nannten, war ein muntres, liebes Geschöpfchen, das mit Zerberus herumtollte, harmlos unschuldig mit Fröschen und Mäusen spielte, und sich von "Peter Meffert" mit all den Herrlichkeiten, die er für sein Taschengeld erstehen konnte, vollstopfen ließ.—Einmal überraschte ihn ein Schulfreund, dem er schwierige, mathematische Aufgaben lösen sollte, dabei, als er seine kleine Freundin aufs Beste unterhielt und traktierte. Er zeigte ihr Bilderbücher, schnitt ihr Puppenkleider zu und steckte ihr noch dabei Konfektstückchen in den Mund. Der Schulkamerad grinste höhnisch, bezwang aber seinen Spott, und ließ sich die Arbeit, die schwierig und lang war, gründlich machen, neckte und foppte das kleine Mädchen und ging schließlich mit flüchtigem Danke davon.—

Ein Wirbelsturm von Spott und Hohn empfing "Peter Meffert" als er am andern Tage in die Klasse kam. Der edle Schulgenosse hatte als Dank für die geleistete Hilfe mit dramatischer Lebendigkeit geschildert, wie er "Peter Meffert" angetroffen hatte. Die sechzehn- bis achtzehnjährigen Mitschüler überboten sich mit der diesem Alter eignen Grausamkeit, in dummen, hähmischen, zum Teil rohen und gemeinen Bemerkungen, so daß der sonst so Gutmütige sich sicher zu Gewalttaten hätte hinreißen lassen, wenn nicht der Lehrer eingetreten wäre, und damit den Feindseligkeiten ein Ende gemacht hätte. Natürlich war "Peter Mefferts" Mathematik-Arbeit ziemlich flüchtig, er hatte sie in aller Eile, nachdem die kleine Mia endlich in sehr vorgerückter Stunde von der schönen Schwester abgeholt worden war, noch zusammengestoppelt, während diejenige, die er für seinen Kameraden verfertigt hatte, als mustergiltig den Preis erhielt, und ihm als leuchtendes Vorbild vor die Augen gehalten wurde. An diesem Tage stellte ihm sein Lehrer ein höchst ungünstiges Prognostikum,—in Bezug auf seine Stellung im Leben.

Fast schien es, als sollte der Scholarch Recht bekommen, denn als "Peter Meffert" heim kam, fand er die Seinen in großer, unbehaglicher Aufregung. Obwohl ihm weder Sitz noch Stimme im Familienrat eingeräumt wurde, so teilte man ihm doch mit, daß der Vater große, schwere Verluste gehabt hatte. Unwiederbringliche, die es zweifelhaft erscheinen ließen, ob man das Leben in der bisherigen Weise fortführen könne. Der ältere Bruder, der seit einem Semester Medizin studierte, könne unmöglich aus seiner Laufbahn gerissen werden, die Schwester, schön und begabt, müsse man so fern von Sorgen und Mühe halten, wie möglich, wenn man nicht leichtsinnig ihre Zukunft gefährden wolle, und daß Vater und Mutter darben sollten, könne er doch unmöglich erwarten, darum bliebe nur das Eine, daß er die Schule verließe, sich auf eigne Füße stelle, und durch seine Arbeit beitrüge, dem Vater die Sorgen etwas zu erleichtern.

Der Junge war wie vor den Kopf geschlagen, nie hatte er recht über die Verhältnisse im Elternhause nachgedacht, er hatte eine stille Hoffnung, daß man ihn studieren lassen würde, Mathematik und Chemie, aber alles lag dämmerig, nebelhaft vor ihm. Er lebte der Stunde und machte sich keine Skrupel um den kommenden Tag. Wäre er ein schärferer Beobachter gewesen, so hätte er leicht berechnen können, daß die Kosten seines Unterhaltes nicht so beträchtlich waren, daß bei deren Fortfall der ganzen Familie eine Erleichterung dadurch würde. Er nahm alles auf Treu und Glauben, und schließlich hätte auch ein jahrelanges Studium wohl noch Erhebliches verschlungen.

Ohne weite Umschweife teilte man ihm mit, daß ein Vetter des Vaters, der in Philadelphia lebte, sich erboten habe, einen der Söhne zu sich ins Geschäft zu nehmen.

Was sein Geschäft war, schrieb er nicht, nur, daß er das Reisegeld bezahlen würde, und daß der junge Mann bald kommen müsse. Natürlich nahm man an, daß der amerikanische Vetter, der noch Überfahrtsgeld bezahlte, steinreich sei; kinderlos war er auch; da ließen sich erfreuliche Zukunftshoffnungen ausmalen. Daß der Student den Antrag mit gebührendem Hohn zurückwies ist selbstverständlich, und so habe man, wurde mitgeteilt, beschlossen, den Jüngsten schleunigst hinüber zu senden. "Peter Meffert" verspürte nicht die geringste Lust zur Auswanderung, da ihn aber auch nichts Ernstliches zurückhielt, so willigte er in seiner gewöhnlichen, gleichmütigen Weise ein, und schon nach einer Woche waren er und Zerberus reisefertig.

Der Abschied von Eltern und Geschwistern fiel ihm schwer, und als er gar der kleinen Mia "Lebewohl" sagte, wobei diese in ein herzzerreißendes Geheul ausbrach, nahm er einen Ansatz, sich der aufgedrungenen Auswanderung zu widersetzen. Aber ehe er noch die Form gefunden hatte, in der er seine Abneigung gegen die projektierte Verpflanzung aussprechen konnte, saß er bereits in der Eisenbahn,—Zerberus hatte ein, ihm wenig behagliches Unterkommen im Hundeabteil gefunden,—und fuhr der Hafenstadt zu. Sein Vater, der ihn begleitete, war liebevoller gegen ihn wie je zuvor, und der junge Weltreisende schalt sich undankbar, daß eine Art verbissenen Grolls gegen die Seinen in ihm lauerte.

Auf dem Schiffe fühlte er sich recht verlassen, und da bald rauhes Wetter einsetzte, das die meisten in ihre Kabinen jagte, so verliefen ihm die Tage trübselig und eintönig. Stundenlang war er bei seinem vierbeinigen Liebling, der in die Obhut des Fleischers an Bord gegeben war. Der kleine Kerl hatte es gut dort, zu gut, denn nach dem hastigen, überreichlichen Fressen der ersten Tage folgte ein schwerer Anfall von Seekrankheit. Sein Herr blieb ungerührt durch alles Schaukeln und Schlingern des Schiffes, aber dem armen Hundchen ging es schlechter und schlechter, bis er eines Morgens seine treuen Augen für immer schloß.

Auf der ziemlich langen Fahrt trat "Peter Meffert" wieder in seine gewohnte Sphäre ein. Er schleppte Stühle und Plaids herbei, beaufsichtigte unruhige Kinder, leistete geforderte und ungeforderte Dienste und erntete spärlichsten Dank. Trotzdem ging es ihm nicht schlecht; er teilte seine Kajüte mit drei andern, deren Bedienung der gewandte Steward ihm gänzlich überließ. Aber das focht den Jüngling wenig an. Er schlief gut, aß gehörig und die schwachen Vorstellungen, die er sich von seiner Zukunft machte, waren nicht niederdrückend. Man mußte doch seiner in irgend einer Weise bedürfen, sonst hätte wohl der reiche Vetter in Amerika nicht nach Deutschland geschrieben, um einen seines Blutes um sich zu haben. Sagenhafte Gerüchte umschwebten diesen Vetter des Vaters. Von Hause aus wohlhabend, hatte er sehr flott gelebt, Bankrott entweder gemacht oder schlau vermieden, und war eines schönen Tages, ohne lange Präliminarien, nach Amerika gesegelt. Eine beträchtliche Anzahl Leidtragender trauerte ihm nach, da es sich aber nur um simple Schulden, ohne jegliche Vorspiegelung falscher Tatsachen handelte, mußten die schmerzlich Betroffnen ihren Kummer zu verwinden suchen. Gelegentliche kleine Abzahlungen in den ersten Jahren träufelten Balsamtropfen auf manches betrübte Herz und nach und nach fiel der Vetter sowie seine merkantilischen Seitensprünge dem Reich der Vergangenheit anheim. Mit "Peter Mefferts" Vater wurde eine fadendünne Korrespondenz unterhalten, die sich nun plötzlich verdichtet hatte.

Endlich, endlich erschien "Land" am Horizont, und wenn es auch nicht "rief und donnerte" wie in Luise Brachmanns Gedicht, so waren doch alle froh, das Ufer zu sehen. Viele kamen zum ersten Male, darunter mancher Phantast, der mit überschwenglichen Hoffnungen und Erwartungen den Boden Amerikas betrat. "Peter Meffert" war ohne jeden dithyrambischen Schwung, aber ein bischen verblüfft war er doch, als sich ihm der "Vetter" vorstellte. Dieser kurze, dicke, kahlköpfige Mann in nachlässiger Kleidung mit rücksichtslosen Manieren sollte der Blutsverwandte seines Vaters sein? Da hatte er sich doch ein andres Bild gemacht, das heißt, eigentlich hatte er die Dinge wieder mal gänzlich an sich heran kommen lassen. Dabei saß ihm der Schmerz um seinen verstorbnen Liebling noch brühheiß in der Kehle, und so stand er trübseliger und betroffener wie sonst vor den scharfen, musternden Blicken seines fremden Angehörigen.

Die künstliche Jovialität, mit welcher ihn der begrüßte, tat ihm förmlich weh, und seine Antworten klangen unwillig und verdrossen. Das focht aber den kleinen, dicken Mann durchaus nicht an. Er beförderte "Peter Meffert" schnell und ziemlich unzeremoniös vom Schiffe herunter, sorgte dafür, daß das bescheidene Gepäck schnell untersucht wurde, und ehe man sich's versah, befand er sich mit seinem Schützling in einem großen, schmutzigen Eisenbahnwagen, in dem qualmende und spuckende Männer saßen. "Peter Meffert" war wie ein Nachtwandler, nur eines fiel seinen staunenden Blicken auf: der unglaubliche, alles beherrschende Schmutz. Schmutz, Unordnung, Verwirrung in der Ankunftshalle, die elend gepflasterten Straßen schmutzstarrend, und nun dieser elementare Schmutz in dem Rauchwagen. "Peter Mefferts" beste Eigenschaft war seine Reinlichkeit an Leib und Seele, und er zog sich wie eine Schnecke in ihr Haus zurück, als er die Unsauberkeit der Umgebung von der widerwärtigen Unreinlichkeit der Ausdrucksweise seiner Mitreisenden noch übertroffen sah.

Zum Teil waren es Leute aus dem Zwischendeck, die da mit ihm im Wagen saßen, und sich in ihrem Jargon unterhielten, die übrigen waren englisch sprechende Fahrgäste. Sein Englisch verstand natürlich niemand, aber da er guten Unterricht in der Schule gehabt hatte, war ihm vieles verständlich, was um ihn gesprochen wurde, und so merkte er, daß er sich in ziemlich rüder Umgebung befand. Er machte eine darauf hinzielende Bemerkung zu seinem Onkel, so wünschte sein Verwandter genannt zu werden, wurde aber mit kurzem Lachen abgewiesen. "Hör' nicht hin, Junge, das sind alles ganz brave Leute." Keine noch so geschickte Anspielung konnte dem Onkel entlocken, was das Geschäft sei, in welches er "Peter Meffert" aufnehmen wollte, wodurch aber durchaus nicht gesagt werden sollte, daß der Frager irgend welche diplomatischen Talente bei seinen Forschungen entwickelte.

Endlich war Philadelphia erreicht. Man stieg in einen unglaublich vollgepfropften elektrischen Wagen. Jeder Sitz war genommen, und Unzählige hielten sich mit der Hand an Lederriemen, die von der Decke des Wagens herabhingen. Selbst von diesen Riemen war nicht annähernd genug vorhanden, die meisten Passagiere standen eng aneinander gepfercht in dem Wagen, auf den Perrons, hockten auf den Stufen, klammerten sich in lebensgefährlichen Verrenkungen an jedem Vorsprung des Wagens an. Das war also die vielgerühmte, amerikanische schnelle Personenbeförderung! "Peter Meffert" grinste, sein Onkel merkte es. "Nicht wahr, das ist doch mal etwas andres

wie draußen?" "Ganz was andres" stimmte der Gefragte bei, aber ehe er noch seine
Kritik anhängen konnte, hielt der Wagen mit jähem Ruck, zehn, zwölf Menschen,
darunter er und der Onkel wurden schleunigst herausgeschoben, gestoßen, geschüttelt,
und der neue Ankömmling befand sich in einer Straße, von der er nicht wußte, ob er
sie für Wirklichkeit nehmen sollte, oder ob er sich in einem häßlichen Traum befände.
Das Pflaster, schlecht und unregelmäßig, war mit Papierfetzen, Gemüseabfällen und
dergleichen bedeckt; "Peter Meffert" dachte, wenn zu Columbus' Zeiten hier diese
Straße schon bestanden habe, dann rühre das Pflaster sicher noch aus dieser Periode
her. Er sagte ähnliches zu seinem Onkel, da kam er aber schön an. Das Pflaster sei
gut und sicher, noch zu schade für ein "Greenhorn." "Peter Meffert" merkte wohl,
daß er damit gemeint war, er kroch also in sich zusammen,—wie kam er auch dazu
plötzlich zu tadeln, wo er drüben doch mit allem zufrieden gewesen war? Ja, drüben!
Heiß stieg es in ihm auf. Das Wasser schoß ihm in die Augen. Bäume und Blüten,
Tiere, Sonne, Luft, alles war dort anders, war sein! wenigstens däuchte ihm das jetzt
so. Heimweh packte ihn mit ehernem Griff. Trübselig blickte er auf die Häuser, die
sich in unglaublicher Einförmigkeit auszudehnen schienen bis ins Unabsehbare.
Schmucklos, nüchtern, entmutigend, meilenweite Langeweile. Schmale, zweifen-
strige, rohe Ziegelbauten, zwei bis drei niedrige Stockwerke übereinander, häßliches,
zerbröckeltes Ziegelsteinpflaster als Bürgersteig, vor jedem Hause schmutzstarrende
Behälter vollgefüllt mit Abfällen, Asche, Lumpen, Schmutz jeder Art; Aschenteile
auf dem Boden, die Luft mit ätzendem Staube füllend, das war der Anblick für den
Ankömmling aus der großen, herrlichen, deutschen Stadt, deren Sauberkeit und
Ordnung sprichwörtlich ist.

Ein Eckhaus sah etwas hübscher aus. Es hatte eine oben und unten merkwürdig
verkürzte Tür, in die Spiegelscheiben eingelassen waren; über dieser Tür hing ein
Schild mit verschnörkelten Buchstaben. Die Fenster waren teilweise aus buntem Glas,
und an einer Seite des Hauses war der Name des Onkels in goldenen Lettern zu lesen.
"Peter Meffert" wurde von seinem Begleiter durch die sich ebenso leicht öffnende
wie schließende Tür geschoben und befand sich in einem ungemütlichen, langen,
schmalen Raume, in dem ein Schenktisch fast von einem Ende bis zum andern
reichte. Dahinter stand ein Mann mit mäßig saubrer weißer Jacke und Schürze, und
zahllose rauchende, trinkende, spuckende Männer rekelten sich gegen den Tisch.
Viele stocherten mit Gabeln, denen das Putzen recht nötig gewesen wäre, in großen
Schüsseln mit Eßwaren herum, die auf einem Seitentische angerichtet waren, und von
denen ein intensiver Duft von Zwiebeln, Essig und Käse ausströmte. Um den Schenktisch ging eine messingne Stange, und in kleinen Zwischenräumen standen mäßig
große, widerliche Holzkästen mit Sägespähnen gefüllt, in welchen die Gäste nach
ekelhaftem Räuspern hineinspeien, falls sie nicht den Fußboden dazu vorzogen.

Es war Mittagsstunde, die Schenke stand im Zeichen des "Rush," und so wurde
er schnell und ohne Zaudern an eine große Spülwanne gestellt, ihm eine Schürze zu-
geworfen und er dabei nachdrücklichst vermahnt, so rasch als möglich die zahl-
losen Bier- und Schnapsgläser zu waschen. Daß es mehr auf Schnelligkeit als auf
Gründlichkeit dabei ankam, merkte er sofort; seinem nicht unbedeutenden Scharfsinn
wurde klar, daß augenscheinlich vieles, was ins Bereich der Sauberkeit fiel, in Amerika
der Geschwindigkeit geopfert wurde.

Wie im Fluge verging die Zeit. Bald trat etwas Stille ein, und der Onkel führte den braven "Peter Meffert" in die Küche um ihn seine Mahlzeit einnehmen zu lassen. Hier staunte der Neuling abermals. Da liefen ja die Schwaben am hellichten Tage umher! Küchengeräte gab es wenig, und wie plump war alles! Da war die Küche drüben ein Krönungssaal dagegen. Ein fast weißglühendes Ungetüm von Ofen, von einer Wolke brenzlichen Fettes umgeben, strömte eine überwältigende Hitze aus. Berge groben, unsaubern Geschirrs türmten sich auf einem langen Tische auf, der auch nicht allzuoft mit Scheuerbürste und Seife in Berührung zu kommen schien. Eine große, starke Frau, überhitzt und mürrisch, in einem schlampigen, zerrissenen Kattunschlafrock, hantierte an dem brodelnden Höllenfeuer. "Hier bringe ich meinen Neffen, Miß Rosie," sagte der Onkel bescheiden und freundlich, zu der unwirschen, zerzausten Hüterin der heiligen Herdflamme. Miß Rosie murmelte etwas unverständliches, doch glaubte "Peter Meffert" deutlich das Wort "hell" vernommen zu haben. Den Onkel rührte die schnöde Antwort weiter nicht. Er gab seinem Neffen alle möglichen Gerichte, auf verschiedenen Tellern und Schüsseln, sehr reichlich, aber manches von zweifelhaftem Wohlgeschmack und alles von unzweifelhaftem Mangel an Sorgfalt zeugend.

"Peter Meffert" lebte wie in einem Halbschlaf. Also Aufwascher und Hilfs-schankwärter in einer ordinären, obskuren Kneipe war er,—aber das war doch un-möglich,—daraus mußte es ein Erwachen geben. Darum konnte er doch nicht nach Amerika gekommen sein. Nun, es mußte doch auch hier anderes geben als diese erbärmliche Bierwirtschaft,—aber wie das ausfinden, wie von hier fortkommen? Und hatte er in seiner blöden Knechtsgesinnung nicht gar noch gestern "ja" gesagt, als der Onkel ihn fragte, ob es ihm in Amerika gefiele? Infame Feigheit "ja" zu sagen, wo man "nein, nein!" hinausbrüllen möchte bis an die Sterne! Eine dumpfe Angst kam über "Peter Meffert"; wenn er sich nicht baldigst gänzlich umkrempelte, kam er unter den Leierkasten, wie er sich in seinem Schuljargon ausdrückte, aber wie die nötige Metamorphose vollziehen? Die Tage verliefen rasend schnell, die Wochen reihten sich aneinander. Noch hatte "Peter Meffert" nichts von der Stadt gesehen, denn vom frühesten Morgen bis nach Mitternacht mußte er arbeiten. Geschirr abwaschen, Kartoffel schälen, Stühle, Tische, Fußboden scheuern, die schauderhaften, ominösen Kästen reinigen, er war schlimmer daran als ein Sklave. Der Onkel versprach ihm einen geringen Wochenlohn, sobald das Reisegeld abverdient sei, aber das dauerte eine geraume Weile, und bis dahin galt es unentwegt zu arbeiten. Der Onkel war ziemlich erbarmungslos, wenn es sich darum handelte andre zum Schaffen anzuhalten, mit sich selbst verfuhr er bedeutend nachsichtiger und milder, und so hatte "Peter Meffert" schwere Tage. Der Onkel hatte kein schlechtes Geschäft gemacht, als er das Reisegeld für die zweite Kajüte auf einem mittelmäßigen Dampfer bezahlte und dafür einen jungen willigen Menschen bekam, der ohne Lohn die Arbeit von zweien verrichtete. Schwierig war es so wie so, einen fleißigen Gehülfen zu bekommen, und dem Onkel wurde es fast unmöglich, jemand länger zu behalten, denn er nutzte die Arbeitskräfte zum äußersten aus, und nebenher betrachtete Miß Rosie die jungen Männer, die ins Geschäft traten, als ihre persönlichen Diener und Trabanten.

"Peter Meffert" haßte und verachtete Miß Rosie aufs äußerste, hatte aber nicht den Mut sich ihren Befehlen zu widersetzen. Er kannte keinen Feiertag, keine Erho-lung unter ihrer eifernden Bevormundung. Sonntags war er so totmüde, daß er fast den ganzen Tag verschlief, auch besaß er keinen Cent, denn trotzdem er beinahe ein halbes Jahr im Lande weilte, war das Reisegeld noch immer nicht abverdient.

So saß er auch eines Sonntags erschöpft und stumpf auf seinem Bette, in dem schmalen, öden Zimmerchen, das ihn beherbergte, als Miß Rosie plötzlich im größten Staat bei ihm eintrat. Sie trug einen verwegen sitzenden, großen Hut mit wallenden Federn, ein feines, durchsichtiges, helles Kleid, das ihre kupferfarbnen Oberarme, die plumpen rötlichen Schultern durchschimmern ließ, lange weiße Handschuhe, deren Nähte zu platzen drohten. Auf "Peter Mefferts" Antlitz wurde ein Lächeln bemerkbar, welches Miß Rosie unbedingt für Bewunderung annahm, denn sie forderte ihn mit gnädigem Tonfall auf, sich so schnell wie möglich in seine besten Kleider zu werfen. In unausrottbarem, blinden Gehorsam folgte er ihrem Befehl, und nachdem sich die holde Küchenfee in ihr nebenan gelegenes Zimmer verfügt hatte, begann er sich umzukleiden. Kaum war er fertig, so öffnete sich die Tür seines Gemaches wieder, ein Strom eines aufdringlichen, ordinären Parfüms drang herein und Miß Rosie erschien abermals, nun mit spitzenbesetztem Sonnenschirm und eleganter Handtasche bewaffnet. Ohne Umschweife eröffnete sie "Peter Meffert," daß er sie heute als ihr "Beau" zu begleiten habe, denn der junge Mann, der den Ehrenposten der "steady companion" einnahm, hätte abgesagt, und um ihn zu "teasen" wünschte sie nun "Peter Mefferts" Gesellschaft bei ihrer nachmittäglichen Exkursion. Ganz verdutzt blickte der auf die Sprecherin, er war keiner Antwort mächtig, nur ein schallendes, brüllendes Hohngelächter war alles, was er hervorbringen konnte. Miß Rosie blickte ihn verblüfft an, dann wiederholte sie kurz und energisch ihre Aufforderung. Jetzt hatte sich "Peter Meffert" etwas gefaßt, er wiederholte ihre Worte, wie um sich zu vergewissern, daß er richtig verstanden habe, dann raffte er sich mächtig, fast übermenschlich zusammen, und sagte laut und nachdrücklich: "Nein, ich denke gar nicht daran mit einer Dienstmagd auszugehen!" Das war ein Heldenstück gewesen, so etwas herauszubringen! "Peter Meffert" war stolz auf sich. Aber er hatte wenig Zeit, sich in seinem Ruhme zu sonnen, denn in der nächsten Sekunde brannte eine wohlgezielte, schallende Ohrfeige auf seiner Wange, und ein Hagelwetter gemeiner Schimpfreden prasselte auf ihn hernieder, von denen "damned Dutchman" noch das gelindeste war. Eine grimmige Wut kochte in dem sonst so Geduldigen auf, und er machte sich daran, seine Angreiferin ebenfalls handgreiflich über seine Meinung aufzuklären, als diese ihm noch einen Stoß gegen die Brust versetzte, der ihn taumeln machte, und dann mit mächtigem Schwung aus dem Zimmer stürmte, die Tür wütend ins Schloß werfend.

"Peter Meffert" war zu verblüfft um ihr zu folgen, auch schämte er sich so entsetzlich, war so ärgerlich auf sich, daß er in ein Stöhnen ausbrach. Dabei durchzuckte es ihn doch freudig: er hatte zum ersten Male bei einer unverschämten Forderung "nein" gesagt! Das war am Ende eine Ohrfeige wert. Nun aber dabei geblieben, und sich nicht wieder unterkriegen lassen. Die rohe Tatze von Miß Rosie sollte ihm gleichsam den Ritterschlag versetzt haben, wenn er sich diesen auch etwas glimpflicher vorgestellt hatte, seine Backe brannte höllisch. Er wusch sich das Gesicht mit kaltem Wasser, dann ging er hinunter um seinen Onkel über das Geschehene zu unterrichten. Er schilderte Miß Rosies Unverschämtheit und verlangte von seinem Onkel, daß dieser das freche Frauenzimmer entließe. Er wunderte sich selbst, wo er die Kühnheit hernahm, solche Forderung zu stellen. Er kam auch an die rechte Schmiede damit: sein Onkel putzte ihn so kläglich herunter, daß ihm doch Zweifel aufstiegen, ob er nicht lieber hätte als Miß Rosies Kavalier herum spazieren sollen. Miß Rosie entlassen! Das kam Aufruhr und Hochverrat gleich! Hier, wo man Gott danken mußte, wenn eine gänzlich unerfahrene, faule Magd um glänzenden Lohn blieb, eine Perle wie Miß Rosie, die für zweihundert Personen "Lunch" kochen konnte, entlassen! Und warum? Weil sie einem dummen, hochmütigen Bengel eine wohlverdiente Ohrfeige gegeben habe! Wie konnte er sich unterstehen eine "Lady" auszulachen, sich weigern, mit ihr auszugehen! Was sei er denn? Ein armer Schlucker, den sein Onkel habe aus übergroßer Güte hierherkommen lassen. Tausende solcher Nichtsnutzer wie er sei, seien täglich zu haben, aber niemals wieder ein Juwel wie Miß Rosie. Sobald sie heim käme, habe er sie gebührend um Entschuldigung zu bitten, und sich in Zukunft sehr geehrt zu fühlen, wenn eine so ausgezeichnete Persönlichkeit ihn würdigte mit ihm auszugehen.

Der also Gemaßregelte, obgleich in seinen heiligsten Gefühlen gekränkt, wagte ein zweites, wenn auch schwächeres "nein," und der Onkel, wenn er auch nicht nach ihm schlug, bedeutete ihn aber in nicht mißzuverstehender Weise, daß er sofort das Zimmer zu verlassen habe, und ohne Widerrede zu tun habe, was ihm befohlen sei. Sonst—! Knirschend vor Wut kam der Mißhandelte in sein Stübchen. Er setzte sich auf sein Köfferchen, und die hellen Tränen rollten ihm übers Gesicht. Schon wollte ihn seine gewöhnliche Indolenz wieder überfallen, da sah er sich im Geiste nochmals vor der Megäre, ihr sein entschiedenes "nein" ins Gesicht schleudernd, und der Geist des Aufruhrs riß die weichen nachgiebigen Gedanken aus seiner Seele heraus. Zornig, zittend vor Aufregung, packte er seine Sachen zusammen, und verließ das Haus. Aber wohin nun? Er war völlig mittellos. Ein silbernes Fünfmarkstück, das ihm die Mutter in einer freundlichen Aufwallung beim Abschied gereicht hatte, und seine silberne Taschenuhr war seine ganze irdische Habe.

Träumerisch durchirrte er die sonntäglich öden Straßen, er wußte nicht wohin ihn sein Weg führte, er achtete nicht auf seine Umgebung. Nach und nach erreichte er Gegenden, die recht vorteilhaft von derjenigen abstachen, in der er bis dahin gehaust hatte, doch keine Tür öffnete sich, kein Platz harrte seiner. Er war müde und hungrig. Lange marschierte er nun schon neben einem breiten Flußlauf, in einem herrlichen, waldartigen Park; endlich wurde seine Erschöpfung so groß, daß er sich auf eine Bank setzte und einschlief.

Ein rauhes Schütteln erweckte ihn, er fuhr jäh empor,—es war Nacht, die Sterne funkelten klar und fern am Himmel. Neben ihm stand ein älterer Mann in einer Art grauer Uniform. Er trug eine helmartige Kopfbedeckung und weiße Handschuhe. "Peter Meffert" konnte sich kaum ermuntern, aber der Mann half ihm energisch dabei. Hier sei kein Platz zum Schlafen, fuhr er ihn an, er solle sich nach Hause scheren. Nach Hause,—wenn man doch kein zu Hause hat. Mit dem Mut der Verzweiflung raffte sich der sonst so Schüchterne zusammen, und suchte sich so gut es ging verständlich zu machen. Der Parkwächter erfuhr bald "Peter Mefferts" Schicksale, und ein Schmunzeln, das nicht ganz frei von Spott war, zog über sein gutmütiges Gesicht. Für heut Nacht wollte er den vom Schicksal Genarrten bei sich aufnehmen, morgen müsse man dann weiter sehen. "Peter Meffert" dankte höflich und trollte sich mit dem freundlichen Wächter in dessen Wohnung, nachdem die Dienststunden vorüber waren. Er aß mit bestem Appetit, schlief fest und sorglos und ließ sich am andern

Morgen gemütsruhig vor einen Magistratsbeamten führen. Hier lauschte man seinen Berichten mit ähnlichem Gesichtsausdruck wie dem des Parkwächters, und rief den Onkel telephonisch herbei.

Dieser erschien nach geraumer Zeit, und fuhr wütend auf den Ausreißer los. Allerdings konnte er das, was sein Neffe vorbrachte, nicht leugnen, und als dieser auf die Frage, ob er zu seinem Onkel zurückkehren wollte, fest mit "nein" antwortete, blieb nichts anderes übrig als ihn zu entlassen, wobei ihm eingeschärft wurde, sich nicht wieder auf den Straßen herumzutreiben, wenn er nicht in eine Zwangserziehungsanstalt gebracht werden wolle.

Das war zu viel für den ehemaligen deutschen Gymnasiasten, und er rannte schluchzend aus dem Gerichtslokal. Der freundliche Parkwächter, der ihn beherbergt hatte, folgte rasch und holte ihn bald ein. Er nahm den völlig Zerschmetterten, dessen bescheidene Habe ja noch bei ihm war, mit sich und tröstete ihn nach Kräften. Wie wohl taten dem Betrübten die guten Worte, er schöpfte wieder neuen Mut und entwarf allerlei Pläne für sein Fortkommen.

Der Parkwächter, der dem Verlassnen so gütig zur Seite gestanden hatte, konnte es nicht über sich gewinnen, dieses unerfahrene Menschenkind sich selbst zu überlassen, und so gelang es ihm, nachdem er das Unglückswurm noch einige Tage beherbergt hatte, in der großen chemischen Fabrik von Woodstock und Co. eine bescheidene Stelle für ihn zu finden. Es war dies durchaus kein hervorragender Posten, aber ein sparsamer Mensch konnte von der Einnahme leben. "Peter Mefferts" Beschäftigung bestand hauptsächlich darin, Pastillen und Pulver zu verpacken; es war nicht erhebend, aber doch eine menschenwürdigere Arbeit als Gläser spülen und eine Kneipe zu reinigen.

(Schluß folgt.)

9

Fernande Richter

ernande Richter (1861–1941), who wrote under the pseudonym Edna Fern, was born near Hannover (Germany) into comfortable circumstances, the fifth child and only daughter of the Osthaus family.[1] She was educated in her early years first by private tutors and later in the cloister of Sacré Coeur near Aachen. She learned French and was given instruction in music, lived in Hildesheim and Osnabrück, and then moved with her family to an estate in Upper Swabia, before financial straits forced the family to emigrate to America in the year 1881. Richter's first station in the United States was a farm in southwestern Missouri; next she went to St. Louis, where she gained firsthand experience of hard work in America. In 1882 she entered an unhappy marriage, was divorced five years later, and in 1894 married Dr. Georg Richter. She worked as a member of the St. Louis welfare board, traveled to lecture on literature and social questions, including women's emancipation, and wrote acclaimed poetry, prose (realistic short stories, fairy tales, and a novel), and at least one drama.

Our first selection is her short story entitled "Ein Farm-Idyll in Süd-Missouri," which was published in Europe in 1901, in the second volume of her four-volume collected works.[2] It is an account of life on a farm in southwestern Missouri, the area where she lived during the first year of her American experience, in 1881 and 1882. Biographical information concerning Richter provides no precise information about where she was in Missouri at this time, but there is no reason to doubt that she was in the location mentioned in the "Farm-Idyll." The town named—Avilla—is described by the author as consisting of six houses grouped around the post office, two churches, and a general store. The town exists today; it lies some thirty miles from the Kansas/Missouri border and ten miles from the city of Joplin. The estimated population for July 2005 was 142, including 74 males and 63 females.[3] This is and always has been the American frontier.

Richter's "Farm-Idyll" contains obviously autobiographical elements. The narrator of this first-person account is a young woman who gives her name as Anna Maria Therese Franziska Auguste, a name much like Richter's own, Fernande Anna Therese

1. *Lexikon der deutschen Dichter und Prosaisten vom Beginn des 19. Jahrhunderts bis zur Gegenwart*, ed. Franz Brümmer, 6th ed., vol. 5 (Leipzig: P. Reclam jun., 1913), 457–458.
2. Edna Fern, *Gesammelte Schriften*, vol. 2: *Gentleman Gordon und andere Geschichten* (Zürich and Leipzig: Th. Schröter, 1901), 78–104.
3. See http://www.city-data.com/city/Avilla-Missouri.html, last accessed 31 March 2007.

Fernande Richter. From *Das Buch der Deutschen in Amerika* (Philadelphia: Deutsch-
Amerikanisches Nationalbund, 1909), 389.

Franziska Auguste. Like the narrator, Richter had four brothers. Like the narrator, she could state with conviction that a German estate (Landgut) and an American farm are two very different things, that the education enjoyed by young men or women of the privileged classes in Germany was not very helpful when it came to jobs like milking cows and clearing forests. Furthermore, just like the narrator, Richter and her family found themselves in the southwest corner of the state of Missouri, having left behind a very different existence in Europe: a life which encompassed landed estates, the university, and the art academy. The narrator in the "Farm-Idyll" is undoubtedly Fernande Richter.

The "Farm-Idyll" is a broad and yet succinct description of the area's people, their habits, the landscape, the weather, events, dangers, problems, superstitions, economic conditions, farming, etc. The rich panorama of characters includes a wealthy family, a pious Methodist woman, a doctor whose medical practice suffers both from the competition of local farmers' home-cures and also from the fact that his patients insist on paying him in kind, and a crooked land agent. We learn of events from the Civil War period; and we hear of property owners back east. The narrator mentions many of the same habits of uncultured Americans that have annoyed other Europeans through the decades, but her tone is not critical. Instead she presents the facts, at most allowing someone else to express displeasure. It is her mother, for example, who turns up her nose when Mrs. Yeager takes out her tobacco pouch and her corncob pipe; and the picturesque descriptions neither scorn nor mock the two neighbors who chew and spit tobacco, but rather only portray them with restrained humor. Richter puts Mrs. Yeager's German on display, which is adulterated with English, and she uses her talents as a caricaturist against Billy McLaughlin, whose romantic interest in her narrator is not returned. Billy reminds the reader of Ichabod Crane: "this small-shouldered Yankee boy who had shot up tall, who definitely had one vertebra too many in his neck and balanced his little flat head fearfully on his thin neck"; he was dressed in "a brand-new colorful flowered vest and a sky-blue silk neckerchief; his broad-brimmed farmer's hat cast a shadow in a wide circle over his small head—he looked like a mushroom with a very long stem."[4] The author is a careful observer and a talented writer, able to present within a few short pages a picture of this part of the United States in the early 1880s, its people and its problems.

Our second selection is Fernande Richter's play entitled *Die Brücke,* which was performed in Milwaukee in 1917. The play's title is not unknown, but those who mention it give no indication of where it can be found.[5] Our source is a typewritten manuscript found in the Trostel Collection of German Theater Scripts at the Milwaukee Public Library. This copy is boldly marked with cuts and other performance details; but we have chosen to present the play in full. *Die Brücke* is set in Germany; its characters include Gesine's father, a prominent bridge builder who years ago emigrated to South America but now has returned home. Gesine, an emancipated young girl, has—unbeknownst to her father—studied engineering herself and entered a competition to design a new bridge for the area. The play is written in the tradition of European realism and is reminiscent of the work of dramatists such as Henrik Ibsen. Gesine is caught between love and career, and the catastrophic outcome becomes inevitable.

Fernande Richter was one of the German-American writers who belonged to Robert Reitzel's circle, and she—"Edna Fern"—contributed more frequently to Reitzel's journal *Der arme Teufel* than any other writer: a total of twenty-one novellas, "Plaudereien," and fairy tales, and forty-seven poems.[6] During Reitzel's last years, she addressed to him a series of seven poems, the last of which, this sonnet, appeared as a memorial, both in *Der arme Teufel* and in *Die Gesellschaft.*[7]

---

4. "... dieser lang aufgeschossene, schmalschultrige Yankeejunge, der entschieden einen Halswirbel zu viel hatte und den kleinen, flachen Kopf ängstlich auf dem dünnen Hals balancierte ... [angezogen] in einer nagelneuen, buntgeblümten Weste und himmelblauem, seidenem Halstuch, der breitrandige Farmerhut überschattete in großem Umkreis den kleinen Kopf—er sah aus wie ein recht langstieliger Steinpilz." See below, page 355.

5. Robert E. Ward, *A Bio-Bibliography of German-American Writers, 1670–1970* (White Plains, N.Y.: Kraus International Publications, 1985), 238; Peter C. Merrill, *German-American Urban Culture: Writers & Theaters in Early Milwaukee* (Madison, Wisc.: Max Kade Institute, 2000), 54. Ward indicates *Die Brücke* was written "ca. 1911," but I do not know his source for this information.

6. The numbers are from Rudolf Theodor Rieder, *Ein Bild Robert Reitzels und des "Armen Teufels" aus seinem Verhältnis zur Litteratur*, Ph.D. diss., University of Wisconsin, 1918, 166.

7. *Der arme Teufel* 14, no. 697 (9 April 1898); *Die Gesellschaft* 14, no. 2 (1898): 56. Our text is *Die Gesellschaft*'s version, which differs only in punctuation from that published in *Der arme Teufel.*

Robert Reitzel

Der Frühling kam. Du sahst es kaum.
Du harrtest wunschlos ihm entgegen
Und ahntest nicht, daß leises Regen
Beginnt an Deiner Wiese Saum.

Du hörtest nur noch wie im Traum
Den Lenzsturm durch die Lande fegen,
Mit Flammenblitz des Frühlings Segen
Herniedersprühn im Weltenraum.

Und es ist recht so. Lenzesbeben,
Das stand Dir nimmer nach dem Sinn,
Und Deiner Seele späte Ruh
Mit tausend Qualen kauftest Du.
In Flammenzeichen schrieb Dein Leben,
Und so in Flammen gehst Du hin.[8]

In a 1941 obituary for Richter, A. E. Zucker praises her work, stating that she was the last of the German-American authors associated with *Der arme Teufel*, who were not "belated imitators of German men of letters but who stood shoulder to shoulder with their trans-Atlantic contemporaries."[9] Despite such complimentary assessments, however, we still have neither adequate biographical information nor a well-researched bibliography of her œuvre. These are indispensable first steps toward a scholarly investigation of her contribution, one that will secure for Fernande Richter a place among the signficant German-language writers of her time.

8.   Reitzel's body was cremated in accordance with his wishes, a new and controversial practice at that time.
9.   *Monatshefte* 33 (1941): 138–139.

Ein Farm-Idyll in Süd-Missouri

Ein deutsches Landgut und eine amerikanische Farm sind zwei sehr verschiedene Dinge, das haben wir empfunden. Und eine deutsche Universitäts- und höhere Töchtererziehung nützt gar wenig beim Urwaldroden und Kühemelken, aber sich des Lustigen, trotz allem Ernsten, Schweren, bewußt zu werden, dazu nützt sie. Wir hatten viel Böses erlebt in der Alten Welt, bis zur Unerträglichkeit. Da retteten wir, was noch zu retten war, vor allem unser Selbstvertrauen, und verließen Landgut und Universität und Kunstakademie und fanden uns eines Tages im Südwesten des Staates Missouri wieder, im zweifelhaften Besitz einer noch zweifelhafteren Farm.

Wir standen auf einem unordentlichen Hof, auf dem ein paar Hühner gackerten, ein paar Schweine grunzten. Links war ein Strohschober, da hinein hatten sich die Kühe und Schweine selber durch stetes Wühlen und Schieben eine Art Stall gebaut; rechts ein halbüberdachter Schuppen voller Maschinengerümpel, zwischen dem eine braune Stute mit einem übermütigen Mauleselfüllen hindurchdrängte. Hinter uns war Wald, dichter, struppiger Wald, jenseits des Hofes Prairie, eine endlose Prairie, und darüber der stille, wolkenlose, heiße Maihimmel.

"Das Wohnhaus?" wiederholte auf unsre Frage der stattliche Mann mit den glühenden Augen und dem kohlschwarzen Schnurrbart, der "Colonel" und Landagent Parker, der so herablassend gewesen war, uns grünen Deutschen eine Farm zu "verkaufen." "Das Wohnhaus? Nun, da drüben." Es war hinter Apfelbäumen, deren Zweige den Boden berührten, fast versteckt: ein viereckiges Blockhaus aus rohen, aufeinandergelegten Baumstämmen, die Ritzen mit Moos und Lehm verstopft, ein schräges Schindeldach darauf, ein kleiner Bretteranbau daneben—das war von nun an unsere Residenz.

"Je, denn helpt dat nich," sagte mein Vater, und wir nahmen Besitz von unserm kostbaren Eigentum. Aus dem Bretterverschlag wurde mit Hilfe der mitgebrachten Sachen eine ganz nette Küche hergestellt, der viereckige Raum des Blockhauses diente zum Wohnzimmer und zugleich zum Schlafraum für die weiblichen Familienmitglieder, und oben unter dem schrägen Dach betteten sich die Männer. Am Tage schien die liebe Sonne durch die Ritzen, bei Nacht der Mond, und der Südwind säuselte ungehindert durch das ganze Haus. Das war gut, denn eine Glühhitze begann sich über das Land auszubreiten, versengte die Prairie und dörrte den Wald aus. Thüren hatte unser Haus nicht, die waren ja im Sommer nicht nöthig, und nachts befestigten wir unsere Hängematten vor der Öffnung, damit keine verlaufenen Hunde, oder vielleicht eine wilde Katze, oder ein hübscher kleiner Waschbär hereinschlüpfen konnten. Wohl aber hatte unser Haus einen großen, geräumigen, dunkeln Kamin, und in dem war's unheimlich: eines Nachts glitt uns etwas Kaltes, Glattes übers Gesicht—wie gruselte uns! Es war freilich nur eine niedliche graue Hausschlange gewesen, aber wir meinten doch, es wäre besser, wenn der Kamin abgerissen würde. Heizen konnte man ihn ja doch nicht, weil er ganz voll Ruß lag und merkwürdigerweise der Wind immer von der verkehrten Seite kam, so daß aller Rauch ins Zimmer drang. Also rissen die

"Jungens" (hier heißen alle Junggesellen bis in ihr spätestes Alter "the Boys") den Kamin ab. Sie wurden schwarz dabei wie die Nigger, aber die Steine kugelten gar zu lustig herunter, und dabei durften sie nicht zerbrechen, denn es waren Kostbarkeiten: wirkliche, echte rote Backsteine. Nun hatten wir eine Thür mehr, durch die der Wind pfeifen und die Besucher hereinklettern konnten; denn Besuch kam von allen Seiten, um die "Neuen" anzustaunen. Da kam der gute Hyram Nimmocks, der uns so oft in Zeiten der Not mit Rat und That, Wasser (als nämlich unser Brunnen ausgetrocknet war) und Milch beigestanden hat; ein langer, dünner, von Arbeit und Sonnenhitze ausgedörrter Mann, mit seiner ebenso magern Frau, einer Witwe, die ihm drei schöne Töchter in die Ehe gebracht hatte. Sie war eine strenge Dame, und während ihres Gatten Äuglein lustig blinzelten und er die absonderlichsten Grimassen schnitt, legte sie ihr langes Antlitz in ernste Falten und schlug die Augen voll Frömmigkeit nieder. Hielt sie aber doch offen, die schwarzen Augen, und sah gar manches, was hinter ihrem Rücken vorging, und ihr Mundwerk ging dann auf amerikanisch gerade so schnell, wie wir es auf deutsch können. Sie gehörte der allerstrengsten methodistischen Gemeinschaft an, besuchte "Gebet-Meetings," wobei sie Körper und Seele zugleich kasteite, in Verzückungen geriet und Predigten hielt und bald zu den Auserwählten Gottes, dem *"Holy people,"* gezählt wurde. Freilich, so munkelte man, hatte das Fasten und Beten einen Tag gedauert, so währte die Erholung von der heiligen Arbeit zwei, und Lustbarkeiten aller Art, von denen die Heiligen mit großem Katzenjammer und blauem Auge heimkehrten, bildeten oft den Beschluß der frommen Versammlungen.

Die heilige Frau Sarah hatte einen großen Kummer. Ihre Töchter wurden ja selbstverständlich nicht mitgenommen zu den Gebet-Meetings, dazu waren sie noch nicht reif; aber daß Hyram, ihr Gatte, so gar keine Neigung zur Frömmigkeit zeigte, das schmerzte. Saß Sarah am heiligen Sabbat Nachmittag mit der Brille auf der spitzen Nase und las fromme Traktätchen vor, dann stand Hyram hinter ihr, blinzelte vergnügt ihren Rücken an, schob mit einer unbeschreiblich lustigen Geberde zwei Finger in seine aufgeblasene Backe, dagegen knipsend, daß es wie das leise Knallen eines Pfropfens klang, und verschwand in den Pferdestall. Kam er dann nach einer Weile wieder zum Vorschein, so glänzten seine kleinen Augen noch lustiger als sonst, sein Gang hatte etwas Schwungvolles bekommen, und er war sogar so kühn, sich vorzunehmen, seiner Sarah es einmal gründlich klar zu machen, daß es sich für eine gute Hausfrau nicht schicke, Haus und Hof im Stich und den Ehemann vor verschlossene Thüren kommen zu lassen, während sie für drei Tage aufs Predigen gereist war. Aber da fand er Frau Sarah über der Frömmigkeit eingenickt, und die drei schönen Töchter waren mit ihren *Fellows* (sprich Fellers), ihren Schätzen, zur Sonntagsschule mit nachfolgendem Waldspaziergang davongeflogen. Die netten, aus Holz gebauten Schulhäuser liegen einige Meilen voneinander entfernt zwischen den Farmen zerstreut, und die fromme Sonntagsschule, wozu der Farmer-Schulmeister oder die Schulmeisterin hoch zu Roß—da oft mehrere Schulhäuser versorgt werden müssen—angeritten kommt, ersetzt namentlich dem jungen Volk, das sich zu keiner besondern "Kirche" bekennt, den Gottesdienst.

Vater Hyram Nimmocks aber erschien dann, begleitet von seinem zottigen Schäferhunde, auf unsrer Farm, um mit vielem Gesichterschneiden drastische Heiligengeschichten zu erzählen, unsre Männer radebrechten dagegen an, und die Zeichensprache that das übrige. Nicht selten traf er bei uns mit einer andern Nachbarfamilie zusammen, den Yeagers. Früher hießen sie Jäger; seitdem sie wohlhabende amerikanische Farmer geworden waren, hatten sie das J in ein Y verwandelt und das e dahinter eingeschoben, und so lautete es auch englisch: Jäger. Die Familien, deren Farmen aneinander grenzten—das heißt Yeagers' große Viehweiden stießen an Nimmocks' Maisfelder—liebten sich nicht. Denn Hyram Nimmocks wollte es sich, trotz aller Bescheidenheit des Ärmeren, nicht gefallen lassen, daß des reichen Nachbars Kühe sein junges Korn abgrasten, und der cholerische Vater Yeager erboste gewaltig, als er entdeckte, daß sein Sohn John—seine Mutter sagte Jahn—des armen Nachbars Tochter über die "Fenzriegel" (deutsch-amerikanisch *fenz-rail*) küßte. Die Fenz (ein aus kreuzweis aufeinandergelegten Balken hergestellter Zaun, mit dem alle Farmen umfriedigt sein müssen) wurde höher gemacht, so konnten die Pferde und jungen Ochsen nicht mehr hinüberspringen; aber der schmucke Jahn und die stolze Belle, Hyrams Stieftochter, küßten sich doch. Trafen sich nun die beiden alten Herren in unserm Farmhause mit den vielen Thüren, so setzte Vater Yeager sein zierliches Figürchen vor die eine Thür, legte das eine Beinchen horizontal über das andere, rümpfte sein spitzes Näschen und spuckte energisch zur offenen Thür hinaus, wobei er jedesmal vorsichtig den langen, weißen Bart zur Seite schob, damit kein brauner Tabakspritzer ihn befleckte.

Vater Nimmocks dagegen faßte vor dem Kaminloch Posto, kippte den Stuhl hintenüber, stemmte die langen Beine quer vor der Öffnung her hoch an die Wand, schnitt Gesichter und spuckte mit einer fabelhaften Geschicklichkeit dicht neben dem alten Yeager in eine breite Fußbodenritze. Da sich die Bretter des Bodens, der sich auf vier Pfählen etwa einen Fuß über der Erde erhob, gezogen hatten, gab es dieser Ritzen mehrere in unserm Prachtzimmer, und sie wurden geschickt dazu benutzt, Streichhölzer hineinzuwerfen, den Fegestaub hineinzukehren oder beim Scheuern das Seifenwasser verschwinden zu lassen, ohne daß man es aufzutrocknen brauchte. Zu Spucknäpfen für unsere ewig kauenden Besucher—wohnt der Deutsche nur unter Amerikanern, so gewöhnt er sich selbst das an—waren diese Ritzen sehr beliebt. Vater Nimmocks benutzte sie also sehr fleißig und "*whittelte*" dazu, während Vater Yeager stumm die Daumen umeinander drehte. Zum Whitteln gehört ein nicht sehr scharfes Taschenmesser und ein Stück Holz; mit dem Messer schnippelt und glättet man an dem Stückchen Holz, bis es weiß und glänzend wie poliert ist, und vertreibt sich mit dieser Beschäftigung, wenn man nämlich Amerikaner ist, manche müssige Stunde.

Kann man noch dazu politisieren und im Winter auf wackligen Stühlen um einen rotglühenden Ofen balancieren und daran spucken, daß es zischt, im Sommer auf seinen eigenen Hacken oder auf einem großen Stein, dessen Spitze nach oben gekehrt wird, rund im Kreise vor dem Postgebäude oder der Schmiede hocken, so ist die Glückseligkeit des amerikanischen Farmers für ein paar Stunden vollkommen.

Doch die beiden alten Herren vor unsern offenen Thüren hielten diese stumme Unterhaltung nicht lange aus. Vater Nimmocks spuckte noch einmal kräftig in die Ritze, schnitt uns eine lustige Fratze, mit dem Daumen über die Schulter nach dem andern weisend, und wanderte davon. Und merkwürdig, nun hatte auch der alte Yeager keine Ruhe mehr, er mußte durchaus nach seinen jungen Mauleseln sehen, ob sie sich

die dummen Nasen am neuen Stacheldrahtzaun auch nicht blutig rissen, und auch er
verschwand.

Jetzt tauchte aber die runde Frau Yeager auf, die in ihres Mannes Gegenwart
nicht viel zu sagen wußte: ein Blick aus seinen hellen blauen Augen genügte, um
sie im besten Erzählen verstummen zu machen. Und sie erzählte gern und hatte viel
zu erzählen. Sie lehnte sich behaglich in den Schaukelstuhl zurück—ohne *rocking
chair* kein amerikanisches Haus!—zog den sonntäglichen Tabaksbeutel aus der Tasche
und stopfte sich ein frisches Pfeifchen. Ich sehe noch das Gesicht meiner Mutter, als
beim ersten Besuch dieses Täschchen zur Hand genommen wurde: es sah auch gar
zu strickbeutelmäßig aus, und ein wohlwollendes Mitgefühl mit diesem Fleiß lagerte
sich über ihr Angesicht. Aber, o weh! Tabaksbeutel und Corncob (eine aus Maiskolben
gedrehte Pfeife) erschienen, und der Rauch eines selbstgebauten und geschnittenen
Krautes kräuselte sich unter ihrer sich rümpfenden Nase.

Knick—knack, rick—rack, ging der Schaukelstuhl, und Mutter Yeager erzählte,
wie sie als junges Ehepaar ins Land gekommen und von Stadt zu Stadt gewandert
wären, bis sie in dem aufblühenden St. Louis am Mississippi Arbeit gefunden hätten. Ja, Handwerk hatte einen goldenen Boden, und des flinken Schlossermeisters
Goldfüchslein klimperten bald lustig in ihrem Versteck, einem alten Strumpf in der
Bettlade. Da war eine Farm das Ziel ihrer Wünsche, ein hübscher Hof, kein Kathen wie
der, aus dem der Schlossergeselle sich sein Mädchen geholt hatte. Und dann kam der
Krieg. Wenn die alte Frau auf diesen Befreiungskrieg zu sprechen kam, dann vertieften
sich die Furchen in ihrem Gesicht, es war, als ob all das Erlebte wieder lebendig würde
und ihr den Atem nähme. Der furchtbare Krieg, der sie vor sich her gescheucht, die
Häuser hinter ihnen verbrannt, die Felder verwüstet und sie immer weiter gejagt hatte,
weiter, nur weiter nach Süden hinunter. Sie, mit ihrem leinwandbedeckten Wagen,
mit den letzten Gäulen davor, die einzige Kuh hinten dran gebunden; sie, die Mutter,
mit ihrem kleinen Jahn auf dem Arm, der gerade lallen konnte, und dem Kind unter
dem Herzen. Und hatten sie sich eben geborgen in einem der verlassenen Farmhäuser,
hatten Atem geschöpft und wieder angefangen zu leben—da, horch, Kanonendonner
in der Ferne, Gewehrgeknatter, wieder eine Schlacht oder wildes Geplänkel. Sind's
Soldaten, sind's Räuber? Einerlei, her mit dem, was Du hast! Lodert, ihr Hütten, in
Flammen!—Und weiter flüchten sie, an Toten vorbei, an Verwundeten, die blutend am
Wege liegen. Und horch, das Geschrei da am Fluß—in dunkler Nacht ist's, sie kauern
im Dickicht—Hilferuf—wildes Fluchen: "Ins Wasser mit dem verdammten Nigger!"
Verräterei überall. Räuberbanden wachsen aus der Erde. Wer sie bezahlt, dem sind sie
feil; sie kämpfen für Nord oder Süd—aber am fürchterlichsten für sich selber.

So hat der Krieg sie bis in den wilden Südwesten Missouris getrieben. Da finden
sie eine verlassene Farm; keiner hindert sie, davon Besitz zu ergreifen. Und nun ist
Frieden. Der zweite Sohn wird ihnen geboren; sie nennen ihn Sigel, nach dem deutschen General, der im Krieg auf seiten der Union focht. Und wie die Söhne heranwachsen, vermehrt sich ihr Besitztum, das, da niemand Ansprüche erhebt, nun rechtlich ihr eigen wird. "Und," fährt Frau Yeager fort und zieht an ihrer Pfeife, bis sie in
eine Wolke gehüllt, dasitzt, "ein neues Haus haben wir nu auch gebuildet (Frau Yeager
hat die Angewohnheit, englische Worte mit deutschen Endungen zu gebrauchen), das
alte war kei Use mehr. Wenn's gerained oder gesnowed hat, sin mer immer unners Bett

gekrochen, das war alleinig der Platz, wo's nich hinkam. Un die Trees grown nu so hübsch ums Hus herum, das is kei Use talking, un gestützt habn mer's auch mit Posten, daß es nich fällt, wenn der Tornedo blast, un allens steht so schön, un das Vieh auch, un der Sigel, der geht nu immer in die Evening-Schul un lernt immer mehr, un nu kommt der Jahn un macht mich Geschichten mit der Belle von da drüben. Ich sag' schon: '*All right*, 'ne Schwiegerdochter is mich all recht, bei die viele Arbeit,' aber der alte Mann will's um die World nich."

Frau Yeager gab dem Schaukelstuhl einen energischen Schwung und wischte sich mit der rauhen verkehrten Hand den Schweiß von der Stirn.

Da schritt über den Hof, Hand in Hand, ein Menschenpaar und kam auf das Haus zu und trat ein, und richtig, es waren Jahn Yeager und seine Belle. Zögernd blieben sie an der Thür stehen. Über Belles feines, blasses Gesicht flog ein heftiges Erröten. Da stand die alte Frau auf, ging auf sie zu, nahm das schöne Mädchen bei der Hand und führte sie herein. "Da—*sit down*," sagte sie und drückte Belle in den Schaukelstuhl, beugte sich nieder und küßte sie. Dann ging sie mit großen Schritten davon, Jahn sah ihr dankbar nach, und in seines Mädchens braunen Augen schimmerte eine Thräne.

Ich sah mir die beiden an: also so sahen sie im Sonntagsstaat aus. Ich mußte gestehen, Jahn hatte mir neulich besser gefallen, als er barfuß, nur mit aufgekrempelten Hosen und einem losen Hemd, das den braunen Hals frei ließ, bekleidet, den riesengroßen flachen Strohhut tief in den Nacken geschoben, daß die krausen dunklen Haare in die Stirn fielen, unter lustigem Pfeifen und Singen auf den Hof geritten kam.

Heute sah Jahn ganz anders aus. Er trug einen richtigen schwarzen Taillenrock über einem bunten Kattunhemd mit feuerrotem Halstuch; er trug die merkwürdigen Farmerhosen, graue, steife Futterale, die oben eng anschließen, während sie sich unterhalb der Wade bis auf die Füße zu einer schlottrigen Weite ausdehnen; die Füße steckten in schweren Stiefeln, deren Schäfte sich bemühen, in den engen Hosen Platz zu finden, und auf dem hübschen Kopf saß ihm der graue, breitrandige Farmerfilzhut, der nicht in der Mitte eingeknickt wird, sondern spitz in die Höhe steht. Belles schlanke Gestalt sah dagegen auch in dem steifgestärkten weißen Sonntagskleide wunderlieblich aus, und das braune Köpfchen guckte so frisch unter dem großen weißen Federhut hervor, daß man Jahns Trotz gegen das harte Verbot des Vaters sehr begreiflich fand.

Jahn Yeager war gekommen, um zu vermelden, daß bei ihnen der erste Weizen gedroschen werde. Versteht sich, mit Maschinen. Das Dreschen mit der Hand kennt der Farmer nicht; die Maschine wandert von Farm zu Farm, und der eine Farmer hilft dabei dem andern.

"Ihr seid vier Bube," sagte Jahn, der auch deutsch radebrechen konnte, "mir seien zwei. Also werden zwei von euch geheiert (*to hire*, mieten), und zwei seien even." Das heißt: da bei Yeagers nur zwei waren, die uns beim Dreschen wieder aushelfen konnten, so wurden zwei von unsern Männern bezahlt für ihre Hilfe, während für die andern beiden Gegenarbeit geleistet wurde.

In diesen gegenseitigen Dienstleistungen und in der Gastfreundschaft kennt der Farmer kaum eine Grenze. Bei ihm klopfst Du nie vergebens an, Nachtlager gewährt er gern, bei seinem Mahle bist Du ein willkommener Gast, aber bares Geld besitzt er nur selten und gibt es dann niemals her. Dafür mußt Du gut erzählen können, in der neuesten Politik Bescheid wissen, vielleicht ein Schlückchen Whisky übrig haben für ihn; vor allem aber Dich nicht genieren, mit der ganzen Familie, Männlein und Weiblein, in demselben Gemach, womöglich auf derselben Streu, zu schlafen. Einen Reichtum an Betten erlaubt sich der Farmer nicht. Er besitzt nur das große Ehebett und, wird die Familie größer, noch ein zweites; was da nicht hineingeht, schläft auf Maisstrohsäcken und Decken in den Winkeln; namentlich im Sommer, wo auch die Frauen sich möglichst kühl und leicht bekleidet auf dem Fußboden betten. Es herrscht ein naives Leben dort unten im südwestlichen Winkel des Staates Missouri, es gibt auch dort viel Leichtsinn und Liederlichkeit, aber dieser Leichtsinn hat etwas Ursprüngliches und ist weit entfernt von der raffinierten Gemeinheit der großen Städte.

Ganz in unserer Nähe war freilich plötzlich eine Familie aufgetaucht, deren Lebenswandel unserer guten Nachbarschaft bald ein schreckliches Ärgernis gab. Sie kamen aus Texas—ein junges Ehepaar und der alte Vater der Frau—und kauften sich in der Prairie an, ganz nahe bei ihrem Landsmann, dem hünenhaften alten Pommer, Karl Demmin. Nicht gerade zu seiner Freude, und im allerderbsten Plattdeutsch erklärte er seine Unzufriedenheit über die liederliche Wirthschaft. "Hei is man blot ehr Mann *on time* de lange, dünnribbige Kirl mit sinen Törkenschnauzbort," behauptete er. "Sine ordentliche Fru, dei sitt in Texas mit ehre vier Kinnerkens. Und denn segt hei: hei möt up Reisen gahn un Geschäften afwickeln. Wat de woll tau wickeln het! Natürlich besöcht hei denn sine Olle da unnen, un denn alle Johr vermihrt seck de Fomilje um en bitschen. Dat is en verdeubelten Kirl!"

Hübsch war diese üppige, pommerische Texanerin, sie wußte es, und die Farmerburschen bald auch. Mit Hilfe ihres durchtriebenen Vaters—"de slechte Kirl," sagte Karl Demmin, "hat mit mich auf eine Schulbank gesessen"—spannte sie ein feines, starkes Netz aus, da hinein tappten die dummen Gimpel, und keiner kam ungerupft wieder frei. Nur an dem schmucken Jahn waren alle ihre Pfeile abgeprallt. Dafür hatte sie bei dem alten Yeager, der trotz seiner weißen Haare nicht unempfindlich gegen Frauenschönheit war, den Zorn gegen die arme Belle tüchtig geschürt.

Belle stand jetzt mit mir draußen am Brunnen und half mir, die Milch heraufziehen. Dieser Brunnen war nämlich während des heißen Wetters unser Keller. Dahinein, bis dicht über den Wasserspiegel, wurden Milch und Butter gehängt und die roten, saftigen Wassermelonen, damit alles kühl blieb und trotz der Hitze genießbar war.

Belle schlug die Hände ineinander und sah mich entschlossen an. "Wenn das so weiter geht," sagte sie, "daß die Mutter, bloß aus Hochmut gegen den alten Yeager, den Jahn nicht im Hause dulden will und mir auflauert auf Schritt und Tritt, dann gehe ich durch und verdinge mich bei der Mrs. McLaughlin. Und dann will ich sehen, ob Jahn nicht abends kommen und mit mir am Thore stehen darf, solange er will."

Die McLaughlins waren die reichsten Leute unter den Nachbarn. Der Alte war tot. Man sagte, sein Urgroßvater habe eigentlich Max Löchlein geheißen, daraus sei allmählich das irisch-amerikanische McLaughlin geworden. Jedenfalls hielten sie sich für Stockamerikaner, und die alte Frau McLaughlin führte mit Yankeedünkel das Regiment. Der älteste Sohn war Posthalter auf seiner Farm, deren Ländereien sich hinter dem kleinen Städtchen Avilla ausbreiteten. Avilla bestand aus sechs Häusern, die sich um die Post und die zwei Kirchen, eine methodistische und eine baptistische, gruppierten. Das ansehnlichste Gebäude darin war der einzige Kaufladen, in dem man alles bekam, dessen der Farmer bedarf, von Nägeln, Schaufeln und Pferdegeschirren bis zu Kaffee und Mehl und Tabak und Farmerhüten; wo man gegen ein Dutzend Eier ein schönes, rotes Halstuch und gegen goldgelbe Grasbutter den herrlichsten bunten Kattun eintauschen konnte. Er war auch zugleich Apotheke und Wirtshaus und nötigenfalls Hotel, und gehörte natürlich auch McLaughlins. Gerade wie des Doktors Holzhäuschen mit Veranda neben dran. Der arme, geplagte Doktor, dem so viele alte Farmer mit May-apple-Saft gegen innere und mit allerhand Balsam gegen äußere Krankheiten Konkurrenz machten, und der auch alles andere eher besaß als bares Geld; denn der Farmer bezahlt nur, wenn er durchaus muß, und dann nur in Naturalien.

Sogar die eine Kirche im Ort beanspruchten die McLaughlins; denn die einzige Tochter hatte den Baptistenpastor geheiratet, einen flotten Burschen, der an Wochentagen seine große Viehherde mit Lasso und Peitsche vom Pferd herab zur Weide trieb und Sonntags das Wort Gottes hoch von der Kanzel seiner Menschenherde kund that.

Auch die Schmiede im Ort war Eigentum McLaughlins, und zwar stand ihr der jüngste Sohn der reichen Witwe, Bill, vor. Ich habe eine besondere Vorliebe für eine Schmiede. Ich könnte stundenlang dabei stehen und den Hammer tanzen sehen auf dem glühenden, sprühenden Eisen, und das Feuer singen hören, das der Blasbalg zu heller Wut entfacht, und den Schmieden zusehen, den stämmigen Gesellen, die den schweren Hammer schwingen—klipp—klapp, Schlag auf Schlag, in kräftigem Rhythmus. Aber dieser Schmied Billy, dieser lang aufgeschossene, schmalschulterige Yankeejunge, der entschieden einen Halswirbel zu viel hatte und den kleinen, flachen Kopf ängstlich auf dem dünnen Hals balancierte; ach, und der mich so in sein armseliges Herzchen geschlossen hatte, daß er mich jeden Sonntagnachmittag mit seiner Unterhaltung beglückte—dieser Schmied war mir fürchterlich.

"Da ist Dein Schatz," sagte Belle, nickte mir zu und sprang schelmisch lachend mit Jahn davon. Richtig, da schlenkerte er über den Hof in einer nagelneuen, buntgeblümten Weste und himmelblauem, seidenem Halstuch, der breitrandige Farmerhut überschattete in großem Umkreis den kleinen Kopf—er sah aus wie ein recht langstieliger Steinpilz. Er hatte mich gesehen, ich mußte also standhalten. Wir tauschten ein zaghaftes *"How do you do?"* aus, mit enormem *Hand-shaking*, und setzten uns auf die Schwelle der Küchenthür. *"How do you say apple-tree in dutch?"* fragte Bill gefühlvoll und besah nachdenklich den großen Apfelbaum am Brunnen. "Apfelbaum," antwortete ich ingrimmig, denn ich sah schon die nächste Frage mitsamt der ganzen Litanei voraus. *"How do you spell it?"* fuhr Bill wohlwollend fort. Und so ging es weiter; alle Gegenstände in unserm Bereich mußte ich ihm deutsch nennen und dann vorbuchstabieren, wobei er sich unglaubliche Mühe gab, mit seiner ungelenken amerikanischen Zunge das Unverständliche nachzulallen.

"How is your first name?" kam jetzt, begleitet von einem liebevollen Blick aus dem rechten Augenwinkel auf mich oder vielmehr an mir vorbei auf den Thürpfosten.— "Anna Maria Therese Franziska Auguste," antwortete ich wütend. *"How—do you— spell it?"* stieß Bill atemlos hervor, und ich "spellte" es mit einer Geschwindigkeit, die ich mir selbst gar nicht zugetraut hatte.—*"Funny, very funny. A very funny first name,"* sagte Billy, erhob sich und betrachtete mich mit heftigem Kopfschütteln. Dann hielt er mir die knochige Hand hin: *"Good bye, Anne Mareia—"* das andre verlor sich in Gemurmel, und Billy schlich davon. Noch in der Ferne sah ich ihn den Kopf schütteln, so heftig, daß mir Angst wurde, er möchte von seinem Stengel herunterfallen.

Es will Abend werden. Am lichten Himmel ballen sich zarte Wölkchen zusammen und eilen zur Sonne hin, daß sie sich in ihnen bette. Die heiße Sonne, die mit einer roten, unheimlichen Glut am Himmel steht und dürstend, gierig die Feuchtigkeit saugt aus dem langen Prairiegras und dem satten Waldgrün, bis es welk und müd und sterbend daliegt. Von dem nahen Fluß mit seinen Sümpfen steigen lange, wallende Nebel zur Sonne auf—da sinkt sie hinein und dann ist's dunkel: kein langsames Hinsterben im Dämmerlicht—jäh stirbt der Tag, und groß und glänzend zieht der triumphierende Mond zwischen seinen funkelnden Vasallen einher.—Vom nahen Wald her tönt eine Glocke, näher und näher. Das ist die scheckige Leitkuh, und hinter ihr stapft leise murrend und brummend die kleine Herde; sie kommen, um sich melken zu lassen und zur Belohnung ihre Maiskolben in Empfang zu nehmen. Es schreitet stattlich und rund einher, "das schwer hinwandelnde Hornvieh," und an den breiten Hörnern hängt das Laub der Büsche, das sie abgestreift haben beim Drängen durch das Dickicht. Ihnen voran tanzen mit tollen Sprüngen die beiden großen Katzen, Hinz, der gefleckte Kater, und Mieze, seine mausefarbene Frau, uns entgegen, die wir, mit Melkkübeln und Maiskolben beladen, aus dem Hause treten. Denn auf den Schultern meiner Brüder, die das Melken besorgen, zu sitzen und mit echter Katzenneugier zuzuschauen, ist Hinzens und Miezens größtes Vergnügen. Dann trinken sie ihr Schälchen voll Milch aus, wobei nun die Kühe wiederkäuend zuschauen, und dann gehen die Tiere schlafen; das heißt, die Kühe suchen sich ihr Plätzchen am Heuschober, die Katzen aber schleichen im Mondschein auf die Jagd. Still ist's nun ringsum. Selbst die Locusten, die den ganzen Tag zu Millionen ein Riesenkonzert veranstaltet haben, die durchsichtige Baßgeige ihrer Flügel mit den Füßchen als Fiedelbogen streichend, sind endlich müde geworden. Über die Prairie weht ein kühlender Wind und bringt einen brenzligen Erdgeruch mit— vielleicht brennt es weit draußen in der Prairie—der Wald rauscht und wispert, und in die Nacht hinein tönt der sehnsüchtige Klageruf der großen Nachtschwalbe, die mit lautlosem Flügelschlag über uns hinstreicht: *Whip—poor—will! whip—poor—will!*

Am nächsten Morgen strahlt die Sonne heiß und rein wie zuvor. Kein Wölkchen am Himmel, das uns endlich Regen bringen könnte. Den schwachen Tau hat die Sonne bald verzehrt, und so trocken ist's draußen, daß es knistert beim Gehen. Öd und still ist der Wald. Kein Moosteppich bedeckt seine Erde, nur wucherndes Unkraut zwischen zu Tode gedrückten Baumästen und im Dickicht erstickten Proletarierpflanzen. Selten nur blühen Blumen darin, selten nur singen Vögel. Denn Blumen und Vögel, die weißen Sternblumen und die goldblütigen mit dem Blutstropfen tief darin im Kelch, die Redbirds und Bluebirds und die gelben, lieblichen Sänger, die wie Kanarienvögel aussehen, suchen sich den Sonnenschein nahe der Prairie am Rand des finstern Buschwaldes, in dem vereinzelte Eichenriesen mit zackigen Blättern Wache stehen; und zwischen Sonnenblumen und Malven an unserm Haus gaukeln Kolibris wie riesige Bienen und tauchen die langen, spitzen Schnäbel tief in die Blumenkelche—ach, aber ihr strahlendes Gewand hat der tropische Himmel behalten und sie nur in einfachen grauen Röckchen hergesandt, die nur ganz heimlich im Sonnenschein blinken.—Nun ziehen die Kühe, nachdem sie gemolken sind, wieder läutend davon, zum Flüßchen hin, an dessen Ufern noch frisches Gras wächst. Sie stampfen sich einen schmalen Weg durch den Wald, und hast Du Dich verirrt, brauchst Du nur einem solchen Kuhpfad zu folgen, und Du gelangst sicherlich auf eine Farm.

Unsre jungen Männer machen sich auch auf den Weg, den Yeagers beim Dreschen zu helfen. Der Vater geht nach dem nahen Waldrand, um Brombeeren zu pflücken, die hier in erstaunlicher Größe und Üppigkeit wachsen; die Mutter und ich sind allein. Da kommt ein Mann auf den Hof. Er trägt das bunte Hemd, den Strohhut der Farmer, ist ein schlanker, junger Mensch mit schmalem, blassem Gesicht, dunkle, melancholische Augen darin, und bittet mit müder Stimme um ein Glas Milch. Er ist so sanft und so hübsch und so müde. Armer Bursch—hat gewiß Hunger und keine Arbeit und keine Heimat. Ganz wohl sein läßt er sich's bei uns. Er sitzt an der Thür und betrachtet aufmerksam Haus und Hof, und im Haus die Gewehre an der Wand und mich—lange und überlegend, will mir's dünken, und unheimlich wird mir's dabei. Er fragt nicht, er schaut nur, reicht mir die Hand und dankt recht höflich für die Bewirtung, und dann ist er fort. Wir sind froh, als der Vater wiederkommt und am Abend die Brüder, denn er war uns nicht geheuer, der hübsche Geselle mit den aufmerksamen, traurigen Augen.

Am andern Tag in aller Frühe ist die ganze Gegend in Aufruhr: von McLaughlins Weide sind die schönsten Pferde verschwunden, aus des Doktors Stalle das prachtvolle Maultier, der Stolz der Nachbarschaft. Der "*Swamp-Angel*"! Das kann nur der "Sumpf-Engel" gewesen sein! Wir erzählen von unserm seltsamen Besuch. Natürlich, das war der "*Swamp-Angel*," der wollte die neuen Leute der Farm auskundschaften. Seid froh, daß ihr noch lebt, hieß es—und nichts habt, was der Mühe wert wäre, mitzunehmen, setzten wir hinzu.

"Freue Dich," flüstert Belle, "daß er Dich nicht einfach mitgenommen hat—dem kann keine widerstehen."

Mir wurde es ganz graulich zu Mute und doch wohlig-neugierig und wehmütig— er hatte gar so schöne Augen, der böse *Swamp-Angel*. Drüben in den großen Sümpfen hauste er, nahe dem Indianergebiet—"zwanzig Meilen westlich von der Zivilisation," wie ein Witzbold die Gegend getauft hatte. Er war der geschickteste Pferdedieb, der kühnste Posträuber, der ruchloseste Mörder, wenn er sich nicht anders retten konnte. Und noch keiner bewaffneten Macht war es gelungen, ihn in seinem wilden Revier zu erjagen.

Schnell hatten die Männer sich zusammengethan, einen Führer erwählt, und bis an die Zähne bewaffnet, setzte eine Schar auf schnellen Pferden dem Räuber nach. Gern wären die Brüder des Spaßes halber mitgeritten, aber wir besaßen keine Pferde, nur einen langschwänzigen Texaspony, um zur Stadt zu reiten. Aber Jahn Yeager ritt an uns vorbei zum nahen Sammelplatz—es war ein Hauptvergnügen für die jungen Leute, eine willkommene Abwechslung im eintönigen Farmerleben. Dann kam Billy McLaughlin, der auszog, seine Pferde zurück zu erobern. Er ritt auf einem runden, wohlgepflegten Maultier, so rund, daß seine langen Beine nach beiden Seiten hin abstanden; er trug einen Ledergurt um den Leib geschnallt, voll von Revolvern, Bowimessern und andern Kampfutensilien, wie ihn die Cowboys zu tragen pflegen; er hatte auf dem kleinen Kopf den großen, grauen Sonntagsfilzhut mit einem roten Taschentuch darüber unter dem Kinn zugeknüpft, damit der Hut beim wilden Reiten nicht herunterfalle, und herablassend mit der Hand winkend, rief er mir über den Zaun zu: "Anne Marie, ich komme wieder!"

So zogen sie davon, und ich berechnete im stillen den Vorsprung, den der *Swamp-Angel* haben mußte. Was gingen mich Billy McLaughlins Pferde an? Er hatte ja noch so viele! Und des Doktors langbeinigen Maulesel mit den wackelnden Ohren und seinem grauenerregenden Geschrei hatte ich nie schön finden können.

Und nach und nach kamen sie wieder, die Lynchgenossen, müde und zerschlagen. Den *Swamp-Angel* hatten sie nicht gesehen. Der hatte wahrscheinlich die gestohlenen Pferde in irgend einer Stadt noch hinter dem "*Swamp*" verkauft, lebte flott und großartig von dem Erlös und schoß zu seinem Vergnügen den Bewohnern die Fenster ein—bis wieder einmal der Sheriff hinter ihm her war. Dann zog er sich in sein Himmelreich zurück, der Engel der Sümpfe "*twenty miles west of civilisation*," wohin ihm niemand folgen mochte. Und schließlich wird er dann wohl eines gewaltsamen Todes sterben—erschossen, denn ergeben thut er sich nicht . . .

Nun kam der Winter heran mit seinem jäh wechselnden Wetter: heute eine würzige, laue Luft wie deutscher Frühling, morgen schneidender Northwester mit Eis und Schnee. Am Weihnachtstage lag ich krank zum Sterben an Fieber, das aus des *Swamp-Angels* Sümpfen aufstieg; unsere Freunde kamen, um mich zu pflegen, und brachten allerlei Gutes, was ich nicht essen durfte, und die schöne Belle, die wirklich ihr Vaterhaus verlassen hatte und bei der alten Frau McLaughlin diente, brachte ein struppiges, grünes Zweiglein vom Lebensbaum. Rings um den Ofen saßen die Brüder und stopften freudig die Pfeifen aus einem Päckchen guten Tabaks, das sie gegen Butter eingehandelt hatten, erzählten sich alte Schülergeschichten und schoben Holzblöcke in den Ofen, daß er glühte. Eisig brauste der Sturm daher, brachte Baumäste und kleine Steine mit und schüttelte unser altes Blockhaus, dessen Thüren jetzt sorgfältig verschlossen waren, daß es krachte.

Dann wurde es wieder Sommer, ein nasser, kalter, kurzer Frühling und ein heißer dürrer Sommer. Und die Chinchbugs (Blattwanzen) kamen und fraßen erst den Weizen auf und dann den Mais, und die Kartoffelkäfer nahmen den Knollen die Nahrung weg. Nur Obst hing an den Bäumen, und die klugen Kühe schüttelten die Zweige mit dem Maule, weil ihnen die abgefallenen Äpfel nicht gut genug waren, und die Schweine zogen entschieden die an der heißen Sonne gereiften, süßen Zuckermelonen den Wassermelonen vor. Was wollten wir auch mit dem Überfluß anfangen? Wenn der Farmer reichlich erntet, so hat es keinen Wert; ist die Ernte dürftig, so kann er gute Preise erlangen, aber hat nur wenig zu verkaufen. Wir wohnten zwanzig Meilen entfernt von der nächsten kleinen Stadt (sechstausend Einwohner), ohne Bahnverbindung. Als der alte Hyram Nimmocks eines Tages seinen Wagen voll saftiger Äpfel auf dem Markte dieses Fleckens vergebens ausgeboten hatte, da ließ er die roten Früchte herunterkollern, und die barfüßige Stadtjugend stürzte jubelnd darüber her und lieferte eine Schlacht mit Äpfeln, wie wir es daheim mit Schneeballen gethan hatten.

Das war eine traurige Zeit, dieses Jahr, wo man nur von Obst leben, Zwangsvegetarianer sein mußte. Als wir mit vieler Mühe endlich unser bißchen eingeerntet hatten und mit Sorgen dem kommenden Winter entgegensahen, da erschien eines Tages der schwarzäugige Landagent, Colonel Parker, und bedeutete uns mit einem gerichtlichen Nachweis, daß wir Squatters, das heißt Wanderfarmer seien, also eigentlich zu jenen heimatlosen Menschen gehörten, die auf einem Planwagen, die ganzen Habseligkeiten darauf: Holzkohlofen, Decken und einem Stuhl, eine Kuh hinter den Wagen gebunden, begleitet vom zottigen Schäferhunde und den Mauleselfüllen

der langhaarigen Stute, von einem Staat zum andern wandern, Ländereien, die scheinbar noch nicht in Besitz genommen sind, sich aneignen, bebauen und ernten und weiter
ziehen, sobald sich der Eigentümer meldet oder es ihnen nicht mehr gefällt. Unsere
Farm gehörte einer reichen Witwe im Osten, die sich jahrelang nicht um ihr Eigentum
bekümmert hatte. Schon seit lange hatten Landagenten diese halb urbar gemachte
Farm von hundertundsechzig Acres (drei Acre ungefähr ein Hektar) verpachtet oder
verkauft, wie sich's ihnen just bot. Sie ließen sich dann eine kleine Anzahlung machen,
stellten den Besitztitel, einen gerichtlich beglaubigten Eigentumsschein, gegen gutes
Geld beliebig aus und bekümmerten sich erst wieder darum, wenn sie hörten, die
Farm sei wieder einmal verlassen. Denn keiner hielt es lange auf dem schwer urbar zu
machenden Waldboden aus, der hier noch nicht einmal sehr ertragsfähig war, und jeder
pilgerte weiter, sobald sich ihm etwas Besseres bot. Unter dem "Timber" (eigentlich
Bauholz, aber übertragen auf den ganzen Holzbestand) im Südwesten Missouris darf
man sich keinen tropischen Urwald mit üppiger Vegetation vorstellen; nur niedere
Baumarten, zähes Buschwerk, um einzelne große Eichen, Hickory- und Walnußbäume
gruppiert, und es gehört eine große Arbeitslust und Ausdauer dazu, dieses Waldland
urbar zu machen. Der Prairiefarmer hat es viel leichter im Bebauen, dafür aber mehr
von der Sonnenglut, den Stürmen und den Prairiefeuern zu leiden.

So war auch damals an uns die Reihe gekommen. Die Anzahlung auf die Farm
hatten wir gemacht; weiter hatte man uns nichts abgefordert. Jetzt hieß es entweder
bezahlen oder die Farm räumen. Der sehr zuvorkommende Colonel riet uns, mit Sack
und Pack nach einem weiter westlich gelegenen Minenstädtchen zu ziehen, seinem
Heimatsort; dort wolle er den "Boys" Arbeit in den Kohlenminen, mir eine Stelle
als Aufwärterin in einem Speisehaus verschaffen: ich wisse mich ja zu benehmen
und könne sogar kochen, was nicht einmal verlangt würde. Wir begannen unsre
Habseligkeiten zu verkaufen. Die Nachbarn kamen von allen Seiten, und jeder erstand
sich ein Andenken. Großes Aufsehen erregten die von den Brüdern gezimmerten
Bretterschränke mit Fächern und Thüren. Die letzte bunte Kuh mit dem Kälbchen
hatten wir dem Doktor geben müssen für die ärztliche Hilfe in meiner langen Krankheit. Nur wenige Schweine waren übrig; die andern waren im Herbst geschlachtet,
wollte sagen, erlegt, denn da sie durch den Sommeraufenthalt im Walde, wo sie nur
selten in ihre Umzäunung gebracht werden konnten, sehr verwildert waren, mußte mit
Pulver und Blei Jagd auf die bösen Eber gemacht werden.

So war alles verkauft—die beiden merkwürdig gescheiten Katzen erbat sich
Jahn Yeager für seinen zukünftigen Hausstand—und wir zogen davon, unser Heil
in einer Großstadt zu versuchen. Unser alter Freund Hyram fuhr uns selbst auf seinem rumpeligen Farmerwagen, und Jahn Yeager und August Demmin, der dicke
pommersche Junge, ritten neben her. So kamen wir an Mr. McLaughlins Schmiede
vorüber. Lustig tanzten drinnen die Hammer, der Blasbalg fauchte, und hell sprühten
die Flammen. An die Thür gelehnt stand Billy, die Hände in den Hosentaschen, eine
Zigarre, die er halb rauchte, halb kaute, im linken Mundwinkel. Er arbeitete nicht, sah
aber mit Feldherrnmiene seinen Leuten zu. Als er unsern Wagen kommen sah, machte
er ein paar lange Schritte zu uns herüber. "So," sagte er und sah uns verächtlich an, "ihr
wollt jetzt in die Stadt da oben? Wenn das nur gut ausläuft. Dahin geht Bill McLaughlin
nicht—der hat es, *by Gosh!* nicht nötig. *Good bye*, Anne Mareia!" Dabei drehte sich

Billy um, ohne die Hände aus den Taschen zu nehmen, spuckte einem Grashüpfer, der gerade da saß, auf den Kopf und schlenkerte sich davon. Am Wege stand Belle und winkte uns Lebewohl zu. Ich sehe noch ihr liebes, schönes Gesicht unter dem roten Tuch, das sie um das braune Köpfchen geknüpft hatte. Und ich muß noch in Gedanken lachen über die absonderlichen Fratzen, die ihr guter, alter Stiefvater schnitt, als er uns mit dem Schnellzug davondampfen sah.

Die Brücke
Schauspiel in drei Akten

Personen

Ernst Hendricks, Ingenieur.	**Lora Gensichen.**
Clara Hendricks.	**Carlo Sendel,** Brückeningenieur.
Gesina Hendricks.	**Mieke,** bei Frau Hendricks.
Anton Hendricks, Amtsrichter.	**Willem.**

Die Handlung spielt in einem kleinen Ort im Norden Deutschlands um die letzte Jahrhundertwende.

I. Akt

Ein helles Zimmer, einfach, doch behaglich eingerichtet. Im Hintergrunde eine Glastüre, die in einen Garten voll blühender Rosenbüsche führt.

1. Scene

Clara. Lora. Gesina.

GESINA: *(singt hinter der offenen Tür des Nebenzimmers:)*
>Und die Brücke, die ich baue
>Übers Herz zum Sternenheer,
>Goldig schimmernd, wird nie fertig—
>Ach, das Können ist so schwer . . . .

LORA: *(ruht in einem Schaukelstuhl, ist sehr reich gekleidet)* Weiß Gesina?—

CLARA: *(ist beschäftigt, einen Tisch für fünf Personen zu decken, ist schlicht gekleidet)* Nur daß ihr Vater heute in die Heimat zurückkehrt.

LORA: Nicht warum er ging? Wie er ging?

CLARA: Nichts.

LORA: Ich weiß nicht, soll ich Dich bewundern, Clar, oder graut mir vor Dir?—Auf und davon mit der—mit der andern. Dich mit dem Kind im Elend gelassen. Alle die 15 Jahre hast Du gesessen und gewartet. Und nun es ihm gefällt, wiederzukommen, weil die Heimat ihn lockt mit Ehren und Arbeit, da richtest Du Dein Haus wie zu einem Fest.

CLARA: Alle die Jahre gewartet—gewartet. Und nun richte ich das Haus zum Fest.

GESINA: *(tritt aus der Nebentür; trägt eine Schale mit Feldblumen in der Hand, mit der sie einen Seitentisch schmückt)* Doch auf der Tafel sollten Rosen sein, nicht, Tante Lora?

LORA: Ei—für solch ein Fest ist nichts zu schön, selbst Eure seltenen Rosen nicht.

GESINA: Nicht wahr? Solch ein Fest. Heute kommt der Vater. Endlich. Was ihn nur so viele Jahre in der Fremde hat festhalten können? Das Bauen, natürlich, ja, das Bauen. Weißt Du, Tante Lora, ich denke mir, da drüben ist alles so neu, so groß. Und der fabelhafte Reichtum. Da brauchen sie nicht so zu tifteln und zu rechnen, wenn sie ihre Spannbrücken über die Riesenflüsse und Bergesklüfte hinschleudern. Da kann sich einer schon verbauen mit Leib und Seele, daß er für nichts mehr Sinn behält, als immer noch eine Spanne mehr hin über die große Welt. Da konnte er die Heimat entbehren—die kleine enge,—ja, und Weib und Kind—in den Augenblicken des Schaffens, des Zwingens der widerspenstigen Gedanken, in diesen Augenblicken, wo wir kaum noch Menschen sind.——Aber er muß doch auch Augenblicke des Erschlaffens gehabt haben, wo es ihm nicht gelang, was er erträumt, wo ihm alles klein, jämmerlich, elend Zwergenwerk dünkte. Da hätte er doch vielleicht—Mutter, hätte er uns da nicht am Ende nötig gehabt?—Und wir wußten es nicht, Mutter. Wir saßen hier und—ja, wir warteten.

Lora hat Gesina erstaunt betrachtet.

CLARA: *(warnend)* Kind, Kind.

GESINA: Nun, ich will nicht grübeln heute. Er kommt ja—Mutter—Tante Lora—er kommt. Heute noch, bald, in einer Stunde schon mögen sie da sein.—Jetzt gehe ich, Rosen schneiden. *(geht singend durch die Glastür, hinter der man sie an den Rosenbüschen beschäftigt sieht; singt:)*

> Die Gedanken, Rosenblätter,
> Gaukeln duftig vor mir her—
> Möcht sie fassen, möcht sie halten,
> Ach, das Können ist so schwer—

2. Scene

Clara. Lora. Mieke.

MIEKE: *(schaut aus der Seitentür)* Soll ich das Essen all richten, Frau? Süh, süh, da ist ja auch Tante Lora.

LORA: Na, Mieke, die "Tante" können Sie sich schenken—wenn Gesina das sagt, nun gut. Von Ihnen höre ich lieber "Frau Baurat."

MIEKE: *(grinsend)* Sie meinen wohl, ich wäre die Jüngste nicht mehr, Frau—Frau Baurat? *(Sie wickelt ihre bloßen Arme in die Schürze und kommt näher.)* Die Frau, un Sie, un ich—wir mögen woll so aus denselbigen Jahrgang sein—Frau Baurat—

LORA: *(schaudernd)* Sagen Sie das nicht so laut, Mieke.

MIEKE: Je nun, wie mans nimmt. Gekriegt haben wir drei woll alle unser Teil. Der eine trägt's schwer, un wird alt, den andern drückt's just nich das Herz ab, un bleibt jung.—Also noch warten mit's Essen. Schön, Frau. Das Warten haben wir ja gelernt, un—gründlich, wir Zwei. Na, denn bis hernach, Frau Baurat. *(ab)*

LORA: *(ruft ihr nach)* Was sagen Sie denn zu dem heutigen großen Tag, Mieke?

MIEKE: *(steckt den Kopf noch einmal herein)* Ich? Na, wer et mag, der mag et ja woll mögen.— *(ab)*

LORA: *(ärgerlich lachend)* Die grobe Mieke hast Du wohl Dir zur Erheiterung behalten, Clara?—

CLARA: Es ist eine treue Seele. Sie denkt, ihr Schicksal und meins gehören zusammen. Und ich glaube, seit sie weiß, daß Ernst den Weg zur Heimat wiedergefunden hat, ist sie fest überzeugt, auch ihr verlorner Willem wird eines Tages wieder auftauchen. Sie hofft es, wenn sie auch sagt, sie jagt ihn von der Tür wie einen Hund.

LORA: Du, Clara, weiß Ernst, daß Du Gesina hast Brückenbau erlernen lassen?

CLARA: Wozu sollte er das wissen? Die wenigen Briefe, die wir wechseln mußten, handelten ausschließlich von Geschäftlichem. Das übrige war meine Sache. Er erkundigte sich zwar, ob wir zu leben hätten—

LORA: Ja, Dank Deiner Energie und der Güte Onkel Antons. Ihm da unten in Süd-Amerika hast Du es nicht zu verdanken, wenn Ihr immer satt geworden seid—Du und Dein—sein Kind.—Ihm nicht gesagt, daß Gesina so geworden ist—ihm ebenbürtig—gleichsam sein Sohn—Clara, das nenne ich raffinirt.—

CLARA: Was klagst Du ihn an, Lora—hast Du ein Recht, wenn ich es nicht tue?—

LORA: Ja, ja, und tausendmal ja. Was hat er aus Dir, was aus mir gemacht? Schau in den Spiegel—was siehst Du? Furchen auf der Stirn, Silberfäden im Haar, tränentrübe Augen—Du, die einst die Schönste unter uns war. Sieh mich an. Ich weiß, ich sehe viel jünger aus, als Du—mit Hilfe von Mitteln, die Du verschmähst. Aber Du—Du bist sein Weib gewesen, trägst seinen Namen, bist die Mutter seines Kindes. Und ich—eine Weggeworfene. Eine von Vielen. Was ich ward, ward ich durch ihn. Er war es, der mir den Weg gewiesen, auf dem ich dann weiter getaumelt bin.

CLARA: Lora, Lora.

LORA: Nicht wahr, von solchen Dingen spricht man nicht. Ihr andern versteht uns nicht, uns Frauen mit dem heißen Blut. In Deinen Adern fließt es kühl und gelinde, sonst hättest Du damals nicht mich, die Geliebte Deines Mannes, aufgenommen.

CLARA: Littest Du nicht wie ich? War das Weib in Dir nicht just so getroffen, wie in mir? Und ich stand so hoch über Dir: ich war Mutter. Da konnte ich vergeben. Und ich schwor mir, er solle sein Haus wiederfinden und sein Kind glücklich. Er solle einmal ein Asyl haben, wenn er sein Haupt weltmüde niederlegen wollte. 15 Jahre habe ich das Feuer seines Herdes gehütet für ihn. Und er kam nicht. Jetzt endlich. Aber er ist kein müder Mann, der heimkehrt, kein gebrochener, der Trost sucht. Er kommt als Sieger, gerufen und erwartet. Und der Reichtum aus dem Goldland klingt in seinen Taschen. Daß er so wiederkehren würde—das habe ich nicht geglaubt.

LORA: Und auch nicht gehofft, nicht wahr, Clara? Klein sollte er sein, armselig, um Obdach betteln.—*Die* Rache wäre süß gewesen—

CLARA: *(betroffen)* Rache?—Nein, nein, Lora—das will ich nicht,—das—

LORA: Nein, Du *willst* es nicht, aber heimlich, in Dir treibt's Dich doch dazu——Warte nur, Clara, vielleicht ist er doch arm, ganz arm.—Er käme nicht, wenn er es nicht da draußen satt bekommen hätte.——Sie haben ihn zum Vorsitzer der Brückenkommission gemacht?

CLARA: Als der Bau der neuen Brücke endlich beschlossen war, da wandten sie sich durch Anton an ihn. Du weißt ja, wie bekannt sein Name in Fachkreisen durch den Brückenbau in Chile geworden ist. Man dachte nicht daran, daß er selber das Werk übernehmen würde—der Ort Beidritten kann solche Summen nicht aufbringen, trotz des Zuschusses der Regierung. Aber Ernst sollte raten, bestimmen. Er schlug eine Brückenkommission und den Preisentwurf vor. Und mit einem Mal schrieb er, er würde selber nach Europa kommen, und er brächte einen jungen Ingenieur von großer Bedeutung mit, der den Bau führen könne. So schnell ging das alles—nun ist er schon ganz nahe. Und morgen schon sollen die Entwürfe geprüft werden, damit sie sich gleich auf den besten einigen können.

LORA: Und mein lieber Mann ist hier als Vertreter der Regierung. Baurat Gensichen. Ein schöner Titel. Er hat mich ein gut Teil Liebenswürdigkeit gekostet.

CLARA: Bist Du nicht undankbar?

LORA: Soll ich dankbar sein, daß er "mich aus dem Schmutz gezogen" hat, wie die schöne Redensart der Anständigen lautet?—Soll ich dankbar sein, weil ich ihm erlaubt habe, mich fein sittig und bürgerlich zum Traualtar zu führen?—Ist er darum besser als ich?—

CLARA: Ja, denn er liebt Dich; und Du hast ihn nur als Mittel zum Zweck benutzt.

LORA: Gut. Es sei so. Aber ich bin auch dankbar. Ich führe ihm das Haus. Ich schmücke mich, wie er es wünscht. Ich erlaube ihm, mich zu lieben. Die Rechnung stimmt. Ich glaube, ich habe sogar noch ein Plus.—Aber nun genug von den alten Geschichten. Ich bin wieder da in dem lieben, alten Nest, das noch grad so heimlich daliegt wie früher; und ich werde wieder jung. Eigentlich bin ich aus Neugier gekommen. Ich wollte sehen, wie— Ernst geworden ist. Und neugierig bin ich auch, wie alles sich begeben wird. Sage, Clara, dieser junge Ingenieur, den Ernst mitbringt—ist das ein Deutscher?

CLARA: Soviel ich weiß, von deutschen Eltern in Chile geboren. Carlo Sendel heißt er.

LORA: Carlo Sendel—ei, das schmilzt einem ja auf der Zunge.—Und was weißt Du sonst von ihm?—

CLARA: Ich glaube, Ernst hat ihn im Elend aufgelesen und ihn ganz erzogen. Er hat Ernst später das Leben gerettet, bei einem der vielen Aufstände da drunten. Und zwar auf sehr radikale Weise, indem er den Anführer der aufständigen Brückenarbeiter niederschoß.

LORA: Der Mann mit dem schmelzenden Namen und dem rauchenden Pistol gefällt mir.—Doch wie Du sagst, holt der gute Onkel Anton die Herrschaften von der Bahn ab—da müssen sie ja gleich hier sein, und es wäre wohl schicklich, wenn ich mich entfernte. Aber hör—wie alt ist Ernst eigentlich jetzt? Er war beträchtlich älter als wir—damals, als er Dich heiratete und—mich *verführte.*

CLARA: Warum willst Du ihm allein die Schuld geben? Wo Du ihn gelockt hast, mit allen Mitteln, die eine tolle Leidenschaft ein Weib lehrt?—Lora, Lora, in meinem übergroßen Weh nahm ich das Deine noch dazu—als ein Gegengift gegen die heftige Bitterkeit, die mein Herz empfand.—Laß das Vergangene ruhen, Lora, es ist besser für Dich und mich und ihn. Zu Asche ist Kummer und Reue geworden—zieh nicht das Ekle daraus hervor, das sie deckt.—Wie alt Ernst Hendricks heute ist?—10 Jahre ist er älter als ich und wir—Du und ich.—

LORA: *(sich die Ohren zuhaltend:)* Sag's nicht—ich will es nicht hören.—Ihr Mütter werdet leichteren Herzens alt—Ihr seht die Jugend wieder in Euren Töchtern. Aber wir Kinderlosen—wenn wir alt werden, dann haben wir nichts mehr—Jugend, Schönheit, Lachen, Liebe—alles dahin—und keine Auferstehung, wie Du sie feiern kannst in Deiner holden Gesina—

CLARA: Arme Lora—

LORA: *(leise)* Sieh—und darum brauchen wir die Jungen—ihre Anbetung, ihre Leidenschaft—aus ihren Küssen holen wir uns das rote, blühende Leben, nach dem wir lechzen—wir Nimmersatten—wir Einsamen—

CLARA: Still Lora, da kommt Gesina.

3. Scene

Clara. Lora. Gesina. Dann Mieke.

GESINA: *(nähert sich mit einem großen Strauß Rosen:)* Mutter, Tante Lora—seitdem wir soviel vom Brückenbau reden, quält mich dieses Lied, das ich immerzu singen muß. Grad wie eine böse Vorahnung. Und es ist doch eine ganz andere Brücke, die im Lied:

    Und die Brücke, die ich baue
    Übers Herz zum Sternenheer—

    Wie oft habe ich schon im Traum gebaut, eine Spannung, so zart und fein und luftig, bis in den blauen Himmel hinein; und einen Pfeiler, so fest und stark und trutzig, daß er im trügerischen Erdenboden wurzelt bis in die Ewigkeit—und dann wache ich auf, und bin so klein, und hilflos—und ganz voll Sehnsucht.

LORA: Sieh mal wie das träumt und in den Wolken schwebt. Und doch von ganz andern Dingen, als wir träumten als kleine Mädchen. Wir bauten auch Brücken in die Wolken, nicht Clara? Aber auf unseren Brücken kam *er,* der Herrlichste von Allen, herunterspaziert.—Nun, Gesina—jetzt kannst Du Dir von Deinem Vater den Sieg Deines Entwurfes verleihen lassen. Wenn Dir nur nicht der fremdländische Mann mit dem schmelzenden Namen nicht zuvorkommt. Carlo Sendel—Carlo, das klingt anders, als wenn sie hierzulande langgedehnt und langweilig "Karel" sagen—und sicher steckt auch etwas Exotisches in ihm, trotz der deutschen Abstammung:

Glutaugen—eine sammetweiche junge braune Haut—eine schmeichelnde heiße Hand—siehst Du, Gesina, das sind Mädchenträume—ah—

GESINA: *(verteilt Rosen in den Vasen)* Ich möchte wissen, wie mein Vater aussieht. Mutter hat sein Bild verschlossen und zeigt es mir nicht. Sie meint, vielleicht hat er sich sehr verändert in den langen Jahren und sei sich nicht mehr ähnlich. Da hab ich mir aus meinen schwachen Erinnerungen selbst ein Bild ausgedacht. Tante Lora, hast Du ihn gekannt?

LORA: Aber gewiß doch, Sina. Ich war Deiner Mutter liebste Kameradin, als Dein Vater zum ersten Mal in diesen weltverlassenen Erdenwinkel kam. Wir Zwei waren unzertrennlich und lernten und spielten zusammen, wenn sie auch die Pfarrerstochter und ich nur das Kind der Nähmamsell war. Da standen wir einmal—weißt Du noch Clara?—Arm in Arm am Flußufer, wo die Messungen für den Damm gemacht wurden—just wie ein weißes und rotes Röselein an einem Zweig—da fiel Deines Vaters scharfes Auge auf uns und wir kicherten und liefen davon. Hat uns aber nichts geholfen, das Davonlaufen—

GESINA: *(träumerisch)* Groß ist er und sein Auge kühn und leuchtend. Herrisch ist er, wenn er schreitet. Und wenn er steht, wie ein Pfeiler so fest.—Wie die Bilder der alten Helden in den Büchern auf der Akademie. Ich verglich die jungen Männer damit, die mit mir auf der Schulbank saßen, die dummen Jungen. Da war nicht einer darunter, zu dem ich hätte aufschauen können—vor dem ich hätte knien mögen, wie vor dem Bilde meines Vaters in meinem Herzen.

CLARA: Kind, Kind, wach auf. Wie oft warne ich sie vor diesem Hang zum Träumen. Alles steigert sich ihr ins Unermeßliche. Das Größte, das Höchste ist es, nach dem sie die Hand ausstrecken möchte—und schrecklich wird das Erwachen sein.—War es nicht auch dieser unbändige Sinn, der Ernst— *(unterbricht sich und lauscht)*

MIEKE: *(schaut herein)* Frau, ich meine, da kommen sie zu dritt. Onkel Anton hat schon gewunken. Den Ihrigen kriegen Sie nun, Frau—soll mich wundern, ob mein Willem auch so propper wiederkommt, der Lump.

LORA: Wie blaß Du bist, Clara—freue Dich doch. Geh ihm entgegen—Ich laufe durch den Garten davon. *(bleibt hinter der Glastür vorgebeugt stehen)*

Clara tritt den Eintretenden aufrecht entgegen. Gesina, eine Handvoll Rosen fest an die Brust drückend, weicht tiefer ins Zimmer zurück und steht erwartungsvoll.

4. Scene

Vorige (ohne Mieke). Anton. Ernst. Carlo.

ANTON: *(eilt Ernst voran)* Da ist er, Clara, der Ernst. Ich bringe ihn Dir gerade wie damals vor vielen, vielen Jahren. Wißt Ihr noch? Es ist mir wieder alles so lebendig geworden. Freilich, Ernst, der hat sich da draußen in der wilden Welt gewaltig verändert. Aber Du, Clara, mit dem halben Lächeln der Erwartung in den Augen, kommst mir noch just so vor—wie zu der Zeit— als wir noch jung waren. Was denn?

ERNST: *(ist seinem Bruder langsam gefolgt)* Na, da sind wir ja wieder in dem alten Nest. Liebes Clärchen—nur keine Rührscene—immer noch 'ne Tränenweide?—Aber nein—sie weint gar nicht.—Das ist hübsch, Maus, wirklich, Maus—wie einem gleich die alten Kosenamen wieder einfallen. Das muß wohl in der Luft liegen. Hier— *(atmet tief auf)* ist auch noch derselbe feine Duft—wie nach etwas Vergangenem—Lavendel und abgelagerte Äpfel.—Du Maus, ist das Haus nicht enger geworden in diesen Jahren?—Decke niedriger? Türen kleiner? *(hält überrascht inne, wie er Lora davoneilen sieht)* Wer war denn das? Das war doch nicht—ist ja nicht möglich.

CLARA: *(ihn zu Gesina führend)* Sieh, Ernst, Deine Tochter.—

ERNST: Das—wer ist das? Die kleine Gesine—unsere Sina—Mädel Kind—Du liebes Kind—laß Dich anschauen—Carlo—hab ich zu viel gesagt, als ich sie aus der Phantasie schilderte?—Da, gebt Euch die Hand.—Ach so, wir sind ja jetzt im Lande der Formen und des Anstandes. Also feierliche Vorstellung: Sennor Carlo Sendel, Brückeningenieur, Löwe der guten Gesellschaft von Chile, Peru, und Umgegend, Freund, Sohn und Lebensretter. Hier meine Tochter Gesina, Prachtmädel, würdige Tochter ihres Vaters—na, bei so einem Vater aber auch. Clara, die hast Du Dir über den Kopf wachsen lassen. Wahrhaftig, Maus, das hast Du gut gemacht—komm, lasse Dich küssen dafür.—

CLARA: *(zurückweichend)* Und Onkel Anton, wenn wir den nicht gehabt hätten.

ANTON: Was denn. Das war doch das natürlichste Ding von der Welt. Ernst so weit fort. Du mit dem kleinen Kind auf Dich selbst gestellt. Und ich alter Hagestolz, der in Gottes weiter Welt das unnützeste Möbel war. Und nun mit einem Mal das schöne Leben hier in unserm lieben kleinen Nest.

CLARA: In das Du Dich unseretwegen hattest versetzen lassen.

ANTON: Ernst, daß ich nicht lache. Was die sich einbilden.—Frische Luft brauchte ich, den Seewind, um mir den Aktenstaub von der Seele wehen zu lassen. Und dazu ein gemütliches Heim—und Dich und das Mädel—war das vielleicht nichts?—Nee, was denn?

ERNST: So, so. Also darum wurdest Du so plötzlich nach Beidritten versetzt. Nach einer Beförderung von oben sah das gerade nicht aus. Und all die Jahre hast Du hier so in meinem Hause gewohnt, mit Clara—ja, und dem Kinde.

ANTON: Natürlich. Wo sollte ich denn wohl sonst wohnen, als in Claras Hause, wo sie mutterseelenallein saß—im Elend—

CLARA: *(schnell einfallend)* Da stehen wir und schwatzen, als wenn dies der erste beste Alltag wäre. Gesina, geh, sage Mieke, daß sie das Essen richtet und sorge für einen Willkommentrunk.—Sieh, Ernst, Dein alter Platz am Tisch, Dein Serviettenring, Dein Weinglas. So ist für Dich gedeckt worden jeden Tag, 15 Jahre lang, jeden Tag. Du hättest doch einmal unvermutet heimkehren können.

ERNST: 15 Jahre lang immer dasselbe geblieben. Was habe ich in der Zeit nicht alles erlebt, genossen, gelitten. Und hier blieb alles ruhig, rein, unverändert.— Schenk ein, Clara, heruntergespüllt, was die Heimat alles ans Licht zerren

will. Gesina, Carlo—seid Ihr fertig mit dem Anschauen?—Dieses Glas
bringe ich der Heimat mit ihrer Zauberluft, dem Hexenodem, der uns
umweht, daß wir die Fremde mit ihrem betörenden Glanz wieder vergessen.
Der Heimat, mit ihren Zauberfäden, die stärker sind als Brückenseile—sie
schnüren uns ein, daß wir die Arme strecken, sie zu zerreißen, daß wir
nach Luft schreien möchten. . . . Pah—ein andrer Spruch: Dies Glas dem
Kind da, das so hold erröten kann im Wechselspiel junger Gefühle—dem
Jungen dort, der mit so feurigen Augen in eine gesegnete Zukunft schaut—
Nagelprobe, Carlo—herunter damit, Anton.

CLARA: Ernst, wie wenig hat Dich das Leben verändert.

ERNST: Meinst Du? Aber Du, Clara, Du kommst mir sehr fremd vor.—Doch jetzt
nichts davon.—Anton, berichte lieber über die Brückenkommission—wie
steht die Sache?—Carlo, mein Sohn, jetzt paß einmal auf.—Du wirst Wunder hören. Hier geht das nicht so fix im gesegneten deutschen Reich, wie in
der Wildniß Süd-Amerikas.

ANTON: Also—vor fünf Jahren war zuerst die Rede davon, damals, als das fürchterliche Eistreiben die alten Brückenpfeiler arg beschädigt und den Ufer-
damm eingedrückt hatte. Aber die Kosten. Na, es wurde geflickt und
geflickt. Aber lange ging das nicht mehr, das begann man allmählig einzusehen. Da kam der neue Bürgermeister. Er ist ein Auswärtiger, der Verbindungen nach oben hat. Die Regierung wurde entgegenkommender, die
Eisenbahnen aufmerksamer. Natürlich mit einer schönen, modernen Brücke
für Eisenbahn, Lastwagen und Fußgänger von Beidritten in die reiche
Marschgegend hinein, das würde unserm Städtchen ein anderes Aussehen
geben. Und dann kam noch einmal ein Eisgang und half nach.—Da nannte
ich zuerst Deinen Namen, Ernst, Du warest ein berühmter Mann und
kanntest nebenbei die Gegend hier wie kaum ein anderer—

CLARA: *(erstaunt)* Du, Anton? Ich dachte, der Bürgermeister—

ANTON: *(verlegen)* Was denn?—Ja, natürlich, der Bürgermeister. Aber der und die
Regierung mußten doch erst von Ernst wissen.

ERNST: Also Dein Werk, Anton. Und Clara dachte, es wäre alles von außen gekommen. Vielleicht wäre es ihr gar lieber gewesen, wenn Du nicht auf mich
aufmerksam gemacht hättest.

ANTON: Warum nicht gar. Ich wußte, wie zufrieden sie sein würde, und erst das
Mädel, die Gesine—

ERNST: Ja, die Gesine, die hat zuweilen an ihren Vater gedacht?

Gesina schmiegt sich leuchtenden Auges an ihn.

ERNST: Und da hat das arme Kind immer diese technischen Verhandlungen noch
einmal zuhause überhören müssen, bis das Kindsköpfchen ganz dumm davon geworden ist.

GESINA: Ja, Vater—

CLARA: *(einfallend)* Und die Regierung schickte den Baurat Gensichen.

ERNST: Baurat Gensichen? Das ist doch nicht der dumme Fritz Gensichen, Anton,
unser alter Schulkamerad, der immer sitzen blieb? Baurat Gensichen.

ANTON: Mit dem wurden wir schnell fertig. Und dann machten sie Dich zum Vorsitzer der Brückenkommission und Deine Vorschläge gingen glänzend durch.

ERNST: Pfeilerbrücke, Eisenkonstruktion—

GESINA: *(eifrig)* Vater, die Sache ist aber doch schwieriger, als Ihr denkt. Du weißt nicht, wie sehr sich der Boden durch die Meeresanspülungen, selbst so weit unten, im Laufe der Jahre verändert hat. Das muß alles bei den Entwürfen berechnet werden. Der Mittelpfeiler—da werden Caissons nötig sein—werden wir die polnischen Arbeiter, und auf die sind wir hier ausschließlich angewiesen, dazu veranlassen können, darin zu arbeiten?

Clara hat vergebens Gesina zum Schweigen zu bringen gesucht.

ERNST: Was redest Du?—Höre nur, Carlo, das Mädel spricht vom Brückenbau wie ein gelernter Ingenieur. Na, da hört alles auf. Sind wir im guten alten Vaterland und noch dazu in einem seiner verstecktesten Winkel, wo angeblich die kleinen Mädchen sittig am Stickrahmen sitzen und auf den Freier warten? Oder in einem emanzipierten Ladies-College in den Vereinigten Staaten?

CARLO: Ach, das arme Fräulein hat aus Liebe zum Vater immer aufgemerkt, nicht wahr?—Und hat sich ein ganz verkehrtes Bild gemacht von unserer Arbeit.

ERNST: Darum auch das rührende Mitleid mit den polnischen Arbeitern. Ja, Kind, wo das Geschäft anfängt, soll das Gefühl aufhören, das haben wir da unten von Grund aus gelernt, nicht wahr, Carlo?

CARLO: *(nickt)* Es geschieht, was geschehen muß.

ERNST: Eine eiserne Faust über dem Gesindel, sonst zieht man den Kürzeren—wie bei der Rotte Halbblut. Was, Carlo? Desperat genug waren die roten Kerle, und mir wäre es am Ende eines Tages an den Kragen gegangen, wenn Du nicht zur rechten Zeit den ärgsten Schreier still gemacht hättest. Aber Ihr hättet mit erleben sollen, wie der Junge danach bewundert worden ist, von den dunkelhäutigen Sennoritas gerade so gut, wie von den blonden Gretchen und Clärchen, von denen wir in Chile eine hübsche Auswahl hatten. So ein angenehmes Gruseln in Gegenwart des Mannes, das gefällt den Weibern allemal.

Gesina wendet sich unwillig ab.

CARLO: Ihr Vater übertreibt, Fräulein Gesina, hören Sie nicht auf ihn. Warum von so häßlichen Dingen reden in Ihrer Gegenwart?—Sie haben so schöne Rosen hier—nie sah ich schönere in meiner Heimat—

ERNST: *(lachend)* Die ganze Zeit hat er nach Rosen und Sonnenschein gejammert seit wir unterwegs sind. Er meinte, hier in Deutschland gäbe es nur ewigen Nebel, und die Blumen blühten nicht—mein junger Freund, der so schüchtern tut, als hätten deutsche Laute, die doch eigentlich seine Muttersprache sind, ihm ein Schloß vor die Lippen gelegt.

CLARA: Geh, Sina, zeige dem Herrn die hochstämmigen Rosen im Garten, so daß ihm zuerst etwas Schönes begegnet im fremden Lande.

Carlo sieht Gesina bewundernd an, die errötend mit ihm durch die Glastür in den Garten geht.

ANTON: Ja, ich werde nach dem Gepäck Umschau halten. *(durch die andere Tür ab)*

5. Scene

Clara. Ernst.

ERNST: *(im Zimmer auf und abgehend)* Drei Schritte rechts, drei Schritte links— dann ist's zu Ende. Wie lange werde ich das aushalten können? *(bleibt vor Clara stehen)* Und da hast Du gesessen alle diese Jahre, armes Weib, und hast auf mich gewartet. Drei Schritte rechts, drei Schritte links—darüber hinaus hast Du nicht geschaut—blos gewartet.

CLARA: *(kalt)* Einmal mußtest Du kommen.

ERNST: Wußtest Du das so gewiß?

CLARA: So gewiß wie ich gewartet habe.

ERNST: Ihr Frauen seid merkwürdige Wesen. Da kenne sich einer aus. Du fragst nicht, was aus—aus der andern geworden ist?

CLARA: Ich will's nicht wissen.

ERNST: Du fragst auch nicht, wie mir's die Zeit ergangen ist?

CLARA: Ich sehe es ja—gut. Es hätte auch anders sein können.

ERNST: Ach so—es hätte mir auch schlecht gehen können, meinst Du. Und ich wäre als gebrochener Mann zurückgekommen?

CLARA: *(nachdrücklich)* Ja, Ernst.

ERNST: Und dann wäre ein warmes Nest für den Elenden und Demütigen bereit. gewesen? Du scheinst es zu bedauern, daß es anders gekommen ist, Clara?— Vielleicht wäre es schön gewesen so unterzukriechen vor dem Leben— *(er reckt die Arme)*. Noch bin ich nicht so weit—noch habe ich Willen, Kraft, Genußfähigkeit—und damit Erfolg.—Und doch—wer weiß—Ach—macht einen die Heimat schlapp.—Hast Du denn gar keine Vorwürfe für mich, Clara? Laß Dich anschauen—die Jugend vergeudet, armes Weib. Und doch—wie diese Jugend wieder auflebt, schaue ich in Dein Gesicht— *(nähert sich Clara und will ihr Gesicht in seine Hände nehmen)*.

CLARA: *(zurückweichend)* Willst Du nicht ein wenig ruhen, Ernst?—

ERNST: Wer war das, die da vorhin in der Glastür stand? Haben meine Augen mich getäuscht, oder war es wirklich—

CLARA: Lora, Frau Baurat Gensichen.

ERNST: *(bricht in Gelächter aus)* Verzeih, aber das ist zum Lachen. Lora Schmidjen, Tochter der Nähmamsell—die als Frau Baurat—wie ist das möglich. Das konnte auch nur dem dummen Fritz passieren—so was heiratet man doch nicht. Verzeih, Clara—Und die nimmst Du bei Dir auf, weil jetzt ein Dummkopf ihr einen ehrlichen Namen gegeben hat?

CLARA: Da irrst Du, Ernst, nicht deshalb. Lora hat monatelang in meinem Hause gewohnt—vor 15 Jahren.

ERNST: *(betroffen)* Damals—nach allem, was vorgefallen war—

CLARA: Ja.

ERNST: Und dann?

CLARA: Sie ist auch dann noch häufig bei mir gewesen, auch ehe ihr Einer einen sogenannten ehrlichen Namen verliehen hatte.

ERNST: Das verstehe ich nicht. In unserem Hause—mit Gesina—Deiner—unserer heranwachsenden Tochter.—Du als Mutter hättest das nicht gefühlt? Clara, den Vorwurf kann ich Dir nicht ersparen—

CLARA: Wenn Du ein Recht dazu hast.

ERNST: *(sie betroffen ansehend)* Das—das habe ich allerdings verwirkt. Clara—bist Du noch dieselbe Clara?

CLARA: Dieselbe? Ich habe gewartet—15 lange Jahre.

6. Scene

Vorige. Anton. Dann Mieke; dann Gesina, Carlo.

ANTON: *(kommt eilig)* Was denn? Der Herr Bürgermeister läßt fragen, wenn er Dich sehen kann. Er ist ganz erwartungsvoll. Das ganze Städtchen brennt darauf, Dich zu begrüßen.

ERNST: Na, denn man los. An die Arbeit.—Je eher, je besser. Arbeit muß ich haben bis mir der Schädel brummt. Und meinetwegen den ganzen Beidrittenschen Stammtisch um mich her—fest drauf los—damit ich die Heimat nicht so fühle.

MIEKE: *(steckt den Kopf herein)* Soll ich das Essen nu endlich auftragen? Tag, Herr Hendricks.

ERNST: Mieke—Hello—Mieke, gibt es Dich auch noch? Und wo steckt Dein Willem?

MIEKE: Der is weg—heile weg. Hinter die Kunstreiter her—er wollte das Fliegen lernen. Nu Sie wieder da sind, kommt er am Ende auch.

ERNST: Und dann machst Du es ihm auch wohl hübsch gemütlich zu Hause?

MIEKE: Herr Hendricks—wenn unser Hund Pollo auf dem Bummel gewesen is un kommt wieder an, den Schwanz zwischen die Beine—dann lange ich hinter den Herd, da steht ein Holzscheit und sage: Kennste düßen? So mag ich's, wenn der Willem wieder kommt.

ANTON: Ja, Mieke, und hinterher kriegt der Pollo einen Extraknochen—was denn, Mieke?—

ERNST: Weißt Du, Mieke, wenn Dein Willem ein richtiger Mann ist, dann faßt er Dich um und gibt Dir einen Kuß, und sagt auch: Kennste düßen—denn, Mieke—*wir, wir sind die Starken, (leise)* selbst noch als Lumpen. *(legt leicht dem Arm um Claras Schulter, und führt sie zum Tisch, ohne ihre widerstrebende Haltung zu beachten. Durch die Glastür sieht man Carlo und Gesina sich nähern.)*

Mieke, im Abgehen, wischt sich den Mund mit der verwendeten Hand.

II. Akt

Wohnzimmer im Hendrickschen Haus, das jetzt in Ernst Hendricks Arbeitszimmer umgewandelt ist.—Altmodische Möbel. Ein Zeichentisch. Ein verschließbares Schreibpult, jetzt geöffnet.

1. Scene

Ernst. Carlo. Anton.

ERNST: *(sitzt vor dem offenen Schreibpult mit dem Ordnen der Preisarbeiten beschäftigt. Zu Carlo:)* Also dieses sind nach meiner Ansicht die beiden besten Entwürfe. Alles andere ist Handwerkerarbeit. Keine Ahnung, von wem sie sein könnten. Aber daß diese hier, Nummer Eins, eine Prachtarbeit ist, das weiß ich. Sind sich ähnlich, die zwei. Nur die eine reifer, logischer. Wenn ich darüber nachdenke—wahrhaftig, sie könnten beide von mir sein. Nummer Eins, aus meiner besten Zeit, genial, frech möchte ich fast sagen. Wie sie so auf ihr Ziel losgeht, alle Hindernisse im Spiel nimmt. Nummer Zwei—nun, die schmeckt schon ein wenig nach "Geschäft"—wie man's eben drüben gelernt hat.

ANTON: *(der aufmerksam zugehört hat, eifrig)* Was denn.—Wenn es Gesinas Entwurf wäre, den Du so lobst?

ERNST UND CARLO: Gesinas Entwurf—Wieso?—

ANTON: *(verlegen)* Ja, nun ist's heraus. Sie wollten es nicht verraten, ehe nicht die Entscheidung gefällt wäre.

ERNST: Du willst mir doch nicht sagen, daß meine Tochter Gesina, mein kleines Mädel, ein Brückeningenieur von Fach ist?—

CARLO: Fräulein Gesina ein Kollege von mir.—Das ist zum Lachen.

ANTON: Daß ich nicht wüßte—warum denn? Sie sollten nur ihre ganze Entwicklung miterlebt haben, wie ich. Letztes Jahr ist sie fertig geworden. Nun dachten wir, sie könne sich am Ende gar in der Heimat die Sporen als Praktiker verdienen. Da kam das Preisausschreiben. Und wenn sie nun wirklich—

CARLO: Lächerlich. Daß es emanzipierte Weiber gibt, die mit den Männern in allen Berufen konkurrieren wollen, das weiß ich. Aber ein Mädchen, wie Fräulein Gesina, so zart, so echt weiblich—und mein Fachgenosse vom Brückenbau—nein, nicht möglich.

ERNST: Ja, Carlo, das ahnte ich allerdings nicht, als ich Dir meine Pläne und Wünsche andeutete—halb im Scherz—nur darauf fußend, wie Ernst Hendricks Tochter sich entwickelt haben müsse. Junge, und nun? Was würdest Du tun, wenn Dir mein Mädel den Rang abliefe?—

CARLO: Einfach undenkbar. Nachempfinden, helfen—ja; aber selbständig schaffen, noch dazu in meinem schwierigen Fach—das kann kein Weib. Und wenn sich die Natur einmal einen solchen Scherz erlaubt—das ist mir zuwider. Ich *will's* nicht glauben. *(geht zur Tür und trifft im Hinausgehen mit Clara und Gesina zusammen, die er mit einer förmlichen Verbeugung an sich vorüberläßt)*

2. Scene

Ernst. Anton. Clara. Gesina. Dann Lora; dann Carlo.

GESINA: *(ihm betroffen nachsehend)* Was ist mit—mit Herrn Sendel?

ERNST: Ja, Kind, wenn Du es nicht weißt—hast schon vier ganze Tage gehabt, es zu entdecken.—Aber was höre ich? Anton sagt mir—es ist ja nicht denkbar. Schaut doch das Mädel an: so etwas süßes, liebes, so recht geschaffen, geliebt und geküßt zu werden—und das will mit Männern ringen, die Welt mit Stein, Eisen und Stahl zu unterjochen? Kalt, hart, unbezwinglich? Mädchen, bau Dir Brücken der Liebe und Sehnsucht, die zum Herzen des Mannes führen und tändele nicht mit Männerarbeit.

GESINA: Also deshalb ging er hinaus—

ANTON: Ernst, Du kommst aus dem Lande der Technik und des Fortschritts—und wunderst Dich noch über Dinge, die uns hier, selbst in unserm Erdwinkel, schon ganz geläufig geworden sind? Warum soll ein Mädchen, wenn sie Begabung und Gelegenheit hat, nicht auch in Deinem Beruf etwas leisten können—zumal wenn es Deine Tochter ist. Was denn.

CLARA: Du sagtest ja eben, Brückenbauen sei Weibersache—müssen denn stets Tränen und Herzblut für uns Mörtel und Baustein sein?—

LORA: *(hat schon einige Augenblicke unbemerkt—an der Tür gestanden)* Natürlich, mein Herr Brückeningenieur, warum soll eine Frau nicht auch Brücken schlagen können? Die einen mit Tränen, wie Clara sagt, die andern—nun mit lachender Leidenschaft.

ERNST: Ah, nicht nur schöner sind Sie als Frau Baurat Gensichen geworden, auch geistreich. Denn das, Lora, das waren Sie früher nicht.

LORA: Ganz recht. Klug war ich nicht—das bin ich erst geworden durch die Erziehung, Ernst Hendricks. Himmel, wie weit liegt die Zeit hinter mir. Fast ist sie aus meinem Gedächtnis entschwunden.—Doch wenn ich Sie betrachte, mein Freund, so bemerke ich, daß sie an Ihnen nicht spurlos vorübergegangen ist. Sie sind alt geworden, Ernst und die Jugend—nicht wahr?

ERNST: *(lachend)* Famos, Lora—auch boshaft. Üben Sie das an Ihrem Fritz? Der Arme. Und doch wollte ich, Sie würden Clara ein wenig von Ihrem Gift abgeben—da wüßte ich eher, wie sie—

ANTON: *(am Fenster)* Horch, da auf der Straße Stimmen, Marschieren, wie von einer Menge—

CARLO: *(ins Zimmer schauend)* Die polnischen Arbeiter, die den Damm gebaut haben. Sie wollen gleich hier bleiben, da sie von dem Brückenbau hören. Sie wollen mit Dir reden, Ernst. Sind lauter stramme Kerls, die ihre Muskelkraft wohl in Geld umsetzen können.

ERNST: Komm mit, Clara, und sieh Dir den Spektakel an. *(mit Anton und Clara ab)*

3. Scene

Carlo. Gesina. Lora. Dann Anton.

CARLO: *(begrüßt Lora und Gesina)* Werden die Damen an der Festlichkeit heute Abend teilnehmen?

LORA: Ich bedaure lebhaft. Der Herr Bürgermeister hat uns von der Tafel verbannt. Die Herren von der Kommission wollen unter sich sein—langweilig.

CARLO: Nun, dafür werden Sie jedenfalls bei der Preisverteilung eine Rolle spielen. Wenn die große Überraschung stattfindet. Ich leugne nicht, daß ich einiges Interesse daran nehme. Ich würde mich gern noch zurückziehen—denn da Sie, Fräulein Gesina, daran teilnehmen—Ich bin nicht gewohnt, besiegt zu werden—

GESINA: Ich?—Ich bin nicht daran beteiligt.

CARLO: Nicht? Aber Ihr Herr Onkel sagte doch—

GESINA: Onkel Anton—der weiß es nicht.

CARLO: Er wollte Sie dazu überreden, nicht wahr? Doch Sie—Sie zögerten, Ihnen fehlte der Mut.—Ah, wie mich das freut. Ich kann nicht sagen, wie sehr. Es ist so echt mädchenhaft. Denn *wir*, Fräulein, *wir* sind die Starken. Unser ist der Kampf mit den Elementen, das Ringen mit dem spröden Material.— Unser der Sieg—unser die Schöpferkraft.—

LORA: Und das Weib, das schwache, zaghafte, harret demütig, bis es durch diesen Schöpfer neu belebt, von diesem Sieger besiegt wird—nicht wahr, Herr Carlo Sendel?

CARLO: Sie spotten, gnädige Frau.

LORA: Durchaus nicht. Doch ist Ihnen nie ein Zweifel an Ihrer Siegerkraft geworden? Waren Sie nie der Besiegte?

CARLO: *(ihr überrascht in die Augen schauend)* Ja—wenn ich besiegt sein wollte— Lachen Sie, Gnädigste, ich lache mit—denn ich bin sehr froh. Ich kann es kaum aussprechen, Fräulein Gesina, wie froh ich bin, daß ich Sie nicht in der Konkurrenz weiß—schon dieses Wort auf Sie angewandt, ist Frevel.—

ANTON: Herr Sendel, Ernst verlangt nach Ihnen.

CARLO: Das werde ich gleich Ihrem Vater mitteilen, daß wir uns geirrt haben. Ach, Fräulein Gesina—auf Wiedersehen—gnädige Frau— *(ab mit Anton)*

4. Scene

Lora. Gesina.
Die Dämmerung beginnt einzusetzen. Neben dem Fenster ist eine niedrige Polster-bank. Sie nehmen darauf langsam Platz.

LORA: Warum lügst Du, Gesina? Warum willst Du leugnen, daß Dein Entwurf in dem Wust Papier dort auf dem Schreibtisch steckt?

GESINA: Ich fürchte mich.

LORA: Wovor? Tut es Dir leid, daß Du nicht die Kraft hast zur Männerbrücke?

GESINA: O nein—ich weiß es, ich fühle—ich darf um den Preis ringen.—

LORA: Weshalb fürchtest Du Dich sonst? Vor Dir selber? Vor ihm? Siehst Du, Du errötest und senkst den Kopf. Der Mann, der eben von uns ging, der mit den feurigen Augen, dem Siegerlächeln—der ertrüge es nicht, von einem Weib besiegt zu werden—es sei denn in wilder Leidenschaft. Und da wäre es wohl der Mühe wert.—Ei, was stehst Du da, Mädchen und rührst Dich nicht.

GESINA: Mir ist so bang. Wenn nun der erste Preis nicht der seine wäre?

LORA: So sind wir. Wir haben Glut, wir haben die Kraft, mit ihnen um die Wette zu ringen. In allem. Und wir ducken uns in den Staub. Aufsehen, aufsehen zum Manne wollen wir—selbst wenn wir uns dazu setzen müssen. Und wir setzen uns, wir knien sogar.—Was schaust Du mich an, Gesina? Glaubst Du, ich rede irre?

GESINA: An meinen Vater dachte ich. Zu ihm schaue ich auf, wie zu—

LORA: *(auflachend)* Zu einem Gott? Und wenn es nun ein Götze wäre, vor dem Du die Augen niederschlagen mußt?—Ja, damals—so wie er damals war. Aber jetzt nimmer, mit dem gefurchten, verlebten Gesicht, dem Bruch in der gewaltigen Stimme, dem Riß, der durch sein ganzes Wesen geht. Nein, nein, er zwingt nimmer—Deine Mutter kann ruhig sein—er ist doch elend zurückgekehrt.

GESINA: *(am Fenster)* Nicht, Tante Lora?—Sieh nur einmal hinaus, wie sie da vor ihm stehen: er redet, die Arbeiter hängen an seinen Lippen—der Bürgermeister, Onkel Anton, die andern alle—wie klein sie neben ihm erscheinen. Horch— sie jubeln ihm zu—sie schwenken die Mützen und Hüte—

LORA: *(ist ihr zum Fenster gefolgt, träumerisch)* Ein Abglanz dessen, was war. Kind—Du verstehst das nicht. Schau den Jungen an—Carlo. Dann ahnst Du, was gewesen ist. Ihn, Ernst, haben jene müde gemacht, die die Stärkeren sind—die Frauen—so wie sie den Jungen auch noch müde machen werden. Ist es nicht toll, daß wir das wissen—was für eine Macht wir haben und uns doch danach sehnen, den Fuß des Siegers auf unsern Nacken zu spüren?—

GESINA: *(abwehrend)* Nein, nein, Lora—nicht so—

LORA: Was wehrst Du Dich? Du entrinnst Deinem Schicksal nicht. Oder—zeig her, Mädchen, Deine Hände. Laß Deine Wangen fühlen—ob Du wirklich Fischblut in den Adern hast. Wie alt bist Du?—Reif genug, reif zur Liebe. Draußen in der Welt warst Du und willst mich glauben machen, Du habest noch nie geliebt?—

GESINA: Ach, Lora—wen, wann sollt ich denn lieben? Hab kaum Zeit gehabt, die da draußen anzuschauen. Ich hatte doch zu arbeiten.

LORA: Aber im Traum—im heißen, sehnsüchtigen Traum—Sina—

GESINA: Geh, Du quälst mich.

LORA: Quälst Du Dich nicht selber? Mädchen, Mädchen. Schon vier Tage bist Du hier unter demselben Dache mit ihm—und Du glühst nicht? Dein Herz klopft noch nicht schneller—Dein Blut rast nicht durch die Adern—Deine Sinne verlangen nicht? Ah Du bist noch zu jung—das war ich einst auch. Du bist schön—so war, nein, so bin ich noch. Schnell, Mädchen, nimm Dir Dein Jugendrecht, daß Du nicht verkürzt wirst. *(ab durch die Mitte)*

5. Scene

Gesina. Clara. Dann Anton, Ernst.

CLARA: *(durch die andere Tür eintretend)* Ging Lora eben fort?

GESINA: Ja, Mutter.

CLARA: Was ist Dir, Kind, Du hast geweint?

GESINA: Sage, Mutter—war—war je etwas zwischen Lora und meinem Vater?

CLARA: Was wollte Lora von Dir? Was hat sie Dir zu sagen gehabt? Du glühst ja wie im Fieber, Kind. Deine Hände, Deine Wangen brennen?

GESINA: Und sie sagt, ich sei kalt, kalt bis ins Herz, Mutter—warum hast Du nie mit mir über die Liebe gesprochen?—Mutter—ist die Liebe des Mannes anders als unsere?

CLARA: Sind Männer nicht anders geartet im Wesen als Frauen? und sie sollten nicht auch auf andere Weise Liebe äußern?

GESINA: *(heftig)* Wärest Du fortgegangen, Mutter, und hättest Vater 15 Jahre lang entbehrt?

CLARA: Ich fürchte, Kind, der Tag ist nicht mehr fern, wo Du alles begreifen lernst.

Ernst und Anton treten ein, bemerken aber im Halbdunkel Clara und Gesina nicht.

ERNST: Nun, alter Junge, haben wir das nicht fein gemacht?

ANTON: Ja, Ernst, das war nun einmal immer so. Dir flog alles zu—und uns andern blieb der Rest. Als Kind—alle Jungens wollten immer mit Dir Räuber sein, und keiner mit mir Gendarms.

ERNST: Und die kleinen Mädchen erst. Sie zankten sich drum, wer die Prinzessin sein sollte, die ich zu rauben hatte. Und später—weißt Du noch, wie sie kichernd an den Straßenecken standen, wenn wir Gymnasiasten vorübergingen und so recht forsch deckelten??—

ANTON: Dich guckten sie an und wir andern Tranküsel konnten uns die Hälse lang recken.—Ich habe Dir ja auch immer alles gegönnt. Ernst, hast ja auch mit mir machen können, was Du wolltest. Nur das eine—nur damals—

CLARA: *(aus ihrem dunklen Winkel einfallend)* Nun, Ernst—also gesiegt auf der ganzen Linie?

ANTON: Was denn—Clara und Gesina. Wir haben Euch gar nicht bemerkt.

ERNST: Mutter und Tochter halten Schummerstündchen ab. Das ist echtes Deutschland. Anton, sogar wir wilden Buben haben das getan—an Mutters Knie, da waren wir für ein Weilchen sanft und still. Und später—weißt Du noch, Clara, gelt, Maus, das weckt Erinnerungen. Überhaupt—alles ist voll hier von Erinnerungen. Habe nie daran gedacht drunten im Süden. Es gibt ja auch keine Dämmerung dort. Ist wohl keine Zeit dazu. Licht und Dunkel wechseln jäh, die Übergänge, die Zwischentöne fehlen, wie in der Natur, so auch im Menschen. Drum hat es so gut zu mir gepaßt, das Leben in Hetz und Hussa. Deshalb sträubt sich hier in mir alles gegen die Weichheit—gegen die Schummerstündchen. Ich schicke mich nicht mehr ins Vaterhaus.—Und ich glaube, beim Carlo fängt der Widerspruch auch schon an. Er war ja heute in einer ganz seltsamen Laune. Erst tut er, als wollte er die ganze Welt umbringen und hernach strahlt er plötzlich: Seid umschlungen, Millionen. Hast Du was mit ihm angefangen, Mädel? Immer war es, als wollte er mir etwas sagen, da kam die Lora, der Racker, und hat gleich mit ihm angebändelt.—Hält sich übrigens fabelhaft jung das Frauenzimmer.—Sie hat ihn zum Essen mit ins Hotel genommen. Hernach werden dann der Herr Baurat mit ihm zum Fest in der Post antreten.—Na, ich werde ja wohl erfahren, was da im Gange ist.—Hast Du mir vielleicht etwas anzuvertrauen, Sina?

GESINA: Nein, Vater, nichts. Nur—als Du da so groß zwischen all den Menschen standest—über ihnen, so schien es—

ERNST: Kunststück—in dem Nest—zwischen den Philistern. Denen über die Köpfe zu schauen, will nicht viel besagen. Aber draußen in der Welt—hab's auch da fertig gebracht, so wie es der Carlo auch noch einmal fertig bringen wird, hat ganz das Zeug dazu.

ANTON: Wo stammt denn der junge Mensch eigentlich her?

ERNST: In der Wildniß habe ich ihn gefunden. Vater ein deutscher Landvermesser; Mutter Halbblut, deutsch und Indianergemisch. Der Vater ging an Suff zugrunde, die Mutter—was lag der daran—da habe ich mir den Jungen geholt, eines Tages, da ich ganz allein, ganz einsam war. Ich habe ihn erzogen, auf die Schule geschickt. Was er ist, ist er durch mich. Ich träumte zuweilen er wäre mein Sohn und sollte das leisten, wozu ich nicht mehr kommen werde. Ich wußte ja nicht, daß meine Tochter—Also stolz bist Du auf Deinen alten Vater, Mädel? Aber Deine Mutter, Sina—sieht die auch mit Deinen Augen—Clara?

CLARA: Überall ists noch dunkel im Haus—Mieke ist fortgegangen, ich weiß nicht, wo sie so lange bleibt—ich werde nachsehen müssen.

ANTON: Kann ich Dir etwas helfen, Clara?

Clara und Anton verlassen das Zimmer.

6. Scene

Ernst. Gesina. Dann Anton.

ERNST: Da geht sie mit ihrem Schatten. Sie läßt kein gutes Wort aufkommen. Vermeidet jedes Alleinsein mit mir. Ich glaube, sie verzeiht es mir nicht, daß ich nicht als Bettler und reuiger Sünder heimgekommen bin.—Kleine Sina, bist Du froh Deinen Vater wieder zu haben?

GESINA: Ja, Vater.

ERNST: Komm, setze Dich zu mir—jetzt wollen *wir* Schummerstündchen halten. Als kleines Ding konntest Du lange, lange neben mir sitzen und zusehen, wenn ich zeichnete. Und wenn ich dann von der Arbeit aufblickte, lagen Deine tiefen, glänzenden Märchenaugen auf mir, wie ein Zauber, der mein Hoffen und Sehnen verklärte. Ich wünschte mir dann, Du wärest ein Knabe, mein Sohn und Erbe, der das ausführen würde, was ich nur erträumte. Aber Du warst nur ein Mädchen, und selbst Dein reiner Kindeszauber hat mich nicht halten können.—Und jetzt, wo ich aus der Fremde von langen Irrfahrten heimkehre, fertig mit Jugendwünschen und Träumen, da verlangst Du von mir, Du schwaches Mädchen, daß ich an Dich glaube, wie an mich selbst?—

GESINA: Ich weiß noch ganz gut, Vater, wie glücklich ich war, wenn ich neben Deinem Arbeitstisch spielen durfte. Heimlich betrachtete ich, wie die vielen schwarzen Striche unter Deiner Hand wuchsen zu irgend etwas Großem und Herrlichen. Dann legtest Du den Stift beiseite und spieltest mit mir, und ich war selig. Aber nun ich in Dein starkes Gesicht schaue, finde ich die Züge meiner Erinnerung nicht wieder.

ERNST: Weißt Du noch, wie es war, als ich—fortging?

GESINA: Die Mutter kam eines Morgens vor mein Bett und sagte: Vater ist weit, weit fortgereist, Sina. Jetzt mußt Du groß und klug werden und mußt viel lernen, gerade als wärest Du ein Junge, damit Du ihm zeigen kannst, wenn er wieder kommt, wie stark wir sind. Da kam es wie ein feierlicher Schauder über mich, und ich gelobte mir heimlich, daß ich so viel werden wollte wie ein Mann. Das ist mir oft nachher eingefallen, wenn ich die Männer so um mich her ansah, und es machte mich lachen.

ERNST: Und Mutter?

GESINA: Die sah sehr blaß aus, als wenn sie lange geweint habe. Kurz danach kam Tante Lora ins Haus. Mutter sagte, sie sei ebenso verlassen auf der Welt wie wir. Aber als dann Onkel Anton hierher versetzt wurde und zu uns zog, ging sie fort in die große Stadt.

ERNST: Und Onkel Anton hat Dir dann den Vater ersetzt?

GESINA: Onkel Anton ist lieb und gut. Er hat mit mir gebangt und gesorgt und sich über meine Erfolge gefreut. Aber wie Du, Vater, wie Du ist er nicht.

ERNST: Deine Mutter—ich möchte wissen, wie sie das alles empfunden hat?

GESINA: Onkel Anton war unser Schutz und Schirm—

ERNST: (mit einer Gebärde des Ekels) Derweilen Dein Vater in der Welt herum-sumpfte. Daß Deine Mutter dieses Studium vor mir verheimlicht hat. Es wäre vielleicht manches anders gekommen, hätte ich gewußt.—Aber neu-gierig bin ich, welche von den Arbeiten die Deine ist. Bei aller Achtung vor Deinem Fleiß und Deinem Wissen, Kind—mach Dich auf eine Ent-täuschung gefaßt.

GESINA: Nicht wahr, Vater, ich bekäme den Preis gewiß nicht, wenn—ich überhaupt unter den Bewerbern wäre.

ERNST: Was soll das heißen? Ich denke, Du bist unter dem Haufen da auf dem Schreibtisch. (geht zum Schreibtisch und spielt mit den versiegelten Paketen) Hier—zeigen kann ich Dir's nicht, aber ich sage Dir: das ist eine Arbeit. Wie das gründet—die beiden Uferkolosse mit ihrer kühnen Auffahrt; dann der Mittelpfeiler, daran rüttelt nichts, und wenn die See selber mit ihren Eisschellen hereinbräche. Ein Pfeiler nur,—aber wie er die Spannung trägt: leicht, frei, aufwärtsstrebend. Und das Eisenwerk, zart und stramm zugleich. Die Bahn mag hindurch donnern, Lastwagen darüber hinrasseln—es wird nur ein leichtes Mitschwingen sein, wie in einer Wiege.

GESINA: Ja, ja, Vater.—Und der Entwurf, den Du jetzt in Händen hast?

ERNST: Ist eine tüchtige, gute Arbeit, wie ein Ingenieur von Fach mit einiger Er-fahrung sie hinstellen kann. Ausführbar, vielleicht sogar praktisch. Aber nicht individuell, nicht so auf diesen einen Fall berechnet—könnte über irgend einen Kanal in der Welt gehen. Ich möchte fast glauben—sieh, wir haben da unten viel über die Brücke gesprochen, haben geplant und verworfen—ich kannte doch alles so genau, es war mir, als hätte ich eben erst die Damm- und Kanalbauten vorgenommen gehabt, so lebhaft hatte ich alles in Erinnerung. Und nun ist es beinah, als hätte ich meine Ideen einem Praktiker zur Ausführung übergeben.

GESINA: Das ist aber doch nur Deine eigene Ansicht, Vater?

ERNST: Ja, freilich. Wissen kann man es nie. Die andern von der Kommission mö-gen vielleicht diese Arbeit der ersten vorziehen. Sie spüren am Ende die Teufelsklaue der Genialität in der ersten—davor graut es dem Philister alle-mal. Und genial ist eben dieser andre Entwurf nicht.

GESINA: Morgen früh fällt die Entscheidung.

ERNST: Ja, da werden wir Preisrichter unsere Urteile vergleichen. Bis dahin—fer-tig. Hinein in den Kasten damit.—Möchtest Du noch etwas aus Deinem Schreibtisch haben, mein Kind?

GESINA: Nein—ich weiß nicht—nicht jetzt.—Nimmst Du Den Schlüssel mit Dir, Vater?

ANTON: *(zur Tür hineinschauend)* Kommst Du, Ernst? Es ist Zeit.

ERNST: Gleich, gleich. Also nun auf zum Herrenabend in der Post. Gute Nacht, meine kleine Sina, es wird spät werden. Wenn der Ernst Hendricks dabei ist, wird es eine schwere Sitzung für die Herrschaften geben. Hoffentlich hält die schöne Lora den Carlo nicht zu lange fest. Kind, ich hänge an dem Jungen, habe mich an ihn geklammert in meiner Einsamkeit.—Du mußt doch meinen Wunsch schon erraten haben?—Ja, ja—werde nur rot.

GESINA: *(zurückweichend)* Nein, gewiß nicht, Vater.

ERNST: Kleine Unschuld—Carlo ist ein Südländer—heiß, doch flüchtig. Sein Be-gehren schaut ihm aus den Augen, nur festhalten mußt Du ihn—er braucht von Deiner Schwere, dann wird etwas Gutes draus. *(verläßt mit Anton das Zimmer)*

GESINA: Was wollen sie von mir. Alle, alle—Meine Ruhe sollen sie mir lassen.—Wie heiß es hier ist—Mutter. Ich wollte, sie käme—nein, sie soll nicht kommen—nicht gerade jetzt— *(geht wie verwirrt auf und ab—abgerissen vor sich hinsprechend)* Was soll ich tun?—Vor vier Tagen nur—da wäre es meine höchste Seligkeit gewesen: den ersten Preis.—Und nun? Er erträgt es nicht, besiegt zu werden—von einem Mädchen besiegt—einem Mädchen, das er—liebt? Und ich? Ertrüge ich es denn, ihn zu besiegen?—Wie fang ich's an?—Da—Himmel—der Schlüssel— *(sieht, daß der Schlüssel im Schreibtisch steckt, zieht ihn ab, geht schnell zur Tür—bleibt unentschlossen stehen—und tritt mit plötzlichem Entschluß zum Schreibtisch zurück—sie lauscht—)*

7. Scene

Gesina. Clara.

CLARA: *(eintretend)* Du hier noch, Kind? Willst Du Dich nicht legen?

GESINA: *(versonnen dastehend)* O, mein Traum—mein Brückentraum—

CLARA: So aufgeregt bist Du—ist es wegen morgen, wegen des Wettbewerbs?—Ich will bald schlafen gehen—mich haben diese Tage sehr müde gemacht—viel müder, als das Warten.

GESINA: Meine Mutter. Komm, laß mich Dir zu Füßen sitzen, wie als Kind. So saß ich auch vorhin mit dem Vater. Er fragte nach all diesen Jahren, da wir gewartet haben. Ich habe Euch so lieb, Mutter—was war damals—was steht jetzt noch zwischen Euch?

CLARA: Du großes Mädchen, so besonnen in allem, stehst noch wie ein Kind vor dem Leben?—Vielleicht tat ich unrecht, daß ich Dich behütet habe, wie ein seltenes Vöglein. Aber ich sah, wie Du Deinem Vater ähneltest—ich sah die Glut schlummern in Deiner Seele, die einmal entfacht, zur Feuersbrunst entlodern konnte. Du bist ein Weib—Dich würde verbrennen, was ihn nur wärmt, was ihm nur Widerschein gibt. Dein Beruf, Deine Arbeit, das hat bis jetzt die Glut in Dir gedämpft, und nun—sprich mit mir, Kind—

GESINA: Mutter, Du tatest alles für ihn—hat er Dir's gelohnt?

CLARA: Fragt Liebe nach Lohn—dann ist es keine Liebe.

GESINA: Nicht wahr, Mutter, Liebe gibt, gibt nur immer. Ist das die Brücke, die hinüber führt?

CLARA: Geben und Verstehen. Aber wehe—wenn diese Brücke einmal abgebrochen ist—da ist kein Wiederaufbauen—da ist nur Ohnmacht, Bitterkeit.

GESINA: *(leise)* Lora—die sagt—

CLARA: Lora, ist eine arme Seele. Sie dünkt sich stark, weil ihr heißes Blut Macht gewinnt über das heiße Blut der anderen. Die *Starken* sind *wir*, die wir das Warten gelernt haben—das Warten, auf das, was uns zukommt—

GESINA: O Mutter, Mutter.

CLARA: Geh schlafen, Kind—wein Dich in den Schlaf—wir sind alle in diesen Tagen nicht wir selbst.

Gesina geht zögernd ab. Clara bleibt gedankenvoll stehen. Dann ordnet sie das Zimmer, schürt das Feuer im Kamin, löscht das Licht, geht hinaus. Die Bühne bleibt einige Augenblicke leer.

GESINA: *(öffnet vorsichtig die Tür. Sie ist in ein weißes, fließendes Gewand gehüllt. Im Schein des Feuers geht sie leise zur Tür und lauscht, dann ebenso zur andern. Auf dem Schreibtisch steht ein Leuchter mit einer Kerze. Sie zündet diese an, lauscht wieder, dreht vorsichtig den Schlüssel im Schreibtisch, kauert nieder. Sie nimmt ein Kuvert und murmelt:)* "Mein Motto." *(Sie nimmt das nächste, faltet eine Zeichnung auf und vertieft sich darein—schüttelt den Kopf. Sie fährt in die Höhe und lauscht wieder—nichts rührt sich. Sie spielt mit dem beigefügten geschlossenen Briefumschlag—nickt ernsthaft. Dann greift sie wieder zu der ersten Arbeit, zieht sie rasch aus der Umhüllung und schließt diese wieder. Man hört Schritte im Hausflur—) Um Gott— (schnell wirft sie den Schreibtisch zu, zieht mechanisch den Schlüssel ab und legt ihn oben darauf. Sie weicht tiefer in das Zimmer zurück.)*

8. Scene

Gesina. Carlo.

CARLO: *(leise wird von außen auf die Türklinke gefaßt, die Tür vorsichtig geöffnet)* Gesina—?

GESINA: *(verwirrt)* Ist das Fest schon vorüber?

CARLO: O, das Fest—was kümmert das mich? Ich ertrug das törichte Geschwätz nicht länger. Mich trieb es fort, hierher—wenigstens unter einem Dach zu sein mit Ihnen—Gesina.—Da sah ich Licht in diesem Zimmer, ich fürchte, es geschehe etwas Unrechtes. Verzeihen Sie—Sie sind doch wohl?— Gesina—soll ich gehen?—

GESINA: Ja—nein—ich—ich wollte nur etwas holen.

CARLO: Und Ihre Mutter?

GESINA: Mutter schläft.

CARLO: So sind Sie ganz allein.—Nur ich sehe Sie so—so lieblich, so schön— Gesina—was haben Sie aus mir wilden Gesellen gemacht.— *(faßt ihre Hände, da knistert das Papier, das sie in einem ihrer weiten Ärmel verborgen hat. Gesina greift danach, Carlo will es fassen.)*

GESINA: Nein, nein—das dürfen Sie nicht sehen.

CARLO: *(herrisch)* Warum nicht? Ich will es—

GESINA: Es ist nichts—nur ein Brief—

CARLO: An wen? An einen Freund—den Sie schon lange kennen—Sie quälen mich, Gesina—

GESINA: Nicht doch—ich habe nur an eine Freundin geschrieben, daß—es steht nur etwas darin—

CARLO: Das ich nicht wissen soll, nicht wahr?—Weil es von mir spricht—weil es sagt, daß Du mir gut bist.—O laß mich's sehen—

GESINA: Nie. *(entzieht sich ihm und wirft schnell ihren Entwurf in den offenen Kamin, wo die Flammen emporzüngeln)* O mein Traum—nun ist er vergangen.

CARLO: *(zieht sie in seine Arme)* Warum bist Du so scheu, Du süßes Kind? Warum willst Du nicht gestehen, daß Du mir gut bist—ich habe es ja doch schon in Deinen Augen gesehen—vom ersten Augenblick an, als wir bei den Rosen standen. Jetzt halte ich Dich—jetzt bist Du mein. Mein ist der Sieg—und mit ihm Du selber. So hat mir's Dein Vater versprochen. Und was ich im Scherz zugesagt, das halte ich nun—o wie gern. Wie liegst Du in meinen Armen, Du Süße—wie pocht Dein Herz an dem meinen, Du Reine, Weiße—laß mich Dich forttragen—o komm—

Ein Geräusch vor der Tür—sie fahren erschreckt empor, Gesina windet sich aus seinen Armen. Man hört näher kommende Schritte. Carlo löscht das Licht und zieht sie tiefer ins Dunkle. Das Papier im Kamin ist verkohlt, nur ein matter Feuerschein liegt noch im Zimmer. Die Schritte sind jetzt ganz nah, die Tür wird aufgestoßen.

9. Scene

Gesina. Carlo. Anton. Ernst.

ANTON: *(noch draußen)* Was denn—was willst Du noch dadrin, Ernst?

ERNST: *(noch draußen)* Ich will—verdammt—ich will wissen, wessen Entwurf es denn eigentlich ist—Carlos—oder—Alles Dunkel?

ANTON: Das erfährst Du ja morgen. Du kannst doch nicht den Umschlag öffnen wollen? Was denn, Ernst—geh zu Bett, geh auf Dein Zimmer—

ERNST: *(ihm nachsprechend)* Natürlich—mein einsames Zimmer—mein einsames Bett.—Clara ist mein Weib, immer noch mein gewesen, mein geblieben— oder weißt Du es vielleicht besser? Ist sie's vielleicht nicht mehr? Warum entzieht sie sich mir? Nun, da der lang Erwartete reumütig zurückgekehrt ist und brav sein will?—Wahrhaftig, ich bin so schüchtern ihr gegenüber, als wenn ich ein verliebter Jüngling wäre. Alles rührt mich an ihr—ich finde sie sogar noch schön—

Anton versucht ihn von der Schwelle zu führen.

ERNST: Na ja, Anton—ich komme ja schon.—Diese stillen Weiber—ich sage Dir, Anton—die haben eine Gewalt— *(entfernen sich, die Schritte, das Gemurmel der Stimmen wird leiser, vertönt)*

GESINA: Lassen Sie mich frei—o Carlo, laß mich—

CARLO: Ja, ich lasse Dich—jetzt—Mädchen, denn ich weiß, Du wirst kommen, wenn ich Dich rufe.

Gesina entflieht. Carlo geht langsam zur andern Tür und trifft mit dem zurückkehrenden Anton zusammen.

10. Scene

Carlo. Anton.

ANTON: Sie hier, Herr Sendel?

CARLO: Eben komme ich nach Haus.

ANTON: Sie hatten das Fest doch schon vor einer Weile verlassen?

CARLO: Die Nacht war so schön—so voll himmlischen Reizes für mich—

ANTON: Und da gingen Sie noch am Wasser entlang? Ich kenne das, es tut so wohl— beruhigt die erregten Sinne—

CARLO: Ja—ganz recht.

ANTON: Wir kamen just nach Haus.

CARLO: Das hörte ich und ich glaubte, Ernst wäre hier drin, da ging ich hinein.

ANTON: Er wollte es auch durchaus. Hat ein bißchen viel Champagner getrunken, der Ernst. Was denn—da meinten Sie, er wäre hier? So, so.

CARLO: Nun will ich auch schlafen gehen. Gute Nacht, Herr Hendricks.

ANTON: Carlo—Ich darf Sie so nennen, nicht, junger Freund? Ernst hat mir verraten.—Meine kleine Sina, sie wird von Herzen glücklich werden? Ich kenne Sie so wenig, Carlo—Sie müssen mir meine Bedenken zugute halten—

CARLO: Aber Onkel Anton—so ein herrliches Geschöpf—nie ist mir's so feierlich zu Mut gewesen.

ANTON: Ein herrliches Geschöpf—so war ihre Mutter—und jetzt. Die ließ ich einst—und nun nehmen Sie mir das Kind.

CARLO: *(mit leichtem Lachen)* Wie tragisch, alter Herr, lieber Onkel Anton. *(verläßt eilig das Zimmer)*

ANTON: Und ich bin ein einsamer alter Mann. *(geht im matten Schein des verglimmenden Feuers zum Schreibtisch und fühlt nach dem Schloß)* Verschlossen. Gut so.

III. Akt

Einige Monate später.
Das Zimmer mit der Glastür im Hendrickschen Haus wie im I. Akt. Die Bäume im herbstlichen Garten biegen sich im heftigen Wind.

1. Scene

Mieke. Dann Willem.
Mieke allein im Zimmer mit Aufräumen beschäftigt. Willem, wie ein polnischer Brückenarbeiter gekleidet, kommt durch den Garten, öffnet die Tür. Mieke erblickt ihn erst, als er die Tür öffnet, starrt ihn entsetzt an.

WILLEM: Say,—pst, Mieke, bist Du allein? Was stehst denn da und gaffst, als ob Du noch nie 'nen Mann gesehen hättest.

MIEKE: *(halb furchtsam, halb abwehrend)* Willem——Willem——

WILLEM: Na, das sieht ja nicht aus, als wenn Du mir so einen schönen Empfang bereiten wolltest, wie Deine Frau ihrem durchgebrannten Mann?

MIEKE: *(die sich wiedergefunden hat)* Du bist ja weg mit die Kunstreiter und wolltest das Fliegen lernen—wenn Du's noch nicht gelernt hast—jetzt—ich helf Dir dazu.

WILLEM: Man langsam, altes Mächen—Fliegen gelernt? Na und ob. Immer bin ich geflogen—wenn ich man ein paar Tage in einer Stelle war, haben sie mich geflogen—da drüben über'n großen Wasser. Da habe ich mich dem fünften Stand angeschlossen—was man die Trämps drüben nennt—und bin erst recht geflogen, nämlich auf der Eisenbahn als blinder Passagier. Denn "wir vom fünften Stand, wir sind die Herren im Land," wie wir deutsche Trämps immer gesungen haben. Schließlich bin ich das Reisen satt geworden— *(hat sich Mieke während dieser mit übertriebenen Ausdruck vorgetragenen Tirade genähert)* —und habe Heimweh gekriegt—nach Dir, Mieke, und nach ner schönen Schinkenstulle und nen schönen klaren Nordhäuser—

Mieke lacht auf.
WILLEM: Du lachst, Mieke—es ist aber wahr. Da habe ich auf der "Road" im Nordwesten eine alte Zeitung in die Hand gekriegt mit "Nachrichten aus der alten Heimat" und, weiß der Deubel, da lese ich, daß sie in Beidritten ne Brücke bauen wollen, und daß der berühmte Brückeningenieur Hendricks sie baut.

Nu aber fix, habe ich gedacht, und bin ja auch glücklich auf's Schiff und hierher gekommen.

MIEKE: Also Du bist der Amerikaner, der die Polacken aufhetzt und nichts als Radau macht—ich hätt's mir denken können.

WILLEM: Geliebte Mieke—jetzt bist Du ungerecht. Ich bringe blos den Lumpenkerls 'en bischen Menschenwürde bei. Überhaupt, Mieke, hätte ich gedacht, daß Du dem Beispiel Deiner Frau folgen würdest: die hat ihrem davongelaufenen Gatten das Haus aufgemacht und pflegt und hätschelt ihn—

MIEKE: *(höhnisch)* So, weißt Du das? Bist Du dabei gewesen?—Ich möchte nicht in seiner Haut stecken.

WILLEM: *(ohne sich irre machen zu lassen)* Und Du hast im Dorfe die Nachricht verbreitet, wenn ich wieder käme, jagtest Du mich weg wie nen Hund—Mieke, das war nicht schön von Dir.

MIEKE: Hast Du's denn besser verdient?

WILLEM: Es wäre ja ganz hübsch hier im Lande, wenn blos das verfluchte Arbeiten nicht wäre, und wenn Du en bischen nett zu mir sein wolltest—was, Mieke? Und hernach, Mieke—na, und es kann doch wieder so werden, altes Mächen, wie es mal war—wir sind doch noch nicht so alt—

MIEKE: Du Lumpenkerl—Du—Du meinst, ich habe blos hier gesessen und auf Dich gewartet?—

WILLEM: Was denn sonst? Gerade wie Deine Frau auf ihren Mann gewartet hat. Zier Dich man nicht,—wenn ich heute Abend komme, machst Du mir doch auf, und es gibt doch allerlei schöne kleine Sächelchen für mich—nicht Mieke?

MIEKE: Mach, daß Du naus kommst—Du Lump—Herrgott, da kommt Fräulein Sinchen—nu aber schnell—

WILLEM: Ich gehe ja schon— *(von der Tür her)* Bye—bye—Mieke—bis heute Abend, Mieke— *(küßt seine Fingerspitzen mit übertriebener Bewegung und verschwindet im Garten)*

Ein heftiger Windstoß schlägt die Glastür zurück; Mieke schließt hastig den schweren Flügel.

2. Scene

Mieke. Gesina.

MIEKE: *(zu Gesina)* Mein—sie kommen stark die Stürme, dieses Jahr.

GESINA: *(ist von der anderen Seite des Gartens eingetreten)* Es ist Herbst, Mieke.

MIEKE: Fräulein Sinchen—

GESINA: Nun?

MIEKE: Sie gucken so weiß aus, Fräulein Sinchen. Das kommt von der Liebe, die zehrt. Damals—da wurde ich auch dünn, und der Willem, der wurde fett.—Heiraten sollen Sie, Fräulein Sinchen—Sie und der junge Herr—das ist, was Sie sollten.

GESINA: Wenn der große Pfeiler steht, Mieke, ist die Hochzeit.

MIEKE: Ach der große Pfeiler—ich tät's nicht, so lange warten. Denn passirt's am Ende nie. Der große Pfeiler—ich meine, das gibt ein Unglück, Fräulein Sinchen.

GESINA: *(Gedankenverloren)* Es gibt ein Unglück.

MIEKE: Wissen Sie's auch schon, Fräulein Sinchen?

GESINA: *(aus ihrem Sinnen aufschreckend)* Was, Mieke?

MIEKE: Draußen an der Brücke, meine ich—

GESINA: An der Brücke? Was ist mit der Brücke?—Ich hatte an ganz etwas anderes gedacht—

MIEKE: *(geheimnisvoll)* An der Brücke passirt was.

GESINA: *(ungeduldig)* Nun sprich doch endlich.

MIEKE: Fräulein Sinchen, ich hab's immer gesagt: wenn der Herr mal wieder da ist, denn kommt mein Willem nach—

GESINA: Ach Mieke, der alte Unsinn—

MIEKE: *(beleidigt)* Unsinn? Er ist da, Fräulein Sinchen—

GESINA: Wo—wer? Was hat das mit der Brücke zu tun?

MIEKE: Nun warten Sie man. Neulich Sonntag bin ich so herunter spaziert ans Wasser, wo die Brücke hin soll, und wollte mir den großen Kasten mal ansehen, wo sie drin unter Wasser arbeiten sollen—Na, ich kenne doch den Janitschek mit die vielen Kinder und keine Frau—das älteste Mädchen holt sich als Suppe bei uns. Und der Janitschek zeigt mir alles ganz ordentlich, und denn erzählt er, wie die polnischen Arbeiter da absolut nicht herein wollen, weil daß sie sagen, es kann von keinem Christenmenschen nicht verlangt werden—denn der erste, der in das Loch einsteigt, der muß lebendig eingemauert werden, sonst hält es unter Wasser nicht—

GESINA: Aber Mieke, wie kannst Du so unglaubliches Zeug nachplappern.

MIEKE: Das sagen Sie, Fräulein Sinchen. Aber Janitschek sagt, da wäre so ein Kerl zwischen die Arbeiter, der käme von weither aus Amerika, wo sie die große Brücke bei Neuyork gebaut haben für die vielen Millionen Menschen, und da haben sie zwei Arbeiter eingemauert, in jeden Pfeiler einen.—Und wie er so erzählt, da überkommt mich's ganz kalt, und ich weiß, das ist der Willem.

GESINA: Ach, Mieke——

MIEKE: Fräulein Sinche, er ist da—hier in der Stube, wo wir zwei jetzt stehen, da hat er eben vor mir gestanden—ganz richtig und ordentlich, in Fleisch und Blut—wie es so heißt.

GESINA: Und da hast Du den Besen genommen und hast reine Bahn gemacht, nicht, Mieke?

MIEKE: Das sagen Sie wohl, Fräulein Sinchen, aber—

GESINA: Aber Mieke, Du hast doch nicht etwa Angst vor ihm?

MIEKE: Angst—vor dem da? Nein. Aber vor mir, Fräulein Sinchen. Sie sind noch jung, Sinchen, aber wo Sie doch heiraten wollen, da kann ich es sagen: von einem Manne, wo sie so mit gestanden hat, wie ich mit dem Willem, da kommt so leicht kein Frauenzimmer wieder los, wenn er es nicht will. Mit die Mannsleut, das ist was anderes—wenn's vorbei ist, dann ist's vorbei. Aber wir——Darum hat die Frau, Ihre Mutter, Sinchen, 15 Jahre gewartet, und ich habe auch gesessen und gewartet. Und jetzt habe ich Angst davor,—wenn Willem heute Abend wiederkommt—dann—

GESINA: Mieke—was sprichst Du da?

MIEKE: Ja, Fräulein Sinchen, das sind nun so Sachen—ich will wünschen, daß Sie so was nicht erleben. Nix für ungut—aber der junge Herr, der hat den Deubel im Leibe, mit seine gleunigen Augen,—und die Tante Lora, die schürt das Deubelsfeuer. Die Pollacken, die flucht er an in seiner indianischen Sprache, die die ja nicht verstehen und Janitscheck sagt, sie wollen ihm noch mal was antun, und wenn der Willem so weiter hetzt—

GESINA: Das wird er nicht mehr lange tun, Mieke, verlaß Dich drauf. Und nun geh—

MIEKE: Fräulein Sinchen, ich sag's Ihnen: lassen Sie Pfeiler Pfeiler sein und tuen Sie heiraten, Sie und der junge Herr—es ist Zeit. *(geht ab)*

3. Scene

Gesina. Ernst.

ERNST: *(eintretend)* Nun, Sina, wo ist die Mutter?

GESINA: Ich weiß es nicht, Vater—irgendwo im Haus bei der Arbeit.

ERNST: O diese gründlichen deutschen Frauen. Früher hat mich diese Häuslichkeit zur Verzweiflung getrieben, dann habe ich jahrelang keine gehabt und keine entbehrt, und jetzt spinnt sie mich in ein Gemütlichkeitsnetz, aus dem es kein Entrinnen gibt. Ernst Hendricks ein richtiger deutscher Michel mit der langen Pfeife hinter dem Ofen. Wie das Heimatsgefühl so mächtig über mich kam, daß ich die Fremde hinter mir ließ, habe ich geglaubt, die Heimat würde mir nun alles geben: Frische, Anregung, neues Leben, neue—nein, alte Liebe.—Und nun sitze ich hier, tatenlos, beiseite geschoben überall, und schaue zu, wie ein anderer, jüngerer eine Brücke baut.

Gesina nickt schweigend.

ERNST: Und Du, Mädel? Trüb und blaß siehst Du aus—wo sind Deine roten Backen geblieben? Ach—alles ist trüb und blaß. Der Sturm, der kommen will, lastet auf uns. Mag er losbrechen—je eher, je besser.

GESINA: Ja, Vater—mag er kommen, der Sturm.

ERNST: *(ärgerlich lachend)* Wenn er dann nur den begonnenen Bau nicht umbläst. Der Carlo baut mir zu liederlich. Drunten in Südamerika da galt es uns oft nichts—das Material nicht, und das elende Menschenleben erst recht nicht. Aber hier—das ist etwas anderes. Überhaupt—Carlo paßt nicht hierher—in diese engen, sicheren Verhältnisse. Ihn reizt das Wagen—wenn er hat, wonach er zielte, wenn er besitzt—

Gesina macht eine Bewegung, als ob sie fortgehen wollte.

ERNST: Bleib, Kind—ist etwas vorgefallen zwischen Dir und Carlo?

GESINA: Nichts, Vater—

ERNST: Nun? Du willst noch etwas sagen?

GESINA: *(mit plötzlichem Entschluß)* Ja, Du darfst nicht dulden, daß es so weiter geht. Du kennst unsere Stürme.—*Eine* hohe See—es hält nicht aus, so wie er baut.

ERNST: *(heftig)* Nun fang Du auch noch an. Nicht ich bin es, der die Brücke baut— Carlo ist der Verantwortliche.

GESINA: Du hast ihn zum Werkführer gemacht, Vater.

ERNST: Ist es nicht das Natürliche, daß er seine eigene preisgekrönte Arbeit auch selber leitet?

GESINA: Du hast sie preisgekrönt.

ERNST: Ich doch nicht allein? Nur verhindert habe ich es nicht. Konnte ich denn, selbst wenn ich gewollt hätte? Durfte ich eingestehen, daß der beste Entwurf—*der* Entwurf unter allen, der gerade für unsere Verhältnisse wie geschaffen schien—daß der in meinem eigenen Hause abhanden gekommen ist?—Und sag mir um alles: wie konnte das geschehen?

GESINA: Ich weiß es doch nicht, Vater.

ERNST: Ich begreife die Geschichte heute noch nicht mehr, als an jenem Morgen nach dem Fest in der Post, wo ich gesucht und gesucht habe, alles oben zu unten gekehrt und wieder anders herum—Aber ich fand die Arbeit nicht,— die famose Zeichnung war wie vom Erdboden vertilgt—nur die leere Hülle unter dem Haufen. Ich weiß es genau, ich habe alles am Abend vorher in der Hand gehabt. Erinnerst Du Dich nicht, Kind, daß ich mit Dir davon gesprochen habe? Und da war ich doch vollständig nüchtern—wenn Anton darauf besteht, ich hätte in jener Nacht einen Champagnerrausch gehabt.— Irgend Jemand muß den Entwurf genommen haben—das ist doch klar. Und nun liegt mir Anton immer in den Ohren, er habe am Abend spät Carlo allein in dem Zimmer gefunden. Der war allerdings beteiligt, das heißt, wenn er eine Ahnung gehabt hätte, daß eine andere Arbeit—ich werde den Verdacht nicht los.

GESINA: *(angstvoll)* Nein, nein, Vater—ganz gewiß,—Du irrst Dich.—

ERNST: Gesina—Du weißt etwas—

GESINA: *(hastig)* Da kommt Tante Lora durch den Garten—ich werde Mutter rufen— *(geht eilig durch die Seitentür ab)*

ERNST: *(tritt vor die Glastür)* Richtig, da kommt sie. Wie der Wind sie packt— Donnerwetter, ist das Frauenzimmer gewachsen. *(öffnet für Lora die Tür)*

4. Scene

Ernst. Lora. Dann Gesina.

LORA: Puh—der garstige Wind—ein zudringlicher Gesell. *(schüttelt ihre Kleider zurecht und ordnet das zerzauste Haar)* Ah—der gnädige Herr—und ganz allein? Wo sind Ihre Damen?

ERNST: Die sind beschäftigt. Sie werden ein Weilchen mit mir vorlieb nehmen müssen, schöne Frau— *(schließt sorgfältig die Tür)* früher war Ihnen das nicht unangenehm, Lora.

LORA: *(gesucht vorwurfsvoll)* Aber Ernst, ein alter respektabler Herr, wie Sie in letzter Zeit geworden sind, wird doch nicht an süße Jugendeseleien erinnern wollen?

ERNST: *(dicht vor sie hintretend)* Lora, laß die Possen.—Was suchst Du immer noch hier in Beidritten? Was willst Du?

LORA: Was ich will? Ich finde es reizend hier. Gott, Ernst, ich schwelge in Erinnerungen, und—genieße die Gegenwart.

ERNST: Lora, nimm Dich in Acht. Treib das Spiel, das Du mit dem jungen heißblütigen Menschen angezettelt hast, nicht zu weit—oder ich sage Carlo—

LORA: Was? Daß Du eifersüchtig bist, Ernst Hendricks?—Oder was? *(höhnisch)* Willst Du ihm vielleicht verraten, daß ich keine "ehrbare" Frau bin, sondern "eine von denen"? Wird ihn das abschrecken? Sucht er blasse Tugend bei mir? Die kann er hier im Haus haben—so wie Du sie einst hattest in demselben Haus, Ernst Hendricks—und kamest doch zu mir—um heißes, rotes Leben—

ERNST: Weib—schweig—Du machst mich rasend. Glaubst Du nicht, wenn ich ihm sage, daß ich es war—

Gesina öffnet unbemerkt hinter den Beiden die Tür und steht blaß die Hände über der Brust gefaltet, da.

LORA: Sprich es doch aus, erzähl doch die Komödie: daß sein künftiger Schwiegervater der Mann war, der meine Jugend, mein Leben vergiftet hat—der sein junges Weib mit deren Jugendfreundin betrog—und mich hernach mit einer anderen—deren Gold ihn fortzog in eine neue fremde Welt—

ERNST: Das ist nicht wahr—Martha Winbarg ließ alles hinter sich, als sie floh mit mir—und als ich fertig war mit meinem Geld, verließ sie mich—um einen anderen.

LORA: Das ist lustig. So ist's recht; Du mich um sie—sie verließ Dich um den anderen—und immer so weiter—ich Dich heute—denn leugne es, Ernst Hendricks, wenn Du kannst; auch Du würdest mich heute wieder begehren, wenn ich es wollte. Aber ich will nicht—ich will den andern, den jungen—

Gesina zieht leise die Tür wieder hinter sich zu, ab.

ERNST: Weib, Weib—woher weißt Du denn das Unheimliche, daß Männer wie wir, die wir die Kraft in den Armen, die Macht im Gehirn haben, die Welt zu zwingen—daß wir dennoch Euch Weiber brauchen, Eure Süße, Eure Lindigkeit—wie ein heißes Bad—

LORA: *(heiß)* Woher ich es weiß? Ernst Hendricks, Du warest meine erste Leidenschaft. Aber an Dich gefesselt, wäre ich ebenso unbefriedigt geblieben, wie mit diesem Trottel, an den mich jetzt die Ehrbarkeit geschmiedet hat. Ihr Männer tobt Euch aus in Eurem Beruf—dahin geht Eure überschüssige Kraft—einem Weib bleibt nur die Liebe, um sich zu erneuern—und darum brauche ich Jugend.

5. Scene

Ernst. Lora. Clara. Dann Gesina.

CLARA: *(ist schnell durch die Seitentür eingetreten und steht jetzt zwischen Beiden)*

Nun ist's genug, Lora, ich bot Dir einst mein Haus als Obdach in Deiner bittersten Stunde—jetzt sage ich Dir: verlasse es—geh.

LORA: *(zögernd)* Weißt Du gewiß, daß es die bitterste war? Vielleicht steht mir die noch bevor.—Habe Dank, Clara, für alles. Wenn ich Dir wehe tue, lege es dem da zu dem Übrigen. *(geht zur Tür)*

CLARA: Einen Augenblick, Lora. Auch Du hast ein Recht zu hören, was ich einmal aussprechen muß, wenn ich nicht daran ersticken soll. Habt Ihr eigentlich gedacht, ich hätte jahrelang hier in Beidritten die fromme Griseldis auf-geführt? Glaubt Ihr wirklich, ich hätte Fischblut in den Adern? Ich hätte nicht auch meine geweckten Sinne bändigen müssen, mit der sorgenden Liebe eines guten Mannes wie Anton neben mir all diese Jahre hindurch? Nur damit ich als keusche Gattin dem wiederkehrenden Gebieter entge-gentreten konnte? Wißt Ihr, daß es eine *Rache* gibt, die süßer ist, als die Liebe?—15 Jahre habe ich gewartet, daß Ernst Hendricks wieder kommen sollte, klein, klein, um Erbarmen bettelnd—daß Du, Lora, kommen solltest mit der Qual einer echten verschmähten Liebe im Herzen. Rein habe ich mich gehalten, weil ich über Euch stehen sollte. Mein Kind habe ich zu allem Schönen, Guten geweckt, damit Ernst Hendricks voll Neid die Erfül-lung seiner Wünsche, seiner Sehnsucht, in einem Mädchen erblicken sollte. Das hat mich stärker gemacht, stärker als Ihr alle seid.—Rein, rein hat der Stolz mein Haus gehalten—jetzt tretet Ihr Euren Schmutz hinein—Da drinnen liegt Gesina auf den Knieen und weint, weil Ihr sie eben wissend gemacht habt.

Ernst macht eine Bewegung, als wolle er Clara erwidern. Gesina steht in der Tür und blickt starr auf Lora. Lora geht zögernd durch die Glastür hinaus in den Sturm.

GESINA: Mutter—soll ich Dir sagen, daß Dein Haus schon lange nicht mehr rein ist?

ERNST UND CLARA: Gesina——

GESINA: *(langsam)* Seit jenem Abend, da ich meinen freien Willen aufgab, da ich mich demütigte um eines andern Menschen willen—seit ich fühle, daß mein Blut stärker ist, als die Sehnsucht nach meinem Schaffen—seitdem ekelt es mich vor mir selber. Seit jenem Abend, da ich meinen eigenen Entwurf vernichtete—

ERNST: Also doch—es war Deine Arbeit.

6. Scene

Ernst. Clara. Gesina. Carlo.

CARLO: *(ins Zimmer stürmend)* Ernst—jetzt soll es biegen oder brechen. Lächerlich, die ganze Geschichte. Erst schicken sie mir den Baurat Gensichen auf den Hals, diesen Dummkopf: unser Material wäre nicht vorschriftsmäßig—und nun soll der Pfeiler nicht fest genug gegründet sein. Was verstehen die Schreiberseelen von der Regierung von diesen praktischen Dingen? Ich bin nicht gewohnt, daß mir fortwährend auf die Finger gepaßt wird—gebt mir Freiheit, und ich leiste etwas—aber bindet mich nicht an.—Und nun weigern sich die verdammten Pollacken in die Caissons zu steigen—das bißchen

Wind—was verschlägt's. Aber es ist dieser sogenannte "Amerikaner," der hetzt und hetzt und ich kann ihn nicht fassen.—Diese kleinliche Aufpasserei und Nörgelei ertrage ich eben nicht. Sina, Liebste, Du bist doch mein—laß uns fortgehen von hier—Ich halte es so nicht mehr aus.

GESINA: *(tonlos)* Der Pfeiler—

CARLO: Warum immer der Pfeiler? Was geht das uns an. Sina, Du quälst mich—sieh, wie ich leide—Ernst—so hilf mir doch—Du mußt es doch verstehen: gib mir Sina—oder es gibt ein Unglück.—Sina— *(will sie an sich ziehen, sie weicht ihm aus)* Sina,—was ist—?

GESINA: *(außer sich)* Es kann so nicht weiter gehen. Der Bau—Vater, Carlo—seht Ihr denn nicht, daß der Plan zu leicht, zu oberflächlich ist? Dein Pfeiler, Carlo, wird niemals unsern Stürmen, unserm Eisgang trotzen können. So wie ich es geplant—

CARLO: Mädchen, was soll das heißen? Wer ist hier Baumeister—ich oder Du?

GESINA: Du—Du bist es, weil—*ich* so gewollt habe.

Carlo prallt zurück.

GESINA: An jenem Abend, als Du mich fandest,—da im Wohnzimmer—das Papier—

CARLO: Das Du ins Feuer warfest, weil ich es gern sehen wollte—das—

GESINA: Das war mein Entwurf, der den ersten Preis davon getragen hätte, wenn er den Preisrichtern in die Hände gefallen wäre. *Mein* Entwurf—und nicht der *Deine.*

CLARA: Also war jemand drunten, ich habe mich nicht getäuscht.

ERNST: Gesina—Du—

GESINA: Ja, ich hätte es nicht ertragen, über ihn zu siegen.

CARLO: *(hohnlachend)* An jenem Abend als Du vor mir standest in Deiner lieblichen Demut—als Du willenlos in meinen Armen lagest—Mädchen, das kann ja nicht sein—da hielt ich also eigentlich einen Brückenwerkführer in Arm und kein hingebendes Weib—ah, das ist häßlich.—Und Du warst so edel, mir den Vorrang zu lassen?

GESINA: Den Vorrang? Verstehst Du denn nicht? Bist Du so wenig Künstler, daß Dir all das nur Mittel zum Zweck, nur "Geschäft" ist? Alles war mir diese Arbeit, mein Traum, mein Leben, ein Stück von mir. Meinen Vater sollte sie zurück erobern, meine Mutter ihm versöhnen—mich zu etwas Großem machen. Da kamest Du. Und mit Dir etwas Seltsam-Heiliges. Seitdem bin ich nicht mehr Ich—ich weiß nur noch: Du—Du—Du.—Und da vernichtete ich meine eigene Arbeit. Jetzt folgt die Strafe für diese Selbstvernichtung. Meine Götter sind gefallen—Vater—Vater—nun auch Du.

CARLO: Und Du bildest Dir wohl in Deiner Unerfahrenheit ein, daß Dein Plan das größte Bauwerk der Welt geschaffen hätte?

GESINA: Vater—ich rufe Dich zum Zeugen: *Meine* Brücke hätte den Elementen getrotzt—*mein* Werk hätte Zeugnis abgelegt von mir—und *meine* Arbeiter wären mir gefolgt, wohin ich sie geführt hätte. Laß mich sehen, ob ich nicht noch—

CARLO: Noch bin ich Herr. Und—

GESINA: Wir wollen sehen, wer Sieger bleibt?

CARLO: *(dicht vor sie hintretend, leise:)* Du Stolze—und doch kamest Du, als ich Dich rief.

Gesina bricht mit einem Wehlaut am Tisch zusammen und birgt das Gesicht in den Händen.

CARLO: *(legt ihr die geballte Faust leicht auf den Nacken)* Und doch hast Du Dein Werk vernichtet um meinetwillen? Wer ist der Starke? Wer ist der Sieger?— Jetzt werde ich draußen auch zeigen, daß ich es bin. *(ab)*

Ernst geht heftig auf und ab.

CLARA: *(tritt zu Gesina und streicht sacht über ihr Haar)* Kind—was ist nun aus Deiner Brücke geworden?

ERNST: Das habe ich nicht gewollt.—Warum wußte ich von all dem nicht vorher?— Warum hattet Ihr nicht Vertrauen zu mir? Gesina—Mädchen, ich schwöre Dir, ich mache es wieder gut.

Gesina richtet sich auf, will etwas sagen—schüttelt den Kopf.

7. Scene

Ernst. Clara. Gesina. Anton.

ANTON: *(kommt eilig. Man sieht durch die Glastür die Bäume sich im Winde biegen.)* Es geht nicht gut da unten. Alles ist in Aufruhr. Der Sturm hat die Leute von der Arbeit gejagt. Ein Stück Eisenwerk ist heruntergerissen vom Wind und ein Arbeiter dabei erschlagen.—Carlo begegnete mir, er will die Leute zwingen, daß sie die Trümmer bergen. Aber sie sind wie von Sinnen. Ich glaube nicht, daß sie ihm gehorchen werden.

GESINA: *(ist, während Anton spricht, aufgestanden und hat aufmerksam zugehört; jetzt lacht sie auf)* Jetzt will ich sehen, ob er Sieger bleibt. *(eilt aus der Tür. Man sieht sie durch den Garten laufen.)*

ANTON: Was will sie tun?

CLARA: Sehen, wie der Sturm, der über uns hinfegt, das armselige Menschenwerk hinwegbläst.

ERNST: *(heftig)* Kann ich es hindern?—Konnte ich es hindern, daß Carlo den Preis bekam?

CLARA: *(mit leisem Hohn)* Oder daß Gesina ihren Entwurf vernichtete?

ANTON: Was sagt Ihr? Gesina?

ERNST: *(einfallend)* Ja, Anton. Nicht Carlo erbrach den Schreibtisch, wie Du dachtest——Gesina selber stahl ihr eigenes Werk, um es zu zerstören.

ANTON: Der große Plan—Gesinas Brücke. Wie lange hat sie daran gearbeitet, mit so viel Stolz, so viel Liebe. Vernichtet um Carlos willen. Wie lieb muß sie ihn haben.

CLARA: Und wie muß sie für ihre Liebe büßen. Wie wir alle.

ANTON: Ganz allein ist sie jetzt da unten. Ernst—Clara?—*Ich* wenigstens will bei ihr sein. *(geht eilig durch die Glastür in den Garten. Beim Öffnen der Tür hört man den Wind brausen)*

Ernst nimmt die Mütze vom Wandhacken und will ihm folgen.

CLARA: *(auffahrend)* Ernst——

Ernst bleibt an der Tür stehen und sieht zurück.

CLARA: *(wiederholt leiser)* Ernst.—

ERNST: Jetzt will ich Ordnung schaffen.

CLARA: Das kannst Du nicht mehr. Du nicht.

ERNST: Ich nicht—? Meinst Du?—Ein Wort von mir—und die Leute gehorchen. Ein Wort—und ich zwinge Carlo. Ein Wort—und ich hole das Mädchen heim.

CLARA: Und dann—?

ERNST: Dann? Dann baue ich die Brücke. Aber ich baue Sinas Brücke.

CLARA: Gesinas Brücke?—Die läßt sich nicht wieder bauen—die habt Ihr zerschlagen.

ERNST: Unter *meinen* Händen wird sie aus den Trümmern erstehen,—schöner, als Sina sie erträumt hat.

CLARA: *(leise)* Schon einmal schlugest Du eine Welt in Stücke, *meine* Welt. Kannst Du die auch wieder bauen?—

8. Scene

Ernst. Clara. Mieke. Dann Anton, Gesina, Carlo.

MIEKE: *(kommt durch den Garten gelaufen, reißt die Tür auf, atemlos)* Herr, Herr—Wo ist die Frau?—Ach Gott, ach Gott—das Kind—

ERNST: Was ist? Sprich doch, Mieke.

MIEKE: Der Willem war hier und ich habe es mit der Angst gekriegt, weil er so schrecklich getan hat. Ich bin hinter ihm hergelaufen vor lauter Angst, runter zur Brücke.

ERNST: *(ungeduldig)* Ja, ja,—nur schnell.

MIEKE: Da unten hat der junge Herr gestanden, und die Steine sind nur so um ihn herumgeflogen. Denn sie waren desperat von wegen den Janitscheck—just den mit die sieben Kinder hat's treffen müssen,—weil daß ihn der Sturm erschlagen hat. Und der junge Herr hat wild und schwarz ausgesehen wie der Böse und hat getobt und geflucht—da hebt sich eine Hand auf gegen ihn und noch eine, und mein Willem, der ist der schlimmste.—Und da sehe ich, wie unser Sinchen angelaufen kommt, weiß wie ein himmlischer Engel—und Onkel Anton hinter ihr—und da sehe ich wie der junge Herr so was Blankes, Blitziges in der Hand hält—Nicht schießen—ruft Sinchen—da geht das Ding los—und da liegt—nicht so ein elender Pollack, oder mein Willem—um den es kein Schade nicht wäre—da liegt unser Sinchen auf der bloßen Erde. Der junge Herr schreit auf wie ein wildes Tier—und stürzt über sie—und da—da kommen sie nun mit unserm Sinchen————

Durch den Garten drängen sich Menschen.

ANTON: *(trägt Gesina wie ein Kind; der Wind weht die Glastür auf; läßt seine Bürde auf das Sofa sinken)* So muß ich Dir Dein Kind bringen, Clara—ich.

Clara ist ohne einen Laut vor Gesina niedergesunken. Ernst starrt wie geistesabwesend auf die Gruppe. Carlo erscheint an der Tür. Anton bannt ihn mit einer Handbewegung auf der Schwelle.

GESINA:　*(bewegt sich)* Mutter?—Es ist gut so. Es tut nicht weh. Sag's ihm, Mutter. *(aufschreiend)* Vater—jetzt sind sie alle eingestürzt meine Brücken. Das Lied—das Brückenlied—Mutter——

CLARA:　*(ganz leise)* Und die Brücke, die ich baue—

GESINA:　*(versucht sich aufzurichten, laut)* Übers Herz— *(sinkt zusammen)*

CARLO:　*(die Arme streckend)* Gesina—

ERNST:　*(nach einer Pause)* Jetzt bin ich klein, ganz klein, Clara—Dein Stolz hat seine Rache.

CLARA:　*(mit heißen, trockenen Augen über Gesina hinwegschauend)* Auch sein Opfer, Ernst.

10
Poetry of Heimat

In previous chapters we have presented the literature of the German Americans as part of America's record: documentation created by immigrants from German-speaking areas of Europe, especially as they encountered the new country and contributed to its development. The fact that they were immigrants who wrote in a foreign language defined not only their point of view but also their audience and gave them a unique outsider's perspective that adds qualitatively as well as quantitatively to our understanding of the era. But we have tended to neglect their personal feelings, expressions of which are abundant in their poetry, where typical themes are a longing for the past or a sense of sadness over the loss of home, family, and friends in Europe. Immigrants from German lands had perhaps sacrificed more than those from English-speaking areas; their language, traditions, culture, and way of life, all items basic to their identity, proved difficult to preserve in America. This final chapter presents a small group of poems whose theme is the immigrants' sense of home—*Heimat*—and their struggle to deal with their loss.

Unfortunately, complete and well-documented collections of German-American poetry are not available, and therefore this chapter begins with a plea that materials be located and published and basic research be undertaken. After all, it goes without saying that we need to understand the context in which poems were written, including biographical information about the poets and dates of the poems, if we are to comprehend what the German Americans were feeling and why. Immigrants' sentiments were not universal, but rather changed and developed over time. They were influenced by factors such as the immigrant's age at the time of immigration, his or her family situation, his or her imbeddedness in society in the New World, the political situation both in Europe and in the United States, and so on. Refugees undoubtedly feel their displacement and loss more keenly than those who choose to leave their homelands, just as the feelings of expatriates who reside abroad for a temporary period are not the same as those of more permanent immigrants. Furthermore, those immigrants who find important roles to play in the United States are more content than others.

The first three poems in this section[1] are by Caspar Butz (1825–1885), a Westphalian persecuted for his revolutionary speeches and writings, who came to the United

---

1. Caspar Butz, "Abschied vom Vaterland," in Caspar Butz, *Gedichte eines Deutsch-Amerikaners* (Chicago: A. Uhlendorff & Co., 1879), 1–3; Caspar Butz, "Heimwehtod," in *Gedichte eines Deutsch-Amerikaners*, 22–24; Caspar Butz, "Zueignung," in *Gedichte eines Deutsch-Amerikaners*, vii–viii.

Caspar Butz (1825–1885). Photo from G. A. Zimmermann, ed., *Deutsch in Amerika: Beiträge zur Geschichte der Deutsch-amerikanischen Literatur,* vol. 1 (Chicago, Ackermann & Eyller, 1892), facing page 38.

States in 1849, returned briefly to German lands, and then settled in Chicago in the mid-1850s. In "Abschied vom Vaterland" (1849), the lyric voice reflects on how hard it is to leave the homeland and vows to return, as Butz did, when the call should come. The second poem, "Heimwehtod" (1853), deals with the loneliness and isolation of an immigrant woman who commits suicide. We note that these two poems contain concepts that sound foreign to speakers of English, including *Heimat, Heimweh,* and *Vaterland. Heimweh,* for example, is not appropriately rendered by English phrases such as "homesickness" or "longing for home." Likewise *Vaterland* is not equivalent to "fatherland," a term which is in itself essentially not English; an American does not refer to the United States as his or her "fatherland." I have argued elsewhere[2] that the American idea of home is both larger and more abstract than the German notion of *Heimat*; that the German *Heimat* is a place one can perceive with one's senses, while the American "home" may just as easily be something in the mind. Oliver Wendell Holmes wrote "Where we love is home, / Home that our feet may leave, but not our hearts";[3] and a familiar proverb whose source I cannot trace states simply "Home is where the heart is." Butz's poem states bluntly that the German Americans felt they were not understood in their new homeland. The fact that "Heimweh" could be a reason for suicide was something the Americans could not fathom. The third poem, "Zueignung" (1879) is the dedicatory poem in Butz's poetry collection. Again the topic is loneliness. I know no more poignant statement of the isolation of a foreign-language poet, unknown and unappreciated both in his homeland and in the country where he resides.

The next three poems[4] were all written by Forty-Eighters, by Albert Wolff (1825–1893), Caspar Butz, and Heinrich Binder (1829–1901), respectively. Their topic is the Civil War, an event that kindled new interest in the United States among the German Americans. The issues at stake were essentially the same ones Forty-Eighters had supported in their European homelands: liberation (for peasants or slaves) and union (unification of Germany or preservation of the American Union). The poem "Als das Land rief (First Call)" by Albert Wolff expresses loyalty to America; the poem "Die Heimkehr" by Caspar Butz, uses the terms *Vaterland* and *Heimat*, but what is meant here is the American ones. Similarly, when Heinrich Binder exhorts the North to extend a *Bruderhand* (brotherly hand) to the South, he is speaking as one of the Union soldiers who himself has lost comrades in the battle. Scholars have identified the Civil War as one of the turning points in the assimilation of German immigrants into the United States. Arthur M. Schlesinger postulates that this was Marcus Lee Hansen's thesis for the third volume of his study of the immigration experience; and Ella Lonn states flatly that the presence of the Forty-Eighters in the Civil War led to the "appreciable assimilation of a hitherto critical group."[5] This assimilation of the German Americans' feelings is reflected in their Civil War poems.

2.   "Fernweh—Heimweh? Attitudes of German-Americans before 1900," in *Heimat, Nation, Fatherland: The German Sense of Belonging*, ed. Jost Hermand and James Steakley (New York: Peter Lang, 1996), 25–55.
3.   From "Homesick in Heaven," in *The Poetical Works of Oliver Wendell Holmes*, ed. Eleanor M. Tilton (Boston: Houghton, Mifflin, 1975), 169.
4.   Albert Wolff, "Als das Land rief (First Call)," in *Deutsch in Amerika: Beiträge zur Geschichte der Deutsch-amerikanischen Literatur*, ed. G. A. Zimmermann, vol. 1 (Chicago: Ackermann & Eyller, 1892), 73. Dated May 1861; Caspar Butz, "Die Heimkehr," in *Gedichte eines Deutsch-Amerikaners*, 71–72; Heinrich Binder, "Den Veteranen: Am Gräberschmückungstag," *Deutsch in Amerika*, 97.
5.   Arthur M. Schlesinger, "Editor's Foreword," in *The Atlantic Migration 1670–1860: A History of the Continuing Settlement of the United States* (Cambridge, Mass.: Harvard University Press, 1940), xvi; Ella Lonn, "The Forty-Eighters in the Civil War," in *The Forty-Eighters: Political*

Likewise, Caspar Butz's "Zum 18. October 1863"[6] illustrates how the writer equates the American Civil War with the similar struggle and eventual success he foresees for the German lands. He dedicates the poem to his friends *im alten Vaterlande* (in the old fatherland), underscoring the fact that he now has a new one. The poem's date refers to the fiftieth anniversary of the battle of Leipzig, where Napoleon was forced to retreat. The next two poems,[7] written by Albert Wolff and Johann W. Dietz (1835– ?), express surprise that feelings of *Heimat* are transferred to the American homeland (in the former poem), or that expected feelings of joy at visiting Germany are met with disappointment (in the latter poem).

Within a few years of the end of the Civil War, political events in Germany— the Franco-Prussian War and the establishment of a powerful German Empire under Bismarck—once again drew the attention of German Americans to their former European homes. A small volume of poetry was published in New York with the title *Heimathgrüße aus Amerika*,[8] whose purpose was to greet Germany and help celebrate its success. In this volume, among many cliché-ridden poems, one finds a poem that is perhaps the most highly acclaimed poem by a German American. This is "An mein Vaterland,"[9] written by Conrad Krez (1828–1897), a Forty-Eighter who came to the United States in 1850, established himself as an attorney, and served as an officer in the Civil War. Other poems in this volume are heroic and military, addressing Germany in terms of grandeur. The German Americans had now regained their sense of allegiance to Germany and their longing for an idealized German *Heimat*, while they were also to some extent losing their sense of being at home in their new country.

The sense of a schizophrenic German-American identity becomes more apparent toward the end of the nineteenth century. Allegiance to the German language is proclaimed by some, as can be seen by the next two poems[10] by Friedrich Albert Schmitt (1852–1890) and Wilhelm Müller (1845–1931), both bearing the title "Die deutsche Sprache in Amerika." Others, including Maria Raible (1861–1921) in her poem "Deutsch-Amerika"[11] speak of a double homeland, while Konrad Nies in "Glück

---

Refugees of the German Revolution of 1848, ed. A. E. Zucker (New York: Columbia University Press, 1950), 217.

6.   "Zum 18. October 1863—den Freunden im alten Vaterland," in *Gedichte eines Deutsch-Amerikaners*, 106–108.

7.   Albert Wolff, "Reisebilder: a. Milwaukee," in *Deutsch in Amerika*, 74; Johann W. Dietz, "In der Heimath," in *Deutsch in Amerika*, 99–100.

8.   *Heimathgrüße aus Amerika*, ed. Ernst Steiger, 2nd ed. (New York: Steiger, 1870). The first edition also appeared in 1870.

9.   *Heimathgrüße aus Amerika*, 5–6.

10.   Friedrich Albert Schmitt, "Die deutsche Sprache in Amerika," in *Deutsch in Amerika*, 147; Wilhelm Müller, "Die deutsche Sprache in Amerika," in *Deutsch in Amerika*, 202–203.

11.   Maria (Marie) Raible, "Deutsch-Amerika," in *Deutsch-Amerikanische Dichtung*, ed. Konrad Nies and Hermann Rosenthal, vol. 2, no. 4 (1889): 49. Birth and death dates for Raible are not available; the best information can be found in Robert E. Ward, *A Bio-Bibliography of German-American Writers, 1670–1970* (White Plains, N.Y.: Kraus International Publications, 1985), 232.

Conrad Krez (1828–1897). Photo from G. A. Zimmermann, ed., *Deutsch in Amerika: Beiträge zur
Geschichte der Deutsch-amerikanischen Literatur,*
vol. 1 (Chicago, Ackermann & Eyller, 1892), facing
page 64.

auf!"[12] addresses in more militant terms the fear that German ways in America will
face annihilation. Here one sees that a desire to maintain German language, German
culture, and German customs in the United States were replacing German Americans'
earlier yearnings for a lost German homeland. Within several decades, this kind of
stance troubled Americans of the World War I era, who questioned the loyalty of
German Americans, complaining about their "allegiance to the German language"

12. "Glück auf! Ein Gruß zur 'Konvention des National-Verband deutsch-amerikanischer
Journalisten und Schriftsteller,' abgehalten am 7. und 8. August 1890 in Milwaukee, Wis.," in
Deutsch-Amerikanische Dichtung 3, no. 10 (1890): 145.

or asking whether they were not remaining "in heart, thought, nature, and act . . . a German."[13]

The final two poems are "Deutschamerikaner" by Fernande Richter (pseudonym Edna Fern, 1861–1941) and "Deutsch-Amerikaner" by Karl Kniep (1845–?).[14] Their theme—addressed not only here, but also in Caspar Butz's "Zueignung" (page 405) and Robert Reitzel's "Fremd im eigenen Hause" (pages 242–244)—is the German Americans' feeling of rootlessness, of being a stranger both in the German homeland and in the United States. Butz finds himself to be a poet without connections anywhere; Reitzel and Richter state that they are strangers both in the old homeland and among their own children; and Kniep, while aware of his personal displacement, still looks into the future and asks whether the situation is really to be lamented. They understand that the present and also the future entail an increasing separation from their European roots, in the lives of their descendants if not already in their own.

The question of the attitudes and feelings of German Americans toward their old and their new homelands is complex and became even more so at the time of the First World War. There were innumerable public and private incidents, events, and complications that affected the situation, and their longing for the past and for their cultural heritage was juxtaposed with new problems and interests. Nevertheless, their poetic expressions provide evidence of their thoughts and feelings, and they—together with letters, diaries, and other more intimate documents—are worthy of extensive research and additional investigation.

13. These two statements come from Gustavus Ohlinger, *The German Conspiracy in American Education* (New York: Doran, 1919), 108; and William H. Hobbs, *The World War and Its Consequences* (New York: Putnam, 1919), 152.

14. *Das Buch der Deutschen in Amerika* (Philadelphia: Deutsch-Amerikanisches Nationalbund, 1909), 409.

Abschied vom Vaterlande

(Havre, 1849)

Der Wimpel flattert vom hohen Mast,
    In die Segel bläs't die Brise,
Durch die Wellen zieht ohne Ruhe und Rast
    Das Schiff, der schwimmende Riese.
Die Freunde steh'n an des Ufers Rand
    Von ihnen ist Abschied genommen
—Doch von dir noch nicht, o! Vaterland,
    Das so ferne im Nebel verschwommen.

Wir haben gehofft so manches Jahr
    Auf des Morgens erstes Glühen,
Wenn die Schwingen höbe der deutsche Aar
    Entgegen der Sonne zu ziehen.
Wie waren der Träume so viel und so groß,
    Sie flogen bis zu den Sternen!—
—Verfolgt, verbannt treibt nun unser Loos
    Uns fort in unendliche Fernen!

Wer dich am meisten geliebt, o Land
    An dem unsre Herzen noch hängen,
Den hast du ja immer verfolgt, verbannt
    Auf allen Wegen und Gängen.
Gar Mancher, den du in blindem Wahn
    Verstießest aus deinen Gauen,
Hat zürnend und grollend den Schwur gethan
    Dir nimmermehr wieder zu trauen.

Doch wir—wir scheiden von dir nur mit Schmerz,
    Ohne Groll und ohne Reue,
Wir kennen das tiefe deutsche Herz
    Und hoffen noch immer aufs Neue.
Du träumest und dichtest mein Vaterland
    Wenn Sturm und Gefahr sich dränget,—
—So hat man noch einmal dich übermannt
    Und dich in die Ketten gezwänget.

Du büßest zu schwer nun dein träumendes Ruh'n
    Mit deiner Söhne rothem Blute,
Fühlst bitter des Siegers Walten und Thun
    Und die Schläge der eisernen Ruthe!
Wer könnte dir zürnen du armes Land
    Wer da sieht deine tiefen Wunden,
Wer kalt verlassen den heimischen Strand
    Als könntest du nimmer gesunden!

Nein! wer verzweifelt an deinem Geschick
　　Trug dich auch nicht tief in dem Herzen,
Wer höhnend werfen den Scheideblick
　　Kann auf dich und deine Schmerzen,—
—Laß zieh'n ihn, laß ihn am fremden Ort
　　Ein Fremder bei Fremden nur werden;
Wir zieh'n mit dem Scheiderufe fort:
　　Ein Deutschland nur auf Erden!

Und bist du auch jetzt nicht zur Freiheit erwacht,
　　Einst ruft der Hahn in gleichem Maße!
Es dauert nicht ewig die längste Nacht
　　Und endlos ist keine Straße.
Noch hast du den ersten Schritt nur gethan
　　Und zu früh bist du stillgestanden,
—Einst stürmst du ganz anders zum Ziel hinan,
　　Daß es donnert in allen Landen!—

So leb wohl denn! wir stehen gelehnt am Mast
　　Und zerdrücken die Thrän' unterm Lide;
Doch stehen wir aufrecht, als Männer, gefaßt,
　　Ob's brennend im Herzen auch siede.
—Wir sahen dich sinken,—der Freiheit Stern
　　Im Blute der besten Brüder,
Wir sah'n deinen letzten Glanz von fern
　　—Doch einst, dann she'n wir dich wieder.

Dann steigst du empor aus der blutigen Gruft
　　Um die Nebel des Drucks zu verjagen,
Dann lenkst du gebietend in klarer Luft
　　Deinen glühenden Sonnenwagen.
Dann staunen die Völker, o! Vaterland—
　　—Und wir, wir werden nicht säumen. . . . .
Leb' wohl! wenn wir auch bis dahin verbannt
　　Lebst du fort doch in unseren Träumen.

　　　　　　　　—Caspar Butz

Heimwehtod

(1853)

A German woman committed suicide
in Syracuse a few days since.
HOME SICKNESS was assigned as the cause.
Rather a queer reason.
—Amerik. Zeitung.

Sie war so krank; wer nahm sich ihrer an
Im fremden Lande, wo sie Niemand kannte?
Sie kam von Deutschland,—ist's ein Wunder dann,
Daß aus der Heimath sie sich selbst verbannte?
Mit kam ihr Gatte, doch er starb gar bald;
Vielleicht war's Täuschung, war's zerstörtes Hoffen,
Das ihn gefällt; die fremde Welt ist kalt,
Wer fragt darnach, welch Schicksal sie getroffen.

Auf hartem Lager, wie im Fiebertraum
Ruht sie allein, das junge, bleiche Wesen;
Ein eng' Gemach, ein traurig düst'rer Raum
Mit kahlen Wänden, die einst weiß gewesen,
Das ist ihr Sterbezimmer, öd' und leer
Wie all' ihr Hoffen, einst im vollen Blühen,
Doch, trüg'risch, täuschend, wie, die es noch mehr,
Die Rosen, die auf ihren Wangen glühen.

Ist es des Schlummers Mohn, der auf ihr ruht,
Ist es des Traumes Welt, die sie umgaukelt?
Sie sieht, wie in des Abends letzter Gluth
Ein Kahn auf gold'nen Glanzeswellen schaukelt.
Ein stilles Dorf im tiefen Felsenthal
Am Rand des kleinen See's, des silberhellen,
Steht licht vor ihrem Auge, noch einmal
Taucht sie den Blick in seine klaren Wellen.

Das ist die Heimath fern im Vaterland;
Sie sieht die Linde, unter deren Zweigen
Sie mit des Dorfes Mädchen Kränze wand,
Um dann der Mutter froh ihr Werk zu zeigen;
Die Lind', an der so oft als Kind gespielt,
Wo Er die Jungfrau Abends schüchtern grüßte,
Wo Er zuerst sie heiß umfangen hielt,
Das Wort der Liebe von der Lipp' ihr küßte.

Des grauen Kirchleins Giebel ragt hervor,
Um den die Dohlen noch, wie früher, schweben,

Geöffnet steht das morsche, alte Thor,
Deß Angeln immer kreischen noch und beben.
Die Todtenkränze rauschen noch im Wind,
Auch den der todten Freundin sie geschrieben,
Und der Altar, dran einst gekniet das Kind,
Die Braut einst stand, ist noch wie sonst geblieben.

Doch unter Fliedern dort ein stilles Haus,
Um dessen Fenster junge Ranken klimmen,
Wie dichtumwogt schaut es ins Grün hinaus,
Mit Scheiben, d'rauf viel goldne Strahlen glimmen.
Und drin die Zimmer sieht sie, schmuck und klein,
Den trauten Herd und seine Knisterfunken,
—Doch in die Zimmer dringt kein Sonnenschein,
Längst auf dem Herd das Feuer ist gesunken.

Und sie erwacht—sie schaudert bang zurück,
Allein, fern in der Fremd', ihr Traum zu nichte!
Auf harte, strenge Züge fällt ihr Blick,
—Der Armenarzt—mit dem Geschäftsgesichte.
Ein Aufschrei nur—ob er der Heimath galt?
Ein Sprung zum Fenster, ihre Pulse pochen;
Sie brach den Nacken, spricht die Welt so kalt.
—Ach ja! nachdem ihr Herz zuerst gebrochen!

Kein liebend Aug' war ihrem Ende nah',
Und die sie suchte, rief sie, ach, vergebens;
Nur Schatten bess'rer Zeiten standen da
Wie Meilenzeiger an dem Weg des Lebens.
Ach! keine Freundeshand fand sie nur auch,
Den Todesschweiß ihr von der Stirn zu streichen,
Ein Fremder schloß ihr das gebroch'ne Aug',
Und Fremde legten sie zu fremden Leichen.

Wohl tragen stolze Schiffe durch die Fluth
Die Tausende zu der Verheißung Erde;
Doch Mancher trotzt des Sturmes wilder Wuth,
Daß ihm ein Grab,—ein frühes Grab—hier werde.
Die Eiche wächst, der Nationenbaum,
Doch manches Blatt welkt einsam, ungesehen,
—Wer achtet sein?—Ihr hört sein Fallen kaum,
Und drüber hin die rauhen Winde wehen.

—Caspar Butz

Zueignung

(An Emil Rittershaus in Barmen)
(1879)

Ich klopfe scheu an Deine Pforte,
Aus weiter Ferne komm ich her,
Es kennt mich niemand in dem Orte,
Das heißt, es kennt mich niemand mehr.

Ich ward vor Jahren ausgestoßen
In einer vielbetrübten Zeit,
Ich bin ein Teil von jenen Trossen,
Wie Deutschland sie den Völkern leiht,

Die eines können nie vergessen,
Wenn sie die deutsche Flur erzog:
Der Väter Sprache, ob indessen
Vergessenheit sie selbst umflog.

Bin längst der Meister fremder Zunge,
Mein neues Land hat ganz mein Herz,
Doch in der Rede höhrem Schwunge
Blick ich noch immer heimatwärts.

Stets ist, im ew'gen Schwinden, Werden,
Des Dichters Los ein Los der Pein,
Doch wohl das härtste Los auf Erden
Ist *hier* ein *deutscher* Dichter sein.

Kein Echo finden seine Klänge,
Ihn hält, nur wen'gen zum Genuß,
Der innre Drang in dem Gedränge,
Vereinsamt singt er, weil er muß.

Hier ist der Dichternam je länger,
Je mehr ein Vorwurf, der nie bricht;
Und Deutschland hat genug der Sänger,
Verbannte Dichter kennt es nicht.

Drum klopf ich scheu an Deine Pforte,
Du wirst die Gabe mir verzeihn;
Fürs Vaterland vom fremden Orte,
Laß es ein Liebeszeichen sein.

—Caspar Butz

Als das Land rief (First Call)
(Mai 1861)

Fort Sumter ist gefallen
In der Rebellen Hand,
Sein Nothsignal ertönen
Läßt das bedrängte Land.
Entfaltet hat sein Banner
Der schnödeste Verrath—
Wer wird zum Lande stehen
Mit todesmuth'ger That?

"Wenn Alle untreu werden,"
Dann bleiben treu doch wir.
Uns rufet nicht vergebens
Das Unionspanier.
Die stolzeste der Vesten
Auf freier Erde steht.
Noch auf der Veste Zinne
Das Sternenbanner weht.

"Wenn Alle untreu werden,"
Dem Land und seinem Recht,
Wenn gegen seine Einheit
Anstürmt ein falsch Geschlecht,
Und wenn dem Land der Freien
Verrath und Meuterei
Von seinen Söhnen drohen,
Dann bleiben wir ihm treu.

Jenseits des Ozeans
Das alte Vaterland
Hat, ob wir sehr es liebten,
Feindselig uns verbannt.
Das neue Land gab freundlich
Uns eine Heimath neu,
Dafür in seinen Nöthen
Dankt ihm jetzt—deutsche Treu'.

—Albert Wolff

Die Heimkehr

Dem 24. Illinois (Hecker-) Regiment gewidmet

Welch' fröhlich Getümmel die Straßen entlang,
Dort nah'n sie mit hallendem Trommelklang
    Um wieder die Heimath zu grüßen.
Aus dem bleiernen Hagel der blutigen Schlacht
Sind die Trümmer uns wieder zurückgebracht,
    Der Braven, die einst uns verließen.

O! wie so laut das "Willkommen" schallt
In den blitzenden Bajonettenwald,
    Wie wehen die Tücher, die Fahnen!
Auf mancher gebräunten Wange quillt
Die Thräne der Freude, das Herze schwillt—
    —'s ist vom Heimathglücke das Ahnen!

O! hart ist der Dienst für das Vaterland!
In des Winters Schnee und im Sonnenbrand,
    In des Sumpfes giftigem Brodem,
Auf der einsamen Wacht wie im Lagerzelt,
Der Krieger, er steht in des Todes Welt
    Und fühlt der Vernichtung Odem.

Und hier ist das Leben so brausend und toll,
So rauschend und hallend, so warm und so voll,
    Erreichet ist endlich die Grenze,
Umarmung und Kuß und des Jubels Laut,
Die Thräne der Mutter, das Jauchzen der Braut,
    Und des Ruhmes nie welkende Kränze!

Willkommen! Willkommen! Das Herz spricht mit,
Wenn sie einzieh'n mit festem, dröhnendem Schritt,
    Des Freiheitskriegs Veteranen;
Die der Wahlstatt Donner so oft umkracht,
Die gerettet die Fahne im Toben der Schlacht,
    Das Regiment der Germanen!

Ja, Freude ringsum und überall
Bei der Salve lautem Willkommen-Hall,
    O! könnt' ich sie rein nur genießen!
Reich' Freund mir die Hand nach altem Brauch,
Ich frage Dich nicht, ich schau' Dir in's Aug'
    Und unsere Thränen, sie fließen.

Nicht für ihn allein der in ewiger Ruh,
Du drücktest ihm sanft ja die Augen zu,

Und die Kugel, sie kam von vorne!
Süß ist ja das Sterben für's Vaterland,
Die Todten sind glücklich im kühlen Sand,
    Er fiel im erhabenen Zorne.

Das ist ein Tod ja, wie keiner so schön,
Wenn die Trommeln wirbeln, die Banner weh'n,
    Wenn das Auge sprüht lodernde Blitze;
Wenn rasselnd der Ladstock im Laufe klingt,
Wenn sausend die Bombe das Schlachtlied singt,
    Als wie hoch von Kronions Sitze.

Das ist's nicht allein—auch uns faßt der Tod,
Wer weiß, wann die letzte Stunde uns droht,
    Die letzte, die letzte hienieden;
Wir Alle sind Streiter auf Erden hier,
Doch sag' Kamerad, o! sage es mir:
    Naht mit Euch, *ersieget*, der Frieden?

Du wendest Dich ab und drückst mir die Hand,
So stumm beredt! O! mein Vaterland
    Noch nicht ist die Hoffnung verglommen!
Noch schlagen die Herzen, gestählt in der Schlacht,
Noch senkt sich herab nicht die düstere Nacht —
    —Und so seid Willkommen! Willkommen!

             —Caspar Butz

Den Veteranen
Am Gräberschmückungstag

    Entrollt die Fahnen, die geweht im Krieg,
Zerfetzt von Kugeln, schwarz vom Pulverdampfe,
Die euch vorangeweht, als ihr den Sieg
Errangt im rühmlichen Befreiungskampfe!

    Schaart um die Banner euch und zieht hinaus
Zu jener Stätte, wo im letzten, süßen,
Traumlosen Schlaf vom Kampfe ruhen aus
Die Kameraden, um sie zu begrüßen.

    Streut Blumen jedem Tapfern, der da gab
Sein Herzblut, um die Union zu retten,
Bekränzet jedes Freiheitsstreiters Grab,
Der brechen half der schwarzen Sclaven Ketten!

Doch wenn ihr an den Gräbern sie geehrt,
Die sich den Dank der Republik erworben,
Dann denkt auch Jener, die am öden Herd
Verlassen und in bittrer Noth gestorben.

Gedenket ihrer, daß in eurer Brust
Sich rege das Gefühl für ihresgleichen,
Daß ihr gelobt: auch weißen Sclaven mußt
Menschlich die Hand, die helfende, du reichen.

Und dann begrabt den Haß! Löscht aus den Brand,
Den Feige neu zu schüren nie ermüden;
Ihr Tapfern reicht den Tapferen die Hand—
Die Bruderhand der Norden reich' dem Süden!

—Heinrich Binder

Zum 18. October 1863

(Den Freunden im alten Vaterlande)

Bei Eurer Dichter lautem Singen,
    Bei ihrem stolzen Siegespäan,
Der zum Octoberfest wird klingen
    Und brausen allem Volk voran,
Vergönnet, Brüder, heut' auch dem Exile
    Ein Lied das leise klingt von fremdem Ort;
Vergönnt, beim Rauschen Eurer Saitenspiele
    Ein freies Wort.

Wir sitzen nicht bei Euren Festen,
    Wir schwärmen nicht bei Spiel und Sang,
So lang' an's Ohr noch schlägt den Gästen
    Der ungebroch'nen Kette Klang.
Wir jubeln nicht bei Eurer Böllerfeier,
    Wir toasten nicht im muntern Chor,
Denn eines größern Leipzigs Schlachtenfeuer
    Lauscht unser Ohr.

Wohl ist für uns noch nicht versunken
    Was unsrer Kindheit einst geglänzt!
Der Strahl von tausend Feuerfunken
    Der Deutschlands Berge licht umkränzt;
Auch wir, in mancher Stunde hoher Weihe
Sah'n der Octoberfeuer hellen Brand

Und schworen jugendfreudig ew'ge Treue
    Dem Vaterland!

Das uns verstieß!—weit in die Ferne,
    Weil aus dem Schwur erwuchs die That;
Zu dem, wie nach verhülltem Sterne,
    Noch oft die Liebe sucht den Pfad.
Das uns vergaß, doch was wir nie vergessen,
    Ihm schlägt auch heute warm noch unser Herz;
Wir können Euren Jubel nicht ermessen,
    Doch Euren Schmerz!

Es trennt uns längst von Euren Freuden
    Der wogenreiche Ocean;
Doch Deutschlands tiefstes, schwerstes Leiden
    Zog mit uns auf der Meeresbahn.
Uns kümmert's nicht, ob hoch die Pfropfen springen
    Und trinkt ein Fürst selbst mit Euch auf dem Plan;
Nur eines noch—des ew'gen Wehes Klingen—
    Das zieht uns an!

Es dringt noch laut zu uns herüber:
    Das alte Weh, die alte Schmach;
Das schüttelt uns wie Zornesfieber
    An Leipzigs großem Ruhmestag.
Hinabgerollt liegt nun zu unsern Füßen
    Ein halbes Säculum; grimm wie der Tod
Steigt aus der Jahre Särgen, uns zu grüßen
    Die alte Noth.

Glaubt nicht, daß je sie noch gemildert
    Ein Fürstenlächeln sonnenhaft,
So lang noch vor der Hofburg schildert
    Des Volkes beste Jugendkraft.
Nur wenn die Donner Leipzigs wieder schüttern
    Die deutsche Erde bis zum tiefsten Kern:
Aus neuem Kampf nur steigt, dem wilden, bittern,
    Der Freiheit Stern.

Das ist der Gruß, den wir Euch senden,
    Ein flücht'ger nur, uns fehlt die Zeit;
Das Schwert gegürtet um die Lenden
    Steh'n wir im riesig blut'gen Streit.
Doch noch ward uns kein Jenatag beschieden,
    Schon vor Probstheydas Höhen stürmen wir;
Bald weht es, Freiheit kündend und den Frieden,
    Das Siegspanier!

Für Euch auch blitzen unsre Schlünde,
Auf daß ihr rauher Donnerhall
Der Welt das große Wort verkünde:
Noch steht die Freiheit auf dem Wall:
Und siegreich noch, in allen Todesschauern
Trägt sie das Sternenbanner in der Hand,
Und mahnend ruft sie zu Euch von den Mauern:
Ein Vaterland!

—Caspar Butz

Reisebilder
a. Milwaukee
(März 1869)

"Ich weiß nicht, was soll es bedeuten,"
Daß hier ich so heimisch bin;
Bin doch unter wildfremden Leuten,
Die wandern her und hin.

Seh' doch nur fremde Gesichter,
Und Keiner sagt: "Grüße dich Gott!"
Und doch erglänzet mir lichter
Des Morgens schimmerndes Roth.

Ich sehe kein Toben und Jagen,
Kein lauerndes Gaunergesicht,
Es stiert der hungrige Magen
Aus dem Antlitz des Ärmlichsten nicht.

Es strahlt aus dem Auge den Leuten
Der Glanz zufriedenen Sinn's—
Jetzt weiß ich, was soll es bedeuten—:
Sie sind zufrieden, ich bin's.

Es sitzt auf behäbigem Throne
Milwaukee, die trauliche Stadt,
Die freundliche deutsche Matrone,
Die weiß, was sie ist, was sie hat.

—Albert Wolff

In der Heimath

Oft sucht der deutsche Jüngling
In weiter Welt sein Glück,
Doch treibt es ihn im Alter
In's Vaterland zurück.

Ob er sein Glück am Hudson,
Ob er's am Congo fand,
Es zieht ihn nach der Scholle,
Wo seine Wiege stand.

Ihn hält kein Land der Erde,
Er flieht der Tropen Pracht,
Wenn Sehnen nach der Heimath
In seiner Brust erwacht.

Noch einmal will er weilen,
Am trauten Heimathsort,
Eh' ihn der Todesengel
Ruft von der Erde fort.

Noch einmal will er weilen,
Wo er als Kind gespielt,
Wo ihn der Arm der Mutter
Dereinst umfangen hielt.

Noch einmal will ergreifen
Der Greis den Wanderstab,
Und Kindesthränen weinen
Auf seiner Eltern Grab.

Ein alter Freund, den lange
Das Heimweh schon gequält,
Hat mir von seiner Reise
Das folgende erzählt:

"Als wir den deutschen Hafen
Nach langer Fahrt erreicht,
Vergoß ich Freudenthränen,
Ward es um's Herz mir leicht.

"Und alle meine Pulse
Durchglühte Seligkeit,
Als ich die Bahn nach Hause
Zur Abfahrt fand bereit.

"Mir war's, als müßt' erreichen
Das Städtchen ich im Flug,
Als ich den Thurm gewahrte
Am fernen Höhenzug.

"Und als das Dampfroß keuchte
Den Schienenweg entlang,
Da war es mir, als hörte
Ich fernen Glockenklang.

"Da war es mir, als klängen
Die Lieder an mein Ohr,
Die ich dereinst im Kirchlein
Mit Andern sang im Chor.

"Es tauchten die Gestalten
Der Jugend vor mir auf,
Und Traumgebilde jagten
Vorbei im raschem Lauf.—

"Wird mich auch noch erkennen,
Dacht' ich, mein Mütterlein;
Wird sie, die mich verschmähte,
Mit ihm wohl glücklich sein?—

"Die letzten Hügel schwanden,
Der Zug bog in das Thal,
Und vor mir lag das Städtchen
Im hellen Sonnenstrahl.—

"Doch wie verändert sahen
Die Straßen all mir aus;
Und fremden Leute wohnten
Im elterlichen Haus.—

"Die Mutter war gestorben,
Ein Bruder in die Welt,
Der andre lag gebettet
Auf Frankreichs blut'gem Feld!—

"Am Ziele meiner Sehnsucht
Fand ich kein liebend Herz,
Und nur an Gräbern klagt' ich
Allein in meinem Schmerz!"

—Johann W. Dietz

An mein Vaterland

Kein Baum gehörte mir von deinen Wäldern,
Mein war kein Halm auf deinen Roggenfeldern,
Und schutzlos hast du mich hinausgetrieben,
Weil ich in meiner Jugend nicht verstand,
Dich weniger, als wie mich selbst zu lieben,
Und dennoch lieb ich dich, mein Vaterland!

Wo ist ein Herz, in dem nicht dauernd bliebe
Der süße Traum der ersten Jugendliebe?
Und heiliger, als Liebe, war das Feuer,
Das einst für dich in meiner Brust gebrannt;
Nie war die Braut dem Bräutigam so theuer,
Wie du mir warst, geliebtes Vaterland!

Hat es auch Manna nicht auf dich geregnet,
Hat doch dein Himmel reichlich dich gesegnet;
Ich sah die Wunder südlicherer Zonen,
Seit ich zuletzt auf deinem Boden stand,
Doch schöner ist, als Palmen und Citronen,
Der Apfelbaum in meinem Vaterland.

Land meiner Väter, länger nicht das meine!
So heilig ist kein Boden, wie der deine,
Nie wird dein Bild aus meiner Seele schwinden.
Und knüpfte mich an dich kein lebend Band,
Es würden mich die Todten an dich binden,
Die deine Erde deckt, mein Vaterland!

O, würden Jene, die zu Hause blieben,
Wie deine Fortgewanderten dich lieben,
Bald würdest du zu Einem Reiche werden,
Und deine Kinder gingen Hand in Hand
Und machten dich zum größten Land auf Erden,
Wie du das beste bist, o Vaterland!

—Conrad Krez

Die deutsche Sprache in Amerika

Du bist kein Fremdling in der Freiheit Lande,
Mein deutsches Lied, das voll und kühn erklingt,
Und seist du ferne auch vom Heimathstrande,
Zu tausend Herzen eilst du leichtbeschwingt;

Mit allen einen dich die schönsten Bande,
Durch welche je ein hold Geschick verschlingt:
Die *deutsche Sprache* ist's, die uns verbindet,
Ob Lust ob Leid das Lied des Sängers kündet.

Du bist kein Fremdling; viele Millionen
Sind, fern vom Vaterland, von Herzen dein,
Und überall wo deutsche Herzen wohnen,
Bist du ihr Kleinod, du ihr Edelstein!
Wir beugen uns nicht mehr vor Fürstenthronen,
Vor dir, o Muttersprache, nur allein.
Mit jenem ersten Lied, das hell erklungen,
Hast du auch hier das Bürgerrecht errungen.

Was kann, wie du, so warm und hold erklingen,
Zu preisen, was da groß und schön erblüht?
Was kann, wie du, so wunderbar besingen,
Was in der Seele tiefverborgen glüht?
Ihr, deutsche Laute, könnt das Herz bezwingen,
Denn ihr allein seid Seele und Gemüth!
Ihr seid die edelste von allen Gaben,
Die wir an diesen Strand getragen haben!

Mögt ihr die kühnen Pioniere preisen,
Die fleiß'ge Hand, die froh die Scholle baut,
Den, der da schürft der Berge Gold und Eisen,
Den, der da forschend zu den Sternen schaut,—
Ich lieb' auch sie: singt ihnen Ruhmesweisen,
Doch ich will preisen deutscher Sprache Laut!
O, mög' es blühen, wachsen und gedeihen!
Mein bestes Kleinod, in dem Land der Freien!

—Friedrich Albert Schmitt

Die deutsche Sprache in Amerika

"O seid nicht blind in thörichtem Vertrau'n,
Das Ende naht, schon ist der Stab gebrochen!
Die Sprache, die uns in der Heimath Gau'n
Umtönte, war am längsten hier gesprochen.
Und wenn der deutschen Stämme Wanderzug
Der räum'gen Schiffe Bord nicht mehr befrachtet,
Versinkt das Gut, das ihr voll Selbstbetrug
Mit schweren Opfern zu erhalten trachtet.

"O darum widmet nicht mehr müß'gem Spiel
Durch lange Jahre euer bestes Streben:
Setzt eurer Manneskraft ein würdig Ziel,
Bevor die höchsten Preise sind vergeben.
Und wollt ihr euch dem Dienst Columbiens weihn,
So thut es ganz—mit Herzen und mit Zungen,
Dann zieht ihr in des Ruhmes Hallen ein,
Dann wird der reichste Lohn von euch errungen!"

So schlägt der Klugheit Warnung an mein Ohr,
Das sind der Goldgier lauernde Gedanken.
Ich schau' mich um, kein Kämpe tritt hervor,
Da werf' ich kühn den Handschuh in die Schranken:
So lang, ihr Zweifler, wird der Pilger Schaar
Aus deutschen Gau'n die Schritte westwärts wenden,
So lang noch vor der Freiheit Hochaltar
Der Armuth und der Knechtschaft Qualen enden.

Drum lasset uns mit opfermuth'gem Sinn
Im neuen Heim die Muttersprache pflegen,
Und bringt sie uns nicht goldenen Gewinn,
So wächst aus ihrer Kraft ein höh'rer Segen.
Die Sprache kettet uns an jenes Land,
Das unsern Vätern eine Gruft gewährte —
In dem der Jugend Traum uns hold entschwand
Und unser Sein der Mutter Blick verklärte.

Sie ist ein Zauberstab in kund'ger Hand,
Mit dem wir reiche Geistesschätze heben;
Die Leuchte ist sie, deren heller Brand
Lichtscheue Wahrheitsfeinde läßt erbeben.
Sie ist ein Born, in dessen klarer Fluth
Wir uns nach mühevoller Arbeit stärken
Und, wie einst Siegfried aus des Drachen Blut,
Gefestigt steigen zu erhabnen Werken.

Die deutsche Sprache ist das heil'ge Band,
Das mit den Kindern innig uns verkettet,
Und wahren treu wir dieses hohe Pfand,
So ist der Jugend Herz für uns gerettet.
Das Schönste, was dem alten Heim entstammt,
Die höchste Seligkeit, die ihr erfahren,
Das heiligste Gefühl, das euch durchflammt,
Im deutschen Wort nur könnt ihr's offenbaren.

Drum bleibt beim Kampf um eure Sprache wach,
Und wenn sie je verklingt in diesen Breiten,
So soll sie nicht, ein wasserarmer Bach,
Versiegend durch den Sand der Steppe gleiten.—
Nein, wie der Fluß, der sich zum Strome fand,
Noch lange zeigt des eignen Wesens Spuren,
So rausche sie befruchtend im Verband
Mit Albions Zunge lang noch durch die Fluren!

—Wilhelm Müller

Deutsch-Amerika

Es ist ein eigen Thun und Lassen,
Das uns're Seele tief bewegt,
Wenn sie zwei Welten muß umfassen,
Vereint als Heimath in sich trägt;
Es ist ein rechtes Doppelleben,
Ob leicht das Herz sei, oder schwer,
Gedanken mannigfaltig schweben
Und ziehen über Land und Meer.

Hier in dem laut bewegten Treiben
Wird jedem Streben freier Raum,
Da kann kein Ruheort wohl bleiben
Für einen stillen Lebenstraum;
Hier ist der Ort für Kraft und Wille,
Der Schauplatz schneller Zeit und That,
Doch fällt dazwischen in der Stille
Manch gutes Korn der deutschen Saat.

Das Selbstgefühl braucht nicht zu wanken
Wenn es die deutsche Heimath sucht,
Dort keimten oftmals die Gedanken,
Die hier gereift zu gold'ner Frucht;
Bei manchem staunenswerthen Werke,
Das hier des Strebens Ruhm vermehrt,
Hat sich des deutschen Geistes Stärke,
Hat sich der deutsche Arm bewährt.

Und wenn wir dankbar auch ermessen,
Was uns das neue Land beschied,
So können wir doch nie vergessen

Der alten Heimath Wort und Lied!—
Sorgt, daß in's Kinderherz man streue
Der Dichtung Gold, der Wahrheit Erz,
Die Welt, die alte und die neue,
Bedarf ja dessen allerwärts.

Wir legen freudig unsere Hände
In uns'rer Heimath Doppelband,
Und hin und her, sei ohne Ende
Ein treugemeinter Gruß gesandt;
Wenn stolz auf neuen Glanz wir blicken,
Der auf das Sternenbanner fällt,
So baut das Herz oft gold'ne Brücken
Hinüber in die alte Welt.

—Maria Raible

Glück auf!

Ein Gruß zur Konvention des "National-Verband
deutsch-amerikanischer Journalisten und
Schriftsteller," abgehalten am 7. und 8. August
1890 in Milwaukee, Wis.

Ein Rauschen geht durch Deutsch-Athen,
Wie von nordischen Eichen und Tannen;
Die schwarz-weiß-rothen Banner wehn,
Umschaart von kampflichen Mannen.

Sie kamen gefahren von Nord und Süd
Feuchtfröhlichen Muths zum Gefechte,
Um deutschem Geist und deutschem Gemüth
Zu wahren die alten Rechte.—

Glück auf! zum kühnen Gedankenstreit
In frohsinndurchloderter Runde,
Ihr Ritter der Feder, ihr Wächter der Zeit,
Glück auf zum einenden Bunde!

Ihr tragt den Schild, ihr tragt die Wehr
Gen deutscher Art Vernichtung.
Euch grüßt in gleichem Wunsch und Begehr
Amerikas deutsche Dichtung:

Was ihr errungen, und was ihr schafft,
Mög es gedeihen in Ehren!

Germanischer Muth und germanische Kraft,
Mögen sie wachsen und währen!

Zum Ziel durch Regen und Sonnenschein!
Glück auf!—Die Gläser erhoben!
Wir wollen beim perlenden Wein vom Rhein
Treueinigen Bund uns geloben!

Nach Osten tön' es und Westen fort,
Und es klinge nach Norden und Süden:
Das deutsche Herz und das deutsche Wort,
Wir wollen in Treue sie hüten!

—Konrad Nies

Deutschamerikaner

Der deutschen Heimat fremd geworden,
Kein echtes Kind dem fremden Land,
Ob auch im Süden oder Norden
Dein Wanderfuß die Ruhe fand.

Dein Kinderglaube ging verloren—
Du lerntest: Lebensziel sei Gold.
Und dennoch klingt Dir's in den Ohren
Vom Glück, wie Du es einst gewollt.

Des Lebens wunderhohe Weise,
Die Dir gerauscht der deutsch Wald
Zur Jugendzeit,—die kaum noch leise
In Deiner Seele wiederhallt.

Und das, worauf Dein Hoffen baute:
Die Kinder—achten, wo Du liebst,
Sie kennen Deiner Heimat Laute,
Doch fremd ist ihnen, was Du giebst.

Du liebst das Land, das sie geboren,
Du liebst die Luft, die sie umweht
Und Dich; doch ist der Weg verloren,
Auf dem Ihr eng zusammengeht.

Im tiefsten Herzen deutsch geblieben,
Und doch so fremd dem deutschen Blut,

Kein rechtes Hassen, rechtes Lieben,
Das ist der Fluch, der auf uns ruht!—

—Fernande Richter

Deutsch-Amerikaner
Eine Erwiderung auf Edna Fern's
gleichnamiges Gedicht

Es ist nur theilweis recht und wahr,
Was Du von Lieb' und Haß gesungen.
Die neue Heimath hat uns zwar
Manch' neue Ansicht aufgezwungen;
Daß minderwerthig, uns gelehrt,
Gar manches, was wir einst geehrt;
Gelehrt, das Lieben und das Hassen
Dem neuen Felde anzupassen.

Warum sollt' lau die Liebe sein,
Die wir zur neuen Heimath fassen,
Der wir hinfort die Kräfte weih'n?
Was zwingt uns, lau zu sein im Hassen
Von allem, was den Fortschritt hemmt,
Von Allem, was sich störrig stemmt
Entgegen jedem edlen Ringen,
Der Menschheit bess'res Loos zu bringen?

Der Kinderglaube ging dahin,
Den hätten wir auch dort verloren;
Daß Lebensziel nur Goldgewinn,
Die Lehre findet off'ne Ohren
Nicht nur im neuen Heimathland,
Auch drüben wird sie anerkannt.
Doch wird's der Lehre nie gelingen,
In Aller Herzen einzudringen.

Der Lebenskampf ist härter hier,
Da gilt's, die Zeit nicht zu versäumen;
Auf Posten stehen müssen wir
Und finden selten Zeit zum Träumen.
Und in dem Kampf manch' armer Thor
Sein Herz und sein Gemüth verlor;

Manch' Andrer wußt's auch zu erhalten
Trotz aller feindlichen Gewalten.

Die Kinder, ja, da stimm' ich bei,
Sind meistens aus der Art geschlagen;
Doch ob dies zu beklagen sei,
Ist nicht so unbedingt zu sagen.
Wo alles Deutsche ausgewischt,
Der letzte Hoffnungsstrahl verlischt;
Doch öfters an der Art, der neuen,
Kann unser Herz sich nur erfreuen.

Weit freier fühlt sich hier das Kind
Und sucht schon jung sein Recht zu wahren,
Erfaßt, was brauchbar ist, geschwind,
Geht sichrer schon in jungen Jahren.
Wenn dann Gemüth echt deutscher Art
Mit Freiheits-Thatendrang sich paart,
Wird es den rechten Weg schon finden,
Was schön, was nützlich, zu verbinden.

Ob's Kind auch öfters seitwärts schweift,
Ihr könnt den Weg zusammen gehen.
Beacht', was in ihm blüht und reift,
Versuch' sein Denken zu verstehen
Und präg' der jungen Seele ein,
Stets edel, echt und wahr zu sein.
Was Du ihm Gutes dann gegeben
Vom Deutschen, wird stets in ihm leben.

—Karl Kniep

Concluding Remarks

What is American literature? In the course of our work with German-American texts, we have become convinced that it does not consist exclusively of works written in the English language, but instead is a multilingual body of texts whose common claim to being American lies in the writers' shared but various experiences. Immigrants have come to America from many lands and areas—Scandinavian countries, the Netherlands, Eastern Europe, Italy, Asian countries, Latin America, and more; and writers belonging to all of these groups have contributed to the literature of their new home. Just as our country is an immigrant country, American literature is an immigrant literature—derived from a wealth of backgrounds and created in many languages.

America's immigrants are all outsiders; but immigrant writers who express themselves in one of the many minority languages are doubly outsiders. Their foreign language dooms them—or permits them—to view and express things from a different point of view, and because their audience is a group they know, people with whom they share a common heritage and some degree of common understanding, they comment rather freely and directly. They have both a distanced perspective and also a firsthand knowledge of their new situation. J. W. Goethe insisted that students of a foreign literature can learn to judge their own nation from the image of it presented abroad.[1] How much greater is the advantage of students who can see their country through the eyes of its immigrant writers.

Because students of American literature have not given adequate attention to texts written in other languages, our country's literature has been reduced to a mere fraction of its wealth. We hope that this volume, in providing new materials and insights into the literature of the German Americans, will succeed in giving fresh impetus to studying and including the literature of America's other immigrant communities.

---

1. From an address to the newly-founded Gesellschaft für ausländische schöne Literatur in Berlin in 1829. *Goethes Werke*, Weimarer Ausgabe, IV, vol. 46 (Weimar: Hermann Böhlaus Nachfolger, 1908), 145.